卡尔·威特的教育
蒙台梭利的教育
斯托夫人的教育

(德)卡尔·威特 (意)蒙台梭利 (美)斯托夫人 ———— 著

达夫 ———— 编译

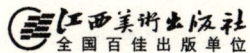

江西美术出版社

全国百佳出版单位

图书在版编目（CIP）数据

卡尔·威特的教育 /（德）卡尔·威特著；达夫编译.蒙
台梭利的教育 /（意）蒙台梭利著；达夫编译.斯托夫
人的教育 /（美）斯托夫人著；达夫编译. -- 南昌：
江西美术出版社，2018.5
ISBN 978-7-5480-4198-6

Ⅰ.①卡…②蒙…③斯… Ⅱ.①威…②蒙…③斯
…④达… Ⅲ.①儿童教育－家庭教育 Ⅳ.① G782

中国版本图书馆 CIP 数据核字 (2018) 第 026154 号

出 品 人：周建森
责任编辑：陈军 廖静
责任印制：谭勋

卡尔·威特的教育
蒙台梭利的教育
斯托夫人的教育

（德）卡尔·威特 著
（意）蒙台梭利 著
（美）斯托夫人 著
达夫 编译

出 版：江西美术出版社
社 址：南昌市子安路 66 号 邮编：330025
电 话：0791-86566274
发 行：010-88893001
印 刷：北京时尚印佳彩色印刷有限公司
版 次：2018 年 5 月第 1 版
印 次：2018 年 5 月第 1 次印刷
开 本：850mm×1180mm 1/32
印 张：22
ISBN：978-7-5480-4198-6
定 价：39.80 元

前言
PREFACE

  本书是三个世纪以来世界上最优秀的三本经典教育著作《卡尔·威特的教育》、《蒙台梭利的教育》和《斯托夫人的教育》的合集。无数父母按照书中的方法成功地教育和培养出了优秀的孩子。本书将这三本顶级教育经典结集出版，让读者可以同时掌握教育的精髓和养育孩子的新方法。

  《卡尔·威特的教育》成书于1818年，是世界上论述早期教育的最早文献，一经推出即享誉世界，在全球销量超过一亿册。它完备而详细地记录了卡尔·威特从一个有些智障的婴儿成长为14岁的哲学博士的故事。本书作者老卡尔·威特，是19世纪初德国的一位乡村牧师，在教育上他深信爱尔维修的观点："即使是普通的孩子，只要教育得法，也会成为不平凡的人。"老卡尔·威特第一次用实证方法证明了早期教育对儿童成长的重要性，开创了影响东西方几个世纪的教育方法——全能教育法，造就了无数天才。为了向人们证明早期教育对儿童会产生良好的影响，当儿子小卡尔·威特出生后，他便按照自己的方法开始对其进行早期教育。小卡尔·威特很小的时候就通晓法语、意大利语，9岁开始阅读《荷马史诗》，10岁便进入大学，14岁获得哲学博士学位，一生都在德国的著名大学里授学。这一引起世界轰动的惊人成就，让人们认识到了早期教育思想的正确性和重要性，他的教育理念也因此被后人奉为早期教育的经典。我国著名教育家陶行知先生赞誉这本书"是儿童幸福的源泉，也是父母幸福的源泉"。

  《蒙台梭利的教育》是20世纪西方最卓越的儿童启蒙教材。它提供了风靡世界的经典幼儿教育方案，由意大利第一位女医学博士、第一所"儿童之家"的创办者玛丽亚·蒙台梭利撰写。玛丽亚·蒙台梭利，1870年出生于意大利安利那省的希亚拉瓦莱小镇，大学毕业后从事特殊儿童教育，而后又致力于正常儿童的教育。她在实验、观察和研究基础上撰写的《蒙台梭利早期教育法》、《童年的秘密》等著作先后被译成37种文字，畅销全球。蒙台梭利认为，有些儿童之所以不能正常地发育和成长，主要是因为受到了成年人的压抑，一切都是强制性的，家长从来没有真正地给予孩子尊重。为此，蒙台梭利一直致力于打破已有的教育传统，寻求了解孩子和爱孩子的新方法。在本书中，蒙台梭利详细而生动地描绘了儿童的生理和心理特征。她强调教育者必须信任儿童内在的、潜在的力量，为儿童提供一个适当的环境，激发和促进儿童"内在潜力"的发挥，使其按自身规律获得自然的和自由的发展。

《斯托夫人的教育》是一本影响全世界亿万母亲的伟大读物。本书的作者斯托夫人，1881年出生于美国宾夕法尼亚州，后担任匹兹堡大学语言学教授。在上大学期间，斯托夫人接触到并研究了《卡尔·威特的教育》一书，书中的教育观念和方法令斯托夫人备感震惊和叹服，由此，她对家庭教育产生了浓厚的兴趣，并逐渐形成了自己独特的教育思想，在女儿出生后，她的教育思想得以实践并取得了良好的效果。她的女儿维尼芙雷特5岁时就能够熟练地运用8国语言，并能将各种语言翻译成世界语。斯托夫人在本书中详细地记述了维尼芙雷特的成长经历，并极力阐明她的教育理念。她的"伟大始于家庭"的观念深入人心，并使越来越多的家庭从中获益。

现实生活中，有很多家长都是在依照着想象和所谓的经验来完成对孩子的教育。许多为人父母者都认为听话是儿童的美德，而听话的孩子虽然能够使父母省心，却往往不能很好地完成自我的实现，长大后成为不独立、不自主，或是心理有缺失、人格有障碍的人。甚至有不少家长坚持认为教育孩子就是喂养和管教的结合，他们不懂得教育的方法，又不屑于学习，以为孩子诞生的同时，自己也就一并拥有了为人父母的知识和权威，用自以为是的一套准则不断地在孩子成长的路途中设置各种障碍，最终误了孩子的一生。

阅读本书的过程也是一个自我反省的过程。书中提出了不少教育的具体方法，但并不是唯一的"标准答案"，因为每个孩子都有其独特的个性，家长们完全可以在领悟书中精髓的基础上，根据实际情况加以灵活运用。

目录
CONTENTS

蒙台梭利的教育

斯托夫人的教育

第一章　学做一个聪明且有独创性的母亲

第二章　喂养！从喂养起步！

第三章　打开孩子的感观之门

卡尔·威特的教育

第一章

欢迎你，我的孩子

国民的命运，与其说是操在掌权者手里，倒不如说是握在母亲的手中。

从妻子孕育宝宝的那一天就开始注意

所有的父母们都渴望生下天才，希望他出人头地，我和妻子也不例外。但是，有一点我很清楚，世上事往往难如人意。在儿子未出生之时，我和妻子都沉醉在即将为人父母的激动之中。虽然那种喜悦让人难以控制，但我们常常询问自己："这孩子行吗？"

为了能有一个健康的孩子，在妻子还未怀孕之时，我们就开始充分注意自己的精神和体质。

怀孕的最佳时期，医生的建议是七八月份。因为这个季节正是各种蔬菜、水果最丰富的时期，妇女在这个季节怀孕，可以为胎儿提供充足的营养素，而且这个季节的空气质量相对较好，有利于胚胎早期的正常发育。十月怀胎，到次年的五六月间孩子出生，此时正值春暖花开，万物生长迅速，为婴儿提供了好的生长环境，这样能够最大可能地避免畸形儿的出生。

虽然德国人都喜欢饮酒，但幸好我没有这种爱好。我在此奉劝那些好饮酒的父母，为了孩子的健康着想，必须放弃饮酒的习惯。我们夫妇在要孩子时，我的一位医生朋友就告诫过我，如果酒后受孕，胎儿往往发育缓慢，智力也较为低下，特别是妇女饮酒，后果尤为严重。因此，夫妻双方至少应在受孕前三个月开始戒酒。

有人主张，所有的妇女应尽可能地成为多子女的母亲，我认为这是不对的。孩子，最重要的是质量而不是数量。单纯地多生，只能给社会增添悲惨和教养院。连抚育都费力，当然谈不到好的教育，这样的多生有什么用呢？前些天，在报纸上有这么一段报道，在英国有位妇女生了20个小孩。这位妇女对来访的记者哭着诉说贫困之家多子女的悲痛。这说明，单纯地多生子女是毫无价值的，应当少生孩子，重要的是把孩子精心培育好。

我们有义务竭尽全力使自己的孩子克服各种障碍，把他们送到社会上去，也就是要他们尽量具备优秀的品德和健康的体魄走向社会。我认为奢华往往使人易于沉溺于享乐的心情之中，不易做到神清气爽。为了完成这一义务，在生孩子之前我和妻子在衣、食、住上都非常朴素、节俭。为了呼吸到新鲜的空气，就不应该老是整天待在屋子里，所以我和妻子时常到户外散步走动，在田野之中享受大自然的美丽，那样很容易使我们的心胸开阔。我和妻子的性格都很好，对身边任何琐事始终都保持心平气和，很少有感情冲动的时候。在那段日子里，我们的生活是安宁和称心如意的。我想，在我和妻子都充分注意我们自身的精神和体质的情况下生下来的孩子一定会身心健康。

如果父母在婴儿身边打架、争吵或者是提高嗓门，婴儿就会接受这种情绪上的表达方式，并逐渐适应这种环境。一个5个月大的婴儿已经能够记住一支小提琴协奏曲；同样，在他结婚的时候，他也已经做好了与自己配偶争吵的基本准备。

如果一对相亲相爱的夫妻结婚后不久就生了孩子，那么，因为这个孩子是他们的第一个孩子，家里每一个人的心里一定都洋溢着幸福之情。在孩子的成长过程中，他所看到的总是充满笑容的慈母般的脸庞，那么，这个婴儿一定也会拥有一张人见人爱的面孔。婴儿的面部表情不是教出来的，而是通过适应环境自然而然地形成的。同样，一个孩子的个性也是这样形成的。

但是，假设一对中年夫妇有了一个孩子，父亲有时候外出，晚上也不回家，夫妻二人的关系十分紧张，家里总是被愁云惨雾所笼罩。尽管这个孩子也是他们的第一个孩子，但是他听不到笑声，他的母亲终日以泪洗面、郁郁寡欢。这样，这个婴儿的表情也将变得阴郁、毫无生气，他的个性也会与母亲相似。环境决定一个人的个性，这一现象具有相当的普遍性。当别人问起我的时候，我经常对父母说这样的话："今天你们回到家里以后，让你们的孩子们站成一排。然后你们两个按照年龄的大小，依次观察他们的脸庞。你们将会看到，这些孩子的脸上写着你们结婚以后的生活阅历。"新生婴儿就是以这种惊人的方式从相貌上反映出自己成长的环境。

一个婴儿从出生的那天起，从外界环境中受到的最大影响来自于母亲。当然，父亲也会影响一个婴儿的成长，但是，通过把孩子抱在怀中哺乳而形成的母婴关系是无法割断的，是维系终生的。因此，一个母乳喂养长大的孩子和自己母亲的感情，与一个喝奶粉长大的孩子和母亲的感情是不同的。婴儿在无形中捕捉、吸收了父母的个性、行为以及其他各个方面，并在成长过程中逐渐效仿。

我和妻子在怀孕之前都非常注意这一点。

在那些时间里，我们经常运动，无论到哪里都是步行着去，不到非常非常必要的时候绝对不坐马车。那时我们都对未来的儿子充满信心，而妻子的性格也很开朗。我们时常到田野散步，或者去周围的山坡上徒步爬山，我还经常帮着她去摘野花呢。我认为，这样不仅对将来的孩子有利，也增进了我和妻子之间的感情。

我和妻子的感情一直很好，几乎没有什么争吵。我认为，仅仅为了未出生的儿子我们也应该和睦相处。

孕妇应当保持愉快平静的心绪，这尤其需要丈夫的配合。在妻子怀孕期间，丈夫应在各方面体贴关心妻子，减少妻子的情绪波动；保持良好的情绪状态，这样才会有更大的把握生出一个聪明健康的小宝宝。邻村有一个5岁的孩子约瑟夫，从小就性情暴躁易怒，是个抚养困难的儿童。他的暴躁、孤僻的性格是由他母亲怀孕时的不良情绪造成的。原来他母亲在妊娠期间经常被他的父亲殴打，终日忧心忡忡。这种一直持续的心境导致腹中胎儿还未出生就受到了坏情绪的影响，以致出生后就表现出暴躁、易怒、孤僻的性格特点。

一旦妻子怀了孕，就更应当过有规律的生活。这不只是给做妻子的说的，而是给夫妻双方说的，我也毫不例外。我们安排了严格的作息时间，尽量做到早睡早起。以前我有深夜祈祷的习惯，这种习惯是在年轻求学时养成的。因为我是一个爱思考的人，夜深人静之时更容易让我有清晰的思路。每当人们熟睡之后，我总会独自一人在灯光下看书，静静地品尝书本的滋味。这对我来说，简直是人生的一大乐趣。自从妻子怀孕后，我不得不改掉这种习惯，因为我知道怀孕时的女人特别需要丈夫的体贴。何况，我在深夜读书，一定会影响妻子的休息。虽然失掉了深夜读书和与上帝交流的乐趣，但为了妻子和将来的孩子，我认为是值得的。

在关心妻子上，我自认为是个合格的丈夫；为了让她保持愉快的心境，我可以说想尽了一切办法。不管是在她的饮食或其他方面，我都力求尽善尽美。饮食要清淡，绝不可食用刺激性太强的食物，要常喝清水，经常去野外运动，保持身体清洁，一丝不苟地完成自己的本职工作。与人和睦相处，信仰上帝，有说有笑，使生活安定和满足。

妻子很喜欢泡热水澡。她把一天劳累后洗一个热水澡视为一种享受。但是在她怀孕期间，我坚决制止了她的这一嗜好，因为过高的水温对她虽然很舒服，但对胎儿却有极大的害处。

虽然快要做母亲了，但妻子毕竟是个很年轻的女人，有时也会任性。对于我这个做丈夫的男人来说，哄哄她也是常有的事。

有一次，妻子趁我不在时，又开始泡热水澡。后来被我知道了，便开始责怪她。

"你怎么又那样做？我不是给你说过，过高的水温对孩子有害吗？"

"哼，你就知道孩子。自从怀了孩子，我发现你所做的一切都是为了孩子，你不像以前那样关心我了。"妻子假装生气地说。

"怎么能这样说呢？孩子是我们共同的孩子，关心他还不是关心你吗？现在泡热水澡确实对孩子不利，等孩子出生后，你想怎么泡就怎么泡，我才不干涉你呢。"

"可是，这几天我没有出门，浑身不舒服。仿佛身上的肌肉都变酸了，难受死了。"妻子调皮地辩解，"你不是总说，母亲如果不愉快就不会生出健康的孩子吗？我不泡热水澡就不愉快，你说该怎么办？"

虽然妻子是在与我开玩笑，但也有她的道理。于是，以后每天我都要女佣给她准备热水烫脚，并亲自用热毛巾给她擦身子。

那段日子是我至今难忘的。我不像很多人那样在妻子怀孕后便对她有所冷落，相反那时我们之间的距离是那么的近。那是一种特有的幸福，虽然孩子还没有出生，但我们已经感觉到他了。

在妻子怀孕期间，我还每天从外面带回好看的鲜花，并给她推荐一些好看的书，都是为了让她有快乐的心情。我也在很多方面给予妻子更多的关怀、理解和体贴。有时候妻子的情绪不好，我就耐心地引导她和我说话，在感情上进行交流，尽快让她从不好的心境中摆脱出来。

有一天，妻子的情绪突然笼罩在一种不安和恐惧之中，那天我从外面布道回来，按平常的习惯我首先要做的是去向妻子问好并亲吻她，可当我一走进房间就发现妻子有些不对劲。

"亲爱的，你怎么啦？"我问妻子。

妻子只是哀怨无助地看着我，一句话也没有说。

当时我真感到奇怪，因为妻子的性格一直很开朗，有什么事让她如此忧伤呢？她一直呆坐在那里，两眼无神，满脸的忧郁。

我赶忙过去将她轻轻搂住，并柔声地问她："有什么不舒服吗？告诉我，我们不是一直都很幸福吗？你不是什么话都要给我说吗？今天究竟怎么啦？"

"卡特琳娜的儿子死了。"妻子的语调无助之极。

卡特琳娜是我们镇上的一位妇女，她的儿子刚刚一岁，身体一直不好。这个孩子一生下来就得了一种怪病，全镇的人都知道。没想到那个可怜的孩子这么快就离开了人世。由于那天我去了另外一个教区，否则我一定不会让妻子知道这个消息，因为对于一个已经怀孕的妇女，这种消息是最难以接受的。

"今天，他们来找你，可是你不在。听到这个消息后，你不知道我有多难过。我突然想到了我们的孩子。"妻子悲伤地说道。

"哦，亲爱的，千万不要那样想。"我完全能理解妻子的苦恼，连忙劝慰她，"卡特琳娜的孩子生下来就有病，虽然我没有想过这么快……但是，我们的孩子一定没有问题的。"

"可是，我们第一个孩子不是也夭折了吗？"说到此处，妻子大哭起来。

当时真让我手忙脚乱，但我还是竭力地控制住自己，帮助妻子从悲伤之中挣脱出来。

"亲爱的，不要想得太多。我们第一个孩子的夭折，那是上帝的安排，是没有办法的事。我们不能总是停留在过去，应该向前看。我每天向上帝祈祷给我们一个健康的孩子，我想上帝是不会辜负我们的。我听说卡特琳娜在怀孕时就成天和丈夫吵架，每天都处在不愉快之中，所以她的孩子才不健康。为了我们的孩子，我希望你快乐起来。"

"这个我知道，可我就是忍不住。"妻子哭着说。

"来，让我来帮你。你应该尽快忘掉不愉快的事，想想我们即将出生的孩子的模样，他一定是个很棒的小子。试试看，做一个深呼吸。"我一边说，一边给妻子做示范。

妻子也跟着我做起深呼吸来。一会儿，她的心情好多了。那天晚上，我特意把所有的时间都用来陪伴妻子，给她谈我的工作和我最近看的一本书。第二天，妻子已经完全从悲痛中走了出来，恢复了往常的开朗。

在儿子出生之前，我们一切都做得很好，唯有一点过失，使我至今有所遗憾。医生曾告诉过我，有一种钩形的寄生虫对胎儿的危害特别严重，这种寄生虫就常常出现在猫狗的粪便及其生肉中。但当时我们都没有引起重视。为了让妻子心情愉快，除了原有的猫，我还从邻居家抱养了一只小狗，供妻子解闷。儿子生下来不太健康，我想恐怕就是这个原因吧。

孩子，父母和你一起成长

有人对我说，伟人的孩子一定会是伟人，至少都会有很大的成就。但我并不这样认为，因为伟人过于热衷于事业而无暇关注孩子，而妻子也往往由于丈夫是伟人而无心于教育孩子，她们只关心成功的丈夫，而忽略了孩子。其实，母亲的教育对孩子极为重要，从我有限的知识来看，历史上的伟人往往有一个善于教育孩子的母亲。我的儿子卡尔取得了这些成就，也要感谢他的母亲。因为我的妻子不仅心地善良，而且具有丰富的知识。无论是在儿子教育方面还是在生活常识方面，她都堪称一名合格的母亲。可以说，在儿子的培育上，我和妻子经历了一个与儿子一起成长的过程。

我妻子是个非常坚强的女人，她时常对我说为了让孩子在未出生时就能成为一个勇敢的人，自己就要变得更加坚强。所以，在怀孕期间她几乎没有哭过，即使有难过和伤心的事，她也能从瞬间的痛苦中挣脱出来。我认为妻子的做法是完全正确的，因为怀孕期间的母亲如果心情不快乐，经常哭泣，那么会直接导致未来的婴儿发育不良，而发育不良是形成软弱无能者的原因之一。

孕妇听优美动听的音乐可使情绪愉快，这种良好的情绪感受能够传递给胎儿。另外，胎儿也可通过孕妇腹壁直接感受到音乐，这可以促进胎儿感官功能的发展。实际上，怀孕5个月的胎儿就已经具备了听觉条件。

有一位著名的指挥家曾经说起一段亲身经历。他第一次登台就可以不看乐谱进行指挥，旋律不断地浮现在他的脑海中，他十分惊异地将此事告诉母亲，母亲回忆说："你指挥的曲子正是我怀你时经常演奏的曲子。"可见音乐胎教对孩子的影响有多么深远。

孕妇经常听和谐轻松的乐曲，腹中胎儿也会心旷神怡，母亲会感觉到柔和而有节奏的胎动。如果让孕妇听声音高强的音乐，胎儿则会在母腹内胡踢乱蹬，烦躁不安。强烈的噪音有可能造成胎儿先天性的缺陷，而孕妇自己唱歌则对胎儿更为有益。

妻子天生有一副动听的嗓子，结婚之前在我们那里她是一个有名的姑娘，谁都知道她歌唱得很好。在怀孕期间，她时常轻轻地歌唱，并对我说孩子一定听得到。

除了让腹中胎儿听音乐和唱歌外，我和妻子还经常隔着腹壁呼唤儿子，跟他说话，或唱歌给他听，这是一种沟通我和妻子与孩子间感情的信息。卡尔出生后听到我们呼唤他的声音就会做出回应，似乎感到十分熟悉的样子，对脱离他母亲的身体以后的陌生环境并不感到陌生，很快就适应了，这不能不归功于他在他母亲腹中时我们跟他的感情交流。

她每天傍晚平卧在床上，腹部放松，双手捧着胎儿，用一根手指反复轻压胎儿，与之玩耍，并轻轻推动胎儿，让他在腹中"散步"，进行腹中的体操锻炼，后来儿子出生后，果然动作发展很突出，肌肉的活力较强，特别是竖向的肌肉力量较强，出生后没几天就能坐起来了。

在给胎儿做体操时妻子时时注意不可使胎儿过分活动，以免发生脐带缠绕等意外事故，另外，如果感觉胎儿在腹中踢蹬不安时，妻子也会立即停止，并进行抚摸，使胎儿安静下来。

孩子的母亲在怀孕期间非常讲究饮食，用她的说法就是"我的一切都会影响到孩子"。她在怀孕期间从来不吃辛辣的东西，连咸菜、虾这一类的东西都一概不吃，连她最爱吃的油炸咸鱼都戒掉了。她说"我的宝贝一定不能吃这些东西"——这些东西会破坏胎儿娇嫩的皮肤。她说虽然是自己吃而不是喂给孩子，但那些东西到了肚子里后肯定会被孩子吃掉。

她还对怀孕期间的营养非常注意。在妻子怀孕前不久，村子里有位叫杰丽的女人，也刚刚生下一个孩子。杰丽经过十月怀胎的艰辛，终于到了临产的时刻了。她多么希望能生下一个健壮可爱的孩子啊！可是孩子生下来以后，她却傻眼了。那个粉红色的小家伙特别瘦小，医生说还不足2000克，这样的孩子要想顺利地养大，需要母亲付出几倍的心血。造成这样的原因就是杰丽对营养始终不太在意，有什么吃什么，很少想到腹中的胎儿需要什么，就这样，导致孩子生长缓慢，出生后体重也明显不足。

对怀孕的妇女来说，所食的米、面都不宜过分精细，加工过于精细的米面会失去许多的营养成分。蔬菜尤其是绿叶蔬菜的摄入和鲜豆类食品的补充也是必要的，柑橘、枣、山楂等水果也可以多选用，鱼肉和蛋黄也是孕妇的理想食品，对胎儿则适于少食多餐。

迎接美丽的朝阳

希腊神话说一个小生命的诞生，就是一个美丽的朝阳升起。

斯波克提议，在小宝宝出生之前，父母应把宝宝所需的物品准备好，这样做的好处在于可以减轻父母亲以后的负担。孩子生下来以后，往往使得年轻父母手忙脚乱，如果在孩子降生前就做好了一切必要的准备，这会让父母在抚养孩子上更为从容镇静，也更有信心。

婴儿在出生后的一年内长得非常快，因此一定要买很宽松的衣服，否则过不了多久就没法穿了，而且衣服宽大也便于新生儿活动。

我和妻子给卡尔做的衣服都是棉布的，棉布衣服保暖力强，而且容易吸水，通气性好，质地也很柔软。而我们给卡尔准备的尿布的常用材料是纱布，容易晾干。尿布尺寸要大一点儿。如果每天都洗的话，20～30块尿布就够用了。

在带卡尔外出时，我们给卡尔穿上防水短裤可以省掉很多麻烦。但在家里则不宜给孩子长时间穿防水短裤，因为穿上这种短裤，尿布会变得更湿、更暖，而且容易使婴儿得尿疹。

当卡尔长到6个月时，就可以在童床里到处爬动了，此时我们就将他放在睡袋或套腿睡袋里。这样的选择比给孩子盖毛毯或被子更实用。

孩子的周围环境，应尽可能美观，令人感到愉快。很多人坚信周围环境美，孩子也会美。希腊有个习惯，妇女在怀孕期间要观看美丽的事物，这是为了使孩子也能成为美丽的人。因为美能使人精神愉快、感到幸福，而愉快和幸福能使人变得更加美丽。因此，把孩子的周围环境布置得美观，在怀孕期间观看美丽的事物等，都是为了使孩子变得更美丽。

首要责任是养育我的孩子

作为母亲，应该使孩子成为爱美、爱正义、爱真理的人。许多母亲只顾关心孩子的健康而忽略孩子的品德的形成和智力的发展，这都是错误的、不负责任的行为。我妻子勇敢和快乐的精神在后来深深地影响了儿子，她用坚强去武装孩子的精神，并给了他爱与智慧，使儿子后来步入社会时，即使遇到困难，也无所畏惧、永不失望。

多数母亲雇人教育孩子，这样的妇女不能称为母亲。母亲的工作不能由旁人代替。孩子的教育必须由母亲承担。把自己的孩子委托给他人，只有人类才这样做，其他的动物绝不这样。罗马之所以灭亡，是由于罗马的母亲们把教育孩子的工作委托给别人。

我们骑马，甚至也不雇用不称职的马夫。但是有的母亲却把孩子交给无任何学识的奶母。这样的奶母整天对孩子说，不许做这个，不许做那个，因为她这样做最省事。但这样一来，非但不能发展孩子的能力，反而使之萎缩。并且，孩子在这些奶母跟前，会形成各种不良习惯。当然，生活较富裕的母亲，对孩子的照料不一定全部自己动手，可以把部分任务交给奶母。然而，要尽可能地多花些钱，雇一位有教养的妇女做奶母。即使如此，孩子的教育不用说，吃饭、洗澡和穿脱衣服等，也都应由母亲自己承担。

母亲和奶母的性格非常重要，她们的表情对孩子都有影响。所以，奶母应选择性格开朗喜笑颜开的妇女，母亲也应尽可能使自己表现得快活。

在这里，我并不是说一定不能雇人来照料孩子，只是要采取正确的方式。

有这样一对夫妇，他们年轻而充满活力。由于家庭条件极好，生下孩子后就去国外旅行。他们把孩子委托给一位亲戚，而这位亲戚也因为有很多工作，根本没时间教育孩子，于是就把孩子交给管家喂养。

他们在英国住了一年，又去法国住了一年，后来还去了美国和非洲，他们几乎走遍了全世界。他们走之前对别人说，现在有了孩子，趁他还小的时候应该去外面多玩一下，否则等孩子长大后要教育他，就没时间了。

多么愚蠢的父母，他们不知道孩子一出生教育就已经开始了。他们错误的观念让他们最终尝到了苦果，以至于终生后悔不已。

当他们从国外回来后，发生的事令他们目瞪口呆，孩子根本不认识他们，把他们当陌生人看待。这能怨孩子吗？因为这时孩子已经快要五岁了。

晚上，当这对夫妇想让孩子和自己一起睡时，却遭到了孩子的拒绝。虽然他们的卧室美丽而舒适，可孩子却偏偏要去管家那间简陋的房里。

他们都是受过良好教育的人。而如今，他们的孩子满嘴粗话，成天在外面和一群捣蛋鬼玩。他在外面玩得太高兴，以至于经常和别的孩子打架、干坏事、欺负更弱小的孩子。他们想让他读书识字，但孩子根本学不进去，也一点不服从他们的管教。

每当他们教导孩子时，只会看到孩子陌生而冷漠的目光。

终于，不应该发生的、令人心痛的一幕发生了。

有一天，他们和孩子发生了激烈的争吵。

"你要知道，我们是你的亲生父母。"对于孩子的冷漠，年轻的父母终于发怒了。

看到他们凶神恶煞般的模样，孩子转头跑出了房间，躲在了管家的身后。于是，他们把怒火全都发泄在管家身上。

"你是怎么带孩子的？！他怎么连亲生父母都不认识了。"父亲怒气冲冲地对着管家吼叫。

"哦，先生。我想……是因为你们很久不在一起的缘故吧……我想以后会好的。"可怜的女管家战战兢兢地为自己辩解。

"不许你们这样对玛格丽特太太说话。"孩子肯定是站在带他长大的女管家一边的。他一边为她说话，一边怒视着自己的生身父母。

"我是你的父亲，你不懂吗？"

"可我从来没有见过你。"

"不管怎样，从今以后你要听我们的话，要接受良好的教育。从今天起，不许你再和玛格丽特太太一起睡，而要和我们……"

"不，"孩子打断了父亲的话，"我喜欢和玛格丽特太太在一起。"

"那好，我今天就辞掉玛格丽特太太，看你怎么办。"父亲这时已经火冒三丈。玛格丽特太太含着眼泪离开了孩子，因为她和孩子相处了大约五年，已经有了深厚的感情。

在以后的日子里，这个孩子变得郁郁寡欢，在睡梦中时常呼唤玛格丽特太太的名字。在他十几岁的时候，有好几次离家出走。

我认为，这样的结果是必然的。

我们家也一直雇用女佣，但没有发生上述的那种事情。主要是因为卡尔母亲承担起了主要的工作，她时刻陪伴着儿子，哺育他、教育他，女佣只是在她忙不过来时帮助她。很久以来，我们家的女佣已经成为我们家庭中的一员，她是卡尔母亲的好帮手。

可以这样说，卡尔是由他母亲一手带大的，她不仅精心地养育了他的身体，也对他的教育做出了不可磨灭的贡献。

那么，妻子又是如何改造自己的呢？

第一，根据孩子的年龄改变自己的行为。至于母亲如何参与相互作用，只要注意观察母亲在跟她的儿子玩的时候她的行为与跟成人在一起的时候完全不同就可知道。她的动作总是比较慢，手势比较清楚，脸部表情比较夸张，她说话有点断断续续，结构上比较简单并且有大量的重复。就连不是身为父母的成年人，也会相当自动地根据他们面前的孩子的年龄而改变他们的行为。这种适应的技巧保证了婴儿能够吸收、消化提供给他的刺激，因为他接受新信息的容量相当有限。

第二，紧跟在孩子的身后。母亲并不像以前所想象的那样，总是一个说教者，这一点已经非常清楚了。相反，她们总是让她们的孩子来引导相互作用，确定步伐，而她们自己则紧随其后，提供她们所认为的最适合于孩子的活动和既定目标的刺激。但是，母亲也不仅仅是消极被动的随从，母亲也有自己的目的，甚至是在最随意的玩耍的情形之下。比如只是为了保证让孩子能够最充分地利用手头的任何材料。看一下母亲把孩子抱在腿上、坐在一大堆玩具前的情形，母亲的很多时间都用于环境的简化和情境的设置，比如，拿起一个看似要三只手才能摆弄的玩具，把孩子伸出双手够不到的东西取回；把暂时用不着的东西拿走，为了便于主要的活动，给卡尔提供更明确的目标；把一些东西并排放置，因为卡尔喜欢这样的结合；转动一下玩具让它们更好拿，演示它们不那么明显的玩法；并且自始至终都变换身形以便给他的身体提供最佳的支撑，保证卡尔可以够到玩具。甚至在结构更为复杂的照料情形中，比如喂食和洗澡，熟练的母亲也不是简单地用命令和强迫来达到目的，而是建立起一套常规手段安排环境使得她的行动相当自然地符合具体目的。

第三，耐心地解释给孩子听。然而，如果母亲只是消极被动地跟随孩子主动的行动，她是否能够推进孩子的成长过程，就很值得怀疑。确切地说，妻子跟随是为了引导：她先让卡尔自己表明兴趣，然后在他自身可能的范围之内推进并详尽阐发那种兴趣。通过这种方式，她让卡尔自己选择题目，然后开始评论、证明和解释。

我看到，妻子总是随时注意卡尔注视的方向，并跟着他转，妻子由此发现卡尔关心的目标。然而通常这只是后来整个相互作用的第一步：确定了卡尔兴趣的焦点之后妻子就开始对它进行阐发——如果那是一个双手所及范围之外的一个玩具，就去把它拿过来，用语言给它命名，指出它的特征，演示它的功用。再看另外一个例子，从一开始，妻子就劈头盖脸地跟卡尔说话，哪怕是很小的时候，要是不跟他说说话，也会显得很不自然。所以，在卡尔自己说出第一个词之前的整整一年或两年的时间里，他总是不断地听到别人跟他说话。但是妻子所说的内容绝不是任意的，它紧密地结合着孩子自己的行为。他看到了一只狗，她发现了他的兴趣所在，然后就开始对它作出评论："看，多好看的小狗狗。"这样，她就给他的视觉经验加上了一个语言的维度，并且，通过在孩子自身行为的范围之内引入标识，就使他有机会把形象和声音联系起来，最终使他形成相应的语汇。

第四，母子间的双向流动。不管孩子发起相互交流的概率有多大，总会有一些时机，母亲必须出于某种原因来发起相互作用。当然，即使在这种情况下，母亲的行为通常也和孩子的行为紧密相关，并且不能独断地强加给孩子。

比如，妻子想要引起孩子对周围环境中某一事物的兴趣，最明显的方法是指向那个东西。然而，把用手指理解为一种社会交流的方式，要经过一段成长的历史，因为在生命最初一年的大部分时间里，孩子一般情况下总是仅仅看着大人伸出的手。因此，正如凯瑟琳·默菲和戴维·米赛尔发现的那样，6个月大的婴儿的母亲很少用手指着什么东西来吸引孩子的注意，而是把东西拿到孩子面前，或者把孩子抱到那东西前面，或者会运用特别的暗示，比如在婴儿的面前抓住他的手指，然后逐渐把他的注意力从他自己的手指引导到物体上去。甚至对大一点的孩子，母亲也会小心地选择指向目标物的时间，以保证能够吸引住婴儿的注意；否则，他就会被别的东西所吸引。指明了目标之后，她会回过头来看看婴儿，确认他是否真的在跟随着她的引导。

所以，妻子一直关注着卡尔的行为。在发起一次交流之前，她经常会先看孩子一眼，以便保证她的行为能够比较适当，而她所选择的策略将根据她对孩子状态的判断来决定。当她实行开始的工作时，她的行为只有在经常性的双向流动中才能得到理解，这种双向流动必须成为所有关系的特性。

　　第五，严厉制止孩子的越轨行为。当然，这是一些妻子必须做得很果断的情形。比如，当她要求卡尔做什么事，而要是她不严厉一点儿卡尔就不会做的时候，或者为了制止孩子做她认为令人讨厌的事情的时候。奇怪的是，在上面所列举过的做母亲的技巧之中，正是这些控制的技巧一直最受注意——事实上控制的技巧似乎经常被认为造成了整个社会化的进程，好像母亲的任务就只有一个方向似的。

让儿子有一个充满爱的家庭

　　一个人在成长过程中，是有某种智力发展最佳时期的。这个最佳期非常关键，它对人一生的智力发展都起着决定性的作用，千万不要错过。对儿童早期智力开发的关键，就是抓住最佳期。

　　为了尽早发挥孩子的能力，怎样对孩子进行教育呢？很简单，如果婴儿已感到了你的关心和爱抚，这就说明你已经在教育他了。这种教育训练是细小而烦琐的。孩子渴了要给他喝水，孩子饿了要给他喂奶，孩子尿布湿了要马上更换……父母要随时随地解除孩子的不愉快，以最敏锐的感觉去感知孩子的需要。能够成功地感知孩子的需要，便是父母成功的开始。这是父母和孩子建立起来的第一条成功的纽带，它会为今后的教育和训练提供良好的感情基础。

　　有些婴儿天生温顺，不会给人添麻烦，但父母不可因此而感到高兴。这种婴儿被母亲拥抱的次数及母亲对着他说话的次数太少，结果会缺乏母子之间相互的联系，有养育成语言学习迟缓的孩子的危险性。即使在语言学习方面没有太大的异常，但也可能成为社会性及知性发展较迟缓、智能较低的孩子。如果母亲在孩子刚出生不久的那一段期间没有给孩子积极的教育，则会培养出一个个性不活泼、消极、动作慢吞吞及行动迟缓的孩子。

在母亲消极、不予理会的情形下并不能培养出孩子坚强的性格。事实上，在母亲多抱抱孩子、多对他说话、多跟他玩的情况下，才能培养出活泼、乖巧的孩子。

母亲给予婴儿愈多亲身体验，将愈能养育出坚强、乖巧的婴儿。给予头脑好的刺激，就能发育成健康、聪明的头脑；婴儿所受到的体验愈多，头脑就会变得愈聪明。相反的，如果放任不管，头脑就无法发育，不会变聪明；由于缺少活泼的感觉，他就会变成发育迟钝的孩子。

拥抱婴儿是很重要的。婴儿哭了就去抱他，如果怕他养成喜欢被抱的习惯而让他继续哭二三十分钟，则他就会死了心而变成微弱的哭声，最后也许会停止哭叫。如果因此认为婴儿已经学会了忍耐而感到高兴，那是一种严重、错误的想法。婴儿为了传达自己的情绪而拼命哭喊，但却没有得到回应，因此，他就会不了解该如何传达信息，而变成容易死心、无力、消极的孩子。

从刚出生到出生后8个月，得到母亲充分的爱而成长的孩子是不会有情绪障碍的。

婴儿参与社会是从与母亲接触开始的。如果婴儿知道母亲会在自己希望她来的时候出现，则他的情绪会变得较为稳定、舒适。

婴儿是如此地将自己无限的信赖寄托在照顾自己的人身上，这是孩子在正确成长时绝对必要的条件。所以，母亲在婴儿需要她的时候一定要出现。

家庭应成为孩子的乐园。不良少年是冷酷家庭的产物。然而，所谓乐园，并不意味着对孩子放纵。家庭应处处注重礼节，不可放纵。对孩子的教养以爱为中心就不难进行。家庭应该是爱、欢乐和笑的殿堂。狄德罗曾说："人类的义务是要把家庭变成乐园。"家庭应像古代歌词中所说的那样，对孩子来说应是世界中最美好的地方。

第二章

儿子的天生禀赋与后天教育

　　人刚生下来时都一样，仅仅由于环境，特别是幼小时期所处的环境不同，有的人可能成为天才或英才，有的人则变成了凡夫俗子甚至蠢材。即使是普通的孩子，只要教育得法，也会成为不平凡的人。

儿童潜能的递减法则

　　即便在小卡尔经过教育后表现出许多优于寻常儿童的方面，仍有许多人认为，他的才能是天生的，并非教育的结果。对此，我感到实在无可奈何。儿子出生时的情形，我在前面已经描述过了，诸位可以看出他不仅不是什么天才，反而像是个痴呆的孩子。

　　看着儿子的这种情形，我既伤心又着急，但并没有放弃自己的主张。为了儿子在成长中不至于落在同龄人后面，我决定仍然按计划进行早期教育的试验。我想，既然这孩子天生的禀赋不太好，那么就一定要尽力使孩子的禀赋发挥出八九成，甚至更多。要做到这一点，对儿子的教育必须与儿子的智力曙光同时开始。

　　那么，为什么早期教育能够造就天才呢？要明白这个道理，就要从儿童的潜在能力谈起。根据生物学、生理学、心理学等学科的研究，人生来就具备一种特殊的能力。不过，这种能力是隐秘地潜藏在人体内，表面上是看不出来的，我们称这种能力为潜在能力。比如，这里有一棵橡树，如果按照理想状态生长的话，可以长到30

米高，那么我们就说这棵树具有能够长到30米高的可能性。同样的道理，一个儿童，如果按照理想状态成长，能够长成一个具有100度能力的人，那么我们就说这个儿童具备100度的潜在能力。

这种潜在能力就是天才。因此，天才并不是我们平常所认为的那种只有少数人才具有的禀赋，而是人人内心都潜藏着的。

可是，要达到理想状态，总是很不容易的。即使橡树具备长到30米高的可能性，要真长到30米高还是很困难的，一般可能是12米或者是15米左右。假若环境不好，则只能长到6到9米。不过，如果给它施肥，好好侍弄，则可以长到18米或者21米，甚至也可以长到24米或27米。同样的道理，即使是生来具备100度能力的儿童，如果完全放任不管，充其量也只能变为具备20度或者30度能力的成人。也就是说，只能达到其潜在能力的二成或者三成。但是，如果教育得好，那么就可能达到具备60度或者70度，乃至80度或者90度的能力，也就是说可能实现其潜在能力的六成或者七成，甚至八成九成。

需要提醒诸位特别注意的是，儿童虽然具备潜在能力，但这种潜在能力是有着递减法则的。比如说生来具备100度潜在能力的儿童，如果从一生下来就给他进行理想的教育，那么就可能成为一个具备100度能力的成人。如果从5岁开始教育，即便是教育得非常出色，那也只能成为具备80度能力的成人。而如果从10岁开始教育的话，教育得再好，也只能达到具备60度能力的成人。这就是说，教育开始得越晚，儿童的能力实现就越少。这就是儿童潜在能力的递减法则。

产生这一法则的原因是这样的，每个动物的潜在能力，都各自有着自己的发达期，而且这种发达期是固定不变的。当然，有的动物潜在能力的发达期是很长的，但也有的动物潜在能力的发达期是很短的。不管哪一种，如果不让它在发达期发展的话，那么就永远也不能再发展了。例如小鸡"追从母亲的能力"的发达期大约是在出生后4天之内，如果在这期间不让它发展，那么这种能力就永远不会得到发展了。所以如果把刚出生的小鸡在最初4天里不放在母鸡身边，那么它就永远不会跟随母亲了。小鸡"辨别母亲声音的能力"的发达期大致在出生后的8天之内，如果在这段时间里不让小鸡听到母亲的声音，那么这种能力也就永远枯死了。小狗"把吃剩下的食物埋在土中的能力"的发达期也是有一定期限的，如果在这段时间里把它放到一个不能埋食物的房间里，那么它的这种能力也就永远不会具备了。

我们人的能力也是这样。最著名的例子是英国司各特伯爵的儿子。司各特伯爵夫妇携带他们的新生婴儿出海旅行，行至非洲海岸时遇到大风暴，船被巨浪打翻，全船的人都遇难了，只有司各特伯爵夫妇带着儿子爬上了一个海岛。那是个无人的荒岛，岛上长满了热带丛林。司各特伯爵夫妇很快就被热带丛林里的各种疾病夺去了生命，只留孤零零的小司各特。后来一群大猩猩收养了只有几个月大的小司各特，他就跟着这班动物父母成长。20多年后，一艘英国商船偶尔在那里抛锚，人们在岛上发现了小司各特，他已经长成一位强壮的青年，跟一群大猩猩在一起，像大猩猩那样灵巧地攀爬跳跃，在树枝间荡来荡去，他不会用两条腿走路，也不会一句人类的语言。人们将他带回英国，引起了巨大的轰动，也引起了科学家们的极大兴趣。科学家们像教婴儿那样教导小司各特，力求他学会人的各种能力，以便他能够重归人类社会。他们花费了10年功夫，小司各特终于学会了穿衣服，用双腿行走，虽然他还是更喜欢爬行。但是，他始终也不能说出一个连贯的句子来，要表达什么的时候，他更习惯像大猩猩那样吼叫。

之所以出现这种情况，就是因为学习语言的能力的发达期是在人的幼儿时期。小司各特当时已经20多岁了，他错过了学习语言的最佳时期，他的这种能力永远消失了。

事实上，孩子从胎儿期到出世，脑子得到了极大的发育，小孩在出生时，其大脑皮质以下部分与成人已经相差不大了，但大脑皮层还需要继续发育。0～7岁是小孩脑发育最迅速的时期，尤其以0～4岁最明显，这4年里，孩子的脑发育将达到成人75％～80％的水平。所以，在这一阶段，孩子需要良好的教育环境和充分的刺激，促进脑的发育。到儿童12岁的时候，他的脑发育基本完成，如果此时脑发育还不充分的话，之后就很难恢复了。这就说明，人类脑发育的速度也是遵循递减规律的，0~4岁最快，以后逐渐减慢。

所以教育孩子的第一要旨就要是杜绝这种递减。而且由于这种递减是因为未能给孩子发展其潜在能力的机会致使枯死所造成的，因此，教育孩子的最重要之点就在于要不失时机地给孩子以发展其能力的机会，也就是说要让孩子尽早发挥其能力。

我的儿子是刚刚萌芽的幼苗

我曾经用植物之间的关系来比喻父母和孩子之间。如果说父母是成熟的植物，那么孩子就是刚刚萌芽的幼苗。如果幼苗得不到精心的呵护和培养，它就不会开出美丽的花朵来。

如果孩子出生以后，他的父母就一直把他抛在一边直到他上小学的时候，然后说"从现在开始教育"，就好像突然之间给一株已经枯萎或者正在枯萎的幼苗大量施肥，同时让它晒太阳、给它浇水一样。对于已经枯萎的幼苗来说，这一切都已经太晚了。

每个人都具有强大的生命力和无限发展的可能性。如果对这些视而不见，我们就犯下了不可饶恕的错误。每一位疼爱子女的父母都希望自己的孩子出类拔萃、生活幸福，但是，大多数父母都在不知不觉中宠坏了孩子，或者是让他们感到不快乐。造成这种结果的原因在于，他们没有认识到孩子身上强大的生命力。大多数人根本没想过，对孩子进行培养，使他们拥有良好的个性和突出的能力有多么重要。这种忽视行为实际上就相当于一出生就把他抛弃了。

有位博士曾这样说过："孩子的教育就同烧陶瓷一样，最终的结果如何很受最初的影响，而且势必决定其最终的成就。小孩只要从小教育，就可以成为音乐家、画家、诗人、学者，等等。"

可是，有的人也许会说："成为音乐家就需要有敏锐的耳朵，如果没有敏锐的耳朵，再怎么早教他音乐也不行。而敏锐的耳朵是一生下来就有的，所以你的教育我不信。"我们可以对此说法提出反驳，有没有敏锐的耳朵，这是对小孩到长大以后才说的话。如果从两三岁时开始训练，是完全可以培养出敏锐的耳朵来的。心理学家所说的视觉型和听觉型，也是后天的而不是先天的。有的人说如果三代都是音乐家，才能出一个大音乐家。这种说法很错误的。从莫扎特的例子来看，他成为那么伟大的音乐家，是由于他出生于充满了音乐气氛的家庭里，从小就熏陶了对音乐的爱好。

米开朗基罗生下来不久就被送到乡下去寄养在别人家里，他的保姆是位石匠的妻子。后来他说不仅在这个家庭里吃了保姆的奶，而且从小就爱上了锤子和凿子。可是他的家是非常有名的豪门世家，而且非常反对他成为雕刻家。但当他的内心之火已经燃烧起来以后，家人也无可奈何了。

林内家住在湖泊之滨，周围有野花、有森林、有鸟鸣、也有小鱼游泳。他所以能成为大生物学家，就是因为生长在这样的环境里。这样的例子举不胜举。

但是按理想来说，父母教育孩子不应先确定培养成音乐家或画家等。就像我培养卡尔，首先以把他培养成完美的人作为目的。至于将来他是成为学者，还是成为政治家、发明家、企业家等，这应让孩子本人选择。而一个人的品质如何，很大程度上取决于幼年时期所受的教育如何。所以说国民的道德如何，取决于这个国家的人民对其子女的教育如何。在世界各地，人们崇尚不同的伦理，信奉不同的主张。但是，不论东方人的天命和宿命论也好，希腊人的知识主义、艺术主义、自由主义也好，罗马人的保守主义、黩武主义也好，犹太人的宗教主义、热情主义也好，这些都是他们在幼年时期所受教育的结果。

柏拉图曾经在他的《理想国》中对他心目中的未来的理想国家有过全面的描绘。在他所勾勒的那个理想国中，"子女教育是社会的基础"。这一见解实在高明。

如果说人如同生长的植物，小时候就形成了他一生的雏形，那么幼儿时期就好比刚刚萌芽的幼苗，给予什么样的教育就会形成什么样的雏形。威廉曾经说："幼儿是成人之母。"此言确实千真万确，我们谁也无法否认，成人的基础是在小时候形成的。

根据上述理论，如果对生下来就具备高超禀赋的孩子施以高明的教育，那他的发展就是不可估量的。但遗憾的是，人们对天才的教育往往是失败的。父母总是只着眼于孩子的天赋，而不注重全能培养，对孩子过分挑剔，要求太高，最终只会引起孩子的逆反、压抑与怨恨。因父母施加的压力过大而半途而废的天才不在少数。

许多知名的人在成年后都说过，他们年幼时曾受到父母的极度催逼，结果留下终生的创伤。英国哲学家约翰·斯图尔特·穆勒的父亲在他少儿时期就无情地催逼穆勒，不允许他有假日，唯恐打破他天天刻苦学习的习惯，也不给他丝毫的自由，事无巨细都对他严加管束，不允许他有"随意的"爱好。穆勒在青年时期经常精神抑郁，终生都感到有心理障碍。在自传里，他痛心疾首地回忆了受父亲压制的情景：

一有错误就得立即纠正。开始讨论时，父亲往往采用轻松愉快的交谈式口吻，一旦出现数学错误，这种口吻便会戛然而止。继而这位和蔼可亲的慈父就一下子变成了血腥的复仇者。

卡尔·冯·路德维希是一个著名而悲惨的例子。卡尔是一个学业天赋极高的孩子，但因为父亲不停地催逼他，一心想使他过早地功成名就，他半途而废了。卡尔的父亲亲自教儿子高等数学，强迫他在醒着的每一分钟都得学习。他反对一切与学业无关的兴趣，体育、游戏、对大自然的探索对他来说无足轻重。卡尔8岁时父亲就让他上大学水平的数学课程，9岁时他就在学习微积分并尝试写剧本了。他不断跳级，仅用三年时间就修完大学课程，11岁大学毕业。他主修数学，大学的教授们预言卡尔会成为一名世界级数学家。

然而，开始的辉煌瞬间转为暗淡。卡尔在上研究生院的一年后，对数学全然失去兴趣，随即转入法律学院，但很快也对法律失去了兴趣。最后他从事办事员工作，既不用思考，也不用担责任。

我听说的这两个实例说明，正确的教育方法是极其重要的。如果实施了错误的教育方法，不要说禀赋一般的孩子了，就是拥有高超禀赋的孩子也会被扼杀掉。

一般人对才能教育和早期教育持批评的看法，之所以如此，原因之一是：他们担心像刚才所举的例子一样，即使少年小时候多么具有学习的才能，如果他不能幸福地度过自己的一生，不能凭才能从事一项很好的工作，那也不是毫无用处吗？不错，对父母来讲，他们最大的愿望就是希望自己的孩子即便是一个平凡的人，也能幸福地度过自己的一生。错误的早期教育培养的是"畸形儿"，正确的早期教育培养的则是更加尽善尽美的伟人和天才。

一切取决于如何养育孩子

哲学家卢梭在他的教育学著作《爱弥儿》一书中有如下一个小故事：这里有两只狗，它们由一母所生，并在同一个地点接受同一母亲的教育，但是，其结果却完全不一样。其中一只狗聪明伶俐，另一只狗则愚蠢痴呆。这种差异完全是由于它们的先天性不同造成的。

与之相对的是著名教育家裴斯泰洛齐的一段寓言：

有两匹长得一模一样的小马。一匹交由一位庄稼人去喂养，但那个庄稼人非常贪得无厌，在这匹小马还没有发育健全时就被使用来赚钱，最后，这匹小马变成了无价值的驮马。与上述这匹命运迥异的是，另一匹小马托付给了一个聪明人，最后在他的精心喂养下，这匹小马竟成了日行千里的骏马。

以上两则小故事代表了有关天才与成才的两种截然相反的观念。前者强调的是天赋，认为人的命运是由其天赋的大小决定的，而环境的作用是次要的。与此相反，后者则几乎视环境的作用为万能，认为天赋的作用毫不重要。

自古以来，在关于孩子的成长问题上，很多人更倾向于卢梭派的学说，支持裴斯泰洛齐派学说的人寥寥无几。爱尔维修无疑是裴斯泰洛齐派的先驱者。爱尔维修曾经说过："人刚生下来时都一样，仅仅由于环境，特别是幼小时期所处的环境不同，有的人可能成为天才或英才，有的人则变成了凡夫俗子甚至蠢材。即使是普通的孩子，只要教育得法，也会成为不平凡的人。"

在儿子还没生下来以前，我已经坚信这一说法，并且常常向别人宣传。当然爱尔维修的言论也有其片面性，他在强调环境对孩子成长的作用时，忽视了他们在天赋上存在的差异。对这一点我有充分的认识，我决不像爱尔维修那样不承认孩子的禀赋有所不同。所以，虽然我也倾向于这一派，但并不是完全站在这一边的，我还有我自己的看法。

我绝不是否定遗传的重要性。但是遗传对孩子的命运来说，已不像很多人所想的那样有强大的决定力。

我的看法是：孩子的天赋当然是千差万别的，有的孩子多一点，有的孩子少一点。假设我们最幸运地生下一个禀赋为100度的孩子，白痴的禀赋在10度以下，一般孩子的禀赋大约只能在50度左右了。

当我们说某些孩子有天赋的时候，这些孩子往往已经长到了五六岁。如果面对一个新生的婴儿，一定不会有人说，"这个婴儿以后会成为一个优秀的音乐家"，或者："这个婴儿将来会成为一个了不起的文学家"。

断言一个五六岁的孩子具有什么样的先天能力，与断言一个初生的婴儿具有什么样的先天能力是不同的。前者是教育的结果，因为人们的评价依照的是五六岁以后的情景。

如果所有孩子都受到一样的教育，那么他们的命运就决定于其禀赋的多少。可是今天的孩子大都受的是非常不完全的教育，所以他们的禀赋连一半也没发挥出来。比如说禀赋为80的，可能只发挥出了40；禀赋为60的，可能只发挥出了30。

因此，倘能抓住时机实施可以发挥孩子禀赋八到九成的有效教育，即使生下来禀赋只有50的普通孩子，他也会优于生下来禀赋为80的孩子。当然，如果对生下来就具备80禀赋的孩子施以同样的教育，那么前者肯定是赶不上后者的。不过我们不要悲观，因为生下来就具备高超禀赋的孩子是不多的，大多数孩子，其禀赋都只约在50左右。何况如果我们按照前文所述的方法进行生育，孩子的禀赋决不至于过差，甚至得到高超禀赋的孩子的机会也是很大的。

当然，我们承认孩子们的天赋之间存在差异，正如我们承认种子有优劣之分，但要了解，一个糟糕的种植者可能会使一颗优良的种子中途枯萎或者根本无法发芽生长，而一个高明的农业师则可能使普通的种子生机盎然，茁壮成才。

从儿子出生那天就开始教育

儿童的潜在能力是有着递减法则的。即使生下来具有100度潜在能力的儿童，如果放弃教育，到5岁时就会减少到80，到10岁时就会减少到60，到15岁时就会只剩下40度了。所以教育孩子的第一要旨就要是杜绝这种递减。而且由于这种递减是因为未能给孩子发展其潜在能力的机会致使枯死所造成的，因此，教育孩子的最重要之处就在于要不失时机地给孩子以发展其能力的机会，也就是说要让孩子尽早发挥其能力。

达尔文和一位母亲之间有这样一段对话：

"从几岁开始培养一个孩子最好？"

"你的孩子多大了？"

"我的孩子只有一岁半。"

"那么，你已经晚了一年半了。"

达尔文清楚地表明，孩子出生之时就是开始培养的最佳时间。如果出生之后才开始教育，那就已经太晚了。做父母的一定要记住婴儿具有很强的生命力，并且要快乐地养育他。才能教育开始得越早越好，这样才能杜绝孩子潜在能力的递减。

这就是我与人们冲突的地方所在了。我的教育理论的核心是：对儿童的教育必须与儿童的智力曙光同时开始。而时下流行于世的主导思想是：儿童的教育应当开始于七八岁，这种论调为人们所深信不疑。除了此一论调之外，还有一种让许多父母感到十分恐惧的观念，那就是早期教育有损于儿童的健康。

面对这些错误观念我常常感到软弱无力。由于它们的盛行，我的教育理论，在世人的眼里简直是荒唐至极，更谈不上指望父母们会运用我的理论将一个"凡夫俗子"训练成天才了。

事实上，从生下来起到3岁之前，是个最为重要的时期。因为这一时期，孩子的大脑接受事物的方法和以后简直完全不同。

这就是人们通常所说的"临界期"，也就是通常所说的关键期，指的是——无论做什么事情，一旦错过了一定的时期，人就很难培养自己在某方面的能力，也就是说有时间制约。这个时期是能否掌握某一功能的重要分水岭，因此将这一时期称作"临界期"也许是最好不过的了。

把一只刚出生的猫放在四面墙壁画有横线的环境中喂养，两个礼拜后，当这只猫进入一般的环境时，猫的视力会出现障碍，此猫不认识竖线，只认识水平方向的横线。也就是说，当猫生下来后，如果只看横线，不看竖线，猫就不具备看竖线的能力。这意味着，在猫生下来的两周时间，是它获得正常视力的"临界期"。据说，当猫生下来后，用布蒙住它的一只眼睛；那么当此猫长大后，再把布取下来时，猫的这只眼睛的视力就一直没有发育。实际上猫的身体并没有发生什么异常，猫眼本身就具有看的功能，只不过在猫眼能力的发育时期，没给它适当的环境而已，所以猫眼没有发挥出它的应有能力。

人的情况也一样。据说，当我们给一个天生的盲人做手术并让他获得视力后，该盲人过了5岁，还是目不能视。眼睛看到的信息进入大脑后形成完整的图像。但是，如果大脑的成像功能没有得到很好的发挥，那么大脑就不能将眼睛看到的物体组成图像。

也就是说，大脑的视觉神经细胞接受外部刺激后，促成视觉神经网络的发育，从而在5岁之前完成目能视物的过程。但是，如果人超过5岁，即使刺激它的视觉神经细胞，她的神经网络也很难正常发育。

我们知道，当人生下来后，它的脑细胞网络就接受刺激，并通过刺激使人脑得到发育和形成。最近，人们在研究大脑功能发育的不同时期，他们相信不同的机能发育分别对应着不同的最佳时期。

不仅是看的能力，而且人所具有的其他能力，在开始时都是以潜在的方式存在的。潜在的能力只有接受刺激，才能成为真正的能力。因此，如果人的潜在机能不接受锻炼，人的这方面能力就会被淹没，永久地从这个人的身上消灭。这就跟人一开始就不具备这方面的能力一样。

刚出生的婴儿没有分辨人的面孔的能力，到三四个月，或五六个月，就能分辨出母亲和别人的面孔了，知道"认生"了。但他这时并不是对面孔的特征进行了这样那样的分析之后才记住的，而是在反复的观察中，把母亲的整个面孔印象原封不动地作了一个"模式"印进了大脑之中。

婴儿的这种模式识别的能力，远远超过我们的想象。对3岁以前的婴儿教育，就是"模式教育"。婴儿对多次重复的事物不会厌烦，所以3岁以前也是"硬灌"时期。婴儿依靠动物的直观感觉，具有在一瞬间掌握整体的模式识别能力，是成人远远所不能及的。他的大脑还处在一个白纸状态，无法像成人那样进行分析判断，因此，可以说他具有一种不需要理解或领会的吸收能力。如果不把你认为正确的模式，经常地、生动地反复灌入幼儿尚未具备自主分辨好坏能力的大脑中的话，他也会毫无区别地大量吸收坏的东西，从而形成人的素质。

在动物世界中，鸟类有"铭记"的现象。一只刚孵化出的鸟会把最先看到的物体当作自己的母亲或保护者，然后平静地跟着它走。

但是，听说这种"铭记"也要在小鸟孵化后的几个小时到十几小时才能产生。因此，这种"铭记"与其说是"临界期"，倒不如说是"临界时"。

即便刚生下来的小鸟把气球认作了"自己的母亲"，我觉得这也是一种心智的发育和萌芽。

当我们在考虑临界期的问题时，我开始觉得不仅人体机能隐藏着临界期，而且人在心智的选择上也隐藏着几个严密的临界期分支，就像古谚说的那样："从你小时候就可以看到你成人以后的样子。"孩子到3岁时，就已形成了长大之后一些基本性格的要素。如果我们仔细地分析所有的人，都毫无例外地能从他们身上看到他们3岁以前的环境，以及这种环境对他性格形成及素质的影响。所以，模式时期决定了人的一生。

给3岁以前的模式时期"硬灌"些什么呢？大致是两方面的内容：一方面是反复灌输语言、音乐、文字和图形等所谓奠定智力的大脑活动基础的模式；另一方面则是输入人生的基本准则和态度。

总的来说，生下一个健壮的孩子，这只是父母亲走出的第一步，以后的路更长，事情更琐碎，责任更重大。因为，从孩子出生那天起，父母就必须担负起教育者的重任。

给儿子营造最好的生长环境

幼时最容易受到周围环境的影响。因此为孩子创造良好的环境，让他们学习好的东西，这实在是为人父母者的最大职责。

在自然界中，一棵嫩芽能否长成参天大树或结出美丽的果实，全靠种树人对它的悉心栽培与否。同样，一个婴儿能否变成你所期待的希望之星，则完全依赖于你所施的教育与为他提供的环境而定。

曾有人以当地生长的孩子同移民过来的非洲人的子女做过智商比较，结果发现，前者平均智商为115，后者仅有85，二者之间差距竟如此明显。由此有人下结论说：这个差距是由人种和血统不同所造成的。但一位牧师的经历推翻了这个结论。

他收容了一对非洲移民的夫妇。他们的婴儿一出生后就被送进了托儿所，与其他当地的孩子一样在完全相同的环境里接受抚养。

孩子4岁时，他为其测验了智商指数，发觉他和当地的其他孩子一样，智商高达115。

很显然，这位牧师的经历推翻了不同人种会有不同能力的定论。他的经历最直接地说明了"人类能力的强弱，并非取决于人种或血统等因素，而是要看后天的教养与环境而定"。

由于婴儿出生后生活的环境千差万别，结果对婴儿的官能产生了很不一样的影响。这些因素由于只是在婴儿的关键期发挥作用，所以，环境对婴儿的影响可能是终身的，而且相比之下，环境对婴儿的主导作用比对大人大得多。

从卡尔出生后，我和他妈妈就注意给卡尔创造一个好的成长环境。

每个做母亲的，都喜欢把刚出生的宝宝放在满是雪白天花板、雪白墙壁、隔离一切外来声音的宁静房间里抚养。但是事实上，全无刺激的环境，对婴儿却是有害无益的。我们在小卡尔房间的天花板、墙壁和被褥上都绘上色彩缤纷的美丽图案，并且在里面不断地播放着音乐。几个月后，当我们在卡尔面前放一个发着光的东西时，小卡尔就迅速表现出想要捕捉它的意念。

也有人认为，这种幼儿时期的智力差距可以借由后天的教育拉平，这种说法尽管也有道理，但它势必使孩子承受过重的负担。

我发现，愈是专心照顾孩子的母亲，她们愈爱收拾房子，把婴儿的四周收拾得一干二净。这一方面是她们出于对孩子的溺爱，另一方面是她们怕家里东西太多会给幼儿造成危险。的确，从学会爬到会走路这期间的婴儿，其所作所为确实危险万分，叫大人的神经一刻也不敢放松。他们一年到头不是弄翻花瓶，便是用嘴咬电线，或滚落床下。做妈妈的唯恐孩子发生意外，便会小心翼翼地将所有能想到的危险物品，都从孩子身边移开。这种做法当然无可厚非。但若因此而使婴儿周围像空屋般一无所有，或让孩子所能触摸到的东西，尽是一些坚硬物的话，结果也大多是负面的。

如同杂乱无章的房间可以给艺术家新鲜的灵感一样，那些在大人看来是毫无意义的甚至是有危险的物品，对孩子来讲，却能激发他的想象力，促进其智慧的成长，而且还有可能成为提升他们创意的重要刺激。卡尔也常常会把房间弄得乱七八糟，甚至头撞到物品倒地并因此大哭，但这些"遭遇"对他来说，却是很好的体验和教训。

仰卧着的婴儿，在其视线前方，往往只有平平坦坦的天花板，或罩式蚊帐，偶尔才有一张大人的面孔，他们常常在逗一会孩子后接着就离开了。

"这样不行，要给样可以看的东西才好"，于是一些父母们，要么从天花板垂吊能转动的风铃，要么就是拿着会出声的玩具，在宝宝面前摇晃。

这些做法固然可以给婴儿提供良好的刺激，但仅此还不够。

刚出生的婴儿还缺乏感觉印象。如果做父母的老让孩子这么躺着，就很难满足他对感觉的需求。大人为了替孩子解除这种被周围环境所孤立的处境，他们兴致一来就会在孩子面前露个脸。这种做法对孩子来讲，就显得有些勉强了。

从幼儿的角度来看，他们总是渴望从周围的景象接受一些刺激，他喜欢尽量用眼睛盯着要看的景物，大人这时一定要设法满足婴儿的这种好奇心。

对父母来讲，与其拿着东西得意扬扬地在他眼前摇晃，不如给孩子一个可以看到外界景观的场所。

幼儿对位置、形状、颜色，有他独特的感觉。一种东西如果幼儿每次看到它都在固定的位置，就具有刺激的"反复作用"。当我们用娃娃车推着5个月大的卡尔散步时，当他看到嵌在黄色围墙上的白色大理石板时，他就会非常高兴。而我们每天推着他走过那条路，经过石板处时，卡尔的眼光就会特别发亮。这是因为幼儿具有大人所远不及的敏锐秩序感，他不单只能认识每一事物的个体，而且还能直觉地领会事物与事物间的关系。很显然，这与幼儿各种能力的发展，有着密不可分的关联。

第三章

从儿子出生就开发他的智力

做父母的对子女的早期教育绝不是一种无效劳动。虽然在某些年月里，好像被教育者处于沉睡状态；但是，到后来终有一天，会看见大有好处的。

母乳之外，给儿子合适的饮食

儿子出生后的头半个月，我们坚持定时给他喂奶、喂水，使他的生物钟一开始就形成规律。直到他能吃饭后，两顿饭之间仍然只许喝水不许吃别的，免得他的胃老是得不到休息，血液也老是在胃部工作而不是集中在大脑。如果让孩子的精力只用于消化，那么大脑就不会得到很好的发展。另外，吃得过多除了阻碍脑部发育外，也有害于孩子的健康，容易患上胃肠疾病。因此我严禁儿子随便吃点心、零食，即使为了给他加强营养，也规定有固定的吃点心时间。

我从儿子4个月时起，在吃母乳前，先给他一点儿蜜柑汁；后来又添加香蕉泥、苹果泥、胡萝卜泥、青菜粥等。再过一段，开始给他喂汤，吃煮熟的鸡蛋、马铃薯等。大多数孩子爱吃谷类食物，这是他们的最好食物。然而，我儿子却不爱吃。我认为爱吃的食物就是最好的食物，所以只给他吃喜欢的食物。

大约在儿子6个月时起，儿子能吃一顿混合食物了。这时候我就给儿子减去了一顿奶食，在他平时吃的食物外另加鸡肉末、肝末、鱼松等肉类。到儿子9个月时，就可以吃碎肉、烧好的肉丁糕这些东西了，而且这时候儿子对谷物重新产生兴趣，开始吃麦粥。在给儿子减少奶量的同时，我也注意不让儿子吃得过饱。此时儿子已经长出了牙齿，他的胃肠也能够消化较粗的食物了，但是在儿子1岁之前，我一直避免给他脂肪过多或油煎的食物。

德国有句谚语，意思是"人的性格取决于食物"。看来，食物同人的性格确有关系。曾经有人主张"菜食疗法"，他们说选择不同的食物，就能使孩子形成不同的性格。比如：给孩子多吃胡萝卜，牙齿和皮肤就会美丽；吃马铃薯就能提高孩子的推理能力；吃菜豆就能发展孩子的美术兴趣；吃洋白菜和花菜会使孩子思想简单，成为平凡的人；吃青豆易形成轻率的性格。因此，可以让厌恶数学的孩子多吃马铃薯，让缺乏美术兴趣的孩子多吃菜豆，没常性的孩子禁食豌豆，粗暴的孩子禁食洋白菜。上面这个菜食疗法显然没有理论根据，但是以经验来看，也并不是无任何道理。

孩子不能吃太多的甜食，甜食容易引起孩子呕吐、恶心，甚至腹痛腹泻；孩子也不适于每天吃过于精细的食物，因为精米、白面的加工过程中白白损失了许多营养物质，也对孩子的视力发展不利。此外，如果孩子吃过量的巧克力、牛奶以及柑橘类水果，容易发生夜间遗尿，这些都是孩子的饮食中需要注意的。

尊重他的胃口

人们常说"吃饭才能长大"，而且由此衍生了不同的说法，如"喝奶能够长出漂亮的牙齿"、"吃鱼可以变聪明"等，但人们并不了解饮食在儿童成长的其他方面所具有的巨大作用。在介绍饮食数量、维生素和时间表之前，让我们来看看饮食是怎样发挥作用的。

吃饭首先是一种乐趣，能使孩子精神愉悦：当我们了解到儿童成长过程中心智发展的重要性时，就会明白吃饭的重要意义了。精神分析学家甚至说宝宝们从吃奶的过程中得到了一种真正的享受。

给孩子喂饭有时是很困难的，这就如同家长在同孩子做游戏一样：孩子拒绝吃某种食物，即使这是他平时很喜欢吃，甚至嚷着要吃的，他会反抗（我们想要强制他，他知道说不）。因而吃饭可能会出现要挟的情况，这可能会使父母和孩子都产生犯罪感。

独立吃饭需要多种能力，如体能、运动能力。它还是智力提高后综合运用的表现：独立拿着奶瓶，使用勺子，然后不用任何帮助自己吃饭，给他的玩具娃娃喂饭，直到他可以独自做饭。

孩子拒绝喝水、吃饭并不是必须让医生出急诊的症状。但是有一种情况下则需要这么做，即孩子突然完全拒绝喝水（宝宝拒绝喝奶或是很小的一勺食物），并且伴随着有规律的间歇性哭声，有时还会呕吐。在这种情况下，要请医生，因为宝宝可能是得了绞窄性疝、肠套叠等疾病，如果大便中有血，这种推断就更加得到证实。

当孩子没有胃口时，父母们会很担心，尤其是母亲。孩子如果生病了还算正常，但是如果孩子看上去很健康却没有胃口就有些奇怪了，不然是不可能这样的。

没有胃口可能还会伴有其他症状或者单独出现。

当孩子拒绝吃饭时，首先应该看看有没有其他症状。从体温开始，然后记录下所有不正常的情况，包括流鼻涕、咳嗽、出疹子、腹泻、便秘、呕吐等，对于更小的孩子还包括体重增长曲线等。

如果存在这些症状之一或者其他症状，你就要咨询医生了，他会找出孩子没有胃口的原因，最常见的情况是得了传染病。所有的传染病，哪怕是最轻微的（比如鼻咽炎）都可能会影响到孩子的胃口。而婴儿感冒时，没有胃口还有些功能上的原因：当鼻子塞住的时候，宝宝要用嘴呼吸，当他想喝奶时，就会呼吸困难而且很难喝奶，这样他就会拒绝喝奶。

饮食搭配的错误也可能影响到胃口：搭配的食物量太大或者不足，食物太浓或不够浓；他不再适应牛奶，不喜欢米粉；他对某些食物有排斥反应；缺乏维生素或铁等。要一下子就制定好孩子理想的饮食搭配不总是那么容易的。

恳切建议：如果你的孩子因为得了传染病或者饮食搭配不适合

他而不想吃东西，请不要强迫他吃。这种反应很正常，生病会降低食欲，因而要顺其自然。当他的病好一些时，也不要太早强迫他吃东西，哪怕他瘦了。要有耐心，直到他能正常地消化吸收，食欲就回来了，之后的一两个星期，他会变得非常能吃。

别用惩罚来威胁孩子吃饭，要给他一些奖励，扮小丑哄他开心。当孩子发现他能够让爸爸把脚贴到墙上而只以一勺饭来作为交换，他会很开心，而吃饭也就变成了讨价还价的交易。重要的是不要太固执，如果孩子不饿，或者不想吃饭，下一顿饭他就会补回来的。要尊重他的胃口。

不要总跟他谈条件，如："如果你不把汤喝完，就不能吃甜点"，这将强化甜食对他的吸引力，并且使他对父母推荐的食物产生抗拒。

吃饭时间不要超过半个小时，也不要把吃饭过程分成几部分，在他拒绝吃饭半个小时后又给他喂饭。因为这样会使他没那么饿，下一顿饭时也就没什么胃口。应尽量让每顿饭的间隔达到最大，必要时，可以每天只给他吃三顿饭。

如果早上你的孩子不饿，请给他喝一杯加糖的水以"唤醒"他的胃。这常常很有效，一般一刻钟后，孩子就会饿了。

请尝试平静地等待他恢复食欲，但是在出现下列情况时要告诉医生：他的体重增长曲线在超过8天时仍然保持不变（对幼儿而言）；你发现他身上出现了可能表现为某种疾病初期的症状；在没有其他症状的情况下，他缺乏食欲的现象一直持续了一个多月。根据不同的情况，医生会进行补充检查。如果你没有发现任何不正常的地方，只是食欲的缺乏导致孩子拒绝吃饭，这可能是由心理原因引起的厌食。

保持儿子健康的心情

没有健康的生活，无论大人还是孩子都是很倒霉的。身体不健康，对大自然的美和人工的美都不能欣赏。因此，孩子的身体健康是非常重要的。对孩子的健康来说，最重要的是呼吸新鲜空气和喝新鲜的水。

有的母亲，孩子一哭，马上给东西吃，这个方法很不好。绝对不能让吃东西无定时。这样做，孩子其实并不好养活。有的母亲，孩子一要吃就给，这样做的结果，孩子长大后会成为无节制的人。

吃得过多，有害于孩子的健康。许多母亲给的糖果是有损孩子的胃口的，因为便宜的糖果用的是有毒的染料，女孩子嚼的口香糖也是不好的。

有的人说："不同的胃，可以使人成为乐天派或是厌世派。"胃病能使孩子忧闷、不愉快、不幸福，胃弱者绝享受不到健康者的幸福。有一次，法国的路易十五世在外散步，讨乞者到他跟前伸出手说："先生，请帮帮忙吧。"这时，国王给他一些金子，并说："饿汉，我很羡慕你。"我们不可以把孩子变成路易十五世那样脑满肠肥懦弱温顺的人。消化不良使大人难受，尤其使孩子难受。胃健康的孩子性格坚强，胃弱者必然暴躁。为了预防消化不良，最好在吃饭时能愉快地吃。当然，快活并不只是在吃饭时，但是吃饭时尤其必须高兴。

心情好，消化得就快。有句谚语："早起能使人健康、富裕、聪明。"然而，笑也能使人健康、富裕、聪明。

人们见到我儿子时常说："这孩子体格太好，不像个天才。"看来他们仍在坚持"才子多病"的旧观念。然而，这是毫无根据的。有句谚语"健全的精神寓于健全的身体"，这是有根据的。

的确，有的天才体弱多病，但并不是天才一定病弱。那些病弱的天才如果健康，一定会是更加伟大的天才。而且身体健康的天才人物也并不少，如：韦伯斯特、布莱恩特、亨利·比卡、卡尔芬、珍妮·林德、阿德里娜·巴奇、萨拉·本哈茨、朱里亚·乌德·浩、约翰·卫斯里、路易斯、阿尔科克等。这些人不仅身体健康，而且体格魁梧，很有力气。

儿子的健康一再使人们惊异，这是因为我从婴儿期就对他进行体能训练。

愉快是健康的关键。我首先把儿子周围的环境布置好。周围的气氛阴郁，孩子必然会消化不良，身体不健康。因此，孩子居住的房间从最初起就应是令人心情愉快的。

天气晴朗时，我和妻子把儿子带到田野里，让他眺望绿色的原野。我注意让他的身体能自由自在地活动，不把他包起来，以免妨碍他的手脚自由活动；也不给他围围巾，以免把嘴和脸弄歪。天气好时经常让他在屋外睡觉，以便接受阳光沐浴，呼吸新鲜空气。当他在屋内睡觉时，在洁白的床上铺上鸭绒褥，便于他的手足自由活动。因为这种活动就是婴儿的运动。所以婴儿睡觉时，决不能像布娃娃那样把他裹得紧紧的。

卡尔6周时，长得很大，像4个月的孩子。这是我们让他经常呼吸新鲜空气、进行运动的结果。这儿所说的运动是从他两三周时开始，让他在光滑的木棍上做悬垂运动。生物学的理论说："个体发育是整体发育的短暂重复。"所以，婴儿是可以像猿猴那样在木棍上做悬垂运动的。当然，不可勉强地做。

还有一种训练是让儿子抓住我的手指，由于婴儿与生俱来的"把握反射"，他就像吊单杠一样用力拉起自己的上身。等到两个月大反射消失时，他的胳膊已经练得相当有力，为提前进行爬行训练创造了条件。

我还培养孩子喜欢洗澡的天性。如果水温过高或过低，孩子就不愿洗澡，所以，我一开始就注意调节水的温度。我和妻子每天都给儿子洗澡、按摩手脚，这样既能发展他的触觉，又能促进血液循环和肢体的灵活。从儿子1岁时起，我就教他洗脸、洗手、刷牙，一天要洗几次，早起和晚上睡觉之前都要刷牙。他吃完干面包后，也让他刷牙，并且从小时起就教他用手绢擦鼻涕。

不应往孩子的头脑中灌输恐怖、担心、悲伤、憎恶、愤怒、不满足等思想和感情。因为这些都对孩子的精神有刺激，易引起身心虚弱、生病，阻碍他们的发育和成长。

根据某一科学家的理论，人的寿命是150岁。因为动物的寿命是它们成熟期的5倍。人类的身体发育到30岁才能完成，因此，人的寿命应是150岁。然而，有半数人由于恐怖和忧愁等原因，连寿命的四分之一也活不到。

　　有的母亲在孩子睡觉前，常常用斥责、鞭打作为一天的总结，这是不好的。应使孩子面带笑容入睡。无论大人还是小孩都应抱着对明天的欢乐期望而入睡。同时，也以愉快的心早起，这是孩子一生长寿的秘诀。

　　在卡尔很小时，我就教他深呼吸的方法，教他唱歌，这都是为了增进他肺部的健康。散步、玩球，是我们功课表中的一项内容，天天进行。不让孩子运动，他的精力就不知用到何处，就会淘气、损坏东西。

　　发现孩子心情不好、发音不清晰、张着嘴睡觉时，应当请医生看看，是否病了。但是，孩子胡闹、故意破坏东西时，主要是由于没有把精力用到正确的地方。所以，应当引导他把精力用到运动和学习上去。

　　我不让卡尔把手指放入口中。只要从小注意教育很快就会养成习惯，不往嘴里放手指或别的东西。但是，为防备万一，我不给他买危险的玩具。

　　我在院子里修了个运动场，有各种运动器具，如：跷跷板、滑台和梯子。儿子从3岁起就练习骑马，至今还最喜欢这一运动。他会游泳，又会划船。有时玩棒球，有时玩网球，有时爬树，有时去登山。伏尔泰曾说"忙是幸福的秘诀"，这也适用于孩子。总有事儿干的孩子是幸福的。

　　这样，经过营养和体能两方面的精心培育，卡尔从出生时体弱多病的婴儿长成了一个健康活泼的孩子。

让儿子的五官与四肢一起发展

　　孩子婴儿时期的一切能力，如果不利用与开发，就永远也个会得到发展。因此，我决定从训练他的五官（耳、目、口、鼻、皮肤）、刺激大脑发育开始。因为听觉、视觉、味觉、嗅觉、触觉，是人类感知外部世界的生理基础。充分刺激孩子的感觉器官，能够促使大脑的各部分积极活动。如果孩子大脑的各个功能区都能发挥出最大效能，就会成为一个聪明伶俐的人。

寂静是孩子听力的天敌

在五官中，首先要发展耳朵的听力，因为婴儿的听力比视力发展得要早。训练听力时，母亲的悦耳歌声是极其重要的。在这方面我的儿子很幸运，他的母亲拥有很不错的嗓音。从他未出生的时候起，就经常听到母亲唱的美妙动听的民间歌曲。我虽然不会唱歌，但却经常给他朗诵诗歌。

在他出生6周后，我就对他轻轻地朗读威吉尔的诗《艾丽绮斯》，效果非常好。每当我朗读这部诗时，他便能马上静下来并很快入睡。随着诗的语调的变化，他的反应也在变化。当朗读马克利的《荷拉秋斯在桥上》时，他就兴奋起来；朗读坦尼森的《他的梦想》时，他又安静下来。用上述方法进行教育，他满一周岁时就能背诵《艾丽绮斯》第一卷的前10行和《他的逝世》了。

在此我要强调，让儿子背诗绝不都是强制性地硬灌，而是让他顺其自然地学会的。以《他的逝世》为例，由于儿子非常喜欢，他每天晚上都像做祈祷似的背诵它，因而很快就能熟练记住了。

为了使儿子形成音乐的观念，我还为儿子买来能发出乐谱上7个音的小钟，分别拴上红、橙、黄、绿、青、蓝、紫色的发带，给它们分别起名叫红色钟、橙色钟、黄色钟等。每当儿子在喂奶前醒来，我就敲这些钟给他听，并把钟慢慢地左右移动，吸引他的注意力。儿子还不到6个月时，就能按我说的名称——青色钟、紫色钟等准确地敲了。我以为，这是同时形成声音和颜色观念的有效方法。

小摇篮边最好五颜六色

有效地训练眼睛，也是开发孩子智力的重要一步。儿子出生两三个星期时，我为他买了一些五颜六色、鲜艳夺目的布制小猫、小狗、小鹿，我把它们都摆放在儿子四周，时常移动玩具来刺激他的视觉。我还经常让儿子看用三棱镜映在墙壁上的彩虹。儿子非常喜欢看，当他哭时，只要看见彩虹就不哭了。

食物清淡使他味觉灵敏

在味觉方面，除了给儿子各种味道的刺激之外，考虑到糖和盐吃多了对身体没好处，我们始终坚持吃清淡的食物。这样既可以保持他的感觉灵敏度，又可以避免养成多吃糖和盐的坏习惯。

翻身抬头满月即做

儿子满月之后，在床上能够抬起头来了，我就用手推着他的脚丫，训练他爬行。父母一定要让孩子尽早学会爬，因为俯卧是最适合婴儿的活动姿势。婴儿爬时，其颈部肌肉发育快，头抬得高，可以自由地看周围的东西，受到各种刺激的机会也增多了，这就会大大促使大脑发育，使孩子变得聪明。

解放他的手

此外，尽量让孩子的手发挥多种功能，对于培养孩子的观察能力是有重要意义的。婴儿认识自己的手也要花费较长的时间。为了让孩子尽早发现自己的手，只有让他的手有事可做才可以办到。

每次当儿子醒来，小手张开的那一刻，我和妻子赶紧让他抓点东西，平时经常活动儿子的手指，经常让儿子抚摸东西和拍手掌。

另外，我总是引诱儿子观察我的手，让儿子了解许多手的功能。比如我拿着小摇铃摇动，儿子就会甩动胳膊发出响声。他八九个月时我给他一支蜡笔和一张纸，我也拿着一支蜡笔和一张纸。我在纸上画画，儿子也在纸上乱画。他其实什么也画不出来，但是他通过观察已经开始发挥手的功能了。

应该着重指出的是，我对儿子进行这样的训练时，绝不强迫他去做什么。孩子是活物，自然要不断地发挥他的能量。我只是为了不让他的潜力白白地浪费掉，才努力进行各种有效的引导。由于实行了这样的教育，使儿子总有事干，他也决不会因无事可做而去吃手指头，因无聊而沮丧，甚至哭泣，相反，他从一开始就向着健康的方向成长。

一个正常的婴儿，再假设我们把他的右手捆起来，直到他4岁为止。如果我们这个时候让他用自己的右手，但他的右手已经无法使用了。相应地，他的左手将发育良好，这个孩子也就会变成左撇子。4岁之前不去培养孩子手的能力，就好像把他的手捆起来一样。

从我们身边的实物开始

观察力是一切灵感的源泉

孩子的视觉发达起来以后，就要培养孩子的观察能力。这有两个方法，一是通过丰富多彩的色彩来培养孩子的观察能力。我在儿子房间的四周挂上了各种名画的摹本，还陈列了大量著名雕刻的仿制品。从儿子小时候起，我就抱着儿子识别屋中的各种物品，如桌子、椅子等，并把这些物品的名称念给他听。儿子起初只注意画的颜色，渐渐地也懂得了画中的含义。

让他从小就信手涂鸦

在儿子智力的开启中，画的功能是非常重要的，能在善于绘画的父母的培养下成长的孩子是非常幸福的。由于我懂得一点绘画，就准备了许多美丽的花草和鸟兽的画给儿子看，还让他看有美丽图画的图书，并读给他听。他总是能安静地听。这表明儿子尽管什么都还不懂，但已对我的声音和画的颜色开始感兴趣。此外，我还经常把同儿子谈话的内容绘成图画，用这种方法增长儿子的知识。

为了发展儿子对色彩的感觉，我买来了五颜六色的美丽的小球和木片，以及穿着鲜艳的布娃娃，经常用这些玩具跟他做游戏。这很重要，因为男孩与女孩相比，感觉灵敏而色彩的感觉却很迟钝，所以，男孩子不从小时候就开始发展色彩感觉，那以后对色彩的感觉将会非常迟钝。

蜡笔也是孩子的好玩具。我经常利用它同儿子进行颜色竞赛游戏。我预备好一张大纸，从某点开始；先由我用红色蜡笔画一条3厘米长的线，而后，儿子也用红色蜡笔画一条同样长度的平行线。

接着，我在我画的红色线之后，用青色的蜡笔接上一条长短一样的线，儿子也得用青色的蜡笔在他画的红色线后边画一条青色的线。这样连续画下去，假若儿子使用的蜡笔与我所用的颜色不一样，这一游戏就不再继续，儿子就输了。

每天都要散步

卡尔一学会走路，我就每天带他去散步，并让他注意天空的颜色、树林的颜色、花朵的颜色、原野的颜色、建筑物的颜色和人们服装的颜色等等，这都是为了发展他的色彩感觉。

还有就是让孩子专心注意某些事物，以养成敏锐观察事物的习惯。我通过和儿子玩一种叫"留神看"的游戏来达到这一点。每当路过商店的门前时，我就问儿子这个商店的橱窗内陈列着的物品，并让他在记忆中搜列这些物品。儿子能说出的物品当然越多越好。如果儿子记住的物品还没有我能记住的多，就要挨批评。

这一游戏对发展孩子的记忆力也十分有效。由于坚持这样的训练，儿子还只有两岁时，一次我带他到卖雕刻仿制品的商店去，他就对店员说："你这里怎么没有《维纽斯·得·末罗》和《维纽斯·得·麦得衣齐》？"如此小的孩子居然知道这两幅名画，使店员大为吃惊。

注意力不集中是因为无趣味

鉴于婴儿的注意力不易集中，我通过鲜活的物品教会儿子各种形容词。在儿子出生后第6周，我曾给他买了些红色气球，把气球用短绳扎到他的手腕子上，气球便随着手的上下摆动而上下摇动。以后，又每周给他换一个其他颜色的气球。通过这一游戏，我便能轻而易举地教给他红的、绿的、圆的、轻的等形容词，而且儿子对这一学习方式非常乐意。

在尝到这种学习的甜头之后，我还让儿子手拿贴有砂纸的木片和其他种种物品，教给他粗糙、光滑等形容词。当然，这种教育方式也有一些负面效果，如婴儿往往爱把手上拿的物品往口里放。不过，父母只要多加留心，孩子就不致养成这种习惯。

大自然是小孩子学习的宝库

对于出生后对世界表示好奇的婴儿，并不能只满足于家里各种好玩的玩具。从儿子的表情我可以看出，他似乎觉得仅有这些玩具还刺激不够。甚至对偶尔飞来的苍蝇，卡尔都会显示无比的兴趣。哪怕是看见一只爬到眼前的蚂蚁，他也会用眼睛追踪蚂蚁的动态。当然，光给儿子看蚂蚁、苍蝇是不够的，我常常尽量多地带他到可以看到猫、狗、牛甚至鸟、车的自然中去。

我发现，走出户外的婴儿，都会惊奇地注视路上的狗或猫儿，对川流不息的来往车辆，也会始终看个不停；看到菜摊上摆放的各色各样蔬菜，更是瞪大着眼睛欣赏。通过这样接受在家中所得不到的新鲜刺激，婴儿的智能也自然会发达起来。

因此，做父母的一方面必须对婴儿的健康与安全予以最大关注，这也是做父母的责任，但我们也切不可因此而限制了孩子的学习场所。

置身于美丽的大自然中，婴儿才能使自己的身心更加活泼与健康。注意这个事实，也是做父母的不可忽视的责任与义务。

儿子学习语言的奥秘

15天起就给他灌输词汇

根据儿童潜能的递减法则，一个人在成长过程中，是有某种智力发展最佳时期的。幼儿在3岁以前，是语言发展的最佳期，尽早教孩子语言这一点非常重要。因为语言既是进行思维的工具，也是接受知识的工具，没有这个工具我们就得不到任何知识。我们人类之所以优于其他动物而取得今天的进步，就是因为使用了其他动物所不具备的语言。因此，如果孩子不及早掌握语言，就不能很好地发挥其能力。而若能在孩子6岁以前掌握准确的语言，那么这个孩子的发展就一定会很快，而且其速度是其他孩子无论如何也赶不上的。

许多父母千方百计地注重孩子的身体发育，可是当我提出采取措施发展孩子的头脑时，他们却感到惊异，认为不可行。其实做父母的只要稍加留意就会发现，婴儿从小时起就对人的声音和物品的响声非常敏感。这表明，早期开始教孩子语言是可行的。那么早到什么时候呢？我主张从孩子出生15天大就开始灌输词汇，在孩子刚会辨别事物时就教他说话。

儿子15天大时，我们在儿子的眼前伸出手指头，儿子看到后就要捉它。刚开始时由于看不准，所以总是捉不到。最后终于捉到了，儿子非常高兴，把手指放到嘴里吃起来。这时我就用和缓而又清晰的语调反复发出"手指、手指"的声音给他听。

就这样，在儿子刚刚有了辨别能力时，我们就拿很多东西给他看，同时用和缓清晰的语调重复东西的名称。没多久，儿子就能清楚地发出这些东西名称的音来了。

抓住一切机会跟他说话

孩子学习语言离不开说，同样也离不开听，父母要为孩子提供听的环境，提供说的机会。父母应该尽早与孩子交谈，因为6周大的婴儿就会对谈话的声音有所反应。这一阶段，如果照顾婴儿的人不爱说话，不去理会孩子或者和其他大人说话，那么这个孩子说话的时间就减少了。孩子也并非与大人说话时他才说话，有很多时候他都会"自言自语"。父母应该抓住这个关键时期尽量跟他交流，让他的听力更上一层楼。

只要儿子醒着，我们或者跟他说话，或者轻声给他唱歌。当他的眼光停留在床上吊着的彩色纸花上时，我会不厌其烦地重复着："红纸花、黄纸花……"如果我在做事，我也会用亲切的语调对他说话，告诉他我正在干什么。

应该注意的是，父母的语言要准确、清楚、缓慢，要科学地重复和再现。一旦孩子有所表示，比如微笑、踢脚或摇手，父母应该马上给予鼓励，及时回应。孩子一旦开口叫出"爸爸"，"妈妈"，父母就应该乘胜追击，让孩子保持说话的热情，全力鼓励孩子说话，为孩子制造说话的环境和材料。可以引导孩子念儿歌、讲故事。到了孩子能说双音词、短语时，父母要尽量说简短的句子，让孩子去理解体会。

教语言的8个诀窍

在教儿子语言的过程中，我总结了一些十分有用的方法，我现在将之归纳在下面奉献给诸位：

（1）要发纯正的语音。

从儿子发出第一个"Fa"开始，我就不厌其烦地教他"Fa—Fa—Fa"、"ma—ma—ma"等。当儿子发出一个声音，比如"ka—ka—ka"，我立即回应，跟着他"ka—ka—ka"。而当我教儿子发"ma—ma—ma"时，如果儿子回应了，尽管不是很清晰，我仍给予了充分的鼓励。不过使用这个方法必须听清楚孩子的发音。比如孩子发"脚—mo—mo"，你却听成了"ma"并加以鼓励，久而久之，孩子会出现发音上的混乱。

我与儿子玩这种游戏，总是在他睡醒后一小时进行。因为这时候他情绪最好，效果也更好。所以要注意选择时机。同时发音时要跟孩子充分交流，我和他母亲发音时，都让孩子看着我们的脸，当然最好是能够看到嘴的动作。

教孩子发出纯正的音一定要简洁明快，千万不要啰嗦。比如教孩子发一个音"a"，直接教就行了，完全没必要说上一大段话，那样孩子听不清楚，就容易读错。

（2）用语言能力滋养能力。

孩子能学会任何一个难度很大的发音。教育应该重视这种强大的生命力。举个例子来说，幼儿在开始说话以前，听到过多少遍"doctor，doctor（医生）"这个词，而在他学会另外一个词语之后，如"妈妈"、"爸爸"，他学习词汇的能力会大大增强，以致他学会了"妈妈"和"爸爸"，从而使自己的词汇量增加到3个。在练习这3个词的过程中，他的语言学习能力继续不断增强，从而学会更多的词。从这个例子中我们可以看出，语言学习能力能够滋养能力。

这样解释可能把人弄得更糊涂了，因此我将用另外一种方式来介绍这一过程：

"这个问题你明白了吗？"

"明白了。"

"那好，我们继续吧。"

假设孩子用同样的方法来学习语言会怎样？

"如果你今天会说'doctor，doctor'……没错，那么明天……"第二天他将学会说"妈妈"，第三天他就会说"爸爸"。而如果有一天，孩子想不起前一天学会的词语，他就只能说当天学会的词了。可见这种方法有很大的弊端。

事实上，学习语言并不意味着零星地来学习。它还意味着与此同时培养了学习语言的能力。现在的大多数家长还没有意识到语言教育的能力。教育方法还仅仅侧重于零零星星地来教，而不是培养能力。

如果每个父母都使用这种奇妙的语言教育的方法，一定会大有收获。这就是"能力滋养能力"的方法。

每个孩子都有潜能。能否将潜能挖掘出来并使之成为卓越的才能，取决于如何培养它。

（3）在他耳边不停地说。

我们都有这种经验，学习外国语，不多记单词是不行的。但是想要多记，却往往劳而无功，很快就忘了。有一个时期，为了以后教儿子我下决心要学好英语，就把韦伯斯特的袖珍小词典揣在怀里从头背下去，但是随记随忘，并没有多大效果。以后，我在学的过程中总结出一个道理：要多记单词，还是应当多读有趣的书，在阅读中记住书的单词。同样道理，为了丰富孩子的词汇，只是填鸭式地硬灌，非但达不到目的，反而有害。

教儿子说话，确实是很难的，如果不很好地下点功夫就教不好，我通过与儿子谈论有关饭桌上的器具，室内的摆设，院子里的花、虫等，巧妙地教他新单词的发音和词义。

在儿子稍大一点以后，我和他母亲就抱着他教他饭桌上的餐具和食物、身体的各个部位、衣服的各个部分、室内的器具和物品、房子的各处、院子里的花草树木及其各部分等所有能引起儿子注意的实物名称。总之看到什么就教什么，也教他动词和形容词等，使他的词汇渐渐丰富起来。

几乎每天晚饭后我们都要带儿子出去散步。从家里到村口的教堂，一路上我看到什么讲什么，有意识地叫儿子注意：高高的树，矮矮的草丛，飞动的鸟儿，粗粗的木栅栏；路灯，楼房，马车，各种花草，各种人，还有忙碌的小蚂蚁……儿子被逗引得对外面的世界充满好奇，一出门就指这儿看那儿，咿呀不休，说话也进步多了。

当然，在实行这一教育时，也要注意循序渐进，先易后难。在开始时，教一些孩子容易发的音和一些非常简单的话，只要每天坚持练习，持之以恒，就必有所获。

（4）讲故事是写作文的基础。

当儿子稍微能听懂话时，我和他母亲就天天给他讲故事。在我们看来，对于幼儿，没有比给他讲故事更为重要的了。因为孩子是这个世界的生客，这个世界对他是一个一无所知的世界。所以应该尽早让他知道这个世界，越早越好。为了培养儿子对这个世界的亲和力，最好的做法当然就是讲故事了。讲故事还可以锻炼儿子的记忆力、启发想象、扩展知识。传授知识，死死板板地教，儿子不易记住。用讲故事的形式教，儿子就喜欢听，并且容易记住。所以，教育孩子运用讲故事的方法是最有效的。

除了给儿子讲故事，我还选择好书，清晰而又缓慢地读给孩子听。我在这方面给诸位的建议是，给孩子读《圣经》。《圣经》是举世无双的，大家都公认，像这样的名著实在罕见，所以把它读给孩子听是最好不过的了。由父母清晰地读给孩子听，这是教孩子语言的最佳方法。此外，也有助于培养孩子的优秀品质。

还有，讲故事不能只让孩子被动地听，应该要他复述。如果不让孩子重复，就不能完全达到讲故事的效果。在儿子还不会说话时，他母亲就给他讲希腊、罗马、北欧各国的神话和传说。等他会说话以后，母子两人就表演这些神话。我们向儿子讲述《圣经》故事时，有的还用戏剧的形式演出。

这样不断地进行生动的教育，终于有了成果。儿子到五六岁时就能毫不费力地记住3万多个词汇，这即便对于一个15岁左右的孩子也是一个惊人的数字。

（5）少说这个、那个，多说新词。

教孩子语言的最重要之处就是尽快丰富孩子的词汇，让他们懂得道理。儿子的词汇训练一直受到我们重视。凡是他还不认识的事物，我们都要求女佣不用"这个、那个"的说法，只有对儿子已经记熟了的事物，才教他用代词称呼。另外，在给儿子讲道理时，其中总会遇到一些他不懂的词汇。这时，我们都是随时给他解释，决不稀里糊涂地绕过去。

当然，儿子这么小，那些难的词汇解释了他也听不懂。然而这一行为的意义并不是让他立刻就记住或听懂，而是用解释生词的行为本身，教给儿子学习的态度和方法。如果大人在传授知识的时候遇到难点就绕过去，孩子就会养成"不求甚解"的坏习惯。

德国有许多通俗易懂的童谣，我们当然不会对这些优秀的文化遗产视而不见。我们从儿子小时候起就教给他这些童谣，并且让他记住了它们。因为这些童谣的语调好听易记，所以大大有利于丰富儿子的词汇。不仅如此，儿子的智力也在阅读这些童谣的过程中很快地发展起来。儿子不到4岁就开始读书，这些书主要是以歌词形式写成的。

（6）不让他遭受方言和粗话的污染。

我反对教给孩子不完整的话和方言，比如教孩子"咂咂"（吃奶）、"丫丫"（脚）、"汪汪"（狗）之类的。这些语言对孩子语言的发展有害无益，这一点要特别引起父母们的注意。诚然，孩子学不完整的话和方言会更容易一些，因此许多父母也就认为孩子的语言从这些半截子话学起并无大碍，但是我经过试验发现，孩子在两岁左右时，如能缓慢、清晰地教他说正式的语言，一般来说孩子都可以发出音来。

如果儿子本来可以学会的东西，我都故意不教给他，这在教育上就是极其愚蠢的了。正如雷马克所说的那样，一个东西如果不使用，就难以评价它的作用，同样，如果不教给孩子他们本来能够学会的东西，那么，他们的那种潜在能力也就得不到发展。世界上再也没有比这更愚蠢的事了。

　　事实上，对幼儿来说，单会说"汪"或"丫"等词汇，虽然相对要容易一些，但这也同样会给他们造成负担。对孩子的语言学习来说，完整规范的语言是他们迟早要学的语言，而那些半截子语言却是他们不久就要抛弃的语言。让孩子学两套语言，这势必给孩子造成双重负担。世上确实再没有比这更不经济的事了。孩子本来可以用那些白白浪费掉的精力去学习一些知识的，但他们在这种错误的教育下，只得付出如此宝贵的光阴。因此，做父母的，绝不应当教给孩子一些不完整的话，以免浪费时间。

　　也许有人说，教给孩子说这种话非常有趣，但你们让孩子付了如此高昂的代价是否值得？！教给孩子不规范的语言的害处还不止于此。社会上有许多孩子，到了十四五岁（甚至已长大成人），有的话还发音不清楚，这就是父母教育不当的结果。在今天的学校里，教员为纠正学生的这些发音毛病所付的消极劳动，往往比他们用于积极劳动所花的时间还要多，这实在可悲。不用请教心理学家，就连任何一个普通人都知道，教师用在纠正学生已经养成的毛病上所花的时间比起教他们新的知识所花的时间还要多。

　　但是，社会上竟有这样的父母，他们以孩子发出的错音、说出的错话为乐。他们不仅不去帮助孩子纠正，反而将错就错，随声附和，这是大错而特错的。因为这样将使孩子永远无法发觉自己的毛病，以致习惯成自然，难以纠正。

　　能正确运用语言意味着能正确地思考。如果让孩子从小就使用似是而非的语言，那么孩子的大脑就难以训练好。

　　我从儿子出生时起，就尽可能地对他说准确而漂亮的语言。在向他灌输语言时，我认为俗语也很重要。因为有的意思，不用俗语就不能表达得很完美。我们的思想在发展着，新观念也在不断地产生着，表现这些新观念的俗语也必然增加，所以排斥俗语就会落后于时代。

然而，我绝对不教给儿子不完整的话。这种完整的语言教育从一开始就起到了很明显的效果。儿子还不到一岁时，有位朋友对他说："卡尔，我想看看你的汪汪。"他纠正说："这不是汪汪，是狗。"这位朋友对此大为惊讶。

（7）力求措辞严谨，语言生动。

在语言教育中，我非常强调从一开始就要让孩子学到标准的语言。为此，我总是反复清晰地发音给儿子听，耐心地教他标准德语。只要儿子发音准确，我就摸着他的脑袋表扬道："说得好，说得好。"当儿子发音不标准时，我就对妻子说："你看，你儿子不会说什么什么……"于是妻子就回答说："是吗？我儿子连那样的话都不会说？"这样一来，尽管儿子还很小，也激起了他拼命学标准语音的劲头。经过我们的不懈努力和执着坚持，儿子从小的发音就非常准确。

在词汇学习上，我的信条是：要想有清楚的头脑，首先必须有明确的词汇。为此，我不是只让儿子停留在孩子式的表现方法上，而是教他逐步了解和使用复杂的措辞，并且力求措辞生动准确，决不使用暧昧的措辞。为了要做到这一点，我认为家人一定要相互配合，不要一个在严格要求，一个却纵容孩子。为此，我和妻子默契配合，而且以身作则，在平时坚持力求发音标准，语言规范，精选恰当的词汇。

我不仅对妻子，对女仆和男仆都严禁他们说方言和土话。因为儿子与仆人们的接触非常频繁，易受他们的影响。我只许儿子记标准德语，因为只要能记住标准读法，就可以让儿子不费力气地读懂书上写的东西。

（8）别让语法败坏了孩子的胃口。

在教儿子语言时，语法不是最重要的，特别是对孩子来说，更没有多大必要。因此，在儿子8岁前我并未专门教过他语法，而是通过听和说来教。

孩子其实都喜欢说话，从小时候起，他们就常常一个人把学到的单词反复地说着玩。我就利用孩子的这种倾向，把儿子能理解的有趣的故事，用精选的词句组成短文，让儿子记住。他不仅能很快地记住，并总是高兴地复述着。以后，我把这些短文翻译成各种外国语让他说，他也能很快记住。根据我的经验，在人的一生中，1~5岁可能是最有语言才能的时期了，父母千万别让这种才能白白枯死。

与儿子的心灵相接触

爱是与孩子沟通的最重要途径。当然，仅仅有爱是不够的，在人生中我们花掉很多的时间来学习怎样表达爱，为人父母之后也需同样注意这一点。

说服和教训所起到的作用是有限的，我们之中又有谁乐意听取别人喋喋不休的说教呢？但有的父母却固执地对着孩子这样做，直到有一天发现原来孩子一直在敷衍自己，甚至暗暗滋生了仇恨心理，才深深体会到教育的失败。

想要与孩子有效沟通，最重要的莫过于用心去爱孩子了。认真去感触他的世界，耐心倾听他的心声，然后加以适当引导而不是强行更改。需要强调的是，这里的"爱"是"理解"而不仅仅是"满足"，意味着"包容"而绝非"纵容"。

"我不明白，我给他吃，给他穿，他想要什么就买什么，他却在昨天说恨我！"村里一个妈妈痛哭流涕地说道。这位母亲把整个身心都给了孩子，哪里想到会是这样的结果呢？

"妈总想管着我，不让我去这里不让我去那里，还动不动就哭着说是为了我好。她用来跟我做比较的孩子足够开出一个长长的单子！"儿子愤愤不平地抱怨着。在他看来，妈妈忽略甚至轻视了他作为人的权利。

要知道爱孩子并不是只满足孩子的物质需求。对孩子来说，真正理解父母为抚养他，供给他的生活所付出的辛劳还为时过早，他更为敏感的是父母对其心灵的关注程度，对他所享有权利和自由的尊重。在与孩子沟通的时候，父母有必要让孩子感受到理解和尊重，感受到浓浓的亲情之爱，爱将化解所有的误会和不愉快。

我相信，没有父母不爱自己的孩子，可由于缺乏爱的技巧，不会爱孩子，造成了无数家庭亲子之间的隔阂，这实在是一件值得反思的事情。

曾有位父亲写了一封信给孩子，忏悔自己不适当的爱给孩子造成的伤害：

孩子：

在你睡着的时候，我要和你说一些话。我刚才悄悄地走进你的房间。几分钟前，我在书房看报纸时，一阵懊悔的浪潮淹没了我，使我喘不过气来。带着愧疚的心，我来到你的身旁。

我想到的事太多了。

孩子，我对你太粗暴了。在你穿衣服上学的时候我责骂你，因为你洗脸时只在脸上抹了一把；你没有擦干净你的鞋时我又对你大发脾气；你把东西不小心掉在地上时我又对你大声怒吼。

吃早饭的时候，我又找到了你的错处：你把东西放在地上，你吃东西狼吞虎咽；你把手肘放在桌子上，你在面包上涂的奶油太厚……

在你上学我去赶汽车上班时，你深情地向我高呼："爸爸再见！"我却蹙着眉头对你嚷道："怎么又驼背了，把胸挺起来。"

晚上，一切又重新开始。我在下班路上看到你跪在地上玩弹子，袜子破了好几个洞，禁不住又大发雷霆："袜子是花钱买的，你怎么一点也不知道心疼……"并在你朋友面前押着你回家，使你当众受辱。

孩子，你还记得吗？晚饭后，我在书房看报，你怯怯地走了过来，眼睛里闪着委屈的泪光。我对你的打扰极不耐烦。你在房门口犹豫着，我终于忍不住地吼了起来："你又来干什么？"

这时你没有说话，却突然跑了过来，抱着我的脖子吻我，眼里含满了泪。我简直不敢相信我如此粗暴也萎缩不了你对父亲的爱。接着，你用你的小手臂又紧抱了我一下，就走开了，脚步轻轻地走开了。

孩子，你知道吗？你刚离开书房，报纸就从我手中滑落到地上，一阵强烈的内疚和恐惧涌上心头。习惯真是害我不浅。吹毛求疵和训斥的习惯几乎成了我父爱的象征。孩子，爸爸不是不爱你，而是对你的期望值太高。我是用成年人的尺度衡量你，而且拿很多成年人也难以做到的标准来要求你。细想起来，多么可笑。

而你本性中却有那么多的真善美，你小小的心犹如照亮群山的晨曦——你跑进来吻我的自发性冲动显示了这一切。今晚，一切都显得不重要了。孩子，我在黑暗中来到你床边，跪在这儿，心里充满着愧疚。

这也许是个没有多大效用的赎罪。等你醒来后告诉你这一切，你也不会明白，但是从明天起，我要做一个真正的爸爸——做你最要好的朋友，你受苦难的时候我也受苦难，你欢笑的时候我也欢笑。我定会把不耐烦的话语忍住。我会像在一个典礼中不停地庄严地说："你只是一个孩子，一个小孩子。"

我以前总是把你当作大人来看，但是孩子，我现在看你，蜷缩着熟睡在小床上，仍然是一名婴儿，你在你母亲的怀里，头靠在她的肩上，仿佛只是昨天的事。我以前对你要求得太多太多了。

这封使无数父母再也不愿训斥、指责和抱怨孩子，使无数父母动容和深思的信同样教我们明白：要爱孩子，而且一定要学会怎样去爱。无论何时，父母与孩子无法泯灭的亲情之爱都是彼此间沟通交流的最好的途径，是一座始终存在的桥梁，我们应当小心地通过，而不要让粗暴、偏见、忽视等东西不经意间阻塞这座桥梁，也不要让它被骄纵和溺爱毁坏。

第四章
教育孩子需要正确的方法

如果不是用强制和严格的手段来训练少年们的学习，而是引导他们的兴趣，那么他们将发现自己的志气。

培养儿子多方面的兴趣

经过从婴儿期就开始的教育，卡尔显得比同龄的孩子更聪明，更机灵，反应更快，各方面的能力也更强；我认为他在智力上已经准备好了，所以从他两岁时就开始教他认字，但这绝不是强迫性的。"不能强迫施教"，这是早期教育法的一大原则。

我认为不管教什么，首先必须努力唤起孩子的兴趣。只有当孩子有了兴趣时，才能取得事半功倍的良好效果。卡尔的生活过得丰富多彩，就是因为我一直注意引导他在多方面获得乐趣。

在孩子的乐趣中，最重要的是读书。不过应特别注意书的选择，一个人喜好什么样的书，往往决定于他第一次读的是什么书，而且幼年时期读的书往往能左右这个人的一生。

在引导儿子读书上，我采用了一些小伎俩。孩子们最喜欢听人讲故事，特别是年龄较小的孩子。我发现讲故事的重要性，它不仅能丰富孩子的知识，而且能够成为引导孩子看更多书的桥梁。我在讲故事的时候，总是绘声绘色，运用夸张的表情、形象生动的语言，并辅之以变幻不定的手势，甚至有时候站起来模仿故事人物的身形以不断推动情节发展。儿子听得如痴如醉，常常也禁不住跟着我手舞足蹈。但我总是讲到最有趣的地方就打住，并告诉儿子这个故事在哪本书中，鼓励他在阅读中寻找乐趣。

卡尔的乐趣不止于此，他的乐趣还可在音乐中找到。

诗人歌德曾说过："为了不失去神给予我们的对美的感觉，必须天天听点儿音乐，天天朗诵一点儿诗，天天看点儿画儿。"因此，让孩子接触音乐是很重要的。有人说，善于唱歌的人比不会唱歌的人寿命长，这是由于善唱者心情总是快活的。神经质的孩子养成唱歌的习惯，就会快活起来。

我们不能使每个人都成为音乐家，也没有这个必要。然而，人生在世，完全不懂音乐则绝不是幸福的。即使自己不会，起码也要会欣赏。因此，应设法教给孩子一些音乐。有人认为，既然不想使孩子成为音乐家，教他音乐就是浪费时间，这种认识是错误的。没有任何艺术的生活，就如同荒野一样。为了使孩子的生活幸福，生活内容丰富多彩，父母有义务使他们具有文学和音乐的修养。据说俾斯麦退职后曾慨叹过：假若在年轻时学会一种乐器的话，自己的生活就不会这样寂寞了。

我个人认为，人生在世懂得音乐是非常幸福的。我从儿子小时起，就努力使他形成欣赏音乐的观念。前面已经介绍过，在儿子出生后不久，我就买来能发出1、2、3、4、5、6、7七个音的小钟敲给他听，并让妻子唱给他听。

在儿子刚出生以后不久，每当哭泣时，我就让他听海顿交响曲的唱片，于是儿子的哭泣立刻停止而静静地听起来。每天只要一哭就让他听这个曲子。另外，还经常让他听两三首巴赫或贝多芬的曲子。这样过了一年左右，当让他听着巴赫或贝多芬的曲子时，一旦改换为海顿的交响曲，儿子整个上半身就晃动起来，高兴得像是正合着节拍。到了1岁零3个月时，儿子自己就开始选择曲子，对不喜欢的曲子，就摇头表示不愿意。

当儿子学会ABC的读法后，我便教儿子乐谱的读法，并常常作这方面的游戏。具体的玩法，就是在屋中把东西藏起来让他找。这是儿童常玩的游戏，不过我在此还利用了钢琴，这样就使游戏变得更加充满欢乐色彩。例如：当儿子一走近藏东西的地方时，我不是说"危险，危险"，而是渐渐弹出低音。若是走远了，就渐渐弹出高音。儿子如果不注意声音的高低，就很难找到藏起来的东西。这一方法对训练孩子的听力很有效。

孩子都喜好节奏，我就从这方面开始训练。

我从儿子尚不会说话时起，就用拍手的方式打拍子让他看。不久，买来了小鼓，教他按照拍子敲打。过了一段时间又买来了木琴，让他敲打，并且开始作弹琴游戏。我用手指出墙上的乐谱，他按乐谱摁琴键。不久，他已能用钢琴单音弹奏简单的曲调了。

儿子从小就爱好摆弄钢琴等乐器，我抓住这个机会鼓励他练习。同时，他只要得到我的一些帮助，就能自己编出各种曲调。儿子把自己创作的许多曲子记在笔记本上，这和幼年时代的日记一样，将来拿出来看看，也是很有乐趣的。

在教儿子练琴时，我反对只注重技巧的方法。我的一位朋友，曾为孩子聘请过一名小提琴教师。一年之中他只教孩子练习技巧，致使这个孩子不仅没有学会音乐反而开始厌恶音乐。而教儿子小提琴的教师则没有沿用这个教法。儿子练习小提琴时，我总是用钢琴给他伴奏，所以他能很高兴地学。因而，他弹钢琴、拉小提琴都很出色。

和很多上幼儿园前的孩子一样，儿子也很喜欢画画，并且在画画中得到了很大的乐趣。儿子的画实在是栩栩如生。一条线、一个点，都洋溢着他跳动的生命和活力。哭也好、生气也好、笑也好、害怕也好……卡尔的每时每刻的心理状态，都与线或点息息相关。

孩子的心理活动都原原本本地反映在画里的点或线上。因此，不能评价这个画的好与坏，而是要看是否充分表达了心理活动，我就站在这个角度欣赏儿子的画。

如果儿子拿着铅笔或蜡笔对写写画画开始表现出有兴趣，我知道这是开始早教的好机会。

画线练习可以锻炼儿子的注意力集中，同时，通过随便画曲线或直线的练习，也可以为将来写一手好字或画好画打下良好的基础。

给儿子一双发现问题的眼睛

孩子的好奇心比较重，凡事都要问个为什么，心理学家认为好奇心是由新鲜事物引发的一种注意，是对外界新鲜事物的探究及反射，提出问题是思维活动的起点，而人的思维活动则是在外界事物的刺激下不断地提出问题、解决问题的过程。随着孩子年龄的增加，他们的阅历逐步增长，思维能力加强，提出的问题也日渐复杂化。通过提出问题、解决问题，孩子实现了知识的积累和经验的总结，这是成长过程中不可缺少的。但是并非每个父母都能意识到孩子提出问题、解决问题的重要性。

发生在同村的马克和他的儿子身上的事就说明了这个问题。

吃过晚饭，马克带着6岁的儿子来到公园散步，儿子眼尖，认出了邻居的华尔叔叔，他正和一位漂亮的姐姐并排坐在长椅上，于是有了这样的对话：

"爸爸，华尔叔叔在那边，他为什么和那位姐姐坐在一起呢？"

"因为他们正在谈恋爱。"

"他谈恋爱为什么不找自己的妹妹，她比那位姐姐还要漂亮呢。"

"小孩不懂，怎么能和自己的家人谈恋爱呢？"

"那昨天晚上你和妈妈不就提到你们谈恋爱吗？难道你和妈妈不是'家人'？"

"哪来的这么多问题？你能不能安静点儿？"

马克不耐烦的态度使儿子闭了嘴，但是孩子还是不明白为什么不能和自己的家人谈恋爱，更不明白爸妈明明是家人，却又能谈恋爱这一问题。

对孩子而言，展现在他们面前的是一个新奇而又多彩的世界，自会走路起，他们就没有一刻是清闲的，这儿动动，那儿摸摸，无数的东西、现象都是他们急于了解的，好奇心和求知欲使他们勇于提出各种各样的问题。如果家长不能准确、巧妙地回答孩子的问题，出现无言以对的尴尬局面是很常见的。胡乱回答孩子的问题，或者因孩子提问多而训斥孩子的情况也不少见。

孩子的究理精神从两三岁起就已经萌发了。具体的表现就是他们开始向大人提问，提出的问题越来越多，而且千奇古怪。这是值得高兴的事，说明孩子开始对世界进行思考了。然而，可惜的是大多数父母不仅不为孩子的提问感到兴奋，反倒觉得厌烦不已。他们对孩子所提出的问题大都是随随便便敷衍一下，并不给予耐心的说明和解释。

这是大错而特错的。这种态度实际上是在压抑孩子的究理精神。要知道，在孩子的智力刚开始萌芽时，我们如果不向他们提供适当的对象供孩子们玩耍，他们这种已经萌发的究理精神就会白白枯死，而智力也将得不到进一步发展的动力。相信这种状况是每个做父母的都不愿意看到的。但是在现实中，正是他们自己使孩子的潜在能力枯死，到孩子上了学才大惊小怪地嚷："为什么我的孩子成绩这样糟糕呢！"这些父母只知道一味埋怨孩子，却从来没有对自己的行为进行过反省。

正确的态度是，做父母的不管有多忙多烦，都应该做到孩子问什么，就回答什么。在向孩子传播知识和方法时，决不能嫌麻烦，敷衍塞责，应付了事，一定都要真实合理。只有这样教育，才能使孩子成为对社会矛盾和缺陷有辨别能力的人；也只有这样，才能发挥出孩子的潜在能力——天才。如果培养出来的人辨别不出人间的好坏和善恶，对世界没有思考和认识，这类人越多，就越成为社会的累赘，他们不会给人带来任何益处。

让我们做一个试验，假如对某个人施行催眠术，给他一种所谓消极的幻觉暗示，那么他就会连眼前的人和物都看不真切。如果我们的教育是这种催眠术式的教育，那将多么可怕。也就是说，我们的教育决不能使孩子陷入这种消极的幻觉状态中。我们教育孩子的真正目的，就是要为他打开智慧的天窗，使他能够敏锐地观察到社会上的坏事，洞察出社会上的矛盾和缺陷。我们人类的理想，决不应当像亚当和夏娃那样，仅仅满足于在不知自己是裸露着身体的情况下过快乐的天堂生活。为此，决不能让孩子成为精神上的盲目乐观主义者。

要做到这一点，就必须重视孩子最初对世界的看法，积极回应他们的每一个问题。同时，父母还应该注意一个问题，那就是不能以权威来压抑孩子的天性。

我不会按照大人的想法打造孩子

现在虽然大多数父母都很喜爱自己的孩子，但他们并不尊重孩子，总是把孩子看作是可以被他们任意加工改造的原材料，以为孩子什么事也不懂，想把他们培养成什么样就能培养成什么样。因此为孩子设计一个未来，或希望孩子成为一个音乐家，或希望孩子成为画家、文学家，然后按自己的想法去开发孩子的智力，他们甚至不惜花钱买各种高昂的学习用品，买各种营养补品。当孩子稍有越轨之处，就进行呵斥，甚至打骂，恨不得孩子在一天之内就变得聪明起来。其实父母的这种心情是可以理解的，但是这样的做法却往往是失败的，而且会对孩子的心灵造成伤害，因为它违背了智力开发的根本规律。

智力开发的第一个重要方略就是尊重孩子的主体性，即每个孩子都是他们自己的主人，他们有着与成人不同的认识世界的方式，他们有自己的爱与恨，比如在童话里，各种小动物都像人一样会说话，有自己的感情，这在成人看来，完全是虚构的。但对于孩子来说，这完全是正常的，而且他们会随里面小动物感情的变化而变化。这就是孩子与成人对外部世界感知的不同之处。因此父母要把孩子放在一个与自己平等的地位去尊重他们，理解他们。在进行智力开发时，不能把自己的想法强加在孩子身上，进行硬性的灌输。正确的做法只能是对孩子进行一种引导、启发，从而使他们潜在的未表现出来的能力充分地展现出来，不要强迫孩子做这做那，而应该根据孩子的兴趣、天赋，因势引导，只有这样做才能收到事半功倍的效果，孩子才能在轻轻松松的气氛中，一天一天地变得聪明起来。

对于卡尔的教育，我首先是考虑发展他先天的个性，培养他的独特见解和首创精神。只有这样，才能让他成为有鲜明特点的人，才能让他在成年之后拥有新的观点和思想。这样，他才能够为这个世界作出一些应有的贡献。

我的一些朋友，自称为高明的教育家，他们给孩子制定出各种清规戒律。戒律多得令人可怕，容不下才华出众的孩子。很多的孩子因受到条条框框的限制，不能够自由发展。

我听说过很多才华出众的孩子在触犯那些清规戒律而受到非难，在他们与众不同时而遭到指责。

我们想要把我们的孩子培养成什么样的人才呢？仅仅是一些处事圆滑的店员或灵巧但没有思想的手艺人吗？如果是这样的话，世界上还会有真正的科学家、哲学家、艺术家吗？

正像某个大学教授平时对学生所说的："你们只要能学会希腊语和拉丁语就足够了。所谓科学和本国语一边喝茶一边说着话就能够学会。"他们就是这样一群偏见家。我怎么能把儿子培养成这样的学者呢？

我培养儿子的辨别能力、求知欲望以及对美术、文学等的欣赏能力，正是为了避免让他成为那种所谓的学者。

完美的人，应该是心胸宽广、富于献身精神、充满仁爱之心的人；完美的人，应该能够看到矛盾和缺陷，并立志去解决它。

我从卡尔很小的时候就去培养他辨别真伪善恶的能力。因为如果没有这种能力，知识将会显得苍白无力。

不能培养孩子辨别能力的学校，只能成为庸人汇集的场所。那样的学校只不过是一个个兜售学问的零售店，教员仅仅是其中的一个店员。尽管他们大多数都在尽职尽责地销售教育学、语言学、博物学等等知识，但你从这些授课身上丝毫感受不到创造力。

我时常告诫卡尔，一个人如果没有创造力，即便他能懂得全世界的各种语言，看完了世上所有的书，那也丝毫没有价值。

很多学校的管理者，他们只管制定出严格的规划，并以此准则培养了一大批中规中矩的人来。这样的学校只能培养出"平均"的人才，从他们之中很难发现有特点的人。这些学生和他们的老师一样，没有思想，也没有新颖的观点。

完全清一色的庸人，数量再多也没用。

我们应该记住，雅典时代希腊文明的伟大，是自由教育的结果；相反，拜占庭时代希腊文明的贫乏，正是清规戒律的结果。

对于儿子，我最大的愿望是让他成为对世界有所贡献的人，而不是那种只会读书的所谓学者，更不是所谓的一鸣惊人的神童。

我希望卡尔是一个完美的人，这比其他的都更加重要。

求知欲望强烈的孩子，思维活跃，爱提问题。正处于见到什么都想问"为什么"的时期。卡尔后来在追忆自己少年时代时有这样一段叙述："我在儿童时代喜欢仰观天象，并且喜欢追究天象的根源，当万里无云的时候，我总喜欢月亮。我每天晚上看月亮，竟看得发狂。有一次在月亮底下拼命追赶它，但终是徒劳。又有一次我登上桌子开窗，拿着一根手杖去敲月亮，但仍是落空！因此我向长辈发出许多疑问：月亮是活的吗？月儿生在哪儿？到了初三初四或二十四五时，我又要问：为什么只剩一半了呢？那半个哪儿去了呢？"孩子爱提问题，而好问才能真正学到知识，也能促进大脑的发展和思维能力的提高。孩子通过不断提出问题和探索问题的积极思维活动，促使了其大脑神经细胞的发育，提高了脑的功能，促进了智力的发展。

对事物强烈的求知欲，对事物的好奇心和探索是开启智慧之门的钥匙。许多大科学家的发明创造都起始于对事物的好奇和探索。

总之，求知欲和探索精神是创造成功的开端和必要的条件，是儿童智力发展的内在动力。

我绝不剥夺儿子玩的权利

通过对儿子的教育，我发现玩对于孩子来说不仅仅是兴趣，更重要的是在玩的过程中可以逐步开发孩子的智力。

父母总是把孩子玩泥巴、玩水、玩沙、玩石子，看成是一种没出息、没教养的行为，认为这样的孩子成不了大器。这是一种错误的观念。孩子与成人不同，不可能像大人那样可以坐在那儿静静地思考问题，孩子必须在玩的过程中通过触摸事物，实际地摆弄和操作来认识世界。对孩子来说，周围的一切环境都是学习的对象，他们往往在各种活动中发展他们的智力。

只要有空，我就带儿子去参观所有的博物馆、美术馆、动物园、植物园、工厂、矿山、医院和保育院等，以开阔他的眼界，增加他的见识。在参观前，儿子都要先阅读大量有关的书籍以便大致了解，然后再通过自己的眼睛实地接触这些事物，获得了大量与直接感知相一致的信息与知识。在这时，儿子的脑子总是转动得特别快，心里充满着寻根究底的疑问。面对儿子源源不断的问题，我总是尽我所能给他说明和解释，并做到深入浅出，决不敷衍。因为我知道，这样教授知识最自然而且有效。

只要能满足儿子的求知欲望和追求真理的精神，我决不吝惜体力和金钱；为了向儿子公开魔术的秘密，我就曾不惜重金，请魔术师现身说法。类似这样的事情还非常多。儿子生长在内陆地区，但他总在书中看到对大海、大洋的描述。他很喜欢看这一类的书，在看了麦哲伦、哥伦布等航海家的传记以及《马可·波罗游记》这些书以后，他非常想去看看大海。于是，我就带他去了地中海海岸。平生第一次看到大海，儿子兴奋极了。我们在那里拾贝壳，采集海藻，拾水母和海星等。我对他讲述了这些海产品以及海底生物的各种知识，他对神奇的海底世界十分向往。我们又在沙滩上做各种游戏，比如堆山、凿河、开湖、垒岬、修湾、筑岛和封岛等。要使孩子形成地理概念，海边真是最有利的地方。我把地球仪带到海边，告诉他地中海就在这里，越过地中海就能到达非洲，非洲大陆的两边是太平洋和大西洋，越过太平洋就可以像马可·波罗那样到达中国，而越过大西洋就可以像哥伦布那样到达美洲。就这样，儿子逐步了解了地球的概念，学会了世界地理。

光参观还只是这类教育的一部分。每次参观归来，我还让儿子详细叙述见到过的一切，或者让他向母亲汇报。由于有这一功课要完成，使儿子在参观中总是用心观察，认真听取我或者导游的介绍与讲解。这样一来效果就更为显著，儿子能记住更多的东西。

儿子3岁以后，我不再局限于哈勒地区，开始领着他到各方周游。5岁时，儿子就已经在我的陪伴下，几乎周游了德国的所有大城市。在旅途中，我们既登山，也去游览名胜；既去寻找古迹，也去凭吊古战场，还参观了无数的古堡、宫殿、园林、教堂。回到旅馆后，我就让儿子把所看到的一切写信告知他的母亲和熟人。回到家中，他还要向亲人们口头讲解旅途见闻和切身体会。

6岁时，儿子已经成了洛赫附近最见多识广的孩子了。他的见识甚至超过很多大人。人们在地理、历史方面有什么想知道的都去问他，或者想听听其他地方的奇闻轶事的，也会来找卡尔。后来儿子干脆写了一本游记，将自己旅途中的所见所闻全部写了下来，大家都看得津津有味。

儿子的丰富的知识得益于他在玩的过程中通过接触实际环境的切身体会。通过各种玩乐，儿子不仅熟练地掌握了各种常识，也培养了不同于一般孩子的生活情趣。我从来不想把儿子培养成所谓的学者，他们只懂得自己的一点专业，为了显示他们有高人一等的学识，不论对谁，走到哪里，总是一味卖弄他的专业，不管人家是否愿意。对于专业以外的东西，他们一概不知，也毫无兴趣。比如，他们非常缺乏常识，就像一些不食人间烟火的人。他们对时事等问题发表的拙劣看法，时常成为人们的笑柄。

带有偏见的人们认为我儿子除了坐在书桌前面，其他什么也不干。他们甚至认为，他可能除了学究式的知识外，还会点外语，其他就一概不懂了。

但是了解我儿子的人都知道，他坐在书桌前的时间比任何一个少年都少。事实上，他把大量的时间尽情地花费在了玩耍和运动上，是一个非常健康活泼的孩子。

记忆力、想象力和创造力发展并重

我在前面做了那么多，都是为了能尽早开发儿子的记忆力、想象力和创造力。儿子今后取得成就与否，跟这三方面都有重大关系。但是对孩子切忌进行机械的训练，那样不会有任何效果，而应该采取一些灵活有趣的办法。

一位科学家说过：一切智慧的根源在于记忆。

早期教育可以使记忆力发展的时间大大提前。尤其是婴儿时期，每天重复输入相同的词汇，不断地刺激孩子大脑里的词汇库，可以促使孩子的记忆力迅速发展。

抓住孩子智力发展的关键时期提高孩子的记忆力也十分重要。

在我们采用"硬灌"教育法让孩子记住大量语言辞汇、刺激其记忆力的发展以后，就可以开始让他逐步接触文学、历史等方面的知识了。这时候，拓展孩子记忆的内容固然是重要的，但更为重要的是使孩子掌握一些行之有效的记忆方法，并使之融会贯通到他的意识深处。

为了使儿子牢记神话和《圣经》中的故事，我常常把有关内容编写在纸牌上。后来教他各国的历史时，也采用了同样的方法。这一方法概括起来就是，起初用讲故事的方法教，而后把它们编成纸牌，采用游戏的方式教。有时我们还一起读一本有趣的书，并写出要点。

儿子很小时就把各种事情写成韵文来记忆，因为韵文比散文容易记。在儿子8岁时，我曾用骸骨教他生理学。一次，他趁我外出旅行之机，就用韵文写下了已记住的骨、筋肉和内脏的名称。我回来时，大为惊奇。

对历史上事件的教育，我多在儿子读过之后再用戏剧形式演出，这样就容易记住了。而学校教的历史课，完全是照搬年代表，味同嚼蜡，毫无趣味，学生厌恶它，从而根本记不住也就是理所当然的了。

想象力是孩子自然生成的一种最重要的能力，当他们幼小的心灵对世界不能充分了解的时候，想象力便帮助他们寻找答案，想象力使他们的思维丝毫也不被陈规陋习所约束和局限，而延伸到人类理性认知难以触及的各个角落。倘若想象力不随着孩子的成长而泯灭的话，那么在那些健康适当的个性中它就会表现为纷沓而来的灵感和自由、发散的思维特征，为创造力提供动力，并成为诗歌、小说、建筑、雕刻艺术乃至数学、物理、化学等各种学科革新的源泉。

然而，可惜的是，由于教育失当，许多孩子的想象力没有得到合理开发，甚至被扼杀，致使大批孩子在经历了一小段彩色人生后，很快就被大人们僵硬、单调、枯燥的生活方式和思维方式所笼罩，而逐渐丧失掉因想象力带来的无尽乐趣和创造力。

有些父母对孩子表现出的想象力不屑甚至不满，是因为他们不懂得想象力的重要性，他们的想象力在童年时被扼杀了，现在他们如法炮制，来扼杀孩子的想象力。他们会说："想象就是不切实际、胡思乱想，与其让孩子不切实际地幻想，那还不如让他多学习一个单词。"

我们的幸福有一半以上靠的是想象。不会想象的人是不会懂得真正的幸福的。贝鲁泰斯曾说过："想象是人生的肉，若没有想象，人生只不过是一堆骸骨。"

那种没有风趣的人干什么都只论事实，排斥想象。他们甚至把圣诞老人和仙女从家里撵走。他们的这种干巴巴的生活态度也传染到对孩子的教育中。他们认为历史上的传说和不合情理的儿歌对儿童有害无益，他们更不懂得传说和儿歌能够陶冶孩子的品德。事实上，即使大人的生活，没有想象也是无趣的，何况孩子们。因此，从家庭里撵走圣诞老人和仙女，就如同撵走伴侣和抛弃玩具一样，对孩子来说是残酷无情的。何况，孩子之所以懂得爱惜鸟兽，具备了有关道德的一些初步知识，从小就立志要具有远大的理想，都是受传说和儿歌的影响所致。

如果一个人在小时候想象力得不到发展，那么他非但不能成为诗人、小说家、雕刻家、画家，而且也成不了建筑家、科学家、数学家、法学家。尽管有人认为当数学家和科学家用不着想象，但这是不符合事实的。想象对于任何人都是必要的。

因此，凡是年幼时充分发展了想象力的人，当他遭到不幸时也会感到幸福，当他陷于贫困时也会感到快活。

有人认为神话没有任何价值，予以排斥，但我却非常欢迎它们。据我观察，同样是眺望天空的星星，懂得神话的孩子的感触和不懂神话的孩子就完全不一样。另外，由于孩子缺乏社会生活经验，不懂得善恶的区分。为了让他们分清善恶，最好的方法就是给他们讲述传说和儿歌。

我的家中从不排斥仙女，我经常给儿子讲传说和唱儿歌，使他知道大自然是仙女居住的可爱世界。因此，他从小就爱大自然。同时，他还从传说和儿歌中学到了许多优秀的道德和品质，如正直、亲切、勇敢、克己等。

为了发展儿子的想象力，我不仅向他讲述已有的传说和儿歌，还讲述自编的故事，进而让他自己讲述自编的故事，并鼓励他把故事写成文章。

有的父母因不了解孩子们的想象世界，当孩子用木片和纸盒建造城市、宫殿玩时，他们为了收拾屋子，就往往不给孩子打招呼就破坏了孩子的游戏。这就无情地摧毁了孩子的精神世界。

这一举动的严重性在于，这不仅剥夺了孩子的幸福和游戏的欢乐，而且有碍孩子将来成为诗人、学者、发明家……父母在教育中往往因为轻率的举动而毁掉天才。

在创造力方面我鼓励儿子多动手、多思考、多提问题。不论儿子提出什么样的问题，我都耐心地给予解答。

在儿子1岁多时，如果拿着某种材料或玩具聚精会神地玩，而不是拿起来就扔掉，我们就及时夸奖他，并和他一起，启发他尽兴地玩。如果儿子用了一种出人意料的方法玩玩具，我们不光夸奖他，还要鼓励他多想出几种方法来。

儿子2岁时，他母亲每天像上课一样讲故事给他听。他母亲还有一套吸引他不断听下去的办法，就像报纸上连载小说那样。他母亲每天讲到"且听下回分解"的地方就打住，下面的故事情节则让儿子自己去想象创造。儿子不得不为此而挖空心思，并对可能的情节作出各种猜想。第二天，母亲在讲故事前，先让儿子说他是怎么想的，然后才接着讲。如果儿子自己猜中了，我们就高兴地欢呼。如果儿子没猜中，他母亲就夸奖说："哎呀，我儿子编得比故事本身还好呢！"儿子的创造力就在这种训练中不断培养起来。

不论是培养卡尔的记忆力，还是培养他的想象力，在这些过程中，都无法忽略思维在其中的存在和作用。关于这一点，我在教育小卡尔以及在卡尔上大学之后，我更加相信了。

思维是认识活动的核心，它参与到其他的智力因素之中，使其他智力因素更加具有理解性、概括性和深刻性。例如，孩子的观察活动，在幼儿年龄尚小时，由于没有思维参与，观察得很肤浅，只能把看到的表面特征堆积起来，缺乏理解和概括。年龄大的孩子的观察，有思维参与，就能将观察到的表面特征概括起来，进行理解，找出内部联系，使观察深刻化。

其实，心理学家早就认为人的智能结构一般是由观察力、记忆力、注意力、想象力、思维力、语言表达力以及动手操作能力构成，而其中思维能力则是智能活动的核心。

思维是人脑对客观事物概括的和间接的反映。在日常生活中可多次看到：在太阳照射的地面上洒水，水一会儿就干；洗好的衣服经太阳一晒，也会变干；火炉上烧水，不仅水开了冒气，时间长了还会烧干。在这些经验的基础上，通过思维就能够概括地认识到水经加热之后的变化，即水加热到一定温度就会蒸发。所谓间接的反映，就是以其他事物为媒介，借助于已有的知识、经验来反映客观事物。比如，虽然未看见雨滴、未听到雨声，但早晨起来见房顶、地面潮湿，就能推知昨晚下过雨。

应该说，思维是人的高级认识活动。通过思维，人们可以认识感知所不能直接反映的事物，能透过现象看本质，掌握事物之间的规律性联系，并可借助于一事物了解其他事物，间接地预见和推知事物的发展。卡尔3岁时，有一次拿起笔在一个新本子上横七竖八地划起来：2-2＝0，4-4＝0，13-13＝0，16-16＝0。在好端端的本子上乱划一通，但卡尔兴冲冲地说："妈妈，同数相减等于零。"使我和他妈妈大为震惊和高兴。

思维超常的孩子还常常表现出良好的思维品质。卡尔两岁前就表现了思维的独立性。在玩积木时，每次均是花样翻新，5岁时造句从不抄袭老师示范的句式，在听过老师的解题方法之后，常常会试着用另一种方法去解题。所以，尽管他解题的结果有时与别人不相同，而解题的思路、方法、步骤却有其独到之处，而且思维的逻辑性十分出色。可见，发展孩子的思维能力十分重要。那么，如何掌握好孩子的思维特点呢？

父母们必须清楚孩子的思维与成人大不相同，孩子的思维活动一开始是以实物和活动为基础的，思维在具体的感知和行动中进行。孩子看见了布娃娃才会想起用布娃娃做游戏。如果妈妈拿走了布娃娃，孩子的思维也随着布娃娃一同消失了。当抱着心爱的布娃娃做游戏的时候，倘若没有看见奶瓶、小勺、小碗，他就绝不会想到给布娃娃"喂饭"、"喝水"。生活中还常常发生这样的现象：当您给孩子一套积木，要求他先想好怎样搭以后再开始玩时，孩子却愤愤不平地抗议："我不要想，我要搭！"当一块块积木累积堆高了，孩子会高兴地叫起来："啊，房子！我在造房子！"这种现象很正常，因为孩子不会先想好再行动，而只能是一边行动一边想，一旦动作停止或转移，思维活动也就停止或转移了。这种直觉行动思维的典型特征正是人类思维的初级形态，一般大约发生在3岁左右的孩子身上。

当长到了3岁以后孩子的具体形象思维逐步发展起来。这一特点在5岁左右的孩子身上表现得尤为突出。这种思维主要是依靠具体形象和已有的表象来进行。当孩子思考"3+4＝？"时，其头脑中思考的必然是"3根香蕉加4个苹果"或"3颗糖加4颗糖"。孩子6～7岁时，随着语言的发展和知识经验的增长，开始在孩子的大脑中出现抽象逻辑思维的萌芽，也就是说开始依靠概念、判断和推理进行思维了。最明显的表现是，他们对事物的了解不仅停留在现象上，而且常常是"追根究底"，提出的问题涉及事物的本质或事物之间的相互联系。卡尔有时会问："星星为什么不从夜空中掉下来？""下雨前蚂蚁为什么要搬家？"令人难以招架；此外，卡尔还能结合生活中的一些具体实例，理解和掌握"勇敢"、"认真"、"团结友爱"、"互相帮助"等一些抽象概念。当卡尔不慎重重地跌了一跤，他会强忍疼痛，竭力装得若无其事的样子，嘴里自我标榜："我很勇敢，我才不怕疼呢！"那副天真的模样让我忍俊不禁。

如何教儿子学习外语

对儿子的语言、识字教育都取得了成功，但我并不满足，我早已决心让儿子尽可能早地打下学会一门主要外语的基础。因为教给孩子多种语言，有利于孩子正确地理解词义和进行思考。从先易后难的原则出发，我决定让儿子在掌握本国语读法的基础上，学习相近的外国语。

孩子语言潜能无限

卡尔刚8岁，他已经能够读荷马、波鲁塔柯、威吉尔、西塞罗、奥夏、芬隆、弗罗里昂、裴塔斯塔济、席勒等德国、法国、意大利、希腊、罗马、英国等6种语言的文学家的作品了。

一般人都畏惧学习外国语，会6国语言，这对他们来说是需要花上一辈子的精力才能完成的事。卡尔在这么小的年纪，用这么短的时间就做到了，这里面有什么秘诀吗？并没有什么秘诀，只是我在教授儿子外国语的过程中总结出了一些经验。

让他的耳边洋话连篇

学外语首先多用"耳"，现在以拉丁语为例。拉丁语是学生们的一项重要基本功，要想研究学习就离不开它。而且一旦学会拉丁语，就容易学会法语、西班牙语、意大利语。但学生们差不多都讨厌拉丁语。在我看来，之所以出现这种情况是由于他们没有打下学习拉丁语的基础。鉴于此，我认为有必要尽早开始给儿子打好学习拉丁语的基础。

因此，在儿子的摇篮时期，我就开始教他拉丁语。

诸位一定认为我的说法前后矛盾，同时也奇怪我如何能够教导一个躺在摇篮里，除了吃和睡，什么也不懂的婴儿。其实很简单，就是让他听。由于婴儿善于用耳而不善于用目，所以我就利用听的办法教儿子拉丁语。

每当儿子睡醒以后情绪比较好的时候，我就用清晰而缓慢的语调对他朗诵威吉尔的《艾丽绮斯》，这是一部出色的叙事诗，同时也是一首极好的摇篮曲，儿子非常喜欢，每每听着听着就入睡了。因为有这样好的基础，所以儿子学习拉丁语时感到很轻松，并且很快就能背诵《艾丽绮斯》。

学生们之所以讨厌拉丁语，完全是学校里的那种用图表和规则教拉丁语的方法所致。这种机械的方法是应该受到批评的。有一次，卡尔同某位教拉丁语的教师交谈，结果那位教师一点都听不懂，而卡尔当时仅仅8岁而已。学校教拉丁语的弊病是，学过拉丁语的人只能看书却不会说话。

多实践比背诵更易掌握外语

我从不系统地教授语法，因为即使教给孩子语法，孩子也不会懂的。诚然，对大人来说以语法为纲来学习外语是有效的。但是对孩子则必须采用"与其背莫如练"的方法。因为，任何一个孩子，不都是用这样的方法学会了本国语言的吗？

教语言时，通俗易懂的诗最易于记忆，所以我总是先教些诗歌，使儿子熟悉这种语言的感觉。掌握了一些基本的东西后，我就要求儿子运用到日常生活中来。一旦教哪种语言，我平时就用这种语言跟他交谈。儿子若是遇上不会表达的地方，用德语跟我说话，我就不理会他，逼他自己想出表达的办法来。同时我还要求他看所学语言的书籍，因为要学好一种语言的最好办法就是看懂该种语言的书，任何语言最精华的部分都在书里。遇上不懂的单词时，我就让他自己去查辞典。由于开始儿子只学了一些常见的单词，因此频繁地查辞典，后来查辞典的次数越来越少，就表明他已经掌握那种语言了。

多与外国人交流

此外，我还鼓励儿子与外国孩子通信，起初是和一些外国朋友的孩子，后来范围渐渐扩大，到学习希腊语时，他开始给一个希腊孩子写信，不久，从希腊就来了回信，儿子高兴极了。从此，他对希腊很感兴趣，便读了许多有关希腊的书。接着他又和意大利、英国的孩子通信了。他对这些国家也很感兴趣，还兴致勃勃地研究起他们的地理和风俗习惯。就在通信的一来一往中，儿子的外国语长进了不少。

从与母语相近的语言学起

在儿子能用德语自由地阅读后，我又马上开始教他学法语，那时他才6岁。由于运用了恰当的方法，只花了一年的时间，卡尔就能用法语自由阅读各种法文书籍了。当然，他之所以学得这样快，首先还是因为他的德语知识非常丰富。卡尔学完法语后，又马上开始学意大利语，只用了6个月的时间就学会了。这时我认为，可以教他拉丁语了。

学校里一般都规定学习外国语必须首先从拉丁语学起。但我觉得这样做过于勉强，只有从与德语最相近的法语开始学起才是合乎逻辑的，所以就采取了先易后难的顺序。学拉丁语对于十几岁的孩子来说也是相当难的，被视为所谓头痛的语言。因此，我是经过了相当的准备以后才开始教他的。为了提高儿子的兴趣，在教拉丁语之前，我先把威吉尔的《艾丽绮斯》的故事情节、高超的思想、漂亮的文体等讲给他听。我还对儿子讲，如果要想成为一个卓越的学者，就一定要学好拉丁语。儿子的好胜心被激发起来了。

在他7岁时，我常常带他去参加莱比锡音乐会。有一次在中间休息时，儿子看看印有歌剧歌词的小册子对我说："爸爸，这既不是法语也不是意大利语，这是拉丁语。"我趁机启发他："不错，那么你想想看，它是什么意思。"儿子从法语和意大利语类推，基本明白了大意。他高兴地说："爸爸，如果拉丁语这么容易，我很想早点儿学。"

到这时我觉得条件已经成熟，才开始教他拉丁语，只用了9个月的时间卡尔就学会了。

然后卡尔开始学英语，学完英语又学希腊语，前者用了3个月，后者用了6个月。

儿子学希腊语比较有意思，整个过程基本上就是一个阅读巨著的过程。他学希腊语是从背诵常见的单词开始的。我为他做了希腊单词的德译卡片，他首先从这些卡片中学会了常见的单词。

掌握了一些单词后，他立即转入译读。最初，他读的是《伊索寓言》，接着又读了色诺芬著的《从军记》。同教授其他几种语言一样，我并不系统地讲授语法，只是随时教他必要的东西。

当我工作的时候，我让儿子坐在自己桌子的旁边学习。当时德国只有希腊拉丁辞典，没有希德辞典。所以，儿子在学希腊语时，不得不一个单词一个单词来问我。虽然工作很忙，但我对儿子的提问，从不发脾气，一面耐心地教，一面从事自己的工作。

这样一路学下来，卡尔又读了希罗多德的历史学巨著，色诺芬著的《宝典》、《苏格拉底言行录》，提奥奇尼斯和莱尔丘斯著的《哲学家列传》，以及洛西昂的著作等。他7岁时，读了柏拉图的

《对话集》。但是他告诉我说《对话集》的内容没有看懂。

用不同的语言去读同一个故事

读过一遍小说，就不想再看了，而儿子却乐意反复多次地听相同的一个故事。我抓住这一秘诀，在教外国语时，让儿子用各种不同的语言去读同一个故事。比如在读安徒生童话时，既让他用德语读，又让他用法语、意大利语、拉丁语、英语和希腊语读。这一方法行之有效，儿子将各种语言融会贯通，学习起来又轻松又快捷。

弄清词源

要学好外语，弄清词源是很有益的。为此，我让儿子从小就这样做，并做了好几本笔记。比如为了记住某一个拉丁语单词时，我总让儿子去调查由此产生出了哪些现代词，并把结果记在笔记本上。这样，他既学会了那个拉丁语单词，又记住了由此派生的现代词，对语言发展变化的规律也有了直观的认识，可谓一举多得。

好玩才能学得好

我要在这里再次提醒父母们，孩子学习语言的能力是惊人的，关键在于是否运用了最有效的教学方法。我认为最有效的办法是在学习中与孩子做各种游戏。

在儿子刚学会说英语时，我就把"您早"这句话用十三国语言教他，儿子很快就学会了。而且学习方法也很有趣，每天早起，我让儿子对着代表13个国家的13个玩具娃娃，用各国的语言说"您早"。根据孩子爱玩、好动的特点，我和他利用语言做各种游戏，比如讲故事、说歌谣、猜谜语、比赛组词造句、编动作说谚语、编故事等等。如此生动地学习，卡尔怎么会学不好呢？

幼儿学外语应该及早，我认为，越早越好。因为在0～3岁时期，幼儿属于学习语言的零困难期，就是说无论多么拗口的语言，无论多么复杂的发音，他都毫不困难地能够掌握。由于这一时期幼儿的语言属于全盘吸收的阶段，家长输入多少原料，他可以照单全收，所以，应该尽可能多地跟他讲外语。有人认为，小孩外语学多了，会跟母语混淆，这是没有根据的。

第五章

给孩子游戏和成长的空间

游戏是人在儿童阶段中最纯洁的、最神圣的活动。游戏给人快乐、自由、满足，内部和外部的平静与整个世界的安宁。一个能够痛快地、有着自动的决心坚决地玩游戏、直到身体疲劳为止的儿童，必然会成为一个完全的、有决心的人。

我用游戏的方式教育儿子

游戏是动物的本能，所有动物都喜欢游戏。小猫戏弄老猫的尾巴，小狗和大狗互相咬架，这是为什么呢？根据动物学家的研究，小猫戏弄老猫的尾巴，是为了发展它将来捕捉老鼠的能力；而小狗和老狗互咬也是为了发展它将来能咬死野兽的能力。显然，动物训练下一代是在游戏中进行的。

我对儿子的教育都是采用游戏的方式进行的。首先，当他满6个月时，我就在他的房间四壁大约1米高的地方贴上厚厚的白纸，白纸上贴上用红纸剪下的文字和数字。在白纸的另一块地方，有秩序地贴上简单的单词，如：猫、狗、老鼠、肥猪、兔子、帽子、席子、桌子、椅子等。请注意，这些单词都是名词。在另一处并列贴上从1到10的10行数字，在某处画上乐谱图。

因为婴儿的听觉比视觉发达，我决心对儿子从听觉入手教ABC。当我指出ABC字母时，我妻子就像唱歌似的唱给儿子听。当然，因为卡尔毕竟只是6个月大的婴儿，所以，他的感觉就像听耳边风似的。但我们不泄气，天天给他听，给他看，终于奏效了，儿子对字母有了深刻的印象，这使他后来学认字时非常轻松就学会了。

我通过游戏训练他的正确发音，让他准确地说出一些常见的同义词、反义词，很快地丰富词汇。像"动物怎么叫"，或让他"指出相同颜色的物品"、"说出正反词"等就是属于这类语言训练的游戏。

儿子的注意力、观察力、记忆力、想象力、操作能力都是通过游戏玩出来的。智力游戏就是这种玩的重要方式。

在对卡尔的教育里，我将知识融入他的游戏之中，把着眼点放在认识事物、传授和巩固知识上。儿子通过这些游戏，自然会加深对事物的认识、了解，并且巩固这方面的知识。像"哪儿错了？""什么动物吃什么？"等就属于这种情况。有一次，我把儿子带到豚鼠笼边，事先准备了奶酪、糖果和生菜，接着，我问儿子："豚鼠喜欢吃什么？"儿子也不能确定，于是就自己把几样食物放进笼子里面，过了一会，儿子兴奋地得出了答案："它喜欢吃生菜。"这个答案就是儿子自己发现的。我又问儿子："豚鼠是看到生菜，还是嗅到的，还是听到的呢？"儿子摇头说不知道。我就让儿子把生菜嚼得"嘎吱嘎吱"响，可是豚鼠根本没有反应。我又让儿子把绿纸和生菜放在一起，但豚鼠还是辨别出了真正的生菜，于是结论是豚鼠是嗅到的。

如果我问儿子："豚鼠喜欢吃什么？"儿子不知道，然后我念："豚鼠吃生菜"，儿子也跟着念三遍，儿子恐怕连豚鼠是什么样子的都不知道，又怎么可能巩固和深化学到的知识呢？

有的游戏，我让儿子看清楚桌子上盘里放的东西，然后让他闭眼睛或用遮盖物盖住东西，悄悄地取走或调换物品，再让孩子仔细观察，说出取走或调换的物品。问他"什么东西不见了"、"什么东西变了"等。这类游戏能够训练和发展孩子的观察力、注意力、记忆力和思维能力。

有时我会让儿子闭上眼睛，让他仔细听我击掌、敲桌子等，然后叫他说出敲、击的数目。以这样的方法来训练他的注意力、记忆力和观察力。

我和儿子玩这些可以开发智力的游戏时，多从他的角度出发，从不急于求成。因为我知道，如果去做一些儿子不能接受的事，往往会得不偿失。

为巩固儿子的观察力，我经常和他玩"注意看"的游戏。游戏是这样的：

我用一只手抓住五六根彩色的带子在他眼前一晃而过，并问他有几根。开始时，我在他眼前晃过的速度比较慢，让他有足够的时间注意看它们，后来，速度越来越快，到最后，这个动作只是眨眼间的事。由于我对他循序渐进地训练，起初他还不能完全判断准确，但在后来他十有八九都能说对。

这种游戏，往往是我和他一起玩的。如果他说对了，就由他来考我。最初他输的时候比较多，可到了后来，输的便总是我了。每当这时，我的童心大起，并开始责怪我自己的父亲，为什么他在我小时候不这样训练我呢；否则的话，我也不会常常输给儿子了。

有一次，我手中拿着8根带子。由于数量较多，开始时儿子总是说不对，他着急得几乎要跳了出来。

"卡尔，我看今天放弃吧。"我对儿子说。

"不，爸爸，请您再来一次。"卡尔坚决要再试一次。

我为了不让儿子失去信心故意把速度放慢了一些。

"不，太慢了，我能看到有8根带子。这么慢，谁都能看到。你再换个数目，还是要像开头那么快才行。"卡尔一下就看破了我的"花招"，并竭力要求不能降低难度。

没有办法，我只能照着儿子说的去做。这回我把带子换成了7根，仍然保持最初极快的速度。

第一次，儿子没有说对。第二次，儿子说没有看清楚，说再来一次。第三次，仍然毫无结果。

"算了，卡尔，我想是数目太多，似乎太难了些。"我劝儿子停下来，"恐怕爸爸也说不出准确的数目。"

"不，再试试。"儿子坚持道。

就这样，我们一次一次地做下去。

最后，到了第18次的时候，儿子终于说对了。我肯定他不是瞎猜的。因为从他的神态中我看到了他抑制不住的喜悦。

后来，轮到儿子来考我，三五次下来，把我弄得晕头转向，不得不服输。

这种"注意看"的游戏还有许多。比如，我给儿子一个有各种图案的小花瓶，让他观察一分钟，然后叫他背着花瓶说出上面有几朵花或有几条鱼的图案。由于经过了长期的训练，他总能准确地说出来。

有时我还把他带到一个房间中待一会儿，让他仔细观察房间中的东西，然后让他出去。之后我把房间中的某件东西拿走，或是在房间中摆放本来没有的东西，然后又把他带到那个房间中，叫他说房间中的变化。比如，他会说，"少了一个水杯，多了一把扇子……"

有一次，我干脆采用了一个"捉弄"他的方法。

像往常一样，我和儿子一同走进厨房，并让他观察里面的摆设和事物。然后，我让他离开一会儿。

不久，我又让他回到了厨房。

我站在门外，让他独自进入厨房的门，并问他："这回有什么变化呢？"

"唉，有些奇怪……"儿子东看看西瞧瞧，似乎在想着什么。

"没有什么变化呀！"儿子对我说。

"不，肯定有变化，你再看看。"我笑着对他说。

其实，他离开厨房的时候，我的确没有动厨房里的东西，没有增加，也没有减少。但变化肯定是有的，就看儿子能不能意识到。

由于我告诉儿子说肯定有变化，他就更加仔细地观察。

我在门外忍不住笑了起来。

"爸爸，你笑什么？肯定没有变化，你在捉弄我。"儿子不高兴了。

"不，肯定有变化。"我对儿子说，"再看看，那么我给你一个提示，厨房中是少了某个东西。"

我靠在厨房的门框上，冲着他笑。

这时，卡尔忽然意识到什么。他仔细地看了看我，发现我虽然靠在门框上，却没有向门里跨进半步。

"哇！爸爸，你真坏。"儿子大叫起来，"好啊，你敢捉弄我，原来厨房里少了个大坏蛋。"

儿子这时完全明白了，厨房中的东西什么也没有变化，只有少了我。因为第一次进厨房时，我是和他一块进去的，可第二次我没有进去，始终站在门外。

我平时就是这样和儿子一起游戏，一方面训练他的观察力，一方面训练他的反应能力。

那么培养孩子想象力的方法有哪些呢？

父母们可以从给孩子讲童话、神话开始。记住，谨慎选择这些故事，不要让暴力的、负面的内容过早进入孩子的心灵，也不要选那些平淡无奇、毫无新意的故事。在故事结束之后，应当与孩子共同讨论其中的内容，甚至尝试着和孩子一起改编故事的结局。

有一天，儿子和邻居的孩子们一起玩捉迷藏的游戏，小伙伴们都是选择有遮掩的地方，往往躲在门后面或者是院子里的灌木丛中。由于平时都是这样，所以往往很容易被发现。这一次卡尔充分地展开自己的想象力，他并没有藏在通常的地方，而是用一块很大的花布将自己包裹起来，堂而皇之地躺在沙发上。

躲着的孩子们一个个地被发现，只有卡尔一个人藏得很隐秘，始终没有被找出来。游戏结束后，孩子们仍然没有找到他，于是开始着急起来。他们找到了我，对我说卡尔失踪了。

当时我也感到很奇怪，房间只有那么人，卡尔会躲在哪里呢？

是不是跑到外面去了？可是在他们玩游戏的时候我一直在房门口，并没有看见他出去。

"卡尔，你赢了，快点出来。"我在房间里大喊起来，可是始终没有看见他。

孩子们一边喊一边在房间中四处寻找，但没有发现卡尔。大家都为这件事感到奇怪，都说卡尔一定是消失了，否则不可能找不到他。

我和别的孩子们无奈地站在客厅中，猜测他到底躲在了哪里。突然，我听见隐隐传来的声音，那是卡尔的笑声。

在那一瞬间，我发现了沙发上胡乱卷放的一堆花布。原来是这样，原来躲在这里。由于他当时身体很小，再加上他蜷缩在角落之中，所以不仔细察看，根本无法找到。

我问儿子："你怎么想出了这个办法？"

儿子说："别人总认为我会躲在某个不易找到的地方，我却偏偏就待在客厅中最显眼的位置上，你们谁都没有想到，不是吗？我之所以想出这个方法，完全靠我与别人不同的想象力。爸爸，你不是对我说过想象支配整个世界吗？现在我首先用想象支配捉迷藏的游戏。"

在游戏中培养孩子的各种能力

在儿子的成长过程中，我经常带他去参加各种活动，让他感受外部世界，丰富他的感性经验。我不断地诱导他用看、听、说、做、尝等方式参与游戏活动，让他养成善于观察的习惯。我还在游戏之中加强对儿子的语言指导，促使他用语言的作用去分析已感知到的事物，以便有效地提高和发展他的观察力。

在与儿子游戏之中我还发现，丰富多彩的东西容易引起他的注意力，而枯燥乏味的活动容易造成他的注意力分散。游戏在孩子的心目中占有重要地位，只要游戏有浓厚的趣味，孩子就会乐此不疲，全力以赴。

注意力是伴随感觉、知觉、记忆、思维和想象等心理过程的一种心理特征。注意力的集中和分散，对孩子的发展影响非常大。一个漫不经心、注意力不集中的孩子能够取得大的成就，是不可想象的，所以对于儿子，我非常着重培养他的注意力。我尽量把游戏做得有趣，这样很容易集中他的注意力。

在游戏之中，我还尽力去培养儿子的记忆力。因为记忆在孩子心理发展过程中具有重要的作用。孩子通过记忆感知过去的经验，在大脑中留下印象，从而促进心理的发展。记忆力的差异主要表现在记忆速度、准确性、持久性、准备性和灵活性上。记忆对于孩子的个性、情感、意志等都有重要意义。

为了培养儿子的记忆力，我绞尽脑汁，想出了很多办法，也取得了很大的成效。

我细心地为儿子提供丰富的游戏材料。我发现那些具体、直观、生动的形象会唤起他对过去感知过而非眼前的事物，经过不断的重复，他的记忆就非常完整和准确了。我时常运用语言对行为和实物进行描述来唤起他的记忆，因为孩子的头脑中，形象与语言、词语的关系是十分密切的。

有了很强的注意力和观察力，儿子的记忆力很容易得到很快的发展。到后来，只要他见过的东西都记得非常清楚。

每当我和儿子经过某个地方，过后我就会要求儿子把刚才见到的东西说出来。比如，当我们经过水果店后，我就会问他，水果摊上都有些什么水果。

每当这时，他就会掰着手指说："有苹果、梨子、茄瓜，还有葡萄……"

我发现，这一类的游戏对发展儿子的记忆力十分有效。在卡尔5岁时，他几乎能做到任何事物都过目不忘。只要他看过的书，除非太难太长，他都能一字不差地背诵下来。这些事时常让他周围的人感到吃惊。

有一天，我们家来了一位客人。他是我的老同学，现在是一位有名的儿童教育专家，我称他为大胡子比利，因为我的那些同学都是这样称呼他的。

大胡子比利曾在儿子两岁的时候见过他，现在已经有3年没有见到了。由于儿子非常可爱，大胡子比利一进门就把他抱了起来。

"哦，先生，您的胡子怎么不见了？"卡尔一开口就问他这个问题。

虽然比利有大胡子的绰号，但他在一年前由于皮肤发炎而早已不留胡子了。他非常奇怪地问卡尔："唉，你怎么知道我曾有胡子？"

"我当然知道的，我小时候见过您，那时可把我吓坏了。"小卡尔非常调皮地对他说。

"你的儿子真不得了，"比利对我说，"我记得3年前我只是很短暂地和他见了一面，没想到他居然现在还记得我。"

大胡子比利对我说，他见过很多孩子，但从来没有见到观察力和记忆力这么好的孩子。他还问我是不是儿子天生就有这种才能。

当我给他讲述了我对儿子的训练方法后，大胡子比利非常吃惊。他决定把这种方法应用到他对儿童的教育上，并向他的同行们介绍推广。

如果孩子在游戏中表现出超常能力，我就及时增加难度，让他有快速的进展。如果他表现欠佳，我也不着急，只是想办法给予他更多的关心和帮助，激发他的兴趣，让孩子从成功的欢乐之中增加信心，不断进步。

我在对待儿子的游戏上，尽量做得浅显易懂，选择那些儿子可以理解的，或者见得到的东西或事物，我尽量让游戏具体、直观、形象，还让他做些小实验，亲自去发现一些东西。

在开发孩子智力的游戏中，父母应该结合孩子的年龄特征和实际水平，有效地选择和编制这种游戏。游戏的内容不能太容易也不能太难，否则将不会发生正面作用。当卡尔三四岁的时候，我主要采用具体形象、实物跟动作相联系的方法。等他长到四五岁时，难度增大了一点，内容加深了一些，但都是他经过努力可以完成的。我从来不用少见或怪异的问题去为难他。

儿子根据自己有限的知识和生活经历，选择自己喜欢的主题和内容，选用自己喜欢的东西和材料。他虽然是以模仿为基础，但可以充分发挥自己无拘无束的想象力，创造性地构建自己的生活。

在这种游戏中，我让儿子毫无拘束、主动积极、生动活泼地模拟和创造他所体验的世界。通过游戏，让他对自己所体验到的世界加深认识。我时常让儿子自己构思主题、安排情节、分配角色、制定规则。我要他自己去构思、去策划、去组织、去实施。在整个过程中，孩子的创造能力和解决问题的能力会得到充分的发展。在玩的过程中，我和儿子友好相处，相互协调，有时和他一起出主意、想办法。这样，他的协调能力会得到很好的发展。

在孩子的生活当中，很多事情会使他们感兴趣，很多事都会成为他们最好的游戏。下雪的时候，孩子去堆雪人；下雨时，他会去挖沟渠。他还会用泥沙和石块建造神秘的城堡、雪人、雪墙、雪老虎，似像非像，妙趣横生。孩子冻僵了手，冻麻了腿，但仍然乐此不疲，如痴如醉。

卡尔小时候很喜欢的一种游戏就是搭房子。在游戏之中，他逐渐对前后、左右、上下、中间、旁边等空间有了认识，逐渐形成了高矮、长短、厚薄、轻重、大小等观念。在这种过程中，他学会了有计划、有步骤地进行设计，既有了成就感，也增添了无穷的乐趣。

在搭房子的过程中，孩子必须手脑并用，肌肉得到了锻炼，手眼得到了训练，他的动手能力大大增强，手巧而心灵，潜力得到充分的发挥。由于在着手之前，脑子里面先要有个形象，于是在这种游戏之中孩子也发展了他的形象思维能力。

每当卡尔玩这种搭房子的游戏时，我都要给他很多的帮助。我时常引导他对搭建的对象充分地加以想象，告诉他想象得越具体越好。有时我利用现有的模型、图画去加深他头脑中的形象。这不仅有利于游戏的顺利进行，更主要的是开发了他的形象思维能力。

我积极地为卡尔的"工作"创造条件，面对我的支持，他会更好地调动潜在的能力。我还给他讲一些有关结构建筑的基本知识和基本方法，告诉他怎样将木块铺平，怎样去延伸它们，怎样才能达到合理的受力效果，等等。

我认为，孩子的各种能力都应该从小培养。有人认为像创造力这样的东西应该在孩子长大后才会具有，这完全是个谬论。其实，当一个孩子开始懂得玩耍时，他的创造力就已经开始了。

让孩子在游戏中学会与别人合作

在卡尔的成长过程中，我非常注重观察他内心世界的变化。在卡尔和小朋友的游戏过程中，我也注意用各种培养他和他人合作共处的意识和技能。其实，孩子不断地与人合作，关键是引导孩子关注自己与人交往、与人合作的方式，关注自己对待他人的基本观念。从一开始，我就注重在游戏中培养他的品性，因为个人的成功与否不光是与他们学识和能力有关，性格往往是决定成败的关键因素，而孩子与别人相处的本事，很大部分源自于游戏中走出自我的世界，学会与别人合作。

在卡尔3岁时，我的一位亲戚来我家做客，他带来了自己的小女儿，也就是卡尔的小表妹。起初两个孩子在一起相处得非常好，由于他们年龄相差不大，又是早已听说过的兄妹，所以在一起极为投缘。可是，在一起待了两三天，他们之间就开始产生矛盾了。

有一天他们在外面的院子里玩，卡尔正在用那些木块搭建房屋，小妹妹也在兴致勃勃地给他帮忙。

卡尔像一位工程师，指挥他的表妹做这做那。开始一切都很正常，可是后来小表妹就不听他的话了。她非要把一块圆形的木块放在卡尔没有指定的地方。他们在外面僵持了很久。小妹妹把木块放上去后，卡尔一定要把它拿下来，但小妹妹偏不妥协又重新把它放上去。这样你来我往的不知多少次，最后终于开始争吵起来了。

我和亲戚听见他们的争吵，赶忙跑了出去。

卡尔怒气冲冲地坐在地上，而小表妹在那儿哭，哭得非常伤心。

"怎么啦，卡尔？"我严厉地责问他。

"她不听话。"卡尔说道。

当我弄清楚是怎么回事后开始开导卡尔："卡尔，你比妹妹大，就应该让着她。那块圆形木块放在那儿不是挺好吗？"

"不，那样不好看。"儿子坚持道。他说完就冲过去一脚把还未搭建完的小房屋踢翻，然后头也不回地向房间快步走去。

儿子的做法让我感到吃惊，我还从未发现他有这么任性，也从没见过他发这么大的脾气。

面对这样的情况，我并没有发怒，也没有立即去理会儿子，而是把坐在地上哭的小侄女抱了起来。

晚上吃饭的时候，我特意把儿子和小侄女安排坐在一起。

"儿子，你今天怎么那样对待妹妹呢？"我问卡尔。

"我又没有对她不好，只是为了她不听我的话而气愤。"

"为什么她一定就要听你的话呢？"我问。

"因为她不懂，而我很精通搭建筑。"儿子回答。

"妹妹在搭房子时捣乱了吗？"我问。

"没有。可是我认为那块圆形木块放在那儿不好看。"儿子回答。

"可是你想过妹妹为什么要那样做吗？"我问。

"没有。"

"我认为，妹妹所以那样做是因为她觉得那样好看。"

"可是……"

"卡尔，你平时一个人搭建筑的时候，我们都没有管你，是要你独自发挥想象力。可是今天不同了，既然妹妹也在参与这件事，你为什么不能给她发挥想象力的机会呢？"

"我……"

"今天你和妹妹在一起，不仅应该玩得很高兴，还要充分发挥你们两个人的能力去把房子搭得更好。你要记住，一个人的能力是有限的，要想把事情做得完美，就要集合很多人的力量。妹妹有些地方不会，你应该耐心地教她，而不是任性地胡闹。你想想，如果你有什么地方不懂，而我不耐心地指导你却跟你发脾气，会有什么后果呢？"

我说完后，卡尔一言不发。但我知道他已经明白了我的意思。

第二天，卡尔和小表妹又在一起愉快地玩耍，并且他们合力搭起了一座极为壮观的"宫殿"。

有时候卡尔和朋友们一起进行游戏，这时候卡尔就会体现出他的合作意识来。他们的游戏是装动物，比如大灰狼，在半小时的时间内，4个人彼此合作将各个部件组装成形。

这完全是一种自发分工的场面。至少有4种独立的工作要一个人来完成：从分别放着各种部件的箱子中取出部件，送到组装地点；再按照拼图的要求摆放各种部件的先后顺序，并递给负责组装的人；一个人专门负责组装牢固，另外3人必须随时搭好未完工的大灰狼，以免它倒地摔碎。尽管合作性游戏大家已经做了很多，面对新的任务分工，孩子们仍然要经过一段时间的相互磨合和探索。

卡尔一直都很擅长组装工作，他满心希望亲手组装大灰狼，可是分工时科林、伦道夫和安都想当最后的"工程师"。4人间确实争执了一会儿，看到时间已经过去了很多，他们仍然各不相让。看看时间，卡尔立刻下了决定，他说："那好，我去开箱子，取各种部件。再不动手，我们就要来不及了。"

科林也忽有所悟，说："那么，我就来负责摆好各种部件的顺序，并负责给安递部件。伦道夫，你的耐性好，你去取部件吧，由卡尔和安负责组装。这样分工，你们看怎么样？"

伦道夫和安也都同意了，因为时间已经不容许大家再犹豫。经过卡尔的首先妥协立场，大家很快确定了分工的方式。分工确定后，组装工作也就有条不紊地开展了。他们终于在40分钟内完成了组装，一只野性十足、栩栩如生的大灰狼展现在4个孩子的面前，直冲他们龇牙咧嘴。

我与儿子一起玩游戏

孩子希望父母跟他一起玩游戏，这是孩子非常渴望的事情。为人父母，应该有这份"闲情逸致"。有的父母不明白这一点，要么拒绝孩子的请求，要么随意中断正在进行的游戏。这样不仅影响了父母与孩子应有的情感交融，而且打击了孩子参与游戏的积极性。

父母应该积极参与孩子的角色游戏，因为这有利于让孩子体验和认知他人的生活。父母应该经常提醒并鼓励孩子观察日常生活，了解各种人物的活动，特别要让孩子观察父母本身的生活。

父母要有意识地让孩子也当当"爸爸"、"妈妈"，体验一下父母的滋味。这种滋味尽管是肤浅的，但千万不要忽视它，因为它是有益的。孩子会从中体验父母的辛劳，不断地加深对父母的理解。

在教育儿子的过程中，我深深地感到在这种游戏之中，父母不仅是一个角色，而且是主谋，要担当指挥行动的重任。

如果孩子违反游戏规则时，父母要注意提醒他，但千万不要让游戏半途而废。如果这样，会极大地打击孩子对家庭角色游戏的兴趣和积极性，影响是比较严重的。

可以这样说，卡尔之所以能够健康成长，并有了今天这些成就，在很大的程度上都归功于这种父母与他一起玩的过程。这不是我在过分地赞扬自己，可事实就是如此。

父母和孩子玩的时候，一定要仔细去观察他，尽量去了解他的内心世界。即使孩子很小的时候也应该这样。

人们以为几个月的孩子因为太小而什么都不懂，这是大错特错的。

在卡尔五六个月时，我就发现他也是有情绪的。情绪好时，他浑身是劲，那些翻来滚去的游戏玩起来也很过瘾。他似乎从中感到了自己的力量，并且慢慢地学会控制自己力量的能力。情绪不好时，他会感到浑身没劲，如果此时父母再叫他玩这种游戏，他会觉得不舒服，认为自己无能。

孩子的适应能力、反应速度比父母所想象的要慢得多，特别是在做游戏的时候。父母陪孩子玩的时候，要根据孩子的反应速度来进行，否则，孩子会心有余而力不足。父母必须顺应他的反应，要有耐心，否则就成了父母的独角戏。我在卡尔很小的时候就发现了这一点。比如我和6个月的儿子说话，如果我不断地讲，或只停一下又继续自己的长篇大论，他是完全弄不懂的。又如我递给他一个好玩的东西，他要一个较长的过程才会伸出手来接。这时，我必须耐心等，直到孩子伸手来接，不能把东西直接放在他的手里。如果我亲吻了他一下便马上转身离开，那么他就不会感到有趣，他可能很想给我一个微笑，但我没有给他足够的时间。要跟孩子玩，就应该给他足够的时间。

我认为，最好是孩子的大部分时间都在靠近父母的空间中度过。这样，孩子可以时时得到父母的关爱，不断交流感情。否则，孩子会感到孤独、厌烦，感到不安全。父母应该尽量避免这种情况的发生。为了避免这种情况，可以把孩子带到父母做事的地方去，叫他临时在那里玩。对于儿子，我和他的母亲都时时鼓励他参与我们所做的事，而我们发现儿子也乐意这样做。

比如我在用水时，儿子很想玩，我就让他积极参与。有时卡尔还会帮助母亲扫地、洗碗。这些简单的家务事在他那里都变了游戏。

每个孩子都是一个独特的个体，他们的适应能力都有所不同。对于孩子的适合程度应该是又能引起他的注意和兴趣而又不至于吓着他。有的孩子荡秋千时开怀大笑，有的则吓得大喊大叫；有的对催眠反应灵敏，有的则毫无反应。因此，父母要善于了解自己的孩子，看他的反应适合哪种游戏。

发现孩子的个性是父母的素质。

在我对卡尔的教育过程中，我尽力做得能够让他事事愉快，因为我能理解孩子的心情，同时一起玩耍，我和他都从中得到了无穷的乐意。

对我来说，一生之中最大的幸运莫过于我有一个好妻子。她是一个善良而聪慧的女人。在卡尔的教育中，她也倾注了大量的心血，也是一个非常能干而有责任心的母亲，卡尔有这样的母亲，这是他人生中的最大幸福。

我给儿子买了炊事玩具后，卡尔的母亲与其他母亲不同，她不是把炊事玩具交给孩子就撒手不管了，而是借此进一步开发他相关方面的潜能。

卡尔的母亲已经习惯了一边做饭、一边耐心地解答卡尔提出的各种问题。并且还监督卡尔，让他用炊事玩具学做各种菜。她母亲还通过各种烹饪游戏来使儿子从中享受到生活和增长知识的乐趣。

有时，卡尔会扮演主妇的角色，而让母亲当厨师。因为卡尔是主妇，妈妈是厨师，所以做厨师的妈妈就得向卡尔请示各种事情。如果卡尔下达的命令不得要领，那就失去了当主妇的资格而降为厨师。

这时，当上主妇的妈妈就发出各种命令。例如，母亲命令他做某某菜，去菜园里取某种佐料等。

如果卡尔拿错了佐料，那么接下来他就连厨师也当不成了，只好被"解雇"了。

我时常听到卡尔的母亲给我讲她和儿子之间发生的趣事。

有一次她对我说："有时让卡尔当妈妈，我当孩子，真有意思。这时卡尔就给我下了各种命令，而我故意不好好做或者干脆不做。如果卡尔没有看出来，那他就失去了做母亲的资格。但是，卡尔一般都能看出来，而且还一本正经地给我提意见。那时，我就说：'请原谅，今后一定注意。'有时我故意不认账，这时卡尔就用我斥责他时所用的语言来训斥我。"

"还有的时候，让卡尔当先生，我当学生。当我故意把卡尔讲得很成功的地方说成失败时，他一发觉了就会批评我。"

我认为，这些游戏对儿子在今后生活中减少失败起了一定的作用。

类似这种演剧式的游戏是很多的，导演当然是他母亲。而且有时母子还将之深化。比如，他们常常演出某个故事或者书本上的某个历史事件的某些情节。

有时还在周游过的地方，进行"旅行游戏"等。通过这些游戏，我们又教给了小卡尔有关地理和历史等方面的知识。

不仅是卡尔的母亲，我有时也会和儿子玩类似的游戏。当然我不是去扮演主妇或厨师，而是扮演将军或士兵。无论是当将军或是士兵，儿子总处在一定的位置。有时，他可能是一个威武的将军，来指挥命令我这个士兵；一会儿，他又会变成一个冲锋陷阵的士兵被我指挥。

卡尔根据自己的体验和理解，常常把自己的角色扮演得活灵活现。他的扮演充满了想象力和自主性，并且还会按照自己的体验去装扮成不同年龄、性别、身份或职业的人。

我认为这种游戏对孩子有很多好处：可以满足孩子的好奇心和求知欲，可以训练孩子的主动性、独立性和创造性，能够提高孩子的观察力、记忆力、判断力，想象力和创造力，并且能够丰富孩子的内心世界，还有利于提高孩子的语言能力，训练孩子的组织能力。

书本中的故事或童话对孩子有很大的吸引力，可以说是孩子的智慧源泉。我时常引导儿子把这些故事表演出来，有时我和他的母亲也一起加入进去。那是非常有趣的事，连我都觉得玩起来很开心。

这种游戏可以帮助孩子加深对故事的理解，而且还可以开发孩子的创造力。在游戏中，儿子充当各种不同的角色，用不同声调或动作去演绎一些优秀的作品。这对他各方面都会产生有益的影响，特别能够对他的心灵产生美的启迪。

我在同儿子进行这种游戏时，我总是选择一些适合孩子表演的故事。这类故事的内容健康，情节生动，语言优美，角色可爱，表演也比较容易。为了方便儿子理解和记忆，情节的主线都比较简明。一般来说，选择的故事对话很多，以培养他的语言能力。在表演之前，我会把故事给儿子讲清楚、讲明白，不仅让他明白自己扮演角色的语言和动作，还让他明白整个故事和其他角色。比这重要的情节我都更加仔细讲述，让他加深对故事的理解。

为了调动儿子的表演积极性，我尽量让孩子参加准备工作并为他创造一种环境和气氛。我时常告诉儿子，不要太拘泥故事本身，可以大胆想象，自由处理。无法表演的东西，如爬山、过河等，我就教他用象征性的语言和动作来加以表现。

在表演的过程中，我一般会进行适当的指导，让儿子知道自己干些什么，充当什么角色，并对自己担任的角色产生兴趣。有时候，我会为他做些示范来提示他的表演，但从不要求他一定要照着我的方法去做，因为这样会减少给他想象和创造的机会。可以这样说，虽然卡尔的童年几乎是和我们一起度过的，但他一直保持着孩子天真的童趣。

我告诉儿子：游戏只是游戏

有些孩子由于没有得到家庭细致的教育，不懂得是非善恶。由于父母没有给他们最好的度过童年的方式，他们闲散、无聊。他们不知道世界上有许多美好的东西，他们不知道读书，不知道书本的魅力，更不会在文学、艺术中得到快乐。由于没有人给他们任何的指导，他们怎样去度过本应该美好的童年呢？有的孩子成天无所事事，有的孩子以打架和欺负别人为乐，更有的沉浸在邪恶的赌博之中。我丝毫看不见这些孩子有什么美好的未来。

这些孩子是不幸的，因为他们没有受到父母的良好教育，没有一个能给他们有意义童年的家庭。

有人会说，孩子的性格和才华都是天生的。他们经常说："我的那个孩子坏透了，简直不学好，怎么教他都没有用。"每当听到这样的说法我都感到悲哀。你自己都不相信孩子，弱小的孩子还会有什么好的发展呢？

我可以毫不客气地告诉这样的父母：你们不配做人的父母，孩子本身是好的，他们的一切过错都归结于你们。

由于上述的各种原因，在卡尔对同伴的选择上我表现得非常严格。我尽力将他和那些有相同爱好的孩子组合在一起，他们可以在一起就某个问题进行探讨，可以相互之间学到一些好的东西。

我经常看到卡尔和某个孩子一起朗诵诗歌，扮演某个戏剧里的角色，有时候会为某个问题进行争论。每当这个时候，我绝对不会去打扰他们，并为此而感到欣慰。

放任不管就会使孩子不加选择地和任何一个孩子一起玩，从而有可能沾染上各种坏习惯，有时还有可能学会一些坏毛病。我常常看到一些没有管束的孩子们聚在路旁赌博，他们在一起打架，互相用肮脏的语言谩骂着。不知有多少次，我去劝说这些孩子，也不知道为他们拉过多少次架。

每当看到这样的情景，我都感到非常的寒心，他们本可以接受很好的教育，成为有礼貌、有学识的孩子，可他们并没有那样。

这些孩子很不懂事，常常互相抛甩石头，结果造成流血、受伤，甚至眼睛被打坏而致残，这是多么可怕的事！即使是抛雪球，有的孩子也去选那种像石头一样硬的冻雪块，使对方受到各种危害。

我看到那些瞎眼睛、缺鼻子、少指头、坏了脚的孩子时，就常常询问其原因，结果大都是在玩耍中受伤所致。这使我时常感到毛骨悚然。

卡尔曾经也有一群小伙伴，可当我发现那帮孩子有多么粗野时，便再也不让儿子与他们玩了。在这里，我并不是想说那些孩子本身有什么不好，但孩子毕竟是不懂事的，由于没有大人对他们作出指导，他们经常做出一些傻事来。

安迪是一个健壮的男孩，可以说是那一群小孩子的领导人物。他有威严、聪明，而且有非常强的组织能力，他经常带着那些比他稍小的孩子玩打仗的游戏。

或许安迪天生就有这种才能吧，他把自己的"军队"管理得井然有序。但是有一天，这位"英雄"终于被"敌人"打倒了。

那天，安迪将小伙伴们分成两部分玩攻城堡的游戏。安迪带领五六个小朋友守城堡，另外的几个人扮作攻城的敌人。

安迪挥舞着他的宝剑，一根木棍，英勇地站在一辆拉货的马车上。他一手叉腰，一手拿剑，他将两只脚踩在高大的马车轮上，口中喊着自己的同伴："把敌人打下去……"这真是一副大英雄的气派。

当时儿子卡尔也在其中，他和安迪并肩作战。"敌人"将石块、树枝向他们猛烈地投掷过来。安迪用"宝剑"把它们一个个地打翻在地。

"一定要守住城堡。"这是安迪和伙伴们一致的想法。可是敌人的冲锋越来越猛，他们终于抵挡不住了。

敌方中的一人，可能是他们的领袖，冲到了马车上，趁安迪不注意时向他的背部狠狠地踹了一脚，安迪"啊"地叫了一声，从马车上栽了下去。

当时，我正在家中接待一位客人，正在和那位远方来的客人谈论教育孩子的问题。卡尔却慌慌张张地跑回了家，他还未进门时我就听到了他惊恐的叫喊声。

"爸爸，不好了……出事了。"

从儿子的表情看来，我知道一定发生了不同寻常的事。

在儿子的带领下，我和客人匆匆地赶到出事的现场。那种情景使我终生难忘，连我的客人都惊恐万分。

当安迪从马车上摔下去的时候，正好踩在一把放在地下的镰刀的木柄上，也许是太巧了，那把镰刀从地下弹了起来，刀锋正好插进安迪的大腿里。

安迪倒在地上，疼痛让他大喊大叫。孩子们没有谁敢去取下镰刀，是的，那太恐怖了。安迪的腿上全是血。

"安迪真是个大英雄。"事后卡尔这样说。

"儿子，你真的以为他是个英雄吗？"

"是的，他为了保护城堡才受的伤，他表现得很勇敢。"卡尔的眼睛中流露出敬佩的目光。

"不，儿子，安迪的做法不叫英雄；至于把他从马车上踹下去的那个孩子，更是显得无知。"

"爸爸，您不是说过做人应该勇敢吗？安迪不勇敢吗？"

这时，我发现孩子是多么的单纯，他们分不清哪些是应该做的，哪些是不应该做的。

"儿子，今天你们在做什么？"

"我们在玩攻城堡的游戏。"

"对了，那只是一个游戏。那不是真正的战斗。"我抓住"游戏"这个字眼开导他，让他分清什么是真，什么是假。

"儿子，我知道你们都喜欢那些英雄人物，可是，你要知道，英雄并不意味着鲁莽，并不意味着不顾一切地打打杀杀。"

我抚摸着儿子的头，仔细地给他分析其中的对错：

"既然你们是在玩游戏，而且你们都是好伙伴，为什么非要真打呢？这种打仗的游戏很容易把朋友变成敌人。你看，安迪很有可能会永远记恨把他踹下去的那个孩子，因为他受到了伤害。本来很要好的朋友变成了敌人，或许有一天安迪还会去找他报仇呢。我不希望让你和你的朋友们心里面产生仇恨。仇恨会产生邪恶。"

"可是安迪的确很勇敢啊。"卡尔还是没有懂其中的道理。

"我相信他是个勇敢的孩子，也很聪明。但如果成天这样打打杀杀会有什么结果呢？今天被镰刀砍伤腿，可能明天会被石块打坏眼睛，后天又会被摔断手臂。这有什么好结果呢？一个屡屡负伤的孩子，长大后什么也干不了。如果他想当一个将军，那么现在就应该懂得保护自己。一个缺胳膊少腿的人，怎么能够去领导军队打击敌人？"

"你们是孩子，不能把握好游戏的分寸。你要知道，游戏仅仅是游戏，不能真刀真枪地干。如果有一天你们上了真正的战场，敢和敌人去拼个你死我活，那才算真正的英雄。"

"爸爸，我懂了。"

孩子们在游戏中受到的伤害来源于他们的无知。如果父母不能对他们加以细心的开导，结果往往是极为可怕的。

我时常告诫卡尔，不要去参与那些孩子们的斗殴，那种伤害比玩游戏中的伤害更加严重。那不只是对身体的伤害，更重要的是会在孩子幼小的心灵中留下不健康的阴影。

第六章

培养孩子好的性格

要注意你的思想，因为思想会产生行为；要注意你的行为，因为行为会养成习惯；要注意你的习惯，因为习惯会形成性格；要注意你的性格，因为性格会影响你的一生。

性格也是能力

我让儿子学会许许多多的东西，但决不想把他变成那种呆头呆脑、形同枯木、板着面孔、难以接近的人，我应该对儿子长大成人后的行为负责。如果儿子只是一个满腹经纶、知识丰富的人，却不能像其他人一样适应社会，不会对其他的人有所帮助，有所贡献，那样的话，我一定会感到难过和愧疚的。

在儿子很小的时候，我和他的母亲非常细心地照料他，但从不娇宠、溺爱他。我很少将儿子抱在怀里，而是让他随便地爬。父母应该是孩子最早的教师，而不应该是他的保护神。当儿子不慎摔倒在地时，在大多数的时间，我不会去扶起他，而是让他自己站起来。儿子应该从这些小事中学会独立的能力，他应该明白，他不能永远依靠父母，而要靠自己。

我认为，对孩子独立能力的培养，是对孩子的一种真爱，那种对孩子的娇宠和过分的呵护只会让孩子在将来的生活中吃尽苦头，那可怕的结果只能是一种罪过。

缺乏忍耐、不能自我克制是没有修养的，是会令人瞧不起的。即使是孩子，如果不能学会忍耐，将来也不会有大的作为。在我的家庭中，如果儿子受到伤害，即使他大哭也绝不会在我这里得到过分的安慰和同情。时间长了，儿子渐渐地就会明白，他是生活在一个只能依靠自己的环境当中，不管是哪种痛苦，都不应该求助别人，要自己忍耐。日复一日，儿子慢慢地形成了一种坚忍不拔的性格。

坚忍不拔，在我看来是世上最了不起的美德。它是与上帝同在的。

我对卡尔的教育，除了培养他学习知识之外，更是把培养他优良的性格放在很重要的位置。我为了让儿子具备各种能力和美德，一开始就从日常生活的点点滴滴中对他进行长期的性格形成进行潜移默化的熏陶。

我深深感觉到，父母以及其他家庭成员的行为，对孩子的成长起着决定性的作用。家庭是孩子成长的摇篮。我们的言谈举止、行为作风，无时无刻不影响着孩子。

我是一位牧师，并且自认为还称得上是虔诚的信徒。对于卡尔性情方面的培养，我一直是特别注意的。我不想让卡尔成为那样的孩子：本人是牧师的儿子，熟读圣贤之书，却整天油腔滑调，胡作非为。这样的人，即使具有非凡的才华，那也是无济于事的。因此，卡尔从小就受到特别虔诚的教育，以精通圣书而著称，尤其是基督教义，他全部背了下来，而且确实照教义指导行事。

无论是我的朋友还是邻居，绝对看不到我对儿子没有理由的娇宠，儿子犯了错误一定会受到纠正。我是在尊重儿子独立人格的前提下，对他进行应有的约束，让他明白，他的行为不是没有边际的，不可为所欲为。

无论对什么人，我都教他必须懂礼貌，说话客气，对父母也不例外。让他知道懂事而有礼貌的孩子才会受到夸奖。

在儿子很小的时候，我就开始培养他独立生活的能力。对孩子的溺爱和娇宠是孩子独立人格形成的最大障碍。我让儿子学会尊重他人和自我克制，知道自己应对自己的行为负责任。而对我个人来说，作为一个孩子的父亲，也应该为儿子日后的独立生活负责。

有人认为我只是热衷于发展儿子的大脑，这是错误的。在对儿子的教育上，我特别下力气的与其说是智育莫如说是德育。我不想把儿子变成个聪明却不近情理的人。

我认为，性格就是能力。如果一个人的性格开朗直爽，那么他就很容易被人所接受，交往活动范围广泛，就有走向各种人生道路的可能性。如果性格孤僻，他的交往活动就只会在狭窄的范围中，做任何事情都不愿同人们直接配合，结果往往是半途而废，走向人生道路的可能性就一直处于关闭状态。从某个方面说，性格是决定一个人成功与否的关键。所谓性格，是在孩子的生命力顺应环境条件的过程中逐步形成的。孩子一生下来，根本不存在什么直爽开朗的性格或孤僻内向的性格。性格是孩子的生命和作为生存能力而表现出来的一种姿态。

有的孩子性格直爽开朗，有的孩子孤僻内向。我认为这些不同的性格既不是天生的，也不是孩子独创出来的。当孩子的生命力作为现实生活的能力得不到充分锻炼时，总觉得自己与现实生活相脱离，不能很好地去适应，其结果就体现在孩子失去原有的那种直爽、开朗、刚强等天性，反而出现了与原有天性不太一致的不良性格。

性格是会改变的，而且会不断地改变。如果生活环境一旦变化，人的性格也有可能变化。这种性格的变化是由于不能适应变化了的生活环境所造成的。

虽然性格会改变，但我相信，性格的基础是早期生活奠定的。最初几年的生活习惯、父母的态度、家庭气氛，都会慢慢改变孩子的性格特点。因此，每一个习惯在其开始形成时都特别重要。

在卡尔的成长过程中，我一直在仔细地观察他，尽量做到在不使他自尊心受到伤害的情况下去了解他的内心世界。目的是想在他有烦恼的时候给予他及时的帮助。如果他有什么不顺心的事，我会想尽一切方法使他将苦恼一吐为快，尽力不让他把不高兴的事闷在心里。我希望儿子能够成为开朗而快乐的人。

有一天，我从外面回来，看见卡尔独自一人坐在院子里出神，他的表情看起来有些忧伤。因为儿子的性格一直比较开朗，他今天的举动让我感到奇怪。我于是就向他走了过去，蹲在他的面前问他发生了什么事。

儿子抬头望了望我，轻声地叹了一口气，又重新埋下了头。

"卡尔，怎么啦，有什么事令你那么不高兴？"我问道。

儿子仍然一言不发。

"儿子，爸爸最爱你了，你有什么事不应该瞒着我。你每次有困难不都是爸爸帮助你的吗？"我看见儿子今天的模样，断定他一定有什么事憋在心里，或许还是一件对他来说挺大的事。

"卡尔，爸爸对你最大的希望，就是想要你成为一个快乐的人。其实，无论什么问题都能解决，只要你有一颗快乐的心。"我继续对他说，尽力通过语言去开导他。

"爸爸，我觉得我不是个男子汉。"卡尔终于说话了。

"为什么？"

"因为我遇见了肯特尔，是村里一个农夫的儿子。他嘲笑说我不够健壮。他还脱了上衣冲着我显示他的肌肉，他说像他那样的才是男子汉，而我不是。"

其实卡尔的身体一直很好，非常健康，但确实算不上一个非常强壮的孩子。本来这不是一个问题，但他却在这时受到了伤害。弄清楚了儿子不高兴的原因，我就开始给他讲一些关于男子汉的道理。

"卡尔，你要知道，一个男子汉并不只是身体强壮。真正的男子汉需要有智慧，有坚强的毅力，并且敢于承担生活中的一切困难和挫折，应该有超人的勇气。

"你仔细想一想，你现在还是个孩子，就已经掌握了那么多的知识，又懂得那么多的道理。等到你慢慢长大，这些知识和道理就慢慢会转化成智慧。而且，从我的眼光来看，你一直是个勇敢的孩子。虽然你的身体在孩子中不算是最强壮的，但也很健康。肯特尔是个农夫的孩子，每天要帮助家里做很多活，而且他的年龄比你大，他比你健壮是很正常的。我想，等你再长大一点，平时又坚持锻炼，以后肯定会比他更强壮的。

"肯特尔这样对你说话，是非常不礼貌的行为，你干吗要理会他呢？还有，你作为一个男子汉最重要的就是要有独立的头脑，这样才不会轻易被别人的评论干扰。"

卡尔听到我这样说，顿时欢欣鼓舞起来。起初的烦恼是由于听了别人的评价而对自己某个方面产生了自卑感，而他想通了其中的道理后，自信心又重新被找了回来。

我不知道其他的父母在面对这种情况是怎么处理的。但是我认为，在这种时候不给孩子讲清道理，不打通他思想上的障碍，很有可能使孩子将这一问题永远埋在心里。那么他就会常常为此而烦恼，会直接影响到他的性格，或许一个原本开朗的孩子会由此而变得孤僻、消沉。

对于卡尔的教育，我就是用以上描述的诸如此类的办法让他时刻处在快乐和开朗之中的。

我认为，孩子是否有优良的性格，在很大程度上决定着他能否成为一个全面的人才，也决定着他是否在将来有所成就。

从威特的成长过程中我发现，注重培养孩子快乐的性格，有利于孩子健康成长。那么，如何培养孩子的快乐性格呢？以下几个方面是我的经验之谈：

第一，密切同孩子之间的感情。在培养孩子快乐性格的过程中，友谊起着重要的作用。因此父母要鼓励孩子与同龄人一起玩耍，让他们学会愉快融洽的人际交往。

第二，给孩子提供决策的机会和权利。快乐性格的养成与指导和控制孩子的行为有着密切的联系。父母要设法给孩子提供机会，使孩子从小就知道怎样使用自己的决策权。

第三，教孩子调整心理状态。应使孩子明白，有些人一生快乐，其秘诀在于其有很强的适应能力，这使他们能很快地从失望中振作起来。在孩子受到某种挫折时，要让他知道前途总是光明的，并教孩子注意调整心理状态，使他恢复快乐的心情。

第四，限制孩子的物质占有欲。因为给孩子东西太多会使其产生"获得物质享受就是得到幸福的源泉"这样一种错觉，所以应结合事例教育他们，人生的快乐不能仅与物质财富的占有画等号。

第五，培养孩子广泛的兴趣。平时注意孩子的爱好，为孩子提供各种兴趣的选择，并给予孩子必要的引导，孩子的业余爱好广泛，自然容易拥有快乐的性格。

第六，保持家庭生活的美满和谐。家庭和睦，也是培养孩子快乐性格的一个主要因素。有资料表明，在幸福的家庭中成长起来的孩子，成年后能幸福生活的比在不幸家庭成长起来的孩子要多得多。

乐观远远超出了比较自信的思维，是习惯性的思维。词典中的定义是这样的，乐观是"一种性格或倾向，使人能看到事情比较有利的一面，期待最有利的结果"。

乐观的人不易患忧郁症，在学校和工作中都更容易成功，令人吃惊的是，乐观者的身体也比悲观者更健康。而且最重要的是，即使孩子天生不具备乐观品性，也是可以培养的。

乐观是一种积极的生活倾向，乐观的环境可感染人形成乐观的情绪，在乐观情绪支配下的人热情愉快，无论是学习还是工作都更容易获得成功。乐观的真正意义是精神上的富有，乐观就是财富。悲观是与乐观相抵触的消极心理倾向，在悲观的心理驱使下做事的成功率降低，悲观吞噬了人们对未来的美好希望。

人生活在复杂的环境中，遇事抱有乐观的态度还是悲观的态度，不仅体现了一个人心理承受能力的高低，而且更有现实意义的是，能否使自己从困境中走出来，以乐观的情绪去赢得成功的机遇和希望。长期自卑会使人精神脆弱，总是担心不幸的事情将会来临，整天忧心忡忡，对工作学习失去信心。在漫长的生活中形成对事物的乐观态度，孩子的成长就会更顺利一些。

孩子在生活中常常会碰到老师的批评、同学的欺负、家长的训斥，也会遇到学习上的困难，在这种情况下，往往会朦朦胧胧地感到自己能力不足，这些足以使一个对生活没有经验、持悲观态度的幼小心灵产生恐惧感，如果处理不当就会出现我们不愿意看到的不良的后果。在孩子的成长中需要乐观情绪的鼓舞，成人后更需要持乐观的态度去争取人生的幸福。

乐观是一种积极的生活态度，乐观的孩子比悲观的同伴更易成功。用乐观积极的心态对待生活很重要，这是孩子应具备的良好品质。我总是用乐观的方式批评孩子，这样便产生了良好的效果，因为批评孩子的方式有正确与错误之分。方法正确与否，显著地影响着孩子日后性格的乐观与悲观。

首先，批评孩子的第一要点就是恰如其分。"过度批评会给孩子造成过度的内疚和羞辱感，超过了使孩子改错的度。而不批评孩子又会使孩子丧失责任感，磨灭其改正错误的愿望。"

其次，掌握乐观的解释性的方法，实事求是地解释问题，指出犯错误的具体原因，使孩子明白自己所犯错误是可以改正的。

有一次，我要求卡尔把自己的房间打扫干净，但他却把我的话当作耳边风，房间乱得一团糟，自己却出去玩了。那天正好有位地产代理商来看房子，我很生气，但我后来还是用乐观的解释性的方式对他说：

"卡尔，今天有位地产代理商来看房子，你不打扫自己的房间，我就得替你打扫，结果耽误了其他重要的事。保持你房间的干净，是你自己的责任，而不是我的责任。"

小卡尔低下了头，一脸愧疚的神情，从此以后，我再也没有看见过卡尔不打扫房间，而且，每次都是带着快乐的心境去完成的。

发自儿子内心的严格自我约束

从卡尔1岁时起，我就严格要求他。我从来不相信"小时候可以放宽一些，稍长大后再严格一些"这种似是而非的信条。

作为父亲，我有责任和义务教儿子知道什么应该做，什么不应该做。在孩子年幼时，成年人对他们的影响是很深的，如果小时候对他们放宽的话，那种烙印会在他们心中很深很深，稍大后再严格，恐怕已经来不及了。

儿子6岁时，我带他去另一个教区的牧师家去，并在那儿住了几天。

第二天吃早点时，儿子洒了一点牛奶。按在家里的规矩，洒了东西就要受罚，因此他只能吃面包和喝水。

卡尔本来就喜欢喝牛奶，再加上牧师全家非常喜欢他，为了他的到来，还给他特意调制了一种牛奶，并添上了最好的点心。这对儿子简直诱惑不小。

卡尔在洒掉牛奶后先是脸稍红了一下，迟疑了一会儿，但终于不喝了。

我装作没看见。

牧师家的人看到这种情况，内心着急了，多次劝他喝牛奶，可儿子还是不喝，并十分不好意思地说："因为我洒了奶，就不能再喝了。"

牧师家的人还是再三地劝说他："没关系，一点关系也没有，喝吧，喝吧。"

我在旁边一边吃着点心，一边仍然故意装着没看见。儿子还是坚持不喝，在万般无奈之下，过于疼爱卡尔的牧师全家就向我进攻了，他们推测一定是由于我训斥了儿子。

为了打破僵持局面，我让儿子出去一会儿，然后向牧师全家说明了理由。

他们听后责怪我："对一个刚6岁的孩子，因为一点点过错就限制他喜欢吃喝的东西，你的教育是否过于严格了？"

我只得费尽口舌加以解释："不，儿子并不是因为惧怕我才不喝的，而是因为他从内心里认识到这是约束自己的纪律，所以才忍住不喝的。"

在听了我的解释后，牧师全家还是不相信，于是我只好通过做一个试验来揭示事实真相。

"既然这样，"我起身对他们说，"现在我们来试验一下，我先离开这个房间，你们再把我儿子叫来，劝他喝，看他是否会喝。"

说完，我就走开了。

待我离开房间后，他们把我儿子叫进屋里，热情地劝他喝牛奶、吃点心，但毫无结果。

接着他们又换了新牛奶，拿来新点心诱惑我儿子说："我们不告诉你爸爸，吃吧！"但儿子还是不吃，还不断地对他们说："尽管爸爸看不见，上帝却能看见，我不能做撒谎的事。"

牧师说："我们马上要去郊外散步，你什么都不吃，途中要挨饿的。"

儿子回答说："不要紧。"

实在没有办法了，他们只好把我叫进去，儿子流着热泪如实地向我说明了情况。

我冷静地听完后，便对他说："卡尔，你对自己良心的惩罚已经够了。因为马上要去散步，为了不辜负大家的心意，把牛奶和点心吃了，然后我们好出发。"

儿子听完我的话，才高兴地把牛奶喝了。仅仅6岁的孩子就有这样的自制能力，牧师全家都深感不解。

很多人会认为我的教育过于严格了。我不否认，从卡尔与一般孩子的行为方式看，这种教育在某种意义上确实是很严格的。但是，这种严格并没有使儿子感到痛苦。

因为对儿子的严格教育从他很小的时候就开始了。卡尔已经养成了习惯，也就不会感到有任何痛苦。

儿子总会向他的父亲学习，父亲不仅是儿子最初的教师，还是他可以学习的榜样。对孩子要严格，首先的是自己对自己也要求严格。

我是个信仰上帝的人，即使有一天站在上帝面前，我也会这样说的：我从未考虑过"小时候可以放宽一些，稍长大后再严格一些"。

我对儿子的严格在不自觉中已经变成了他对自己的严格要求。我时常告诫他，没有人能够约束你，只有上帝和你自己。

卡尔从很小的时候，他很多好的行为都已经形成了一种自觉。比如，卡尔从来不撒谎，这并不是因为害怕我的惩罚，而是因为他从内心之中认为撒谎是不对的。

我几乎不给卡尔买玩具，但并不是让他失去一般孩子都能享有的童趣。就像在前面说过的那样，我采取了很多有益的办法，让儿子既玩得兴致勃勃又开发了他的想象力，同时又从中得到了很多书本上没有的知识。为了让卡尔在玩耍中增长知识，我在房屋外的院子里，特地为他修了一个大游戏场。在上面铺上了60公分厚的沙子，周围还栽有各种花草和树木。由于沙子铺得很厚，下过雨马上就干，坐在上面也不会弄脏衣服。

卡尔时常坐在那里修城堡、挖山洞，尽情地发挥他的想象力，也经常在那里观花捉虫，培养对大自然的感情。我认为让孩子接触自然就是最重要的教育。孩子从中得到的乐趣比那些花钱买来的玩具要多得多。

我曾经也为儿子买过一套玩具，并不是一般的那些花哨东西，而是一套炊事玩具。尽管卡尔还是个很小的孩子，但凡是大人要做的事他也什么都想做。尤其对厨房的活，总是想插手。有些父母觉得孩子的这种癖好太琐碎，有些父母甚至对此十分厌烦，这实际上是在埋没孩子们的天性。我可不这样认为，因为对于儿子的这种喜好，如果能引导得好，就能使他的知识极大地增长，并且能够培养他热爱劳动的习惯和亲自动手的能力。

孩子的潜力是无限的，但是孩子的潜力是父母诱发出来的。

孩子在玩的时候，充满了积极性、主动性。他们的大脑在飞速运动，思想在不断闪出火花，这对培养孩子的各种能力，特别是想象力和创造力，是其他手段难以与之匹敌的。我们知道，有生活的影子，但绝不是对生活的照搬，孩子会根据自己的理解去改造生活。父母不应用条条框框去加以限制，这样，孩子的创造力才能够容易得到充分发挥。

玩本身是一种运动，通过玩，可以增强孩子的体质，可以协调孩子的动作，可以振奋孩子的精神，可以愉快孩子的情绪。但是，在玩的过程中，父母应该给予孩子良好的指导，否则就会发生前面所论述过的种种不良问题。

为了让孩子玩得有趣味，我还做了许多形状各异的木块，他或者用这些木块盖房子，或者建教堂、修塔、架桥或者筑城。由于建筑游戏需要做游戏者仔细动脑筋，因此非常有利于孩子的智力开发。这一点，我在前面提到过。

不仅如此，这种用木块来玩的建筑游戏也能够培养孩子的毅力。

有一次，卡尔花了很大的工夫用木块搭起了一座城堡，有房屋，有城门、城墙，还有做得精致的小桥。

当他正准备来叫我去看时，由于太激动，不小心他衣服的一角在城堡的主要建筑——一个高高的钟楼上扫了一下。顿时，钟楼坍塌了下来，并且把其他的建筑也砸坏了；还毁坏了他精心搭建的那座最令他满意的桥。顷刻之间，他的杰作变成了一片废墟。

我看到他时，他正愁眉苦脸地坐在那儿发呆。我看到当时的情景，看到那些东倒西歪的木块时心中已经隐隐知道发生了什么事。

"爸爸，它被毁掉了，是我不小心毁掉了。多可惜呀！它本来很美……"卡尔说着都快要哭了出来。

我问清情况后对他说："儿子，既然是你自己不小心，就没有理由抱怨，也不应该难过。你自己能做好第一次，也一定能做好第二次。为什么傻坐在那儿呢？干吗不重新做一个？也许还会更好呢。"

卡尔顿时欢欣鼓舞起来。

其实我知道，这话说起来容易，做起来难。因为卡尔搭建的是一组很复杂的建筑群，要他做第二次，非要有很强的耐心和毅力不可。但我相信儿子能够做到。

不出我所料，卡尔终于完成了，并邀请我去欣赏他的作品。

我看了非常吃惊，简直没有想到他会做得那么精确完美。

"爸爸，我认为这一次比前面那个做得更好一些，因为我在做第二次的时候，又对它做了不少的修改，并且做得快了许多。"卡尔自自豪地对我说。

这种结果是肯定的，只要孩子能够有信心开始第二次，那么就会有更好的成果。因为他已经在第一次中积累了丰富的经验。

儿子的事情，让他自己做

幼小的生命来到这个大千世界，由于他们的弱小，他们会感到束手无策。但是，尽管他们是那么的脆弱，仍然有勇气进行各种尝试，学习各种方法，使自己适应，使自己能够融入世界之中。

我坚信，不管儿子现在有多么弱小，他终有一日会成为能够在世界中立足的强者。我付出全部的爱去帮助他来尝试融入这个新世界，让他去学习他不懂的东西。

虽然他年幼、弱小，但我从来不怀疑他的能力。很多人认为只有在某一个年龄段，孩子才能做某一种事情。

我从来不这样认为，我看重的是在儿子幼小的心灵中建立起的自信心。

卡尔两岁时就主动地帮助母亲收拾桌子。每当家中的客人看到他手中拿起一个盘子的时候，他们总会说："卡尔，小心，不要把它打碎了。"在这样的情况下，我会对好心的客人说："没什么，卡尔会把它们收拾好的。"

好心的客人不知道，如果我不允许儿子去碰那些盘子，或许我会永远保住那个盘子，但一声"不允许"会在他的心灵上留下一个阴影，可能会推迟他某种能力的发展。邻居的米歇尔就是一个典型的例子：

米歇尔看见妈妈每天都辛苦地做家务，他觉得有必要为妈妈做一点事情，帮帮妈妈的忙。他对妈妈说："妈妈，每天我放学回家就帮你做一点家务吧！"妈妈听了很高兴，问："你希望帮妈妈做什么呢？"米歇尔歪着头想了想，说："我是个男子汉，我应该干重活。妈妈，我帮你拖地吧！"妈妈高兴地答应了。

第二天放学回家，妈妈还没回来，米歇尔就主动把水桶和拖把拿出来，装上水，然后就认认真真地拖了起来。他只顾低着头，结果一不小心把一个花架撞倒了。米歇尔听着那美丽精致的花瓶碎了的声音，吓了一大跳，不知所措地站在那里。这时妈妈回来了，看见米歇尔把从中国买来的瓷器花瓶撞碎了，很生气，说："米歇尔，看你笨手笨脚的，还说帮妈妈干活呢！还不够添乱的！"妈妈放下手袋，絮絮叨叨地开始收拾。米歇尔觉得很委屈，站在那儿看着妈妈忙来忙去，都不知道该怎么办。

第二天，米歇尔就不帮妈妈干活了。妈妈好像已经忘了这件事，回来的时候很奇怪地问米歇尔，说："你不是说帮妈妈干活吗？今天怎么不干了呢？"米歇尔回答："妈妈，你昨天不是说我笨手笨脚、只会给你添乱吗？"妈妈这才想起昨天的事，这时她意识到自己昨天的行为已经在米歇尔心里留下了一个结。

当卡尔尝试自己穿衣服的时候，经常把衣服穿反。我和他的母亲从来没有嘲笑或责骂过他。我不能让他觉得自己无能，而是耐心地教他。

我还鼓励他自己收拾房间，即使他的"动作"很糟糕，我也会夸奖他一番。房间收拾得是否整洁并不重要，对于他来说，他已经做了，这已足够。

在这些亲手整理的过程之中，卡尔在探索，在锻炼。我深信只有通过锻炼和闯荡，他才会使自己成为一个有用的人。

对自信心的培养必须从孩子最小的时候就开始进行。父母首先需注意自己对待孩子的态度，不要什么事都替孩子做。因为，孩子们需要一定空间去成长，去试验自己的能力，去学会如何对付危险的局势。不要为孩子做任何他自己可以做的事。如果我们做得过多，就会剥夺孩子发展自己能力的机会，也就剥夺了他们建立自信心与自立的机会。

一个真正疼爱孩子的母亲应关注的是孩子将来是否能自己应付外面的世界。将一个在同情庇护下的、毫无自我生存能力的青年人无助地推向未来的社会是最为残忍的事，这是作为父亲母亲不忍心看到的结局。想使孩子能成功地走入门外的世界，必须从小开始培养他的自立与自信，不畏失败。如果我们替孩子做所有的事，便不能达到这一目的。并且在这样的抚养下成长起来的青年，外表坚强，内心却是畏畏缩缩，缺乏勇气而不敢面对现实。

我衷心地愿我们有更多的耐心、用最深沉的爱去激励和帮助孩子化解畏惧困难、害怕失败的内心郁结，并用赏识的目光，看待孩子的一切。

给孩子独立思考的空间

很多父母在孩子小的时候对与孩子的交流及对培养他的责任心未能给予重视，认为孩子就是孩子，他什么都不懂，等他长大了以后再说吧。殊不知，等他长大之后就不会听你那一套了，或者不等他长大已经满身毛病，年轻的生命被浸染得千疮百孔，后悔时，已经太晚了。

没有责任感、没有价值感的孩子，因为找不到自己的生命在社会中的地位与重要性，便会感到迷惘，从而失去创造成就的动力，容易为其他一些物质性的轻浮的事物而吸引，沉溺其中。

对卡尔的教育，我一直力图让他看到自己生活的意义，看到自己的行为能为他人带来影响，让他感到自己是为人们所关注，是有用处的，从此而生出自豪感和责任心。随着年龄的增长与社会接触面的扩大，这种责任心与自豪感的内容也会增长、扩大，不只局限于自己的家庭。但从家庭中培养出来的这种感觉却是未来责任感的基础，没有家庭这种基础，孩子长大后对社会对人类的责任感与使命感便不知从何而来。

在我的家庭中，始终让儿子充当一些有意义的角色，使他感到自己的行为对别人产生的重要性，同时也培养他战胜自己弱点、增长各种能力的信心。

我和卡尔的母亲常常有意识地分派给儿子一些力所能并且与他年龄相当的劳动任务。比如分担适度的家务，例如打扫卫生、负责为花草浇水等等。我们与卡尔平等地交流，认为这是培养他责任心的一种方式，我们不但倾听他的心声、感受，还同他谈些自己的喜怒哀乐。当然，内容应该是儿子所能接受的。

有的人会认为："大人的事怎么可以同孩子讲，我哪里有时间去和孩子闲扯呢？"其实不然，孩子的理解力是很强的，而且对外界的观察很敏锐，只不过他们的心理活动有时被成年人忽略。

我常常会听到儿子的问话："妈妈怎么啦？怎么不高兴啦？"这是孩子关心父母的一种表现，是我们应当积极鼓励的一种倾向。但很多的母亲却这样回答："没有不高兴。"或者说："大人的事，你不懂。"而且以为家里其他的事，更是与孩子无关，久而久之，给孩子留下的印象就是："这家里的事与我没有什么关系，我只要不惹麻烦，衣来伸手、饭来张口就可以了。"

我不喜欢这样的父母，他们对孩子的这种忽视只能让孩子失去本来可以培养起来的责任感。

父母除了教会孩子自己的事情自己干，让孩子生活能自理，能帮助做家务外，还要让孩子从思想上做到不依赖成年人，这就要加强对孩子独立思考能力的培养，让孩子做到能独立地提出问题、思考问题、解决问题，养成自觉的好习惯。自觉的培养比起让孩子能生活自理则更进一步了，它是孩子全方位发展的体现，只有做到了自觉，才谈得上尽量不依赖成年人。

自觉包括学习和生活，上面已经讲了生活自理了，接下来谈的是学习上自觉的培养：首先，培养孩子学习上的兴趣和动机，不能在学习上逼得太紧，这容易使孩子产生厌学情绪，应劳逸结合，孩子的学习最好是主动地学而不是被父母逼着学。其次，要培养孩子的学习能力，学习能力的培养与运动能力、动手能力、协调性的培养有关，这些在日常生活中都能培养，所以一定要让孩子自觉地干自己的事。再次，培养孩子的自信心，对孩子要民主，让孩子有自由发展的空间，和孩子一起面对错误、失败，不怕错误、失败，对其加以分析，从中吸取经验教训。

幼小生命初到这个大千世界，世界对他们而言是陌生而又新奇的，因为他们弱小，出现手足无措的情形并不奇怪。然而，无论是多么弱小，他们总有勇气去进行各种尝试，学习各种方法以适应这个大千世界，并融入其中，这是一个过程，明智的父母应该对孩子加以鼓励，促进这个过程，而不是去阻碍这个过程。

当孩子犯错误，或做一件事没有成功的时候，我们不应该用语言和行动向他们证明他们的失败。我们应该清楚，做一件事情失败了只能说明孩子缺乏经验和技巧，并不能证明他本身的无能或是他不愿意做。父母有责任耐心地去指导他们。

作为父母，应该培养孩子敢于犯错误、敢于失败的行为。孩子和成人一样有能力去犯错误，也同样有能力去纠正和改正错误。敢于犯错误和改正错误是同样珍贵的。

只有这样的鼓励才能培养出孩子的自信心和独立能力。所以我在对儿子的教育中，尽量鼓励他去做他力所能及的事。遇到问题的时候，我总是让卡尔尽力想办法自己解决。

对于卡尔，很早我就有意地锻炼他过一种有规律的生活。让他学会周密地计划自己的时间，完成他的学习任务，发挥他的兴趣爱好。这并非是想把他限制在条条框框之中，而是要让他充分地发挥自己的天赋才能，以便真正地完善自己。

有一次，我们和一些朋友去作一个为期两天的野外旅游。在走之前，我给卡尔提出了建议，告诉他应该带一些什么东西。为了培养他自己照顾自己的能力，我让他自己收拾行李。

到了野外之后，卡尔发现不仅自己的衣服带得太少，而且忘记了带手电筒。那天晚上天气似乎特别冷。卡尔对我说："爸爸，我觉得冷，衣服没有带够，我能用一用你的手电筒吗？"

我问他："为什么衣服带少了呢？"

卡尔说："我以为这里的天气和城里一样，没想到这儿冷多了，下次再来，我就知道该如何做了。"

我对卡尔说："是的，你应该先了解一下这儿的天气情况，做充分的准备，那样的话，你现在就不会感到冷了。那么，手电筒又是怎么回事？"

卡尔说："我想到了手电筒，但在出发时，忙来忙去，就把它忘了。"

我说："你一定要记住，以后千万不要粗心大意，如果不细心地对待每件事，你就会尝到粗心带来的苦头。"

卡尔说："我明白了，我以后一定要像爸爸出门时一样，列一个物品单子，这样就不会忘掉东西了。"

"没关系，这次我把你忘掉的东西都带来了，你看，这是你的衣服。"我一边说着，一边把他的东西拿了出来。卡尔一下子就向我扑过来，并狠狠亲吻了我。

我虽然在开始就知道卡尔带少了衣服，而且忘了带手电筒，这样会影响他的这次出游，但并没有立刻指出来。这样就给他一个机会，在尝试中得到经验。我认为这种方法非常有利于启发卡尔从实践中增长经验。到了最后，我把他忘记带和忽略的东西拿出来，既让他感到了我对他的关心，也让他对这件事加深了印象，促使他以后不再犯这样的错误。

我认为犯错误是很好的学习机会。许多父母在孩子犯错误时，不失时机地大加谴责、恐吓，这种做法的出发点或是基于改进的想法或是害怕孩子再犯同样的错误。这种想法是对的，但这样做常常产生相反的作用。

孩子们或因害怕受责备而不敢冒险，失去学习新技巧的热情与胆量，或产生反叛心理，反其道而行之。如果父母处理得当，可以将错误转变为绝好的学习机会，教给他们正确的做法，不必害怕犯错误，而是学会从错误中吸取经验教训。不视错误为坏事，不因犯错误而沮丧、气馁，才能使孩子成为一个快乐的人。

有一次，一位16岁的少年找到我，向我倾诉了他内心的苦恼。他说他的父亲酗酒，经常打他的母亲和妹妹们。有一天，他实在无法忍受了，就去问父亲为什么这样。可父亲说："你还有脸问我？你早该去挣钱养活自己和妹妹们了。"当时他很难过，因为他从来没有考虑过这个问题，小时候父母没有教育他应该怎样做。这位少年告诉我，在这之前，他只知道和别的孩子到处去玩，只是吃饭的时候才回家，也从没有考虑过父母和妹妹们的事。那天，他父亲对他说的话令他吃惊。他说，如果早有人教他应该怎么做的话，他可能现在会把母亲和妹妹照顾得非常好。少年告诉我，他现在觉得自己是个罪人。

多么好的孩子啊！他的天性是多么的纯良，只不过是因为没有得到很好的早期教育，而白白地浪费了大好时光。

后来，这个少年经常来找我，诉说他的内心世界，我也尽力帮助他学习知识，教他做人的道理。现在，这个少年已经是个非常棒的小伙子了，他娶了妻子，用自己的勤奋劳动拯救了一个快要破败的家庭。他的努力促使父亲改掉了酗酒的习惯，让他的母亲过上了幸福的生活，并把两个妹妹送进了学校。

孩子的性格决定他成长的方向

孩子一生下来，根本不存在什么直爽或孤僻的性格。所谓的性格，很明显是在孩子们的生命力顺应环境条件的过程中逐步形成的。换句话说，性格是孩子的生命力作为生存能力而表现出来的。

直爽性格和孤僻性格，在现实生活能力方面存在着很大差距。

若是直爽性格，就易被他人接受，社交活动范围广泛，有走向各种人生道路的可能性。若是孤僻性格，社交活动范围就狭窄，做任何事情都不愿同人们直接配合处理，结果往往是半途而废，走向人生道路的可能性一直处于关闭状态。

由此看来，性格也是处理一切事情的能力。那么，为什么会出现有的孩子直爽、有的孩子孤僻的性格呢？这些不同性格既不是天生的，也不是孩子独创出来的。

当孩子的生命力作为现实生活能力得不到充分锻炼时，总觉得自己与现实生活相脱离，不能很好地去适应。其结果就体现不出孩子原有的那种"直爽"、"乐观开朗"、"温柔"、"刚强"等的性格，反而出现了与原有性格不太一致的不良性格。

孩子的任性心理就是父母培养出来的。我认为作为父母一般是不打算通过责备的方法培养孩子的。不过，不打算严格培养，可往往在不知不觉之中形成了对孩子的溺爱或者助长了孩子的反抗心理。特别是在当代的社会状况下，更容易把孩子培养成为娇生惯养的任性的孩子。的确是这样。当孩子摔倒哭了，立刻飞也似的跑过去抱起来。这样做的本身并不是坏事。但不管任何场合都用上述方法去做，就会把孩子培养成为一种"只要撒娇什么也能办到的"任性心理。

当然，并不是说孩子哭了不管就好。在弄清孩子情况的基础上，也可采取置之不理的态度。

比如说，那天我一个亲戚的孩子在院子里摔倒后大哭起来，他的母亲为之一惊，急忙打开拉门往外看，似乎没有什么特别令人揪心的。于是就喊：

"小宝宝，乖孩子，快起来吧。"

不过，那个孩子哭个没完，不想站起来。于是他母亲关上门，从门缝间看孩子怎么办。不一会儿孩子站了起来，走到廊下，打开了门。当看到母亲那种坦然自若的样子，又跑到院子里倒下哭起来。尽管如此，母亲仍置之不理，这样不知反复了几次，孩子终于认输了，擦干眼泪，回到屋里。

由此可见，孩子希望母亲把他抱起来，若满足他的要求，有时会助长他的任性。但母亲并没有被孩子哭泣的伪装所蒙蔽，采取了置之不理的态度，这一点是很重要的。为了不溺爱孩子，作为父母必须严格要求自己才行。

正在成长的孩子们，能力提高得快，领会也快。但是，对于或多或少有自卑感的孩子来说，尽管做了努力，能力也难以提高。反之，能力成长快的孩子就没有自卑感。他们由于会做而感到高兴，所以，总是满腔热情地努力去做，能力也就不断地成长。

我深深感到无论是父母还是老师，都应该懂得孩子这样成长的规律和对其教育的诀窍。无意之中给孩子造成自卑感的父母，使学生抱有自卑感的老师，在现实生活中这样的父母和老师是何其多啊！

为了消除连孩子自己也没有意识到的、下意识的自卑感心理，父母要注意说话时的语言，并帮助他树立起有能力"办得到"的自信心，这是指导的诀窍。要孩子出色地去做"办得到"的事，使他树立起由不能变为可能的信心。

性格本身多少会改变，而且会不断地改变。例如，生活环境一旦变化，你的性格也有可能变化。这种性格的变化是由于不能很好适应变化了的生活环境所造成的。

一般说来，父母都指责自己孩子养成的坏习惯，并希望他改正。但如果不反复正确地加以引导，其坏习惯就不易改变。另外，当能力还未培养出来时，即使怎样告诫他也难以纠正过来。

对与现实生活环境不相适应的孩子来说，应该采取使孩子心情舒畅的易于接受的办法。如父母对孩子说："不妨再来试试看，多反复几次就会适应的呀！"这种办法会收到良好的效果。

另外，对孩子的优点要予以表扬，只有发扬优点才有利于克服缺点，使之向正确的方向发展。能力通过什么方法培养都会促进脑力活动的加强。有了此基础，其他事情当然也就好办多了。

很显然，任何知识的灌输、智力和品格的培养都是为了巩固和加强孩子生存和成功生活的能力，如果我们根本就没有把根扎在土地中，那么枝叶生长得再繁茂又有什么用呢？同样，如果我们的孩子不能养成优秀的性格，那么对他的培养只不过是让他成为一个学习的机器，品格的培养也无非是在打造一个供堂中的神像，这又有什么意义呢？

我们说，孩子的性格决定了他成长的方向，主要是说性格是决定一个人成功的关键。从一个相对简单的层面而言，如果一个人的性格开朗直爽，他就很容易被人所接受，交往活动范围广泛，就有走向各种人生道路的可能性。而性格孤僻者，由于交往活动都只局限在狭窄的范围中，做任何事情都不愿同人们直接配合或得不到人们的配合，结果就会半途而废，以致人生道路的前途始终处于关闭状态，使大量机会丧失。

从根本而言，一个人性格中自信进取的因素、百折不挠的意志力和勇气等都将直接影响他对前途的选择和把握，决定其生存与生活的方向和方式，决定其发挥自身所具备能量的程度。所以说，孩子能否成为一个全面的人才，孩子未来成长的方向如何，很大程度上决定于孩子的性格。

第七章

我怎样面对儿子成长中的问题

教育的前提在于以一颗宽大的心来了解、引导。对待犯错误的孩子，教育的目的就是把这些不利的消极因素通过适当的渠道转化，引导出积极的有利的因素。

鼓励孩子做一个诚实、正直的人

想要把孩子培养成诚实和正直的人，必须从小开始对他严格教育。

很多父母都会发现，孩子很小的时候就开始撒谎。撒谎的原因是很多的，有善意的撒谎，也有恶意的撒谎。

我认为，幼儿的撒谎很多是善意的。当孩子做错事后，为了逃脱父母的责怪，他们一般会撒谎。针对这种情况，父母应该很细心地了解孩子的内心世界，首先应该知道他们撒谎的原因，然后采取合理的方式去教育他们。

不要以为孩子太小就不懂得道理，千万不要小看他们，他们能够懂的。

在生活中，我常常可以听到一些父母提出如下问题："我的孩子刚刚5岁，可他竟然当面对我说起谎话来，这正常吗？"或："当我的女儿琼告诉我她没有吸烟时，我知道她在对我撒谎，我该怎么办？"

碰到这种情况时，首先应扪心自问自己是否时常撒谎。成人有时为避免伤害他人的感情，可能会说些无关紧要或无伤大雅的谎话。但在孩子们看来，成人说这类谎话时，可是的的确确在撒谎。

撒谎腐蚀了人与人之间的亲密关系，滋长了不信任，破坏了互相信任的美德。说谎意味着不尊重被骗对象。与经常撒谎的人在一起生活几乎是不可能的。在卡尔稍长大后，我就给他讲这些更深一点的道理。但在他幼小的时候，我一定会告诉他，撒谎是不对的，是会遭到惩罚的。

罗斯蒙德先生是一个十分善于与孩子交流的父亲，他致力于帮助孩子建立起高贵的品德，他给我讲述了他对待儿子汤姆撒谎的经历。

"那天我和妻子出差回来，发现厨房和客厅狼藉一片，我问汤姆是不是在家里举办了聚会，他却矢口否认。可是，当我问到汤姆的老师时，才知道汤姆整整缺课一天，和他同时缺课的还有好几个孩子，都是汤姆比较要好的伙伴。我知道儿子对我撒谎了，他没有按时上学，而是在家里和伙伴们闹了一天。"

罗斯蒙德先生在认真考虑了事情的前因后果以后，开始进行反思：汤姆撒谎的习惯从何而来呢？是从父母还是学校里其他有着撒谎恶习的孩子身上学来的？经过自责，约翰·罗斯蒙德发现自己和妻子都曾在不经意间向孩子说过谎话。比如，一次妻子安妮想独自看演出，不想带汤姆去，就谎称自己去买日用品。还有一次，罗斯蒙德先生向孩子许愿在假期带他去海滨度假，可后来由于工作繁忙不得已取消计划。

这些事情显然给汤姆造成了不好的影响。

在校正汤姆撒谎的恶习时，罗斯蒙德先生采用的方式不是告诉汤姆自己已掌握了真相并以一种生气厌恶的姿态斥责他，而是绕过这件事，专门召开家庭会议，讨论有关诚实的话题。

罗斯蒙德先生对儿子汤姆和女儿埃丽说：

"诚实是人的一大美德，在同别人的交往中，一定要做到坦诚相待，不能靠说谎去蒙骗他人，因为谎言一旦被识破，会令对方很伤心，甚至很气恼，而且自己今后很难再得到对方的信任。"他用给女儿埃丽办生日晚会打比方："如果你举办生日晚会时，不能邀请某位要好的伙伴前来参加，那么就应当如实地告诉这位伙伴，因为父母对邀请多少位客人来家中参加生日晚会，做了严格的限制，所以只好忍痛割爱，没有邀请对方。倘若你向这位朋友撒谎说自己不打算举办生日晚会，或也没有邀请其他伙伴来家中参加生日晚会，那么，一旦这位伙伴了解到事情的真相，你们之间纯洁的友谊就会受到严重的损害。"

罗斯蒙德先生还诚恳地说道："父母不是完人，有时也可能会出现一些毛病，希望儿子和女儿监督以便我们及时改正。"

在讨论中，汤姆一直红着脸。后来，他终于鼓起勇气向父亲承认了自己逃学在家聚会的事情。此后，汤姆没再撒过谎。

卡尔两岁的时候，在餐桌上打翻了一个水杯。当时我和他的母亲都不在场。因为那天我去了别的教区，只有母亲和他在一起。母亲只去了别的房间一会儿，回来就发现餐桌被弄湿了，而卡尔的水杯都空了。

"小卡尔，是你弄翻了水杯吗？"儿子的母亲问他。

卡尔一个劲儿地摇头否认。

母亲看着他机灵可爱的样子忍不住笑了起来，明知道是儿子弄翻了水杯却没有责备他。

晚上我回家后，卡尔的母亲把这件事告诉了我。

我仔细想了想，认为虽然今天我不在场，但还是有必要和儿子谈一谈。

"小子，今天是你弄翻了水杯吗？"我严肃地问他。儿子仍然摇头否认。

"卡尔，我希望你能对我说实话，无论是不是你干的，你都应该说实话。虽然我和你的母亲都没有见到，但上帝会看见的。"我板着脸说，"我和你母亲，还有上帝，都不喜欢撒谎的孩子。"

后来，卡尔埋着头承认是自己干的。我没有责怪他。

我知道，打翻水杯这件事本身比起养成孩子撒谎的习惯简直是微不足道的。

很多父母认为孩子小小的谎言没有什么危害性，甚至还觉得他们很可爱。我可不这样认为。撒谎一旦成了习惯，在他们长大后就会变成罪恶的源泉。当那种习惯形成后再去改变它，只会是徒劳罢了。

认识卡尔的人都会说他是一个诚实的孩子。我想儿子唯一的"谎言"就是否认他打翻了那个水杯。

在以后很多的日子中，无论他做了什么错事，都会勇于承认。至今，我还没有听谁说过卡尔撒过谎。

做父母的都知道，孩子几乎是刚会说话就开始撒谎，有时可能更早些。比如母亲到另一个房间做事时，两岁半的吉姆弄翻了粥碗。母亲进来后十分生气："吉姆，是你干的吗？"尽管当时没有别人在场，吉姆还是一个劲儿地摇头否认。

一般说来，孩子撒谎时，父母们总是忍不住要笑。一天早晨7点钟，詹妮斯的父亲发现玩偶的脑袋不见了，便问3岁的詹妮斯。詹妮斯尽管是嫌疑对象，却还是说不知道。

吉姆和詹妮斯都知道自己的行为不对，因害怕父母生气，但他们却不知道撒谎也是不对的。孩子在2～3岁时，认知和语言能力的发育都不成熟，还不能看出自己的言行之间有什么直接关系。对他们来说，行为远比语言重要，而语言都是模糊的，有多重含义的。

随着年龄的增长，大多数孩子的情商也相应提高，而诚实的性格却不然。5岁时92％的孩子认为说谎永远不对，75％的人说自己从未说过谎。到11岁时，只有28％的人认为说谎永远不对，没有人宣称自己从未说过谎，随着年龄的增长，孩子们逐渐开始区分谎言的类型和轻重程度。为了逃避惩罚而说谎是最坏的，比如"我丢了钟表，所以上午没法不迟到"等。为了不伤害某人的感情而说谎就不那么坏，比如"我喜欢你的新衣服，它使你看上去更漂亮"等。而为了帮助别人而说的利他主义的谎言，已经被看作是可以原谅的、高尚的。比如"艾尔逊把身上弄脏了，是我的责任。是我让他走那条很泥泞的小道的，我以为那是条捷径"等。

孩子不诚实有多种原因，有的可以理解，有的不可以。小一点儿的孩子说谎一般是为了免受惩罚、得到自己想要的东西或让同伴羡慕。少年说谎更多是为了保护隐私（"我刚才出去了，没看见任何人"）、考验权威（"这学期历史课没有期末考试，不信你可以打电话问历史课老师"）、避免受窘（"他们取消了生日聚会，所以不需要同伴"）。

虽然说谎在人的成长过程中是可以理解的，但是如果孩子习惯性地说谎或对关系重大的事情也不说实话，那么就成问题了。正如一位儿童心理学家所描写的那样："对重要问题撒谎，使父母处理起来更困难，撒谎成为一个问题就更严重。撒谎腐蚀了人与人之间的亲密关系，滋长了不信任，破坏了互相信任的关系。说谎意味着不尊重被骗对象，使得与经常撒谎的人在一起生活几乎变得不可能。"

我认为，幼儿的撒谎很多是善意的。当孩子做错事后，为了逃脱父母的责怪，他们一般会撒谎。针对这种情况，父母应该很细心地了解孩子的内心世界，首先应该知道他们撒谎的原因，然后采取合理的方式去教育他们。

婴儿及幼儿在不开心或不遂意的时候，就会直接用哭啼来表示。孩子逐渐长大后，知道了哭不能解决问题。因此，当他不快、疑虑的时候，往往将自己的感觉隐藏起来。有些孩子会以沉默的方式、独坐一角或摔东西来表现自己的情绪，这样父母也就很容易察觉孩子的异样。但也有些儿童并没有什么表现，只是将困扰的情绪埋于心底，渐渐形成郁结，失去应有的童趣。

很多父母都认为童年生活应该是无忧无虑的，对于孩子紧张不安的表现实在感到莫名其妙。如果父母有这种想法，显然是忽视了孩子的存在价值。由于父母的不了解，孩子也不轻易将内心感受说出来，结果父母常会发现孩子说话口不对心。这并不表示孩子爱说谎话，而是他另找借口以掩饰心中的烦恼。

当有迹象显示孩子情绪受到困扰时，父母该怎样做才能透视孩子的幼小心灵、解除他的焦虑呢？

小孩的心理困惑多是暂时性的，只要父母能从孩子的立场去了解他，为他设想，自然能够舒缓孩子的心结，事情也就容易解决。

不过，父母亦须留意孩子另一类的口不对心，否则任其发展下去，真会养成说谎的坏习惯。惯于说谎的孩子表现虚伪，往往不能真诚地与人相处，对培养良好的道德品质实在不利。

严厉责罚说谎的孩子是没有用的，这样只会令他更加紧闭自己的心扉，或再次说谎以逃避可以预料的惩罚。做父母的应该细心分析孩子说谎的因由：是否父母要求太严格，孩子因恐惧而不敢说真话？是否由于遭受冷落，孩子利用谎言来引起对他们的注意？是否因自卑心理作祟，希望赢得别人的赞美？是否因嫉妒心重，出于报复心理？是否因本身能力问题，承受不了过大过多的压力？

父母在寻找问题的症结时，更要同时反省自己，不要对孩子有过度的期望或干涉，以诚恳的态度认同孩子的感受，让他了解没有说谎的必要。

对于孩子第一次说谎要认真纠正。孩子说谎有个形成过程，假若孩子第一次说谎成功，就会为形成坏习惯打开一扇门，而坏习惯一旦形成，就难以纠正。对初次说谎的孩子，父母不能生硬训斥，又是批评又是打骂，当然也不能轻描淡写，更不能觉得好玩，这样会害了孩子。

当发现孩子撒了谎，大部分父母必定如审问犯人般，追究到底，孩子被追问得急了，便推卸责任。说谎是因害怕说真话而挨骂的避难所。孩子一方面被教导不可说谎，另一方面亦确曾因说实话而遭责骂，这种结果，是孩子因自卫而撒谎的主要原因。孩子常被灌输以"说谎是坏孩子"的观念，可是现实生活里，在现实和父母正统教育的冲击下，他们感到无所适从，甚至反过来怀疑父母的说法。

需要区分的是一个三四岁的小孩捏造一个故事时，他绝不是在说谎，而是他的想象力异常活跃，常将现实和想象混淆：例如他看到别的小孩患病，他也告诉妈妈："我发烧了！"这是他凭想象而说出的话，根本不懂什么是真，什么是假。

父母不必为他偶然编造的故事而勃然大怒，造成他的罪恶感，更不必为此而担忧孩子会变坏。如果你发觉他时常描述一些假想的朋友或奇遇，你应该想想是否他的现实生活中缺乏玩伴，或是家庭气氛太冷淡？

小孩子常渴望被人拥抱、爱护，也希望父母能够轻松亲切地和自己聊天；如果周围的大人表情太严肃，不轻易表露自己的感情，孩子自然会幻想一些能够安慰他与了解他的朋友，正如饥饿的人一定喜欢幻想一些美食摆在自己跟前一样。

杜绝大孩子说谎的最佳对策是不追究，让他了解没有说谎的必要。对他说："你可以把实情告诉我，问题出在哪儿，让我们看看有什么解决的办法。"他可能无法立刻给你一个确切的答案，因为很可能连他自己也不太清楚烦恼从何而来，即使是明白到自己的烦恼所在，也未必能立刻坦白告诉你。父母必须花点时间去了解，让他觉得当初若能诚实地告知真相，是会获得原谅的。

孩子"说谎"是常有的现象，有时是因为怕挨骂怕挨打，为了躲避劳动，有时孩子为了得到表扬也说谎话，有时也源于孩子怠惰的习性。

无论大人或小孩，当陷入一个尴尬局面时，最圆滑的退路就是撒一个小小的谎，这种情形没有什么大害；一些开玩笑的谎话，也无伤大雅。孩子渐渐长大，社交关系日益复杂，对社会有了粗浅的认知，这时会有更多的同龄朋友来分享他的内心世界。当他不想完全地敞开自己的内心世界时，有时会在不自觉间找借口来掩饰。父母必须明智地正确引导他们判断说谎的内容和对象。告诉他不能违背良心地推卸责任，因为有些谎言可能会损害朋友关系，惹起事端。

孩子的撒谎，有时并非真正的说谎，而是一种掩饰、一种推卸、一种抗争、一种期盼，他希望大人来读懂它。父母们不要动辄骂孩子："你怎么撒谎？""撒谎是坏孩子！"让孩子觉得自己就是个爱说谎的坏孩子，无药可救了，便更加处处掩饰自己，想在别人面前显示自己"很强、很优秀"，以得到别人的夸耀，最后成为真正爱撒谎的人。

放纵孩子的任性不是关爱

有一次，卡尔想吃一块点心。我没有给他，因为我们刚刚吃过晚餐，过多的吃喝会影响他的健康。不到两岁的儿子发起脾气来，他躺在地上，大哭大闹。他的母亲看不过去了，连忙答应了他的要求，她拿着儿子渴望的那块点心说："好啦，卡尔，快起来。"卡尔的哭闹取得了胜利，他得到了那块好吃的点心。

当时，我并没有说什么，但我认识到，卡尔的哭闹是一种对父母权力的挑战，并且在这挑战中取得了胜利。

后来，我和卡尔的母亲谈到了这件事，并把我的想法告诉了她。

我认为面对儿子这种哭闹的挑战是不应该去迁就他的。由于儿子还小，这种迁就的恶果不易看出来，但已经种下了不良的因素。如果儿子长到了十四五岁，仍然以这样的方式对他的话，他将会变成一个蛮横无理的人。

由于他知道哭闹能得到他想要的东西，下次他还会哭闹。长大之后，他的能力，他的方式就不仅仅是哭闹了。那种无礼将不只是针对他的母亲，还会针对其他的一切人。他会以无礼的方式要求其他的人也来满足他的要求。

我可以找出许多例子来证明，父母与孩子早期的关系会影响孩子将来与人之间的关系。

有一个女孩，出生在一个非常富足的家庭。她长得非常漂亮，也非常聪明伶俐，是我们这一带很有"名气"的小姑娘。由于她天生可爱，又是一户有钱人家的女儿，所以很多人都非常喜欢她。

她的父母更是把她当作掌上明珠。

去她家拜访的人，总会给她带去最好的玩具。据说，那些做工精美且很昂贵的洋娃娃就有成百个。

小女孩可以说是每天生活在玩具的世界之中。

我曾经告诉过她的父亲，不要让女儿太多地把时间花费在玩具上，应该尽早地对她实施教育。可她父亲不以为然，他说让孩子学习现在可能太早了，等她长大些后再说吧，不仅如此，他还嘲笑我说："威特牧师，听说你正在培养天才儿童，什么时候带来让我瞧瞧吧……你可别把你的宝贝儿子变成个书呆子了啊。"

对于这样的父亲，我还有什么话说呢？

后来，我听人们说起那个小女孩：由于她的玩具太多，就一点儿也不爱惜它们。她时常把那些可爱的洋娃娃扔在路边的小沟里，有时还用小刀之类的东西把洋娃娃割得乱七八糟。每当她发脾气的时候就把玩具摔在地上用脚使劲地踩踏。

当家里的人教训她时，她甚至威胁父母："我会用刀杀死你们。"

有一次，因为佣人做的饭菜不合她的口味，便记恨在心，吃饭时她什么也没有说，只是在饭后将一把小刀悄悄地藏了起来。

第二天，当那位善良的女佣正在厨房做饭时，小女孩乘她不防备将那把小刀插进了她正在洗菜的手中。

女佣大叫起来，鲜血从她的手背上流了下来。小女孩并没有因此而有所顾忌，还大声嚷嚷："你做的菜太难吃了，是不是你的手太笨了？"

当我听说了这件事后，感到非常的痛心。那是一个多么可爱的小女孩啊！怎么会变得这么无理和残忍！这种事情的发生，只能怪她不负责任的父母。他们不知道孩子的这种性格会对她的将来有多大的坏影响。我不知道她的父母对这件事的发生有什么想法，但真希望他们能好好反思，从而去学会合理地教育孩子。

一味地纵容孩子并不是关爱孩子。如果希望把良好品德传授给孩子，做父母的必须以身作则，必须自己就先具备良好的品德。

在以后的日子里，在我的家庭里，再也没有发生这样的事，即便卡尔再怎样哭闹，他也不会得到他不应该得到的东西，不管是食物还是玩具。因为我要让他知道，哭闹是没有用的。

有一天，一位邻居告诉我有关他儿子的事，他觉得他的儿子糟糕透了。由于卡尔学识和品德都是很优秀的，众所周知，所以这位邻居想向我请教怎样教育孩子。

他垂头丧气地告诉我："我和妻子在儿子幼儿期和童年期忽视了对他性格的管教，那时他把整个家庭搅得一团糟。妻子认为他还小，相信以后长大后会变好的。可是事实却不是这样，他变得越来越坏，脾气暴躁，自私贪婪，自以为是。他做错了事，我们简直不敢管他，他甚至比我还厉害。他现在12岁，已经变成了我们一点也控制不住的野马。他真令人讨厌，时常向我们发脾气，蔑视家庭和父母，似乎家中的一切都不如意。"面对这样的情况，我能说些什么呢？放纵孩子的任性只能带来恶劣的结果，绝对不是对孩子的关爱。父母固然应该尊重孩子，但绝不能养成孩子放任的性格。

父母在教育孩子前，首先要搞清楚什么是对的、什么是错的，应该首先知道采取什么样的方式去对待孩子的过失。

我是这样对待儿子的：如果卡尔在房间里行为笨拙，撞翻了桌子，打翻了杯子，或者不小心弄坏了我的东西。这些事情并不是他无理取闹，不属于他应该负责的范围。他并没有恶意，并没有向我挑战，只是不小心罢了。这种情况，我不会去责怪和惩罚儿子，只是随时提醒他以后要小心，不要那么鲁莽。

如果卡尔为了引起我的注意或因为某件事不顺他的意而向我挑战的话，我一定会采取一些方式制止和惩罚他。

幸好这样的情况在卡尔身上极为少见。因为在卡尔很小的时候，我就以身作则先尊重他，从来没有无故地对他施加暴力，他尊重我也是极自然的事。

有的孩子很任性，动不动就又哭又闹，使性子，把父母搞得一筹莫展。很多时候，父母只好迁就，我认为这种做法是极端错误的，因为这样孩子就会得寸进尺，越来越任性。

　　众所周知，父母是最了解孩子的。对于孩子的脾气和性格父母应该最清楚，应该知道孩子在什么情况之下会发生什么样的任性行为。在预料到他要做出任性行为之前，父母应该采取一些预防措施，避免孩子发脾气。比如，孩子吵着要买玩具，但是父母以为没有必要，就应该对孩子说：我去问一下你的姨妈，看你这样大的孩子适不适合买这种玩具，如果她说合适，我再给买。如果不合适，那么就不买了。事先把不买的可能告诉孩子，孩子会进行自我调节，做好心理准备，这样就可以防止任性的发生。

　　在卡尔的成长过程中，我非常注意观察他内心世界的变化，目的在于养成他良好的性格。从一开始，我就注重用各种方式培养他的品性，因为一个人的成功与否不光是缘于他的学识和能力，性格往往是决定成败的关键因素。

儿子的成功来自我们对他的诚实评价

　　如果卡尔对他人说了些鲁莽的话，我并不马上斥责他，而是先立即给对方道歉。我会向对方说："我儿子是在乡下长大的，所以才说出这样的话来，请您不要介意。"这时儿子就已省悟到自己可能说了不合适的话，过后他一定会询问其中的原因。

　　等儿子问我时，我会向他说明："你刚才说的那些话从道理上来讲也没什么不对，而且我也是那样认为的。但在别人面前那样说就不好了。难道你没有发现，当你说了那些话后，彼德先生的脸都臊得发红了？人家只是因为喜欢你，又碍着爸爸的面子，所以才没有作声。但他一定很生气，后来彼德先生之所以一直沉默不语，就是因为你说了那种话。"

　　我这样对儿子讲明道理，我想我及时地对儿子的行为进行了冷静的观察并做出了诚实的评价，这样的教育方法绝不会伤害儿子的判断力，让他感到迷惑。

为了说明我这种教育方法的好处，我想对此作进一步的论述。

假设在我向儿子提出批评以后，他继续反问："可是我说的是真的呀。"这时，我会进一步开导他："是的，你说的是真的。但是彼德很可能想：'我有我的想法，你那么小的孩子知道什么。'再说，即使你说的话是真的，你也没有必要非将它说出来不可。因为那已经是人人皆知的事，你没有发现别的人都是沉默不语吗？如果你认为只有你才知道，那你就太傻了。再打个比方，大人指责孩子的缺点本来是理所当然的，因为孩子在成长过程中，有许多缺点，指出来了并不是什么可耻的事。即使这样，人们对你的缺点不是都装作不知道吗？如果你以为人们都不知道你的缺点，那就大错特错了。事实上，人们已知道你的错误，但都沉默不语，这是为了考虑你的面子，为了不使你丢脸而已。这样你就明白了人们对你的好意了吧。而你在发现别人的缺点以后应该怎么做呢？也应当这样。《圣经》上不是说：'自己不愿做的，也绝不要让邻人去做。'道理就是这样。所以在人面前，指出别人的缺点和过错是很不好的。"

听了这样的开导后，儿子由于年幼肯定还是感到困惑，因为他的心理还不像成年人那样复杂，而且这种处世方法很可能被视为不诚实或过早地世故，但我觉得我这样做很有道理。

假如儿子还是不理解，又提出："那不就得撒谎吗？"我就继续开导他："不，不能说谎，说谎就成了说谎的人，伪君子。你没有必要说谎，只要沉默就可以了。如果所有的人都互相挑剔别人的毛病和过错，并在别人面前宣扬，那么世界不就成了光是吵架的世界了吗？那我们也就不能安心地做事和生活了。"

不过，对卡尔，我用不着说这么多，几句话他便能领悟到自己的过错，含着眼泪保证不再重犯。

我就是这样教育儿子的。

我相信我的教育是合情合理的，它源自于我对儿子的诚实评价。态度上对卡尔从不专制，也就不会蒙蔽他的理性，更不会伤害儿子的判断力。

对待儿子，禁律不能随意通融

我对待儿子，一贯是是非分明、始终如一，行就是行，不行就是不行。一切都要认真，这会对孩子产生良好的影响。

不允许的事，一开始就不允许，这样对孩子就没有什么痛苦。有时答应，有时不答应，反而会给孩子带来痛苦。

我周围的很多父母，他们的"禁律"出尔反尔，反复无常，不能始终如一。有时行，有时却又变得不行了。这样久而久之，就在孩子的心灵上很早就打下父母的"禁律"是可以打破的烙印。父母对自己的言行都那么草率，那么不认真，又怎么去教育孩子认真呢？

所以，要教育好孩子，父母必须对事物的好坏有一个始终如一的定见，无定见是教育孩子的最大禁忌。在实施某些惩罚措施时应特别注意这一点，不要在批评过孩子以后，见到孩子哭或不高兴就又立即去安慰爱抚他，这将使孩子最终蔑视父母的命令和法则。

在孩子两岁的时候，我就开始从细微之处培养他良好的生活习惯。即使在餐桌上，儿子也会受到严格的教育，我告诉他，盛入自己盘中的食物一定要吃光，这样能够培养起他勤俭节约的意识，同时又是一种磨炼。

如果卡尔想吃水果或点心，不论那种诱惑力有多大，我也会让他必须先吃完饭菜。我不会对他有丝毫的通融。

由于我和儿子的母亲对孩子正确行为的反复训练和动之以情、晓之以理的教育，时间一长习惯成自然，儿子就把遵守适当规则当作了自己的本分。

我希望卡尔在生活成长过程中能够确立有"分寸"的意识，我一直按照这样的原则去教导他。我要求他诚实、守信、准时，因为这些都是作为人应该具有的优秀品质。

父母的言行一致，赏罚分明，会对孩子产生积极的效果。如果你要求孩子不说谎话，你自己就不能采取欺骗吓唬的手段；如果事先与孩子定好了制度，父母就更要认真对待。

对儿子的惩罚，我一向讲究原则。我对他的惩罚一定要让他心服口服，否则惩罚便失去了教育的作用。惩罚之前，我总会给他警告，他犯错之后我一定言出必行，并且要对他讲清原因，告诉他我为什么要惩罚他。

我认为必须让儿子懂得他的一举一动能产生不同的后果，那么随着时间的推移，他一定会形成什么事都认真的习惯，他会知道无论做什么事都不能马马虎虎。

我曾经对卡尔说过："你必须早上按时起床，否则我会认为你是放弃你的早餐，你要为你的行为负责。"

有一次他起床太晚，超过了给他规定的时间。当他来到餐桌前时，我们早已经收拾好了一切，并把他的早餐收走了。

卡尔看着我，似乎想为自己的过失辩解一番，但我先开口对他说："真遗憾！我也很想把牛奶和面包留在你的位置上，但我们以前有过约定，我不能随意破坏它。这只能怪你自己。"

这样的情况下，作为责罚的内容，早餐并不是最为重要的。重要的是他应该知道，我们以前的约定是认真的，是必须遵守的。

所以说责罚的目的不仅仅是责罚本身，而是要让孩子遵守禁律，不做不能做或者不应该做的事。

在一次散步中，我发现了一件令人深思的事情。在散步的过程中，邻居史密斯太太发现女儿的裙子被弄脏了，她立刻生气起来，开始冲着女儿大声责骂。看见女儿大哭以后，她又马上给了女儿一小块点心。我问史太太："你为什么责骂女儿呢？""她总是这样经常弄脏自己的裙子。"史太太这样回答。"可您为什么又给她一块点心呢？是为了表扬她的行为呢，还是给她受责骂的补偿？"史密斯太太哑口无言，她不知应该怎样回答我。

这时，小女孩已经被弄得糊里糊涂，她不知道为什么母亲会责骂她，更不知道挨了骂后她为什么又得到了点心。母亲这样的做法，让女儿弄不清是非，这对她的成长是相当有害的。

我对儿子的奖与罚都不太频繁，但它们一旦实施，确实对儿子有着重要的作用。我对卡尔的奖赏绝不会仅停留物质上，而是要让他体会到奋斗与创造的真正喜悦。

我时常教育儿子，读书、品学优良是为了他自己的成长，而家务活本身也是每个家庭成员必须履行的职责。如果当卡尔有相当出色的表现，我会给他一定的物质奖赏，还会带他去一个他向往的地方。

杜绝儿子产生恶习

孩子毕竟是孩子，在他们成长过程中不可避免地会产生各种不良习惯。因为他们太小，对事物的判断及对事情的处理上都显得能力有限。作为人之父母应该首先注意这个问题，不能把孩子的"恶习"与成人的恶习相提并论，因为孩子的"恶习"还不具备成人恶习的性质和危害。比如说，当一个孩子说"我恨死你了"的时候，就和成人说"我恨死你了"不是一个概念。父母在面对这些时，应该多从孩子的立场出发，多去考虑一下孩子说话、做事的动机，以免小题大做，弄假成真。

在成长过程中，孩子总会暴露出这样或那样的不良思想或者恶习。他们还都不懂得所说或所做的事意味着什么，而对此父母必须及时发现并给予矫正，以防种种看似微小的毛病最终成长为难以挽救的道德缺陷。

然而可怕的是，有些父母对孩子的小毛病置若罔闻，认为树大自然直。甚至个别父母还会对孩子的毛病加以夸奖，以致孩子逐渐在邪恶的引诱下越滑越远，直至走到犯罪的边缘。

有这样一个古老的故事。

很久以前，有一个小男孩从小就养成了偷东西的不良习惯。有一天，他趁邻居不注意时偷了邻居家的一个鸡蛋，并且把鸡蛋拿回了家。他的母亲并没有责怪他，反而还表扬了他，说他真能干。这样一来，这个小男孩不仅只偷这些小东西，慢慢地变成了见什么就偷什么，每一次偷了东西回家后都会得到母亲的夸奖。后来，这个小男孩长大了，成了一个无恶不作的强盗。上绞架之前，他要求和母亲说句话。当母亲把耳朵凑到他的嘴前时，他却狠狠地咬下了她的耳朵。

母亲大哭起来："我对你那么好，可是你为什么这样对我？"

强盗说："如果在我第一次偷东西时你就教训我，我今天也不会落到这个下场。"

尽管说强盗的结局属于咎由自取，但他的母亲确实要承担很大的责任。因为孩子在做坏事或出现不良思想或行为时，对其所作所为还不能有足够清晰的认识，此时需要由父母将他引向正确的航向。

"差之毫厘，失之千里"，用于儿童恶习的产生发展上可以这样解释，孩子目前看似微小的毛病在将来很可能成为罪恶的开端。

不少父母看着孩子一天天长大，却发现他们在一天天变坏，而且是越大越不听父母的话。这虽然是孩子一天天变得独立的表现，但是如果管教不力，就很容易形成各种各样的不良习惯，甚至"恶习"，对此要有十分清晰的认识。

孩子的任何一点恶习都可能成为一座堤坝上的蚁穴，若不及时填塞，就会在未来某个日子里出现洪水泛滥的情形。

卡尔5岁时，我发现他在没有得到别人允许的情况下拿别人的东西。我之所以没有用"偷"这个词，是因为我认为儿子这样做并非是真正的偷盗，而是因为他年龄太小，不知道这种行为的恶劣。

有一次，我和儿子一同去外面买东西，当我们快要回到家时，我发现儿子的手中拿了一只苹果，这让我感到奇怪，因为今天我们根本就没有买苹果，那么儿子的苹果是从哪里来的呢？我仔细地回忆当天外出购物的情景，我们在路上曾在一家水果店前停留过，我意识到小卡尔在别人不注意时拿了那只苹果。这件事让我大吃一惊，因为我从来没有想到过自己的儿子会做出这样的事。但当时我并没有对他大加指责，而是耐心地向他询问这只苹果是怎么来的。卡尔也没有隐瞒，老老实实地把实情告诉了我。他说："我看见那只苹果很可爱，我想那一定很好吃，所以就把它拿了回来。"

晚饭后，当家里只有我和卡尔两个人的时候，我把他叫到了我的书房，并把儿子抱在膝头。

我问儿子："今天你从水果店里拿那只苹果的时候付钱了吗？"儿子说："没有。"

我说："今天带你出去买东西，我买的每件物品都是付了钱的。你知道为什么要这样吗？"

儿子摇了摇头，不知应该怎样回答。

我说："拿了别人东西后要付钱，这叫做买，如果不付钱，就叫做偷，买东西是正常的事，而偷东西是邪恶的事。"

儿子说："可是水果店里有那么多苹果，拿一个有什么关系呢？以前那位先生还给过我好吃的果子呢！"

我耐心地开导他："水果店里当然有很多水果，可是那些都是用来卖的，是水果商谋生的手段。水果商必须把水果换成钱才可以维持生活，如果都被别人在不付钱的情况下拿走了，他怎么能够继续把店开下去呢？那么他又靠什么生活呢？所以，不付钱就拿别人的东西是极为错误的行为。至于有时那位店主送给你一个果子，是因为他看你是个孩子，对你有好感。这是他给你的礼物，你可以接受。但是，这并不是表示你可以随便拿。再说，别人对你那么好，你就更不应该随便拿别人的东西。"

这时，卡尔明白了我的意思，并且承认了自己的错误，表示以后再也不这样做。

第八章

什么样的教育才不会损害孩子

　　父母的举动，一言一行都会对孩子产生很大的影响。家庭应该是欢乐和爱的殿堂。在父母对孩子进行严格的管教时，不能因为他们不懂事就不尊重他们。

在家里，我和儿子的地位是平等的

　　卡尔和我们一起吃饭时，我把他和大人同样对待，和他聊天，讨论饭菜的味道。吃饭时的谈话也是选择他能懂的话题，平等地与他谈话。有的家庭，吃饭时不让孩子说话，父母严肃得吓人，让孩子感觉到吃饭就像是在受刑似的。要么就在饭桌上把孩子的缺点全部翻出来，对他进行各式各样的批评。孩子不仅不能得到吃饭的乐趣，还伤害了他的食欲，更加糟糕的是让他自己觉得自己一无是处，产生强烈的自卑感。这样的父母，让孩子时刻处在畏畏缩缩、低人一等的状态中，那么他还会有什么自尊心呢？

　　有些父母，为了使孩子容易管教，故意让孩子怕自己，根本不把孩子当成一个人来平等对待，而且自己像一个君主，孩子像一个奴仆。这样只会让孩子变成一个懦夫。这样的父母，是正在把孩子变成一个失败者。一个懦弱者想在这个社会里获得成功是非常困难的。在我的家庭中，儿子不仅是我的朋友，也是他母亲的好朋友，并且和家里的女佣也是好朋友：我们互相尊重，平等相待。

孩子的很多问题是不合逻辑的。但仔细想一想，大人的知识其实也不外乎是些可笑的东西，所以不论孩子提出什么问题，决不应嘲笑。不但不应嘲笑，而且应该亲切地予以回答。如果父母嘲笑他，他就会因害羞而不再提出问题。提问是孩子获取知识的向导，应充分利用它向孩子传授知识。若遇到自己不懂的问题，可以问问别人，也可以经过研究之后再给他耐心地解答。

孩子既不能受清规戒律的束缚，也不应受到权威的压抑。受到权威的压抑，孩子的辨别能力就会萎缩。如果没有辨别能力，也就谈不上有独特见解和首创精神。不仅如此，它还会形成孩子病态地接受暗示的心理。久而久之，在权威压抑环境中成长的孩子，他们精神上就会产生种种缺陷。所以说，为了培养孩子的辨别能力，不论在教育中还是在行为指导上，都不许用不准反驳的权威去压抑他们。

要知道，父母是人而不是神。父母们常犯的错误，就是当孩子问出一个他们答不上来的问题时，为了保住面子，随便给出一个错误的答案，甚至以大声呵斥孩子来掩饰自己的尴尬。而这会给孩子的智力发展埋下难以预料的严重隐患。

父母不应该戏弄孩子，因为孩子受到戏弄，就容易变成不知羞耻的人，变得粗暴，或是用心不良，甚至不把人当人看待。由于小时候受到父母的戏弄，以后成为罪犯而入狱者大有人在。我不仅不戏弄儿子，而且连随便应付他的情况都没有。对于儿子的一切，我都是认真对待的。

对于卡尔，我从来不欺骗他。不仅如此，我从来不欺骗任何一个人，因为欺骗是一种罪行，是上帝所不允许的行为。

如果欺骗了孩子，被他知道了，他就不再相信父母了。父母失掉了孩子的信任，其后果是不堪设想的。欺骗孩子，孩子也学会欺骗他人。

有一次，一位父亲自豪地对我说："我的儿子将来一定会成为一个大政治家。"当问他为什么时，他说："前天，我儿子把他母亲放在碗橱里的菜吃了，把剩下的抹到猫的嘴巴上。"

这样的父亲，我认为是不可救药的。他儿子的欺骗行为肯定都是从他那里学来的。

很多父母把孩子视为玩物。认为孩子这也不能做，那也不能干，一切都包办代替，结果使多数孩子对自己的能力缺乏信心。卡尔的母亲从婴儿时期起，就耐心地教他给妈妈扣衣服上的纽扣，我认为这是非常有益于儿子锻炼自己的方法。

让儿子从小给母亲扣衣服扣，除了练习手的动作外，还培养了他帮助他人的观念。为此，卡尔母亲还教儿子自己穿鞋、穿衣服。即使很忙，她也要花点时间教儿子自己穿脱衣服，因为这是对孩子的教育。

当今，耐心地慢慢地听幼小孩子的话的大人渐渐地减少了。常常看到有的人当小孩子靠近时不得不应酬一下，并说出"不善于与孩子打交道……"之类的话，说完就急忙躲开了。另外作为孩子的父母，不是面对孩子主动说话，而是只顾看着报纸或做着家务随声附和地聊上几句。

即使还没有发展到如此地步，但是很少看到父母面对面地耐心地听孩子说话的情景。这到底是怎么一回事呢？

现在，有的父母叹息说："孩子有什么话也不给我说，我说什么孩子也不入耳。"另一方面，孩子也抱怨说："父母什么事也不给我们讲明白，父母光说自己想说的话，可我想说的话，父母都不听。"这种令人痛心的事态还在蔓延之中。这种事态并不是突如其来的，而是从幼儿时期开始的。

不是光听孩子的话，而是一块儿"交心"，孩子和大人共创一个共享快乐的世界。

如果大人只是以"听你的"、"陪伴你"的姿态出现，那么就会使孩子感到有一堵"墙"似的，并且不能越过它，从而形成了得不到父母理解的心理状态。

与孩子打交道感到痛苦是因为还没有与孩子交心的缘故。如果遇到孩子能交心，那么就会自然而然地说起话来，形成一个快乐的世界。在这个世界里，大人和孩子就处在没有"墙壁"、"互相理解"的安全感之中。如果孩子从幼小时期就有这种体验的话，那就决不会出现所谓家长与孩子断绝关系的现象了。

只要把耐心听孩子的话作为日常生活的行动，孩子的世界就能渐渐地看清楚了，并从中发现乐趣，并能从大人的智慧中吸取力量。

当我儿子提出问题时，我总是给予鼓励，并耐心地作答，决不欺骗儿子。在教育上，我觉得再没有比教给幼儿错误的东西更可恶的了，这个错误可能会影响到孩子一生，因为最初的印象往往是最深刻的。所以，在对儿子的教育中，我坚持竭力排斥那些不合理的和似是而非的知识。在给儿子解答问题时，我尽量做到我的说明不难懂，而是充分考虑到孩子在现有的知识与思维能力下，是否能完全加以接受。因为父母如果随便给一个过于深奥的答案，孩子不能理解，结果仍然解不开心中的疑团，他们会一直不停地追问下去，很多父母就是这样被问烦的。

我从不认为由于我比儿子懂得多，就有资格在他面前充当权威。当儿子问到我自己也不懂的问题时，我会向他承认。比如，有一次儿子问到我天文学方面的问题，我就干脆老实地回答说："这个爸爸也不懂。"于是我们两个人就一起翻书，或者去图书馆查阅资料，一起把那个问题弄懂。并且我还向儿子表示感谢："如果不是你今天提问，爸爸至今也没弄懂这个问题呢。所以你以后要多多提问，我们一起来学习知识。"在这样的鼓励下，儿子的问题果然源源不绝。

等到儿子再大一点儿，懂得的知识更多一点儿，他再提出问题时，我不再立刻给出答案，而是让他先思考一下，尽力自己去找出答案来。如果儿子给出的答案和我的不同，我也并不一口否定，而是帮他分析，找出错误。有时候我会说："其实你的答案也有道理，也许是爸爸错了，我们去看看书上怎么说的。"

在整个教育过程中，我都坚持将自己放在与儿子平等的地位上，从而也给儿子灌输了不迷信权威、追求真理的精神。

一位7岁的儿童，参加完小伙伴们举办的生日晚会，回到家中之后，当父母问起都有谁参加了这个生日晚会，他们都做了些什么游戏之类的问题时，他都会满心喜悦地把实情告诉父母。可是，等他长到14岁的时候，碰到同样的情况，他对父母提出的此类问题的回答可能就不那么爽快，有时会闪烁其词，有时甚至会撒谎。

造成家长与孩子之间关系比较紧张的一个因素，就是孩子日益要求独立的倾向。孩子们渴望一片属于自己的空间，而家长却千方百计地给孩子提供保护和指导，两者之间在一定时期不可避免地要发生冲突。令人遗憾的是，有不少身为父母者，却并没有了解到这一点，也很少去考虑他们真正应该了解孩子生活中的哪些方面。作为家长，应在自己的脑海中逐渐形成一个一览表，它可以包括：孩子在自己活动的时间内，喜欢到什么地方玩；孩子的家庭作业是否如期完成；孩子在学校的表现如何；等等。随着孩子的日渐成长，家长可对这个一览表做些修改，以帮助培养孩子的独立能力。

一旦父母确定他们需要了解孩子什么，他们就可以向孩子说明，但孩子在某些方面可以有自己的隐私。有些家长甚至认为，孩子居住的房间，就是其中之一。家长可以告诉孩子，像所收到的信件，就属于个人隐私。问题的关键在于，父母应当首先弄清楚，在孩子各个年龄段时，他们分别应了解些什么，然后再给孩子谈这件事情。

我认为，父母必须教育孩子尊重自己的隐私，同时父母也必须尊重孩子的隐私。我曾经这么写道："父母和孩子之间最大的矛盾在于，孩子越来越渴望独立，办事越来越遮遮掩掩，而在这时，父母却越来越想保护、控制和指导他们。"

我们父子相处得十分融洽，就是偶尔有些冲突，也很快就能化解，我在这方面之所以取得了良好的效果，秘诀之一便是始终和孩子处在平等的地位上，相信孩子。一位家长最为重要的任务，也许就是发展一种建立在信任基础上的平等的父子（女）或母子（女）

关系。如果父母时常表示出对孩子的平等的交流，那么孩子就会深感骄傲与自豪。在法庭上，一名被告在被证明有罪之前，都是无辜的；但在家庭，一位未成年的"被告"却时常被假定有过错。

家长甚至在当面戳穿孩子的谎言后，也不应该因此而不再信任自己的孩子。家长不妨告诉自己的孩子，说一次谎是可以被原谅的。然而，与此同时，还应当明白无误地向孩子指出，如果以后继续说谎，那么他或她就会像故事中所讲的那位喊"狼来了"的男孩一样，失去了人们的信任，到头来让自己吃大亏。

我的一位朋友这样告诉我：当我们的孩子汤姆瞒着我们举办了那次聚会之后，我们告诉他说，因为我们无法再信任他了，所以决定不再允许他独自留在家中过夜。失去这种自由，对汤姆来说，无疑是个深刻的教训：他真切地体会到，当别人不再相信他时，与他们生活在一起是多么难受。到如今，时光已过去三载，汤姆彻底改变了说谎的不良习惯，我们又允许他独自留在家中过夜了。

理解和尊重儿子

有的父母认为，只有在大庭广众之下教训孩子才会树立父母的权威，令孩子口服心服。我认为这种做法极端错误。因为这种做法直接的危害就是伤了孩子的自尊心。

我在对卡尔的教育上，从来不采取当众训斥的办法，因为对孩子的教育应该建立在不伤害他自尊心的基础上。否则，不但不会在某一问题上帮助孩子，反而会使他向相反的方面发展。

孩子们都有自尊心，如果做父母的能够认识到这一点，一定能够避免许多不必要的麻烦。有些父母对自己的自尊心往往比较敏感，当孩子对自己有叛逆行为时，便会怒不可遏，一发为快。然而当孩子们觉得委屈了或遇到有可能伤面子的事，父母们都认为：小孩子嘛，有什么面子不面子的，而且还有意给他们一点伤害，认为可以作为惩戒。这种做法非常不明智，因为这不但对孩子没有好处，反而会对孩子造成心灵上不可磨灭的伤害。

我们认为，即使是小孩子也应把它们作为成年人一样对待，要像尊重成年人一样尊重他们。

自尊是一个人的基本需求，自尊心受到伤害所造成的身心危害是难以估量的。对幼小的孩子来说，尽管他不完全懂事，但自尊心多次受到伤害，会对他的性格乃至整个心理的健康成长造成深远的影响。孩子的自尊心就像一朵娇嫩的花朵，只要稍不留意就可能受到伤害，进而产生难以预料的后果。所以，我无论在对卡尔的教育上，或与其他父母谈论教育孩子时，都一再强调要尽力去保护孩子的自尊心。

我认为，父母教育孩子时必须维护孩子的荣誉感。任何人都需要得到别人的肯定和赞扬，这是人之常情。孩子在这方面表现出来的欲望往往比成年人更加强烈。对于孩子来说，得到别人，特别是父母的承认，对孩子的心理健康发展具有重要的意义。一个失去了自尊心和荣誉感的孩子是很可怕的，也是最难教育的。如果当着众人，特别是孩子的小伙伴的面数落孩子，会让他感到失尽面子，羞愧难当。这非常容易使他在伙伴面前感到自惭，经常自觉低人一等，也会成为其他孩子羞辱他的把柄，久而久之会形成不良的心理障碍，影响孩子的健康成长。所以，我一直强调，对孩子的不足之处，要讲究用适当的方法去细心教导，要掌握合理的时间，一定不要简单蛮横，不能以成年人单方面的思维去对待孩子。

对孩子的教育应该严格，但严格不能伤害孩子的自尊心。孩子的自尊心如果受到了伤害，那么其结果是可怕的。一个本来可以取得巨大成就的孩子，一个坚强好学的孩子，由于失去了自尊心，会很快成为一个懦夫，一个无赖。

为了使孩子能自重，必须信任他们。无论是大人还是孩子，受到别人的信任就能够自我尊重。管束孩子不许这个，不许那个，还不如信任他们、耐心地说服他们更有效。如果父母始终把孩子当坏人对待，他就可能成为坏人。这样的孩子在父母的压力之下，渐渐会失去做人的信心。没有了信心，他的自尊心就会很自然地消失了。

由于孩子的自尊心非常重要，所以在对孩子的严格教育中，应始终极为重视尽量不在任何情况下伤害他的自尊心。无论是有意还是无意，都不能对他的自尊心有丝毫的伤害。

　　在对卡尔的教育过程中，无论是他做了好事或坏事，我都竭力做到心平气和，用一种平静的心态去对待他，因为教育孩子是一个最需要耐心的工作。我极力反对那些动不动就怒火冲天、对孩子责打频繁的父母。这些父母的方法只能把孩子吓得浑身发抖，只能在表面上看起来管住了孩子，实际上什么问题也没有解决。用心平气和的状态去处理有关孩子的问题，是一种最好的方法。这样，父母在孩子面前既有威严却不显得无理，既和蔼却不显得不严肃。卡尔也会做错事。每当面对这种情况时，我不会像其他父母那样总是使用"不准这样"、"不要这样"、"不行"这些消极的、否定的词语，因为这些语言容易使孩子觉得自己一无是处，会增加他的消极情绪。我总是用积极的、肯定性的语言，给儿子以明确的行为指导，增加他的积极情绪。以我的经验，这样做往往会收到较好的效果。或许儿子在我这里听得最多的话就是"这样做"、"努力去做"这些积极的、带有鼓励性的语言吧。

　　很多父母认为，为了防止孩子养成不良习惯就要对孩子了如指掌。其实这种想法也不完全正确。孩子都有自己的秘密，大孩子有，小孩子也有。许多父母都不去注意这一点，要么认为小孩子没有什么秘密，要么就是千方百计地挖掘孩子的秘密。这种想法和做法都是不正确的。孩子自有孩子的秘密，只是在大人看来算不上秘密而已。孩子是非常幼稚的，他们心目中那种秘而不宣的东西就是秘密。父母不应该时刻窥探，不要对此过多地追问，更不要干涉，特别是对健康合理的、无害的秘密。这样，哪怕是两三岁的孩子也会更加信任父母，与父母更加亲密。有了这种信任和亲密，孩子可能会把他们的秘密告诉父母。如果父母一味追问，孩子得不到父母应有的尊重、信任，孩子会感到他没有地位，就会心灰意冷，逐渐失去积极性，甚至会很小就关闭自己的心灵大门。当然尊重孩子的秘密，并不等于对此不管不问，而是要求父母时时刻刻关注孩子的内心世界，健康地加以引导，不健康的则应在充分尊重和理解孩子的前提下，去关心和引导他。

在卡尔犯错误时，我总以最简单的方式让他明白道理，而不是长篇大论和喋喋不休。在教育儿子的过程中，我发现长话短说、要求明确、大度和气往往会达到令人满意的效果。

我从来没有打过儿子，因为那是一种粗暴的行为，是我厌恶的。很多父母用体罚的手段去管教孩子，效果往往是短暂的，他们不仅责打孩子，还说一些非常伤人的话："不要你了，滚！""你太蠢了！""你不可救药！"等，这些都会对孩子产生很多不良影响。

孩子的心是稚嫩的，需要格外的呵护，尤其在自尊心上。显然，只要是有责任心和爱心的父母都会注意到这一点。不要说有意伤害，即使在不经意之中对孩子自尊心的伤害，也真是令人痛心的事。

卡尔8岁生日的时候，我给他买了一整套珍贵的卡片，希望能够鼓励他集邮的兴趣。后来，卡尔在朋友那里又发现了一套精美的卡片，非常眼馋，就用自己的这套换朋友的那套卡片。后来我发现了，非常生气。首先，我认为这是我送给卡尔的礼物，他这样轻易地换掉，是对我的不尊重；再有一个，我知道换卡的小孩比卡尔大，应该懂得自己这套卡片的价值和意义，要远远超过那套卡片的价值，而他却没有告诉卡尔，因此是占了卡尔的便宜；当然，最重要的是我认为卡尔并没有和谁商量，就把整套卡片换出去了。因此，我决定要把原因和道理讲清一下，指出两件东西之间是不等价的，以后遇到此类事物要学会冷静地分析。

在这里我应当指出的是，换邮票是卡尔自己的决定，无论他成熟与否，我们都应当尊重这个决定。既然邮票已交给卡尔，他应有权利决定如何安排这份礼物，父亲无权横加干涉。的确卡尔应该从这个交换中学到一些东西，但是我应当从不同的角度来处理这件事情，既表现对卡尔的尊重，也教会他应该学习的知识。理想的做法应是，当卡尔向爸爸显示他新换来的卡片时，父亲应该和他一起欣赏，而不应该立刻提出任何异议。过一段时间，在一个适当的机会，爸爸再向卡尔解释两件东西不同的价值，而不用提起卡尔当时的交换行为。这样卡尔可以醒悟自己是以大换小，上了当，但没有在面子上过不去。那么是否去找朋友要回邮票应由卡尔自己决定，爸爸不再参与。如果照爸爸原来的处理办法，卡尔会觉得非常的羞惭，而且认为自己无能，一切错都在自己身上。事实上，卡尔怎么会懂得这些东西的价值呢？如果他不懂，我们又怎么能够随便怪他呢？其实，在父亲要教训卡尔的行为中，也夹杂了对自己尊严的重申与维护，这种居高临下的态度，是对孩子很不尊重的表现，容易挫伤孩子的自信心。

尊重孩子，意味着我们将孩子看成一个个体，而这个个体有权利像我们成年人一样作出决定。当然，说他们有权利，并不等于他们就能够做成人所能做的所有事情，因为，他们毕竟没有成年人所具有的经验和知识。

在我们尊重孩子的同时，我们同样在教育他们尊重别人，包括父母在内。

我的邻居、6岁的卡特有一个爱收集昆虫标本的母亲，妈妈的行为引起了卡特对标本的兴趣。有一天，妈妈在客厅里看见几张散在外面的标本，有些标本已经破损，妈妈感到非常生气，就找来卡特问是怎么回事。卡特说他自己拿了妈妈的标本册，打开来看，觉得有些很有意思，就掀开，取了出来，不小心给弄坏了。妈妈于是向他解释这些标本都是很珍贵的，一定要很小心地对待它们，不要把它拿出来。但是，后来妈妈还是几次看见标本被丢在外面，于是妈妈就对卡特说："下次如果你想看这些标本的话，一定要经过我的许可，我们一起来看，否则的话，对不起，卡特，不许动它。"

标本册是妈妈的珍藏物，妈妈在这一点上，应该让卡特知道得很清楚。卡特已经6岁，应该能够懂道理，知道什么可以做，什么不可以做，妈妈应该对卡特很郑重地说："这些标本是妈妈的私物，没有经过妈妈的允许，你不应该玩它们。"如果卡特不能尊重妈妈的意愿，就不应再让他走进妈妈的房间，去取这些标本。这样做，既表现了对卡特的尊重，又给他一个机会，做自我决定，同时也教育了卡特必须尊重别人的权利。

认真对待儿子自己的想法

我在对卡尔的教育上，一直特别仔细地观察他所做的事，尽量去理解他自己的想法。即使需要就某件事批评他的时候，也会在弄清真相后再作评价。

比如，在某些时候，我突然发现儿子对学习的兴趣大为下降。由于卡尔一直是个喜爱学习的孩子，出现这样的情况特别容易引起我的注意。这时，我的头脑中反映的不是"这个孩子不勤奋学习"，而是"卡尔怎么啦，他遇到了什么问题或不愉快的事吗？"

这时，我并不是马上去训斥他，而是等到一个合适的时机耐心地和他交谈。有一次我发现他捧着书本保持一个姿势很久，表面上看起来他在学习，实际上他很久都没有翻动一页，只是坐在那里出神。

等他到了休息的时间，我对他说："无论做什么事都要专心致志，只有集中精力才会有很好的效果。如果不把心思放在一处，即使花费很多时间也没有用。不集中全力去学习和工作等于浪费生命。"

卡尔看着我小声地说："爸爸，您也注意到我学习时走神了吗？"

"是的，我认为你是个很好的孩子，自从我教你认字以来你一直对学习保持着浓厚的兴趣，可今天为什么走神了呢？儿子，告诉我，是你忽然对学习不感兴趣了吗？"

"不，爸爸……"卡尔想了很久后对我说，"我仍然觉得学习很有趣，当我慢慢地掌握了那些知识后我真感到幸福。"

"可是为什么你今天在学习时走神了呢？"我不解地问道。

"只是……只是……"

"只是什么呢？没关系，告诉爸爸，好吗？"我想，卡尔的内心中一定有什么自己不能解开的疑问。

　　"只是我今天突然想到，我学到那么多的东西到底有什么用呢？"卡尔说出了他的心里话，"我在想，学习木匠活可以做家具和建造房屋，学铁匠活可以制造炊具和农具，但我学了那么多的语言和诗歌，能做什么呢？仅仅是为了好玩吗？"

　　他这样回答，在我的心里面产生了一种喜悦的感觉，因为我知道卡尔已经开始思考更深的问题了。

　　这是一个对他进行深一层教育的好时机。

　　"儿子，你想到了这个问题我很高兴，因为你是在思考。"我首先肯定了他的这一行为，然后尽我的力量去帮助他解开心中的疑惑。

　　"首先，知识是一切力量的源泉。如果你没有起码的对力学的理解，你怎么会知道一座房屋需要多大的木材去支撑它呢？如果没有数学，你怎么计算需要多少材料？你怎么知道哪一种设计最合理？如果你没有审美知识，怎么能建造出漂亮的房屋呢？如果没有知识作为基础，这样的木匠可能永远也建造不起房屋，他只能天天面对木头发呆，恐怕他自己也会变成一块木头呢！"我尽量将这些道理说得活泼有趣。

　　卡尔听到这里"哧哧"地笑出声来。

　　"如果铁匠不懂得把铁块放在火里烧红后才可以使它变形，他怎么能做出那些炊具呢？这里面就有物理知识，如果一个铁匠连这个都不懂，他可能会被那些大铁块逼疯的，说不定还会用牙去咬它们呢？"我做了一个用牙咬的动作，"你猜猜会有什么结果？"

　　"他一定会把牙磕掉的……"这时卡尔哈哈大笑起来。

　　"儿子，好好记住，诗歌、文学、绘画、音乐、哲学，这都是人类智慧的产物，是世界上最美好的东西。还有语言文字，这是只有人才具有的。为什么我教你各种不同的语言呢？并不是一定要你培养成外交家或是翻译家，而是要让你能够更好地理解不同国家、不同地域的文化。

"你说你喜欢但丁，如果你不懂意大利语，你怎么能够真正地去理解但丁呢？那些美妙的诗句，你只有用他本国的语言才能够完全地体会。还有更重要的，儿子，就像你自己说的，你在学习中体会到了快乐，感到了幸福，难道这还不够吗？一个人有了快乐和幸福，他还有什么不满足的吗？"

儿子听到这里，眼睛中散发出喜悦的光芒，他心中的疑团完全解开了。我认为，儿子之所以能够学有所成，关键在于他的求知欲和拥有在学习中体会到的幸福感。

作为父亲，面对孩子的疑惑应该耐心地帮助他解答。如果对孩子的行为和想法，不去思考而是片面地理解，那么不但不能对儿子有所帮助，反而会产生负面影响。

现在我来做一个假设，如果当卡尔学习走神的时候，我不去关心和帮助他，而是采取责骂的方法，那么上面的情况就完全不同了：

卡尔捧着书坐在那里出神。

我发现他并没有翻动一页书，而只是装装样子。

"卡尔，你这小混蛋，你在做什么？"我冲上去给了卡尔一记耳光。"我在看书……"卡尔被我的粗暴吓呆了，吞吞吐吐地撒了个谎，虽然他本不想这样。

"胡说，你还想骗我。"我冲着他大吼起来，"你不知道学习时走神是不对的吗？"

"……"卡尔无法回答。

"没听见我的问话吗？……为什么不说话？"

"我……我在想……"卡尔本想对我说他的想法，但这时已经说不出话来。

"你想什么？快说，让你学习你却东想西想，太不像话了。"

"我在想学这些东西有什么用，"卡尔鼓足勇气表达出他的想法，"铁匠能够制作农具，木匠能够修房子，学这些语言和文字有什么用呢？""你这个没出息的东西，"我又给他一记耳光，

"简直不求上进，甘愿去做那些靠体力吃饭的粗人，我简直白教你了……"

"可是，我不懂……"

"不懂什么？我叫你学你就学，有什么懂不懂的。"

这样对待儿子的父亲是应该被打下地狱的，幸好我不是这样。

这种做法既失去了一个教导孩子的良机，也伤害了孩子的自尊心，糟糕的是会给儿子内心留下极恶劣的印象，他会认为，父亲根本不会考虑到他的疑问和想法。学习是一件可怕的事，学习的目的就是为了讨好父亲。

这样的教育，怎么能够培养出很好的人才呢？连孩子本身的求知欲都在顷刻间抹杀掉，还能谈得上其他的吗？

做父母的应该尽力去理解孩子，弄清孩子的各种想法，即便是对孩子的批评，最重要的也是要让孩子心服口服。这句话说起来很简单，做起来却不是想象的那么容易。

首先，你要用孩子能够理解的道理和事例去教育他，如果父母在某一件事上自己都还不完全理解它，那怎么去说服孩子呢？给孩子讲道理的时候，要给他说一些容易理解的道理。不能用某种高深难测的东西强行向他们灌输。书本上的道理应该给他们讲，但不能搬弄出那些晦涩的文字，那种学究式的大道理孩子是很难接受的。

特别应该注意的是：弄清儿子的想法是为了能够更好地了解儿子和教育儿子，绝不是要如此把孩子当作自己的出气筒。永远记住：父母的一举一动、一言一行都会对孩子产生很大的影响。

在孩子的成长过程中，爱与温情很重要，如果父母过分专注于自己的事业而不注重与孩子沟通，孩子便会产生孤独感。父母在与孩子沟通的过程中，要注意孩子没有明说出来的思想感情，要学会聆听和促使孩子说话。

有的时候，出于自尊心或是别的一些原因，孩子并不愿意或认为没有必要用语言说出他们的思想感情，但他们又很想让父母明白他们的意图，这时，他们就会改用另一种表达方式对父母进行暗示。

细心的父母一定可以发现孩子的这种微妙的变化，弄清孩子没有明说的思想感情，所需要的技巧是了解孩子隐藏在内心的思想感情的微小的线索，如同在阅读时注意字里行间的含意所需要的技巧一样。

对孩子正处在苦恼时所表现出来的"坏的震动"要敏感。很多孩子在想要父母知道他们需要什么的时候，只是悄悄地说。如果父母不注意听这不显著的信号，这种悄悄话将会听不见。

如果父母的注意不灵敏，就应该试着努力去注意孩子反常的、细微的行为信号。比如，注意孩子衣服不正常的样子、声调、面部表情、动作、姿势等。孩子讲话时，除了注意他的无言的行为之外，还要倾听他所讲的字里行间的意思，想一想孩子希望告诉我们什么，也可以提出一些问题，来识别或弄清孩子的动机或基本情绪。凭借着父母特有的细致与耐心，做到这些都是不困难的。

父母还应特别注意孩子习惯行为的消失，这将是了解孩子内部情感的有价值的线索。明显的表现是孩子不吃、不睡、不玩，或精神不如平时集中，发现了这些线索之后，就应该试着去推测，或者去直接感觉孩子的情绪状态反映了些什么。

父母在聆听孩子没有说出来的思想感情、内心活动时，既要注意孩子一方的线索，也要加强自身对孩子的内部情感的直觉，而这种直觉的建立，是用爱与温情体现的，是在充分了解孩子的基础之上形成的，最重要的途径，便是聆听孩子的说话和促成孩子的表达。

在卡尔成长的过程中，我时刻注意聆听孩子的说话，用自己对孩子的信任、尊重去促使孩子表达自己，与自己能有所交流、有所沟通。我朋友的儿子迈克比卡尔大两岁，他的妈妈对内向孤独的迈克很是担心，便来向我请教："亲爱的威特先生，我在为我的儿子迈克担心，你能帮助我吗？"我听了这位母亲的讲述之后便为她提了以下几条建议：

1.要对孩子感兴趣。如果你对孩子以及孩子的活动表现出有真实的兴趣，你和孩了之间不但打开了通路，而且会使他们感到自己是重要的。母亲对孩子表示关心、照顾，让他们谈论有关自己的事，孩子便会感到与母亲在一起很亲密。

2.要给孩子留出接触的时间。在孩子的生活中，有时需要母亲或父亲，特别是母亲在他身边听他讲话，当孩子经历着内心的恐慌、创伤或有失望情绪时，他们特别需要温情的安慰，孩子也很想知道他们的父母在分享他们的好消息或愉快时的心情。应使孩子感到你不是由于忙或急着做其他的事，而无暇听他们说话。

3.听孩子讲话要专心。一个好的聆听者，必须集中注意力，选择一天不忙的时间和安静的地点，听孩子说话。在这个时间，不要做家务活，用眼睛注视着孩子，表示是真心在与他接触，每天都要为孩子提供与他们单独接触的机会，哪怕只用几分钟，可以对孩子说："我们一起散会儿步。"或者说："让我们到小房间去单独在一起谈谈。"

4.耐心地鼓励孩子谈话。开始和孩子交谈时，需要向他们提出明确的要求。为了使孩子的谈话持续下去，要用一些鼓励的词，如"嗯"、"我懂了"，也可以提一些简单的问题进一步引导孩子。在结束谈话之前，尽量不要打断孩子的话，让孩子详述某一问题的情景，尽量描述它的细节。

5.注意自身的行为语言。行为语言是我们向孩子传达信息的一种不用语言的方式。许多母亲仍然不知道怎样利用自己的行为向孩子表示"我在听呢，我感兴趣，我在注意"。有几种主要信号可以表示对孩子的注意：正面向孩子；与孩子紧挨着坐；身体竖直或向孩子倾斜；眼睛互相接触；用慈爱的目光注视着孩子。此外，应当避免紧张，并表示兴趣，面部表情和声调都是和蔼的。

6.表示自己有同感。一个好的聆听者，最重要的技巧是摆脱自己对问题的思想和感情，设身处地想他人在经历着什么。有了这种技巧就能敏感地意识到孩子情绪的波动，并将自己符合实际的看法告诉孩子。

7.帮助孩子弄明白，并说出自己的经验。聆听，是母亲帮助孩子对自己内心活动和感受的比较深入理解的过程。在聆听过程中，通过母亲的词语对孩子的叙述加以解释和说明，可以帮助他们弄清楚自己所表示的意思。在解释时，要多运用词汇，尽可能帮助孩子把自己想说的话，准确、清楚地表达出来。

8.准确反映孩子的情感。一个极为有效的聆听技巧，是要使自己成为孩子感情的一面镜子，用语言帮助孩子反映他们的感受，特别是幼小的孩子，不会说出他们的感受，不能像成人那样表达自己的感情。

过一段时间再见到迈克的母亲时，她亲切地对我说："威特先生，谢谢你，你给了我很大的帮助。"

绝不错误地批评孩子

卡尔3岁的时候，有一次玩积木时，有几个怎么都接不起来，他在那里很笨拙地试着，但是怎么也弄不好。儿子的母亲想主动帮他一下，但是我阻止了她，我说："让他自己去犯'错误'吧，他琢磨琢磨就会了。这样的话，以后他遇到同样的问题就很容易解决了。"儿子试了很久，最后终于玩出了自己想要的样子。我想，我的做法是对的，我没有以孩子的错误来逗弄孩子或者说孩子笨，而是给他一个自己去尝试和体验的机会。

孩子犯的错误大致可分为两类，一类是父母和老师必须加以及时纠正的，比如一些坏的缺点和习惯：欺负弱小、不讲礼貌、小偷小摸等等。但是如何纠正的方式和方法必须要适当，最好是既能给予惩罚，又能让孩子提高认识、避免再犯，让他们自己真正认识到并改正才是最重要的。另一类是孩子的一些无关紧要的小错误，这实际上是他们不断尝试、经历错误、得到改善的一个过程，是成长中不可缺少的。如果在这样的尝试过程中对他们戏弄、打击，就会使他们在心理上产生恐惧，害怕去尝试。比如孩子如果唱歌的时候发音错了，家长就戏弄他，以后就很难让他开口唱歌了。要给他们尝试的勇气，因为想试试瓷碗会不会摔破，孩子专门把碗往地上

卡尔·威特的教育／**149**

扔，在这种情况下家长不能说是孩子犯错。你最好让孩子自己把碎片清理干净，他就可以记住这是易碎的，也会联想到玻璃等易碎的东西，就会自动学会小心爱护这些物品，避免自己受伤。

家长在面对孩子的错误时，应该给他们一个犯错——认识——改正的机会，以宽大和包容来对待孩子的错误。当然，对于严重的错误一定要让孩子认识到错误的严重性并加以改正。重要的是，在纠正和惩罚这些错误的时候，不能羞辱、嘲弄、打骂孩子，这也是为人父母需要提高的素质。

卡尔有位6岁的小伙伴约瑟夫，调皮可爱，出了名的好动，幼儿园的老师几乎每天都要向他妈妈告状，公然被称为问题儿童，妈妈为此伤透了脑筋。这天妈妈去接他的时候，教约瑟夫跳舞的史密斯小姐告诉她约瑟夫今天又闯了祸。妈妈听了后当场就狠狠地训了约瑟夫，约瑟夫一句话都不说，瞪着老师挑战性地笑了笑，把史密斯老师气得够呛，没办法，妈妈只好急匆匆地带他回家了。

回到家，妈妈本想接着训他，见他好像突然乖了不少，自己从书包里拿出彩笔和本子来，安安静静地坐在那儿画画。妈妈也就没在意，忙着做晚饭去了。不到一会儿，正在炒菜的妈妈听到"哐当"一声，她急急忙忙地跑了出来，看到打碎了的大花瓶和满地跑的球。"又搞什么鬼，整天闹事，你什么时候能给我安静点？"约瑟夫哭了，妈妈反倒奇怪了，这孩子打死都不哭，我这一骂怎么突然就管用了呢？"球又不是我的，花瓶更不是我打破的。"原来球是从窗外飞进来的，妈妈错怪了约瑟夫，怎么办呢？妈妈觉得很不好意思，愣在那儿下不来台。"妈妈，你为什么总是批评我呢？我安静的时候你为什么不表扬我？"约瑟夫的话使妈妈更惊讶了："是啊，我几时表扬过儿子？"妈妈内疚地安慰约瑟夫，并向约瑟夫道歉。

不能因为孩子小就忽视了孩子的感受，有时候孩子远比大人要敏感，家长的一言一行都深深影响着孩子，许许多多你不在意的事，对孩子而言却是大事。

人非圣贤，孰能无过。在检查孩子对禁律和要求的执行情况时，父母们往往会因为误解对孩子进行错误的批评指责，或者因为无法遏止的失望和愤怒而采取不恰当的惩罚方式。

如果父母不及时纠正，并向孩子道歉，就会给孩子的心灵留下难以愈合的创伤，并使他怀疑父母所有其他要求和禁律的合理性，甚至怀疑父母对他的爱。

同村的史密思太太很担心她的12岁的女儿玛丽像其他孩子那样沾上酗酒的恶习，她屡屡告诫玛丽不要喝任何酒精类饮料。然而，有一天她在玛丽的衣橱里发现了一个6瓶包装的啤酒。史密思太太气极了，立即拿着啤酒走到女儿面前问："这是什么？"她的口气表明她并不需要回答，只是准备开始一番更深的盘问及训斥。马上，女儿站在防御线上："这是我收起来的半打啤酒。"温度升高了："年轻人，别和我耍小聪明。给我讲讲这是怎么回事？"玛丽做出很天真的样子说："我不知道你是什么意思。""我在你衣橱里发现了这个，你最好给我解释解释。"玛丽很快地想了想："噢，我忘了，我是帮一个朋友藏着的。""真的？你以为我会相信？我说过不许你喝酒的！你竟然敢偷着买来喝？！"玛丽很生气地说："我不在乎你是否相信。"说完走进她的房间，"嘭"的一声关上了门。史密思太太为此十分生气，认为自己完全是为了女儿好，但女儿却不领情。

史密思太太为此很苦恼，她来找我，并请我帮她解决这个问题。我告诉她，这件事的关键是她的提问方式及语气并没有足够地表示出她对女儿的关心，显露出更多的是对女儿的怀疑与愤怒。史密斯太太认真地检查了自己的态度，意识到由于自己先入为主的观点与指责的态度，可能导致玛丽对妈妈的出发点的怀疑。于是，她决定与女儿好好谈谈。第二天，女儿一回到家，史密思太太看着女儿说："我们能聊聊吗？""聊什么？"女儿的态度很冷淡。史密思太太很有准备地保持着镇定："我猜想昨晚我因怀疑那些啤酒向你喊叫起来时，你认为我所关心的根本就不是你，而是想挑你的毛病，对吗？"她说的正中玛丽的心思，玛丽一下哭了起来，哽咽地说："是的。我觉得我对你只是一个负担，只有我的朋友才真正关心我。""我真的是因为担心你才充满了恐慌和愤怒，我唯恐你做出一些错误的选择啊。"玛丽终于缓和下来。史密思太太接着向孩子道歉："我真的很抱歉，昨天不该向你发那么大的火。"距离和敌视被亲近和相信代替。"没什么，妈妈，我真的是为我的朋友藏的那些啤酒。""那好，玛丽，我担心你会做什么伤害你自己的事，这种担心有时会让我反应过敏，你能给我一个机会吗？让我们重新开始交谈，一起解决这些问题好吗？""当然，妈妈，我赞成。"史密思太太觉得非常高兴，因为建立在爱和合作的基础上的气氛完全改变了她们之间的关系。这一谈话的最大收获是使玛丽懂得妈妈的询问是出于对她的爱与关心，并非对她的个人权利的侵犯。玛丽的防范心理就此取消，为下一步工作开辟了道路。

善于和孩子沟通，走进孩子的生活

父母要让孩子成为有教养的人，那么自己首先就应该懂得内省自约。否则，任何教育都无济于事。

在家庭中，说话容易毫无顾忌。但是不能因为在自己家里没有制约就想说什么说什么，想干什么干什么。因为父母的言谈举止直接影响着孩子。为了教育孩子，父母应该特别注意自己的行为规范，不能把错误的、不良的习惯在不知不觉中传染给孩子。

父母一定要让孩子说话有礼貌，对孩子说话也应该使用"请"、"谢谢"这些文明语言。因为孩子总是要学父母的样子的。不仅如此，我认为，即使对家畜等，也不可使用粗野和难以入耳的语言。

我一直不主张体罚孩子，也从不对卡尔施行体罚。许多父亲一生气，就毫无顾忌地打孩子。等他们平静下来之后，又去亲吻抚摸打疼的地方，或者给孩子糖果吃。

这种教育方法绝不能培育出优秀的人才，只能造就出懦夫和蠢材。孩子的教育也包括父母的教育。做父母的，在管教孩子之前，必须首先学会管好自己。

有些父母对孩子过于溺爱，把孩子视为宝贝，怕跌倒摔伤而不让孩子尽情地玩耍，没有机会锻炼身体。怕用坏了脑子而不对孩子进行教育，不让孩子读书。这都是愚蠢的做法。这种方法只能使孩子成为一个什么都干不了的废人。

我给卡尔讲很多故事，有时也讲神话故事，但我总会给他强调神话故事不是真实的，是人们编造出来的。在故事的选择上，我都是注意给他讲一些光明的、积极向上的英雄故事，目的在于通过故事教会他一些人生道理，比如勇敢、坚定等。

我认为家庭应该成为孩子的乐园。但是，这并不意味着对孩子放纵。家庭应该是爱、欢乐的殿堂。孩子应该在家庭的关怀下健康地成长。他们应该从小就在家庭中树立起做人的信心，而不是由于不当的教育而使他们失去做人的最重要的自尊心。

很多父母认为孩子必须和小朋友在一起才能高兴地玩，其实并非这样。父母能陪孩子玩，可能更是孩子喜欢的事。但是有很多父母都忽略了这一点，借口自己太忙或其他什么理由轻而易举地推脱掉与孩子一起玩耍的责任。

我时常这样想：父母的身体是孩子锻炼身体最好的工具，父母的肌肉可以给孩子补充力量。不是有很多小孩子喜欢在父母的身上爬来爬去吗！这可能是孩子最早的体育锻炼。

父母的面容和声音让孩子着迷，父母所做的工作和使用的东西让孩子惊奇，父母对孩子的关心和帮助就是孩子最好的娱乐。

卡尔小时候就很爱围着他的母亲转来转去，他对母亲使用的那些东西好奇无比。因为孩子对任何物品都会产生新鲜的感觉。

在儿子几个月的时候，他经常去摆弄那些杯子、盘子、木勺、小锅、锅盖等。他关心的不是这些物品的使用，因为他不会使用，而是关心物品的色彩、形状、重量和手感等。他还喜欢那些纸张、书本，这些都是他最好的"玩具"。

做父母的如能理解孩子的心理，同孩子一起玩耍，那么孩子同样会感到高兴，并且这也是有益无害的。因为这种玩耍使孩子既不会任性，也不会自以为是；既不会使品质变坏，也不会沾染上各种恶习。

像算术和地理等知识，孩子长大成人之后也能学会。然而，教养若不在幼年时期形成，以后就很难具备了。一种好的习惯在孩子幼小时很容易形成，但在他们长大定形后就很难养成了。反之，孩子在小时候就有很多不良习惯，长大后也难以改掉。

在我们周围，有很多通晓地理和历史的人，但举止言谈合乎教养者并不多，这就是因为他们没有从小养成好习惯的缘故。

对于正确的事物，父母应该坚持。如果孩子面对正确的事物而不接受，父母必须让他们学会服从。孩子生下来就是利己的，这似乎是一种天性。他们对他人要求多，为他人着想的极少，简直就是个小暴君。然而，这种性格是可以通过教育加以矫正的。若从很小的时候就教他为他人着想，教他怜悯他人，孩子绝不会成为利己主义者。

曾经，法国的皇帝问他一位元帅的母亲："您是用什么教育方法把自己的儿子培养成如此伟大的人物的？"元帅的母亲回答道："我只是教儿子好好地服从。"

我认为，服从也是孩子的重要品德之一。为了使孩子养成服从的习惯，父母应该首先持正确的观点，要对孩子讲清楚，父母让他干什么，是为了什么应该那样去做；父母不让他做什么，是为了什么不应该那样去做。一切都要以理服人，不能平白无故地强迫孩子服从自己。父母应该让孩子明白，这样做都是为他们着想的。

小孩子都是很贪婪的。虽然这是孩子的本性，但是，也不应该随便责打他们，而是要注意教育方法。只要注意正确引导他们，孩子很快就会成为不自私的人。

卡尔从小时候起，我就鼓励他把各种自己的东西送给小朋友，把学习用具等送给贫家子女，以便培养他的慈善精神。同时，还鼓励他帮助别人干活。卡尔从小就是她母亲和女佣的好帮手。

有些孩子爱说谎，但也不应该动不动就因此而打他，要充分地思考他为什么说谎。孩子们由于缺乏经验，又富于想象，有时会说谎，并且也知道这是坏事。父母不应该过分指责他，但要注意时刻帮助他矫正这一坏习惯。因为从无害的说谎，到欺骗他人的撒谎，它们之间只有一步之遥。但是一定要注意采用有效的方式方法，而不是以打骂来解决问题。

我认为，孩子的很多毛病都可以用阅读和劳动来帮助他们改正。书本中的知识和道理能让他们得到良好的指导，而劳动可以让他感到一切都来之不易。孩子只要具备了知识和劳动的习惯，那么就会向良好的方面发展，进而成为有教养的人。

有个恶汉曾在法庭上傲慢地说："我自生下来，就不知道书本是什么东西，也一天未劳动过。"所以，罪人必定是无知、懒惰、不劳动的结果。

我有一个朋友，因孩子顽劣成性，经常去糟蹋花园中的花草，弄得他伤透脑筋，毫无办法。我告诉他："你最好给儿子买锄头和铁锹，让他自己种花。"

朋友马上照办了，并且取得了显著的成绩。这是为什么呢？这当然是由于把孩子迷失方向的精力引导到种花上去的结果。

后来，这个孩子不仅种花种草，还非常爱惜它们。人们再也看不到他顽劣的身影，而是经常看见他在花园中照顾那些小花、小草。并且，他对待别人的花园非常爱惜，从来不去破坏它们。

可见，良好而有效的教育方法能够产生多么大的魔力。

严格的教育不是专制

我的教育方法是严格的，但这并不是专制。所谓专制，是指强迫孩子盲从。我从来不会这样对儿子，我对儿子的严格完全取决于道理。我非常反对那种专制教育，无论在教育方法上还是其他方面，我都是这样做的。注重讲道理，以理服人，比其他一切的强迫都更加有力量。我对卡尔的严格之所以没有对他造成伤害，原因就在这里。

在对儿子的教育上，我首先是尊重他。在不伤他自尊心的前提下给他讲某些他能够理解的道理。

我反对那种在别人面前贬低孩子的做法，每当他做错什么事受到惩罚时，我更不会当着众人的面嘲笑和奚落他。我时刻都让儿子感到"爸爸是真心实意地关心我"。

每当我告诉他必须做一件事时，我会向他讲明白做这件事的必要性，告诉他这是他应该做的分内的事，而并非是我对他的强迫。

如果儿子在玩耍时无意间弄坏了邻居的花园或踩坏了别人的草地，我一定会叫他去道歉。无论邻居是否知道，我都要求他主动去。

有一天傍晚，卡尔在外面兴致勃勃地模仿古代骑士。他用一根长长的棍子代替宝剑，独自和虚拟的强盗作战。我看见他的剑法绝妙极了，或是刺，或是砍。在这种玩耍中，他早已把自己当成了真正的英雄。我很乐意看到他这样，儿子的这些游戏非常有利于他的想象力，也有利于身体的健康。在前面我说过，我不喜欢死气沉沉的生活，不希望卡尔变成呆头呆脑的所谓学者。所以对儿子的这种活泼的玩耍方式，我极力赞成。

忽然，他"呀"地叫了一声，之后马上愣在那里。原来，在"激战"中，卡尔一"剑"砍去，将邻居花园中的一束花砍倒在地，花瓣和枝叶在半空中飞舞。我保持住冷静观察他，看他怎么处理这件事。

卡尔看了看邻居的房门，并没有人出来。他也没有发现我正在看着他。当他正想转身"逃跑"的时候，我叫住了他。

"卡尔……"

这时，儿子知道这件事已经无法逃脱，慢慢地向我走来。

"你知道你犯了个错误吗？"

"知道。"儿子小声地回答。

"那你应该怎么办呢？"我严肃地问他。

"不知道。"儿子低下了头。

"儿子，听我说。你应该立刻去敲邻居的门，向他们道歉。"

"可是，我并不是有意的。"卡尔似乎在辩解，他并不知道道歉的含义。

"卡尔，你要记住，人们犯下错误，在很多情况下都不是有意的。但错误已经犯下，你就要为自己的行为负责。虽然邻居没有看见是你干的，但他们确实受到了损害。你应该去道歉，人不能伤害了别人就逃之夭夭。你不是在扮演古代的骑士吗？骑士是勇敢的人……"

"爸爸，我明白了。"卡尔像一个真正的骑士那样敲开了邻居的房门。第二天，我碰见邻居。邻居根本没有提起花被损坏的事，他只说了一句话："威特牧师，您儿子是个诚实的人。"英雄骑士是卡尔的崇拜对象。我用骑士来激励他，使他感觉到道歉并不是什么难为情的事，也让他懂得不论有意还是无意之间犯下的错误都应该由自己负责。

在这种情况下，我没有选择冲着儿子大声嚷嚷的做法。那样不仅惊动了邻居也伤害了儿子的自尊心，并且还会有可能把事态扩大。

很多的父母把对孩子的严格教育理解为专制，不知不觉中把自己变成暴君，而把孩子变成唯命是从的懦夫。他们以为孩子不听话就应该以粗暴的方式对待他们，这种做法的后果不但不能让孩子正确地认识自己，反而使孩子对父母甚至对所有人产生怨恨。

粗暴的教育只会损害孩子的自尊心

有一天，我在傍晚穿过贫民窟时，到处听见母亲斥责孩子、父亲打孩子以及孩子大哭的声音，简直是一句好话都听不见。

我想，这是由于他们工作了一天、疲劳过度、心情不佳，把怨气都撒到孩子身上的表现，孩子实在可怜。然而，还有另一种父母，他们饱食终日，无所事事，还不时地斥责孩子，把由于无聊而产生的气恼都倾倒在孩子身上。

我对此感到非常痛心。

常受斥责、打骂，孩子对于这种责打就会习以为常，父母也就失掉了威信，使父母和孩子之间产生隔阂。其结果，对孩子的教育就彻底失败了。

我认为，对于孩子既不可娇生惯养，也不应过多地斥责。只有采用合理、有效的教育方法去引导孩子，才能培养出孩子的善行以及以后做人的能力。

我们的周围有很多的父母见到孩子在某种场合的不良表现后，要么当面训斥，有的还拳脚相加，还怪罪自己孩子的不礼貌，但就是不检查一下自己的教育方法。

为了阐明我的教育方法，我不得不举一些例子。我想无论再多的理论也没有事实更有说服力吧。

安多纳德太太的儿子卡尔，这个和我儿子同名的小男孩，年龄比小卡尔大两岁，也是一个非常机灵的小家伙。但我发现他有很多不好的习惯，比如欺负比自己小的孩子或喜欢揭别人的短处，等等。

有一天我在路上偶然和安多纳德一家相遇，我友好地和他们寒暄着，并特意摸了摸大卡尔的头以示友好。

"威特牧师，我觉得你就像一具尸体，你看你的脸多苍白啊！"大卡尔这个小机灵毫不客气地批评起我来。

其实他说的是真话，至少某一方面是这样。可不是吗？因为我不小心受了凉，病了几天。我的脸苍白是很正常的事。如果是小卡尔，他绝不会这样对我说话，他知道这样说是不礼貌的。何况，那个大卡尔所用的词汇是那样的叫人无法接受。

这种情况，我当然不会为一个小孩子生气，但当时却已经让我不知怎么说话了。

安多纳德太太气极了，她采取了我从来都不会采用的方式。

"太不像话了，你怎么这样对威特先生说话？"她狠狠地给了她儿子一记耳光。

我连忙上前劝阻。可是大卡尔并没有因此而闭上他的嘴巴：

"我说的是实话，你看看他的脸，……我没有瞎说……"

"你干吗打我？你干吗打我……"大卡尔冲着母亲喊叫起来。

安多纳德太太害怕极了，她只能一边拖着自己的儿子，一边逃跑似的离开。

看着他们远去，我叹了一口气。大卡尔回去肯定又会挨顿毒打了。

我很明白，虽然大卡尔爱揭人短处的毛病早就有了，但这一次他可能不完全是故意的。他只是找不到一种合适的方式表达他的看法。如果他对我说："威特先生，您的脸色怎么不像往常那样红润却有些苍白呢？您生病了吗？"

这样，他表达了同样的意思，却传达出不同的意义。前者是恶毒的讽刺，而后者却是一种对别人的关心了。

至于安多纳德太太，她的做法更加不正确。她应该用一种大家都能接受的方式来解决这个矛盾，而不仅仅是对孩子的惩罚。从这一点看来，她对孩子平时的教育是多么的不够，方法是多么的不妥。

由此可见，让孩子具备丰富的语言知识，让他们更加明辨事理是多么的重要。我真希望安多纳德太太能够明白这个道理，不然，那个和我儿子同名的孩子将不会有一个美好的人生。

其实，孩子做坏事，罪过在大人身上，而不在孩子。孩子做坏事是由于父母不把孩子的精力引向好的方面，是放任不管的结果。要想把孩子的精力引向好的方面，必须尽早开始让孩子对工作、劳动感兴趣，并且培养他多方面的能力和爱好。只有这样，才能逐渐培养孩子健康的内心世界。

很多母亲以为用打孩子的方法就可以教育好孩子，这是一种极为错误的观念。所罗门的箴言中有这么一句话："不鞭打孩子，就会惯坏孩子。"我认为这是不正确的观点，它不仅误导了很多年轻的父母，也伤害了孩子。有些父母时常打孩子，以为这样就不会惯坏孩子，实际上这只能使孩子变得顽固、冷酷、残忍。

有一次，我遇到一个小孩子正在虐待一只小狗。他用一支梳子使劲地打那只可怜的小家伙。我赶忙走过去制止他。

我问他："孩子，你为什么这么打狗？你不以为它很可怜吗？"

他回答："因为我父亲就时常这样打我。我都不被人觉得可怜，那么小狗也不应该可怜。"

在我们周围的很多家庭中，有些孩子被父亲打坏了耳膜，他们的脸上经常有父亲留下的手印。这真是令人痛心，可悲可叹啊！上帝叫我们爱别人，可是在这种粗暴的教育下成长的孩子将来怎么能够去爱呢？我多次说过，自尊心是一个人品德的基础。若失去了自尊心，一个人的品德就会瓦解。人之所以变成醉汉、赌徒、乞丐和盗贼，都是由于失去了自尊心的结果。父母经常责打孩子，只会伤害他们的自尊心，除此之外没有任何好处。父母经常絮絮叨叨地数落孩子的过失，只能有损孩子的自尊心。这都是不正确的做法。

我曾经听说过这样一件事：

有个孩子非常喜欢家里喂的一只羊，他时常独自一个人牵着羊去山坡上玩耍，每当他看到心爱的羊吃着山上的嫩草时就感到愉悦。在孩子幼小的心灵中，那只羊是他最好的朋友，他把自己听来的故事和幻想都讲给羊听。他觉得和羊一起在山坡上晒太阳是最幸福的事。

可是有一天，孩子躺在山坡的阳光下睡着了，他做的梦都是和羊待在一起的情景。当他醒来时发现羊不见了。这只羊从来都不会走远，但今天确实是不见了。孩子焦急地走遍了整个山坡，仍然没有找到。他哭了，因为他害怕永远也见不到这个最心爱的伙伴。

天快黑了，他赶紧跑回家。他想把这件事告诉父亲，请他来帮助找回羊。没有想到，他得到的只是一顿暴打。当父亲听说羊不见之后，什么情况都没有问就举起了棍子。无情的棍子打得孩子鼻青脸肿，额头被打破出血。

"我只有这只羊，不把它找到就永远别回来……"说完，父亲就把他推出了门外。

孩子难过极了。

他独自在黑暗的山坡上奔跑。他越跑越想不通，父亲为什么会打他呢？他又不是有意弄丢了羊。"羊不见了，我也很难过啊。""为了一只羊，父亲叫我永远不要再回去，难道我还不如一只羊吗？"

不久，孩子看见远处有个小白点。当他走近时，他看见了那只羊。它正在悠闲地吃着草呢。

这时，受到粗暴对待的孩子一反常态，他没有像往常那样去抱起这只羊，而是举起了一块大石头。

"就因为你……因为你父亲才会这样对待我……"孩子一边哭，一边将石头向羊身上砸去。

第二天，人们在山坡的一块岩石后发现了那只已死去的羊。而那孩子也永远没有再回家。

我们可以想象，那个孩子心里当时有多么的痛苦，他亲手杀死了自己最心爱的朋友。

父母的粗暴和专制在孩子身上留下的阴影将永远不可磨灭，这种阴影会让一个本来善良的孩子变成凶残的魔鬼。

第九章

让孩子在赏识中前进

　　最重要的教育方法就是要鼓励孩子去相信自己，使他有积极进取的人生态度和百折不挠的意志力。同时我用各种方法来教育卡尔，防止他骄傲自满。尽管这样做要花很多的工夫，但我想最终一定会获得圆满的成功。

信任孩子，我为我的儿子自豪

　　世上所有的父母都知道，自信心对一个人一生的发展所起的作用，无论在智力上还是体力上，或是处世能力上，都是决定性的。一个缺乏自信心的人，便缺乏在各种能力发展上的主动积极性，而主动积极性对刺激人的各项感官的功能及其综合能力的发挥起着决定性的作用。

　　一位教育专家做过一个试验，将一个学习成绩较差班级的学生当作学习优秀班级的学生来对待，而将一个优秀班当作问题班来教。一段时间下来，发现原来成绩距离相差很远的两班学生，在试验结束后的测验中平均成绩相差无几。原因就在于差班的学生受到不明真相的老师对他们所给予的鼓励（老师以为所教的是一个优秀班），学习积极性大长；而原来的优秀班受到老师对他们怀疑态度的影响，自信心被挫伤，以致转变学习态度，影响了学习成绩。

　　信心像人的能力催化剂，将人的一切潜能都调动起来，将各部分的功能推到最佳状态。而高水平的发挥在不断反复的基础上，巩固成为人的本性的一部分，使人的能力发展到一个新的水平。一个人的成长路线如果是沿着这样的积极上升式行进，可以想象其积累效果是十分可观的。在许多伟人身上，我们都可以看到这种超凡的自信心，而正是在这种自信心的驱动下，他们敢于对自己提出高要求，并在失败中看到成功的希望，从而鼓励自己不断努力，最终获得成功。在人才辈出的国家里，在那些伟人、名人身上我们同样可以找到自信的催化作用，在我们周围的优秀人才身上，也不断放射出自信的光彩。

对自信心的培养必须从孩子最小的时候就开始进行。父母首先需注意自己对待孩子的态度，不要什么事都替孩子做。因为，孩子们需要一定空间去成长，去试验自己的能力，去学会如何对付危险的局势。可以说，如果我们做得过多，就会剥夺孩子发展自己能力的机会，也就剥夺了他们建立自信心与获得自立的机会。

其次，父母应当对孩子的尝试予以积极的鼓励。

在一个孩子的成长过程中，接受鼓励而产生自信心是非常重要的成长内容，是做父母应时刻关注的步骤。每一孩子都需要不断的鼓励，就像植物需要阳光雨露一样。许多儿童教育家都十分强调鼓励的作用，认为这是最重要的成长因素。一位著名的教育家多次讲："离开鼓励，孩子就不能生存。"可见鼓励对孩子的自信心有多么重要。

孩子在刚出生的婴幼儿时期，面对着大千世界，他们常常感到束手无策。但是，他们仍然有勇气进行各种尝试，努力地学习各种方法，以使自己适应，使自己能够融入这个世界中。然而在这个时候，我们成年人往往无意中给他们设置许多爱的障碍，而不是对他们非凡的勇气与努力进行鼓励。

作为父母我们常常有一种先入为主的概念，认为孩子到了某种年龄才能做某种事情。否则的话，他就是太小，太缺乏能力，不能做这类事情。但其实孩子在那个时刻往往是可以做得很好的，而我们却人为地推迟了他们学会本领的时间。最为关键的是，我们这种做法会使孩子失去自信，怀疑自己的能力，进而削弱他们的进取心。这种消极影响将会对孩子的一生都产生不良影响。

比如当孩子要帮妈妈收拾桌子时，妈妈经常夺过碗碟："小宝贝，你会把碟子摔碎的。"为了不使碟子破碎，结果使孩子的自信心破碎。要知道，孩子有天生的主动性，他们很小就认为自己有能力做事情了。尽管尚处于学习摸索阶段，但孩子们都愿意努力去发现自己的长处和能力。他们总想试着干这干那，好奇心驱使他们一次次地接受挑战。所以孩子总爱跟在大人身后，你做什么，他就去做什么。而我们却说："你不会，乖乖，我来做。"当他们自己吃饭时，我们说"看你把衣服弄得多脏"，我们还一把抢过勺子喂他们吃。就这样，我们让孩子看清楚了他们是多么的不行。如果孩子不乐意，不肯张口吃饭，坚持要自己吃，我们还要大发脾气。我们没有意识到这些事会打击孩子的积极性。很多小孩子不好好吃饭，他们紧紧闭着嘴，甚至把刚喂进去的食物一张嘴全喷出来，而且好玩似的大笑起来。做父母的在这时既不要生气，也不要无奈，应该好好想想在此之前是否有打击孩子自信心的行为。

在我对儿子的教育中，我深深地感到：最重要的教育方法就是要鼓励孩子去相信自己。

我认识很多这样的父母，他们对自己妄自尊大，而对孩子缺乏应有的尊重。婴儿、幼儿，虽然他们并不明白什么叫自尊，但他们却拥有自尊心。他们能够十分敏锐地感触到父母对他们的情绪。对于抚爱和夸奖，他们以微笑和撒娇加以回报；对于嘲弄和漠视，他们以发怒和任性来加以回应。

我们应该让孩子敢于犯错误，敢于失败，同时又想办法不损伤他们的自尊心和自信心。孩子和成人一样有权利去犯错误。对于父母来说，我们自己首先就不能泄气或失去信心，而要用鼓励的方法去培养起孩子的自信心。

学会适时鼓励孩子并不是一件容易的事，每一个做父母的都要仔细地研究与思考，如何去鼓励孩子，养成经常反思的习惯。孩子的自信程度是表现在他的行为中的，如果孩子缺乏对自己能力的自信和对自己价值的信任，那么他所表现出来的就是缺乏效率，缺乏积极主动性，他不会通过积极参与和贡献来寻找自己的归属感。

对孩子不公平，或者体罚，孩子都会以自己所特有的手段来回应，他们或者哭闹，或者任性，或者干一些"坏"事来加以回报。

我时时反省自己，是不是对卡尔有足够的尊重。我在卡尔的成长过程中发现，认真调整自己对孩子的态度和做法，孩子的任性很容易被克服。"自信"是信心的基础。没有自信，谈不上信心。通过有效的夸奖可以很容易培养起孩子的自信。

自信其实很简单，就是自己相信自己。无论大人还是孩子，无论干什么事情，对自己缺乏自信，必然一事无成。反过来，一个人如果对自己充满自信，对工作信心十足，那么他无论干什么事情，也会百折不挠。

"你是非常聪明、非常好的孩子。"这是我在对卡尔的教育之中用得最多的一句话。每当儿子遇到困难和挫折时，我总是用这么一句世上最美的语言帮助他摆脱内心的苦恼。

每当儿子痛苦和失落之时，我会对他说："你一定行的，我相信你。"儿子毕竟是孩子，他太弱小，在他的人生中会遇到很多难题，我应该尽可能地帮助和支持他。每个人都会有失落的时候，每个人都会有失去信心的时候，何况是孩子。只有让儿子充满信心，他才能在未来的人生中面对一切挑战，才会拥有幸福的人生。

信心从何而来，来源于父母有效的夸奖。孩子需要夸奖，需要鼓励。"夸"不仅仅表明了父辈的信心，同时也坚定了孩子的信心。只有孩子对自己充满了信心，父母才能培养出优秀的人才。如果从一开始我就对卡尔缺乏足够的信心，儿子现在会变成什么样子，这是我简直不敢想象的。

卡尔刚开始学习写作的时候，对自己的能力一点儿也没有信心。当他战战兢兢地把他的第一篇文章递给我时，我就注意到他眼中的不安，似乎他在等待着我的审判。读完他写的文章后，我发现那的确是篇糟透了的文章：问题没有交待清楚，句子不完整，还有很多错别字。我应该怎样去评价它呢？由于我感到儿子对写作缺乏自信，我知道我不能简单地说一声"不好"就能解决问题。在我沉默之时，儿子流露出忧伤的眼神。可他没有想到，我对他说了一句令人兴奋的话："非常不错，这是你第一次写作，爸爸刚开始写作的时候比你差远了。"这时，儿子的眼光中闪烁出兴奋的光芒。

不久，儿子把他的第二篇文章给我时，已经是天壤之别了。

如果我看到卡尔的文章不尽如人意，立刻就把他否定了，甚至骂他"笨"、"蠢"，这样就伤了儿子的自尊心，也毁掉了他的自信心。恐怕他以后再也不会用笔写文章了，也就扼杀了他的一种才能。

评价事情总有个优良中差之分。卡尔得了"优"，我自然要夸他一番，更增加了他的信心。得"良"、"中"，夸奖是必要的，可以找找差距，但重要的依旧是夸。即使很差，也要善于夸奖，不要给孩子世界末日之感，多帮孩子找一些原因，关键是要找出孩子身上的闪光之处给予夸奖，在这种时候，千万不能让孩子失去信心。

美好的东西总是让人回味无穷，丑陋的东西总是令人胆战心惊。"夸"可以使被夸者产生美好的心境，从而留下美好的回忆，从此激励自己不断前进。

每当卡尔做了一件好事，我总会夸奖他一番。这时他总会眉飞色舞，信心百倍。我认为，只要孩子有一点可取的地方，就应该毫不吝惜地给予夸奖。即使他有什么地方做得不对，也不能去挖苦讽刺。孩子做错了事，只要他能够诚恳地改正，父母就应既往不咎。

任何人都有成功，也有失败，失败往往比成功更多。孩子失败了，父母绝不能说"我就知道你不行"之类的话，而是要帮助他从失败中走出来，要多加鼓励。

多用赞赏和诱导的方式

对儿子的教育，我把培养他的想象力放在第一位，往往把它看得比知识更重要。不少人教育孩子，总是使劲灌输各种知识，却忽视了他们的想象力。我不主张只把孩子学习知识作为目的，而是主张学习知识只是手段，让孩子通过学习知识去开发他们的各种能力，培养他们的各种能力和素质。

想象力没有一个具体目标，只有在具体活动之中才可以有效进行。孩子越小，这一点显得越重要。

每当儿子在扮演古代骑士，模仿小鸟的飞翔，我知道这是他的一种想象力的表现，在此时我往往夸奖他做得很好，其效果是不言而喻的。这样孩子年龄越大，想象力就越丰富，越独特。

孩子喜欢听故事，这似乎是一种天性。他们会不厌其烦地让父母讲一个相同的故事，并且经常在父母讲述的过程中查漏补缺，有时甚至添油加醋。这是一个绝好现象，父母应及时进行鼓励，夸孩子有想象力，即使补的不对，加的不合理，也千万不要打击他们的积极性。

儿子有时会虚拟一些并不存在的事情，尽管漏洞百出，前后矛盾，我也没有认为他是在说谎，我力图给他堵补漏洞，化解矛盾。我知道父母的责任应该是夸奖他们的想象力，并引导着他们继续想下去。

通过对儿子的夸奖和诱导，我发现他的想象力越来越精妙，越来越发达。

卡尔小时候，我时常发现他趴在地上，聚精会神地观察两只蚂蚁搬一颗饭粒，这是因为好奇。在这种时候，我绝对不会去打扰他。他有时还会把观察后的结果告诉我，说那只蚂蚁怎么啦，另一只蚂蚁又怎么啦。这时，我会夸奖他观察得仔细。

夸孩子的好奇心，对孩子创造力的培养十分有益。通过夸奖可以使孩子的好奇心更强。我时常把儿子引向大自然，让他去观察花鸟草虫，去遥望满天星星；闪电雷鸣、阴晴雪雨，他会感兴趣；日升月没，昼夜交替，他会不断提问。

对于孩子的好奇心，父母不能感到厌烦，而应该加以保护，并且善于将其引入恰当的轨道。这种夸奖，能把孩子带进知识的海洋，读书，做手工，搞实验，会给孩子带来无穷无尽的乐趣。

很多孩子的大胆想象常常不被父母所理解，这是因为父母心目中有许多条条框框，并且经常用这些条条框框去封杀孩子的创造力。

我认为，孩子的创造力之所以如此大胆丰富，就是由于他们的脑袋里没有什么条条框框，而且根本不想受条条框框的限制。

有一天，我的一位老朋友来我家做客。他看见卡尔正在用蓝颜色画一个大大的圆圆的东西。

他问卡尔："孩子，你画的是什么啊？"

卡尔回答道："是一只大苹果。"

朋友说："可为什么要用蓝色呢？"

卡尔回答："我认为应该用蓝色。"

朋友对我说："我的老朋友，你应该教教孩子。他用蓝颜色画苹果，你应该告诉他那是不对的。"我感到很惊讶，说："这是为什么呢？我为什么一定要告诉他用红色呢？我认为他画得很好，也许孩子今后真的会栽培出蓝色的苹果呢。现在的苹果是什么颜色，他吃苹果的时候自然会明白的。"

孩子的创造力就是在这样的不断的夸赞中培养起来的。如果用要求大人的标准去要求孩子，那么一举手一投足都有许多不合"规矩"的东西。如果对孩子的不合乎"规矩"的行为时时加以"纠正"，那么孩子的创造力就会渐渐消失了。

孩子一生下来就在学习，逐渐形成了自己的长处和短处。扬长避短，优先发展，是每一个父母的神圣责任。

对于不同年龄的孩子，"玩"对他的意义是不同的。"玩"的方法也是变化和发展的。"玩"不仅仅在于"有趣"，而且还在于通过"玩"，孩子可以学习更多的东西，发现许多他认为奥妙的东西。我们知道，玩可以充分运动孩子身体的各个部位，可以帮助他的各个感官的发展，可以开发与培养孩子的智力和创造力。

我看着儿子长大，他的一举一动都在我的观察之中。我发现，对于他来说，并非只有游戏才是玩，吃、喝、拉、撒、动，甚至睡觉都是一种玩。

在儿子有兴趣的时候，我总会让他玩个够，玩得开心。

玩是孩子的天性，这一点很多做父母的都知道。但是怎么玩，玩什么，很多人未必有清楚的认识。很多孩子"玩"得很盲目，为玩而玩。由于这种现象，孩子本来可以从玩之中开发智慧和能力，但却被白白地浪费。应该明白，孩子不能为玩而玩，而是要玩出名堂来。

孩子在玩的时候，充满了积极性、主动性。他们的大脑在飞速地运动，思想在不断发出火花，这对培养孩子的各种能力，特别是想象力和创造力，是其他手段难与之匹敌的。我们知道，"玩"有生活的影子，但绝不是对生活的照搬，孩子会根据自己的认识和理解去改造生活。父母不应用条条框框去加以限制，这样孩子的创造力才能够容易得到充分发挥。

孩子对音乐有天生的兴趣，听优美的乐曲可以使大脑得到有效的训练。如果孩子对音乐节奏十分敏感，对音乐十分入迷，那么这个孩子可能有音乐天赋，父母应该提供更多的"音乐奖励"，孩子一表现出这方面的兴趣，父母就应该用各种方式进行"奖励"。

孩子的绘画才能是从分辨各种颜色开始的，如果孩子对颜色有很大的兴趣，并且经常在地上、墙上涂画各种东西，那么这个孩子可能有绘画的天赋，父母就应该为他购买画笔、颜色和纸，鼓励孩子画画的兴趣，还应该及时带他去观察大自然的风光，开阔孩子的视野。这些都算是对孩子的夸奖，对于开发孩子的天赋十分有益。

喜欢背诵、说话、讲故事的孩子是具有语言天赋的表现。说话特别早的孩子尤其应该引起父母的重视。孩子的语言天赋除了天生之外，很大程度上是后天训练而成的。经常与婴儿"说话"，尽管他可能不会说话，但至少可以激起他对语言的兴趣。

语言能力是人的一种最基本的能力，因此，父母对此要特别加以"夸奖"。孩子小时候说话多，长大了肯定会能言善辩。父母对孩子发音不准，用词不当，绝不能讥笑，应该在他无意中加以引导，给予相应的鼓励。

要明白，孩子说错了话是完全正常的，不说错话才是奇怪的事。只要孩子说话就应该鼓励。

卡尔在9岁时就能熟练地运用并翻译法语、意大利语、拉丁语、英语以及希腊语，在很大程度上归功于我对他年幼时的夸奖。

教儿子学会面对失败和挫折

通往天堂之路是漫长的，第一步都是刻骨铭心的，我认为5岁是其中的第一步。在儿子5岁的时候我就开始培养他各方面的能力了，但我认为更重要的是，从这时起就应该去培养他快乐的性格。

人一生之中会有很多失败，教育儿子学会面对失败，不怕失败，是非常重要的事。很多时候，因为害怕失败而失败了，很多时候，因为不怕失败反而胜了。

害怕失败，孩子的心理压力很大，本来能够做的，轻而易举的事情也做不好，做不了；害怕失败，孩子心里会产生不做不错、多做多错的想法，丧失尝试的动力，以至于长期处于无能的心理状态。

我在这方面对儿子很宽容，即使他在某一件事上失败了，我也能够允许他再失败一次。任何人都知道，孩子吮乳、说话、走路，谁也说不清楚，到底失败了多少次，可是最终却胜利了，成功了。这不是对做父母的一个最好的启示吗？

害怕失败的心理不予消弭，久而久之，孩子就会形成一种对事物缄默冷淡或者不参与任何活动的习惯，这对他的健康成长极为有害。这种心理会导致孩子变得自闭、忧郁、阴沉，这样的人怎么会有快乐的性格和美好的人生呢？

无论儿子做什么，只要他不违反固有的原则，不做有损于自己和他人的事，我都尽力支持他去闯去干，在行动上鼓励他去尝试。我认为，只要让他有了不怕失败的勇气，再加上正确的引导，一切都会成功。

对于孩子的失败，这里有几点建议：

1.站在孩子的立场上来对待这次的失败，抓住这一时机，让孩子真正体会到失败并不可怕，使孩子树立起正确的失败观，做到胜不骄、败不馁，这样的教育才能使孩子坚强起来，相信我们都不希望自己的孩子脆弱不堪，经不起任何的打击。

2.帮助孩子寻找失败的原因，失败总是有原因的，也许是客观上的原因，也许是主观上努力不够，只有找出失败的原因，从中总结经验教训，才能避免下次的失败。要让孩子明白努力的方向，使孩子看到成功的希望。

3.鼓励他不要因为失败而丧失信心，告诉他努力了终将会有收获。失败时的孩子更需要的是安慰和支持，绝不是指责和嘲讽。家长的期待和信任对失败的孩子来说，是一种强大的精神力量，能帮助孩子迅速恢复信心，走出失败的阴影。

4.应该给失败后的孩子新的起点，在孩子的努力过程中不失时机地鼓励他的进步，哪怕进步非常的微小，你的表扬和肯定是帮助孩子走出失败沼泽地的最好的精神动力，它们能恢复孩子的自信心，增强孩子面对困难的勇气。

我不赞成父母把孩子本来自己可以做的事全包下来。久而久之，孩子便失去了独立思考的能力。无论何事，都要父母拿主意，这是完全错误的。

对于卡尔，自己能做的事情我总是叫他自己去做。我尽力杜绝他以"我不会"作为借口换取父母的帮助。每当儿子对某件事说不会的时候，我总对他说"我教你"，而不是自己一做了之。

由于儿子在各方面都得到了良好的发展，每当他遇到挫折的时候都会得到我和他母亲的帮助和鼓励，他也从鼓励和夸奖之中逐渐建立起了自信心，直到现在，他的性格一直是健康和快乐的。

把握好夸奖和责备的尺度

在生活中，我经常发现这样的情况：孩子表现出了不良行为，比如打架、浪费、偷东西、撒谎……这时父母着急了，训他，骂他，甚至打他。我认为这样做的结果非但解决不了问题，而且会产生更大的副作用。

孩子的不良行为更能引起父母的注意，他们往往在这些行为上的印象更深。因此孩子往往会选择引起父母注意的行为，而不愿选择父母毫不理会的行为。

有些父母错误地认为，关注孩子的坏行为，对孩子进行惩罚，可以制止不良行为的发展。其实，对孩子来说，这种惩罚都似乎是一种奖励，因为这一行为引起了父母的重视。这就是不少孩子爱恶作剧的原因所在。

父母关注什么行为，这种行为就会逐渐形成孩子的习惯。因此，我认为父母应该多加关注孩子好的一面，对良好行为给予及时、恰当的奖励，而对不良行为采取漠然处之的态度，让它没有加深印象的机会。

很多父母对孩子好像总是爱责备，而不善于表扬。

有许多父母为纠正孩子的缺点，总是先情绪激昂而后没完没了地责备孩子。有的父母曾找我座谈，说最初"因不责备就不改"而责备，后来因"即使责备也不改"而苦恼，最后又认为"不可救药"而放弃不管了。

一味地责备，不用说孩子，就是连大人也会失去信心的。这样下去，就会逐渐将其培养成为因设法保护自己而产生反抗心理的孩子。

通过责备让孩子做与通过表扬让孩子做，二者对孩子的影响完全不同。因此要用冷静的态度和温暖的心去对待孩子，要注意和发扬孩子的优点。

有人说："处于反抗期的孩子，难以对付。"人本来没有什么反抗期，但因孩子具有旺盛的生命力，若不给予正确引导，就会以"反抗"等的形式表现出来。因此说，"反抗期"不是自然形成的，而是由父母方面培植起来的。

如果总责备孩子，任何孩子也都会产生反抗的心理。正如能力法则所确定的那样，若给孩子以反复的刺激，就会使孩子逐步形成"反抗"这一能力。例如，常用烈性药物，细菌就会迅速产生抗药性，不久这种药对细菌就完全不起作用。同样，对孩子越是一味地责备，其反抗心就越强，最终还是以屈服于孩子而告终。有人对我说："请教给我好的责备方法。"我没有那种好方法。也有人说："现在孩子不听话，难道不责备就算好吗？"我认为即使不听话，也"决不能责备"，要真心实意地、正确地培养孩子的能力。不过，我们要有耐性才行。

在此，我建议那些已经做了父母的人，不要因为孩子的不良行为而专门去教训和打骂，而要去发现孩子的长处。对于那些个性很强、精神旺盛、从不受别人指使的孩子，更加应该这样。父母发现了孩子的长处，尽量对他的良好行为进行夸奖；当他听到父母的夸奖时，一定会变得听话起来。

在对儿子的教育过程中，我发现良好的行为在得到不断夸奖时，这一行为就会不断重复而形成习惯。很多父母可能没有意识到这一点，他们认为孩子的良好行为是自己与生俱来的，是理所当然的，因此无话可说，因此就不想夸奖。其实，孩子良好的行为如果得不到及时的夸奖，孩子的心里不会增加印象，良好的行为就慢慢停止了。

我发现不少的父母甚至在不知不觉之中采用了完全相反的做法，对孩子的不良行为给予夸奖。比如对撒娇的孩子给予不恰当的呵护，父母们就在这样的无意之中强化了孩子的不良行为。

对于孩子好行为的夸奖越早越好。孩子年龄越小，实施起来效果越明显，也越容易。我曾经对其他的孩子做过一些研究，当孩子进入少年时代，这种夸奖就有一定难度了，因为少年时代的成长过程中，孩子有一个反抗父母的阶段。为了更好地实施这一方法，父母应该明确区分孩子的情感与行为。孩子的内心世界，如爱、高兴、生气等，是孩子独有的，父母往往对此鞭长莫及。孩子感到高兴或生气，他们自己也无法控制。孩子的行为是外在的，是看得见、摸得着的，孩子自己也能控制。孩子无法控制自己的情感，但是可以控制自己的行为；父母难以控制孩子的情感，但是却可以对孩子的行为施加极大的影响。

我认为，对孩子的夸奖，应针对的是孩子的行为而不是他的情感。

我认为父母应该注意到孩子的行为是指具体的行为，而不是抽象的或分析出来的。那些说不清楚的行为，父母无法施加影响，也无法去加以控制。明白这一点至关重要。哪些行为是说不清楚的行为呢？比如："这孩子尽做些令人最头疼的事情"、"这孩子爱欺负人"、"这孩子不负责任"等。哪些行为是具体的行为呢？比如："他打了别人的小孩"、"他在墙上画了一只小动物"等。

我们应该明白：夸奖的是孩子的行为而不是孩子的情感。应该夸奖具体的行为而不是"说不清楚的行为"。作为父母，主要是对孩子好的行为给予及时夸奖。如果孩子没有做到，千万不要责备。孩子偶然做到就是一个不小的进步。只要孩子表现出良好的行为，父母就应该及时进行正面强化，巩固这种行为。我对卡尔的夸奖，一般有两种方式，一种是情感方式，一种是物质方式。我深深地感到，情感方式往往比物质方式更有效。

情感方式有表扬、亲吻、拥抱等口头或身体的行为。这种方式取之于父母，千万不要吝啬。

物质方式是一种补充方式，如给孩子一块点心等等。卡尔每次在这种情况下得到了奖励总是欢欣鼓舞，并不在乎奖励的多少。

通过对卡尔的这种教育，我发现他在年龄很小的时候，大部分时候采用情感方式奖励就足够了，特殊情况时再采用物质奖励。

我认为，只要及时地对某一行为给予正确夸奖，这一行为就会在孩子身上不断重复出现，良好行为得到及时的强化和巩固。久而久之，孩子就会养成自然而持久的良好行为习惯。

但是，我何时夸奖卡尔，并不是随意确定的。如果太随意，那么他就无法明确地知道我因为什么夸奖他。我总是在他表现出良好行为时给予夸奖，并且告诉他因为什么事而得到夸奖。

每当卡尔开始使用新的且令人满意的方式做事时，我都会及时给他奖励。我认为这样对于培养他的良好行为十分重要。当他学会了新的行为，并且理智地去实施这一行为时，我便不再每次都给予夸奖，而是拉长夸奖的时间间隔，实施间断性或随意性的夸奖。这种夸奖只能偶尔为之，要让他感到意外。

我发现让儿子适应偶尔得到奖励的方式，他便会继续表现他的良好行为。因为已经形成习惯，儿子知道怎样做会使我高兴，他也为此对自己的良好行为感到满足和高兴。

同样，当在用于惩罚时，情感方式的杀伤力也要比物质方式更厉害。我所做的一般是让孩子明白我为他的行为生气、悲伤或者失望，而不是愤怒地扑向他。一旦这种时候，卡尔总会显得有些羞愧，然后很自觉地改掉错误行为。有时，为了留给他深刻的印象，我会用取消他的度假或其他本来用于奖励的计划以及物质来惩罚他。

让孩子在赏识中成长

我怀着赏识孩子的心态走进教育的区域，在对儿子的教育过程中，我体会到赏识对孩子意味着什么。一个赏识的微笑，就好像阳光照在含苞待放的花朵上。赏识是热爱生命、善待生命，是孩子生命的无形阳光、空气和水。对一个渴望赏识的孩子而言，这可能是他一生的转折点。学会表扬、鼓励和赏识孩子，这是一种无形的力量，能激发孩子的上进心和增强他们的信心。

虽有很多做父亲的对孩子要求很严格，有错误、缺点从不放过，发现了就及时批评教育。这种不姑息、不袒护、不放任的态度是对的，也体现了对孩子深切的爱，但教育效果并不是很理想。什么原因呢？因为只是一味地批评，不符合孩子的心理特点。

从本性上来说，儿童都是有上进心的，包括那些缺点、毛病比较多的孩子，都希望得到表扬、肯定和鼓励。当他们由于进步或是做了好事而受到父母的表扬和鼓励时，都会在情绪上得到满足，在精神上受到激励，在思想上产生快感。这样，积极的内心体验就会逐步丰富和加深，从而更增加自信心、自尊心和上进心，产生再进步或做好事的欲望。如果孩子总是受批评，总是产生不快的内心体验，他们的情绪就越来越低沉，逐步完全丧失自信心、自尊心和上进心。

这个道理，好像所有父亲都很容易理解，也认为孩子应该多表扬、多鼓励，采取积极诱导的方法，充分肯定孩子的进步、优点和长处，但一联系到自己孩子的实际，做起来就不那么容易了。因为有的孩子平时表现很不错，进步快，优点多，长处显著突出，当然可以多表扬、多鼓励，但如果总觉得自己的孩子没什么可以表扬和鼓励的，总是出问题、犯错误，思想、学习、品德都不怎么好，要表扬鼓励什么呢？有的父亲因此觉得没有必要。

然而，恰恰就是这种孩子才更需要表扬、鼓励、赏识，这样的孩子，平时很少听到表扬的话，而听到的批评太多了，几乎成了家常便饭，思想便越来越消极。这时父亲应该意识到，自己是教育者，对孩子不能感情用事。孩子表现好，进步快，能给父母争光，父母很满意，就成天夸个不停；而孩子表现不大好，毛病缺点比较多，父母总觉得是在给自己丢脸，就怎么也爱不起来，一见到孩子就气不打一处来，这是不对的。

其实，孩子身上总有积极因素，总有所长，只不过是不太显著、突出而已。如果父母不抱成见的话，肯定会发现。

问题是，对于这些孩子，父母总是抱有成见、偏见，从感情上就讨厌，即使有积极的因素也视而不见。抱着这种态度和情绪教育孩子，有的只是批评，然而过多的批评会摧垮孩子的信心，就更难以教育了。

表现不太好的孩子身上的积极因素表现得不太明显，甚至是潜在的，很难发现，要做到"奖子以长"，父母必须努力克制自己无益的感情冲动，不用直接的批评，而改用期望、信任和鼓励，用正面激励的方法，这样的效果肯定会好。

我的身边就发生过许多类似的事，有这样两位都很关心孩子学习的父亲，当孩子的作业没有做好时，持完全不同的两种态度，教育效果也不大相同：

一位父亲发现孩子作业写得特别潦草，很生气地对孩子说："你的作业太乱，态度太不认真了。真是令我失望，你必须再给我重写一遍！"孩子看到父亲生气的责骂，心里很不好受。不过，父命难违，不得不重写，尽管又重写了一遍，但由于是不情愿而为之，写得比第一次好不了多少。

而另外一位父亲发现了同样的情况以后，虽然也很生气，但他努力克制住了自己的感情冲动。他认为不是孩子不能写好，而是态度不认真。他想，与其批评他一顿，不如激励他。于是，这位父亲态度和蔼而认真地对孩子说："你的作业太潦草，不符合要求，要重写。我知道，要你重写你是不大乐意的。可我为什么还要让你重写呢？因为我相信，你第二遍肯定会比第一遍写得好得多。"孩子一听父亲这语重心长的言语，开头有点儿不高兴，可仔细一想，就深深体会到了严明而慈祥的父亲的期望和信任，这种无形的力量，使他受到激励，促使他很快又重写了一遍，而且，如父亲所期望的那样，写得相当好。

这两位父亲同样是要求孩子重写作业，为什么会出现不同的教育效果呢？就是因为一位父亲是严厉的批评，给孩子施加的是压力；而另一位父亲在批评时带着信任和期望，给孩子的是一种驱动力。

恐怕所有的父亲都希望自己的教育能达到上述第二位父亲的效果，这就需要父亲学会表扬、鼓励自己的孩子。

作为一名父亲，我通过对卡尔的教育，总结出以下关于表扬和鼓励孩子的9条应注意的准则：

1.要使你表扬和鼓励的语言有变化，避免多余的言辞。

2.不断地寻找值得表扬的行为。假如过去很少表扬孩子，那么对他的表扬一时不要倾盆大雨，而要自然增多，使你的孩子不感到做作。

3.真诚的、衷心的表扬，才是最有效的。

4.当用愉快的表情和声调表扬孩子时，应用眼光注视着他。

5.通常是立即表扬为好，而且是孩子还正在做某件事时则更好。当然，告诉孩子你还在想着他刚才做过的事情，然后予以表扬，也是有效的。

6.表扬什么样的行为？例如，孩子完成了适应自己年龄的游戏和任务；服从、合作与能体贴同伴和兄弟姐妹；记住了自己所分担的家务活；减少不合适的行为等。

7.孩子由于作出了努力而获得了成就，应立即爽快地给予表扬。不要对他们做的每一件小事，都给予过多表扬。

8.避免在表扬时加上消极的评语或和他人进行对比，或习惯性的批评，致使表扬的作用受到影响。

9.表扬的主要动机，应该是使受表扬的人因受到赏识而感到愉快。假使你把表扬作为使孩子改变他的行为的一种方法，那孩子就会抵触和感到有压力。夸奖不同于奉承，它是客观的，给人以夸奖并没有想到要得到什么。

我绝不空洞地和不真切地表扬儿子

对于孩子的善行和出色表现给予奖励和表扬是十分必要的，这可以鼓励孩子更加努力，也有益于增强孩子的自信心。但尽管如此，我仍需提醒那些善良的父母，不要过于随便地奖励和表扬。因为这会使奖励和表扬失去它应有的作用。

我反复强调奖励和表扬在树立孩子自信和鼓励孩子上进方面的重要性，但这并不意味着用夸大其词使孩子无法真实地认识自己，正确有效的奖励和表扬应建立在事实的基础之上。也唯其如此才可能使个别用于治疗孩子自卑心理的奖励和表扬发挥效用，否则过于泛滥的奖励和表扬只会为孩子未来的自卑埋下隐患，因为孩子将会发现现实中的自己并不像父母眼中的或者自己想象的那样。

即便卡尔学得非常好，我也只是说到"啊，不错"的程度。当儿子做了善行时，我对他的表达可能会进一步，我会对他说："好，做得好，上帝一定会高兴。"但不会表扬过头。

当卡尔做了特别大的好事时，我会抱着他亲吻，但这并不是常有的。我这样做的目的，是想让儿子明白父亲的亲吻对他来说是非常可贵的。通过这种不同程度的表达方式，我让儿子深深懂得：对善行的报答就是善行本身的喜悦，是上帝的嘉奖。

我非常注意不过分地表扬他，就是为了不让他自满。因为孩子一旦自满起来以后就难以纠正了。

对孩子的奖励和表扬都要符合实际，父母在对孩子实施奖励和表扬之前应保留一分清醒，确信自己明白这一行为的原因和目的，并注意行为措辞的方式和方法。

假如卡尔的妈妈回家后，一进门发现卡尔已经把房间的地毯吸了，并换了新的垃圾袋。她感到非常高兴，因为她并没有要求儿子这样做。儿子的母亲对儿子说："你简直太好了，做了这么多的事，我真喜欢你，这样吧，为了表扬你今天的表现，我给你5马克零花钱。"

那么卡尔的妈妈在这里犯了错误，什么错误呢？卡尔主动做了额外的工作，完全是自愿，没有得到其他孩子的帮助，做妈妈的当然会夸奖她，说他是好孩子，并表示对他的喜爱，那也很合情合理，又有什么错呢？这里的根本问题在于妈妈所有的评语都集中在卡尔身上，将卡尔本身的好坏与所做的事联系起来，将是否爱他与他所做的事情联系起来。这虽然是个很细微的地方，但应引起父母的注意。这样做的危险之一在于孩子小，不大肯定父母是因为他做了这件事才爱他，还是即使他不做此事也会爱他。这种"爱不确定"的心理也会给孩子的成长带来阴影。对父母的爱不确定的孩子会花费终生的精力来找到答案，这对孩子和父母都是一种痛苦的论证。另外一个问题是如果我们对孩子做的好事大加赞扬，他会对自己感觉良好，充满自信，但同时却认为自己的每一点努力都应当得到别人的注意和夸奖甚至奖励，否则就对自己没有把握；但是在我们的生活中，大多数情况下，是没有人时时刻刻站在那里表扬他的。即使做了很好的事，可能也不会有人来表扬你。孩子面对这样"冷淡"的现实，又会怎样感受呢？他们会认为生活不公平，而顾影自怜。他们会想："我真可怜，没有人能欣赏我的努力。""我做了那么多，谁也没看见。"现实使他们泄气，甚至使他们放弃自己的努力。

给卡尔5马克零花钱作为奖励，这更加剧了不好的效果。这一举动教给卡尔，如果他做了额外的努力，就会得到报酬。这样似乎在告诉卡尔他做好事就是为报酬。他会很有意识地去期望什么人会给他物质奖励。但事实上我们不会为自己所做的每一件事、每一件额外的好事受到奖赏，即使在家里。如果妈妈因为太忙没顾及卡尔的努力或忘记了奖励，卡尔会怎样反应呢？他的积极性会不会受到打击呢？给孩子奖励，以此激励他们做得更好，是否由此给他们勾画了一个虚幻的未来，即每做一件事都会有人奖励他们？这样我们实际上在为他们的未来设置障碍，所以必须使孩子们准备好：过真正的没有人拿着糖果奖励的生活。今天孩子会因你的奖励而欢笑，明天却会为现实的"冷酷"而灰心丧气。这就是不恰当的奖励和赞扬对孩子有害处的原因。

在儿子成长的过程中，我不仅自己不过多地表扬他，同时也绝不让别人表扬他。

每当别人要表扬卡尔时，我就会把儿子支出屋子不让他听。对那些常常不听忠告仍一味夸赞儿子的人，就谢绝他们到家里来。为此，我甚至被人视为不通人情，是一个老顽固。但是，为了杜绝孩子养成这种不良习惯，我对别人的议论是不会去计较的。

我教育儿子：知识能博得人们的崇敬，善行只能得到上帝的赞誉。世上没有学问的人是很多的，由于他们自己没有知识，所以一见到有知识的人就格外赞赏。然而，人们的赞赏是反复无常的，既容易得到也容易失去，而上帝的赞赏是由于你积累了善行才得到的，来之不易，因而是永恒的。所以不要把人们的赞扬放在心上。

我告诉卡尔，喜欢听人表扬的人必然得忍受别人的中伤。仅仅因为别人的评价而或喜或忧的人是最蠢的。被人中伤而悲观的人固然愚蠢，稍受表扬就忘乎所以的人更是愚蠢的。

我用各种方法来教育卡尔，防止他骄傲自满，尽管这样做要花很多的工夫，但我想最终一定会获得圆满的成功。

我教给卡尔很多知识，但从不教他这是物理学上的知识、那是化学上的知识等等，为的是防止他狂妄自大。

有些父母的想法或许与我不同，他们大多喜欢在众人面前炫耀孩子在这方面或那方面的"与众不同"，这样就很容易使孩子感到自满。我很担心，这种做法很可能把一个未来很有潜质的孩子毁掉。

我认为，没有经过早期教育而靠天赋产生的神童，只不过是一种病态的暂时现象。这样的神童，往往容易夭折。这就是"十岁神童，十五岁才子，过了二十岁是凡人"这一谚语所表达的现象。一些潜质很好的孩子之所以没能如愿地成为栋梁，正是源于孩子的骄傲自满，狂妄自大。

世界上再也没有比骄傲自大更可怕的了。骄傲自大会毁掉英才和天才。

意思是一个自幼就表现出某种天赋的孩子，因为他一出生时就让别人感到他灵气逼人、聪明伶俐，人们都说这个孩子一定是个天才，他的将来一定极为辉煌。

有人说："莱恩一定会成为一个伟人，你看他那种机灵的模样，说不定会成为一个伟大的将军。"也有人断定他会成为一个可以令大家引以为荣的艺术家。

这种说法也没有什么错，可是事实并非如此，虽然这个孩子在两岁的时候就表现出超人的天赋，他在音乐方面很有才能。

莱恩的父母为此专门给他请了家庭教师，试图在音乐方面给予他最好的培养。他确实非常聪明，老师教的一切他都能很快地学会。四五岁的时候，他不仅掌握了基本的乐理知识，而且会演奏多种乐器。他的钢琴和小提琴演奏极为出色，并且很快就举办了自己个人的音乐会。

人们都说他是一个音乐神童，是个伟大的天才，就像人们评论那些历史上的伟大音乐家一样。

莱恩的父母把他当成一个宝贝，生活的全部中心都转到了他的身上。他们逢人就夸奖自己的孩子。甚至当着众人的面，说莱恩的音乐水平已经远远地超过了他的老师和其他同时代的音乐家。他们说莱恩注定会成为像巴赫那样的音乐大师。

莱恩被这些过多的赞誉蒙蔽了，他陶醉在沾沾自喜之中。

有一天，他的音乐老师告诉他在音乐表现上存在着很多的不足。虽然他的技巧确实已经相当不错了，但音乐的本身魅力在于内涵而不单单是技巧。

莱恩被激怒了，他狠狠地对老师说："你以为我只会技巧吗？那些音乐的内涵我早已清清楚楚。"

老师说："但我明明发现你有这些问题呀！"

莱恩说："那不是问题，是我故意那样演奏的，我就是那样理解这首曲子的。"

老师为了让他能够明白一些音乐表现方面的东西，开始给他做示范。碰巧老师在演奏的过程中犯了一个小小的错误，这样就被莱恩抓了个正着。

"喂，您都弹错了。我亲爱的老师，就您这样的水平还能够教我吗？"他的语气中带着极大的嘲笑。

老师气愤极了，虽然他认为莱恩是个有才华的孩子，可还是马上辞去了这份工作。尽管莱恩的父母请他原谅孩子的做法，并尽量地挽留他，但他仍然头也不回地离开了。

后来，我曾遇到过这位音乐老师并和他谈起莱恩的事。他告诉我，就在他离开莱恩的那一刻，突然感觉到他以往的判断是错误的，他感觉到莱恩并不是以前想象的那样会成为伟大的音乐家。事实证明，这位音乐老师说对了。

自从老师走后，莱恩越来越得意。因为他自认为是天才，胡乱地改动那些大师的作品，并经常说这些作品不过如此。

他拒绝父母再给他请老师，说那些老师都是不中用的人，根本不配来教他这样的一位百年难遇的才子。

结果是可想而知的。事过多年，我听说莱恩已经变成了一个酒鬼，他愤世嫉俗，说人们不理解他这样的天才。

我知道有很多伟大的艺术家在生前或未成名之前很难被人理解。但莱恩绝不是那样的人，因为他一生从未写出过美妙的作品，甚至连平庸的作品都没有。而且过度的饮酒摧毁了他的听力和灵巧的手指，恐怕他已经变得连最基本的音阶都不会演奏了，更不用演奏出美妙的音乐。在对卡尔的教育中，我担心的正是这一点。我下了很大的功夫就是防止他自满。我把莱恩的事讲给他听，让他明白骄傲自满和狂妄自大会带来多么大的危害。

我很庆幸对儿子的教育有如此的成效。我曾经无数次地告诫卡尔：无论怎样聪明、怎样通晓事理、怎样有知识的人，与无所不知、无所不能的上帝相比，只不过是九牛之一毛，沧海之一粟。只有粟粒大的一点知识就骄傲的人，实际上是很可怜的。奉承话大抵八成是假的。说来可笑，正是这八成是假话的奉承话竟是世之常习。因此，谁要不折不扣地相信这种奉承话，那他就是糊涂虫。

第十章

我如何培养儿子好的品德

　　教育不应当只从智力上着眼，必须力求使受教育者变得更加敏锐、文明，更加宽容、仁慈。

提高儿子对善恶的判断能力

　　如果一个人心底只有善良，只有同情心，那么这种善良的泛滥就很可能淹没他对是非的辨析能力。而且，由于长期缺乏对丑恶不良现象的憎恶和仇恨，缺乏正义感带来的力量，这个人还可能会逐渐向黑暗面妥协，并变得懦弱可欺，甚至在无力维护善良的情况下最终走向善良的反面。真正品格教育的核心绝不是让孩子去无休止无辨别地奉献，而是在教孩子做一个品德高尚者的同时学会分析判断世间的是与非。只做好人而不辨是非、不憎恨丑恶和不良现象是绝对不可以的。因为这样的好人很容易因为表现出过强的讨好倾向而成为一个毫无原则并且让人蔑视的好好先生。我们要学会善良，更应学会去维护善良。有一天，儿子突然说了这么一句话：

　　"我看那个警察也不像我以前想象的那么好。"

　　"哪个警察？"我奇怪地问道。

　　"就是我们去镇上时常看到的那个在巡逻的大个子。"

　　"你为什么这样说呢？他得罪你了吗？"当时我还真的有些不明白他的话，便仔细地问他。

"他当然没有得罪我。因为我是尊敬的威特博士的儿子，他对我很好，每次看见我都非常热情地同我打招呼。可他对待别人就是另外一回事了。"

"怎么？他对别人不好吗？"

"岂止不好，简直就是恶劣。那天我见他对待一个进城来的农妇，好像突然之间变成了另外一个人。不，是变成了一个魔鬼。"

"有这样的事？"

"当然，这是我亲眼所见。"

接着，儿子给我讲述了那天他亲眼所见、并对他产生深刻影响的一件事：

"你好，你们可爱的小博士！"大个子警察一见到小卡尔就亲切地招呼他。

"您好，埃尔先生，您在巡逻吗？"儿子也很有礼貌地向他问好。"是的，我在巡逻。""您真是太辛苦了。这么热的天气，您仍然在大街上工作。"

"哦，这没什么。这是我的工作，也是我的职责。现在有很多不规矩的人，有很多坏分子。我可不想让他们来伤害像你这样守本分的好心人。"大个子警察埃尔先生兴致很高地谈论着。突然，他的眼睛像猫看见老鼠一样闪出一道锐利的光芒，接着向前面的人群中走去。

卡尔顺着埃尔先生行走的方向望去，看见一个农妇正在向过往的行人不停地说着什么。

"你在干什么？"埃尔先生一走到农妇的面前就冲着农妇大吼起来。

"哦，警察先生，"可怜的农妇似乎受了惊吓，战战兢兢地说，"我……我迷路了，我正在向那位先生问路，可他也不知道，您能帮助我吗？"

"什么，迷路了？"埃尔先生眯起他那双略显细长的眼睛，带着怀疑的语气说道："那么你为什么那么紧张呢？我看你不是在问路，而是另有所图。"

"什么？你的意思是……"农妇吃惊地看着他。

"我的意思是你可能有不良的意图。趁我还没有发怒，老实说你到底想干什么？"

"天哪！我有什么不良的意图！不，我只是迷路了。"

"不要装作一副可怜巴巴的样子！你这样的人我见多了。"

"什么？我不明白。"

"你不明白？别装傻了。快说，否则我把你抓起来。"

"不，警察先生。我可是守规矩的老实人。"农妇惊慌地辩解道。

这时，我儿子卡尔走上前去，他想去帮助那个农妇，便对埃尔先生说："哦，埃尔先生，我看这位太太是吓坏了。她只是迷路了，您别这么吓唬她。"

埃尔先生转过身，又换成和蔼的面容，说："卡尔，你真是一个善良的老实人。但你还太小，不能看清他们这种人的真面目。"

儿子不解地看着他。

埃尔先生继续说："这阵子有很多家庭被窃，我怀疑就是他们这种人干的。天知道这个女人是不是盯梢的眼线。我看她那副贼眉鼠眼的模样，肯定不是好东西。"

"可是，您没有证据，埃尔先生。"

"把她抓回警察局就有证据了。"说着，大个子警察埃尔先生就去推搡那位可怜的农妇。在拉扯之中，他将那位农妇的包袱打散在地，什物撒落四处。

农妇就这样被抓进了警察局。

没过多久，儿子了解到那个农妇的确仅仅是个迷路的人，她到这里是来找在城里工作的儿子的。

后来，卡尔还听人说起大个子警察埃尔先生，说他经常欺负那些陌生人和弱小商人，还经常向那些商贩收取非法的费用。据说他把这些钱都拿去赌博和喝酒了。

听完儿子讲述的这件事，我陷入久久的深思。社会上的确有不少这样的人，他们平日里衣冠楚楚，但在骨子里却凶恶至极，天生一副坏心肠。

在那一刻，我感到教会孩子用清醒的头脑看待身边的事物是一件非常迫切的事。

很多时候，我们都需要对生活中的事物做出鉴别，并决定自己的行为选择。我们的孩子在成长后也将面临无数和我们一样的问题。所以，若想真正使孩子建立健全的理性，就绝不能仅仅停留在一些一厢情愿的人生准则上，而应对社会现实保持敏锐的观察力，通过对事物的准确判断做出适当的行为选择。这在一个充满欺骗和诱惑的世界里尤为必要。

用爱陶冶孩子的品行

有的孩子不关心人，行为邪恶或残忍无情，这大多是由于家庭的不幸和早期教育的不足造成的。如果希望孩子更加关心和爱护他人，正确的家庭教育和父母的品德和行为是至关重要的。

我在教育儿子的时候，不是只让他记住一系列道德规范，因为简单的背诵不会对他的行为产生影响，而是在平常生活的言行中去让他体会真正的爱心，真正的善良。

我告诉儿子，做一个高尚的人是最大的幸福。高尚的人能够理解别人的思想，能够体会别人的情感。高尚的人能克制自己，能减轻他人的痛苦，能替他人分忧。

卡尔很小就懂得，做一个高尚的人比那种单单是学识渊博的人更能得到别人的尊重。为了使卡尔养成良好的品德，他母亲给他绘制了品德表，一周一张，内容有：服从、礼节、宽大、亲切、勇敢、忍耐、诚实、快活、清洁、勤奋、克己、好学、善行。如果儿子做了与这些项目相符的行为，就在那天的一栏中贴上一颗金星；反之，则贴上一颗黑星。每个星期六数一下，若金星多的话，下周内就可得到和金星数相等的书、鲜果、点心等；如果黑星多，就不能得到这些奖品了。

这个品德表，在星期六统计之后也不准儿子将其扔掉，这样做是为了使儿子下决心，在下周消灭黑星。这样就有利于培养儿子积极的心态，因为如果长期保留黑星，会使儿子感到沮丧。

有一天，卡尔独自一人在家，他把我们养的一只小狗拴在屋外的院子里。不久，天下起雨来，但卡尔并没有把小狗带到室内来。小狗在外面"汪汪"大叫，冰冷的雨水使它浑身发抖。这时，他的母亲从外面回来，看到这种情况，赶忙将小狗牵到了屋里，并立刻质问卡尔。

"卡尔，你为什么让小狗在外面淋雨。"

"我……我忘记把它带回来了。"

"可是，你没有听见它在叫你吗？"母亲听他那样说非常生气，因为她知道儿子在撒谎。

"我想它在外面没什么！"儿子为自己辩解道。

"没有什么？那么把你也放在外面去淋一会儿雨，你愿意吗？"

"不愿意。"

"卡尔，你自己不愿意，为什么要小狗去淋雨呢？你看，天气这么冷，小狗也会生病的。把小狗放在冰冷的雨水中，这是多么残忍呵！假若有谁让你去淋雨以致生病的话，做妈妈的会该有多么伤心呀！"

听了母亲的话，卡尔低下了头。他承认是自己错了，并表示以后再也不会这样，一定要爱护小动物。

卡尔的母亲就是从生活中的一些小事开始，一点一滴地培养儿子的善行，并教会他做人的道理。

如果你希望孩子长大后具备爱心、同情心以及责任心，那么现在就开始吧，重要的是必须对他们寄予这些希望。我就是这样对待儿子的，当卡尔还很小的时候，我就希望他能够这样。我不会降低对儿子的期望，永远不会担心自己的期望会遭到儿子的反对。我不会因为害怕自己期望破灭而纵容儿子。我相信我的儿子，我知道他将会是一个很棒的男子汉。

无论儿子的年龄有多小，我都把他放在和我一样的位置，从来没有因为他是个孩子而忽略他，也从来没有因为他太小而纵容娇惯他。在我的家庭中，我们是平等的。

　　卡尔在3岁时，我便要求他自己的事情自己完成。事实上他也做得非常好。那时，他已经能够帮助母亲做一些简单的家务：擦去桌上的灰尘，帮忙把餐具摆好等等。随着年龄的增长，卡尔能够做的事也越来越多。因为帮着家里人做家务，也是帮助他人的一个方面，这是很好的事情。

　　我告诉儿子，帮助别人是爱心的表现，是来自千万人心底里的善良。善良是人掌握在手中的最有力的工具，它具有无穷的力量。接触大自然能使孩子的心地高尚，自古以来和大自然感情融洽的人都是心地善良宽厚的人。与大自然接触不仅可以使孩子身体健壮，而且精神也会旺盛起来。城市里的孩子多因远离大自然，很少呼吸新鲜空气而心情不佳或性格乖张。

　　有鉴于此，我尽量让儿子多与自然界接触。在家里时安排他搞园艺，栽培花草和马铃薯等。儿子很喜欢做这些事，每天给它们浇水、除草，观察它们的生长情况，感到非常高兴和有趣。每年夏天则带他到山中森林附近住一阵子。森林对孩子来说是最好的教科书了。每逢晴天，我就带儿子到森林中去玩。我在森林中教给儿子诗人们歌颂自然的诗。在晴朗的天气中，呼吸着新鲜空气，立足于肃静的大地朗诵古人的诗，是非常愉快的。

　　卡尔还养起小鸟。他有两个金丝雀，一个叫菊花，一个叫尼尼达。他教给金丝雀各种玩意儿。它们能随着小提琴唱，又能站在手掌上跳舞。儿子弹钢琴，小鸟就站在他的肩上。叫它们闭上眼睛，就闭上双眼，读书时叫它们翻开下一页，它们就用小嘴翻到下一页。

　　此外，他还饲养着小狗和小猫。饲养这些动物时，为了调食、喂水，儿子得高度注意，这培养了他专注的习惯，也培养了他的慈爱之心。

　　凡与卡尔相识的人都夸他"像天使般的纯洁"。他是个非常虔诚的富于情爱、和蔼可亲的孩子，他从未与人争吵过。对待自然，不要说动物，就是一朵野花，也舍不得乱摘。

我为儿子的高尚而感到骄傲，能感觉到他内心之中光明的东西，为此我感到欣慰。

让儿子懂得同情和关怀

我和妻子同心协力，下功夫培养儿子在常识、想象力和爱好等方面的能力。我不喜欢没有爱好和常识的人。我还努力培养儿子的情操和情感，使他具备高尚的品德和虔诚的爱憎好恶。

我力图让他学会怎样去爱别人，让他懂得什么是同情，什么是人生最美好的东西。具有同情心的孩子都不会霸道蛮横，能从事对社会有益的事情，比如帮助他人，分担他人痛苦等等。这些孩子更能得到社会和大人的喜爱，在学校和日后的工作中会有更多的好机会，成人后更能与朋友、家庭建立起亲密无间的关系。我时常教育卡尔爱的魔力，告诉他爱是上帝赐给我们最伟大的力量。能接受别人、同情他人，他所得到的回报将是无限的。

同情心是一种把自己放在对方所处境况、设身处地地为对方着想的心理，它使人体验和感受到对方的痛苦并产生安慰或帮助对方的想法和行动。

同情心可以说是一切道德的源泉。它滋生爱、信仰、体贴、善良、谦让等一切高贵的品质和行为。

对父母而言，如果想培养孩子的高尚品格，使其善良、富于爱心，最好的办法莫过于从同情心开始：保护他的同情心并刺激其成长。卡尔3岁时，有一次家里来了好多人，他们和卡尔海阔天空地谈论着。

这时，我们养的一条小狗跑了进来。卡尔像其他孩子那样，一把拽住小狗的尾巴，把它拉到自己身边。

我看到后，立刻伸手揪住了卡尔的头发，脸色吓人，拽住不放。卡尔吃了一惊，把拽着狗尾巴的手放开了。

在卡尔放手的同时，我也把手放开了。

我问儿子："卡尔，你喜欢被人拽着头发吗？"

卡尔红着脸说："不喜欢。"

"如果是这样，那么对狗也不应当这样。"说完，我就让他到外面去了。

对于儿子这种很不合教育要求的做法，我总会严厉指正。

我之所以这样教育儿子，就是为了让他能够站在他人的立场上来考虑问题，让他出于自己的感受去帮助别人，而不是被某种道德和命令所强迫。由于我严格的管教和指导，终于使卡尔成了一个心地善良、富于同情心的人。他不仅对同胞怀有深情，就是对鸟兽之类也富于怜悯心，最终成为一个能够得到别人尊敬和喜欢的人。

正因为有了同情心，人们才会懂得别人和自己一样需要爱，需要关心，才会懂得如何才能更体贴地照顾别人的心灵，才会懂得不做欺凌弱小的事情，懂得谦恭礼让。

在孩子年幼的时候，不用讲太多的道德理论给他听，这些枯燥的东西不但不易被孩子所理解消化，而且还很可能阻塞孩子自然活泼的天性，只要注意呵护孩子的同情心并适当引导它的成长就可以了。

我曾经告诉儿子，我们每个人都应该关心他人。我们每一个人都受到过别人的帮助，我们应该随时准备着把别人的帮助转为对别人的关心。我竭尽我有限的知识，时常给他讲述那些古代圣人的故事，还有《圣经》中那些关于爱的篇章。

在一个令人心旷神怡的黄昏，和往常一样，我牵着儿子的小手，一边散步一边耐心地解答他那些如潮水般涌来的问题。

一个流浪汉从我们身边走过。没想到，这个流浪汉却引起了卡尔的注意。卡尔抬起头问我："他为什么要流浪呢？他需要什么呢？"我没有立刻回答他，因为对于儿子的问题，我都要给他一段自己思考的时间。这一次，卡尔并没有像往常那样反复追问，而是跑上去追上流浪汉的步伐，向他提问："先生，您为什么要流浪？您需要什么吗？"

"我需要一个面包。"流浪汉哈哈大笑起来，他或许从来也没有想到过一个只有5岁的孩子能够帮助他什么。

流浪汉摇了摇头，继续向前走去。

"先生，请你等一等。"儿子的话音未完，便向家的方向飞奔而去。

流浪汉停下来给我打招呼："先生，这是您的孩子吗？"

"是的，是我的儿子。"

"多可爱的孩子啊，他真幸运……"

站在路边，我和流浪汉攀谈起来。他告诉我他家乡的情况，给我讲他的流浪生活以及他对命运的感叹。不多久，卡尔气喘吁吁地跑了回来，手里拿着两块面包。他看了看我，我微微点头表示赞许。"先生，这是我和我的家人送给您的。"儿子把面包递到了流浪汉的手中，他的神态和动作似乎都在说，请接受吧。

事后我问儿子："你当时怎么会有给流浪汉送面包的想法？"

"我想您和妈妈都会赞成我的做法，因为您曾经对我说过，人只有在行善时，才能接近上帝。"

很多的孩子，在成长的过程中都能自然而然地产生出同情心，不论是男孩或是女孩。那似乎就是一种天性。随着他们认识能力的成熟，渐渐能区分他人精神痛苦的不同表现，并能用行为表达自己的关心。

但是，随着孩子同情心的发展，父母还应逐步教会他如何正确运用这一高贵的品质。

其中很重要的一点就是注意不要让孩子滥用同情。

我见过许多品行十分优良的父母，他们力图使孩子善良而富于爱心，他们告诉孩子对别人遭遇的困难和麻烦应感同身受，但他们忘记了教孩子如何判断是非，抑或他们自己也不十分善于此道，于是在未来的日子里就会发生这样的情况：一向善良本分的汤姆竟然帮朋友窝藏偷来的赃物；杰西为了避免伙伴艾米回家挨骂，便帮助他撒谎，等等。

不要让孩子滥用同情，同情心毫无约束的发展正导致孩子是非观的模糊和不自觉的懦弱，父母们在鼓励孩子使用同情心之际有必要教他们分辨善恶对错，告诉他们什么值得同情，什么不值得同情。

教育孩子信守自己的诺言

对孩子的信用教育，往往是品格教育中十分关键但又很容易被忽略的一项。因此，事实上，很多父母自身对于信用也缺乏足够的理性认知和实践上的遵守。而实际上这一方面无论对于树立孩子的品格还是在未来事业和生活上的发展都至关重要。所谓四时有序昼往夜来，是天地遵守的信用。言而有信，言出必行则是人应遵守的信用。

许诺就应做到，可是有的时候一些事情的确是许诺者所无法做到的，而并非出于情感上的自私或有意反悔。那么，就该尽量避免此类现象的发生，不许诺自己做不到的事。

中尉乔姆讲了这样一个故事：

我很小就爱玩打仗游戏。这种游戏极易引起人的兴趣。每当此时，我都显得特别激动和兴奋。

这一天，我们的计划是要攻破敌人的一个"堡垒"。由于这个"堡垒"位于较高的地理位置——一个废弃仓库的第二层楼，虽然已废弃，这个旧仓库的大门仍然被一只很大的锁牢牢锁住，孩子们要攻入"堡垒"的唯一办法就是要从那扇破败的窗户爬进去。

兰迪——这次战斗的指挥官威严地向我们做了布置："由于敌人的炮火很猛烈，我们必须发动分批分组地进攻。乔姆负责率领自己的小分队作先锋，吉米、瑞森的小分队作为第二批进攻者，我负责掩护。"

"行吗？乔姆，那个窗户可比较高哇。"兰迪问道。

"没问题。交给我了！"我充满信心地大声回答。

就这样，"战斗"开始了。

我首先冲了上去，我幻想自己面对着敌人的炮火，或是来回奔跑，或是匍匐前进，或是找掩体躲藏，不一会儿，我便攻到了"敌人"的"堡垒"下。

"第二分队，向前冲锋，去支援第一分队。"兰迪的命令一下达，吉米和瑞森也勇敢地向前冲去。

就这样，我们三个人就像真正的战斗那样勇敢地冲到了仓库的墙前。剩下的事就是要爬进那扇窗户——"敌人堡垒的大门"。

"乔姆，冲进窗户，打开大门，迎接大部队！"兰迪指挥道。

我猛地向窗户扑过去，使劲向上跳，可就是够不到窗户。一下，两下，三下，还是不行。

兰迪着急地问："好了没有，乔姆，敌人已经冲过来了啊！"

可我的个子实在是太小了，就是不能爬到窗户里去。兰迪生气地说："刚才不是问你了吗？你说没问题！你耽误的时间让一个团都牺牲了。"我惭愧极了。中尉乔姆解释道：我之所以对小时候这次游戏念念不忘，是因为在我当兵以后发生了一件几乎完全一样的事。但区别在于那不是游戏，而是真的战争。那个夸口能做到但实际上没做到的也不是我，而是汤米上士。当时敌机轰炸得很厉害，我们需要攻占的目标，对整个战役的胜负起着十分重要的作用。团长布置任务时反复斟酌，后来问道：

"谁做先锋，先抢占目标前面的小山头？"

"我！"急于立功的汤米上士说，"我只需要45分钟。"

"45分钟？你确信能在45分钟内赶在敌人前面抵达那里吗？"

"我保证。"汤米上士说。

但结果呢？汤米上士对周围的地理环境一无所知，绕到了岔路上，整整一个小时，他也没有赶到目标前的小山头。很快，敌人赶到了，在扼守住目标前方的一个小山头后，敌人很快就在目标站稳了脚跟。而此后，我们花了整整一个月时间，才重新占领小山头。可以说汤米的许诺葬送了几百名士兵的性命。

在信用遵守中准时是最基本的内容。有些父母可能会说，我们在对孩子的教育中有那么多无暇顾及的方面，准时这样的小事又何必专门挑出来教导孩子呢？

这种提法是不对的。准时虽是小事，却与孩子许许多多其他方面的能力和品格素质密切相关。想想看，一个连约定的时间都不能遵守的孩子又怎么会信守其他的事情呢？不懂得准时的孩子往往无法形成效率生活的概念，做事容易拖沓懒散。并且，不懂得准时的孩子还常常有很强的自我中心倾向，没有尊重别人的自觉意识，所以在实际生活中的合作能力比较差。此外，不懂得准时的孩子在撒谎和轻易原谅自己不良行为的概率上也要高于那些准时的孩子。

我从小就十分注意向卡尔灌输准时的观念，所以卡尔一直很重视遵守时间约定。

有一天，卡尔回到家里，十分疲倦的样子。

妈妈看到儿子绯红的脸颊，摸了摸，发现儿子正在发烧。

"你发烧了，卡尔，赶紧躺在床上，休息一会儿。"

"可是，妈妈，"卡尔无力地说，"我上星期和米吉约好傍晚6点去看木偶戏的，他叫了我好几次了。"

"不过是一场木偶戏罢了。以后看吧。"妈妈心疼地对儿子说。

"不，说好了的事怎么能因为自己的原因不去呢？"卡尔软绵绵地靠在沙发上，"我休息一小会儿就去。"

"唉呀！那就多休息一会儿吧？我给你冲一杯热饮。"妈妈说，"要不，我给米吉打个电话，告诉他你晚点去？"

"哦，不，妈妈，我等会儿就走，爸爸说了，约好的时间不应该不遵守，也不应该随意变更。"

在日常生活中，家长常常为了诱导孩子做一件事，就轻易许诺，而事后就忘记了。孩子的希望落空了，他发觉家长在欺骗自己，在向自己撒谎。比如，妈妈嘱咐儿子，在家要听话，如果表现好，就赏你甜点心。结果，孩子努力去做，表现得很好，而妈妈星期天有许多应酬，就把日期推后，而且一推再推，最后不了了之。孩子因为妈妈的诺言没有实现，感到失望，并因受骗而愤怒。

因此，教育孩子信守诺言首先得从自己开始。想想看，一个自己做事都出尔反尔、从不信守诺言的父亲或母亲，怎么能教育出信守诺言的孩子呢？因此，从父母做起是十分重要的，一点也马虎不得。

教育孩子信守自己的诺言，可以从生活中一点一滴的小事做起。如卡尔每天做得好，我就如期给一个戈比，若做得不好，是不给钱的。父母信守诺言是为孩子信守诺言做楷模，如果孩子一旦失诺，这个时候，提醒孩子要信守自己的诺言是十分必要的，也是可行的。因为，孩子自己也知道，如果这次说话不算数，那么明天就不会如愿以偿了。

这是在小事中培养孩子信守自己诺言的方法，在大事情上，也可以运用同样的方法来实行。久而久之，孩子就会变得格外信守自己的诺言了。从小培养将使孩子终生受益。

培养儿子的善行

我认为，理想的人是品德、健康、才能都得到良好发展的人。只重视他的身体，孩子将成为四肢发达的可悲的愚人；只重视智力，孩子会成为弱不禁风的病夫，或者成为社会上的恶棍。然而，只重视品德教育，孩子会成为病夫、懦夫。这种人对社会、对人类都是无用的，因此，孩子的教育必须三方面并举。

教育孩子不仅是发展他们的智力，同时要培养他们的品德及善行。我认为，如同智力的培养需要从孩子一出生就开始一样，孩子优秀的品德也必须从摇篮时期开始熏陶，否则是没有希望的。对孩子进行道德教育，越早越好。

孩子的心灵是一块奇怪的土地，播上思想的种子，就会得到行为的收获；播上行为的种子，就能得到习惯的收获；播上习惯的种子，就能得到品德的收获；播上品德的种子，就能得到命运的收获。在孩子品德的培养中，父母起着至关重要的作用，因为父母是离孩子最近的人，也是相处时间最长的人。父母的一言一行都是孩子模仿的对象。

我始终这样认为，由于社会上没有专门培养孩子品德的机构，这个任务就落在了父母的身上。那些不注意培养孩子品德的父母，是没有尽到责任的父母。母亲爱虚荣，那么女儿必然是这样的。父亲好喝酒，儿子也会喝酒；父亲管不住自己的嘴，儿子也会如此。父母如果严格要求自己，作孩子的表率，努力培养孩子的好品德，就会为他们的美好前程创造条件。这样的父母是令人尊敬的。

我认为孩子是父母的影子，孩子是父母的翻版。我向卡尔灌输任何东西，自己都要做出榜样。为了培养儿子的品德，我知道我的行为要自慎，应处处做他的表率。

我在对卡尔的教育中，特别注意培养他从小养成勤恳的习惯。我认为，勤恳是一个人最主要的品德，是幸福的源泉，而怠惰则是万恶之源。一个孩子的精力不用到有益的方向，就会成为破坏力量，那是很不幸的。

我无数次地对卡尔提到柏拉图曾说过的那句话："任何坏人也不是出于本人意愿成为坏人的"，以此来教育他要严格要求自己，一切的行为都要以行善为宗旨。人之所以成为坏人，大多是父母教育不良的结果。

我告诫所有的父母，应从小使孩子养成勤恳的习惯，使恶魔无机可乘。教育他们从小就爱劳动，好学深思，关心和同情他人，这样，孩子一定会成为幸福的人。我时常教育儿子一定要成为勇敢的人，因为勇敢是人的一种重要品德。有的父母看到孩子受了一点委屈就过分地安慰他，反而加重了孩子的痛苦，这是一种错误的做法。正确的做法是不过分地谈这件事，应该把孩子的注意力迅速转移到其他方面去，以帮助他忘记痛苦。有的人专门靠别人的怜悯生活，再也没有比这种毫无骨气的人的生活更加悲惨的了。但是，勇敢的人并不是无情的人。我常常告诉儿子，应该做一个既勇敢又有同情心的人。

同情和关心他人非常重要，它关系到一个孩子将来能否成为一个受欢迎的人。如要想孩子长大后具备同情心、爱心，就必须从小开始对他们加以培养。

不仅是我，卡尔的母亲也非常重视对儿子的性情教育，她对儿子在善行方面的教育非常重视。为了防止孩子变成一个只顾自己不顾别人的人，卡尔的母亲在儿子还只有两岁多的时候，就开始训练，具体的方法就是让他从心疼妈妈开始。她教他在妈妈生气时过来给妈妈消气，妈妈生病时给予体贴的表示，帮妈妈做一些力所能及的事。

　　正是通过这些训练，我和他的母亲成功地培养起了儿子的同情心，使他对别人的情感和思想非常敏感。他周围的人都能感受到他减轻他人痛苦、替他人分忧的纯真情感，并因此而喜欢他。

　　在培养儿子的善行上，我下了很大的功夫。从卡尔很小的时候我就开始给他讲从古到今有关行善的各种故事。只要儿子做了好事，我就马上表扬他："好！做得好！"有时还在妻子和亲友面前表扬说："卡尔今天做的这一件事很不错。"当然，我对儿子的表扬并不会做得太过分，以防止他产生自大情绪。我也不把这些事到处张扬，只是对少数了解他的人提及。

　　在卡尔稍大一些以后，我就开始教他背诵各种道德诗。我认为，德国有很多讴歌仁爱、友情、亲切、宽容、勇气、牺牲等方面的诗篇，这些都是培养孩子品德和善行的宝贵财富。我一直让他多接触这些美好的东西，在卡尔刚刚几岁时就能很熟练地将这些诗篇背诵下来。

　　为了鼓励儿子，我为他做了一个"行为录"，将他做的好事记到上面，留做永久的纪念。由于这样的鼓励，幼小的卡尔就立志要一辈子多做好事。在卡尔的孩提时代，总会为自己的好事上了"行为录"而兴奋，并且时常翻看它们。每当这时，我总会从儿子的脸上看到幸福的笑容。就像培养儿子其他方面的好习惯一样，在培养卡尔行善方面，我从不强迫他去做他不愿做的事，而是将工夫下在让他以此作为一种乐趣上，让他享受做了好事和克制自己时的喜悦。当然，让孩子理解和记住这些喜悦的趣味确实很难，但也绝非不可能。我相信，只要耐心教育，孩子就能学到并尝到做了善行和克制自己的乐趣。

我下大力气培养卡尔的善行，是为了使他成为一个高尚的人。为此，我常向卡尔讲述有关做坏事的人遭到报应的故事，并对这些人的恶行加以严厉的批判。我用这些反面的典型作为劝诫儿子从善的手段。

我认为，每一个人的行为都要受社会规范的约束。社会规范不是玄妙的观念，也并非很空洞的一种说教，它是一种行为法则，包括我们每个人形成的思想、感情和行为。对于孩子而言，最初的约束来源于身边最亲近的人，只要身边这个人善良、公正和有责任感，他就会把这一美德传授下去，孩子是可以和能够被教育的。作为父母不应仅仅教他们如何享受好的物质生活，更重要的是关怀他们的成长，真正表里如一地成长。

希望培养出善良、有责任感的孩子，仍是为人父母最根本的要求和愿望。关于美善与公正的个人标准结构等，对孩子在未来的人生成长中能否成为公正和善良的人非常重要。只要我们在这方面稍加放松，不良习性就会乘虚而入。一个没有或不讲良知的孩子，会成长为社会罪人，他们伤天害理，冷漠，没有任何同情心。他们没有任何羞耻地去伤害他人，扰乱社会，是多么令人心痛！在揭露他罪行的同时，人们会感叹，这原本也是一棵可以成材的小树，却不知在哪个季节浸染了病毒？很多人在看到这样的孩子时，一边痛心疾首，一边捶胸自问：为什么我的孩子会是这样？

让孩子懂得赚钱的艰难

在儿子的教育过程中，作为对他的奖励，我往往把用钱奖励和写入"行为录"两者兼顾施用。

如果儿子学习好，我就每天给他一个戈比作为报酬。但如果他学习很好，可是行为有过错，那儿子就领不到这一个戈比的报酬了。

常常有这样的情况，当儿子犯错误时，他会主动地说："爸爸，因为今天我犯了错误，所以不要钱了。"这时，我由于激动甚至想给他两倍的报酬。但是为了儿子着想，我不得不抑制住激动的泪花，克制住自己的情感说："是吗？爸爸不知道。那么明天做好事吧。"实际上这时我内心里是难受的，为了表达我对他的爱，这时我常常是不由自主地亲吻他。

在卡尔太小，还不懂得用钱的时候，我采用其他的办法。如果他做了好事，第二天起床时，他就能在枕头旁边发现好吃的点心。我会告诉他，这是由于你昨天做了好事，仙女奖赏给你的。假若他做了坏事，第二天早上起来这些东西就不见了。这时，我就告诉他，因为你昨天做了不好的事情，仙女没有来。

如果他脱下衣服，自己不收拾时，就让它一直放到第二天，我们也不收拾，并且决不拿出新衣服给他穿。

这些做法都是为了让儿子从小就明白好行为有好报的道理。

很多人问过我，为了鼓励儿子的学习，为什么用钱来作为奖励呢？这是我为了让卡尔懂得"学习能带来现世幸福"的含义而采取的一种比较实际的方式。虽然不好意思，但只要儿子学习好，我就每天给他一个戈比。这样做是为了让儿子切身体会到获得一点报酬是多么的艰难。

让孩子明白这一点极为重要。

我反对那种给孩子过多金钱的做法，让孩子轻易地得到想要的东西尤其是金钱，会让他产生依赖别人的习性。如果一个孩子在父母那里很轻松地得到金钱方面的奖赏，那种后果是极为可怕的。一方面，他会毫不珍惜地将钱随便花光，不会把钱用到应该用的地方，甚至错误地利用这些钱。另一方面，孩子由于轻松地从父母那里得到钱，他就会产生什么事都容易做到的错误想法，以至长大后不会去为自己的生存奋斗，甚至会变得懦弱和堕落。

我有一位富有的朋友，由于他过分地溺爱孩子，时常给孩子太多的钱。他认为这是应该的，因为他觉得自己很富有，就应该让儿子也过豪华的生活。孩子名叫恩斯特，他的零用钱几乎是卡尔的10倍。

由于得到父母丰厚的零用钱，又没有得到父亲的正确教导，恩斯特在花钱方面极为"阔气"，在同伴面前始终有一种高高在上的感觉。他并没有用这些钱来购买对自己有用的东西，也没有用它去帮助那些需要帮助的人。

由于"富有"，恩斯特很快就成了那些坏孩子追逐的对象。他们讨好他，奉承他，经常向他说一些动听的恭维话。恩斯特时常在这种良好感觉之中飘飘然，于是，他就把从父母那里得来的钱随意请他们吃喝，有时还给他们钱。如果那些孩子得到这钱能做一些好事的话，那还说得过去，但我想他们不会那样的。

恩斯特的大方得到了那些孩子的"尊重"，很快他就成了他们的头儿。他们听他指使，对他唯命是从。在这种情况下，恩斯特还以为是自己有独特的魅力才会得到他们的喜欢，他并不知道事实并非如此。

在和那些孩子交往的过程中，恩斯特渐渐发现了金钱的力量，于是当有的孩子不听他的指令或和他有矛盾时，他就花钱买通别的孩子去打他。时间一长，他变得蛮横无理，心地凶残。有一次，一个农夫因不小心在路上撞了他一下，他就命令自己的手下对那个农夫进行报复。那些孩子在路上将农夫团团围住，用石头打得他头破血流，并且威胁他不能把这件事张扬出去。

恩斯特不知道，成天跟随他的那些孩子并不是真的对他好，而只是想从他那里得到好处罢了。他们引诱恩斯特参与赌博，并用事先想好的计谋让他输，用各种卑鄙的手法骗他的钱。可是他根本没有注意到这些问题，还为他们能给他提供新的"游戏"而感到高兴呢。对于输钱他也无所谓，因为他的父亲会不停地再供给他用。

可想而知，恩斯特在这种"风光"的童年中怎么会有好的学习成绩。他的乐趣都用在吃好吃的东西、打架和赌博上。学习对他来说只是给父母装装样子！他没有尝到学习的快乐，也没有得到学到知识带来的喜悦。他认为学习是没有用的东西，因为每当看书时他就会觉得头痛，而和那些孩子在一起胡闹时他才会感到自在。

不用说恩斯特会有什么样的将来，他的放纵很快就让他尝到了苦头。渐渐的，他的恶劣行为传到了父亲的耳中，那位被他打的农夫向他父亲告了一状。父亲气愤之极，将他痛打了一顿，并且停止了他所有的零用钱。

顷刻之间，他成了一个"穷人"。

在一次赌博中，恩斯特把剩下的钱都输光了。当他向其他的孩子借钱作赌本的时候，那些孩子翻脸了。他们告诉他，"你现在没有钱了，就不要再玩下去。""我们都听说了，你的父亲再也不会给你钱，你用什么来还我呢？"

恩斯特气愤极了，他没有想到平时的"好朋友"忽然之间完全变了样。他和他们争吵起来，并开始动手打架。那些孩子围着他，让他吃够了苦头。其中一个孩子用一块石头砸破了他的头，他正是那个被打的农夫的儿子。

从这件事我们不难看到，孩子的成长与父母有多么大的关系啊。恩斯特本来能够成为一个正直、爱学习的孩子，他有很好的家庭环境，有很好的学习条件。但他不仅没有在优越的环境中向好的方面发展，而且还为自己的恶行付出了代价。我认为，这完全应归罪于他那个愚蠢的父亲。

我曾经把这件事告诉了卡尔。儿子当时气愤极了，说这样的儿子和这样的父亲都是魔鬼制造出来的。他向我表示，一定要好好地利用自己的钱，用它们去做一些应该做的事。

第十一章

我教孩子与人相处的本事

整个一生，我们都有赖于从一些人中获得友爱、赏识、尊重、道义支持和帮助。孤独必败。

避免以自我为中心

我认为，一个再聪明的孩子，如果不懂得如何与人交往，那只能是一个"孤家寡人"式的神童。这种孩子不可能在将来有所作为，即使他是个所谓的神童，也不会做出什么惊天动地的事来。因为一个人只限于自己的知识，而不懂得与人相处，那么他的潜能也根本无法施展出来。这样的话，即使是才富八斗，那也只是个闭门造车的书呆子。

对于卡尔的教育，我一直非常注意对他与人相处方面的培养。为了他能够与别人相处和睦，为了让他成为有很多朋友的人，我曾给他提出必须做到的要求：友爱、协作、大方、开朗、公道、礼貌、自尊、责任心、组织能力等等，目的是让他以这些作为与他人相处的准则，让他能够与别人以适当的方式交往。

善于与人交往就会觉得一切都很顺利，反之就会处处碰壁，以至于什么事情都做不成。而且，能与别人沟通的人永远是快乐的人，不能与人相处的是孤独和不幸的人。一个无法适应集体生活、不能被同龄群体接纳的学生，常常只有被忽视，陷入无边的孤独中。

那些动辄发火，总是怀疑别人居心不良，或者胆怯、焦虑、畏缩，或者遇事总是那么别别扭扭、尴尴尬尬，弄得所有人都不自在的孩子，往往是最容易被排斥的人。实际上周围的孩子是否接纳他，关键在于他怎样去接纳别人，适应社会。

由于某种原因，我弟弟的孩子维尔纳曾来我家住过一段时间。他比卡尔小一岁，是他的弟弟。维尔纳非常可爱，我们都很喜欢他，由于他住在我们家，我们不想让他有不自在的感觉，所以卡尔的母亲对维尔纳极为疼爱。这样一来，卡尔就觉得母亲的爱都转到了维尔纳身上。

卡尔在一段时间里认定，在他和弟弟维尔纳的争执中，母亲总是偏袒维尔纳。这是孩子很容易产生的情绪。认为父母的关怀被弟弟分享而产生的不平衡的心理。卡尔的母亲则希望卡尔在与维尔纳的相处当中，应该学会调整自己的心态和举止，消除对别人的敌意，学会照顾别人，以后才能处理好与别人交往的问题。

但是面对卡尔的气恼，母亲并没有直接用道理来教训他，或是问他："为什么要跟比自己小的弟弟过不去？"而是郑重地对两个孩子说："我给你们提个建议，以后你们自己要搞好团结，我不干预，你们已经是有理智的孩子了。卡尔，你是不会在感情上伤害弟弟的，对吗？如果你们俩还不团结，再来找我好了。"这样，卡尔母亲就把一个关心者、照顾者的角色交给儿子了。在这以后，卡尔和弟弟维尔纳之间有了更加亲密的手足之情。母亲的提醒使卡尔意识到自己的责任，感受到自己是这家里负责任的一员，从而变得渐渐成熟起来。在这以后，卡尔对弟弟维尔纳百般照顾，除了陪他玩还教他读书，并给他讲有趣的故事。

在一个人的生活中，沟通和理解极其重要。而家庭中对沟通技能、方法的掌握与学习，与孩子未来社会适应能力的高低紧密相连。如果一个孩子从小在家庭中学会了与家庭成员沟通的技巧，当他走入社会时，他也能很快地与他人沟通。

所以父母应当及早打开与孩子沟通的大门，不要只是进行单向性的灌输教育，或用一味的宠爱和责骂制造孩子与父母间的沟通障碍。在沟通过程中逐渐引导孩子进行换位思考，去设身处地地想想别人的心态和反应，以达到增强孩子理解他人的能力。

孩子加入的第一个团体便是家庭。尽管家庭与孩子的同伴团体不一样，但可以为孩子学会社交技能铺平道路，孩子还不必担心会被拒绝。家庭会议就可以被视作是一个团体，能让孩子有机会扮演不同角色。比如，会议主题是计划旅行时，孩子就可以发表意见，你也应该加以考虑。当讨论某个星期六下午干什么事时，孩子可以当主持人，集中其他人的意见，主持投票，宣布结果等。所以，定期召开家庭会议是很重要的，最好一周一次，以便让孩子学习社交技能，养成乐观自信的性格。如果只在出现大事时才召开家庭会议，这时每个人都不冷静，不但孩子学不到正常的社交本领，而且还会影响孩子性格的培养。

卡尔在4岁的时候，原来是很喜欢水的，对洗澡一直很积极，可有一次不知何故总是不愿意洗澡。晚上睡觉前，我把热水温度调好，过来叫他去洗澡，他总是借故拖延，到卫生间一看到浴盆扭头就跑。

其实孩子的心理是想和我较量一下，看看爸爸到底能把他怎么样。如何解决这种陷入僵局的事，让孩子配合洗澡呢？千万不能用简单粗暴的方法，硬将孩子抱入澡盆中。孩子不洗澡和我僵持不下，我便先放下这个问题，暂且不洗澡，等卡尔平静以后，再讲明道理。原来孩子是故意与我较劲，由于他还是喜欢洗澡的，并已习惯了按时洗澡所带来的快感，最后还是高兴地洗了澡，改了错误。当遇到这种情况时，千万不能求他，在表情和口气上都不能表现出乞求的意思，否则，他会认为这很好玩，和一场游戏一样，可以天天重演。如果父母之间因孩子洗澡发生分歧，事情会更糟，一方要坚持，一方要妥协，面对争执不休的父母，孩子也许会偷笑，由于他的行为引起父母的争论，他会觉得很得意，成了胜利者，从而导致更多的矛盾。

父母在要求孩子做某事时，最先要考虑的是让孩子从心里明白为什么要这样做，他才会心甘情愿。假如孩子并没有从心里懂得父母要求他们的意图，事情往往就不会很顺利。例如孩子的房间很乱，需要收拾一下。这时父母会说，自己的房间自己收拾。按道理，孩子应义不容辞地去收拾自己的房间了，但现实往往不是这样。孩子可能在收拾房间的过程中又发现了什么有趣的事，干到一半就开始玩，把房间搞得比没收拾前还要乱。或者爸爸也许有些不高兴了，就开始大嚷，孩子不听，爸爸就会跑过来打一巴掌，然后逼迫他把自己房间的玩具收拾好，装到盒子里，把枕巾铺整齐等等。孩子刚才玩得兴致很高，被爸爸这么生气地干涉后，从内心里很不情愿，结果产生逆反心理。他也许会躲在墙角，任你千呼万唤就是不理睬，甚至顶撞，对父母做鬼脸，就是不去按父母的要求做。对这种情况，建议由爸爸另找时间和孩子进行探讨。问题症结何在？从孩子的本质来讲，是很愿意帮助父母干事情的，因为这样做证明他们有能力。父母应该和蔼地告诉自己的孩子，对他们为父母做的每一件事，都表示感谢，认为孩子已经长大了，懂得帮父母的忙，是件值得庆幸的事。这会使孩子很高兴，会更积极地进行配合。

相互理解的力量

许多家庭问题的发生，如家庭成员之间情感的疏离和冷漠、孩子心理上的缺陷等，都与家庭中的沟通有关，往往起源于相互之间不能很好地理解。就拿孩子的撒谎行为来说，很多时候就是在当孩子感到与父母处于不平等的地位，经验告诉他们，父母不愿意与他共同探讨有些事情该如何对待，不愿意去理解他们做的某些事，而会对他们所犯的错误给以严厉的叱责，所以他们就选择不把真话说出来。

我认为，成功的家庭沟通，应该注意以下因素：理解、关怀、接纳、信赖和尊重。理解要求父母和孩子双方能够设身处地为他人着想，关怀不但存在于内心，更要切实付诸行动；接纳要求考虑到每个人的个性，懂得欣赏人们身上的优点；信赖是要做到既信任别人也信任自己；而尊重是指尊重他人特别是孩子的权利，尊重他们的意见和选择。

有的时候我看到儿子的问题，希望儿子可以主动地认识到，并真正地予以纠正，于是让他也来做一个决策者，我来问孩子："现在有这样的麻烦，我们应该怎么办？"这样的做法更利于建立我与儿子之间的感情，更加有利于增进双方的相互理解。只要双方有了理解，那么一切问题都会迎刃而解。

有一次，卡尔和弟弟维尔纳商量好到田野中去玩。我答应了他们，但是要求必须在傍晚之前回来。可是他们可能玩得太尽兴，天黑之后才回到家。对于他们未在规定时间里准时回来的事，我当时并没有说什么。等他们再次提出类似的要求时，我对卡尔说："有件事令我和你的母亲很担忧，就是在约定好的时间里你们没有回来。那天可把我们急坏了，不知道究竟发生了什么事，你母亲都快要急哭了。你看应该怎么办呢？"由于孩子亲自参与对问题的决定，所以他会很自觉地按照要求去做。后来，卡尔再也没有发生不守时的事。我认为，通过对一个现象或问题的共同协商，父母最后想让孩子明白的是"理解、信任、承诺、准时"等观念的重要。通过协商的方式，最容易让孩子站在他人的立场上思考，也最容易让孩子养成理解他人的习惯。如果面对上述的那些情况，我并没有采用协商的方式，而只是斥责，那么儿子就不会真正地理解父母的一番苦心，甚至还会向相反的方向发展，会变得越来越不听父母的话。

我认为，与人良好沟通的基础是能够理解他人，也就是说，这是一个人与人交往的最基本素质。如果没有人与人之间的相互理解，那么每个人都会固执地从自己的角度出发，认为自己永远对而别人总是错误的；如果把自己限制在狭小的自我之中，那么他就不可能去理解他人，不可能去发现别人的长处，那么与他人沟通就无从谈起。如果孩子长大成人后不能理解他人，不能与他人达成良好的合作关系，那么即使他是一个三头六臂的超人，也不能顺利地做好每件事，只会为自己设下许多无法逾越的障碍。所以我们认为，能够理解别人的孩子才有可能成为一个全面发展的优秀人才。

要建立一种积极健康的家庭沟通交流关系，应该改变父母是决策人、孩子是接受者这样僵化的家庭角色的分配。父母在家庭教育中应该懂得进行角色交换，每一个家庭成员都可以对他表述的愿望予以积极的辩解。当孩子能够参与讨论家里通常是成年人的问题时，他们方能够更好地理解父母；而父母一方面可以调动孩子的主动性，使自己清楚地认识孩子的才干，另一方面可以得到有关自己教育的反馈信息。我记得有一次家庭会议上，我们全家人讨论了卡尔所设想的在周末搞一次野炊的计划。他想尝试发挥家长的职能。他选定了野炊的地点，宣布出发的时间，并且对准备的食品提出建议。最后我和他母亲加以表决，以推动计划的进一步展开，大家还不断地在本子上记下些要点。现在，我们的这次家庭会议就如何庆祝节日、馈赠礼品、请客、游玩等活动进行了安排，它成为一个家庭的情感和生活紧密联系的纽带。在家庭会议中，我们对儿子的想法也有一些不同的意见，但我们并不急于提出更正，而是以某种巧妙的方式，让他自己改变看法，再作出正确的决定。

所以，我认为沟通和理解对孩子的成长是最重要的。家庭中对沟通技能、方法的掌握与学习，与孩子步入未来社会适应能力的高低有重要关系。如果一个孩子从小在家庭中学会了与家庭成员沟通的技巧，当他走入社会时，他必定能很快地与他人沟通和合作。同时更重要的是让孩子知道与他人沟通是建立在理解的基础之上的。如果每个人都固执地从自己的角度出发，而骄傲地认为自己永远正确而别人都是不对的，如果把自己限制在狭小的自我之中，那么他就不可能去理解他人，不可能去发现别人的长处，那么与他人沟通就无从谈起。如果孩子长大成人后，还不能理解他人，不能与他人达成良好的合作关系，那么即使他是一个个人本领很大的人，也会无形中增大来自各方面的社会阻力，不能顺利地做好每件事。所以我认为，能够理解他人是与人交往的最基本素质。只有知道与别人合作的观念和行为，孩子才有可能成为一个较为完善的人。

学会倾听的艺术

我在教育卡尔的过程中，渐渐掌握了一些与孩子进行沟通的经验，其中之一我称之为"倾听的艺术"。我和妻子每天在卡尔入睡以前，都要留一段时间听孩子讲今天发生了哪些事情，于是很多时候儿子自然就会作出评价，哪些事情做得好，哪些事情做得不好。在叙述的过程中他逐渐习惯了反省自身，而我们也会对儿子的个性、待人处事有清楚的了解。我认为，做父母的总是希望孩子对自己敞开心扉，希望孩子有什么事都与自己商量，征求自己的意见。但父母应该首先营造真心倾听的氛围，赢得孩子情感上的信任，才能与孩子达到无拘无束交流的默契。

晚餐对于我们来说，是一个最美好最重要的时刻。我们时常在餐桌上讨论家庭问题。每当这个时候，我都不许有任何人来打断我们。家里的每个人都有机会讲出自己的想法。我发现，利用这种时刻与儿子进行沟通交流效果确实与平时不大一样。卡尔在此时谈论的事情也最能引起我们的注意，他自己也会产生一种得到尊重的满足感。

我有时还会专门选择一定时间与儿子聚在一起，我们一起去田野，一起去树林中野炊，共同分享彼此的情感。在这样轻松愉快的过程中，我和儿子谈心就显得非常自然舒畅。

我认为"倾听"是一种非常好的教育方式，因为倾听对孩子来说是在表示尊敬，表达关心，这也促使孩子去认识自己和自己的能力。如果孩子感到他能自由地对任何事物提出自己的意见，而他的认识又没有受到轻视和奚落，这样可以促使他毫不迟疑、无所顾忌地发表自己的意见。先是在家里，然后在学校，将来就可以在工作上、社会中自信勇敢地正视和处理各种事情。

有一天，一位朋友对我说起他家庭的事："我们有时候会出现问题，可是我们又不愿意实实在在地说出来。部分原因是由于害怕，部分原因是觉得丢脸。大家全都是这样，包括我和妻子，还有我们的孩子。"

我告诉他："如果大家愿意痛痛快快地说出心里话，我建议你们举行一个家庭会议，在会议上每个人都可以发表自己的意见。"

朋友听了我的话，他们每人买了一个笔记本，在上面记下所有其他人和自己做错的事情。他们规定一个时间举行会议，每次会议结束时选出一个新的领导，由他来安排所有的事情。

后来朋友告诉我，自从有了家庭会议后，家里的气氛好多了。每一次会议他们都像过节一样，大家欢聚一堂。开始时，他们彼此还有所顾虑，有很多矛盾。可是到了后来，大家都敞开心扉，畅所欲言，渐渐地那些矛盾都在不知不觉中消失了。

以前，孩子们不敢与他多说话，妻子也有些害怕他，他自己也确实很不自在。现在，孩子们逐渐地向父母袒露了他们的情感要求，他们希望父母经常晚上陪他们一起玩一会儿，父母毫不犹豫地答应了，但同时也提出了对孩子的建议，即孩子要做到及时上楼、吃饭和洗澡。他们一家人都很赞成这种交谈方式，这使父母与孩子可以轻松地畅所欲言，而且大家都乐于去实施民主做出的决定，家庭的情感沟通、家庭教育都收到了理想的成效。并且，我的这位朋友和妻子的感情也恢复到了新婚时那样美满。

这种做法被我称为自助的家庭教育方式。我认为家庭生活可能会使家人之间产生心理障碍与隔阂，但家庭也同时具备一种积极的力量，应该主动而充分地利用它来解决所遇到的问题。比如，母亲要面对繁杂琐碎的家务，而孩子的不整洁更增添了她的负担；父亲忙碌了一天的工作，回到家却是孩子调皮捣蛋、吵吵闹闹。这时父母也许会容忍下去，但这种做法不仅不利于孩子的教育，而且会让父母感觉到压抑，甚至觉得世界都对他充满敌意。那么火冒三丈，大声责骂又怎样呢？这显然也不是明智的举动，而且会产生与孩子情感上的裂痕。

如果父母采取一种积极解决冲突的态度和方法，让全家人都坐下来，在家庭会上和谐融洽的气氛之中，这样的提议无疑是具有建设性的，而且会收到较为满意的结果。

积极的沟通不仅是父母与孩子对话、教育孩子的重要途径，它本身也是一种教育。受父母的言谈处事的影响，孩子对他所处的环境也能以主动和自信的姿态出现，能够从容理智地解决问题。

我从卡尔3岁起就让他加入类似于家庭会议这样的活动，与我和他的母亲以及女佣讨论某个问题。尽管他那时还不能每一个字都懂，但他已经注意到，发生了什么事，别人相互间怎样交谈，解决一个问题需要具有什么样的能力。

家庭会议的方式会涉及家庭教育中很多具体而重要的细节，而这些可能是被教育的双方所忽略了的。如母亲表示，她的孩子如果能帮她洗衣服和晒衣服，她会很高兴的。而孩子希望父亲能够多花一些时间陪他玩。对于父母而言，把握了这些孩子所在意的细节，无疑有助于他们更深入地理解孩子。这种深入的理解令孩子信任父母，更乐于接受父母的教育。

我想尽一切办法让我和家人能和儿子有良好的沟通，这不仅更加加深了对儿子的了解和感情，也教会儿子怎样去与他人沟通交流，以培养儿子能够善于与他人交往的能力。

选择好的交往伙伴

择友是人生大事。良友对于一个人的性格、心态、未来的发展都将起到积极的促进作用，而品质低劣的恶友只能使这个人丧失辨别是非的能力并走向深渊。不同个性的朋友对人生的影响根据个人本身的性格心理各自不同，所能激发的潜质也有所区别。

作为一个成人择友尚需慎重，何况一个心灵尚未成形的孩子呢？孩子择友更多凭着新奇和单纯的喜恶，而对朋友的本质缺乏鉴别，所以这就需要父母睁大眼睛，认真分析并给以指引了。

我们给卡尔选了两个在附近受过最好教育的女孩子做朋友，会唱歌、会跳舞，儿子和她们俩玩得很愉快。可是结果正如我所预料到的，出现一些不好的苗头。

自从让卡尔和小女孩一起游玩以后，并不任性的儿子变得任性起来，从不说谎的儿子也开始说谎了，并开始使用一些低俗的语言，他也变得自以为是和傲慢了。

这种变化令我担心。

我对儿子与两个小伙伴玩耍时的情形进行了观察，发现这是由于两个小女孩什么事都顺着他而造成的。

为此，我告诉小女孩们，不要什么都听卡尔的，如果卡尔自以为是，就跟我们说，但仍然无济于事。最后我们只得选择不让儿子再跟她们玩了。

为什么会这样呢？事后我仔细地分析了其中的原因。

首先，她们都是受过良好教育的孩子。有人会说既然她们都受过好的教育，那么彼此之间就只有好的影响了吧。其实不然，人都有好胜之心，更别说孩子了。

两个女孩子都会唱歌，会跳舞，卡尔也会，这里面就有一个谁做得好的问题。每当两个女孩翩翩起舞之时，卡尔总会在旁边指手画脚，说她们这个动作不对那个姿势不好看。这时女孩子们就会请他也来一个。卡尔会毫不客气地跳起来。由于他是男孩子，他的动作肯定有力而舒展，不像女孩那样婀娜多姿，这时女孩们又会说他的舞姿太生硬、太难看了。

那么，矛盾就开始产生了。

结果是，儿子和女孩们展开了激烈的争论。如果是争论其他的问题还好一些，就舞蹈来说，他们各有不同的观点。儿子说舞蹈应该有力，而女孩子说跳舞就应该优美。

由于他们掌握的知识和词汇都有限，争到后来，就看谁的嘴快，谁的声音大了。卡尔是个男孩子，由于他强硬的语气，往往在这种争论中让女孩们认输。即使她们心中不服，却也找不到说服卡尔的理由。

卡尔的胜利完全是因为气势压倒了对方。这样就会给他造成一个印象，女孩子们没有他行。他的优越感由此而产生，可是实际上他没有明白，自己的获胜并非是在知识上比她们强。

这样，在错误的感觉中，他变得自以为是，认为自己什么都懂了。

第二，由于在争论中屡屡获胜，儿子开始渐渐地轻视同伴，认为她们的智力不如自己。

我发现儿子在很多情况下为了说服女孩们而开始撒谎。他对待争论已经超出了问题本身的范围。为了获胜，儿子开始变得不择手段，甚至编造一些故事来欺骗她们。

两个女孩和卡尔一样，都是年幼的孩子，她们的知识面都极为有限。单纯的孩子是极易被欺骗的。潜在的危害随之而来。

一方面，卡尔从一个不撒谎的人变得像一个骗子，他的欺骗不是为了金钱或其他的什么东西，而只是为了在争论中获胜，这会使他产生什么都可以通过欺骗得到的想法，这种恶果将会危害到他的将来。

另一方面，两个女孩子成了受害者，她们从卡尔那里得到了错误的知识。这也会对她们的将来产生不良影响。由于卡尔本来就有一定的知识，再加上他的气势以及撒谎的伎俩，这样在任何情况下他都能占上风。

如此，卡尔就让两个女孩佩服得五体投地。最后，她们干脆什么事都听卡尔的，什么事都顺着他。到最后，卡尔甚至认为可以随便指使她们，还常说她们太蠢太笨，一些低俗的语言也就随口而出了。

想想看，仅仅是不适当的朋友就会引起孩子性格的动荡变化，更何况那些品德不好的朋友呢？所以，在孩子的人生之途上，父母一定要把好这个重要的关口。

我发现随着卡尔年龄的增长，他产生了一些摆脱各种束缚和依赖的独立倾向，这是儿童心理发展的正常现象。另一方面，与独立性同步进行的是，与人交往的心理需要。孩子期望得到旁人的理解和同情，盼望早日迈入成人的社会中，发展独立性和社会性，这是儿童达到自我与社会统一的必要前提，是儿童教育中重要的内容。

儿童本来是以自我为中心的，即一切事物都以自己为中心去认识，不能明确自己和别人的关系，把自己禁锢在自我的躯壳中。

儿童怎样才能摆脱这个自我封闭的躯壳呢？只有一条路——参加社会生活，发展他们的社会性。孩子只有接受社会，才能了解他人，了解自己以外的所有事物，即通达事理，他们的身心才能健康地成长。

如果孩子缺少与同伴交往的机会和体验，加上家长的溺爱娇惯，就会使他们形成任性固执、不知道爱人、缺乏责任感、依赖性强、性格懦弱孤僻等心理弱点。同时，单元结构的住宅环境，也不利于孩子的社会活动。

孩子必须走出封闭的家门，加入小伙伴的社会活动中，才能健全地发育和成长。从对卡尔的教育中我发现，儿童到3岁时就想交朋友，需要小伙伴，这就是社会性的萌芽。一个哇哇大哭的幼儿，妈妈怎么哄他也无济于事，如果过来一个小朋友逗他玩，他立即就会破涕为笑，这是因为小伙伴之间容易形成"共鸣心理"，能互相接受对方的影响。小伙伴的作用是大人所顶替不了的。儿童和亲人的关系是"竖"的关系，和同龄儿童的关系是"横"的关系，伙伴们的关系与母子关系不同，他们之间是平等的，要求友谊、信赖和合作。小伙伴们在一起，起到了"儿童教育儿童"的作用，他们在这里逐渐了解自己与他人的区别和联系，他们开始认识到随心所欲、任性、以自我为中心，是无法与其他儿童交往的，他们必须要遵守伙伴中的"法则"，谁违背了法则就会被排挤，不受欢迎。这样，他们就逐渐从"自我"中走出来，学会了谦让和互助，了解了自己的权利和义务。

小伙伴之间的关系往往十分密切，它不仅满足了孩子心理发展的需要，而且满足了孩子社会心理的需要，从交往中孩子发展了独立性和社会性，增强了自主能力和社会能力，为他们健康成长、走向社会打下了基础。

　　我们有的家长，往往不重视孩子之间的友谊和交往，他们封闭自己的家门，不但不许自己孩子出去，更怕孩子带小朋友来玩，常把孩子的朋友拒之门外。他们以为这是爱自己的孩子，实际上这样做不仅破坏了孩子与人交往的心理需要，伤害了孩子的感情，而且堵塞了孩子的正常发展道路。

　　家长们要尽量支持孩子们共同玩耍，一起活动，特别是当孩子发生争执或打架的时候，更不要感情用事，过早干预。其实，孩子们打架是难免的，他们在打架中碰了钉子，就会意识到互相之间应该忍让、考虑一下别人的意见，为了使活动继续进行，他们很快就会解决纠纷，言归于好，从而获得了与人相处的经验。

　　凡是做父母的人都懂得，人的一生离不开朋友，但是对许多人来说，一生中最真挚、最恒久的友情都是在孩童时代建立的。孩子的合作精神也正是在这种友情中逐渐培养的。

　　友情能使孩子有一种归属感，自觉获得同辈支持。他们是家庭和外面世界之间的桥梁。罗伯特·施尔曼说："童年时代的友情是日后所有其他亲密关系的排练；有没有这种友情，意义重大。"许多小时候老是愁眉苦脸和心事重重的人，长大后却变得乐观开朗，"个中原因往往就是：他们交到了朋友。"

　　有些孩子不懂得怎样结交朋友，但只要大人给予他们正确的引导和支持，这情况是可以转变的。你虽然不能主宰孩子社交生活的方向，但可以通过种种方法鼓励和帮助他们结交朋友。

　　作为成年人，我们都知道交朋友是件很慎重的事。我们不但应该用爱心去对待别人，还希望我们的周围都是同样用爱心对待我们的人，而不愿意去和魔鬼打交道。

　　成熟的成人有时都会在不良的影响下走上歧途，何况孩子呢？

所以我一直主张孩子不要去接触那些有坏习惯的人。

有的人会说，你这样不是太自私了吗？你应该去帮助那些有坏习惯的人。我也想这样做，但我知道那几乎是不可能的。其实每个人只要认真地对待自己，坏习惯自然会消失。

我的好友和同行沃尔夫牧师与我持不同的观点，他认为好孩子的好习惯能够传给坏孩子。我承认这是一个美好的愿望，但这几乎是不可能做到的。就这一问题，我曾经和他讨论过很多次，但他始终坚持自己的观点。我觉得既然不能用理论去说服他，那就只能看事实了。

威廉是沃尔夫牧师的儿子，他接受的几乎是和我儿子卡尔相同的教育。我不得不承认，沃尔夫也是一位非常出色的教育家，因为他的儿子在很多方面都不会比卡尔差，无论是知识面、语言，还是品德，威廉都表现得相当出色。

沃尔夫牧师与我不同的是，他鼓励儿子去和那些坏孩子交往，他告诉自己的儿子应该去帮助那些有不好习惯的小朋友。

帮助别人，是一种美德。但在我看来，沃尔夫牧师的做法未免太迂腐了，我认为他对自己的孩子极为不负责任。

由于对玩伴的不加选择，沃尔夫牧师的儿子威廉渐渐地发生了变化。我曾经无数次告诫过沃尔夫，但他仍旧置之不理，他坚持自己的观点，他相信最终一定是自己的儿子会改变那些坏孩子。

对于他的固执，我有什么办法呢？

不该发生的事终于发生了。

沃尔夫牧师有好几次发现儿子威廉很晚才回家，已经超出了他规定的游戏时间。于是他问威廉为什么会这样。儿子告诉他，因有几个小朋友在一起发生了矛盾，他试图去劝解他们，他还给他们讲一些《圣经》上关于友善的故事。

"原来是这样。"沃尔夫牧师相信了儿子的话，并为他的这一举动感到高兴。因为这是他所希望的，儿子能够帮助别人，真应该为他高兴。然而，他不知道，他被自己儿子的谎言欺骗了。这也不能怪他，因为儿子威廉在此之前从来都不说谎。善良的沃尔夫牧师做梦也没有想到儿子会渐渐染上了那些坏孩子的恶习。后来，当沃尔夫知道真相，几乎气得昏过去。威廉所谓的帮助别人，实际是他们聚在村外的树林中赌博或讲那些低级下流的故事。沃尔夫应该知道，赌博在农夫之中非常盛行，这是那些没有受过教育的人的唯一乐趣。而那些下流的故事在他们之中极为流行。可是，他完全没有引起重视。

威廉的那帮小伙伴几乎都是这些人家的孩子，他们从小就没有得到很好的管教，没有良好的教育，他们只是去模仿家人的做法，坏习惯和低俗的语言对于他们来说是家常便饭。威廉天天和他们在一起会有什么影响，那是显而易见的事。有一天，威廉气喘吁吁地从外面跑回家，什么话也没有说就跑进自己的房间。沃尔夫看出他显得惊恐万分，赶忙去问他发生了什么事。

威廉一言不发，无论他怎样问他始终不肯说一句话。沃尔夫感到非常奇怪，他还认为是有人欺负了自己的儿子呢。"沃尔夫牧师……沃尔夫牧师……"门外有人叫他。

当沃尔夫牧师走到门外时，看到了一个满脸怒气的农妇。

"太不像话了，沃尔夫牧师，您应该好好管教您的儿子。"

沃尔夫很惊讶，他一直以为自己的儿子是个好孩子。有什么事会让这位农妇那么生气呢？

"请问出了什么事吗？"他大惑不解地问。

"您的儿子带着其他的孩子来偷我们家的鸡。这不是第一次了。以前我们家的鸡无缘无故地失踪，我还以为是魔鬼干的，但今天我发现是你的儿子威廉干的。您是牧师，不能教孩子干这种坏事……"

原来，有很多次，那些孩子指使威廉去偷农妇家鸡，并一起在野外烤来吃。

我不知道沃尔夫知道了事情的真相后会怎么想，但他一定会非常难过的。后米，沃尔夫牧师终于承认了我的观点，再也不让儿子和那些坏孩子玩了。

很多人都有这样的观点：孩子如果没有与之游玩的小朋友就会变得自负或者任性。这种观点极端错误。

在我看来，真实情况恰恰相反：不加选择地让孩子们在一起玩，他们就互相逞能，有可能变成利己主义者，结果沾染上狡猾、虚伪、说谎、任性、嫉妒、憎恨、傲慢、说坏话、争吵、打架、诽谤、挑拨等坏品质。

孩子学会与人合作的几种方法

在对卡尔的培育过程中，我总结了以下一些关于学会与人合作的方法，这些方法都是行之有效的。

1.多安排孩子与同龄人在一起

因为同龄人的一举一动是最能与孩子产生共鸣的。父母要利用这一点，尽量创造条件，让孩子与同龄人相处。即使孩子之间发生冲突，父母也要搞清情况，尽量少干涉，因为孩子们之间的冲突，父母处理再好，也不如孩子自己解决的好。几次吵架之后，孩子们相互就会找到适合自己的"位置"和"角色"，开始快乐地玩到一起了。

2.鼓励孩子参加特定团体

孩子7~8岁以后，应该鼓励他们尽可能参加各种类型的团体。父母也许希望孩子参加比较大的团体，那些被同伴拒绝的孩子在这些团体里很少成功，仍然不能被同伴接受。但是，他们却更容易与范围比较窄的团体融为一体，如以某项技能、兴趣爱好、交流指南、社会服务等为基础的特定团体等。这些有主题的团体成员在个性、兴趣和社会技能方面更有可能更加相近，因而孩子们更容易欢乐融洽地相处。

3.自己加入团体，给孩子做个榜样

父母永远无法过高估计自己作为榜样的力量以及对孩子所能产生的影响。如果父母自己消极对待各种成人活动，那么就该好好考

虑参加活动对自己和孩子的好处。孩子会看出他的父亲或母亲的态度，而这点对他会产生很大影响。如果父亲喜欢垒球运动，经常穿着运动衫在屋子里走来走去，并且带着孩子一起参加，孩子肯定会受到感染。相反，如果父亲勉强加入了"父母—老师协会"，每次开会都抱怨不停，并且嘲笑其他孩子的父母如何无知，那么孩子不可避免地会对协会产生负面印象。

当然，要想让孩子充分了解团体的价值，最好的办法便是带孩子一起参加。我们这一带保留了一个很好的传统——邻里俱乐部，每年大家一起举行化装游行。往往是一家几代人同时参加，一起制作服装、演奏音乐、排练戏剧小品等，从中享受无尽的快乐，诱发和培育孩子的乐观性格。对我们这一带的居民来说，俱乐部实际上形成了一个社会网络，几乎和家庭一样重要。

几乎每个社区中都是教堂团体、户外活动团体、业余爱好团体，父母和孩子可以一起参加。

4.提高孩子的社交能力

社交能力的培养也需要从孩子抓起。家中来了客人，教孩子如何礼貌待客，什么是彬彬有礼；孩子有了自己的朋友，父母应该爱屋及乌，为他们提供创造良好的交往条件，比如聚会、郊游、生日活动等。当然父母更要指导孩子如何择友、交友，在交往中要真诚、坦荡、磊落、大方、不卑不亢。父母要教孩子在客人面前学会介绍自己，如让孩子用乐器表演一首曲子，唱一首歌，画一幅画；孩子得到客人的表扬，会增强自信心，会心情愉快，下次在客人面前就会主动些，慢慢就不会害怕见生人或在生人面前害羞了。

5.鼓励孩子与人交往

孩子的交往活动，是父母不可忽视的内容。如果缺乏同龄伙伴，那么这样的孩子就会缺乏集体主义的意识，步入社会后也会无所适从，或是不尊重他人、自傲、任性，或是封闭自己，自私、孤僻。

孩子的交往活动，最先是从家庭开始的，与父母亲人交往。然后，随着年龄增长，与越来越多的同龄的或不同年龄的朋友交往。孩子最愿意与同龄人交往，孩子们的伙伴群体交往，是孩子们一种自我教育和自我学习的过程。伙伴群体交往，有益于孩子自我个性的形成，由于伙伴中每个孩子的智慧差异和个性品质不同，有的充当了这个群体的"头目"（指挥），有的充当了"军师"（出谋划策），有的随大流（执行任务）等等，每个孩子都自然而然地找到一个适合自己的角度来扮演，并且尽心尽责。这种群体"游戏"使每个孩子的能力和个性都有了充分展示的机会。因为他们无论做什么，都是"我想做"或"我能做"。在这种群体交往中，每个孩子都会从他人的眼光中发现和认识"自己"，这必然有利于孩子自我个性的形成。父母们不要阻拦或过多参与孩子们之间的交往，孩子们之间自有一套评价朋友好坏的标准，即使孩子们在交往中吃了亏，他自己也会从中吸取教训。如，有个年龄大的孩子打了年龄小的孩子，或者骗了小孩子一块巧克力吃，下次这个小孩子就学会了自觉防范，"吃了亏"就知道如何保护自己了。作为父母保护孩子一次两次，保护不了三次四次，不如索性放开，让其相互交往。当然父母也要对孩子"心中有数"，要有尺度，把握在一定的安全范围内。

蒙台梭利的教育

第一章

怎样对待初离母体的婴儿

　　人的能力是逐步发展的，并一点点地最终走向独立。这是大自然的恩赐，是生命发展的必然结果。既然生命被赋予了独立的使命，就要全力促成这种独立的实现，把自由和独立归还给儿童。

如何迎接初来人世的婴儿

　　试想一下，假如我们是婴儿，来到这个世界上的时候，会看到些什么呢？那些洗漱用品、沙发橱柜在我们看来就是庞然大物，我们根本摆弄不动，甚至是一个小小的鞋刷子，也没有一个是为我们准备的。这里不是我们应该生存的房间，这里属于那些"巨人"们，我们只是被关押在这个房间里面的"小矮人"。

　　难道不是吗？你仔细看看孩子在一天中可怜的遭遇吧！父母身体巨大、腿也特别长，因此可以毫不费力地迈过每一个房间的门槛，而孩子们假使想走进大人的房间，那个门槛对他们来说就是一座巨大的屏障，想要翻过去就像爬山一样困难；孩子们累的时候，等待他们的是比他们身体还要庞大的"巨型"椅子，他们要想上去休息一会儿，那只会让他们变得更累；孩子们想动手把脏衣服刷一下，可是那该死的刷子竟让孩子们两只手才能拿得起来；可怜的孩子，你还想洗澡，对吗？你可以洗，不过你首先要确定自己能够搬得动那个笨重而硕大的洗澡盆。尽管这些遭遇让你愤怒不已，可是那些"巨人"们还乐呵呵地对你说，他们盼望你的出生已经盼望了好久。也许他们真的期待已久，可是却没有做任何准备工作，真是绝妙的讽刺。

当然，这么说也不完全对，他们的确做了一些准备。你没看到孩子的房间里摆满了各式各样的玩具吗？为了孩子能够身心健康地发展，成人的确下了很大功夫。可是，那些并不是孩子们真正需要的，那不过是成人玩具的一种"迷你版"。这又是成人给孩子们玩的一种黑色幽默。所以，孩子们来到这个世界上的时候，一定很失望。他们逐渐发现根本没有真正属于自己的空间，自己只是个被愚弄的对象，硬生生地被安排到了成人的世界里自娱自乐。

众所周知，孩子们常常毁坏他们手中的玩具，尤其爱破坏那些特意为他们制作的玩具。在我们看来，儿童的这种破坏行为恰恰是他们智力发达的证明。他之所以会拆坏玩具，是因为他想知道"这东西是怎么做的"，也就是说，他想在玩具里面寻找有趣的东西。因为玩具在外观上没有任何使他感兴趣的东西。所以，当孩子们愤怒地对待这些玩具时，我们一定要给予理解。这是因为他急切地想知道深藏在玩具之中的奥秘。

依靠周围环境和各种辅助物生存是儿童的自然倾向，他宁愿用自己的脸盆，自己穿衣，自己扫地；当然，他喜欢使用与自己相配的桌子、椅子、沙发、衣橱和餐具。这会让他们变得更能适应生活，也过得更加舒适。重要的是，孩子们还可以通过使用双手而变得更聪明。让孩子在行为上看上去更像大人，这有什么不可以呢？天性使然，使命使然。

我们"儿童之家"有这样一个孩子，他做事沉着细致，非常有耐心，俨然一个公司的管理者。房间的布置井井有条，挂衣物的衣钩正好在他伸手就够得着的地方，当他轻轻打开一扇门时，门的扶手大小也恰好能被他的手握住；房间里的小凳子，重量正好适合他的臂力，使他搬起来不太沉。我们看到，当他在自己房间里做这些动作的时候，显然十分享受这个过程。有鉴于此，我们便提出一条简单明了的建议：为儿童创造一个所有东西的大小都与其能力相配的环境，这有助于发展他们的潜力。孩子们在一个属于自己的环境里面，才会表现出更加积极的生活态度，生命也因此充满了活力。

有时候我们会发现，孩子的生命更像是蝶蛹里面的虫，需要慢慢地长成蝴蝶。虽然他们的行动还是那么缓慢，但是不可否认他们的确很专注。我们应该尊重生命的成长过程，否则欲速则不达。转过头来，看看我们家长是怎么摧残这些小生命的吧！我们会毫无顾忌地阻止他们的活动，就像奴隶主对待没有人权的奴隶一样，并且我们在这样做时，毫无歉疚之心。许多人认为，对一个小孩表现出尊重是十分可笑的。大人们对以下的情形已经习以为常，当一个孩子正在吃饭时，成人就会很自然地去喂他；当孩子正在努力地扣衣服的扣子时，又有大人急不可耐地帮他扣上。总之，孩子的每一个行为都会有人代替他去做，成人对孩子连最起码的一点儿尊重都没有！特别当孩子妨碍了大人的工作时，我们总是劈头盖脸地将孩子训斥一顿，但是当孩子"工作"时，我们则可以粗暴地打断他们而没有任何的羞愧之心。

如果有一天我们也沦为了巨人的奴隶，我们就能够体会到孩子们的痛苦了。我们正在美滋滋地享受着美味的鲜汤，这时巨人突然从我们手中抢走汤匙，强迫我们以最快的速度把汤喝下去，这一举动差点使我们噎住。我们正在房间里愉快地穿着外套，巨人忽然闯进来，将一件外套扔在我们面前，并且要强行给我们穿上。这种种举动已经让我们忍无可忍，于是我们强烈抗议，要求巨人给我们以必要的尊重，可遗憾的是他们无法和我们正常地沟通，他们只尊重那些和他们一样大的人，我们这样的小矮人是没有尊严的。

"天赋人权"的理论让我们知道成人应该有自由的权利，对自由的渴望其实是人的一种天性，哪怕他只是个小孩子。是自由给了我们幸福与健康，自由体现在生活中的每一个细节。就如一位哲人说过的那样："人不能只靠面包活着。"对于孩子们来说，给予他们精神和文化上的自由，与给他们牛奶面包同样重要，否则就会扼杀儿童创造的天性。所以，我们还是善待自己的孩子吧，不要让他失去精神上的自由。要知道，那样不仅仅会给他们的精神造成一定的创伤，还会累及他们的身体，而精神与身体是紧密相连的。

这方面的例子比比皆是。在一家收养弃儿的慈善机构里，有一个长得很丑的小孩，所幸的是，照看他的妇女非常喜欢他。一天，这位妇女告诉孩子的母亲，那孩子长得越来越漂亮了。听到这个消息后，这位夫人便去看望孩子，她发现孩子仍旧非常难看。她从中领悟到，也许是因为每天在一起相处使得一个人习惯了另一个人的缺点。过了一些日子，这位妇女又向孩子的母亲提供了一份与以前一样的报告，这位夫人便又一次和善地访问了这家机构，这一次她对那个照看孩子的年轻妇女有了一个很好的印象，因为这位看护人在谈论孩子时是那么的满怀热情。夫人这时明白了，爱能给予一个人自信，她深受感动。几个月之后，那位年轻的妇女带着胜利的喜悦宣布，那孩子已经无可置疑地变得漂亮了。夫人虽然感到有些吃惊，但是她不得不承认这是真的。孩子的身体在伟大的爱的作用下发生了巨大的改变。

我们常常单纯地认为，我们已经给了孩子各种东西，给他们新鲜的空气和营养丰富的食物。但事实上这些东西只是人生存的基本需求，但远远不够，儿童的身体也需要有灵魂的存在。不妨设想一下，在野外吃一顿便宜的饭，比关在空气污浊的房子里进行一个豪华的宴会更富有营养。因为身体的所有功能在露天中会活跃得多，吸收也会更加完全。同理，与所爱的人或有同感的人一起进餐，要比与粗俗的部长一起参加一个喜怒无常的贵族主人的盛宴更富有营养。无需多言，我们对自由的渴望已经说明了一切，没有了自由，即使住的是金碧辉煌的皇宫，吃的是山珍海味，依然体会不到生命的乐趣，因为我们的天性受到了压抑，这对健康无益。

不要完全束缚孩子

人们对进化论中环境对于物种和生物形态所产生的影响已经耳

熟能详，相信我们也没有多少精力去考证纷繁复杂的理论，但环境对自然界生物有影响是不争的事实。法国昆虫学家法布尔的研究又一次证实了这一点，通过他的研究，我们知道除非是在自然环境中对生物进行观察和研究，否则无法彻底了解生物。

事实上，人类和环境之间的关系更为复杂，有时不是人在适应环境，而是在创造一个适合自己的环境。人们无时无刻不处在一个社会环境中，这就构成了人们社会交往中的人际关系。因此不难理解，为什么新的教育理论更加强调培养孩子社会本能的重要性。假如一个孩子无法适应他所在的环境，他不但不能正常地发挥自己的潜能，更不会了解自己。可遗憾的是，我们的孩子很难找到一个可以适应的环境，因为他们的周围都是成人的世界，这种生活环境的偏差，给孩子在人格上的发展造成了相当大的影响。环境失调给孩子们造成的影响远不止这些。其直接后果就是孩子在成人的眼中看起来总是那么笨拙不堪，这就好比一个技术高超的专业杂技演员在看一个杂耍爱好者在拙劣地模仿自己。我们可以想象，这位专业杂技演员根本没有看下去的必要和耐心，他会告诉你应该怎么做，你做得有多差。这不正是我们日常生活中对待孩子的态度吗？所以我在这里非常诚恳地建议：每一位妈妈都可以试着让3~4岁的孩子按照自己的喜好去行事，让他们自己梳洗，自己穿衣服，自己吃饭。

当然，妈妈们最好能够给孩子准备一个与其年龄相符，能够释放孩子的精力，同时又能配合他们心理发展的环境，孩子就可以获得充分的自由。这种做法实际上使我们向解决问题的方向迈出了一大步，从此，孩子们就拥有了自己的环境。学校也应该为孩子们量身定做适合他们身材和力气的桌椅及用具，这样孩子们才能更加自由灵活地使用它们。这里有一些基本原则是必须要注意的：家具必须轻巧，摆设的位置要能够方便孩子移动，照片要张贴在与孩子的视线同样高的地方，让他们能够很容易观看。这些原则适用于所有孩子周围的东西，从地毯到花瓶、盘子和其他类似的物品。家庭里面的每一样东西都必须能够让孩子使用，日常家务事也要让孩子参与，比如扫地、吸尘、自己穿衣服和梳洗等。孩子周围的东西，应该让他感觉到坚固而且看上去有吸引力，"儿童之家"应该是既可爱又舒适的地方，只有当一所学校显得美观时，孩子们才会乐于在里面活动和生活，就像成人都知道一个优美的家庭环境有助于家人和谐融洽地生活在一起。可以肯定地说，环境的舒适美观与孩子的学习和活动能力有着必然的联系，在一个优美的环境中，孩子主动探索与发现的意愿要比他在一个混乱不堪的环境下更强。

孩子们对于环境的好坏有着天然的判断力，是十分敏感的。"你知道为什么孩子们都不打扫教室而宁愿让教室脏兮兮的吗？因为他们没有漂亮的抹布可以用。假如不给我漂亮的抹布，我也不想去打扫卫生。"这是旧金山蒙台梭利教育学校一个学生对学校老师说过的一句话。要让孩子们养成保持卫生的好习惯，首先要把他身边的东西洗刷干净，这样他们才乐意去做一些清洁的工作。试想一个孩子拿着一个脏兮兮的抹布，他哪里有心情去将教室的玻璃擦干净呢？记住，孩子们的家具必须是可以清洗干净的，这样更能激发他们打扫卫生的兴趣。

还有，我不认为给孩子提供一个虚拟的外部环境有任何意义。比如有人曾建议我们学校的桌椅下面都垫上一层塑胶防滑垫，这样可以避免孩子们移动桌椅时产生巨大的噪音。这貌似是个不错的建议，其实不然。一旦这样做了，孩子们听不到自己制造出了多大的噪音，他也就无法意识到自己的动作是多么鲁莽，慢慢地反而习以为常了。因此，"儿童之家"里也摆设着一些易碎物，比如玻璃、盘子、花瓶等。是的，这样完全可能被孩子们打碎，但通过打碎这些东西告诉孩子如何培养起自己的秩序感，哪个更重要呢？

孩子一旦处于一个真实的环境里面时，他们会尽可能地注意自己的举止，并控制自己的行为。在这样的环境中，孩子不需要外界的激励就能够改进自己的行为。我们可以从孩子的脸上看出他的喜悦和骄傲，偶尔还会看到他那无以复加的正经神情，这说明孩子天生就会改进自己的行为，而且他们也喜欢这样。无可讳言，成长对于一个3岁的孩子来说似乎是一种天性。我们一定要尽可能地帮助他们成长，给予他们更多锻炼自己的机会，这样孩子将来才可能大有作为。要让孩子知道，类似洗手这样的事情必须自己做，而不仅仅是个人喜好。在生活中学会自己动手，这是孩子发展所有能力的根本所在。

我们往往喜欢在孩子正在努力把工作做好的时候，费尽心思地去帮孩子，这其实是孩子发展时期最大的障碍。比较生动的例子就是，学校喜欢把桌椅都固定在地板上，这样做看起来也许更整齐，但如此一来，孩子永远也无法使身体行动有序了。我们不妨给孩子准备一个铁碗或铁盘子，为了不让孩子不小心将碗或盘子打碎。但这样做只会让孩子更加疯狂地把盘子或者碗往地上摔，岂不是变相鼓励孩子继续犯错误？这种人为的限制其实是孩子成长道路上最大的绊脚石。我们还经常代替有动手能力的孩子梳洗、穿衣服，殊不知这样就等于无情地剥夺了孩子的自主权。孩子生命的最初几年是如何度过的啊！到处都设置着条条框框，不能打破或者弄脏家里的东西，更没有机会练习控制自己的身体，不能学习使用日常生活中的物品，许多学习必要生活经验的机会就这样没有了。

有人说，难道要对孩子不闻不问、听之任之吗？不，绝对不是这样的。对孩子好是一回事，但不能忽略了孩子所犯的每一个错误。应该尽可能让孩子自然地生活与成长，提供给他成长所需要的，找出避免他犯错误的方法。当你给孩子们提供了属于他们自己的环境之后，就可以在一旁静静地观察了，什么都不需要你做。你会发现孩子们为了把事情做好，总是显得非常沉静，非常认真，自得其乐。在蒙台梭利教育学校，老师已经成了一个观察者的角色，不像一般的学校那样常常占据主动角色。事实上，好的教师就应该让孩子自己成长或者发展，教师仅仅在旁边观察。

我记得我们学校曾发生过一件十分有趣的事情。有一次，校工忘记把学校大门的锁打开，孩子们因此不能进入学校，心情自然不太好。最后教师对他们说："你们可以从窗户爬进去，但是我进不去。"于是，孩子们一个一个地从窗户爬进了教室，那位教师则心甘情愿地守在门外看着孩子们在里面玩耍。所以，我们应该建立一个能够引导孩子并提供他们锻炼能力的适当环境，允许教师暂时离开。这样一个环境的设立就是教育上的一大进步。

了解孩子出生的秘密

有一种说法，文明是人类逐渐适应自身生存环境的最有效的方法。这个说法如果成立的话，没有谁比婴儿更能敏锐地感受到环境的变化了。我们成年人想要在瞬间适应环境，那一定相当困难，但是婴儿却可以从一个世界降临到另一个完全不同的世界，适应能力实在惊人。通过以往的经验我们知道了这样一个可怕的事实，那就是一个人在婴儿期受到的不良影响将会影响到他的整个一生，这一观点已经得到了世界各地专家学者的认可。不但如此，胎儿时期和儿童阶段的成长变化，会对其成年后的健康状况产生决定性影响。大家都知道分娩对产妇来说十分危险，其实对婴儿来说那更是至关重要的一刻。

这其实并不难理解，从婴儿诞生的那一刻起，他就成为一个独立的个体，不再依附于母体而生存，需要独自抵抗外界病毒的侵袭和天气冷暖的变化。一个在母亲肚子里的小生命，突然遭遇了这么大的变化，这本来就让人难以想象。可是我们的精力更多地放在了产妇身上，谁会在意婴儿此时的感受？即便是护士小姐，也只是粗略地检查一下，确定母子平安就算是大功告成了。而当了父母的小夫妻此时肯定在忙着向亲戚朋友报喜，彼此互相庆贺，他们没有太多精力关心这个刚刚经历生死瞬间的小家伙是否适应房间里的光线、温度，谁也不会注意这个小家伙刚刚也经历了一场艰苦的磨难。

我们甚至见到过动物非常警惕地将自己的孩子藏起来，使他们避开强光，还用身体给他们的幼兽保暖。母兽甚至不让其他动物碰触自己的孩子，连看一眼都不行。可是我们人类对待婴儿的方式却十分不同，从婴儿呱呱坠地那一刻起，就马上被厚厚的包裹给包上，可怜他们柔弱的四肢，如何才能摆脱这种束缚呢？

你当然可以说，健康的孩子完全有抵御外界侵害的能力，自然界万物都是如此，没必要大惊小怪。既然人类有这么强的适应能力，为什么冬天还要穿着厚厚的棉衣呢？为什么整天仍围在温暖的火炉或者暖气前足不出户呢？难道大人比婴儿还脆弱吗？其实，整个人类社会都有一个盲点，就是对人类生命的理解。我们必须彻底了解婴儿的出生，从他生下来那一刻起就悉心照料，这样才能稳稳跨出生命中的第一步。没有丰富的婴儿养护知识，你很难满足婴儿自身的需求。好比一个刚刚做父亲的男人，即使对孩子百般呵护，仍因为没有掌握正确抱孩子的姿势而使得孩子哇哇大哭。

此外，我们最好能够在孩子出生到满月这段时间给孩子一个安静的环境。在保证室温的情况下别给孩子穿衣服，也不要包裹，让婴儿在室温下自然调节。因为穿衣服对婴儿来说没有实质性帮助。有人可能对这一论点有非议，认为我忽略了各个国家已经存在的传统育婴方式。我其实对各国的育婴方式都有一定的了解，虽不敢说达到了专家的程度，不过确实做过一些深入的研究。这些传统的育婴方式存在心灵上的缺憾。也就是说，他们没有为孩子的降生做好心理上的准备。这让他们在养育婴儿方面看起来十分狼狈，常常扮演"救火队员"的角色。他们生怕孩子打乱自己的生活秩序，生怕孩子把房间搞得脏乱不堪，因而随时准备抢救那些可能被孩子破坏的东西。大人们千方百计地想让孩子变乖，成为一个有教养的绅士，这样一来就对孩子束手束脚，抑制了孩子们随心所欲的性情。

有时候我们会把孩子随心所欲的特性当做是任性的表现。其实，孩子一点也不任性，只不过我们对他的了解太少了，我们常常因为不太了解孩子的性情，而在教育过程中犯下一些错误。举例来说，孩子从一岁到两岁的时候特别容易产生一种倾向，就是希望看到每样东西都摆在他所熟悉的位置上，并且他对每一样东西都有特定的使用方法。如果有人打破了这种习以为常的生活秩序，他会感到非常沮丧，甚至会想尽办法把东西放回原来的地方，然后他的心情才会平静下来。

每个孩子都有"物归原主"的要求，即使年龄再小也不例外。蒙台梭利学校就发生了这样的事情。有一次，一个孩子呆呆地站在那儿，低头看地上的沙子，他妈妈发现了，随手抓起一把沙子扬掉了。没想到孩子当时就大哭起来，他边哭边把散落的沙子集中起来，捧回原地。这时，妈妈才明白孩子为什么突然哭起来，遗憾的是她还把孩子的这种需要当成"不乖"的表现。

还有一件令人捧腹大笑的事情，是一个孩子的妈妈告诉我的。有一次，因为天气暖和，她把外套脱下来挽在手上，这时她的孩子却哭闹起来，没有人知道孩子为什么会如此伤心，直到他妈妈把外套穿上了，孩子才安静下来，大家这才恍然大悟。

看到了吗？是孩子不乖还是我们没有彻底了解孩子呢？影响孩子情绪的原因无非就是那个物品已经不在他所熟悉的位置了。这当然不是什么缺点，完全没有必要因此而处罚孩子，随着他慢慢长大，这些问题也会随着消失的。

最后再告诉大家一个例子，我的邻居有一个两岁的孩子，保姆每次都在同一个浴缸里，用同一种方式帮他洗澡。有一天，这个保姆有事必须离开一阵子，另一个保姆代替她照顾孩子。当新保姆帮孩子洗澡时，孩子就哭闹不停，大人们搞不清楚到底是怎么回事。直到原来的保姆回来后问孩子："为什么一洗澡你就哭呢？那个阿姨不是很好吗？"孩子回答说："她是个好阿姨，可是她每次帮我洗澡都倒着来。"原来，这个保姆每次洗澡都是先给孩子洗头，而新保姆是从孩子的脚开始洗。洗澡的先后顺序对孩子来说，是不可以改变的生活规则，他在尽力维护着这个规则。然而，孩子这样的表现，却常常被大人看做是"不乖"。

儿童成长的不同阶段

许多心理学家都认为，一个人从出生到大学毕业这段时间，他的心理变化也可以分为不同的几个阶段。先前人们普遍认为新生婴儿阶段没什么研究价值，现在发现这种观念有些过时，也不尽科学。人在不同的成长阶段，其心理也在经历着变化，并且每个阶段都有明显的界限，与身体的成长发育密切相关。一个阶段的结束，即意味着另一个阶段的到来，是一个不断再生的过程。

心理发展第一个阶段是从出生到6岁，这个时期的心理类型基本一致。这个阶段又可以分为0~3岁和3~6岁两个不同的时期。第一个时期是0~3岁，这个阶段的儿童心理我们无法了解，也不能直接对他施加影响。这个阶段的儿童不能上学，事实上，也没有会接受0~3岁儿童的学校。第二个时期是3~6岁，这个时期儿童的心理类型没有发生多大变化。不过，儿童的人格已经出现了很大变化，非常容易受到成人的影响。也许父母感觉不到这种变化，不过，只要把6岁的孩子与新生婴儿对比一下，就会发现变化是惊人的。我们先不谈这种变化是怎样发生的，只需要承认一个事实，就是6岁的孩子可以到学校接受教育了。

心理成长的第二个阶段是6~12岁。这个阶段相对平稳，儿童处于一个稳定的发展期，表现得健康、强壮、快乐。对这个阶段的儿童，心理学家罗斯有如下描述："这种在精神上和身体上表现出来的稳定，是儿童阶段后期的一个明显特征。这种稳定与成年时期非常相似。不难想象，假如一个外星人初次来到地球，在没有碰到成人之前，很可能以为这些10岁左右的孩子就是成人。"

这个阶段不仅在心理上与第一阶段明显不同，而且身体上的变化也很明显，最明显的就是儿童换牙齿。

心理成长的第三个阶段是12~18岁，在这个阶段，孩子会发生很大的变化。这个阶段也可以分为两个时期：一个是12~15岁，一个是15~18岁。

通常情况下，人的身体到了18岁之后就完成了发育，身体不会随着年龄发生明显的变化。一般学校的教育对此已经有一定的认识，可惜做得还远远不够。

他们很显然是认同0~6岁这个阶段的，因为孩子到5~6岁的时候就可以去学校上学了。因为这时他们已经懂事了，否则他们听不懂老师的话，不会走路就无法跟其他同学在一起生活。这个变化是被大家所认可的。

第二个阶段可以说也得到了一定的认可，这是因为世界上大多数国家的儿童12～13岁就进入了中学，这也意味着人们普遍认识到，6～12岁是适合接受基础教育的最佳年龄。这显然不是什么巧合，而是基于大家对于儿童心理发育的普遍认知。这个阶段的儿童在心理上非常适合上小学，不仅能够接受教育，而且还会影响他们的身体发育。因此，这是一个接受文化教育的绝好时期。

12岁之后，孩子就要接受一种新的学校教育，这说明各国的官方教育也认识到，此时儿童的心理发展已经进入一种不同的类型。这个时期也可以分为两个小阶段。与此相对应的是，中学教育也分成初中和高中。通常，初中为三年，高中是三年或四年。对我们来说，这样划分是否合理并不重要，重要的是这一事实，即12～18岁这6年的教育通常分成两个阶段。青少年教育受到心理学家的一致关注，因为12～18岁这个年龄段与0～6岁相似，心理变化更加显著。这个阶段不像前一个阶段那样简单，而且也不再平静。这个时期，青少年的性格很不稳定，而且有一种逆反倾向。在身体发育方面，也没有前一个阶段稳定。

让人不安的是，很多学校往往对这些漠不关心，他们似乎更喜欢以强制的形式来实施教育。早已经给你安排好了课程表，不管你愿不愿意，都必须接受这样的安排。学生们不得不长时间地在教室里听老师喋喋不休地讲课。按说大学教育是整个教育的最高级别，但事实上和中小学教育并无太大区别。依旧是老师们在课堂上讲，学生在下面端坐听讲。他们虽然已经长大成人，可依旧被当做小孩一样对待，不能随意上街、不能抽烟喝酒，考试一旦没考好，一样会受到老师或父母的责骂。

谁来开发他们的智慧？社会需要的是有头脑和社会经验的人才，他们或许只是"考试机器"，并非社会真正需要的人才。这些大学生将来可能是医生、律师或工程师，他们能够在社会上找到适合自己的工作吗？他们能够养活自己吗？还是看看纽约街头那些失业的大学生吧！没有哪个企业愿意将一个大项目交给一个年轻的工程师来做，也不会轻易找个年轻的律师来帮着打官司。为什么会这样？这是因为大学生多年来都是在听别人讲，而不是自己真正去干，没有任何实战经验。所以不难理解，一个医学院毕业生要通过几年的实习期，年轻的律师要通过向老律师学习办案经验。事情远没有这么简单，他们可能还需要别人的推荐或者帮助，毕业生就业形势一直都很严峻。我们的教育虽然认识到在不同阶段有不同的发展模式，却没能给我们带来质的改变，我们依然无法摆脱传统习惯的束缚。

我们甚至无法理解，为什么教育从幼儿园起就已经开始，大学却还是老样子，没什么实质性的变化。许多心理学家开始了对这个问题的研究，得出的结论和我一样，我们都相信教育的最重要阶段不在大学，恰恰相反，是在0~6岁这个阶段，此阶段是智力的形成时期，并且人的心理也是在这个阶段定型。这个阶段对人格的形成也有重要的意义。

科学家通过对婴儿的研究，发现新生婴儿身上有着无限的潜能，这是人类过去完全不了解的。我们都知道，婴儿期创造性的潜能一直在发挥作用。这是很明显的，刚出生的婴儿没有任何知识，什么都不知道，可是一年之后，就什么都知道了。而动物就有着与人类不同的本能，比如小猫一生下来就会"喵喵"叫，牛犊和刚孵出来的小鸟一落地就发出和它们父母一样的叫声。初生的婴儿没有这种能力，他们只能发出"哇哇"的哭声。

很显然，人类不能决定自己的成长轨迹，甚至不能解决其间出现的许多问题，但这并不妨碍人们研究自身的发展过程。这是一个从无到有的过程，其中充满了令人惊奇的变化。不过，这个研究过程非常困难。人们普遍认为婴儿的大脑始终处于沉睡状态，其实不然。婴儿的大脑与我们成人的完全不同，婴儿的大脑似乎更像一个蕴藏着巨大创造力的宝藏，特别是在婴儿出生的第一年，他们拼命地吸收身体所需要的能力，同时完善自己的发音器官，让智力和身体同步发展。与成人相比，婴儿的这些创造性的活动都是在无意识的状况下完成的，而我们成人知道自己需要什么，婴儿却不知道。这种无意识的行为其实充满了智慧，它帮助婴儿从环境中吸收知识，然后迅速成长。那么，婴儿是如何从周围环境中吸收知识的呢？就是上面讲的那些无意识的天性，周围食物唤起了婴儿的热情和注意力，婴儿与环境之间开始进行互动。婴儿不是在靠思想，而是靠自己的天赋来吸取知识。如果你观察一下就会发现，婴儿对于语言的学习就很好地展现了这种天赋。有人会说，那是孩子的本能，他们天生就有理解人类语言的能力。这未免有失偏颇，为什么婴儿周围有上千种声音，却唯独学会了人类的声音？很明显，是因为婴儿生活的周围环境中，人类语言给婴儿留下的印象更为深刻，且极易与婴儿的内心激起共鸣，这样促使他们发出相同的声音。

与此类似的，还有对音乐的感受。人们在听音乐的时候，脸上的表情不仅随着旋律而变化，而且他的头和手也会跟随节拍活动。当然了，婴儿对语言的感受要比我们对音乐的感受强烈。婴儿是在无意识中受到周围声音感染的，人们很少看见他们的舌头、脸颊在动，其实，正是在这种静默之中，婴儿的每个器官都在学习发声。那么婴儿究竟是如何学习语言的？语言又怎样成为他们生活的一部分呢？通常，人们把在婴儿期学到的语言称做母语，这种语言与后来学习的语言有明显的区别，这类似于真牙和假牙的区别。刚开始，婴儿听到的只是一些毫无意义的声音，可是过不了多久，他们就明白了其中的含义。那么，这些单纯的声音是怎样被赋予意义的呢？儿童不仅学会了词语及其意思，还掌握了句子和语言结构，因为懂得句子结构是理解语言的前提。比如人们说"玻璃杯在桌子上面"，词语的排列顺序决定了句子的意思，表示玻璃杯的位置在桌子的上面。如果把语言顺序颠倒，说"上面桌子在玻璃杯"，人们就很难明白是什么意思了。儿童之所以能够理解语言的含义，正是因为他们掌握了语句的顺序。

我们前面讲到，婴儿与成人的智慧不同。比如，我们记住东西的话，需要有一定的记忆力，而婴儿期的孩子显然是没有这种能力的。因此，婴儿对于语言的学习让人觉得不可思议，他们有一种特殊的心理能力，通过这种能力直接吸收知识。成人的学习可以通过记忆把知识输入大脑里面，进行储存，如同往水瓶里灌水一样，人与知识之间没有建立起直接的联系。相反，婴儿在学习中经历了一个转型过程，通过学习塑造了自身。他们逐渐学会了自己的母语，在幼小的躯体内发生了一种精神化学反应，知识不仅进入大脑之中，而且促进了大脑的发育。就这样，通过与周围环境的交流，婴儿建立了自己的精神世界，我们把这时候的心理称做"具备吸收力的心灵"。

我们无法想象婴儿到底具有怎样的心理能力，这种能力的优势却是不言而喻的。试想我们每个人都保持这种心理能力的话，这个世界上还存在语言沟通的障碍吗？学习语言就像吃饭、睡觉一样变得再轻松不过了。让我们畅想一下，浩如烟海的知识一下子涌进了我们的大脑里，这是多么令人心神激荡的事情啊！如果某个星球上的人们压根就不需要老师，也没有什么学校、图书馆，但是人人都掌握了大量丰富的知识，这样就大大减轻了人们学习的负担，从此可以更加悠闲地去生活了。但愿这样的事情不只是发生在童话故事里。不幸的是，这种与生俱来的能力随着我们的年龄一点点地在消失殆尽。当我们从无意识变为有意识地去学习的时候，每学到一点知识，便会付出极大的代价。

儿童的动作学习是件非常神奇的事情。婴儿出生之后，通常被包在襁褓之内过上大半年，这时基本上是没有任何动作的。可是过不了半年，他们就能够移动，而且还学会许多动作。在这期间，孩子们只是开心地玩耍，同时还能学习动作，并且语言也不再是什么大问题了。婴儿身边发生的任何事情，都会像录像一样深深地刻在他们的脑海里。我们一定忘记了自己出生后第一个动作是怎样做出来的，但儿童对动作的学习必然是非常规律的。他们在各个特定学习阶段开始之前，大脑已经开始了对周围环境的学习。婴儿学习动作的时候，就是从无意识到有意识转变的一个信号。我们常常见到，一个3岁的孩子会反复地摆弄手中的一些东西，这些游戏活动其实是有意识的，对他们来说这些都是有意义的工作。人类学会使用双手，是智慧的象征，儿童的学习也是从手的使用开始的。这些经验最终形成了儿童的性格，同时也给他们带来了限制，这是因为经验的世界要比无意识的世界狭小得多。

这个神秘的学习过程从婴儿降生就开始了。婴儿在这个过程中逐渐获得自己的力量，形成自己的思想和意识，并将成为他记忆的一部分，从而获得理解和思考的能力。对于从事儿童教育的人来说，这个过程的最后结果就是，这些6岁大的孩子突然之间有了理解力，并且有耐心听老师讲话。

近几年来对于婴幼儿心理的研究，确实让人们大开眼界。这个神秘的世界有很多东西是人们无法想象的。我们的主要工作，就是对0~6岁这个阶段儿童的学习进行研究，这有着极其重要的意义。我们要做的就是满足孩子们发展的需要，而不是对他们进行教育。如果我们有一天正确认识到这个阶段儿童的心理发育，从而延长这个阶段的话，人类恐怕就有可能完全摆脱痛苦的学习过程了，这的确是功德无量啊！

对于儿童心理的发现，本身就是一场教育界的革命。大家都知道婴儿的心理与成人是完全不同的。婴儿的学习是一种无意识的心理，这种无意识让婴儿在游戏过程中不断从周围的环境吸收知识和经验，而我们成人学习起来却是有意识地灌输。教育理念在此时已经发生了极大的变化，人们知道不要再让教育介入到儿童这个阶段中来。儿童能够自然地吸收知识，因而性格形成就显得非常重要。教育此时应该做的就是消除儿童天赋创造力的障碍，使这种能力充分发挥出来。于是，教育不再像过去那样，是一个灌输语言和观点的过程，而是为儿童的心理发展提供帮助的手段。成人应该给儿童以帮助，这并非因为他们幼小，而是因为他们天赋的创造力尚处于萌发阶段，非常脆弱，需要成人的呵护。这也应该成为当今世界教育的一个新方向——帮助儿童心理发展，充分发挥儿童自然学习的能力。

儿童必须获得相对的独立

我们成人身上会有一种叫做"主观意愿"的东西，这种心理在儿童身上也会得到体现。婴儿身上同样有一种巨大的能量，它可以使其在脱离母体之后，朝着自身独立的方向发展。这种力量可以克服发展过程中的各种艰难险阻，努力地完善自身。生物学家帕西·纳恩先生把这种力量称为"具有目的的行动"。

"具有目的的行动"是儿童成长的源泉，也是生命演进的一种强大的推动力，它可以说是生命的一种本能。假如发育不受任何干扰，儿童身上就显现出一种生命的愉悦，他们会充满活力，会快乐健康地成长。这种"自然发展"的基本体现，就是儿童对独立的要求。换句话说，只要成人对儿童的自然发展给予应有的帮助，他们就会实现自身的独立。在儿童心理发展方面是这样，在身体发育方面也是如此。因为身体同样存在发育完全的驱动力，而且非常强烈，只有死亡才能将它阻止。

好了，我们来接着探讨儿童"自然发展"的各个阶段。首先，新生婴儿脱离母体来到这个世界，就是朝着独立迈进了一大步。同时，出生赋予他认知外在世界的强烈欲望，他通过吸收各种新知识来完善自己，并逐渐形成自己的个性。从这个角度讲，人类的确生来就有"征服世界的欲望"。这是生命发展第一个阶段的一个显著标志，它告诉我们外在环境对儿童具有强大的吸引力。可见，儿童很喜欢这个世界，这个世界对儿童来说有着丰富多彩的感官刺激。婴儿首先是靠感官来感知这个世界，如果感官没有吸收信息的功能，它们还有何意义或者价值呢？

我们环顾四周，能够看见什么？能够看见视野之内的所有东西。我们侧耳倾听，能够听见什么？能够听见可辨声域内的所有声音。人的感知范围很广阔，但人并非生下来就能分辨这些东西。就拿声音来说，婴儿最初听到的只是一种混合的声响，后来，随着与环境经验交流的积累，才逐渐能够分辨声音之间的差别，这个过程恰好符合完全形态的心理学。首先吸取所有能够感知的东西，然后对它们逐一鉴别，一个正常儿童的心理发展就是这样。假如情况相反，儿童不能感觉到周围环境的动人之处，反而对它存在一种恐惧感，这样外部世界就不再是感官刺激的源泉，而成为恐惧之源。

上述两种情况千差万别。研究结果表明，假如一个婴儿6个月左右的时候开始接触外面世界的信息和影响，他便会走上人类正常的生长过程。这些都是有科学依据的，也能够从婴儿身上找到些许答案。比如说，6个月大的婴儿开始分泌胃酸，开始长牙，开始身体发育。这样一来，6个月大的婴儿不仅可以吃母乳，还能吃一些与母乳混合的食物，在这之前，他们无法消化吸收母乳以外的食物。

显然，6个月左右的婴儿已经有着相对独立的迹象。他们好像在暗示：我们可以离开母体，独立地生存了。当一个儿童成长为少年的时候，这种迹象还会体现，他们将会因为过度地依赖父母而感到羞愧，并且竭尽所能报答父母的养育之恩。在6个月左右，幼儿的小嘴终于能够发音了，这是一个重要标志，表明他们顺利完成了语言学习的第一个阶段。从这以后，儿童的发展将大大加快，直到他们完全独立。儿童一旦开始说话，就能够表达自己的需求，不再依赖别人。从某种意义上说，他已经是人类成员之一，因为语言是人们交流的工具，儿童掌握了语言，就开始了社会交流。

孩子开始尝试着与他人做一些交流，这就是儿童走向独立的重要一步。刚刚来到这个世界上的时候懵懵懂懂，但现在居然能够听懂人话，甚至可以随意表达一些自己的思想，这真的让人惊讶不已。就像梦一般的神奇，儿童不知什么时候就已经具有倾听和语言表达的能力。等孩子长到1岁半的时候，就开始用自己的双腿学着走路，他们的跑动也更加随意。这时如果有陌生人接近他们，这些小家伙就会躲避，他们控制身体行动的能力更强了。因此，人的能力是逐步发展的，并一点点地最终走向独立。这是大自然的恩赐，是生命发展的必然结果，既然生命被赋予了独立的使命，就要全力促成这种独立的实现，把自由和独立归还给儿童。

就儿童的成长而言，学会行走非常重要，不仅仅因为行走是复杂的机体活动，表明儿童体质发育的完善，还由于行走出现在儿童1岁左右，与儿童对语言的学习，对周围环境的汲取同时进行。在哺乳动物中，只有人需要经历学习行走的过程，其他哺乳动物一生下来就会走动，几分钟后就能奔跑了，人类则不然，刚生下来什么都不会干，需要在襁褓中生存很长时间，逐渐培养这些能力。这是因为儿童在站立之前，需要先完成身体上三个方面的发展。

人的直立行走看起来十分简单，但仍需要身体及部分复杂的神经结构互相配合才能完成，这主要取决于大脑底部的小脑。小脑是控制人体平衡与运动的器官。可以说，儿童的行走是小脑发育的结果。当儿童长到6个月时，小脑开始快速发育，这个快速发育的过程持续到14～15个月，然后速度渐渐放慢，到4岁半完成。在这一时期，儿童实际上同时进行两方面的发展，不仅小脑和神经系统发育成熟，而且行动器官也发育成熟了。一个正常的儿童长到6个月就能够坐起来，到9个月就可以爬动和打滚，10个月左右就能够站立，12～13个月开始迈步行走，到15个月的时候，就可以平稳地走路了。

运动神经系统的发育，也贯穿在人类行走的过程之中，这方面的例子就是人的脊柱神经。行走需要脊柱神经把大脑的指令传达给腿部肌肉，假如脊柱神经没有发育成熟，就无法传递。这对于控制肌肉是很重要的，因为行走过程是由各种肌肉运动协调完成的。

行走必需的第三个因素是骨骼发育。婴儿刚生下来的时候骨质很软，腿还无法承受身体的重量，因此开始走路前需要骨骼硬化。另外，在这段时间，婴儿颅骨上的缝隙也已长满，即使儿童不慎摔倒，也不会伤及大脑。

父母当然需要在时机成熟的时候才可以教孩子走路，如果太早则有害无益，必须尊重自然发展的规律。只有当小脑、脊柱神经和骨骼完全发育成熟之后，才可以让孩子尝试着走路。因为行走是一个协调性要求很强的动作，如果各个器官无法协调发展，就不能走路。当身体各个器官发育成熟之后，必然就会发挥作用。这时候，即使我们企图阻止儿童走路，那也不可能。器官发育成熟之后，就获得了相应的"环境经验"，这种经验充分地实现了器官的功能，否则器官就是发育不完全。同样，当儿童学会说话的时候，谁也别想让他闭嘴，他们会一直说下去，要知道让儿童保持沉默是件非常困难的事情。因此，儿童的行走、说话如果遭到阻止的话，都会大大束缚他们的发展，甚至出现畸形儿。

所以说，儿童获取行走能力之后，大大提高了独立性。他们要获得自身的独立和发展，需要能够自由使用这些能力。心理研究表明，人的任何发展都不是必然的，都是有条件的，"任何个体行为都来自环境经验"。如果我们认为教育就是帮助儿童发展，那么，我们只能为他们获得的每一点进步而高兴，这是因为我们很清楚，无法对儿童的成长提供实质性帮助。可是，我们对儿童的教育却存在这样一个问题，那就是环境经验的缺失，它可能减慢儿童的发展，甚至会使发展出现逆转。

教育的头等大事，就是要向儿童提供学习环境，使大自然赋予他们的能力得到充分发展。这不仅是出于我们的爱心，或者让孩子们高兴，还要求我们调整观念，遵循自然的法则，与自然进程协调一致。

儿童在实现了这个跨越之后，还有更高层次的经验等着他。心理学家研究发现，儿童总是在扩大自己的范围，总是在发展着自我的独立性。比如，他们明确提出要这个玩具而不是那个，要穿这件衣服而不是那件。他们还常常做一些让人匪夷所思的事情。很显然，这些都不是大人教他们的，而是他们自己的主张。可是，他们获取经验的要求常常被大人无情地阻止。我们也许不知道，自己阻止的不是儿童，而是自然法则的充分实现。因为儿童的行为事实上是受自然支配的。

儿童个性的形成始于精神上的独立，而精神独立的前提就是彻底摆脱对成人的依赖。这段时间，儿童会对获取的经验进行这样那样的思考，从而寻找各种事物之间的种种联系，建立自己的判断和认识，不再依靠别人。社会必须给儿童全部的自由，让他们获得独立，让他们正常发挥自身的能力。这已不是一个理论问题，而是需要我们马上去做的事情。我们说，只有通过自由和丰富的环境经验，人类才能实现自身的发展。这不是一种时髦的理想主义理论，而是基于对生命和自然的科学观察，在客观事实上得出的结论。

需要说明的是，这个"独立"和"自由"的概念，不同于我们通常所讲的那种流行观念，我们不能把自己的思想观念强加给儿童。至于"自由"和"独立"的确切定义，现如今人们的说法还存在着分歧，这是毋庸置疑的。不过，我们通过对儿童发育的研究，认为自由、独立和生命的真实意义只有在儿童身上才有可能反映出来。

我坚信，大自然的方法为我们提供了帮助。提供了一个解释社会生活的新基础。成长中的儿童似乎毫无保留地将一切都展现在我们面前。儿童所表现的是正确的，因为它为我们提供了现实和真理的指南。每当发现一条自然的真理，真理便驱散疑虑。因此，孩子发育成长所获得的自由能让我们进行妙趣横生、新颖别致的思索。

那么，儿童获取越来越多的独立，目的究竟是什么，这个目的来自何处呢？很显然这个目的就是标志生命不断完善的个性。那么，儿童是怎样获得独立的呢？他是通过不断活动获取的。任何生命都不会是静止不动的，独立也不是一种静止状态，而是一种不断的获取。要获得自由、力量和完善自我的能力，就必须走这条艰苦不懈之路。

儿童的第一本能是在没有任何人帮助他的情况下自己完成动作。当他不让其他人帮他完成动作时，他就为独立做出了最初的努力。像许多人想象的那样，如果最美好的生活是无所事事，那么，还有什么比婴儿出生前所过的生活更理想呢？婴儿在母体中时，母亲为他做了所有的事情。我们想过学说话这项艰巨的任务吗？是这项任务使成人能与其同伴交谈。"休息"若是生活的真正理想，那么，儿童不是就可以不学说话，不用使自己适应正常食物了吗？如此一来，他免去了行走、动脑的麻烦，但同时也失掉了认识周围世界所感到的欢欣鼓舞。

儿童最终帮我们证明了知识的价值，他还表明自然教育方法完全不同于社会教育方法。儿童可以通过工作获得他们想要的身体及思维独立，他们并不关心其他的东西。我们必须清晰地认识到，当我们向儿童释放自由和独立的时候，我们是在向一位已经潜心工作、不工作、不活动便无法生存的人施予自由。这与其他生活形式一样，阻止它便会使孩子退化。

充满生机的世界，万物生机勃勃。生命为这种盎然生机之最。只有通过活动，生命才能达到完美。有人向往最少的工作时间、让别人为我们工作，这些期望是那些在刚出世的日子里没人帮助他们适应环境，因此对环境失去兴趣的人退化的标记。他们是那种希望得到帮助、得到侍候、让人抱在怀里或放在轮车上的儿童，那种羞于结伴、喜欢长眠的儿童。他们具有科学已认识到的并把它称为"重返母体倾向"的特征。出生正常、生长正常的儿童朝着独立前进。谁要逃避这种独立，谁便在退化。

这便又出现了新问题，我们应该怎样教育不太正常的儿童，如何治疗这种扭曲正常生长的退化呢？这种发生偏差的儿童实在不喜欢生活的环境，他们看到了太多的苦难和障碍，这令他们心生畏惧。于是，一些儿童心理诊所便应运而生。这样，误入歧途的孩子们便成为心理诊所的研究对象，科学家也参与其中，他们研究出了一些治疗方法，游戏就是这些方法中的一种。

我们从教育学中得知，环境一定不能有太大的抵抗力。因此，环境中可以避免的障碍越来越多地被减少了。今天，尤其是为了那些对环境感到反感的儿童，其周围的一切都安排得尽量迷人。这样做的目的是希望激起同情和爱，来战胜冷漠和厌恶。我们还为他们提供愉快的活动，因为我们知道生长发育源于活动。让兴趣促使孩子活动，激励孩子进行自身经验的环境动机必须丰富多彩。这些便是生活与大自然颁布的"法则"。这些"法则"帮助那些已经沾染了退化特征的孩子从懒惰的倾向向渴望工作转变，从倦怠和惰性向充满活力转变。

对于非正常的儿童来说，从倦怠到充满活力的确是个令人惊讶的转变过程。这些转变都是以自然规律为依据而进行的。在此我们不做过多的讨论，只想对"成熟"这个词做一点解释。因为这样可以更好地帮助读者理解这本书的要义。"成熟"是生物学中遗传和胚胎中所提及的概念，指的是受孕胎产生之前，最初的生殖细胞从不成熟到成熟的发展期。这一概念移植到儿童心理学之后，便有了更为丰富的内涵。它表示一种成长调节机制，这种机制能保障个体生物乃至在生长刺激方面的发展平衡。尽管阿诺德·格塞尔没有下任何确切的定义，却发展了这个概念。如果我们领会了他的精髓，便是这样一种解释：个体的成长受固定法则的支配。这些法则必须遵循，因为儿童的学习过程受生命本能的支配。正如我们前面所说，在某一个器官尚未成熟之前，我们不能教儿童走路。我们应该以自然教育法则作为教育的基础。但若是将格塞尔的观点完全应用于儿童的精神成长上，未免有些牵强附会。根据他的"一元论"学说，他认为："由于儿童的发展进程，他的智力水平与身体发展成正比。"但是，这很难说一定正确。假如我们在一个与世隔绝的地方将孩子养大成人，只给他食物和水，别的什么都没有，那么这个孩子的身体发育会是正常的，但大脑的发育一定受到严重的影响。那个孰知的"艾维伦的野孩子"就是最好的证明。

正如人们常说的那样，我们无法制造天才，只能为每个个体提供成为天才的机会，使他们充分发挥身上的潜能。但是我们要讨论"生理成熟"的进程，就必须准确认识"心理成熟"的进程。因为在胚胎发育中，这两者是平衡进行的。

现如今，我们还没有能力完全认识器官的成长过程，因为器官的发育并不规律，每个器官的发育都是围绕着活动点进行的。这些活动点在器官出现之后就要消失。此外，器官的发育过程还有一些敏感期，这些敏感期对动物行为存在着特别的影响。这是由荷兰生物学家德·弗雷指出的。我们也发现它与儿童的心理发展非常相似——生命发展的规律和人类的本性基本上是一致的，两者相互适应。

就生命个体而言，"成熟"过程中不仅基因功能起作用，还存在环境的影响，在个体的成熟过程中，环境因素有着不可忽略的作用。至于心理成熟，这恐怕只有依靠环境经验才能完成。在不同的发展阶段，环境经验也存在不同形态，这是因为在发展过程中，"具有目的的行动"不断更换类型，环境经验也就展现出了各种不同的面貌。正因为环境经验的不断出现，使得人的意识出现了一种特定的模式。这种模式我们当然无法用肉眼观察到。这些不断重复的行为与它们所产生的作用没有任何直接的联系，并且它们一出现便消失了。与此同时，孩子的注意力也相应地转移了，以便发展另一种功能。如果儿童不能这样连续吸收环境经验，他就会失去对环境的敏感性，影响他的发育成熟。

心理学课本这样定义"成熟"这个词："成熟主要包括遗传的结构变化，即它们源于受精卵细胞的染色体。但是，这些变化在一定程度上也通过有机体与环境之间的相互作用而产生。"

按照我们的调查结果，可以这样说，人在出生的时候，便有一种吸收的心理普遍存在于我们的大脑结构中，这就是"具有目的的行动"。至于这种力量和功能，我们在"星云"一章中会做详细讨论。

因此，我们得出结论，影响个体成长和心理发展机制的有以下几个方面：具有吸收力的心灵、"星云"、敏感期。这些都是人类的特征，具有遗传性质。但是，他们必须通过个体的自由活动，在环境中获取经验之后才能完成。

生命伊始

如果我们想要促进人的精神生活的进步，那么我们必须首先认识到，幼儿的吸收的心理使其能不断从环境中摄取营养，变成有用的知识，以此来促进自身的发展。因此，在人生的初期，我们必须尽力使环境变得趣味盎然和富有吸引力。

现在我们都认识到，儿童的发育过程可以分为许多阶段，环境在每一个阶段都有重要的作用。但是，环境在其他任何阶段的作用都不能与其在幼儿刚诞生那个阶段的作用相提并论。然而，迄今为止，认识到这一点的人可说是寥若晨星。因为就在不久以前，人们几乎连想都不曾想过，在人生的最初两年里，儿童居然还会有各种心理需求。不过，现在人们已经知道，它们是非常重要的，决不能有些微忽视，否则，今后会出现极其严重的后果。

过去，科学家们往往把注意力只集中在影响儿童身体健康的物质方面。在20世纪，为了降低一直居高不下的婴儿死亡率，在医学和卫生领域里出现了一种精细烦琐的方法。但是，他仅仅局限在身体健康方面，心理健康几乎完全无人问津。即使有人曾涉足该领域，也收获甚微，难以填补自然历史的空白。他们认为，幼儿期的首要目的是形成一个能适应社会生活的个体。

谈到生命的第一年，我们大致可以分为几个不同的时期，而且每一个时期都应该引起特别的重视。第一个时期主要是婴儿的出生，当然这个阶段非常短暂。在婴儿出生最初的几天，作为家长要让婴儿多与母亲保持接触，温度、光线、声响等与出生前各种条件对比度不能太大，因为母亲的子宫非常宁静、黑暗和温暖。在现代儿科诊所里，母婴被安置在一间四壁皆为玻璃的房间里，室内的温度是可控的，因此很稳定，可以缓慢地改变它，使其与室外的常温一致。玻璃是蓝色的，因此光线很柔和。对触摸和移动婴儿也有严格的规定。这与先前的做法大相径庭。以前，人们往往把婴儿扔进地上的浴盆里，让他受到了严重的惊吓。而今，科学告诉我们，应尽量少触摸婴儿，不应给他穿任何衣服，应该把他放在一间没有穿堂风的房间里，室内必须有足够的热量，使他感到温暖，而不是像过去那样，根本不考虑他的感觉，手忙脚乱地给他穿戴一番，就好像他是一个没有知觉的物体一样。现在移动婴儿的方法也不同了，应先将他轻轻地放在一张类似吊床的鸭绒垫上，然后再抱起他。千万不能突然抱起或放下，动作一定要温柔，就像我们对待伤员那样。这么做当然都是出于对孩子健康的考虑。我们还要求护士一定要佩戴口罩，以防那些细菌传播到空气中。母亲和婴儿应该同时被照料好，这样孩子与母亲就不会存在隔阂，母亲像是一个磁石，紧紧地吸着自己的孩子，母婴之间的联系特殊而密切。

以上的这种方法，已经被越来越多的人认可，不过这些方法并不适合整个婴儿期。婴儿出生一段时间后，就可摆脱母婴之间的孤独感，重新回到人群中去，参与社会生活。

儿童所遇到的各种社会问题与成年人有所不同。成年人或许因为社会不公平等问题产生一些消极的影响，比如贫穷等。然而贫穷对孩子却未必是什么坏事，相反儿童却会在富裕的环境中遭遇不幸。比如一个有钱的太太，生完孩子之后就养尊处优起来，尽管给了孩子许多礼物，却将孩子交给了保姆来代养。穷人虽然物质生活并不富裕，但是母亲会把孩子带在自己身边，这种做法更符合自然的要求。

母子相依之后，儿童就能够轻而易举地适应新环境了。他开始大踏步地走上了我们前面所说的独立之路。他迫不及待地去拥抱这个环境，并吸收各种知识，将它融为自己的东西。孩子们明眸善睐，对环境充满着热切的希望。科学研究发现，儿童的双眸并不仅仅受光线的影响。他压根儿不是消极被动的。在兼容并蓄各种印象的同时，他还在世界中积极寻觅各种印象。这与动物的眼睛有着本质的区别，虽然二者从结构上看并无二致。动物的眼睛也像一个照相机，但是它们似乎更专注于一些自己感兴趣的食物，所以它们吸收的信息量非常的有限。比如猫，它的眼睛就只适合在夜间活动。其他的夜间捕食动物也差不多，虽然比较适应黑暗，却只在乎那些运动中的东西，只要黑暗中一有动静，它就会迅速地扑上去，对于静止的事物往往视而不见。依此类推，某些昆虫只为某种特殊颜色的花丛所吸引，因为它们是在这种颜色的花簇中采集其感兴趣的食物。不过从蛹壳里出来的幼虫就不一样。它享受本能的驱使，眼睛帮助它进行适当的活动。

　　与动物不一样的是，儿童的感觉器官却遵循着另外一种规律。猫只对移动的东西感兴趣，儿童则完全可以摆脱这样的限制，所有的东西都可以出现在他的视线里面，他还可以从这些东西里面吸取经验。儿童的观察不是那么死板，他们在吸收环境信息的同时更能获得某种心理反应，这有助于儿童人格的形成。经过对比之后，我们可以确定，如果一个人要是像动物那样，只受本能的驱使，那这个人的心理发育肯定不健全，必然出现性格上的缺陷。这样的人恐怕只是一个活着的机器，是感官局限的牺牲品。因此，注重儿童发展过程中所表现出来的深刻规律就显得尤为重要了。

　　在动物与人的感官能力之间做一个比较，有助于了解儿童对环境吸收的能力。有的昆虫非常像植物的叶子，有的则看起来像植物的茎。他们在植物的叶和茎上面走完其生命的全部，它们与植物的茎和叶是如此相似，几乎难分彼此。正如昆虫依赖植物一样，儿童对于环境的兼收并蓄使得他与环境也融为一体。儿童会变得热爱或喜爱所有的东西。我们发现，所有生命都存在一种天然的吸收和模仿能力，只不过在昆虫和动物中，这是一种生理的能量，而到儿童身上，这是一种心理能量。

　　儿童看待这个世界的方式与成年人截然不同，我们看到美好事物的时候说一声："太美了！"之后便走马观花地去看其他的事物，结果只能留下一种模糊的印象。儿童就不一样，他们会将这种印象建造在自己心灵的深处，在其生命的初期更是如此。他们通过这些经验塑造自我，凭借其幼稚的能力，获得其独特的个性特征，像语言、宗教、种族等。这些都是儿童通过特有的内在能力获取的，并且将伴随其一生。他们以这样的方式来适应世界，并在这个世界中寻找自我，这一过程非常愉悦，其心灵也日渐成熟。

　　儿童有着惊人的自我调节能力，这可以让他适应各类环境，并很快与之融为一体。因此，我们要帮助儿童首先就要弄明白给他一个什么样的环境。婴儿显然无法告之我们他真正需要什么，也没有这种表达能力和意识。他们尚处于无意识的阶段，但是一个3岁的孩子完全可以知道他们想要什么。因此我们不要急着去给婴儿提供各式各样的玩具，重要的是帮他找出能够激发他们发挥成长潜力的行为条件。

问题是我们应该怎样给新生儿准备环境呢？这个问题现在很难有准确的答案，这是因为婴儿总是在他所遇到的环境中成长，至少到目前为止是这样。儿童如果离群索居，显然就不能有一个适宜的语言环境，这样便无法学习语言。相应的，要获得某种精神素质，同样要跟有这样素质的人生活在一起。简而言之，构成人生活的行为方式和传统，都是来自相应的群体生活。

很难想象，人们过去对待婴儿的方式是如此的简单粗暴。他们为了让初生婴儿获得一个安静的环境，就把婴儿单独放在一个房间里，尽量让他睡觉。这无异于对待病人一样，可见那时人们还只是集中在研究婴儿的身体和卫生方面。现在对婴幼儿心理发育的研究，彻底改变了过去人们那种不科学的做法。人们知道，那样做对婴儿的精神是一种极大的伤害。试想一下，把婴儿和母亲隔离开来，单独放在育婴房，由保育员看管，这样的孩子等于生下来就没有了母爱，每天只能面对单调乏味的保育员。他们每天都被放进婴儿车里，甚至看不到周围的环境，这样婴儿的内心深处肯定会出现强烈的渴望和不满，进而阻碍他们身心的正常发展。

记得在"二战"之前，许多家庭富有的欧美人都在用这样的方式对待初生的婴儿。不过还好，现在的情况没有以前那么糟糕，尤其是贫困家庭的父母，他们能够让儿童回到自己的身边。大多数发达国家已经开始反思他们对待儿童的方式，并且已经把这当成一个社会问题来探讨。科学地讲，儿童只要有走出家门的能力，就应该被领到外面，去接触外面世界的一切，去观察周围的环境。可喜的是，婴儿的车子和育婴房也得到了极大的改观，他们的育婴房标准很高，并且不再像以往那么单调，而是张贴了许多色彩各异的图片，这样就使得婴儿在斜躺着的时候，可以看到一些不同的东西，而不是眼巴巴地盯着天花板发呆。但婴儿的语言学习依旧是个大难题，因为照顾他们的保姆大多处于社会底层，他们也许并没有太多的耐心完成儿童语言的教育工作。

我们常常有这样的困惑，到底父母与人交谈的时候，是不是也应该让孩子待在身边？答案是肯定的，尽管带着孩子去参加一些社交活动会有这样那样的麻烦，但这的确有必要。因为孩子的潜意识会吸收很多东西，他们可以观察到你们在做什么，说什么，尽管不一定完全理解，可这些东西依然能够促进他们的成长。我们没有人知道外在的世界中，孩子们到底对哪些事物感兴趣，但是却一定要让孩子走出来。然后认真观察他，看看究竟是哪些事物吸引了他，然后把孩子抱到这些事物跟前，让孩子尽情地去观察，这时我们会发现，孩子的脸上会出现一种充满好奇的神情，并且呈现出满意的微笑。

成年人如果想要保证儿童的发展，那么必须摒弃自己那些陈规陋习，给自己来一次彻底的思想"大扫除"，不要给孩子树立反面的典型。要明白的是，孩子的人格大多数是在儿童时期通过与环境的充分接触，逐步建立起来的。这时候就要保证让孩子有足够多的机会去接触周围的环境，不然的话，这个孩子将来便会成为社会的负担，很难有大的作为。生活中的很多问题，归根究底是个人无法在道德层面上适应社会的需求。这就要求我们在对待儿童的态度上，照顾儿童的方式上，尽量以一个文明社会所需要的那种方式去进行。

有人可能会提出异议，这么明显的事实我们怎么会不明白？还有一些思想顽固的人可能会说，"老祖先们并不明白这些事实，不一样这样活过来了吗？"还有的会反问我："人类历史悠久而漫长，活在这个世界上的人成千上万，他们不见得都懂这方面的知识啊，可不是同样学会了说话吗，他们不也能够适应当时的社会习惯吗？"

那么，请我们睁开双眼，看看世界上在其他文化背景下生活的人们吧！那些民族对待儿童的方式显然比我们更合理，我们总是自以为是，却也总是严重违背自然规律。这个世界上的大多数儿童是与母亲紧密相连的，他们总是与母亲形影不离，一起出门，一起购置家庭用品，可以看着母亲与商家讨价还价。孩子把这些生活中的常识记得一清二楚，这不仅加强了孩子与母亲的关系，更加强化了孩子们生活的本能。

如果不是现代文明加以破坏，这种习惯还会延续下去，母亲绝不会把自己的孩子交给他人去养育，因为这种做法本身就不符合自然规律。在这种传统的养育关系中，孩子可以分享母亲的生活，母亲言传身教，孩子是一个忠实的听众，接受母亲的教诲和指导。母亲可能会经常跟孩子滔滔不绝地讲话，这时候母亲变得更加健谈了，孩子们也因此受益。当他们看到大人的言行举止的时候，虽然还无法彻底理解，却可以按照自己的方式逐渐地体会其中的意思。

至于如何携带孩子，这个问题真的是非常有趣。据我所知，各个社会群体和民族之间都有着很大的不同，很多人还专门研究过这一问题。研究的结果显示，很多地方的妇女是不习惯用胳膊直接抱孩子的，她们更习惯将孩子放在一个小床上，甚至是袋子里面。有的地方的人，母亲要是出去的话，会用绳子将孩子捆绑在木板上面，然后搭在肩膀上，有的母亲喜欢将孩子吊在脖子上，有的习惯装在筐子里。尽管这些方式各异，但是他们都无一例外地注意着孩子们的呼吸问题。比如，把孩子背在身前的那个民族，他们会让儿童脸朝前方，日本的母亲也是这样，他们把孩子绑在身后，但是要保证孩子的头部高出肩膀，这样才能保证孩子的呼吸顺畅。日本人也因此被赋予一个美妙的绰号"双头民族"。印度的妇女则更喜欢将孩子放在臀部上方的位置。北美的印第安人可不同，她们会想办法将婴儿放进一个类似于摇篮的东西里面，这样孩子就被背在身后，背靠背地贴着母亲。虽然方式多种多样，但绝对不能把孩子丢下不管，这种方法是极其错误的。人们常常会在非洲的某个部落里看到，女王即使是在加冕那一刻，也始终不忘将孩子抱在自己怀里。

关于延长婴儿哺乳期的问题，我们这里再做一次讨论。母亲对婴儿的哺乳期有的到了1岁半，有的是2岁，还有的延长到了3岁。这都不尽相同。不过可以预见，这不是营养问题，事实上孩子到了2～3岁就已经能够吸收其他的食物了。延长婴儿哺乳期的另外一个重用意义，就是增加母亲与孩子相处的时间，这对于儿童的发展来说意义重大。只要孩子和母亲生活在一起，他们就能最大限度地完善自己。即使妈妈有家务缠身，没有时间打理孩子，孩子也可以跟周围的世界进行交流。他们跟着母亲上街，可以听到人们之间的交谈，可以观察到车辆、行人、动物，等等。这些东西都可以在儿童的脑海里留下非常深刻的印记。我们如果留心的话，就会看到，一个母亲背着孩子在跟小商小贩讨价还价的时候，母亲背上的那个小家伙听得是多么专注啊！母亲的语言和行动引起了孩子极大的兴趣。

我观察到，只要孩子在身体完全健康的情况下，他们跟母亲一起出门是不会哭泣的。他们有时候可能还在呼呼大睡，但从来不哭。常听人说，西方的小孩子爱哭。好多朋友跟我抱怨说，自己的孩子很爱哭。他们也常常一起讨论这样几个问题：如何哄孩子，如何让孩子别再哭泣而保持安静，如何逗孩子开心。他们大概不清楚，如果孩子爱哭或者说情绪反复无常，脾气暴躁，那只能说明这个孩子的精神处于极度饥饿的状态。

因此，不管出于什么样的考虑，都不应该限制孩子的活动范围。哪怕你是为了他们的安全、卫生和健康着想，也不能那样做。别让儿童生活在一种类似于囚犯的生活状态中。世界上的许多国家都在按照自己的生活习惯去抚养孩子，他们却无意识地采用了正确的方法。而至于西方人，我们必须明白这个道理，并想方设法去改变这种不良的状况。

第二章

婴儿的成长发育

　　如果说人生是一个漫长的旅程，婴儿期就是人生中最重要的一个起点，婴儿不仅仅是一个活生生的肉体，而是带着"心理胚胎"降临在这个世界。

孩子的双手与大脑

　　许多心理学家一致认为，儿童的正常发展可以分为三步走，其中有两大步跟运动有直接的关系，这就是开始走路和开始讲话这两种活动。因此，科学家以"星云图"来命名孩子这两项活动，并以此预测孩子的将来。这两项非常复杂的运动展现出孩子在获得运动能力和表达方法上有了一个重大的突破。假如按照语言和思维的一致表现来看，语言才是人类独有的特征，行走就不能算，因为这是任何动物都有的功能，不足为奇。动物之所以区别于植物，就是他们能够自由地到处行走。这种运动往往借助于一种特殊的器官来完成，行走也是人类的一个基本特征。然而即便人类有着巨大的运动能力，甚至可以环绕整个地球，也不可以将这一智慧归结为人类独有。

　　我们都知道，手是专门为人类的智慧所服务的，它的运动则完全不同。比如，人们早期的时候将打磨过的石器当做工具来使用，这就表明最早的人类出现了。能够制造和使用工具，标志着有机体在生物发展的历程中进入了一个里程碑的阶段。人类通过手的劳动，把语言也刻画在了石块上面，这个时候，语言便成为记载人类历史的一个载体。双手的解放，使得人类的手不再是一种行走的工具，而成为智慧的象征。它使得手开始服务于智慧，因此人类也在动物界中占有了一个足够高的地位，还可以通过运动把人类的这个有机的整体完全展现出来。

人的手非常精细复杂，这是完全不同于其他动物的。它不仅显示了智慧，并且使人与环境产生了非常特殊的联系。我们可以这样理解，人是靠双手开拓了环境，并且在理智的指导下，完成了改造世界的使命。

因此我们应当通过对儿童语言和手的运用，来了解儿童心理发展的水平，考虑他们的心理活动。我们对于语言的研究，研究手在人类劳动中的功能，完全是合乎逻辑的。

人的潜意识可以重视心理的这两种外在的表现。言语和手的重要性表现出来，这正是人类独有的特征。这里主要讲的是与成人社会生活相关的某些形式。比如，一个男人和一个女人结婚的时候，携手走进了婚姻的殿堂，并且手挽着手一起"海誓山盟"；当男人订婚时，他也会拉着女人的手问女人是否愿意与他结婚。不但如此，手在许多宗教的仪式中也被广泛地运用，这其实是在表现一种强烈的自我意识。不愿意为耶稣的死负责的彼拉多，要在公共场合洗手，这种洗手既是象征性的也是真实的。在做一些最严肃的弥撒的时候，神父也会在祭坛上说："我将在无罪的臣民中洗手。"事实上他讲话时，并没有用水洗手指，因为他早已经在上祭台之前就把手洗干净了。

这些案例还有很多，无一例外地表明了手在人们的潜意识中已经成为"自我"的一种表达方式。如果这是事实的话，我们可以认识到手在儿童发展中的重要性和神圣感。我们也应该对儿童第一次向外界招手充满期待，因为这是儿童智慧的一种表现形式。它是儿童进入这个世界的一种宣告仪式，成人应该对这一动作由衷地赞美。不过好多成年人并不知道这些动作的含义，以至于愚蠢地限制孩子把手伸出去，他们不希望孩子伸手去碰触那些在我看来毫无意义和价值的东西。比如一些家长为了保护一个花瓶，甚至千方百计地将它藏起来，生怕孩子将他的破玩意儿打碎。成人往往训斥孩子："不要碰！"就像他总是说："不要动，老实待着！"这其实体现了成人潜意识之中的焦虑，并就此筑成了一道坚固的防线，还请求别人来帮他们完成这种愚蠢的举动。他们对待孩子这种举动就像是如临大敌，好像有一伙强盗要来了。

他们也许还不明白，儿童最初的心理发展需要在环境中获得一些东西，这些最好是能听到能看到的。由于儿童的发展更多要依赖于运动和手的活动，并且要在一定的环境之中，所以我们应该尽量给孩子提供这些帮助，给予他们活动的对象。遗憾的是，在儿童的家里我们看不到这些，你会发现摆放的那些东西都是属于成人的。这些东西像是什么宝藏一样，儿童被告知"不许碰"，孩子们也摸不得，只能眼睁睁地看。一旦碰到了这些东西，轻则被责骂，重则遭到体罚。小孩子如果成功地抓到一件东西，就像是捡到一块骨头的小狗一样，只能躲在角落里暗自把玩，拼命地从没有营养的东西里面汲取营养，十分的可怜。

儿童的运动显然不是偶尔为之，他们在自己的指导之下，逐步建立起了协调性、组织性和目的性。在经历了无数次的协调试验之后，他们才能用内在精神把他的表达器官跟组织协调起来。儿童需要自己做主，独立去完成某些事情。在他们独立地塑造自我的过程中，运动是一个专门的活动，绝不是一时冲动的结果。儿童的活动看起来是那么杂乱无章，乱跑、乱跳、扔玩具，屋子被弄得一团糟。事实上他们是从他人的活动中得到启示，从而进行建设性的活动。他们很难像成人那样去做事情，模仿成人用的物体或工具去做事。所以，家庭和社会环境对儿童的发展有着极其重要的影响。儿童会尝试去扫地、洗碗、洗衣服、倒垃圾、洗澡、梳头、穿衣服等。这种天性可以称之为"模仿"，但这又不同于猴子的那种模仿行为。儿童的这些行为源自于一种有智慧的心理模式的建立。认识先于行动，行动受心理活动的支配。当儿童决定去做什么的时候，首先想要弄明白这是什么，他也渴望去做其他人在做的事情。儿童的语言发展也被我们发现有相同的情况，尤其是他们在听周围人谈话的时候，逐渐便获得了这种语言能力。他的记忆力会帮助他把那些词汇记住，再根据需要把这些词汇说出来。这种模仿与简单的"鹦鹉学舌"有着本质的区别。因此，我们应该清楚地认识到儿童的这些特性，更好地深入理解儿童的活动。

智力水平的发展

有些心理学家认为，儿童的智力是在外在条件的催化下慢慢发展起来的，事实上并非如此。而这种谬论似乎已经根深蒂固，一时间无法消除。他们认为外部事物的影响是通过闯入我们感官的大门来实现的，然后这些体验在心灵里面生根发芽，逐渐与身体融合发挥作用，进而形成了智力。那么我们首先假设儿童在心理上只能是被动地反应，听凭环境的影响，并以此推论出儿童的智商是完全由成人左右的。另一个观点也差不多，就是说儿童不仅在智力上被动反应，而且他就像是一个空瓶子，可以随时被填满。

我们不去争论，但经验告诉我们，环境在儿童发展中的影响是不容忽视的。大家都知道，我们的教育体系是完全重视儿童在环境中的影响，并把环境当成是教育体系的核心。与其他教育体系相比，我们更重视开发儿童的感知能力，但是我们的思想与他们不同。对于那些认为儿童只是被动的人的陈腐观念，我们持不同意见。我们更加注意儿童内在的敏感性。儿童其实有一个慢慢发展的敏感期，这个敏感期可以持续到5岁左右。儿童正处于一个积极观察周围环境的人生阶段，他们对周围事物的感知是靠感官吸取得到的，但是并非那样来者不拒、全盘吸收。一个真正的观察者往往有着内在的需要，是根据感觉和兴趣来行动的，是有选择性地去获取。美国一位叫做詹姆斯的心理学家谈到，还没有一个人可以真正感知物体的全貌，这也传递着另外一种信息，每个人都有其认识的局限性，只能窥探到物体的一部分，因此人在描述物体的时候，也只是根据兴趣和感觉来考虑。因此，对于同一个物体，人们的描述往往呈现出不同的结果。詹姆斯举例说："如果你穿着一套新衣服，并且感到非常满意的话，你出门的时候就会非常在意别人是否跟你穿着相同的款式。但是你在车来车往的公路上这样观察的话，就非常危险，极有可能命丧于车祸。"

也许有人会产生疑问，儿童既然可以吸收那么多经验，他们的选择标准是什么？从詹姆斯的例子里面可能无法找到答案，因为儿童不会受到外界因素的狭隘影响。儿童是从无到有，靠自己的力量不断前行的。这些就是儿童实实在在的理性，敏感期也是围绕着这个理性而展开的。但是这种获得理性的过程确实是自然的和充满创造性的，他依靠从环境中所获得的体验来获取力量，像一个茁壮成长的小生命那样生机盎然。

儿童的理性是生命的源泉。他们往往把各种体验整理和集中起来，然后为理性做服务，儿童用最初的体验来完善自己的理性。我们可以想象，儿童此时获得体验的需求是如饥似渴，是永远不能满足的。儿童会被光线、声音和颜色等强烈地吸引，同时感到乐此不疲，这些我们大都知道。但是这里必须指出，孩子的这种理性的产生是自发运动的过程，是一种内部引发的现象。因此，儿童的心理状况值得我们认真去关注。从无到有去发展自己的理性，这是人特有的品质，儿童大概在蹒跚学步的过程中，就已经沿着这条道路走了。我想举个例子可能更具有说服力。曾经有一个只有4个星期左右的婴儿，之前他从来没有被带出过房间。有一天，家里的保姆抱着孩子在房间里面走动，这时婴儿看到了和他住在一起的父亲和叔叔。这两个人身材、相貌都差不多。婴儿看到他们非常吃惊，他甚至警觉起来，表现得非常害怕。他的父亲和叔叔就找到了我们，让我们帮助婴儿消除这种恐惧感。我们就要求这两个人一直出现在婴儿的视线范围内，只不过一个在他的左边，一个在他的右边。这个婴儿马上仔细凝视一个人，看了一会儿婴儿笑了。可过了一会儿他的神情就变得十分忧虑起来。他马上扭过去认真观察另外一个人，看了一小会儿，他也对另一个人呵呵地笑起来。他就这样把头一会儿扭过来看这个，一会儿去看那个，直到终于分辨出这是两个人，脸上才露出欣慰的笑容。可见，这两个人在婴儿看来曾经是一个人。他们在不同的场合和婴儿玩耍，曾经把他抱在怀中，深情地和他说话。这个婴儿显然是以为只有一个男人和自己家人住在一起，所以当出现两个男人的时候，他表现得异常警觉。在他周围环境中出现了一个男人之后，又见到了另外一个男人，这下子他明白自己犯了个错误。尽管他才刚刚出生4个星期左右，但他却让我实实在在地体验到人类理性的谬误和可笑。

很显然，如果这两个男人无法理解婴儿从出生起就有着自己的心理活动，那么他们就无法帮助婴儿。这样的帮助使得婴儿走出了最艰难的一步，并开始自己的思考，也获得了更多的体验。

这里还有一个更大一点的儿童的例子。有一个7个月大的儿童正在地板上玩一个绣花枕头，他竟然兴致勃勃地闻着绣在枕头上的那些花的图案，还亲吻着那个绣在枕头上的儿童。不幸的是，一个没有受过儿童护理正确教育的保姆，天真地以为给孩子闻一下或者亲吻一下其他东西会让孩子更高兴。于是，她不顾一切地给孩子拿来一堆乱七八糟的东西，并不停地说："快闻一下这个！亲一下这个！"结果适得其反，儿童幼小的头脑被这突如其来的东西给打乱了。孩子正在形成自己的模式，他通过识别这些图像，然后将其储存在大脑中。他做这些事情的时候兴致极高，这对于他的理性构建工作很有益处。可当他试着获得一种内部秩序，进行这项神秘工作之时，却被一个无知的成年人给打乱了。

这种粗暴地打断儿童思路的做法，在我们日常生活中还很常见。但是这样做可能给儿童的内部工作造成严重的障碍。我们成人无法意识到这种神秘工作对于儿童的意义，就可能毁灭了儿童最初的心理成长过程。这就好比是海水冲上了沙滩，卷走了堆砌城堡的泥沙。由于成人的无知，儿童的基本欲望就有可能遭受到极大的遏制。重要的是，儿童应该得到他所能得到的清澈体验。因为只有这种深刻的体验，才能让儿童的智力逐步形成。

儿童营养学家通过实验发现，必须在儿童的饮食方面充分考虑个人因素。他发现儿童在达到一定年龄之前，还没有一种东西可以代替母乳的营养价值。因为一样东西，对这个孩子来说是好的，但是对另一个来说就未必。这位儿童营养学家所做的实验在6个月以下的儿童身上产生了极好的效果，但是对于6个月以上就没有这种效果。这让人感到疑惑，因为这个年龄的孩子，人工喂养比早期喂养要容易得多。有些穷人的妇女无法给自己的孩子喂奶，便去询问这位专家如何给孩子喂奶，专家为这些贫困的母亲设置了门诊处。但是这些贫困妇女们的孩子并不像在诊所里的儿童那样在6个月之后表现出营养失调。这个专家经过反复观察认为是孩子心理因素的作用。他开始注意到，诊所里的6个月以上的儿童，由于心理不健康而产生了厌倦情绪。他给儿童提供了不少娱乐和消遣的活动，不再让孩子们只在诊所里散步，而是带他们到一些新奇的地方去玩耍，结果孩子们的健康恢复了。

根据事实，我们得出这样的结论：1岁以前的孩子能够在他们周围的环境中获得足够的深刻体验，而且能从一些图片中认出所熟悉的环境。但这种体验一旦获得，他们就再没有强烈的兴趣了。当第二年再看到一些漂亮的物体和颜色时，他们就不再欣喜若狂，也没有了那种好奇心理。我们注意到，那种激动就是敏感期内的一些特征，但是孩子们对于我们平时不注意的小东西却产生了极大的兴趣。可以说他们开始对那些不起眼的小东西产生兴趣了。

我首先在一个只有15个月大的小女孩身上找到了这种敏感性。我听到她在花园里放声大笑，这对这么一个小孩来讲太不寻常了。她自己走出去，坐在平台的砖头上，看起来完全沉醉于一种发现的愉悦中。附近有一个美丽的花坛，种着的天竺葵在骄阳下看起来十分娇艳，但这个小女孩并没有看着花，而是把眼睛盯在地面上。但地面上没什么可看的东西，我看到了儿童的一种无法捉摸的奇特兴趣。我慢慢地走近她，仔细地看着这些砖头，却没有发现任何好玩的东西。但是这个小女孩却严肃地对我说："那里有一只会动的小东西。"她指给我看，我看到了一只跟砖头一样颜色、小得几乎看不出来的昆虫，它正在飞快地跑动着。原来，激起这个小女孩开怀大笑的是一个小生物，它会动，会跑，她在欢乐的叫嚷声中满足了好奇心，叫声远远高过她平常的声音。这种欢乐并不是从太阳来的，不是从花朵来的，也不是从鲜艳的色彩来的。

　　还有个类似的故事，这里也给大家说一下。同样是一个15个月大小的男孩，给我留下了比较难忘的记忆。他正在玩着母亲的明信片，因为他的母亲是个明信片收集者，所以很多明信片看起来十分花哨。这些收藏品似乎引起了这个小孩的兴趣，于是他拿来给我看。他用孩子的话对我说："叭叭"，他用来表示"汽车"。于是我知道他邀请我来看汽车的图片。他的图片很多，也很漂亮，很容易看出他母亲把这些东西收集起来，既是为了哄他高兴，同时也试图用这种方式教育孩子。在这些明信片上画着长颈鹿、狮子、蜜蜂、猴子、鸟等许多种类的动物；还有一些明信片上画着讨儿童喜欢的绵羊、猫、驴子、马和母牛等；还有一些明信片则画着各种景物，比如房子、动物和人。使我觉得奇怪的是，在收藏的这些明信片中——我没有发现汽车的图片。我对这个孩子说："我看不到汽车啊。"当时他看着我并指着一张明信片得意地说："在这里哦！"这幅图画的中央可以看到一只漂亮的猎狗，远处有一个肩上扛了一把枪的猎人。可以在一个角落里看到一座小屋，还有弯弯曲曲一条线，好像是一条路，在这条线上还可发现一个黑点。这个小男孩指着这黑点说："叭叭"，这个黑点很小，几乎看不到，但我看出来这个小黑点确实可以表示一辆汽车。汽车被画得如此小，简直很难发现，这小小的汽车却引起了这个小男孩的关注，所以他觉得有必要指给我看。我想，也许这个小男孩还没有注意到其他明信片上那些漂亮和实用的图画。我挑出一张明信片，上面画有长颈鹿，对他说："看这长长的脖子。"这个小男孩脸色很不愉快地说："长颈鹿。"于是，我继续讲下去的勇气没有了。

可以这样说，大多数儿童在两岁左右的时候，就已经可以依靠天性逐渐引导智力的发展了，这种活动会一直持续下去，直到有一天他们对周围环境中的东西有了充分的了解。我还记得这样一个例子。我曾经帮着一个20个月大小的男孩子看一本成人题材的书，封面完全是那种十分漂亮的风格，这是一本《新约全书》，由多雷配的插图。书中还嵌入了一些经典的绘画作品，比如有一幅就是拉斐尔的《主的荣光》。这个小男孩在我的引导下认真地看完了这幅画，上面正好还有一幅耶稣呼唤小孩到他身边去的画面，我便向他解释道："耶稣怀里抱着一个小孩子，你看别的小孩子是多么爱他啊！他们都把头靠在耶稣的身上，并且目不转睛地仰视着他。"

这个小家伙显然对这些丝毫没有兴趣。这时候他扭动着自己的身体，像是在暗示我没有照管他。我翻看着这些图画，试图寻找另一幅图画。这时候，小男孩突然对我说："看，他在睡觉呢！"我对这个小男孩的话感到诧异："谁在睡觉？"这个小男孩大声地说："是耶稣啊！耶稣在睡觉！"他示意我把书翻回去。我又仔细端详这幅画，画面上的耶稣正站在高处俯视着儿童。他的脸低垂着，看起来的确像是在睡觉。这个细节被小男孩捕捉到了，而我这个成年人却丝毫没有注意到，现在想起来真是非常惭愧。

我想，还是继续把这个话题讲完吧。当我讲到一幅耶稣显现圣荣的图画时，我说："快看啊，耶稣升天了，人们的表情是那么的惊恐。你看这个小男孩眼睛滴溜溜直转，那个妇女张开双手，不正是这样子吗？"我意识到了，我选的这些图画对儿童来说不太合适，这可能无法引起他们的兴趣。但让我欣慰的是，我又一次发现了儿童和成人对同一幅画的不同解读。这个小男孩漫不经心地嘀咕道："嗯，继续往下翻。"但是他的表情上丝毫看不到那种兴奋和喜悦，他似乎毫无兴趣。我又开始不停地往下翻，这时小男孩突然抓住自己脖子上的那个类似于小兔子的饰物，大声叫道："小兔子！"我心想，他可能是被这个饰物的形状给吸引了吧。突然，他又示意我往回翻。我就按照他的话，把书翻了回去。这时我彻底被震惊了，那幅《主的荣光》画面的一侧还真的就画着一只小兔子。我显然根本没有注意到这一点，这再一次说明儿童和成年人有着两种不同的观察视野。成人总是低估孩子的认知能力，习惯给他们一些再普通不过的东西，认为孩子什么都没见过。其实这就好比你以为某人是个聋子，然后大声给他讲话，当他特别反感的时候，就对你说："我不是聋子，你说的话我都能听清楚！"这个时候，反而是你异常尴尬。

成人可能习惯了自以为是，觉得儿童只是喜欢色彩鲜丽、声音巨大的事物。强烈的刺激并不能给孩子带来注意力上的提升，比如歌声、钟声、飘扬的旗帜、绚烂的灯光等，因为这些强烈的刺激是转瞬即逝的。我们不妨把这种行为方式和成人做一个直接的比较。比如我们正在聚精会神地看书，此时有个管弦乐队正好从楼下经过，这时我们大概会把书放下，然后走到窗口去看看外面究竟发生了什么。因此我们推论出，孩子和大人一样，也容易被外在的响亮的声音极大地吸引，但这仅仅是一种附带产生的结果，与儿童心理生活的发展并没有重大联系。儿童相反会全身心地注意那些我们忽略的小东西，这一现象可以被看做是儿童心理生活存在的证明。儿童这样做显然不是因为这些小东西特别醒目，特别吸引人，而是因为他们这时候更加专注于小的东西，并在全神贯注地看它的时候，显示着"爱与智慧"。

儿童的心灵对成人来说为什么就那么神秘呢？根源就在于，他们更注重观察表面现象，而不是从内心深处去挖掘。在儿童活动的背后，有一种可以理解的原因，对此我们必须考虑到。我们总是以为孩子的所有反应都是一时冲动，但是兴趣也同样包含着这样的因素。这是一个非常值得重视的问题，同时必须找到答案，这个过程快乐而充满着艰辛。成人必须一改以往的傲慢态度，对儿童重新审视，才有可能窥探到谜底。成人需要重新做回一个学习者，端正那种蛮横专断的态度，克服狭隘的心理，在与儿童的关系上不再以裁判者或领导者的身份出现。

我曾经和一群妇女们讨论过关于儿童书籍的问题，我们就在一间画室的角落里进行的。我发现一个1岁半左右的小男孩，他在妇女们身边安静地玩耍着。我们首先是从理论探讨，紧接着谈到了一些具体的事情，其中还谈到了小孩子的书籍问题。这时，那个小男孩的母亲说："我有一本叫做《小黑人萨莫》的书。萨莫是个小黑人，在他生日那天，父母送给他许多礼物，这其中有帽子、长筒袜和颜色鲜艳的外衣。他的父母正在为他准备可口的饭菜，这个小萨莫却顾不上吃饭，匆匆忙忙地去街上炫耀他的新衣服了。小萨莫在街上碰到许多动物，他想安抚一下他们，就送给每个动物一件东西。他把帽子送给了长颈鹿，把鞋子送给了老虎……最后，他光着身子，流着眼泪回到家。这个故事的结尾是很愉快的，因为父母宽恕了他。这从这本书的最后一幅画——他面前摆着丰盛的饭菜上可以看出来。"

这个母亲给其他人建议说，可以让孩子看看这本书，但这个小男孩却摇着脑袋，插嘴说道："不，Lola。"众人不解是什么意思，他们猜想这恐怕就是一个童年的谜吧！大家谁都没有在意，可是这个小男孩不断地重复说："不，Lola！"这的确让人感到很费解。他的母亲这时候解释道："是这样的，照顾孩子的一个保姆就叫Lola，他可能有点想她了。"小男孩莫名其妙地大哭起来，一边哭一边大叫着"Lola"，好像是遭受了严重的不公平待遇或误解。直到最后，有一个人把书给他看，小男孩指着封面的背面后的最后一幅图。这幅图画着那个可怜的小黑人正在哭泣。这时人们才恍然大悟，原来这个小家伙所说的"Lola"的含义是西班牙语"llora（他在哭）"的意思，只不过是发错了音。

小男孩显然是想重申这样一个事实：这本书的结局并非皆大欢喜，而是一个彻底的悲剧。因为封底的小黑人萨莫正在伤心地哭泣。这个小男孩显然是对的，不过我们成年人都没有注意到这一点。因此，当小男孩的母亲说出"这个故事的结尾是很愉快的"时，小男孩试图去纠正母亲所犯的错误。他清楚地记着，这本书的结尾是萨莫正在哭泣，显然小男孩比他的母亲看书看得更仔细。虽然他无法完全理解妇女之间的谈话，他甚至还不能准确地表达一句话，但却能够显示出他敏锐的观察力，这不能不让人感到震惊。

　　儿童的性格与成人恰恰相反。因为成人知道选择，儿童却不明白，反过来认为成人多少有点无知。一个长期专注于细节的儿童，在他的眼中也会多少流露出对成人的轻蔑。由于我们对细节不感兴趣，所以儿童往往认为我们有些迟钝和麻木。如果儿童能够表达自己的观点，他们肯定会将成人批评得无地自容。这段时期他们不信任我们，就像我们对他们不信任那样。成人和儿童的思维方式不尽相同，因而出现问题也就在所难免。

孩子如何看待外部秩序

　　儿童往往是先了解他所处的外在环境，之后才更深入地了解外面世界的秩序，进而思考自身和外面环境的关系。如果说到儿童最大的一个特点，那必然就是热爱秩序。他们有的只有一岁半或者两岁，却能够清楚地知道一些东西的名字。值得人们思考的是，孩子们也许在更早的时候就已经掌握了这种能力，可惜大人的引导不到位，致使他们对于外在环境的秩序需求不是那么强烈。一个优秀的家庭妇女甚至都无法和一个热爱秩序的儿童相提并论。比如，人们常说："我爱我家，我爱一个整洁的家。"事实上，他们只不过是嘴上那么一说，依旧是那种老样子。但是孩子却对生活在混乱的环境里面没有足够的耐心，这会使他们感到心烦意乱。他们往往歇斯底里地呐喊或者绝望地尖叫，以此来抗议，最后急出病来。婴儿显然能比大人更直接地、更敏锐地感受到外在环境的混乱，他们的敏感性受到外在环境的影响，然而长得越大，敏感性就越差，直至消失。成长过程中生物的敏感性会以周期的方式出现，这种现象我们叫做"敏感时期"。这一时期很神秘，也非常重要。

令人难以想象的是，孩子们考虑到外面秩序的敏感期，常常被人们认为是混乱不堪的。出现这种状况的原因，我想是这个环境无法单独地被他们所拥有，所以小孩子在这个环境中的位置不太明确；而相同环境里面，比他们强大的还有学校的老师、大一点的同学或者家长，这些人不但不理解，甚至认为他们很任性。小孩子因此会毫不理会大人们的安慰，仍然无缘无故地大呼小叫。这种情况可以说是很常见，这里面就有很多大人无法知道的秘密藏在孩子们的心里。

我们在这里必须给大人们提一些建议了。否则，你们怎么能够及时察觉到孩子内心的小秘密呢？怎么觉察到孩子是怎样用心展现这些小秘密呢？在学校里，我们如果有什么东西没有放回原处，一个刚满两岁的孩子看到了，他也一定会想办法放回原处的。学校里面要做好清洁工作，把一些不必要的东西及时清理掉，这样有助于孩子养成爱整洁的习惯。儿童只有在自由中，对于秩序的向往才会更加强烈。

我们学校的一些生活图片在旧金山博览会中心大厅展出。人们可以在图片上看到这样的情形：放学后，所有的桌椅都被一个两岁的小孩子整齐地放在墙壁的一侧。看起来，他是带着思考完成这项工作的。那天，他无法处理靠着的一把椅子，他就开动脑筋，把这个大椅子放在通常摆放的地方，离其他椅子不远的位置。

还有一个小故事，有一个只有4岁大的孩子从一个容器向另外一个容器里面倒水，他不知道自己不小心已经将水洒在地板上了。有趣的是，一个比他还小的小孩子坐在地板上，拿着一块抹布已经悄悄地将地板上的水擦干净了，这个倒水的小男孩还不知道呢！他停止倒水的时候，更小一点的男孩子问道："还有吗？"大一点的男孩子一脸不解："还有什么呀？"

但是，如果环境不是很适合自己，小孩子发现自己无法表达自己明确的想法，这个时候有趣的事情就会变得很糟糕，没有任何价值，让小孩子更加痛苦，也更容易发脾气。

满足孩子的需求，这样我们才能从中窥见孩子刚刚出现的这种敏感性，这后来被认定是快乐心情的一种释放和反应。孩子对于秩序的敏感期就出现在孩子降生后的几个月之内，所以作为家长应该有必要好好学一下幼儿心理学。一些保姆受过这些训练，她们就能够按照我们要求的那样去做事。这方面我还有一个比较生动的例子：一个保姆整天推着一个坐着5个月大小的婴儿的童车，缓缓地从房子前面的花园里走过。这个小孩子看见什么东西非常兴致勃勃呢？原来是一块白色的大理石碑。这块石碑镶嵌在灰蒙蒙的旧墙上面，花园里到处鲜花盛开，可让小孩子最高兴的却是那个毫不起眼的大理石碑。善解人意的保姆这时候就在大理石碑下面停住了，她要让孩子仔细地看个够，好让孩子能够得到长时间的快乐。

我们都知道，小孩子的挫败感也常常发生在孩子的秩序敏感期。他们这时候大多暴躁而敏感，常常因为些小事而大发雷霆。

这样的例子不胜枚举，我总是能找到很多。这个故事发生在一个小家庭里。被我们提到的婴儿刚出生几个月，他总是躺在大床上，那是一张有些倾斜的床，对他俯视四周很有好处。他的房间按照生理科学原理设计，有一间保育室用来盥洗，房间不像一般房间一样刷成白色。房间安装了彩色的窗玻璃，摆放着一些小家具，鲜花摆在一张铺着黄色桌布的桌子上。那天，来她家里做客的一位女客人把自己的雨伞放在那张桌子上，随后，小女孩看到雨伞便开始哭闹，看来这把雨伞让她烦恼、难受了。大人不了解孩子的需要，还想一定是小女孩喜欢这把伞，但是客人把伞放到她面前时，她推开伞，拒绝接受它。大人把伞放回到桌子上。保姆抱起小女孩，放在桌子上，靠近那把伞，可小女孩仍然哭闹着，不停地挣扎。孩子的母亲对小孩子早期的心理预兆了解一些，这时候她走过来，从桌子上拿起伞，把它拿出了房间。小女孩立刻变得老老实实的，不哭也不闹了。看来，伞放错了地方让她烦恼，因为这严重地违反了小女孩房间平时的秩序，而她对东西摆放的位置记得可清楚了。

　　讲到这里，索性再讲一个例子给大家。有一天，我和一群游客一块儿走过那不勒斯的尼禄洞穴，有位年轻的母亲打算带着她的孩子走完地下洞穴，可是这个孩子太小，才1岁半左右，不能自己步行全程。才一小会儿，小孩子就累了，母亲只好抱着他走，但她却力不从心。她浑身热得不得了，于是，她把外衣脱下，搭放在她的胳膊上。她抱着的孩子却产生了心理障碍，哭起来了，哭声越来越响亮。他的母亲想尽办法，想让他安静，但毫无作用。这位母亲太年轻，也是因为疲劳的原因，感到十分苦恼。人们都看到了这种情况，很想真诚地帮助她。她母亲把小孩从一只胳膊放到另一只胳膊，小孩仍然又哭又闹。别的大人和他说话，甚至训斥他，都无济于事。

　　这个小孩的母亲想，抱抱他大概问题就可以解决了。可是改变抱的姿势好像也没有用，因为小孩子正在"大发脾气"。我们一个旅伴站出来说："我来抱抱就好了。"他用自己强壮的胳膊紧紧地抱着小孩子，显得很严肃。但这个小孩却不领情，反而哭闹得更厉害了。我想，这个小孩的反应肯定跟幼年期的秘密有关，我充满自信地走过去，对孩子的母亲说："我帮你穿上外衣，好吗？"孩子的母亲仍然热得喘不过气来，惊讶地看着我，虽然很糊涂，还是同意了我的话，她穿好她的外衣。太奇妙了，小孩马上安安静静的，不哭也不闹了。他说："妈妈，穿外衣。"他的意思好像是："妈妈，不管怎样都要穿上外衣。"或者是感觉到大家终于知道自己的存在了，紧急事件终于变得十分平静，小家伙的手伸向母亲，高兴地笑着。原来，这位年轻母亲身上的混乱、失去秩序的现象不和谐，给孩子形成了障碍。一定要把外衣穿在身上，而不能像一块布片一样搁在胳膊上。

　　让我最受启示的是另外一个例子。如果不是我亲眼见到，很难相信这样的事情。有位母亲身体非常不舒服，于是就靠在沙发上休息。这个时候保姆从房间里拿来两个靠垫给她靠着，这样看上去她更舒服一些。就在这时，她21个月大的女儿跑了过来，想让妈妈给她讲故事。虽然自己身体不是很舒服，但是做母亲的仍然没有拒绝孩子的请求。她边靠着靠垫，边给小女孩讲故事。后来，母亲实在支撑不住了，便让保姆扶她回房休息，只留下小女孩一个人在沙发边上。保姆顺带着就把那两个靠垫也拿回房间去了，她觉得太太等一下可能用得着。这时小女孩却大哭起来。按照我们成年人的思维，一定以为是母亲不给孩子讲故事，所以孩子哭起来。事实上孩子不是因为这个，而是尖叫道："不要拿走靠垫，不要拿走靠垫！"她好像在强调："不管怎样，靠垫不能从它的位置上拿走！"保姆当然很耐心地劝她，妈妈也还是强打起精神给她讲故事，但是这些都无法让小女孩的哭泣停下来。她流着眼泪说："妈妈，看看沙发，看看沙发。"这个小女孩此时已经不再对故事感兴趣，小女孩的妈妈和靠垫都发生了位移，完全换了一个房间去讲故事，这虽然看起来很平常，在这个小女孩内心却发生了戏剧性的冲突，让她无法接受。

　　孩子们对秩序的强烈渴望，在上面的例子中体现得淋漓尽致。但还远不止这些，他们的早熟程度更让人感到惊讶。我们甚至都不敢想象，一个两岁的孩子都懂得热爱秩序。如果我们细心观察，就能够在现实生活中发现，学校里的一些有趣的事情还是很多的。如果不小心有人把东西放错了位置，小孩子看到了一定会将它放回到原来的位置。有些细节成人根本注意不到，可是这些两岁的孩子却可以观察到。比如说，有人把肥皂放在脸盆架上面，却没有放到肥皂盒里面去，又或者是把椅子放得东倒西歪，没有把它们放在应该出现的位置，小孩子如果看到了，就会很自然地跑过来，把它们放好。把东西摆放得乱七八糟，似乎在刺激着孩子的神经，他们无法忍受，就是这么一个道理。我们从而可以得知，真正让孩子快乐的，就是把东西摆放得整整齐齐。我们学校一些三四岁的小孩子，会在完成练习后，把那些使用过的桌椅自觉地放回原处，这是毫无疑问的事情。

对于这些小孩子来说，把东西放在指定的位置，这就是他们头脑中"秩序"的概念。当小孩子认识到那些东西在自己日常生活环境中所处的位置之后，就会牢牢将它们的位置记住，这样秩序感便产生了。这样同样让他们更加熟悉和适应自己所处的环境。我们其实非常渴望这样的环境，当我们在这个环境中时，即使闭着眼睛走动，也会知道东西都在哪里，那些生活用品变得触手可及。这样的环境对于快乐安静的生活来说是不可或缺的。儿童对于秩序有着超然的理解，小孩子认为秩序的混乱是极其痛苦的事情，秩序被破坏对于他们的心灵伤害很大。我耳边似乎听到孩子们的呼喊："没有了秩序，我们便无法生活，请关心一下我们生活的秩序。"可见，对于孩子来说这个问题至关重要，但对于成年人来说就只是快乐不快乐、舒适不舒适的问题。小孩子们试图了解生活的各个组成部分，并按照自己明确的原则去行动。大自然似乎是没有感情的，他们总是亘古不变地以一种步调来走下去，那就是生老病死。对于小孩子来说，秩序就像是野兽在大地上奔跑，就像是鱼儿在大海里游动，小孩子需要在一个环境中获得有关的规则，从而在这个环境中得到进一步发展，这是非常有必要的。

在小孩子的游戏中早就表现出对于秩序的热爱。瑞士有位心理学家按照克拉帕雷德教授的理论，对自己的孩子进行了一些实验，这些实验的确很有趣。这位心理学家把一些小东西藏在椅子的坐垫下面，这时让孩子走出房间，然后他把这些东西转移到另一个椅子的坐垫下面，这位心理学家自然希望孩子可以在第一个坐垫下面找不到的时候，去翻看第二个坐垫。但是孩子进来之后，先去第一个坐垫下面仔细看了一遍，没有找到，就老老实实地说："找不到。"孩子似乎根本不到其他地方去找。这位心理学家不甘心，又在孩子面前把刚才的实验演示了一遍，并且让孩子看到东西已经从第一个坐垫下面转移到另一个下面了。令人十分费解的是，孩子依然是只在第一个坐垫下面找了一下，便说："找不到。"心理学家自然是非常失望，觉得这个孩子的智力是有问题的。于是质问孩子说："我明明刚才已经把它们转移到这里了，你难道看不到吗？"孩子风趣地说："我看到了啊，但是它们应该放在这里才对！"

显然这个孩子的智力是没有问题的，他的心思并不在找什么东西上面。即便是他找得到，他也觉得那与他自己没什么关系。他最关心的是这个东西应该放在原处，而不是像父亲那样违反游戏规则地去随意摆放。心理学家认为这个游戏是从一个地方转移到另一个地方，这个中间有个"藏"的过程，孩子显然误以为这个东西从一个地方放回原处才是这个游戏本身。在孩子看来，这个东西不放回原处，是非常乏味的游戏。

就在我和这些孩子们一起玩捉迷藏游戏的时候，这些2～3岁的孩子们给了我无限的惊奇。他们在做游戏的时候通常都很激动，甚至表现出兴高采烈的样子。游戏是这样进行的：有一个孩子在其他孩子的面前藏到铺着长桌布的桌子下面，随后，其他孩子走出房间，他们再次回到房间的时候，立刻掀起桌布。这时，他们看到同伴藏在桌子下面，就高兴得尖叫着。孩子们一遍一遍地做这个游戏。他们按照次序一个一个地说："该我藏起来了。"随后爬到桌子下面去。还有一次，我看到几个大一点的孩子和一个很小的孩子一起玩捉迷藏游戏。大一点的孩子知道小孩子藏在一件家具后面，他们进来时，却装作不知道的样子。他们装模作样地找遍了房间里的所有地方，就是不在这件家具后面寻找，他们认为这样就会让小孩子觉得更好玩。但是小孩子却大声叫着："我在这里呀！"并且表现出一副非常生气的样子大喊道："你难道看不见我吗？我就在这里！"

当我看到这一切的时候，觉得非常有趣，便忍不住和他们一起玩儿。一群天真烂漫的孩子欢呼雀跃，他们在门后面找到了那个藏身的小伙伴。他们还拥抱着我，对我说："请你藏起来，咱们一起做游戏吧！"我接受了他们的邀请，他们就一起跑到门外面，好像他们觉得看到我藏身的地方，是件很不好的事情。我没有藏在门后，而是藏在一个柜子的后面。孩子们回来后，一起跑到门后找我。我藏了一会儿，发现他们找不到我了，就从藏身的地方走出来。他们的表情又失望，又迷惑。他们用责备的口吻问道："你怎么不和我们玩呢？你干吗不藏起来？"

这个游戏本身是充满快乐的，最大的乐趣就在于孩子们愿意在他们指定的地方找到他们要找的东西。我们必须要了解孩子们这个年龄的特性。他们认为把一些东西藏起来就意味着必须认为是看不见这些东西。重新发现这些东西就会带来一种和谐的秩序感，不管是看到还是没有看到，东西总该放在它被放好的地方。他们就会自言自语道："你绝不会看到它，只有我知道它在哪儿，我闭上眼睛也能把它找到，因为我确信它放在那儿。"小孩子对秩序的内在敏感性是自然界赋予的天赋，这是通过自我感觉而形成的天性。这种感觉不是物体本身，而是对各种物体之间的关系的区别和认识，所以小孩子有看到一个整体环境的能力，同时认识到在环境的各个部分是相互依存不可分割的。他们极为需要这样的一个整体环境，因为只有这样的环境孩子们才能适应，他们的行动才更具有目的性。以此为基础，儿童才能认识到组成环境的各个部分之间的关系。假如孩子们所见所闻的周围环境不能按照秩序组织起来，它们就没有存在的价值了。小孩子觉得这就像只有家具却没有建好放家具的房子一样。如果人们仅仅知道区别一个一个的物体，却对它们的联系毫无了解，他会发现一个尴尬局面：他自己处于混乱状态之中，无法摆脱。明显地，儿童具有的工作本能是自然界馈赠的一件礼物，这使他在适应环境的同时在环境中找到适合自己的生活方式。自然界在孩子对秩序的敏感期里给他们上了第一堂课，就如一位教师给孩子提供一张学校的教室平面图，为识别地图做好了前期的准备工作。

我们可以得出这样的结论，大自然是给孩子们上得最生动的一堂课。它仿佛是指南针，确切地告诉孩子们应该找寻的方向。同时，它还教会了孩子们使用语言的技能，随着年龄的增长，孩子们的语言能力也将逐步提高。我们必须知道，人的心理变化是一步步实现的，因为有些基础是在敏感期就一点点发展起来的，绝非一蹴而就。

内部秩序

儿童的秩序感大体上可以分为两类，即内部秩序和外部秩序。我们都知道，儿童对于自身与周围环境关系的认知可以称为外部秩序。而自己身体与他们每一部分相应位置的认识，便是所谓的"内部秩序"。

很多实验心理学家热衷于对于人体内部秩序的长期研究。通过研究他们认为，这存在一种使人们能够意识到自己身体的不同部分所在的不同位置的肌觉。这种肌觉需要有一种特殊的记忆，可以叫它为"肌肉记忆功能"。这种机械的解释完全是基于意识活动的经验做出的。比如，假如我们伸手拿到了某样东西，这个动作能够被感知到，还可以保存于我们的记忆中，而且可以重现。由于人们具有运用自如的经验，因此我们能够随意活动自己的两只胳膊，向着不同方向转动。但实际上，儿童显然已经经历过了对于自己身体各种姿势的高度敏感期，这个时期远在他能自由地到处走动和具有任何经验前面。也就是说，儿童具有的与他的身体的各种姿势和位置有关的特殊敏感性早已经被自然赐予了。

那些理论是以神经系统的机制为基础，敏感期却是与心理活动息息相关的。敏锐的观察力和心理冲动为意识活动的发展打下了基础。它们是自发的产生一些基本原则的源泉，同时，这些基本原则构成为心理发展的基本条件，这样很自然地为心理发展所需的潜意识和经验提供了条件。相反的，正是由于周围环境对于孩子这种创造性的阻挠，才更加清晰地说明了这种敏感期的存在与他本身所具有的敏感性有关。儿童在这种情况发生时会变得非常的不耐烦，就像预示着一种疾病的到来。假如这种不良的情况持续下去的话，就有可能给治愈这种疾病的尝试造成障碍。说来简单，将障碍排除掉，脾气没了，疾病也好了，这不是很明显地揭示了产生这种反常现象的根源吗？

记得有一位保姆曾经告诉我一个非常生动的例子，她是一个善良且贤惠的英国妇女。她找到了一位能干的替代者，因为她要暂时离开她为其工作的那一家人。这位替代者对这份工作掉以轻心了，于是她在照顾小孩洗澡时碰到了麻烦。只要她一给这个小孩洗澡，他就不安和绝望地哭起来，而且想离替代保姆远远的，还把她推开，想逃开。这位保姆为孩子做了她所能想到的一切，但是这个小孩仍然厌恶她。后来那位英国保姆回来了，这个孩子立刻就老老实实地高高兴兴地洗澡了。这位英国保姆以前在我们的一所学校里受过相关的训练，发现儿童厌恶的心理原因是她的兴趣所在，对已发生的这个现象她很容易得知谜底。对于如此年幼的儿童所说的那种不完整的语言，她具有很大的耐心试图去解读谜底。这个小孩把第二个保姆当成了坏人，这又是为什么呢？我们通过对比才发现，这两个人给孩子洗澡的方式截然不同。第一位保姆用右手洗孩子的头，用左手洗孩子的脚；第二位保姆的动作正好相反。

说到这里，又让我想起了一个比这件事更为严重的例子。这个小孩子的经历看起来似乎是一种无法确诊的疾病，我目睹这件事纯属偶然。案例中的这个小孩子只有1岁，他和家人进行了一次长途旅行。孩子的父母都以为小孩太年幼了，所以不能忍受这种路途的疲劳。然而一路上孩子的母亲发现路途中并没有发生意外事件，旅途相当的顺利。到晚上的时候他们都睡在高级旅馆里，那里有现成的围着栏杆的幼儿床，还为小孩子准备了美味的食品。回家以后，他们住在一个房间很大、家具很简单的公寓房间里。因为再没有围着栏杆的幼儿床，小孩和母亲一起睡在一张大床上。

接下来却出现了意外，小孩子像是病了一样，每天晚上都不停地哭，而且有失眠和反胃的症状出现。孩子的母亲于是不得不整夜抱着孩子，母亲和孩子都感到疲惫不堪。无奈之下，家人请来了专业的儿科医生来检查小孩的身体，并给小孩买来了很多好吃的，给他进行日光浴，散步，等等。但是这些行动无济于事，结果，夜晚成了全家很痛苦的时候，这个小孩竟然清醒起来，可怜地抽搐着，还在床上打着滚。每天要发生2～3次类似的情况。由于小孩年龄太小了，当然不能说出自己的烦恼，所以大家都不了解对他来说最大的难于解决的烦恼。于是，他的家人请来一位著名的儿童精神病专家为他诊治。

那一次我正好也在其中，这个小孩看上去并没什么严重的病症。父母也告诉我们在旅行的时候孩子的身体非常健康。为什么回到家里就病了呢？显然，他的变化可能是精神失调导致的。我看到这个小孩躺在床上忍受着病痛和苦恼，这时候我忽然来了灵感。我拿来两只枕头平行铺开，它们的边角垂直起来像一张围着栏杆的幼儿床的样子。我随后为他盖上床单和毯子，默默无语地把这张临时凑成的幼儿床紧靠在小孩的床角。小家伙看见它，立刻停止了哭泣，打着滚儿，滚到床沿边上，睡在里面，并说："咖亚，咖亚！""咖亚"是小家伙用来表示"摇篮"的词。孩子马上就睡着了。从此，他的病症再也没有发作过。这个小孩不满成人把他抱离睡惯的床而放到一张没有围栏的大床上，采用了他的独特办法表示对不招人喜欢的混乱的抗议。

很显然，睡在一个没有围栏的大床上让孩子感受不到那种安全感，所以他整夜不停地哭泣。由于没有了围栏，直接导致他内部秩序的混乱，内心非常挣扎，这不是生理上的病痛，儿科医生显得束手无策。这个例子说明了敏感期内精神的力量，在敏感期里他具有天然的创造力。我们有时候太过于相信所谓的经验，而正是这些经验让我们变得麻木和愚蠢。要知道，孩子的秩序感和我们并不相同。他们处在获得感知印象的贫乏期中，他一无所有的同时又感到创造的艰辛。在他们心目中我们就像他的继承人，但我们就像靠艰苦劳动发家的人的儿子，一点都不顾及他所承受的劳动的艰辛。我们已拥有的社会地位和拥有的一切都使我们冷淡而且迟钝。认识到这些我们便可以充分运用儿童给我们的启示了。儿童的优势是经过不断训练的意志，以及日渐发达起来的肌肉。今天我们能适应这个世界，这和儿童时期培养的敏感性是有着密切关系的。我们的生活会丰富多彩，那是因为我们是儿童的继承人的缘故。

儿童起初是一无所有的，但正是这样让他们变得更有创造力，也让我们可以创造未来的生活。从无到有，以至于绚烂至极，儿童的努力我们可以看得见。孩子们在一点点地接近生命的本源，并且勇于付出行动，而他们的创造方式我们始终无法感知，并且永远无法追回。

心灵的构建

假如我们试图更详尽地了解心灵和智慧的秘密，我们不妨对生产前的胎儿做进一步的研究。生物学研究往往都是这样，如果要研究动物或者植物，他们采集的标本大都是成熟的个体，对于人类的研究也是如此。但是现在，科学家们却要独辟蹊径，针对幼小的或初始生命进行取样研究，因此，胚胎学开始受到重视，它告诉我们受精卵是两个成人的细胞结合后的产物。孩子的生命初始于成人，也结束于成年，这就是生命的旅程。

孩子们都是在爱的氛围中降生到这个世界上的，这大概是造物主的一种恩赐。他们本来就是父母爱的结晶，一出生就被父母的爱所包围着。这种爱不是人工的，也不是出于理性的考虑，而是一种自然而然的感情，它与慈善家、传道士或社会活动家所倡导的爱不一样。只有孩子在成长中所经历的爱，才是人类之爱的理想境界，这是一种无私、无悔的奉献。父母为孩子所做出的牺牲来自于他们的天性，牺牲越多他们就越快乐。实际上，这种付出对做父母的来说恰恰是一种收获，生命的本性即是如此。这种生命的相互关系比"适者生存"的竞争关系要高尚得多，这是一种特殊的本能。因此，法国生物学家法布尔在解释物种延续的原因时指出：这不仅是由于它们有天赋的自卫能力，更由于它们有一种伟大的母性，低等动物在保护幼小的下一代时所显示出的智慧就证明了这一点。

由于认识的局限性，19世纪的科学家们普遍认为人的每一个胚胎细胞都是成人的一个微缩品，他们都在逐渐长大成人。有趣的是，他们还就这个"迷你小人"是男是女作了激烈的争论，这一争论的终止是在显微镜出现之后。最后，人们尽管不情愿，但是不得不接受这样一个事实：胚胎内并不先天存在人的雏形，而是由受精卵一分为二，再由二变四，这样不断地分裂繁殖，形成了人的胚胎。胚胎学的研究截至目前的结论是，如同建造一栋房屋必先积累许多砖块一样，当细胞分裂到一定数目时，就筑成了三道墙，然后在墙内开始构筑器官。这种构筑器官的方式十分特别。它开始于一个细胞，然后环绕这个细胞进行疯狂地、快速地分裂，当这种猛烈的活动停止时，身体器官就产生了。科学家对于这一现象给予了充分的解释，每个细胞原来都是独立发展的，好像它们有着各自的目的。而当它们密集活动时，就围绕着一个中心，显得十分团结，又像充满着幻想。它们不断地变化着，与周围其他细胞的差异越来越大，慢慢呈现出将要形成的器官的样子。当不同的器官依次形成时，就出现一种力量使它们相互吸引并结合在一起，它们互相依存，一个也不可少。

一个幼小的生命就这样诞生了，看起来是那么神奇。首先是循环系统把全身的器官联系起来，然后是神经系统将它们更完美地联结，在这里所显示的构筑过程都起始于一个基本点，由这个点出发完成一个个器官的创造工作，一旦各个器官形成，它们必然紧密地结合在一起，呈现出一个独立的生命体。所有的高等动物都遵循着这一原则构筑器官，自然界中也只有这一种构筑规则。

那么人类的心灵是怎样构建的呢？人类的心灵似乎也是循着这样的路径发展的，它从虚无中开始，在新生儿的内部，也就是在他的心理层面，一开始并没有任何现成的东西，灵魂围绕着一个基本点产生，在此之前，新生儿的身体也是在不断地搜集材料，经过心智吸收，当这些材料积累到一定程度，就出现了许多基本点，其热烈的程度是人们无法想象的，语言功能的出现就是一例。由基本点所获得的可不是心灵的发展，而是心灵活动所需要的器官。同样，心灵器官也是各自独立发展的，例如说话、四肢的动作、辨认方向以及其他协调运动的能力都是如此，它们都围绕着一种趣味发展，吸引着孩子对某类活动着迷。当所有的器官齐备，它们就结合起来成为心灵的组成部分。

可以想象，如果我们不了解这些过程以及先后发生的顺序，就无法很好地把握孩子心灵的构建。也许有人会说，以前的人不懂这些，不是一样可以养育出健康的后代吗？但是我要提醒大家，我们现在生活的时代，大自然所赋予母亲的本能大大地受到了压抑，甚至于消失。过去做母亲的可以依靠本能帮助孩子在婴幼时期发展，走到哪里都把孩子带到哪里，时刻为孩子的成长创造所需要的环境，并且用母爱保护着他。如今的妈妈已经失去了这种本能，人性也趋向于退化。所以，研究母性的本能与研究孩子的自然发展是同样重要的，因为这两者是相辅相成的。

还是想想办法，让母爱回归自然吧！事实上，母爱本身就是一种伟大的自然力量，科学家们应该把这件事重视起来，应该协助这些母亲恢复她们失去已久的本能。我们还应该教母亲学会这种知识，让她们在孩子一出生就给予心灵的保护，没有必要把婴儿交给受过训练的护士，那种护理尽管十分合理和卫生，但那只能在表面上满足孩子的生理需要。事实上，过分依赖护士护理的孩子，很可能会受困于心灵的匮乏。

大家如果再一起来关注一下这个发生在荷兰的事情，相信这件事足以让大家感到大吃一惊。有一个机构试图教导一些低收入的母亲对孩子实施卫生保健，他们将一些失去父母的孩子安置在一个自诩很完善、管理很科学的地方。那里有着丰富的营养品，并且还有经受过专业训练的护士，她们用全新的理念去照顾这些孩子。不幸的是，这些孩子不久便得了疾病，波及的范围很广，直接导致了有些孩子的死亡。那些由低收入父母照顾的孩子反而没有患病，而且比那些被照顾得完善的孩子更健康。

后来，这些机构的医生恍然大悟，察觉到了这些孩子们大量死亡是因为缺乏某种条件，那就是最真诚的母爱。他们立即采取了补救措施，让护士们也开始学着就像母亲对待自己孩子的样子，经常亲亲孩子，与他们玩耍。这些对照顾婴儿一无所知的护士妈妈，被发自内心的爱所引导，并结合科学的养育方法，才使这些孩子重新获得了快乐和健康。

精神胚胎的发育

初生的婴儿虽然身体已经长成了人形，但是他们在精神层面上还是处于一种"成形期"。这项工作是他们必须做的，与胚胎期生理领域里所做的工作非常相似。在他面前存在着一个既不同于他在子宫里的生活，又不同于他成为真正的人的生活的时期。出生后婴儿进入了一个"精神胚胎期"。

从某种意义上说，人类要经历两个胚胎期：一个是在出生以前，与动物相同；另一个时期是在出生以后，只有人才有。漫长的人类童年使人与动物完全区别开来。这就形成了一个完整的屏障，因此人被看做是与所有的生命不同的生命。他的能力既不是动物能力的延续，也不是动物能力的派生。他在地球上的出现是生命的一个飞跃；是新的命运的起点。我们区别物种总是根据它们的不同点，而不是相似点。每一种新物种总是具有某些独特的新特征。它更多的不是旧的派生而是独特性的显现，它带有先前从未有过的特征。

正因为如此，哺乳动物与鸟类一出现，动物世界的状况就大为改观。它们不是早期动物的复制、自然的变异或继续。当恐龙绝迹时，鸟类就显露出其新的特征；它温情地保护着产下的蛋，建筑鸟窝，照顾到小鸟会飞并勇敢地保护它们；迟钝的爬行动物恰恰相反，总是丢弃所产的蛋；而哺乳动物在保护其种类方面甚至要超过鸟类，它们不筑巢穴而是让幼仔在其体内长大，并用自己的血喂养它们。

这些都是非常新奇的生物特征。然而人类另具新的特征。人类具有一种双重胚胎生活，这种生活是采用一种新的设计建筑而成，与其他动物相比具有一种新的命运。我们必须就此停止而重新开始对儿童的发展及对人的心理方面进行全面的研究。如果人在地球上的工作与其精神及创造智能有关，那么他的精神与智能必须是其存在的支撑点。围绕着这个支撑点，人的行为甚至包括其生理系统就被组织起来了。整个的人就在一种精神的光轮中发展起来。今天，这种在印度哲学中曾一度占支配地位的思想，甚至也为我们西方观念所接受。经验本身已迫使我们注意到生理障碍常常是由心理状态，即精神控制失灵引起的。

如果人的本质是由"环绕着他的精神光轮"所控制，如果人须依赖于此并且人的所有行为都由此派生出来，那么应给予儿童的最重要的关怀应该是精神生活的关怀，而不是像今天那样仅仅从生活上关怀肌体。

所谓儿童的发展，就是指他所构建的生命正在适应其周围世界的条件，不单是指获得人的官能、力量、智能和语言。儿童与他们周围环境的关系不同于我们与环境的关系。成人羡慕他们的环境，可以记住环境并对其进行思考，而儿童却是吸收环境。他对所看到的事物不仅能记住，而且使它们成为其心灵的一部分。他能将其眼睛看到的、耳朵听到的周围的整个世界具体化。相同的东西在使用时不会发生变化，但却能引起儿童的变化。沛西·能爵士给这种极为重要的不需要自觉地去记忆而是将影象吸收进个体的生命中的记忆力起了一个特别的名字，把它叫做"记忆基质"。

证实这种特殊记忆类型最好的例子，就是婴儿对语言的学习。儿童学习语言，并不"记住"声音，而是将其具体化然后使其达到完善。儿童能根据复杂的规则使用语言，这并非由于他曾经学习过，也不是通过正常地运用记忆。也许在其记忆中从未保持过什么语言，但这种语言最后却形成了他的精神生活和他本身的一部分。毫无疑问我们正在讨论着一种与纯粹的记忆过程不同的现象，即幼儿心理的一个最不可思议的方面。儿童有一种特殊的敏感性引导他去吸收其周围的一切，而且正是这种观察和吸收使他能够使自己适应生活。他做这项工作是凭着一种只存在于儿童身上的无意识力量。

我们说，生命的第一个阶段应该是一个适应的过程。这里就需要我们正确把握"适应"一词的真实内涵，而且要把这种"适应"同成人的那种适应区别开来。正是儿童的这种特殊的适应能力使其出生的那个国家成为他愿意永远生活的地方，就像他讲的最完美的语言是他的母语一样。一个生长在国外的成人永远不会以同样的方式适应生活并达到同样的程度。以传教士为例，他们是按照自己的意志到遥远的国家去履行其天职，但是如果你问他们，他们会说："我们生活在这里是在牺牲我们的生命。"这种表白显示了成人适应能力的局限性。

儿童显然不是这样，即便他们出生在一个完全陌生的地方，可总是能够与之建立密切联系，不管生活多么艰难，不管他的家在芬兰的冰冻平原还是荷兰的沙滩，他们总会从中找到无穷的乐趣。每个人从儿童时代起就已适应这种生活，就已产生了对这个国家的爱。产生这种感情的是儿童，而成人不知不觉地拥有了它。然后他会感觉到他是属于这个国家，真诚地热爱她，觉得她是这样的富有魅力，没有任何其他的地方会使他感到如此安宁、幸福。

在意大利历史上某个时期，那些生长在农村的人们，从出生那一刻起直到去世，从来没有离开过故土半步。意大利统一之后，大批农民走出自己的家乡，到其他省份去谋生，这些人在外地找到了工作，在那里结了婚，定居下来。但是后来他们常常染上一种奇特的病：脸色苍白，心情抑郁，身体虚弱，贫血。他们多方治疗，最后医生总是建议患者返回家乡，呼吸一下故乡的空气。而且这一建议几乎总是取得最佳效果，病人的气色和健康得到了恢复。人们过去常说"家乡的空气可以治百病"，即使家乡的气候比我们离开的地方的气候恶劣得多。这些患者真正需要的是他们幼年所生活过的朴素而幽静的环境在他们的潜意识心理中形成的平静之感。

对我们来说没有什么比这种吸收的心理更为重要，这种心理塑造了成人并使其适应各种社会秩序、气候和区域。我们的整个研究必须以此为基础。任何声称"我爱我的家乡"的人并非是在哗众取宠或沽名钓誉，而是显示了其本人或其生活的基本部分。这是上述事实的恰当反应。由此我们懂得儿童由于其特殊的心灵是如何吸收他所生活的地方的风俗习惯，直到形成其当时当地的典型个体。地方习惯是成人在童年期建筑起的另一个神秘的形成物。习惯、特殊心理与其所住地区是密切联系的，这一点是再清楚不过了，因为这些都不可能是自然形成或遗传性的。因此我们已经开始对儿童活动有一个更加广泛的理解。儿童发展起来的行为不仅适合其时代和地区，而且适合于其地方心理。

我们都知道，印度人是非常尊重生命的。由于对于生命的敬重，他们甚至非常崇敬动物。这种对生命的热爱之情，是难以在成人身上培养的。尽管人们口头上说"要尊重生命"，但是做起来却远远不够。对于欧洲人来说，他们可能会想，印度人做得对，我们是应该尊重动物。但是欧洲人从未体验过的是，在土生土长的印度人心中，这种情感早已根深蒂固。这些心理特征好像是遗传性的，实际上这是从婴儿的环境中派生出来的婴儿期的形成物。有一次在一个附属于当地的蒙台梭利学校的一个园子里，我们看到一个两岁大小的印度孩子正在目不转睛地注视着地面，他好像正在用手在地上画一条线。旁边有一个已断了两条腿的蚂蚁在艰难地爬行。这个孩子注意到蚂蚁所处的困境，便用手指为它画了一条线，试图帮助它。也许人们会猜测说这个印度孩子一定具有一种"遗传性的"对动物的喜好。从文化的角度来看，这种感情有历史传承因素，但就个体发育而言，这种心理特征却不是来自遗传，而是婴儿时期从环境中学习的结果。如何对待一只受伤的蚂蚁，不同国家的小孩会有不同的态度。有的孩子可能会一脚把蚂蚁踩死，有的可能视而不见，漠不关心。大多数人可能会原谅这种行为，因为他们对动物没有感情，认为动物无法和人相提并论。

在这个世界上有着各种各样的宗教信仰，人们都生活在不同的国家和地区，但是彼此都非常尊重各自的信仰。但是当人们抛弃一个古老的信条，心里都会觉得有一种莫名的不安。这些信仰和情感便构成我们心理的一部分，正如我们欧洲人所说的："这些是与生俱来的。"社会和道德习惯形成一个人的个性以及各种各样的情感，并使一个人成为典型的印度人、典型的意大利人或典型的英国人。而所有的社会和道德习惯都是在幼儿期通过那种神秘的心理力量形成的。心理学家称这种心理力量为"记忆基质"。这同样非常适用于通过习惯姿势、行为举止、走路步法来辨别许许多多的种族类型。非洲土著人具有一种适用于捕捉野兽的特殊的体格。另一些人则本能地进行各种适应的练习以使其听力变得敏捷，因此听觉敏捷就成为他们部落的一个显著特点。每个人在儿童时期吸收的个性特征固若磐石，即使理性后来加以否定，某些特征也会保持在其潜意识中。幼儿期形成的一切都不可能全部根除掉。这种"记忆基质"（我们可以将其看做一种优势记忆）不仅创造了个体的特殊特征，并使其与个性共存。儿童所吸收的一切成为其个性中的决定性成分，而且这些同样作用于他的四肢及各个器官，由此每个成人都具有一种幼年时期所铭刻的不可磨灭的个性。

所以说，任何一种试图改变成人的想法都是不现实的，也没有任何意义。当我们说"这个人缺乏教养"，或者谈论另一个人邋里邋遢时我们可能很容易伤害他们的自尊心或使他们感到受到羞辱，也会使他们意识到自己的缺点。但是这些缺点依然存在，因为这已根深蒂固，无法改变了。以此同样可以解释人对各种时代的适应能力（我们称其为各种历史时代），因为虽然古人不能在今天的世界上生活，但儿童能够适应他进入这个世界时文明所已达到的水平。不管达到什么样的水平儿童都能够成功地形成与他所生活的时代的风俗相符合的人。这就表明在人的个体发育中幼儿的功能是具有适应性的；能够建筑一个行为模式并使他能够在其周围的世界中自由行动并影响其周围世界。因此，在今天我们必须把儿童看做是一个联合点，一个连接不同时代、不同文明水平的环节。幼儿期的确是一个非常重要的时期，因为当我们想注入新的思想以改善一个人的行为和习惯或者向其民族特征注入新的生机时我们必须把儿童作为我们的工具，因为成人对此是无能为力的。如果我们真的渴望在大众中更为广泛地传播文明之光，那么要想达到这一目标我们必须求助于儿童。

上个世纪，当英国即将结束对于印度殖民统治的时候，一个英国官员经常让保姆带着孩子到印度饭店吃手抓饭，这是为了让孩子生活在没有种族歧视的环境里。当然，印度人这种独特的饮食方式也吸引了欧洲人。不幸的是，不同民族之间的这种日常生活的差别，往往引发敌对的情绪，从而成为相互摩擦的根源。这个官员的做法给了我们一个启示，要想影响社会我们必须将注意力转向儿童。幼儿园的重要性就由此产生。教育对儿童所产生的巨大影响是依靠环境作为手段，因为儿童吸收环境，从环境中吸收一切并将其具体化。由于儿童发展的无限可能性，就像他是人类的创造者一样也完全能够成为人类的改造者。儿童给我们带来了无限的希望和新的前景。

这就是说儿童从出生起就必须被看做一个具有重要心理生活的生命，而且我们必须给予相应的对待。今天新生儿的心理生活实际上已引起人们很大的注意。心理学家对此有很大兴趣，很有可能建立一门新的学科——目前我们已经看到的事实就是为儿童的体能生活而建立了卫生学和儿科学。

但是如果心理生活也存在于新生儿，那么必定是生来就有的，否则就不可能存在。实际上这也是必定存在于胚胎中，而当这一思想最初被人们接受时，自然会提出胚胎期的心理生活是什么时候开始的这一问题。就我们所知，有的孩子是7个月出生而不是9个月，而且在7个月时他完全可以活下来。因此他的心灵，像9个月的儿童一样，必定能够起作用。这个例子无需赘述，它已足以证明我的观点：生命即精神。每一种生物都被赋予几分精神能力和某种心理，不管这种生物是多么低级。如果我们观察一下单细胞生物，我们会看到它们好像具有直觉性；它们能够逃离危险、寻找食物等。

然而直到不久以前，人们还认为婴儿没有心理生活，只是近来婴儿的这种原先不被注意的心理特征才被科学界所承认。某些事实已得到证明并在成人的意识中形成新的光点。它们使我们产生了某种责任感。出生这件事本身突然引起人们的想象，我们不仅可以在心理疗法中，而且能够在文学中看到结果。心理学家现在所说的"出生的冒险"，不是指母亲而是指儿童，指那些忍受着难言之苦而且只有当痛苦与挣扎结束后才能哭出声来的儿童。

儿童突然被迫去适应一个与他一直生活的环境完全不同的环境，被迫承担从来没有执行过的责任，而且他发现自己是在一种无法形容的疲惫状态下这样做——这是一个人的整个生活中最艰难、最富有戏剧性的考验。现代心理学家就是这样说的，他们杜撰出"出生的恐怖"一词来比喻儿童心理生活中这一关键的决定性的时刻。

我们当然不会遇到这种恐惧，但是如果儿童的心理会讲话，他会用这样的话表达这种处境："你们为何将我置于这个可怕的世界上？我会做什么呢？我何以适应这种新的生活方式？我又如何忍受所有这些可怕的噪音，我从未听到过如此多的低语声？我如何能像您——我的母亲一直对我做的那样来承担这些困难的职责？我如何消化、呼吸？我总是一直在您体内温和不变的温度下欢乐地生活，现在又如何忍受这些变化多端的气候呢？"

儿童意识不到所发生的变化。不可能知道他正忍受着分娩时的痛苦，但一定会在他的心灵上留下某种印迹，即使是无意识的；他在其潜意识心理中感受到了我所试图表达的某种东西，并通过哭声来发泄情感。

因此，那些从事这个领域研究工作的人很自然地会认为一定存在着能够帮助儿童适应其最初环境的方法。我们不要忘记最幼小的婴儿也能够感受恐惧。在生命的最初时刻，当他被敏捷地浸到水里时常常会看到他乱抓的动作，仿佛他们感觉到自己正在下落。这就是典型的恐惧反应。大自然会怎样帮助新生儿呢？她当然会采取某种措施，例如她赋予母亲一种本能把婴儿紧紧地贴到胸部。这种保护措施是来自自然的灵光。母亲本身一时不知所措，仍然是出于自己的无意识反应，她传给婴儿一种必要的宁静。好像母亲不自觉地意识到对儿童造成的伤害，她把婴儿紧紧抱在怀里给他以温暖，使他免受过多的刺激。

在人类母亲身上，这些保护措施不像动物母亲所采取的措施那样行之有效。例如我们看到母猫是如何把小猫藏在黑暗的角落里，当有人走近时会感到局促不安。人类母亲的保护本能就没有如此强烈，因此就很容易消失。儿童一出生就被别人抱走，给他浸洗、穿衣，把他抱到亮处以便能看清楚他的眼睛的颜色，对待他总是像对待无生命的物体那样，而不是把他当做一个有生命的人那样。这不再是大自然的指导而是人的理性的指导，这种行为是荒谬的，因为这不是由于理解力的启示，而是由于我们习惯地认为儿童没有心理生活。

很显然，必须单独考虑这个时期，或者说甚至包括出生的那一时刻，这与儿童一般的心理生活无关。它是儿童与外部世界首次相遇的一个插曲。生物科学很清楚地说明自然是如何规定哺乳动物这一时期的生活的。在其幼仔没有见到光明之前，母兽将自己与兽群隔离，在其幼仔出生后它要继续与其孩子一起与兽群分开一段时间。这是群居动物如马、羊、象、狼、鼠、狗最为显著的特点。所有这些动物都是相同的，在隔离期间小动物就有时间与其外在环境相适应。它们单独与母兽在一起，母兽无微不至地爱护它们、看护它们、保护它们。就这样这些动物渐渐地能像其物种的其他动物那样行动了。在这短短的隔离期间，这些小动物产生了一种对环境刺激的连续的反应，这些反应伴随着一系列适合其物种的行为进程。因此当母兽重新加入到兽群中间时，幼兽已经能够为加入群体而做好生活准备，这不仅只就体力而言，从心理上说，幼兽的行为已经使其成为一匹小马、一只小狼、一头小牛等。

我们可以注意到即使是经过驯养的哺乳动物，在这方面也保持了其固有的本能。在我们家庭中我们看到狗和猫用身体把它们的幼仔藏起来。因此它们仍继续保持着野性本能，幼仔依恋其母兽的那种亲昵行为也保存下来。我们可以说即使幼兽已经离开母兽身边，也仍然保持着这种本能。任何其他的措施都不会使这种最初的生活方式逐渐地降到第二位。因此今天我们不得不把这一重要阶段理解为：动物的种族本能在其生命的最初几天就被唤醒了。

艰难的环境不仅仅引起或激发适应具体场合并受此场合限制的本能反应，而且我们还看到构成了真正创造过程本身的一部分动作。如果这发生在动物身上，类似的情况也会发生在人的身上。我们所面临的不仅仅是一个困难的时刻，而且是关系到整个未来的关键时刻。现在正在发生的是一种潜在能力的觉醒。这些能力担负着指导儿童（这个精神胚胎）所进行的巨大创造工作的任务。而且因为在体格发展过程中大自然为每一重要变化都打上明显的生理符号，因此我们看到连接婴儿与母亲的脐带在出生几天后就脱掉了。这第一个阶段是最为重要的，因为在这一阶段各种神奇的能力正在形成过程中。

因此我们必须记住的不仅是要预防出生时可能造成的外部损伤，而且包括安排那些必然要进行的活动的可能性和不可能性。因为虽然儿童没有预先建立固定的行为方式，然而他却一定具有创造这种行为的能力。动物出生时遗传起了很大作用，它自然地会具有各种正确的活动、需要的控制力、选择适合的食物的能力以及适合该物种的各种防卫形式。但是，人却不得不在他的社会生活全面展开期间为所有这一切做准备，因此儿童在出生以后不得不把社会群体的所有这些实践并入他的生活。他出生时并不具有这些实践能力，他不得不从其外部世界中吸收进来。幼儿的首要任务就是完成这种适应工作，以代替动物胚胎中呈现的那种遗传行为模式。

弄清楚了儿童所起的这种特殊作用，我们现在就可以研究作为人类生活"一般机制"的儿童的发展问题，这是非常有趣的。婴儿甚至在生理上也远远没有成为一个人，他必须建筑自己直到变成像人一样的复合生物。他在同世界进行接触的第一阶段不具备新生动物所具有的那种"醒悟本能"。尽管他已经出生但仍然过着一种胚胎生活，这时他所建筑起来的好像只不过是一个"人的本能形式"。因为对他来讲，先前没有什么固定的东西，所以他必须为自己创造人所有的精神生活和作为表达手段的运动神经机制。

他是一个甚至不能够抬起自己的脑袋的惰性动物，但是他会很快像被基督复活的儿童那样行动自如。儿童先是坐起，然后站起，然后开始学步。以同样的方式不能活动的儿童最后会在其活动生活中完全成为一个人。儿童的肌肉惰性使我们想起科格希尔的发现——器官在神经中枢开始正常运转后才能形成。对儿童也是如此，必须在心理的行为模式建立以后他才能开始运动。因此，幼儿的运动性不是以肌肉而是以其心理为起点。

人的发展的最重要的方面是心理方面，因为人的运动必然受到心理生活的指导和支配。智力把人与动物区别开来，智力的建立是第一重要的，其他的一切都为其服务。当婴儿降生时，他的器官还不完善；骨骼尚未骨化；运动神经尚未被髓脂质覆盖，而髓脂质使神经互相隔开并能使它们传递大脑的指令。因此，身体保持着惰性仿佛只是为了身体而设计，而且只是粗略勾勒出的设计。因此，人首先是发展智力，其余的发展完全是从他的心理生活中形成其行动方式。没有什么可以证明比这第一年更为重要，智力的优先发展是儿童的特点。

儿童的成长包括许多方面，所有这些方面都遵循着一个固定的顺序，因此它们服从一个普遍的规律。对出生后的胚胎发展进行的一项详细研究表明了什么时候头盖骨长成；什么时候某些头盖骨缝诸如前头盖骨缝消失；然后整个的身体结构又怎样变化。同时表明了什么时候脊髓神经髓鞘化，什么时候小脑开始突然而迅速地生长直至与大脑形成正常比例。最后还表明了内分泌腺和与消化过程有关的腺体如何发生变化。

这些事实已经众所周知，它们表明了生理发展的不断成熟水平，同时伴随着神经系统心理的相应变化。因此，例如神经、小脑或后脑如果没有达到一定的成熟水平，儿童就不可能保持平衡，因此也就不可能坐起或站立。教育或练习绝不能对这种可能性有其他限制。运动器官在成熟后才能逐渐地接受大脑的指令，然后才能够使它们以不确定的方式进行运动以获得环境的经验。通过这些经验和这些练习，儿童的运动变得协调，最后才能够有目的地进行运动。"人不像动物，出生时不能够进行协调运动；他必须形成和协调自己的动作；他甚至没有预定的目的；他必须自己去发现目的。"绝大多数的哺乳动物与此有很大差别，根据其物种它们从出生起就能够行走、奔跑和跳跃。这些动物几乎立即就能够完成最困难的动作，例如攀缘跳越障碍物，或者迅速腾飞。

相反，人在进入这个世界时并不具有这些能力；然而在学会运动后他的天赋却是无与伦比的。他能够获得各种最富有想象力的技巧运动：工匠的、杂技演员的、舞蹈家的、音乐家的以及许多体育运动项目的冠军的技巧运动。

但所有这些技巧没有一个是仅仅来自运动器官的成熟，而总是一个在行动中，在实践中，也就是在教育中获得经验的问题。每一个人都是他自己的技巧的创造者，然而在开始时他们的体格都是一样的。是人本身使自己变得完善起来。现在我们言归正传，辨别儿童身体构造的几个部分是十分重要的。

为阐明这个问题，我们首先必须接受这样一个事实：尽管当身体提供给儿童运动的生理基础后他们才能够运动，尽管这取决于已经达到的足够的成熟水平，然而他们的心理状态并非由此而定，因为正如我们看到的，一个人首先发展的是心理方面。各个器官必须等待着心理方面的发展，然后心理通过器官而活动。但是当各个器官发生作用时更高级的心理发展又开始了，当然心理的发展总是借助于在环境经验的过程中进行的各种活动。因此，如果当儿童已有了运动能力但却被阻止运用这些能力时，儿童的心理发展就会受到阻碍。尽管心理的发展没有任何限制，但它在很大程度上依赖于能够对行动器官的利用，依赖于通过这种手段来克服心理发展本身软弱性的束缚，但心理一直是依靠自己而发展。

心理的发展与一种神秘的事物、与未来命运的无形秘密有关，每一个个体有着实现其愿望的不同能力，而且这些能力在儿童尚处于心理胚胎阶段时是无法证实的。我们只能观察到在这一时期世界上所有儿童具有惊人的一致性。完全可以这样说："所有的儿童在出生时是相近似的，他们以一种相同的方式，按照同样的规律发展。"在他们的心理中所发生的现象与他们在胚胎中所发生的现象非常相像。在这一点上细胞的分裂总是经过相同的阶段，这是千真万确的。一个人很难说出一个胚胎与另一个胚胎的区别。然而随着细胞的繁殖将产生像蜥蜴、鸟类或兔类那样完全不同的生物。每一生物起初以同样的方式建筑自己，后来出现了极大的差别。

因此，就是这种"精神胚胎"后来可能产生天才的艺术家、有声望的领导人、一个圣徒或者一个非常普通的人。而且这些普通的人可能有不同的喜好，这些喜好使他们将来在社会上取得不同的地位。因为很清楚他们不可能像低级动物那样注定要"做同样的事情""产生同样的举动"，低级动物的活动是受其遗传限制的。但是这种后来的发展，这些不同的目标我们是绝对无法预测的，而且在胚胎的形成时期以及在出生后的形成时期我们也是无法进行估计的。

在这个时期我们所能做的只有帮助扩展儿童的生活，虽然这种生活是以相同的方式进行的。尽管这一时期是适应期，尽管这在心理方面所进行的是生活的历险，但是如果能使这一时期与人类的生活需要相符合，每个人就将能够更好地发展他的个体能力。如果教育在一出生就开始，那么这时就只能有一种教育。讨论印度婴儿、中国婴儿或欧洲婴儿的不同礼节，讨论那些属于不同社会等级的儿童的礼节是没有意义的。我们只能谈论一种遵循人的自然发展的方法。所有婴儿在达到人的正常身高以前有着相同的心理需要，都遵循着事物发展的相同顺序，我们所有的人都要经历相同的成长阶段。

毫无疑问，哲学家、思想家、实验室的实验专家都能够提出各种建议，能够进行这样或那样的陈述，但由于这不是一个看法上的问题，所以只有建立起各种法则和决定人在发展过程中的各种需要的自然才能够支配所遵循的教育方法。这是由自然的目的决定的，即要满足各种需要和建立各种生活法则。这些法则和需要一定是儿童本身通过其自发现象以及所取得的进步而表现出来的。他的平静与欢乐、精力的集中以及其自由选择反应的坚定性都证明了这一点。我们的一个责任就是随时随地向儿童学习并竭诚为他们服务。

医学心理学目前从出生后的发展时期划分出一个短暂而又关键的阶段——出生阶段。虽然对这一阶段的释义目前只是基于弗洛伊德的学说，然而却提供了真实的价值并提出了区分这两个阶段的重要性。这个阶段处于同"出生创伤"有直接关联的"回归症状"和可能发生于随后的成长期的与环境有联系的"回归症状"之间。它们表示新生儿的一种无意识决定；一种在发展中不是向前而是后退的决定。

现在人们已经注意到"出生的创伤"导致某种比儿童的哭喊和抗议更加糟糕的状况。其结果是一种心理的改变或者是心理力量的偏差。导致儿童的发展不是沿着我们正常的路途，而是向着一个不幸的方向偏离。

那些遭受出生的惊吓的婴儿，不是在进步，而是给人一种仍然依恋于出生前那种状态的印象。儿童有几种回归症状，但所有这些症状都有一个普遍的特点：受害婴儿好像都对这一阶段进行判断，而且好像对自己说："我要回到我原来的地方去。"幼小婴儿长时间的睡眠被认为是正常的，但过长时间的睡眠即使是对于新生儿也是不正常的，弗洛伊德把这种现象看作是对儿童退却的一种庇护，是他对生活和世界的一种急剧反应的消极退缩。另外，这不是在睡眠中找到了那种潜意识王国吗？当我们受到严重干扰时，我们会求助于睡眠，因为在睡眠中有梦境而没有现实，睡眠中有一种无须竞争的生活。睡眠是逃避的场所，是一种对世界的退却。儿童在睡眠中的状况也要引起注意。新生儿的自然姿态应该是两只手靠近脸部，两条腿蜷曲。在有些情况下，这种姿态甚至在成人中也保持着，人们可以视其为婴儿在子宫中那种姿态的再现。儿童从睡梦中醒来时的哭泣可能是另一种回归症状。他好像受了惊吓，仿佛他不得不再次经历把他带到这个不愉快的世界上来的那个可怕的时刻。婴幼儿常常遭受梦魇之苦，这些都增加了他们对生活的反感。

在以后的生活中，回归现象可能表现为儿童依恋他人的倾向，仿佛他害怕独自一人。这种依恋不是一种患病迹象，而是一种恐惧迹象。儿童是胆怯的，总是想和某个人，尤其是同母亲待在一起。他不喜欢出门，而是喜欢待在家里与外界隔绝。世界上应该使他欢乐的一切都使他充满恐惧，一想到新的试验他就觉得深恶痛绝。他的环境对于一个正在成长的人来说是富有吸引力的，对他却相反，好像总是引起他的反感，而且如果儿童对他所赖以发展的环境觉得厌恶和反感，这必然会阻碍他获得正常的成长。儿童绝不会希望克服这种感觉，他也不会对他的世界进行吸收以使其成为他自己的一部分。对他来说吸收总是困难重重且又无休无止。人们可以用一句生动的谚语来比喻他："人生来就是悲哀的。"一切都使他疲倦，甚至连呼吸好像也需要他花费很大气力。他所做的一切与其爱好相矛盾。这种人需要更多的休息和睡眠。他们的消化能力常常是糟糕的。人们可以轻易地想象出未来对于儿童会是怎样的，因为这些症状不是短暂的，它们会伴随终生。就是这种常常哭喊、不断地吵闹着要人帮助的儿童，他们看起来懒惰、悲哀和抑郁。长大之后，他们对于这个世界仍有一种厌恶感，遇到陌生人就踌躇不前而且非常胆怯，这些人在生存的斗争中处于劣势。在社会生活中他们总是缺乏快乐、勇气和幸福。

这是无意识心理的可怕报复。有意识记忆容易忘记，而无意识记忆尽管看起来无足轻重，不需要记住但危害性却更大，因为这样形成的印象传入"记忆基质"，它们在个性中将是无法磨灭的，这是人类的巨大危害。儿童的正常形成得不到保护，成为成人以后会向社会进行报复，我们的盲目性不会诱发成人中存在的那种反抗，但它形成的人比正常的人要脆弱得多。它会产生阻碍个体生活的内在变化，会产生阻碍世界进步的各种个性。

我在上文中强调的是心理专家所认为的出生阶段对人的心理生活的重要性。但至今我们仅仅提到早期观察，这些观察结果表明了回归现象的危险性。与其相关，我们现在必须回顾一下所有的哺乳动物为了它们的幼仔所采取的保护措施。博物学家早就推断母兽在出生后的几天所特有的无微不至的关怀与其物种的新生动物的一般觉醒是紧密联系的，由此我们可以引申出一些对加深幼小儿童的心理理解非常有用的启示。我们既必须重视儿童对于周围世界的适应，又必须记住儿童在出生时的惊吓，因为这告诉我们，儿童与母亲一样，同样需要特殊的照顾。母亲和儿童承受了不同的危险，但他们都经历了严重的困难。对儿童来讲他身体上承受的危险虽然很大，但比起他在心理上所遭受的危险要小得多。如果导致回归症状的唯一原因是由于出生时受到的外部损伤，那么所有的儿童都会出现这些症状。这就是我们为什么既根据人又根据动物提出一个范围更广的假设的原因。在生命的最初几天，很清楚某种最为至关重要的事情正在发生。根据哺乳动物的遗传行为的觉醒，某种相应的自然现象一定会在儿童身上出现，因为尽管他没有遗传行为模式可以遵循，然而他却有着能够使他发展的潜在能力，而且是通过对外部世界的吸收实现的。

据此我们提出了"星云"的概念，把引导儿童去吸收其环境的创造能力，比作作为天体起源的"星云"。天空中星云的粒子离我们如此遥远使星云没有真正的密度，但是同时它们形成了从遥远的距离看来好像是一个星群的可见物。就像这种星云随着时间的推移变成某种固定的东西，由此我们可以想象出某种非遗传性的，然而却是由遗传性本能倾向产生的事物的缓慢显现的东西。例如，儿童从"星云"中接受了能够形成自己母语的刺激的导引，他的母语不是与生俱来的而是从环境中发现并按照固定的规律吸收而来的。由于这种语言的星云能量，儿童能够逐渐从所听到的各种混杂的声音和噪声中区分出人的语言的声音。由于这一点，他能够将他所听到的语言体现出来，而且他体现得如此完美以至于好像这种语言是一种民族特点；同样他接受了社会的特征和风俗，这些特征和风俗使他成为一个属于世界上某个特定区域的人。

语言星云不包含儿童注定要发展的那种特殊语言，但是通过语言星云，可以形成他出生时在其周围感觉到的所有语言，而且每种语言都能在相同的时间内得到发展，世界上所有国家的所有儿童都是按照同样的程序形成和发展语言的。在此我们知道了人与动物的本质不同。就刚出生的动物来说，它们几乎立即就能够发出它所特有的声音，作为遗传的一部分，动物保持着这种模式；而儿童在相当长的时间里是哑的，后来他模仿其周围感觉到的那种语言而说话。一个在意大利长大的荷兰儿童讲的不是荷兰语而是意大利语，尽管他的父母都是荷兰血统。因此很清楚，儿童没有继承一种预先建立的语言模式，但他继承了通过无意识吸收活动建立的一种语言能力。可以将这种潜能比喻成生殖细胞的遗传基因的潜能，这种潜能在出生组织的控制下形成一个精确而又复杂的器官——我们称之为"语言星云"。同样，与儿童对环境的适应能力有关的星云，以及儿童出生时环绕着他的社会行为在他身上的出现，并不能由遗传产生早期的行为模式，但是却赋予出生后的儿童吸收在他环境中获得的特殊行为模式的能力，而且他的其他所有能力都是这样获得的。像卡雷尔说的那样："科学家的儿子并不能通过遗传得到他父亲的任何知识要素，如果把他留在一个荒岛上，他的境况并不会比我们的原始人祖先好多少。"

我们在这里要说明一点，当我们谈及星云时读者可能会产生这样一种印象，我们的心理具有各种各样的本能，并且每种本能都是各自独立存在的，而且有人可能会反对，认为这会使心理的基本统一性变得模糊。但是这里所用的这种星云的类似性仅仅作为一种描写工具，并不包含对心理的原子论概念的任何偏好。对我们来说心理组织是一个有机的整体，它通过从环境中得到的积极经验改变其结构；另外它是受星云不同的、特殊的种类或阶段的能量"策动"引导的。

让我们想象一下，如果语言的星云由于某种莫名其妙的原因不能起作用或处于潜伏状态，那么语言就不会发展。这种并非不常见的反常现象会使语言和听力器官以及大脑完全正常的儿童不会说话。我曾经遇到过这样几个病例，在此之前仿佛是一种自然之谜使耳科和神经科专家对此迷惑不解。如果对这些病例进行观察和对在生命的最初几天里发生的这些不幸进行调查将是非常有趣的。这些研究将能解释许多在其他领域至今仍然模糊不清的事实，如那些涉及社会适应性等问题。这些甚至比推测出生损伤的后果具有更实用的科学价值。我坚持认为许多回归倾向是由于缺乏引导儿童适应社会环境的紧迫感。在这些情况下儿童由于缺乏适应的敏感性而不能从环境中吸收任何事物或只是进行一些不完美的吸收。由于环境对儿童不仅没有吸引力，反而使他反感，他就不能够从环境中通过一系列的对反感情绪的克服而获得独立，并以此来发展所谓的"对环境的热爱"。

那么种族类型的本质特征、风俗习惯、宗教等就必然不能够用一般的方式被幼儿吸收；其结果就导致真正的道德变态，形成一个多余的人，一个表现出许多上述回归症状的被遗弃的人。人具有"创造感受性"而不具有遗传行为模式，如果儿童对环境的吸收是由于这些创造感受性，那么很清楚，个体的整个心理活动依赖于儿童在婴儿期所打下的基础。那么我们应该把对这些创造感受性的延误或错误以及唤醒归于什么原因呢？对于这个问题尚无法作出回答。每个人都必须从这些不幸者的生活中去寻找答案，对于这些情况科学本身仍然感到迷惑不解，认为这些还是难解之谜。

我们不妨一起来看这样一个例子，或许可以对此研究提供一些帮助。有这样的一个年轻人，他长得很帅气，聪明健康，不怎么喜欢学习，同时沉默寡言，不善与人交流。时间一长，自然也就没人喜欢和他来往。我觉得很奇怪，就对这个孩子的身世做了一个调查，发现他出生后的半个月，因缺乏营养，致使体重急剧下降，瘦得皮包骨头，以至于护士们嘲笑他"皮包骨"。除了这半个月，这个男孩的发育都很正常，所以身体强壮，可小时候留下的阴影却一直难以抹去，这样下去恐怕对他以后的发展极为不利。

在这里需要说明一下，"星云"理论到目前为止还只是个假设，有许多问题有待探索。但是有一点是非常肯定的，儿童心理发展所感知的"星云"指导，正如生殖细胞受基因的控制是一个道理。鉴于此，我们人类更应该像其他动物那样，多给新生儿以特殊的照顾，尤其是在刚出生的阶段，这是非常必要的。当然时间不是问题，重要的是应该有这种意识，促使父母意识到幼儿出生教育的必要性，这才是关键所在。

心理胚胎的发育

新生儿显然是不会说话的，但他是个活生生的小生命，他有组织器官，严格意义上说他的精神世界也不会是完全的一片空白。我们应该把新生儿当做"心理胚胎"来看待，它甚至是一种为了降临到这个世界上而孕育在肉体里面的精神。遗憾的是，即使借助目前最精密的仪器，我们都无法考量婴儿的精神状况，这也许是一个待解之谜。

如果说人生是一个漫长的旅程的话，那么婴儿的出生就是人生中最重要的一个起点。此后，他们将在很长一段时间内不能自由活动，因为没这个能力。他们也不得不像一个虚弱的或瘫痪在床的病人一样需要别人的照料。除了大哭，新生儿很长一段时间都会沉默不语。而当他一哭，我们就会直冲到他的床边，好像有人需要我们帮助一样。经过很长一段时间，大概是几个月，甚至一年以后，新生儿才不那么脆弱，也渐渐地像个"小人"了。

也就是说，这是孩子从一个人的"雏形"到最后完全长成人的过程。这种成长当然是包含生理上和心理上的成长。从某种意义上说，婴儿长大成人是一个神奇的过程。在他的成长过程中，有一种内在的力量在启动新生儿身体的能量。这个能量一旦被启动，新生儿的手脚便开始动作，大脑也开始运转起来。从此以后，新生儿不但可以活动了，而且有了表达思想的能力，这便是人的"内化"过程。

人自然是和动物无法相比的，有些动物生下来就能够自己行走。比如一些食草的动物，是求生的本能促使他们掌握这一技能，以求躲避肉食动物的残酷捕杀。婴儿刚刚来到这个世界上的时候是脆弱的，他们需要人的悉心照料，这对于新生儿来说意义重大，非比寻常。你看其他动物不管出生时多么脆弱，几乎都得在非常短的时间内靠自己的力量活下去，它们必须马上学会走路。它们很快学会了与同类动物的沟通方式，比如，小猫学会了"喵喵"叫，小羊也懂得了"咩咩"叫，即使发出的声音很微弱，仍旧可以听见它们不断的叫唤声。它们在很短时间内掌握了自己的语言，这是与我们人类不同的地方。动物成长所需要的时间极短，而且十分简单，可以说有时候是生命的本能促使他们迅速成长的。不然，我们就很难看到小老虎在出生之后，立刻可以站起来，短短的一天时间，他们已经能够在妈妈肚子下面追逐嬉戏。

任何一种动物来到这个世界上，都是形神兼具的，他们不但有着适合的躯体和外形，还有那种强烈的求生的本能。这些本能往往在它的动作之中体现得淋漓尽致。不难理解，动物的特征应该通过它们的行为，而不是从它们的外貌上归纳。因此，动物身上具有的那些植物所没有的特性，便可以统称为"精神特质"。连动物的精神特质在出生时都很明显，怎么可以说人类的新生儿没有同样的天赋呢？科学理论认为，动物现在的行为特征是一连串物种繁衍的经验累积而来的，人类的特征不也是如此吗？人类先是直立行走，再不断开发出语言和智慧，并将这一切传递给后代。

关于动物和人类的问题，我想打个比喻或许能更清楚地说明问题。我们都知道，随着现代工业的日益发达，很多产品是可以依靠机器大量炮制的。它们被制造出来的时候，完全是一模一样，属于批量生产，流水线作业。但是，还有些产品是必须靠手工慢慢雕琢才可以出品的，它们每一个都是独一无二的。手工制造的价值，也许就在于它有着独特的艺术魅力。动物就像是大量制造出来的产品，它们一生下来，就已经具有与同种动物一样的特性。相比之下，人算得上是"手工制造"出来的，每一个人都有所不同，是大自然造就出来的"艺术品"。另外，人的制造过程非常缓慢，在他的外貌特征还未显现出来之前，其"内在特质"就已经开始形成，这可不是在复制一模一样的人，而是要制造出一个全新的人。至于人的内在特质是怎样形成的，到现在为止仍然是一个谜。我们所要说明的是，人的制造一直都在经历一个漫长的内在形成过程，就像一件艺术品在呈现给大家之前，它的创造者必须先在幽静的工作室里进行一番精雕细琢。

我想，每个婴儿肯定都有着非常好的潜能，但是谁也无法准确定论他们成为什么样的人，将来会有何成就。每个婴儿对我们来说都像是谜一样，我们无法窥得其中的奥秘，这就像人格的形成那样让人摸不着头脑。在婴儿柔弱的身体里，有着比其他动物更为复杂的构成和机制，每一个婴儿都是一个独立的个体，他所具有的特殊意志使他能顺利完成自身的转化工作，无论是音乐家、歌手、艺术家、运动员，还是英雄、罪犯、圣人都是以同样的方式出生，他们每个人都带着各自的形成之谜来到世界上。也许是性格决定命运吧，不同性格就决定了他们将来要做的是不同的事情。

婴儿的出生问题，看起来更像是一个哲学命题，值得众多的哲学家们深刻地讨论。令人沮丧的是，哲学家、医学家、心理学家其至是教育家都对这一问题没有任何兴趣。他们也许司空见惯了，觉得这不是个问题，至少不值得他们倾注太多精力。虽然大多数孩子都能够顺利度过这段无助的婴儿期，但这个时期的影响会深深地埋在孩子们的潜意识里，对他们今后的生活会产生严重的心理后果。那些认为婴儿不仅仅在行动上是被动的，其心智也空洞的想法，实在是大错特错了。还有人这样想，孩子在婴儿期过后之所以会神奇般地成长，完全是因为大人的精心照料和认真养育，这样的想法同样也是错误的。这些想法使父母产生了一种责任感，以为自己就是启发孩子内在特质的力量。因此，他们把教导孩子当做是在完成一件艺术品，为了发展孩子的智能、灵敏度和意志力，他们会不停地提出愿望，发出指令，成人赋予了自己近乎神圣的职责，并深信自己在孩子生命活动中的地位，就像《圣经》里所讲的上帝一样："上帝按照他的形象创造了人类。"

大人们无意识地神化自己，糟糕的便只有孩子。这种自以为是的骄傲让人们嗤之以鼻，甚至是让孩子将来蒙受巨大的苦难。事实上，只有孩子自己才能够通向自己的内心，那把通往心灵的钥匙始终牢牢掌握在自己的手中。孩子在很小的时候就能表现出他的发展趋向和相当的心智天赋，终有一天他能够展现出自己的能力。这时候如果大人不合时宜地加以干预，就会使孩子的努力付之东流，并挫败他们的自我实现目标。大人的行为极有可能给孩子原始自然的心智带来不利影响，这也许就是人类在传承中失败的原因。真正的问题是，虽然孩子必须经过重重困难和长久的努力才能够充分掌握和运用自己的心智，但是孩子有着自己的精神层面，只是得花些时间才能够表现出这种天赋。

孩子心灵的成长过程，便是一个破蛹成蝶的过程。那懵懂的心智也在逐渐被打开，他们变得活跃起来了，并且有着强烈的自我意识。然而，在现实环境中，却有另一股强大的力量向他袭来，最终操纵了他的心灵。在这样的环境中，没有人能感受到，也没有人肯接受"人类可发生内在转变"的事实，娇弱的婴儿其实没有受到丝毫的保护，也没有人帮助他度过艰难的发育期，这个环境中所发生的每一件事对婴儿来说都是一种阻碍。

处在这样的环境中，作为心理胚胎的孩子，除了靠自己的力量，还有谁可以真正值得依靠呢？心理胚胎和生理胚胎其实都差不多，它也需要一个能够完全容纳它并且永远也不会阻碍它发展的环境。有时候我在想，如果大人们真正了解了这一切，他们是否会改变对待孩子的态度呢？孩子心理胚胎的形象呈现在我们眼前，便赋予了我们新的责任。那个柔弱而优雅的小东西，那个招人喜爱，被我们用很多衣物包裹着的婴儿，就像我们的玩具，必将唤起我们内心最真挚的爱。

可以想见，人类在其内在的转化和蜕变过程中，自然有着这样那样的阻力，有着许多内在的挑战，这是一个必须经历的过程。试图理解尚不存在的思想和意志，这简直是天方夜谭。但这种思想和意志却始终控制和激励着我们的身体，我们一直很被动。此时此刻，婴儿幼小娇弱的生命焕发出了活力，他们开始有了自己的意识，他开始对周围的环境感兴趣，在实现自我的目标下，他们的肌肉也开始一点点地发挥作用。其实我们这时重任在肩，因为这段时间是孩子人格发展和定型的关键时期，应该给予他们更多的理解和支持。我们要试着用更加科学合理的方式去了解孩子们的内心需求，并创造一个适合孩子成长的环境。这也是现如今婴幼儿心理学这门课程发展的首要原则，它需要我们用智慧去领悟，因为在最后结论得出来之前，我们还有许多重要的事情去做。

第三章

儿童的综合能力及培养

人们想到花，就会想到那斑斓的颜色和美丽的形状。显而易见的是，儿童出生时，既没有听力，也没有语言。那有什么呢？什么也没有，但一切都将出现。

婴儿的语言天赋及语言的形成

在此，我们一起来讨论一些有关婴儿语言的话题——语言机制。大家都知道，中枢神经系统为生物提供了适应外部世界的器官，各种感觉器官、神经和神经中枢以及运动肌肉器官都在中枢神经系统中起作用。在某种意义上，语言机制不单纯是物质因素。19世纪末期的研究表明，语言同大脑皮质的神经细胞有关，其中主要有两个区域：一个是感觉中枢，负责接受语言；另一个是运动中枢，负责语言的产生。很明显，语言机制包含许多器官，而且同样可以进行支解。听觉器官中枢接受言语的声音，嘴、喉、鼻等的器官中枢发出言语的声音。两种中枢在生理和心理方面都独立发展。从某种意义上讲，听觉器官同神秘的内心世界是相联系的。儿童的语言在其内心世界中不知不觉地发展。而运动器官的活动又同异常复杂和准确的说话的动作相联系。

显然，运动器官比听觉器官发展得缓慢，表现得晚。对此只有一个解释——儿童发出声音所不可缺少的微妙运动是由儿童听到的声音所激起的。这种设想有其逻辑上的合理性。因为如果儿童不是幸好有已经形成的语言，那么，他们在学习别人发声之前定然已经听到过这种声音。因此，复述别人的话的动作必须以记在心里的声音为基础。因为，将要做出的动作取决于听到的，而且是记在心里的声音，这很容易理解。但我们还得记住，语言是通过自然机制产生的，而不是通过逻辑推理。只有真正的自然才是合乎逻辑的。在研究自然时，我们首先注意到的是一些事实。当我们理解了这些事实之后，就会认为它们是合乎逻辑的。我们自然会认为，"肯定有某种导引它们的智慧力量"，这一智力导引创造性的活动，它对心理现象的影响比对纯粹的生理现象更加明显。不过，即使是对生理现象，它的影响也足以引人注目。人们想到花，就会想到那斑斓的颜色和美丽的形状。显而易见的是，儿童出生时，既没有听力，也没有语言。那有什么呢？什么也没有，但一切都将出现。

就某一特定的语言来讲，运动中枢和感觉中枢与声音和遗传影响关系不大。但是，它们具有利用语言、激起说话运动的能力。它们是自然用来发展语言的机制的一部分。做更深入地探讨就会发现，除了这两种神经中枢外，肯定还存在着特殊的敏感性和动作的预备期。因此，儿童的活动服从于他的听觉。一切都安排得天衣无缝，儿童一生下来，就能开始适应环境和为说话做准备。

只要细心观察，我们就会发现一些有趣的事情，语言器官的形成也很神奇。耳朵结构其实非常精密，简直是一部无与伦比的作品。耳朵的中心部分就像一个竖琴。竖琴上的弦能够根据各种声音的长度发出振动，从而重新发出这些声音。我们耳朵的竖琴有64根弦，由于空间狭窄，它们按不同的长度被置放成类似贝壳的形状。尽管只有这个有限的空间，自然还是巧妙地提供了接收音乐旋律所需的一切。但什么使这些弦发生振动呢？因为，如果没有什么振动琴弦，它们就犹如一架不用的钢琴，长期沉默。竖琴的前面有一层像鼓面似的振膜，声音一旦振动鼓膜，竖琴的弦就发生振动。由此，我们的听觉就捕捉到了那悦耳的音乐。由于耳朵里只有64根弦，不能将宇宙间所有的声音都接收进去，但却可以在上面弹奏出相当复杂的音乐。语言虽然有各种音调和重音的细致变化，但还是可以由它来传送。还在神秘的胎儿期，耳朵就产生了。如果婴儿在第七个月降生，他的耳朵就已经完全形成，只等发挥作用。耳朵是怎样沿着细微的神经纤维把它得到的声音传送给大脑的呢？我们又一次面对自然的一大奥秘。

那么，语言是如何在婴儿大脑中形成的呢？不少儿童心理学家认为，听觉的发展是最迟的。由于听觉在这时还很麻木，因而很多人认为婴儿生来是聋子。婴儿对于不理解的各种嘈杂的声音没有反应。在我看来，这可能含有某种神秘的意义。我并不怀疑感觉迟钝，但我认为，儿童的语言中枢反应敏感，尤其是对带有词汇的语言。听觉机制也许只对某类声音作出反应。结果，儿童听到的词开动了复杂的机制，产生了运动机能，从而重演出接收到的声音。假如这些中枢的特殊机能没有建立，由它们随意接收任何声音，儿童就会发出怪异的嘈杂声音。他每到一地，就会模仿那个地方特有的声音，甚至还会模仿非人类的声音。正是由于自然为人类语言建造了感觉和运动中枢，并且分离了二者，儿童才能学会说话。由于某种原因被抛弃在丛林中的"狼孩"经过某种方式保留了生命，这样的儿童的周围尽管有鸟兽的怪叫，淙淙的流水声和树叶的瑟瑟声，但他们仍然是哑巴。他们什么声音也发不出来，因为他们从来没有听到过唯一能刺激语言机制的人类语言。

我想跟大家一起分享的是，语言机制的确是一定时期才存在的，这点毋庸置疑。人类不是天生就有了语言，而是具有创造语言的机制。由于儿童的器官任凭他开动，因而语言是儿童创造的。在刚刚出生后的神秘时期，儿童是一个具有特殊感觉形式的心理统一体，处于自我睡眠状态。但他突然间醒来，听到了优美的音乐，所有神经纤维都开始振动。婴儿可能认为，他没有听到其他的声音，但事实上是因为他对其他的声音不作出反应，只有人类的语言才能刺激他。

如果想到创造和保存生命的巨大强制力量，我们就能理解这一音乐引起的神经纤维的振动必须永存的道理，就会理解为什么不断降生于世的新生命就是保持语言的延续性的手段。在儿童的记忆中，无论形成了什么都能成为永恒。富有节奏的歌曲和舞蹈也是这样。每个民族都有自己的音乐，并通过身体的运动对其音乐作出反应，还赋予相应的词。人的声音就是一种音乐，词就是它的音符。它们本身没有什么意义，但每一民族都赋予了它们某种特殊的意义。在印度，成百种语言把它分成众多民族，但音乐却把它们都联系起来。我们试着想想这意味着什么。没有哪种动物有音乐和舞蹈，而整个人类都知道并创作了歌曲和舞蹈。语言的声音在无意识中固定下来。我们不知道生物内部所发生的事情，但其外部表现给我们提供了引导。首先固定于婴儿无意识中的是单音，这是母语的基础部分，我们可以称它为字母，接着是音节，然后是词。但婴儿并不理解它们的意思，正如有时儿童大声朗读识字课本一样。然而，一切都进行得多么巧妙啊！在儿童内部有一个小老师，她像古时候的老师那样，经常先让儿童背诵字母，然后拼音节，再朗读单词。然而古时候的教师不能适时施教，他们是在儿童自己已经能够说话并完全掌握了语言之后才施教。儿童内部的老师却不同，她是在恰当的时候教儿童学习语言的。

儿童首先掌握单音，然后是音节，循序渐进，正如语言本身一样合乎逻辑。在儿童学习语言的过程中，最先掌握的是事物的名称。自然的教育方式与我们预期的相同，自然就是最好的老师。在它的指导之下，即便是再枯燥乏味的语言，儿童也会表现出浓厚的兴趣，这种兴趣可以持续到儿童发展的下一个阶段——3~5岁。她有条不紊地教儿童名词和形容词、连词和副词。正像在学校里，学期结束时我们要对儿童进行考试，儿童以实践表明他能运用每一种词类。只有在这时，我们才意识到他有一个多么好的老师，他是一个多么勤奋的学生，他是多么聪明能干，完全掌握了所有词类。然而，没有人羡慕这一优异的工作，而且只有当儿童开始上学读书时，我们才真正对他所学的产生兴趣；对他的成绩感到自豪。如果我们年长的人对儿童有着真诚的爱的话，就应该看重他们的成功，而不是所谓的缺陷。

儿童确实是非凡的，教育工作者应该深刻认识到这一点。只在两年时间内，儿童什么都学会了。在这两年中，儿童内心的意识逐渐觉醒，节奏逐渐加快。直到突然间，它好像被一股顺风冲击，从此意识便开始支配一切。婴儿大约在4个月时，就察觉到在他周围并深深触动他的这一神秘的音乐是出自人的口，是由嘴唇的动作产生的。人们很少注意到婴儿在观察说话人的嘴唇时是多么仔细。他全神贯注地盯着说话人的嘴唇，还试着模仿嘴唇的动作。

然后，儿童的意识在活动中起积极作用。当然，婴儿已在无意识中准备好了运动的机能，但产生口语所需的全部细微肌肉纤维并没有完全协调起来。不过，有意识兴趣被激发起来了，从而加强了他的注意，他便开始有意识地做一些生动而机智的尝试。

婴儿通过两个月的细致观察，说出了一些简单的音节。这时他才6个月。在这以前，他一个字也不会说。一天早晨，婴儿醒来时，他说："爸……爸……，妈……妈……"他已经会说"爸爸"和"妈妈"这两个词了。以后的一段时间，他仍然只说这两个词。这时我们就会说："婴儿只会说'爸爸'和'妈妈'。"但我们必须记住，他是在付出了极大的努力之后才达到这个水平的，它是婴儿自我发现的结果，婴儿已意识到他自己的能力，可以随意学习语言技能了。

婴儿10个月左右的时候，开始意识到声音的意义。当父母对他们说话时，他们知道这些话所表达的含义，并且努力去理解其中的意思。到1岁时，儿童发生了两件事：他在无意识中理解了语言，并进而达到了有意识阶段；儿童创造了语言——虽然只是咿咿呀呀、简单地重复和声音的组合。

当儿童到1周岁左右时，就可以说出第一个代表一定意义的单词。虽然跟以前一样咿咿呀呀，但他的咿咿呀呀有了一定的意思。

这就是有意识智力的证明。儿童内部又是如何呢？细致的研究表明，婴儿内部的能力远远大于外部所表现出来的能力。儿童进一步意识到语言的产生依赖于他所处的环境，儿童有意识掌握语言的愿望也变得更加强烈。这时，婴儿内部也出现了重大冲突，即意识反抗生理器官的斗争。这是在人的内部出现的第一次冲突，是人的各部位之间的第一次交战。让我以我自己的经验来说明这个问题。假如我有很多想法要说出来，为了打动听众，我想用另外一种语言来表达我的思想。但我用外语说话无异于无用的咿呀学语。我知道我的听众是很聪明的，希望同他们互相交流，但由于缺乏表达的手段而失去了这个机会。

婴儿的大脑里其实充满了各种各样的想法，却像是茶壶煮饺子一般尴尬，有口说不出来。这时，儿童正处于一个戏剧性变化的时期，有生以来，他第一次感到失望。于是，他下意识地努力学习，独立探索，很快便能取得惊人的成功。一个试图表达自己思想的人，迫切需要一个发音非常清晰的教师。为什么家庭不能做到这一点呢？因为我们通常不是帮助儿童，而只是模仿他们的咿呀学语。如果儿童没有他自己的内部教师，他就不可能学会说话。正是其内部教师让他听成年人的相互交谈，即使没有谈论他时，儿童也要听他们的谈话。这促使儿童准确地掌握其语言，我们对此并没起什么作用。

有时我们看到有些人跟1岁的小孩子咿咿呀呀地对话，总觉得这个人童心未泯，非常好玩儿。但我们并没有充分认识到儿童的困难，没有意识到给儿童提供良好的学习机会的重要性。我们必须明白，儿童是通过自己掌握语法知识的，但决不因为这样，我们就放弃对儿童讲规范的语言，或者根本不帮助他遣词造句。

1~2岁的儿童处于语言发展的关键时期，这一阶段的儿童监护人需要具备语言发展的科学知识。通过对儿童的帮助，我们成了儿童的服务员和创造儿童的自然的协同者。而且，我们还发现儿童的整个学习计划都已制订妥当。

再回到原来的问题上。如果我想用外语谈一件相当重要的事情，但说起外语来又只是咿咿呀呀的，那我该怎么办呢？我很可能会发脾气，生气，甚至会大声嚷嚷。1~2岁的儿童也是如此。当他尽力用一个词语告诉我们某件事的时候，我们听不懂，他就会大发雷霆，沉溺在对我们好像是毫无意义的狂怒之中。事实上，我们常说："瞧！现在你可以亲自看一看与生俱来的人类天性的堕落。"

然而，他是一个被人误解而又正在争取独立的幼儿。由于还不会说话，他唯一能做到的就是发怒。但是，他有创造语言的能力。他的恼怒在于，尽管他尽了最大努力，还是没有找到恰当的词汇。不管怎样，无论是失望还是误解，都不会终止儿童的探索，他使用的相类似的词汇也逐渐增多。

大约在1岁半的时候，儿童就开始意识到，原来很多东西都有它特定的称谓。这表明，儿童已经能够从他听到的所有词语中挑选名词，特别是具体名词。到此为止，他已迈出了多么惊人而又崭新的一步啊！刚开始的时候，儿童只是说一些个别的单词，心理学家称这是"一个单词的句子"。这时孩子如果看到晚饭准备好了，就说："muppet。"意思就是说，"妈妈，我要吃晚饭。"这种简缩化语言的一个明显特征就是这些词语本身发生了变化。它们常常和一些拟声词联在一起，如狗的"汪——汪"声，或者这个词纯属生造。我们把它们统称为儿语。迄今为止，我们对儿语的研究还远远不够，只是局限于儿童照管人员的研究范围。儿童在这个年龄所形成的远远不只是语言，其中还形成了秩序感。这绝不是我们经常主观臆断的那种表面的或暂时的现象，它产生于实际需要。在其心理的积极形成阶段，儿童常常感到一种强有力的冲动力量，催促他按照自己的逻辑，把混乱的语言变得条理清楚。儿童的孤立无助是多么容易使他陷入精神上的痛苦。而我们对儿童语言的理解，这对于把他们从精神的痛苦中解救出来，使其内心趋于平静起着多么重大的作用啊！

事实上，这样的例子比比皆是。我们再来看一个例子，因为这个实例有助于说明这一点。这是一个西班牙儿童的故事。这个儿童想说"abrigo"（大衣），但他却经常说"go"（去），而不说"abrigo"（大衣）。他想说"espalda"（肩膀），却经常说"palda"，而不说"espalda"。儿童说的这两个词"go"和"palda"产生于一种心理冲突，这一冲突使他尖叫和对抗。儿童的母亲脱掉了大衣，放在手臂上，儿童立即就尖叫起来，无论如何也不能安静下来。最后我建议他母亲穿好大衣，儿童果然立即停止哭叫了，还高兴地说"Go palda"，意思是说"现在对了，大衣应该披在肩上"。

我为什么要举这个例子呢？它主要表明了儿童对于秩序的那种强烈渴望，并且他们对混乱表现出强烈的反感。所以，我多次呼吁为1岁到1岁半的儿童建立特殊"学校"。我认为，所有的母亲乃至整个社会都不要把儿童孤立起来，要让他们有更多的机会去和成年人接触，让他们能够经常性地听到符合人们发音标准的最纯正的语言。

儿童的性格如何形成

前几章我们大多数讨论的是关于儿童心理、生理及行为等方面的问题，接下来我们不妨讨论一下有关儿童性格及其形成的一些事实。

大多时候，西方的教育都非常注重儿童性格的培养，虽然它没有说明性格的确切含义或指出应该如何训练性格。它认为，仅有智慧教育和实用教育是不够的，还必须有性格这个未知因素。这些足以表明，西方教育对于人格发展给予了足够的重视，他们很看重人性中的一些美德，诸如勇敢无畏、坚韧不拔、责任感强、与别人的良好道德关系等。道德教育一直被放在一个很崇高的地位。但是，尽管如此，在世界各地，人们对性格实为何物的观点仍然模糊不清。从古希腊到现在，从西奥弗拉斯塔斯到弗洛伊德和荣格，人们一致都在探讨这个问题，正如心理学家罗姆克所说的那样，"我们在这个问题上始终处于尝试性阶段"。尽管到现在还没有一个能为大多数人接受的概念，但每一个人都感觉到了性格的重要性。

最近的性格研究发现，它包括身体因素、道德因素、智力因素、意志力、个性和遗传等。自从邦森1867年首次使用"性格分析学"一词起，近乎性格研究科学中一门新分支学科的性格分析学就一直在茁壮成长和蓬勃发展。对性格的研究一直是实验性的，缺乏精确的理论研究。专于性格研究工作的包括许多优秀心理学家和科学家，他们对性格做了多方面的研究，但有一点令人感到不解，那就是大家研究的对象一直都是成年人，儿童却无人问津。尽管他们大谈特谈什么遗传即先天影响。结果，从遗传一下就跳到了成年期，留下了一个无人问津的空白，几乎没有人曾试图填补这一空白。

相反，我们的研究就从这里开始，从儿童的出生开始，并一直延续到儿童的发育。因为，只有充分了解到儿童的自然行为，才能够得到新的研究方向。它使我们把儿童的性格发展看做儿童自我努力的一系列结果，它与外部因素无关，它取决于儿童那旺盛的创造力和他在日常生活中遇到的各种障碍。因而，我们就转为观察和解释本性对人的心理建设的作用。我们的研究必须从性格和个性皆为零的诞生之时开始，直到它们开始发展之时结束。因为，扎根于潜意识心理中的自然规律无疑是存在的，它们决定心理的发展，它们是人所共有的。相反，差别则主要是由生活的变化造成的，比如事故、挫折及个体在其发展道路上遇到的障碍所导致的心理退化。毫无疑问，像这样一种理论一定能够解释从幼年期到成熟的每一个阶段中儿童性格的情况，但是，此时此刻，我们暂且把儿童的生活作为一个基本的因素，并把它作为我们探讨个体之间各种差异的指南，这些差异是由他们适应环境的不同努力造成的。

当然，假如我们对于这一理论已经完全掌握，就可以按照人生的不同阶段对性格进行解释。不过，我们只需将儿童的生活作为研究的重点，并在此基础上对个性发展的不同形式进行研究，这样就能在生活环境的影响下进一步发展。很明显，我们只有认识到人的行为，才能更进一步地分析人的性格。正如前面我所提到的，个体从0～18岁的生活可以划分成三个时期：0～6岁、6～12岁和12～18岁；每个时期还可以再划分成两个更小的阶段。如果单独考虑这些时期，那么每个时期儿童的典型心理大不相同，以至于它们几乎像是别人的特征。

前面的章节我们已经讲过，第一阶段是个极富创造性的阶段，尽管刚出生的婴儿没什么性格可言，但是性格在此时已然形成，这个阶段对性格的发展极其重要，也是人生中最重要的时期。众所周知，尚在怀抱中的婴儿不可能受到榜样或外部压力的影响。因此，奠定性格基础的因素必定是本性本身。年幼儿童尚没有是非感，他还生活在道德观念之外。事实上，我们并不认为他很坏或邪恶，而只是认为他挺调皮，即他的行为很幼稚。因此，我们不能简单地用好或坏来评价他们的行为。只有在第二个时期，即6～12岁，儿童才开始具有是非正误意识，不仅是关于自己行为的是非正误意识，而且也是关于他人行为的是非正误意识。是非正误问题是该年龄阶段的特征，道德意识正在形成，此种意识以后会促进社会意识的形成。在第三个时期，即12～18岁，产生了热爱祖国的情感，它是一种归属某一民族群体并关心该群体荣辱的情感。

上面几个发展阶段还是有很大区别的，但是每一个阶段都不是独立的，上一个阶段都在为下一个阶段做铺垫。要保证第二阶段正常发展，就不能在第一阶段发生任何的偏差。这就好比是一只蛹和一只蝴蝶，虽然外表和行为方式大不相同，但是，蝴蝶的美丽却是来自它幼虫形态的生命，而不是来自它模仿另一只蝴蝶的努力。我们是通过现在而走向未来的。一个时期的需要满足得越充分，下一个时期的成功的概率就越大。

父母双方都是生命的创造者，因此他们都不应该酗酒。同时还不能有其他不良嗜好，要有一个健康的身体，否则婴儿便有可能在健康上有这样那样的缺陷。因此，胚胎发育的方式取决于怀孕时起作用的各种条件。以后，胎儿可能会受到一些影响，但是，只受其环境的影响，即只受妊娠期母亲周围环境的影响。如果胚胎的条件极为有利，那么婴儿出生时就会身体健康强壮。因此，怀孕和妊娠对婴儿期生活都有影响。

我们曾在前面提到过出生创伤，婴儿在出生时期受到的创伤将造成衰退，导致严重的后果。但是，不良嗜好和遗传疾病的危险更大，比如酗酒和癫痫。出生以后，我们一直在研究的关键期开始了。在最初2～3年里，儿童可能受到一些将改变其整个未来的影响。在这个时期，如果他受了伤害，或受过暴行，或遇到严重的障碍，那么就可能出现人格偏差。如果儿童能够在条件允许的情况下自由发展，性格肯定会正常的。假如在我们在受孕、妊娠、出生和婴儿养育各个环节采取科学方法，那么3年之后，这就是一个非常健康的孩子。不过，这是一种最理想的状态，实际上这种理想从没达到过。因为除了其他一些原因之外，还有许多障碍的干扰。到3岁的时候，儿童彼此之间就有差别了，这些差别的大小不仅随导致它们的经验的严重性而变化，而且尤其是随它们出现的年龄的变化而变化。因为出生后遇到的各种困难所产生的变化没有妊娠期所产生的变化那么严重，也没有怀孕时起作用的各种有害影响所产生的变化那么严重。

假如一个儿童在0～3岁的时候遇到了一些发展障碍，那么他完全可以在3～6岁期间得到治愈。因为在这个时间段内，大自然正在全面培养和完善儿童的各种能力。在我们对于3～6岁儿童的研究中，学校的教育实践作出了杰出的贡献。据这些研究成果，我们就能够为儿童提供必要的帮助。也就是说，我们找到了更为科学的教育方法。但是，如果0～3岁期间所产生的缺陷没有得到及时的纠正，那么它们不仅会继续存在，而且还会进一步恶化。因此，6岁的时候，一个儿童可能还带有3岁以前产生的偏差和3岁以后获得的其他缺陷。6岁以后，它们将影响人生主要的第二个时期的发展及正在发展的是非正误意识的发展。所有的缺陷都会在人的心理和智力上留卜阴影，这是毫无疑问的。如果前期一旦形成了缺陷，6岁儿童的潜能在第一阶段没有得到发展，在第二阶段发展起来就十分困难。在这样的孩子身上，就不会有这个年龄孩子应有的道德特征，而且智力发育水平也与同龄人有差距，甚至无法形成自己的性格，难以适应学习的需求。在最后一个时期，除了这些缺陷以外，他的低劣还会导致其他一些失败，这样他将成为一个无用的废品，而这并非他自己的过错。

我们为每一个儿童准备了一份档案，这一点上许多重视儿童发展的学校也是这样做的。这样可以完全记录孩子的身体和心理发展的情况，这些档案有助于教师熟悉儿童在每一个阶段的发展状况，了解他们面临的心理问题，并采取适当的救治措施。这份档案中，我们记录着父母所患的遗传疾病，儿童出生时父母各自的年龄，及有关母亲妊娠期间生活的信息——她是否出过事故，是否跌过跤，等等。还有母亲的分娩是否正常，即婴儿是否健康，或者母亲是否晕厥过。其他问题是关于儿童在家庭里的生活情况，父母是否过度焦虑或过分严厉？儿童是否受过任何恐怖或其他什么惊吓？如果他是一个困难儿童或任性儿童，那么我们就可以到他迄今所过的生活中去寻找导致这种结果的原因。我们学校接收的3岁儿童几乎全都有某种病态，不过这种病态是可以纠正的。现在，我们来简短地回顾一下我们常见的几种偏差类型。

儿童的性格缺陷有许多类型，需要以不同方式进行治疗。为此，我们把这些缺陷分成两类：即强型儿童（他们反抗和克服所遇到的各种障碍）表现出来的缺陷和弱型儿童（他们屈服于不利条件）表现出来的缺陷。强型儿童的缺陷有任性、暴力倾向、暴怒、不服从和进攻性。不服从表现得很明显，是一种所谓的破坏性本能。占有欲很强，它会导致自私和忌妒；目的不稳定（年幼儿童中极为常见）；不能集中注意；双手动作的协调比较困难，因此他们很容易掉落或打碎东西；心理混乱；非分的想象。这些儿童可能大声喊叫、尖叫；一般都爱喧闹。他们干扰和揶揄别人；常常冷酷无情地对待弱小儿童和动物。在餐桌上他们一般都很贪婪。

弱型儿童的缺陷是非常消极、懒惰和无聊，想要什么就要什么；试图让别人服侍他。他们总是希望别人使其快乐，但又很容易厌倦。他们发现一切都很可怕，因而他们依附成人。他们经常撒谎或偷拿东西，等等。

这些心理上的毛病通常都会引发生理上的一些问题。比如，孩子往往不爱吃饭，有的完全没有胃口，有的永远感到没有吃饱，最终导致消化不良；这种孩子还经常做噩梦，害怕黑暗和独处，睡眠非常不好，甚至会患肝脏或者贫血等疾病。此为，这类儿童还往往有神经方面的问题。以上这些生理疾病，主要是心理问题所致，药物很难见效。

这是因为某些障碍影响了儿童的正常发展，导致身体疾病和性格缺陷。不论是哪种缺陷类型的儿童，都不受成人的喜欢，尤其是那些强型儿童，更令他们的父母大伤脑筋，这些父母总是想办法摆脱孩子，都乐意把他们托给保姆喂养，或把他们送到学校里。他们成了父母双全的孤儿。他们心理有疾病，但他们的躯体却很健康，这不可避免地会导致他们的恶劣行为。父母们对他们感到毫无办法。有的父母寻求他人的建议，而有的父母则试图独自解决这些问题。有时候他们决心给儿童一点颜色看看，以为这样会解决一切问题。他们使用了所有的手段：拍打，呵斥，让他们饿着肚子上床睡觉……但是，这只能使儿童的缺陷更加恶化，使他们变得更加顽皮，或者使他们采取同种缺陷的消极形式。于是，他们又尝试使用机智的说服教育，晓之以理，动之以情："你为什么要让妈妈感到这么不愉快呢？"最后，父母们失败了，因而停止了忧虑。

弱型儿童的情况可能与此大相径庭，他们往往引不起别人的关注。这些儿童的行为大概不会存在什么问题，父母觉得他们都很听话，认为他们是好孩子；尽管这些孩子过分依赖父母，总是赖在他们身边，但他们安静无比，从没有找过什么麻烦，所以母亲就觉得这是件好事。她们会说，他非常爱她，没有她，他就不能上床睡觉。但是，后来她发现，他的动作和言语都很迟钝缓慢，他站立不稳。她说："他很健康，但他非常敏感。一切都会使他感到惊恐。他甚至对食物也不感兴趣。为了让他吃饭，我老是得给他讲一个故事。他肯定会成为一个圣徒或诗人。"但是，最后，她确信他有病，因此就去请大夫。这些心理疾患让儿科医生们发了大财。

如果以上这种孩子的父母学习过一些幼教知识，或者参加过我们的一些培训，定然不会出现上述这种情况。因为我们都知道，儿童的性格缺陷来自父母的错误做法。如果父母在这一时期忽略了儿童，孩子就得不到足够的机会去充实自己的大脑，而饥饿的大脑会产生许多问题。另一个原因是缺乏受创造性冲动驱使的自发活动。这些儿童几乎都没有全面发展的条件。他们经常被孤零零地丢在一边，无所事事，只有睡觉。或者就是，成人越俎代庖，替他们把一切都做好，从而阻碍他们完成其活动周期。结果就使他们产生了被动性和惰性。虽然他们看到过和渴求过许多东西，但是仍然没有什么东西可供他们玩耍，因为只有在他们手中的东西，他们才会观看。但是，最后，当他们终于成功地拥有一朵鲜花或一只昆虫的时候，他们却不知所措，因此他们往往把它弄得粉碎。

许多儿童会在这时候表现得手足无措，也会毫无缘由地产生一种恐惧感，这种情况能够在早期的生活中找到原因。我们的学校得以广为普及的一个主要原因是，在学校里，儿童的这些缺陷显著地消失了。在这里，他们可以积极探索环境，可以自由发挥自己的能力，促进心理的发展。因为有许多有趣的事情做，所以他们能够随心所欲地重复这些练习，并且能够不断地集中注意力。一旦儿童达到这个阶段，并且能够工作和专心致志于有趣的事情，那么他们的缺陷就会立即消失。这一结果使我们懂得，他们以前的那些缺陷是习得的，而不是天生的。他们之间也不存在明显的差别，因为，只不过一个儿童撒谎而另一个儿童不听话而已。但是，所有这些缺陷都是由一个简单的原因造成的，这个原因是：精神上的营养不足。

究竟应该给孩子的父母提什么建议呢？孩子需要生活在能够引起兴趣的环境中，他们实际上不需要母亲给予太多的帮助，母亲的一些帮助有时甚至不利于孩子的成长。过分的关爱、过度的严厉都会使孩子的精神处于极度饥饿的状态。这就好比对待一个挨饿受冻的人，我们对他又打又骂或者劝他们心情好起来，这些都是不切实际的做法，因为此刻他们需要的是食物，其他任何东西都没用。同样，无论是严厉还是慈祥，都不能解决该问题。人是一种有智慧的动物，因而对心理食粮的需求几乎大于对物质食料的需求。不像动物，他必须建立自己的行为。假如儿童能够解决自己应该做的事情，以此来完善自己的个性，那么一切都会正常，不会出现任何问题。即使他们曾有什么问题，现在也会消失。厌食或者噩梦都将永远成为过去式，他们现在已经完全走上了正确的轨道。

事实上，很多问题不是单纯依靠道德教育能够奏效的，因为性格形成过程中总会存在着形形色色的问题。千万不要以道德的名义对儿童威逼利诱，不要奢望那样能够给儿童带来什么，如果要说会带来什么，那一定是伤害。我们仅仅需要给孩子提供一个正常发展的生活环境，这就已经足够。

孩子的意志教育

当小孩子们在众多的物品中挑选出他所喜爱的东西时；当他从餐柜中取出东西，然后又放回原位时；当他梦寐以求的某些器械正被他人玩耍而一直要等别人放到一边时；当他长时间聚精会神地做练习并纠正教材里他认为有错误的地方时；当他在安静训练中屏息凝神，一动不动，直到听到他的名字时才站起来，小心翼翼唯恐脚碰到桌椅并发出声响时，这些举动已经体现了他的意志。在影响孩子发挥才能的因素中，一直在起作用的也正是意志。

我们不妨来分析一下意志的一些协同因素。

每个人的意志都能够从他们的行动中体现出来。比如说话、办事、走路或者睁眼闭眼，他都被"动机"所左右。意志也可以抑制行动的发生，抑制出干愤怒的冲动，阻止自己想从别人的手里攫取自己所好的欲望，这些都是自愿的行动。因此，意志不是导致行为的简单冲动，而是对行为理智的引导。

　　如果我们没有采取任何行动，当然也就无法体现出来。设想一下，一个人想做好事但又举棋不定；一个人想着将功赎罪却无心去立功；一个人想外出采访却始终没有跨出脚步，他显然没有服从意志的安排，而是始终处于想象的阶段。一切归之于行动，关键在于行动。"通往地狱的路是由良好的愿望铺成的。"意志的生命就是行动的生命。我们所有的行动代表了冲动和抑制因素的合力。经过行为的不断反复，这种合力几乎可以成为习惯性的或无意识的。事实就是如此，当我们在评论一个人是否有教养时，他的所有习惯性动作就属于此种情况。我们也许会因为一时冲动而去拜访某位朋友，但当我们忽然想起来今天他没时间时，这种念头就会打消；当你正在房间某个角落优雅舒适地喝着咖啡的时候，一位德高望重的女士向你走来，你就会下意识地站起来，向她鞠躬或者握手。我们邻居吃的蜜饯正是我们想吃的那种，但我们却很小心不让人看出来。我们的行为并不仅仅是由冲动和厌烦所支配的，也是我们认为有礼貌、有教养的绝好表现。如果没有冲动，我们就不可能参加社交活动；另一方面，如果没有抑制，我们就不能修正、引导、利用我们的冲动。

　　正是在这两种截然相反的力量之间，我们找到了相互的平衡作用，进而用心来培养我们的习惯。我们做这些不会意识到需要什么努力，也不需要用推理或知识去完成他们。它们几乎成为一种习惯性动作。但是，产生这种习惯性动作的并不是本能，而是习惯。我们知道一个人在成长中没受过遵守一定的规则的教育，而只是匆匆忙忙接受了一些纪律方面的知识，他会经常犯大错或过失，因为他是被迫在某时某地"执行"自发行为所需的所有协调动作，并在警觉和意识的控制之下指导这些动作，这种长期不断的努力根本无法与具有高雅风度的人的"习惯"相比。对于后一种人来讲，意志会在意识之外或其边缘进行不断地调整，以使自己拥有新的发现和做出更大的努力。和成人相比，儿童是一个发展还不太平衡的小生命，他们往往容易冲动，并得自己吞下由此带来的苦果，他们有时还会屈服于抑制力。在儿童身上，意志的两种截然相反的力量还没有融为一体，还没有为他塑造出一种新的个性。直到心理萌芽时期，这两种力量仍然处于分离状态。不过我们不应放弃努力，因为这种融合以及相互适应是一定会发生的，并将在他的潜意识中起到支持作用。

所以，我们应当尽早诱发孩子们的积极行为，因为从人的发展上来说这是最根本的。需要提醒大家的是，我们的目的不是将孩子培养成一个早熟的小绅士，而是要促进他锻炼自己的意志，更早地建立抑制和冲动之间的相互联系，为此，我们应该让孩子和小朋友们一起活动，从日常生活中锻炼他们的意志。让他专心致志于某项工作，并抛弃一切与完成此项工作无关的活动。让他选择力所能及的有益于肌肉协调的运动，并坚持下去，直到使这种肌肉协调的动作成为习惯。当他开始懂得尊重别人的工作时；当他耐心地等待想要的东西而不是从别人手里抢东西时；当他四处走动时，应该既不会撞倒同伴，也不会踩到他们的脚，或者把桌子弄翻，这些都表明他正在锻炼自己的意志，正在努力使冲动和抑制趋于平衡。这种态度的形成便是孩子在为融入社会生活做准备。

如果不是这样，我们只是让孩子们整天像机器人一样呆坐在那边，彼此之间不准互相说话或者交流，没有任何发生联系的可能性，那孩子们的社会活动能力自然得不到有效提高。只有通过自由交往，让孩子们彼此之间进行相互适应的训练，他们才能建立起社会的概念。仅仅对他们进行应当怎么做的说教，是无法达到培养意志的目的的。要让孩子们的举止优雅得体，只向他们讲一些耳熟的老套的"礼貌""权利与义务"等观念是不行的，也会增长他们的逆反心理。就像我们不可能只对一位专心致志的学生讲述弹钢琴的指法就能让他弹奏出贝多芬的奏鸣曲一样。在所有类似的事情上，要使孩子发展定型，最根本的一点就是锻炼他的意志力。

善于调动孩子所有有用的机制，非常有益于孩子早期性格的教育。就好比运动一样，让孩子们做体操是非常有用的，因为没有得到锻炼的肌肉是不可能完成需要肌肉力量的运动的。甚至为了保持心理活动的能动性，类似体操的运动也很有必要。没有得到锻炼的机体是不完整的，一个肌肉无力的人一定不愿意从事各种活动。当需要采取行动脱离危险时，他就只有死路一条了。因此，一个意志薄弱"意志低下"或者"丧失意志"的孩子，会很快适应一所让所有的孩子都呆呆地坐着听或假装在听的学校。但是，许多这类孩子的结局是在医院里治疗神经错乱，他们的学校通知单上往往有如下评语："表现优秀，学习进步。"对于这样的孩子，一些教师总这样说："他们真乖。"这样，这些孩子们便可免受任何干扰，从而可不受打扰地沉浸在虚弱之中，就像流沙一样吞没他们。而那些生性好动的孩子，却被当做是制造混乱的人，被斥之为"调皮精"。他们的好动还被进一步指责成侵犯其他同学的利益，而他们的"侵犯"往往是这样的，千方百计使处于静止状态的同学激动起来，以便融入他们的队伍。另一个极端是受到抑制力支配的孩子，他们常常害羞到了极点，在回答问题的时候也犹豫不决，即使给他们施加一些外部刺激，勉强回答了问题，但声音很小，有的在答完问题后居然会哭起来。

对于以上三个类型的孩子，有必要让他们参与自由活动的锻炼。当一个意志薄弱的孩子看到其他孩子在进行有趣的运动时，这会给他带来最有益的刺激。当孩子们从被监视的状态解放出来，并按照自己的意愿自由行动时，这种有规律的训练会使他们在过于好动与过于抑制之间找到一种平衡。这也是使全人类获得解放的重要途径，它使弱者获得力量，使强者更加完善。缺乏冲动和抑制之间的平衡不仅是病理学中一个常见的事情，而且在正常人当中也不新鲜，虽然这种程度没有那么严重，但其常见性则与我们在社会外部领域中所遇到的教育的种种不足和缺陷有关。

冲动是魔鬼，它常常给人造成危害，同样也会让正常人因为轻率的行为而痛苦不堪！大多数情况下，容易冲动会给人们带来莫大的伤害，使他们的事业遭遇挫折，而且自己的才能也得不到施展。他像遭受一种本来可以避免的不幸一样，受到一种清醒的劳役的折磨。一个从病理学上讲是他自己抑制力的牺牲品的人肯定是更不幸的受难者。他虽然只是静止不动保持着安静，内心却渴望能够活动。无数次得不到满足的冲动折磨着一个想从事艺术和工作的灵魂。为求得医生的帮助，或求得高尚灵魂的安抚，他多么希望倾诉自己的不幸，他感到了一种被活埋的可怕的压抑。有多少正常的人经受过同样的痛苦啊！他们一生中有许多恰当的时机，让他们表现自己的价值，而他们却没有这样做，多少次想表达自己的真实感情，扭转困难的局面，但是心扉已经关闭，嘴里也就保持了沉默。他们多么热切地盼望向某个能够理解他们，启发他们，安慰他们的高贵的灵魂倾诉啊！但是，当他们面对这样的人时，却一句话也说不出，他们唯一的回答是内心的苦恼，"说吧！说吧！"他们意识深处的冲动说道，但抑制却像不可抵抗的自然力量一样无情地塞住了他的嘴巴。如果想治愈这种病症，没有什么其他办法，只能通过自由运动的教育，让他们的冲动抑制达到相互平衡。

需要说明一下，那种潜意识里能够采取正确行动的人，并非我们所讲的那种有意志的人。上面已经提到，意识不干预其他自发的需要。一位很有修养、出身非常高贵的女士也许是一个"毫无意志""毫无个性"的人，尽管她或许已经获得产生外部事物的机械意志的最严格的机制。有一种自发的基本品质，人与人之间的表面关系和社会大厦都建立在此之上，这个品质就是"连续性"。社会结构是建立在人能够不断地工作，能在一定的范围内生产这样的事实基础之上的。一个民族的经济平衡也是建立在这种基础之上的。作为人类繁衍基础的社会关系是建立在依靠婚姻关系而存在的父母不断结合之上的。家庭和生产，这是社会的两大支柱。它们立足于最伟大的意志品质：坚定性或持久性。

这种品质是一个人内在个性和谐的象征。没有它，人的生命就像是一个分离成单个细胞的身体，而不是一个互相联系的有机整体，就像许多不连贯的插曲处于一种混杂的状态。这种基本的品质体现了个人的情感和思想的脉络，即他的整个个性时，它就是我们所说的"性格"。一个有性格的人就是一个坚定不移的人，一个忠实于自己的言行、信念和感情的人。恒久性的这些不同表现的总和代表了巨大的社会价值：坚持不懈地工作。

比如一个堕落的人，他在萌生最初念头之前，在失足之前甚至在放弃高尚的信仰之前，往往表现出懒惰或不能持久工作的迹象。一位忠厚老实、举止得体、开始蒙受大脑疾病折磨的人，在表现出暴力动机，或行为上的失常，或任何神志不清现象之前，总有一种先兆：他不可能再致力于工作。人们都认为勤劳的姑娘会成为贤惠的妻子，一个好工人是一个忠厚老实的人，能给妻子带来好运。这个"好"指的并不是能力，而是坚持不懈、不屈不挠。例如，一个在制作小工艺品方面有高超技艺，但缺乏工作意志的冒牌艺术家，不会被认为有什么了不起。大家都知道他不仅不能兴家立业，反而还是一个可疑的危险分子。他可能会成为一个不称职的丈夫、父亲、危害社会的公民。相反，一个最谦卑的虔诚工作的手工业者，他的内心却充满了创造幸福和宁静生活的要素，就像人们议论的，他是有个性的人，能够征服世界的人。

一个在精神生活中建立起内在秩序与平衡，使个性得到发展，并在这一过程中坚持不懈的孩子，他将能够和成人一样造福于集体。这位专心致志地对自己进行训练的孩子，正在全力将自己打造成一个坚定执着的人，一个个性十足的人，一个优秀全面的人。他正在努力追求那个基本的特征：坚韧不拔地工作。只要孩子能坚持不懈，那么，他选择什么工作都一样。因为具有价值的东西并不是工作本身，工作只是培养和丰富人的内心世界的一种途径。

不要轻易去打扰孩子，哪怕你认为有更重要的事情需要孩子去做，也不要随意改变孩子的学习兴趣，哪怕你认为地理比数学更有助于提高孩子的修养。这样做只会混淆了目的与手段的关系，这些人为了虚荣而毁了孩子的前途。需要指导的不是一个人的修养，而是人本身。

如果说有韧性能够坚持是意志在起作用的话，我们所做的决定就可以视为通过意志所采取的行动，为了完成有意识的行动我们就必须做出决定，而决定总是选择的结果。我们如果有几顶帽子，那么，我们出门时就必须决定戴哪一顶，褐色的还是灰色的都无关紧要，重要的是我们必须选择一顶。因为在做这样一个选择时，我们得有自己的动机，不论这种动机是偏爱灰色的，还是褐色的。最后，某一动机占了上风，就做出了选择。显然，戴帽子出门的习惯使我们的选择更加容易。我们几乎觉察不出哪一种动机在我们头脑里起作用，这是一个微不足道的问题，丝毫没有任何努力的迹象。我们的有关哪一顶帽子适合于上午戴、下午戴、到剧院戴或是去运动场戴的知识，使我们不会有什么内心冲突。但是，如果我们要花钱买件礼物，情况就大不一样了。从可供选择的琳琅满目的东西中我们到底选择什么呢？我们如果对这些东西知之甚少，便会担心。我们想选择一件艺术品，但对艺术不大懂行，就怕被骗或出丑。我们不知道是选择一条彩带呢，还是一只银碗更合适。于是我们感到需要有人对这些我们不了解的事情加以指点，我们便去求教。

当然，别人的意见只是一个参考，它只是为我们选择的时候多了一些帮助，与我们意志上的努力是分不开的。意志是我唯恐失去的东西，它与做决定所必需有的知识不同。我们在听了一个或几个人的建议后做出的选择带着我们自己的印记，是我们自己的决定。一位家庭主妇为客人准备晚餐所做的选择也是同样的道理。她对这种事情经验丰富，鉴赏力高，因此做这种决定时很愉快，并不需要外来的帮助。但是，并非每个人都是那么有决断力。我们大部分做出的决定，都需要开动一下脑筋。所以意志薄弱的人就会像避免一件令人厌烦的事一样，竭力避免去做出选择。如果可能，这位主妇将决定留给厨师来做。而对于一个服装师来说，选择某种礼服需要从众多动机中选择适当的动机，必须三思而行。服装师知道这种决定只有经过长期的犹豫之后才能做出，便说选这件吧，这件您穿太合适了，这位夫人点头同意。与其说是服装使她感到满意，倒不如说她想不动脑筋就做决定。我们的一生就是不断做出选择的一生。我们锁好房门出去时，清楚地知道锁门这个动作，确信房间已安然无恙，才决定出去。

我们只有加强这方面的训练，才会让自己变得更加强势，从而摆脱对他人的依赖。清晰的思维和做出决定的习惯的机体结构，给我们以自由感。将我们束缚于屈辱的奴隶状态的最沉重的锁链，莫过于无力做出自己的决定，以及由此必须依赖别人。怕犯"错误"，怕在黑暗中摸索，怕承担我们不一定认识得到的错误后果，使我们像一条拴着链子的狗似的跟在别人后面。最后就会完全陷入依赖的泥潭。如果没有人出主意，我们甚至连一封信也不会发，一块手帕也不能买了。

在这样的状态下，一旦有什么突发事件发生，需要我们当机立断时，性格懦弱的人就会显得犹豫不决，因为他们已经习惯了尾随于意志坚强的人的后面。我们看到，他已经不知不觉地被梦魇般的屈服所缠绕，他已经向将给意志薄弱者带来灭顶之灾的深渊迈出了第一步。因此，青年人越居于服从的地位，越无能力锻炼自己的意志，就越容易成为这危机四伏的世界的牺牲品。

最好的办法就是勇于抗争，而不是逆来顺受，这种锻炼其实就存在于我们的现实生活之中。举个例子，一位家务缠身，任何事情都习惯于自己做主的家庭妇女，就比一位还没有孩子，整天无所事事，懒洋洋地打发时光，习惯于服从丈夫意志的女人更能适应社会。擅长做家务的那个妇女如果不幸成了寡妇，由于日常的锻炼，她依然可以接手丈夫曾经的事业；而后者那位类似于寄生虫一样的贵妇人，可能要另寻保护了。如果不幸这时她已经是徐娘半老，那么很有可能晚景凄凉。"老大嫁作商人妇"的日子已经一去不复返了，现在的成功商人都要求年轻漂亮的，中年妇女显然没有什么市场竞争力。因此，一个意识到要靠自己拼搏的人，就会像一个职业拳击手那样，拼命地进行拳击或者决斗的训练，以增强自己的力量和技巧。他不可能整天把双手抱在胸前，祈祷上苍的垂青。这是再明显不过的道理，如果那样整天无所事事，他只会成为一个失败者，要么就在别人的保护下苟活，这在现实生活中的可能性微乎其微。

必须坚持锻炼儿童的意志

持久地努力工作，不断对造成冲突的动机进行筛选，在烦琐的日常生活中对微不足道的事情做出决定，对别人的行为逐渐施加影响力，并能够不断加强自我指导的能力，这些都为个性的形成打下了扎实的基础。在这里，道德就会像一位久居城堡中的公主一样，深深地刻在我们的内心深处。

当然，要"建造"一间让道德居住的"房屋"，对身体加以适当的控制是必要的。例如不酗酒，在户外活动，能够恢复体力，但是，作为一种使心理疲劳得以恢复的方法，对意志进行不懈的训练又是多么必要啊？

这样长期的自我训练，并且把那些复杂的、始终挣扎于内心的想法付诸行动的时候，他们一方面用这种方式获得了有条理的、明晰的智力，另一方面也培养了他们的意志力，这是一门能够帮助孩子们不依赖别人意见就做出自己决定的学问。然后，他们就能够决定自己的一切日常生活；他们能够决定拿还是不拿；他们能够决定是否要伴随旋律翩翩起舞；他们想安静时就抑制所有想运动的动机。这种坚持不懈地培养他们个性的工作，都是通过决定付诸行动的。这就代替了初期紊乱的状态。从另一方面来说，行动是冲动的结果。一个自发的生命在它们中逐渐发展起来，而怀疑和胆小则同初期的心理混乱一起消失了。

此后，他的条理更加清晰有秩序，与原来的思维混乱截然不同，人的生命也进入了一种自发的状态，伴随心理混乱的消失，怀疑和胆怯也彻底消解了。如果不让条理性和清晰性在头脑里成熟，而用混乱的思维，或背诵一堆课文去阻碍它的发展，阻止孩子们自己做出决定，那么，这样的意志的发展是无论如何不可能的。采用这种方式的教师为自己辩解道："孩子不应该有自己的意志，"他们教育孩子"从来就没有'我想要'这样的事"。他们实际上是在阻碍初期意志的发展。在这种情形下，孩子们感受到了一种控制他们行为的力量，他们变得胆小，在没有他们依赖的人的帮助和同意之下毫无勇气承担任何事情。"樱桃是什么颜色？"一位女士有一次故意问一个本来知道樱桃是红色的孩子，但是，这个孩子表现得非常紧张，那种不自信的神情自然就流露出来了。他在手足无措之时，竟然战战兢兢地说："我也说不好，先让我去问问老师吧！"

可见，如果一个人要能够做出果断的决定，能够在需要你做出判断或决定的时候毫不犹疑，必须有足够的意志，并且不断强化。病理学揭示，这项功能与意志的其他因素有很大不同，它是撑起人格的支柱。在心理疾病中有一种所谓的"怀疑癖"，是心理病态的堕落中最常见的一种。这种怀疑癖仅仅是不能做决定，并伴有一种严重的苦恼状态，尽管它并不导致心理上的错误，而且还很有可能是从心理顾忌中产生的。

由于工作的缘故，我曾在一家精神病医院偶遇一位"怀疑癖"患者。他是一位清洁工，每天的主要工作就是清理垃圾，但他唯恐别人有用的东西不小心掉进垃圾桶里，他每天的心理负担很沉重。每当他准备带着垃圾离开的时候，就会忍不住重新爬上楼梯，挨家挨户地敲门，问垃圾桶里是否有值钱的东西。他确信没有时便离开了。后来他又回来了，再一次挨家挨户敲门，就这样来回不停地折腾。这样来回反复，的确很让人崩溃。无奈之下，他只好求助于医生，希望接受精神治疗。他常说的一句话就是："我可以放心了吗？"他反复地唠叨着："我真的可以放心了？"

这真的是一个悲剧，让人感到匪夷所思的悲剧，但这种病症的例子的确存在。例如，一个人准备出门时，他锁上门之后，还会摇几下锁，而且他在走了几步之后又回过头来，担心门没有锁好。尽管他清楚门已经锁上了，还是有一种无法抑制的冲动让他回去检查门是否锁好。还有一些孩子，在上床睡觉以前，总要朝床底下看看是否有猫什么的动物。他们什么也没看见，心里也明白什么也没有。但是过了一会儿，他们又起床"看看有什么东西"。这种危害像苍白的脸色可以用胭脂掩盖一段时间，不为人所发现，也没有带来任何忧虑。

假如想要让意志在身体里面有效地完成工作并体现出它的价值，我们有必要对意识进行训练，这对培训行为的准确性是十分有价值的。我们都清楚，脚还没有进行过基本的训练，就不能够手舞足蹈；手没有接受过训练，便无法弹钢琴。但在此之前，基本的动作协调运动和理解力必须从婴儿期就开始培养。在纯粹的生理活动中，我们的肌肉并不是用相同的方式来进行运动，而是采取了两种不同的方式。例如，手臂的伸展和收缩主要得依靠肌肉发挥作用，你蹲下或者站起来也得依靠肌肉的"帮忙"，它们的行动中具有对抗性。身体的每一个动作都是具有对抗性的肌肉之间联合的结果。在这样的肌肉运动中，一会儿是这种肌肉，一会儿又是另一种肌肉在一种合作中起作用。通过这种合作，我们能够完成各种各样最了不起的动作：刚劲有力、优美大方、雅致舒展的动作。我们因此才能够不仅使身体具有高雅的姿态，而且能够建立与音乐旋律相配合的动作。

训练可以增强对抗性动作的默契性，训练是必不可少的。值得注意的是，当我们进行动作练习时，一定要在具备动作的自然协调下，在这之后才能进行运动和舞蹈等方面的特殊训练。若动作的执行者想使自己产生的动作协调，这些动作就必须由他自己不断地进行训练。不论是优雅大方、身轻如燕的动作，还是富有生命力的动作，执行者自己都必须不断地进行训练。理所当然，意志的作用不可忽视。比如，你想自己致力于运动、舞蹈、散打或者参加比赛等。运动总是随意的，无论是最初的肌肉协调运动，还是后来的更高级的协调技巧。总之，意志就像是一个"司令部"，它在很严密地组织着身体各个器官。

必须要学会培养孩子的主观能动性，不要让他处于完全静止的状态，更不要用胶粘住他的四肢直到肌肉萎缩濒于瘫痪。但我们也不能认为只是向孩子讲些有关小丑、杂技演员、拳击冠军和摔跤运动员的精彩故事来刺激他，在他的心中激起模仿他们的强烈愿望就够了。显然，这样的做法是一种不可思议的荒诞行为。

上述这些虽然有些不可思议，但是人们往往做出更让人惊讶的事情。为了培养孩子的意志力，我们做出的结果往往都起了反作用。我们总是用自己的意志来代替孩子们的意志。我们按照自己的意志，或让孩子静止不动，或让他行动；为他选择，为他做主的是我们。然后，我们就心满意足地教导他说："意志就是行动。"我们又习惯于给孩子灌输一些英雄人物或者意志坚强的伟人的故事，天真地认为孩子只要学习这些人的行为，就会产生强烈的冲动意识，创造出了不起的成就。

我记得在上小学一年级的时候，就遇到了一位对我们都非常好的"好"教师。她要求我们谁都要一动不动地在自己座位上，她自己虽然累得脸色惨白，还是喋喋不休地讲课。她有一个顽固不变的观点，为了激励我们去尽力模仿那些杰出的女性，特别是女英雄，她要我们牢记她们的生平。为了告诉我们如何出人头地，让我们坚信当女英雄不是办不到的事，因为女英雄是如此之多，她让我们大量阅读名人传记。这一件件故事所告诫的无非是："你也应该努力出名；难道你不想出名吗？"当有人这样问我时，我会冷冰冰地说："我绝不这样去做。我关心孩子们的将来胜于一切，不会再把其他的传记列入课程表。"

很多世界各地的心理学教育家都会一致地发出感慨，年轻人已经逐渐地丧失他们的个性，这是对人类的一个极大威胁。但在我看来，并非人类现在缺少个性，而是学校摧残了身体，削弱了意志，现在需要的是解放的行动。这样潜在的人的力量就会得到发展。还有一个更高层次的问题，就是应该如何利用我们坚强的意志。这只能依赖一个基础，意志存在——即意志已得到发展，已变得坚强。有一个经常用来教育孩子们崇尚意志力量的例子：维托里奥·阿尔费里在晚年自学，用极大的毅力克服了基础阶段的单调乏味。这位在当时就成为世界名流的人，着手学习拉丁语，一直坚持到成为一个文学家，而且靠他的热忱和天赋，成为我们最伟大的诗人之一。他那句关于他转变的话，在意大利常常被教师引用："我坚持，不断地坚持，全力以赴地坚持。"

这是个很生动的例子，维托里奥·阿尔费里如果没有做出改变的决定，他可能始终只能是社交贵妇人们的玩物，一个感情的奴隶，不会有任何的成就。一种内在的冲动促使他想提高自己。他感到自己本可成为伟大的人，浑身充满了无限的潜在的力量，他很想利用这些力量，听从它们的召唤，将自己的一生交付给它们。但是，那香气四溢的贵妇人的请柬让他对诱惑的抵制力下降为零。他又重新回到了戏院的包厢里，和她厮混在一起，白白地浪费掉了整个晚上。这位夫人的吸引力战胜了他抵御诱惑的意志力。但是，他在戏院里看着那些无聊透顶的戏时，忍受了极大的愤怒和苦恼，使他产生了强烈的痛苦。他最后感到自己憎恨那位迷人的夫人。

怎么办？难道就这样一直鬼混下去吗？他果断地采取行动，决定在他们之间设立一道不可逾越的障碍。他毅然决然地剪掉了那代表高贵出生的粗发辫，没有了发辫，他就不好意思再出门。然后他用绳子把自己捆在椅子上，在那里度过了心神不定的日子。他几乎一行字都看不下去。不管他多么想到心上人那里去，但他身体不能动弹，头上又没有了发辫，只好静静地待在屋里。正是这种近乎自虐的坚持，使他从悬崖边上爬了回来，最终成了一个名垂千古的人。

我们对孩子进行意志教育的初衷，便是渴望带给他们同样的东西。我们希望孩子能够从虚荣的怪圈里面跳出来，专心致志地为工作、为事业奋斗，使自己成为一个伟大的人物。

需要特别强调的是，这种充满爱的热切希望，往往容易将孩子置于庇护之下，不利于他们的成长。但是，孩子们难道没有拯救自己的能力吗？孩子们用整个心灵爱我们，用他那小小的心灵能够包容的热情顺从我们。但是，孩子自身却有一种能控制自己内心生活的东西，这就是他自我发展的能力。正是这种能力，引导他去触摸某种东西，去熟悉它。而我们却对他说："别碰。"他到处跑动是为了能够走得稳当，我们却叫道："别跑。"他问我们问题为了获得知识，但我们却回答："别烦人。"像那位可爱的夫人在戏院的包厢里对待阿尔费里一样，我们只是把孩子放在身边看着，让他听话，给他几件他并不感兴趣的玩物。他也许会想到，为什么我深爱的她想毁了我，她为什么想用任性来使我痛苦？正是这种任性，使她阻碍我内在能力的发展，而将我置于无聊的事情之中。难道仅仅是因为我爱她？

所以，孩子如果想要拯救自己，必须有维托里奥·阿尔费里一样坚强的心灵，但是，孩子却常常不能。我们甚至看不到孩子做出的牺牲是多么巨大，看不出我们在毁他。我们用命令，用我们的无限权力，要求他这样做，那样做。我们虽然想要他成人，却又不让孩子成长。

恐怕很多人在读维托里奥·阿尔费里的故事时，都会觉得他们的儿子也许会更有出息。他们希望儿子不借助任何外在的障碍设置就可以抵制诱惑。他们希望一种精神上的力量就能够抵制这种诱惑。可是父母却不去想一下，为了使孩子的意志变得更加坚定，他们到底应该做些什么事情？他们有可能就是摧残孩子意志的刽子手，但却浑然不知，因为他们总是希望孩子对他们唯命是从。

可怜天下父母心，但他们却没有找到正确的方式。我真诚地恳求，所有的父母或者教育工作者要清楚自己的职责所在。你们需要做的就是保护和提高孩子们的能力，不要试图去阻碍他们的发展。

让儿童的注意力更稳定

我们有时候非常固执，一旦把儿童置于一个有利于他精神发育的环境时，总是热切地期望孩子们马上将注意力集中于某个事物之上，并一丝不苟地按照我们所规划的那样去使用它，并无限制地重复这一行为。一个儿童可能重复这种活动20次，另一个儿童是40次，再一个儿童则可能是200次。这就是我们所期望看到的第一个现象，它就是与精神发育密切相关的那些行为的先导。

儿童之所以会有这种表现，源自于其原始的内在冲动，这就好比饥饿时候所产生的模糊意识一样。要解决饥饿所产生的冲动，就必须将儿童引向正确的目标，让它成为一种基本的、同时又复杂的智力活动。如果儿童忙于把一些立体插板，或把10个小圆筒放在和移植到它们各自的位置，在连续30或40次这样做时犯了一个错误，或给自己提出一个问题，接着又着手解决了这个问题之后，他就会变得越来越有兴趣，并试图反复进行这种试验。这样便使他延长了促其内部发育的复杂的心理活动练习。

由于这种内在意识起了至关重要的作用，儿童在使用这类物件的时候往往显得非常愉悦，并且还会不断地去重复使用它。比如解渴，不能只满足于看或轻轻喝一小口水，口渴的人必须要喝个饱，也就是说必须喝够他身体所需要的水量，因此，要满足于这类心理饥渴，走马观花式地看一下是不够的，更不用说"听别人描述怎样使用"，要满足内部生活的需要，拥有并充分地使用它们是必要的。我们应该将这一切作为心理构筑的基础，这是对儿童施行行为教育的唯一秘诀。我们向儿童所提供的环境应该是他们得以自由活动的场所，而这种"精神"活动就其本身来说是行为的终极目的。因此，在游戏中，立体插板不仅提供给儿童关于物体大小的知识，平面插板也不单是为使他有关于形状的概念而设计的，这些东西的目的就像所有其他的物体一样，是为了锻炼儿童的能动性。实际上，通过这些练习使儿童真正获得明确的知识，并使这种知识回忆的清晰度与他的注意力的专注程度成正比。事实上，正是由于像这样获得的感觉知识的范围、形状和颜色等是精确的，所以，才使这样的精神活动在各个领域里不断变得更为广泛，并有可能取得更大的成就。

注意力的不稳定是3～4岁儿童所共有的特征，这是现阶段心理学家所达成的一个共识。他们会被自己所看到的每一样东西所吸引，其注意力是飘忽不定的。一般来说，集中儿童的注意力是困难的，而这正是教育的障碍。威廉·詹姆士谈道："我们都熟悉儿童注意力的极端变动性，这种变动性使我给他们上的第一堂课乱七八糟。这种反应与被动注意的特点使儿童似乎更多地属于偶然引起他注意的每件东西，而更少属于自己，这是教师必须克服的第一个困难。……而且，自动地从恍惚注意中恢复的能力是判断、性格和意志的基础。改进这种能力的教育是最优化的教育。"可以看出，一个人如果任由自己的天性行事，就永远不可能把注意力高度集中。他只能凭借自己的好奇心使注意力频繁地转移。

实际上我们会发现，幼儿的注意力要想集中不能完全靠教师，还要靠一个固定的引起注意的物体来保持，它好像符合某种内部冲动，一种明显的唯一引导其发育所需的东西的冲动。在同样的情境中，一个新生儿在吮吸活动中完成的那些复杂的协调运动，也是受第一位的、无意识的营养需要所控制的，并不是有意识地追求的结果。事实上，这时的婴儿还不可能有明确的意识。所以，最先呈现出来的是一种基本的外在刺激，它是真正的精神乳汁，然后，我们将看到孩子的小脸所表现出来的令人惊奇的现象——注意力的高度集中。

如果细心观察，你就会发现，一个3岁的儿童可以连续50次不断地重复同样的练习，许多人在他旁边四处走动，有人正在弹钢琴，儿童们正在齐声歌唱，这些都不能分散这个小孩的高度集中的注意力。同样，一个衔住母亲乳头不放的正在吃奶的孩子，也不会因外界发生的事而停止，除非他已经吃饱了。

也许这些都是自然创造的奇迹吧！心理行为大多数根植于自然，我们需要探寻大自然的奥秘。因为那些最简单的，也是唯一能够揭示真理的最初阶段可以作为解释以后更复杂的现象的指南。事实上，心理学家为了获得有关生命的知识，都是先从观察生物开始的。如果法布尔没有让昆虫自由地实现其表现形式，并在不因他的出现而对昆虫的功能有任何干涉的情况下观察它们；如果仅仅捕捉到昆虫，并把它们列入他的研究之中，只能根据这些昆虫来做实验，他是不能揭示出昆虫生活的奇迹的。

如果细菌学家没有在营养物质和温度条件下创造出一种与细菌自然生长相似的环境，从而使这种细菌能够自然地生长，如果他们只是将自己限制在利用显微镜固定一种疾病的细菌的话，今天，挽救无数人们的生命和保护整个民族不染上传染病的科学将不会存在。

如果想要生命具有自由的生命力，最基础的工作就是去认真观察生物，运用各种方法去观察它们。自由也是研究儿童注意力的一个实验条件。另外，对于儿童的注意力刺激需要强而有力，还要注意其感官方面的生理适应性。由于幼儿生理发育还不完全，因此就要求遵循自然来发展这种适应性。在发展过程中，一个物体如果不适于成为一种对适应力的有用的刺激物，它就不能在心理上保持注意，而且在生理上它将造成疲乏甚至伤害诸如眼、耳这样的感觉器官。儿童选择物体并在使用中保持由肌肉的收缩表现出的那种最强烈的注意力，这时儿童能明显地体验到一种愉快，这是一种健康的官能活动的表现，它总是伴随着有益于身体各个器官的练习。

需要注意的是，与刺激有关的神经中枢也要做好促进想象形成的准备工作。换言之，就是要做好内部的心理适应活动。当外在刺激起作用的时候，大脑神经中枢就会通过内部程序一次兴奋起来，两种力量的作用就好似一扇门半开半合，外部的感觉力量来敲门，内部的力量则可以将门打开，如果内部力量不出力，外部力量的刺激再强烈也是徒劳。一个人走神的时候，很可能坠入深不见底的山谷之中，而一个注意力集中的人，聒噪的摇滚乐他可能也充耳不闻。

我们都知道，注意力在心理学的研究上是非常有价值的，在教育方面也总是体现了最大的实用价值。教师的整个艺术，实际上就在于把握儿童的注意，使之期待他们的教学，并保证当他们"敲门"时，那些"开门"的内部力量予以合作。但是，如果这一工作是完全陌生甚至是难以理解的，就不能引起孩子们浓厚的兴趣。教学的艺术在于逐渐地引导学生从已知到未知，从易到难。由于引起期望和打开通往新奇的"未知"领域的大门的"已知"已先存在，因此，在目前，进一步深入学习和将注意力引入期望状态已是一项"容易的工作"了。所以，按照教育学的理论，"为自己准备适当的位置"，即准备注意的心理附属物是不可能的。在已知、未知以及熟悉的事物之间，每件事都依靠巧妙的操纵，聪明的教师就像战略家一样，在办公桌上准备战斗计划，并能够指挥孩子走向预定的方向。

这种观念的根源是长期统治心理学的唯物主义。根据赫伯特·斯宾塞的理论，思想最初只是一堆无足轻重的"泥块"，后来由于外部映象的作用，使其留下了深浅不一、形象各异的痕迹。他认为，正是经验成就了一个人，只要在教育体系中配备一套合适的"经验结构"，就可能成就一个人。以上的观念与从分析化学到合成化学，直到有机化学奇迹般的进步这一过程产生的那种观念具有共同的特点。甚至有人相信，蛋白的外形可以由人工制造，因为蛋白是细胞的有机基础，并且根据人的卵细胞也是一类细胞，便相信某一天，人自己可能会在化学家的工作台上被制造出来。然而在物质领域里，没有任何化学合成物质能够将缺乏物质外在的活力、潜在的生命力以及导致细胞发展成人的神秘因素放进细胞内。

儿童的注意力很难集中，这一事实告诉我们，心灵敏锐的人更容易受到自然法则的制约。现代心理学家威廉·詹姆士承认在随意注意中与自然的人有密切关系的一个事实，即"精神力量"是"生命的神秘因素"之一。但丁也曾说："……所以人类不知道他的最高智慧从何而来，也不知道他对于最高的物质欲望从何而生，只像蜜蜂一样，凭自己的本能酿蜜……"人对外部事物的特殊态度构成了他天性的一部分，并决定了他的性格特征。我们的注意力不会被那些微不足道的东西所吸引，而是被那些充满趣味的东西所吸引。对我们内部生活有用的东西，就是能引起我们兴趣的东西。我们的内部世界是建造在对外部世界的选择上的，与我们内部活动的要求协调一致。

譬如，画家善于发现这个世界上最丰富多彩的颜色；音乐家则沉醉于各种美妙的声音。我们的注意的质量能表明我们自己，我们通过我们的态度从外部表现我们，创造我们的只是注意。个性特征、内部形式、一个人与另一个人之间的差异，在某些人中间也很明显，他们生活在同一环境中，但他们从这个环境中只获取各自所需的东西。那些形成自我的来自外部世界的经验在人与人之间是不能够混淆的，而且还受个人能力的制约。

就儿童的状况而言，还没有一个老师可以神奇地使儿童对某一物品保持持久的专注。很明显，它们是一种内部因素的作用。我们从历史记载的天才之中发现，他们性格都不尽相同，但是有一个共同的特点，非常专注。这些小孩似乎再现了人类的婴儿期所拥有的超常的注意能力，具有这种非凡注意力的人比如有阿基米德，他在伏案研究他的几何图形时被杀，他是如此专心，传闻叙拉古城被攻破之时，都未能使他从研究之中分心；牛顿也是这样的天才，他常常因为研究而忘记吃饭；维托瑞屋·阿尔费尔瑞在写一首诗时，没有听见路过他窗前的一支结婚队伍的喧闹声。

遗憾的是，这些天才们的注意力是无法靠老师的风趣、幽默给唤起的。无论他的授课技巧多么精彩绝伦，任何被动经验的积累也不能使其成为这样的心理能力的积聚者。如果说儿童的内心里有一种精神力量在起作用的话，通过它就可以打开他的注意力之门。如果以上观点是正确的，那么由此引起的问题就是有关自由在儿童心智构建中的作用，这不是一个简单的教育问题。通过外部物体所达到的、适合于心理需要的营养物质和用尽可能完美的方式尊重自由发展的态度，从逻辑的观点看来，这两者是建立一种新的教学法的基础。

有必要通过科学实验来建立起儿童心理发展所需的东西，在此我们能观察到众多复杂的生命现象的发展。在这个过程中，理性、意志和性格将一并发展起来，就如同营养合理时，儿童的脑、胃与肌肉会同时发育成长一样。最初的协调的认识能力同最早的心理活动一样都是在儿童心理中固定下来的。认知由此而生，并提供第一棵智力兴趣的胚芽，以增补其本能的兴趣。当这种情况发生时，认知便开始建立自己的一些类似注意的心理机制。今天的教育学专家把它作为教学艺术的基础。从某种角度上讲，从已知到未知，从简单到复杂，从易到难的演变又一次产生了，只不过是带有不同的特征。

由已知通向未知，并非有的老师想象的那样，从一个物体转移到另一个物体，它是儿童内心所建立的一种复杂的观念系统，这一系统是儿童通过一系列心理活动而积极构建起来的，它代表了一种内心的发育过程。要产生上述进步，我们必须给儿童提供一些系统的、复杂的、与他的本能相一致的材料。例如，通过我们的感觉器官，我们提供给儿童一系列能够引起他对颜色、形状、声音、触觉和气压的质的本能注意，儿童依靠特有的、持续的同各种物体的活动，开始组织他的心理个性，同时获得一种关于事物的清晰、有序的知识。

完成这些步骤之后，这些具有形状、尺寸、颜色、光滑度，重量、硬度的物体，就都与儿童的心理产生了联系。儿童的意识中开始存在某种东西，这使他时刻期望着这些东西，并很乐意接受它们。儿童对外部世界的认知和注意，是建立在原始冲动基础上的。他们因此也与这个世界上的许多东西都建立了联系，并产生了更为广泛的兴趣。也就是说，他们不再仅仅局限于那种与原始本能有关的原始兴趣，他们的兴趣是建立在获得知识基础上的，并且已成为有洞察力的兴趣。的确，所有这些新的习得基本上是以个性的心理需要为基础的，但如今智力因素增加了，从而把冲动转化为一种意识和自觉的探求。

陈旧的教育学观点认为，要是儿童的注意力不分散，集中在某个未知的事物上，就必须将已知和未知联系起来。因为他的兴趣可以从新知识的给予中获得。但我们通过实验观察到，这种观点只捕捉到了复杂现象的细枝末节。实际上，已知的知识会把兴趣引向更复杂和具有崇高意义的事物上，并使文化连续不断地演变下去，而且这一过程本身就在头脑中维持着秩序。教师会在上课时简单明了地说"这是长的，这是短的，这是红的，这是黄的"等。他固定用一个简单的字，清楚地表明了感觉的顺序，并把它们分类、编目。每一个映象完全区别于另一个映象，并在头脑中有其自己明确的位置，这种映象可以用一个字回忆起来。因此，新的知识将不会被虚掷在一边或与旧的相混淆，而是将适当地储存在合适的地方，与原先同类的知识归在一起，就像图书馆排列有致的图书一样。

就这样，在人的内心深处不仅有一种需求来增加获得知识的动力，而且还会形成秩序，这种秩序不断接收新的信息而得到维持。因此，内部的协调性就变得尤为重要，这就好比是生理上的适应能力，它本身就是在自发活动的基础上建立起来的，个性的自由发展，其成长与自身组织是由一种内部条件所决定。犹如人的心脏的胚胎，在发展过程中为自己创造出一个位置，在两肺之间的纵膈空间中，由于肺部的扩张膈膜呈现出弓形。教师完全可以对这一现象加以控制，但一定要慎之又慎，以防止把儿童的注意力引向自己。因为儿童的全部精神决定着他的未来，教师的艺术就在于理解和避免干预自然现象。

好吧，我们来接着谈谈有关儿童营养的一些事情。在这方面我们应该考虑到，孩子不再像以往那样了，他在有了牙齿之后就不断地产生胃液，因此可以适当给他调配一些更复杂的膳食，借助所有现代烹调以及一切复杂形式而获得营养，直到他长大成人。为了保证自己的健康，他必须只吃与他自身机体的最直接需要相符的食物。如果他采用过于丰富的或不寻常的、不适宜的或有毒的食物，其结果必然导致营养不良、自我毒害，成为一种疾病。营养卫生学正是研究儿童在哺乳期和婴儿期营养的学问，它不仅为儿童，也为成人指出在婴儿卫生学鲜为人知的那个时代大家都会面临的危险。

那么，现在我们再回头谈一下关于注意力的问题。对于年龄稍大的孩子，我们不妨让他们关注一下那些作为生命基础的本性和作为生活基础的刺激之间相对应的基本事实，无论它怎样变化，这些始终是教育的基础。我的这一观点很快就遭到了专家们的反对，不过幸好我有所准备。他们认为儿童必须习惯注意任何东西，甚至包括那些他们不喜欢的东西，因为实际生活要求他们做出这种努力。这种观点事实上有点以偏概全，与家庭中的父亲曾说的"孩子们应该习惯吃任何东西"有惊人的相似。在这里道德又被无情地搁置一边，这多少有点让人感到悲哀。假如这种命令式的教育还在大行其道，父亲们将允许他们的孩子整天都禁食，如果孩子在吃午饭时拒绝吃一道他不喜欢的菜，那么除了他们拒绝的那道菜外，禁止他们吃任何东西，即使这道菜已变凉和令人作呕，直到最后饥饿削弱了儿童的意志，消灭了他的幻想，一盘冷食被吞了下去。这样的父亲争辩道，在任何情况下他都完全可以安排孩子的生活，我的孩子将准备吃任何可得到的东西，他不贪吃也不任性。那时候，家长为了使孩子克服厌食的毛病，采取的办法往往简单而粗暴："在他们还没有吃晚饭的时候送他们上床睡觉。"

　　截至目前，那些认为孩子应该对所有事情都感兴趣的人，大多是采用的这种办法。然而，孩子即便没有偏食的习惯，那些令人作呕的冰冷的饭菜已然无法让他们满意。这种食物不但难以消化，而且会毒害孩子的身体。这样做，我们不能拥有强健的精神以应付生活中的困难和可能发生的事。吞咽了冷汤、不易消化的食物之后很快就上床的孩子，他们的身体往往发育不良，当碰到传染病时，就会很容易失去抵抗力而立刻病倒。且从道德上讲，他有许多没有满足的欲望，并把这些欲望的满足视为自由的最大快乐。当他成长为成年人时，他就会在吃和喝上毫无节制。与他不同的是，今天的孩子，通过合理的喂养，通常身体健康，成为有节制的人，追求一种健康的生活，不酗酒，也不会毫无节制地进食，因为他们知道这样做是对身体有害的。一个现代人能从多方面抵抗疾病的侵害。他会在没有任何强迫的情况下完成各种防御工作；勇于尝试各种挑战人类身体极限的运动；能够试图完成一些伟大的事业；能够面对严峻的道德冲突，并使自己的精神净化。只有这样的人才能够成为一个意志坚强的人，一个能及时做出决断的人。

一个人的内在活动发展得比较正常，他自己也就能够成为一个个性鲜明的人，心智也会更加健全，意志更加坚强。要为斗争做好准备，不必从诞生那天就开始，但他必须是一个坚强的人。他的强壮是预备的，没有哪个英雄在他完成他的英雄业绩以前就是英雄。我们未来的艰苦生活是不能预见的，也是无法预料的。没有人能为我们准备直接迎接它的方法，只有一个朝气蓬勃的人才能够对付任何事情。

当一个生物还处于进化阶段时，生物学家应该做的就是保证它的正常发育。同理，胎儿的生长必须靠母体里的血液提供营养，婴儿需要母乳的喂养。如果胎儿在子宫内生活时，血液里的蛋白质和氧气缺乏，或者因为有毒物质进入了母亲的身体，这个生命将不能正常发育。这些先天性的东西是无法靠后天的营养弥补的，一旦你先天不足，后面便无法强壮起来。婴儿缺乏足够的奶，生命最初阶段的营养不良将宣告他永远处于劣等状态。躺着吃奶，长时间安静地睡觉是"为了准备行走"。吃奶的同时，也是婴儿长牙的开始。鸟巢里面开始试飞的小鸟，它们刚开始也只是躲在温暖的窝里保持不动。也就是说，它们在为生活做着间接的准备。所有的生命其实都一样，鸟儿的飞翔、野兽的凶猛、夜莺的歌声、蝴蝶翅膀上斑驳的美丽，这些有趣的自然现象都是在秘密的巢里、洞穴里或不动的孤独的茧内做准备的。无所不能的自然在生物形成的过程中需要一个安静的环境，所有其他的东西都得由它提供。

儿童的精神发育也是如此，它需要一个安静祥和的巢穴，这里面有足够的食物和营养，为他今后的发展奠定基础。因此，给儿童提供与其精神形成倾向一致的物体是必要的，这是为了进一步地开发其发展的潜能，这也是教育的终极目标。

儿童想象力的培养

设想一下，如果想象是建立在现实的基础之上，并且一个人的感知能力与其观察的精确程度息息相关的话，那么培养儿童想象力使其准确地感知周围食物所需的材料就非常重要。从另一个角度讲，让他们在界定严格的范围内进行推论，让他们进行区别事物的智力训练，就能够建立起与想象力有关的基础。这一基础打得越牢固，他的想象与具体形式的联系就越紧密，也就越能与独立的意象建立起合乎逻辑的联系。任何夸张或粗糙的幻想都不能使儿童走上正轨，必须做好充分的准备，才有可能挖掘出一条奔腾的江河，使智慧的泉水流淌其中。只有这样，它所涌出的泉水才不至于泛滥成灾，也不会损害内在的秩序美。

培养儿童的想象力是个艰巨的工程，期间绝不可阻挠他们一些自发性的活动，哪怕是一些极其细微的活动。我们的任务是等待，千万不要欺骗自己，自认为能够创造智能。我们除了观察和等待孩子想象力的萌芽，做什么都是多余。我们必须记住，创造性的想象只要不是一种虚无缥缈的幻想，不是幻觉或错误，就会在坚实的岩石上建立起一座金碧辉煌的宫殿，智力的开发也就有了坚实的基础。

人们常常以为儿童最为显著的特征是想象力丰富，因此大家都想采用特殊的方法来挖掘这种潜能。还有人认为，儿童喜欢在虚无的、令人痴迷的世界里遨游，就像原始人，他们总是被迷人的、超自然的和虚无缥缈的东西所吸引，对此我们需要指出，实际上，在任何情况下这种原始状态都只是暂时的，会被其他状态所取代。对儿童的教育应当帮助他们克服这种状态，而不是延伸或发展这种状态，甚或让他们停留在这种状态。

没错，人们的确可以在孩子身上找到一些与原始人相似的特征。比如他们在语言表达方面能力十分有限，只有一些表明具体意思的词汇。他们用词也非常笼统，一个词往往被用于表达几个目的或表示几种东西。但是，我们却不能人为地对他们加以限制，或者有意给他们提速以便尽快度过这个时期。

与那些思想还暂停在虚幻之中的人们相比，孩子属于完全不同的类型。他们对伟大的艺术作品十分感兴趣，对科技文明也十分关心，沉浸在需要丰富想象力的作品里，我们应该为孩子聪明才智的形成提供这样的环境。在智力发展的萌芽时期，儿童被一些奇思妙想所吸引是再正常不过的事，不能以此否定孩子是我们的未来，他们应该远胜于自己的前辈。鉴于此，我们千万不要对孩子想象力的发展过分抑制。婴儿大脑的创造性活动现在已经被认为是人类孩提时代的重要活动，甚至被普遍认同为是一种创造性的想象。通过这些活动，孩子赋予了他们所感兴趣的东西以赏心悦目的特征。

我们应该都见过，孩子骑在父亲的手杖上那种得意扬扬的样子吧！这其实就是孩子想象力丰富的一个显著特征。孩子们在嬉戏于那些桌椅板凳之间，并努力建造自己的四轮马车的时候，他们的快乐是我们难以想象的。建造成功后，一些孩子在马车里仰靠着，兴高采烈地欣赏着他们所虚构的车窗外的景色，还十分形象地朝着外面的人群鞠躬致意；另一些孩子则坐在椅背上，抽打着想象中的烈马，鞭子在空中挥舞着。这些都是孩子们具备想象力的又一个铁证。可是，当他们已经拥有了小马驹，并且习惯于在马车或轿车里进进出出的富家子弟看到这种情景时，脸上常常会表现出鄙夷的神情，他们觉得这些孩子似乎是疯子。他们甚至会尖刻地挖苦道："他们穷得什么也没有，之所以这样做就是因为没马，也没有马车。"

显然我们不能为了教育这些纨绔子弟就将他们手中的马驹牵走，也不能剥夺这些穷孩子手中的手杖，那是他们对于马车的幻想。一个穷人或者乞丐，当他进入富人家的厨房，闻到了扑鼻的香味，从而想象自己正在就着他的面包吃着丰盛的菜肴，谁又忍心阻止一个人对美餐的渴望呢？我们甚至可以想象，一个十分贫穷的母亲将手中仅有的一块面包分两次喂自己孩子并安慰他说"这是牛肉"时的那种心酸。孩子当然不介意自己贫穷，他们会心满意足地认为自己在吃牛肉。有人曾十分认真地问我："当孩子不停地在桌子上模拟弹钢琴的时候，我们是否真的应该给他一架真钢琴呢？"

我觉得这个问题让人十分困惑，给了的话可能让孩子彻底学会弹钢琴，但是却会抹杀孩子的想象力。这样的担心应该不无道理。

费洛培尔的一些游戏便是建立在相似的信条基础之上的。将一块积木给孩子说："这是一匹马。"然后又将积木按一定的次序摆好，对孩子说道："这是马厩。现在让我们把马放进去。"再把积木重新排列，说道："这是一座塔，这是一座乡村教堂，等等。"在这样的练习里，实物不像被当做马匹的手杖易引起幻想。孩子在向前移动时至少可以骑手杖，抽打手杖。用马建塔和教堂使孩子们的头脑混乱到了极点。更有甚者，在这种情况下，"创造性地想象"、用自己的头脑工作的已不是孩子，因为这时他必须按教师提示的去做。孩子是否真的认为马厩变成了教堂，他是否在开小差，谁也无法知道。当然，孩子好动，却不能动，因为他不得不潜心思考教师提示的一连串电影式的意象，尽管这些意象只存在于同样大小的积木之中。

在这些尚未成熟的头脑里培养起来的到底是些什么呢？我们在成人世界里发现与这非常相似的又是什么呢？它使我们明白，通过这种教育方式，我们在用什么样特定的形式训练我们的思维。的确，有人将树当做王位，发号施令；有人相信自己即是上帝。"错误的知觉"是错误判断的开端，神经错乱的并发症。精神病人什么也干不了，同样，那些受着旨在将他们未得到满足的欲望的幼稚表现发展为狂躁的这种固定不变的教育的孩子，不能为别人，也不为自己做任何事。

我们假定用一种使孩子把虚幻当做现实来接受的方法来发展其想象力。例如，在说拉丁语的国家，圣诞节被说成是一个名叫比法娜的丑女人越过墙垣，从烟囱里钻下去，把玩具送给那些听话的孩子，却把煤块留给那些调皮鬼；而在盎格鲁撒克逊国家，圣诞节则是一位浑身白雪的老人挎着一大篮子给孩子们的玩具，在夜里进到孩子们的房间。然而，我们的想象成果怎么能培养孩子们的想象力呢？是我们，而不是孩子们的想象，他们只是相信而已，而没有想象。轻信，确实是尚未成熟的头脑的特征。这些是头脑缺乏经验及现实知识，缺乏辨别真理与谬误、美丽与丑恶、可能与不可能的人。

难道这种毛病仅仅因为孩子们在无知、未成熟的年龄表现出轻信，我们就希望在他们身上培养轻信吗？当然，成人也轻信，但他们的轻信是与智慧相对立而存在的。它既不是智慧的基础，也不是智慧的结果。只有在愚昧的时代，轻信才会萌芽和增长。我们为已度过了这样的时期而感到自豪。我们把愚昧看做轻信的标志。

有一个很有讽刺意味的故事，大概流行于17世纪。故事是这样的：巴黎的新桥是行人的要道，也是闲散者集聚的地方。许多江湖骗子和庸医也混杂在人群里。其中有一个大发横财的名叫马里奥罗的江湖医生出售一种诡称来自中国的药膏。这种药膏能使眼睛增大，嘴角变小，使短鼻子变长，长鼻子缩短。德·萨丁警长传讯了这个江湖医生，把他关进了监狱。警长问他：

"马里奥罗，你是怎样招来这么多人，赚了这么多钱的？"

"先生"，马里奥罗回答道，"你知道一天之内有多少人过这座桥吗？"

"1万多人吧，"德·萨丁回答。

"对了，先生，你想他们中有多少聪明人？"

"100个吧。"警长答道。

"这是最乐观的估计，"骗子说道，"不过就这样计算，我还有那其余的9900人过日子。"

那时的情况与现在大不相同。现在聪明人多了，轻信者少了。因此，教育不应面向轻信，而应面向智慧。谁将教育基于轻信之上，谁就是在沙漠上建筑高楼大厦。

还是让我们再说说那个被人们重复了成百上千次的故事吧！有两位出身高贵的公主，她们为了抵御命运的安排和诱惑，决心去一所修道院潜心修道。修女这时候坦白地跟她们说，这个世界时常是虚伪的，不信你就认真观察一下。当有人称赞你们时，你们试着躲起来，听听他背着你们时会说些什么，也许他会诅咒你们。他们终于到了社交的年龄，在一次参加晚会的时候，所有的来宾都对她们赞不绝口。她们为了验证修女所说，便躲在客厅里一间用大帘子遮掩着的凹处，想听听人们在背后议论些什么。结果，她们走后这些人对她们的赞赏反而更加厉害了。她们想起修女曾经说过的话，非常的不满，从此不再相信宗教，投身于现实的生活了。

轻信，随着经验的增加、头脑的成熟而逐渐消失；指导，有利于达到这个目的。在一个国家里，就如在一个人的身上，文明和灵魂的逐渐发展势必让人变得不再轻易相信什么。这就是人们常说的，知识驱走了无知的黑暗，幻想最容易游荡在无知的地方，因为那里缺乏上升到更高层次文明的支柱。我们不能在轻信的基础上培养孩子的幻想，这是毫无疑问的。事实上，当我们得知孩子不再相信一些子虚乌有的神话时，内心是充满喜悦的。我们会欣慰地说："他终于长大了。"情形应该是这样的，这也是我们期待已久的。孩子不再相信神话的那一天一定会到来。

孩子长大成人时，我们应问问自己："我们为孩子的成熟做了些什么呢？对这脆弱的灵魂我们提供了什么帮助，使它变得正直坚强呢？"无论我们怎样想方设法使孩子幼稚、天真和充满幻想，他仍然战胜了困难。他战胜了自己，也战胜了我们。他内在发展、成熟的动力指向哪里，他便跟到那里。但是，他也许会对我们说："你们把我们害得好苦啊！我们自我完善的活动已经够艰巨的了，而你们仍压制我们！"诸如我们紧咬牙关，不让牙齿长出来，或者不让小孩站直身子的行为，难道还少吗？事实上，我们在有意延长孩子贫乏的、不确切的语言时，便犯下了同样的错误。我们不是注意凝听词的清晰发音，观察嘴唇的变化，我们却学着孩子幼稚的语言，重复他们笨拙的发音，用人们第一次竭力将单词发清楚时所惯用的方式，大着舌头发辅音，或把辅音发错。我们就这样延缓孩子艰难的形成期，将其扔回到疲惫的婴儿状态。

这样还不够，我们在儿童想象力教育的问题上扮演了同样角色。我们总是对那些幼稚的大脑处于幻想、无知和错误状态感兴趣，就像我们看到婴儿被抛上抛下时就非常高兴，甚至我们对孩子轻信我们向他们讲述的圣诞故事感到欣慰。我们有点像那些无知、虚伪的贵妇人，尽管她们表面上对收容所里那些贫穷的孩子充满同情，而内心里却有另外一种想法："如果没有这些贫穷的孩子，我们的生活将会多么的乏味。"我们也会说这样的话："如果孩子们不再轻信，我们的生活将失去许多乐趣！"

我们现在所犯的一个粗心的错误就是我们为了自己取乐，而人为地阻止了儿童的一个发展阶段。这就像野蛮的王国时代人为地限制一些人身体成长，使其成为供国王消遣的侏儒。这样说也许耸人听闻，但事实确实如此。我们没有意识到，但却是事实。我们用高傲的藐视小孩的口吻说"真的，我们不是孩子"时，却不断提到这个事实。如果为了观察儿童静止的低下状态，我们克制自己，不再拖延儿童的幼稚期，让他自由地成长并赞叹他在更高追求道路上所取得的奇迹般的进步，我们就会附和耶稣，这样评价儿童："谁要想完美，谁就必须像一个小孩。"

如果试图培养儿童的想象力，不妨直接让他们在物质的环境中生活，也可以用建立在事实上的知识和经验来丰富他们的大脑，这样就可以使他们自由地成长。也只有自由地发展，孩子们才可能展示更加丰富的想象力。我们试着从最穷的孩子开始，因为他们贫穷，所以梦寐以求的东西一时难以得到，正如穷困潦倒的人梦想能够腰缠万贯，受压迫者梦想着得到王位一样。所以，这种处境的孩子一旦有了自己的房子、扫帚、橡皮、陶器、肥皂、梳妆台以及家具，他们会非常高兴地料理这些家什。而且在得到这些梦寐以求的东西后，他们的欲望就会减弱，从而过上一种内心丰富的平静生活。

正是生活在真正的财富之中，孩子们才变得更加镇静，减少无益的幻想所消耗的宝贵精力。这样的结果不是通过想象生活在自己所拥有的财富中来取得的。一些管理模范孤儿院的教师曾对我说："我们照你所说的方法，让孩子练习实际生活，你来瞧瞧吧。"我去了，同去的还有一些权威人士，某大学的教育学教授也去了。当我们到达现场时，看到一些孩子拿着玩具，坐在小桌子旁，正在给一个玩具娃娃摆桌子准备吃饭。孩子们毫无生机。我吃惊地望着邀请我来的教师，他们似乎还有些得意。很明显，他们一定认为游戏中摆桌子吃饭与实际生活相差无几。但实际上，虚拟的东西和现实生活却有着千差万别。这种在孩提时代慢慢灌输的微妙的错误形式，以后难道就不会发展为一种精神态度吗？也许正是这个错误使意大利一位著名的教育学家问我："难道自由是件新鲜事？请读一读夸美纽斯的著作吧。你会发现，在他那个时代就讨论过这个问题了。"我回答道："是的，很多人都这么说，但我所说的自由是一种真正意识到的自由。"这位教育学家似乎并未明白两者的区别。我应这样说："你难道不相信谈论百万财富与百万财富的拥有者之间完全是两码事吗？"一个整天沉溺于幻想之中的人，似乎把假想的东西当做真实存在而生活着，追求幻想，不敢面对现实。这种现象太普遍了，几乎不为人们所意识到。不可否认，想象力总是存在着的，不论它是否建立在一个坚实的基础之上，是否有着构筑的材料。但是，当它不是建立在现实和真理基础之上时，不是建造伟大的建筑时，它只不过是建造了压抑智力和阻止真知之光射入的一种外壳而已。

正是由于这个错误的认识，人们失去了多少时间和精力啊！想象没有事实的支撑，就如同毫无目的地做无用功直到体力耗尽，或者消耗智力直到着魔一样。多数情况下，学校是一个呆板的、阴沉沉的地方。灰白色的棉布窗帘都会妨碍学生感官的松弛。学校之所以营造这样的环境，其目的就是使学生能够专心致志地听教师讲课，避免外界的干扰而分散了注意力。孩子们就像痴呆儿一样一小时、一整天地待在教室里，一动不动地听教师讲课。他们在画画时只能够照葫芦画瓢，他们所从事的活动必须遵从教师的指令，对他们个性品质的评价完全取决于他们在校期间的服从程度。

就好比克拉帕雷德所说的那样："我们的教育就是给孩子灌输一大堆毫无意义的知识，来约束他们的行为，来压抑他们的个性。

他们无心听讲的时候，我们还是要强迫他们；他们没什么话说的时候，我们硬要他写一篇文章来表达自己的看法；他们本来对这个事物不感兴趣，我们却还要他认真观察；他们对于发现什么定理毫无兴趣，我们还要喋喋不休地劝他们去推导、证明，我们从来就是这么野蛮粗暴，毫无商量的余地。"

而孩子所接受的教育是如此的痛苦，他们用手写字、记笔记如同是在受刑一样苦不堪言。他们坐在那里甚至不能动一动，但是他们的脑子也没有经过任何的思考，只是被动地跟着教师的思维转，尽管教师所依据的只不过是随意设计的、没有考虑儿童爱好的大纲。

因此，那些虚无缥缈的意象对孩子们来说犹如梦境一般呈现在面前。教师在黑板上画一个三角形，然后将其擦掉，这个三角形只代表一个抽象概念暂时的视觉形象。那些从未用手拿过实体三角形的孩子必须用力记住这个三角形，许多抽象的几何计算题便接踵而至。类似于这种虚构的图形只能使孩子感到困惑，它显然不能与其他事物互相融合而被感知，灵感因此也逐步丧失。其他的事物都差不多，目的本身就是疲劳，这种疲劳几乎包括了实验中的许多努力。

儿童的行为能力锻炼

对于行为的研究虽然不能完全地解释生命的奥秘，但是这些理论却可以帮助我们认识一些事实。毋庸置疑，规则只有一个，各种动物都必须遵循生命的发展规律，这种规律可以一直追溯到胚胎时期，这时我们应该注意一下儿童的心理发展变化，从社会现象之中寻找这种规则。

经过研究我们发现，很多动物早期的胚胎形状都极其相似，这方面无论是人、兔子或蜥蜴都没有区别。但是当胚胎发育成熟时，它们之间的差别就很大了。有一件事是可以肯定的，那就是婴儿都有心理胚胎，每个孩子在出生时都是相似的，因此，在他们心理胚胎的成长期，也就是心灵的形成阶段，孩子们都需要相同地对待与教育，不论他们将来成为什么样的人，科学家或苦力、圣人或罪犯，都要经历相同的成长过程。因此，我们在生命最初几年所受到的教育就是非常相似的，大家都在顺应自然的本性。

人的个性是其自然发展的结果，没有人能够左右它。如果说有帮助，那只能是帮助一个人实现自我构筑，为他排除成长过程中影响自我实现的障碍。我们已经明确一个事实，那就是胚胎的真实存在。器官就是环绕着心理胚胎形成的，紧接着出现两种系统——循环系统与神经系统，它们互相联结与整合。但是，科学无法进一步解释心理胚胎是怎样成为生命体的事实，以及它是如何成为独立自由的个体。

当1930年费城学者得出一项与此完全相反的结论时，我们都觉得非常惊讶。他论证了这样一个事实：大脑中的视觉神经元是在视觉神经出现以前就存在了，比眼球的形成还早。由此可以说明，动物的心理是先于生理形成的。每种动物的本能，早在它的器官形成以前就存在了。假如动物的心理早已经存在，那就意味着它的生理部分是自动完成构筑的，并努力使自己符合心理需求，符合他的本能，各种动物的肢体也是最适于表现其本能的器官。由此可见，新的行为理论与那种认为动物为适应环境而采取某种习性的旧观念大相径庭。以前我们都认为，动物的个体是用意志的力量，带动身体的结构在生存的竞争中适应新环境，但经过长期的演变，动物对身体的调整和适应才逐步完成。新的理论当然也承认这些，但它们都把动物的本能行为和习性放在了一个更加关键的位置，动物也能够很好地适应自己所在的环境。

牛的身上可以发现一些奇特的东西。我们都知道，牛长得十分强壮。它在地质学历史上甚至可以追溯到进化的过程。地球上从有植物覆盖时起，牛就已经出现了。人们也许会好奇，为什么牛要以草作为食物呢？还因此长了四个胃出来？如果只是为了生存，它吃别的东西可能更好些，因为其他食物的数量也有很多，但几千年过去了，我们仍然看见牛在吃草。通过观察我们发现，牛是将草的根部咬断，然后慢慢咀嚼，但是它们从来不会连根拔起。它们知道青草经过剪断，就会使地下的根茎长得更好，否则它很快就要开花结籽。后来，人们又发现青草对植被的保持也是相当重要的，因为它能防止水土流失，使土地肥沃，有利于植物的生长，这就说明青草在自然秩序中有着非常重要的作用。施肥也可以让草生长得很茂盛，还有一种方法就是在草上面施压。有哪一种农用机械能将这些工作做得比牛更好！牛除了协助草的生长，保持草场土壤肥沃之外，还能提供牛奶。所以牛这种生物似乎是大自然的鬼斧神工，就像乌鸦与秃鹰天生就是这个世界的清洁工一样。

根据上面这些例子，我们可以得出一个结论：动物的择食不单单是为了满足自己的生存需要，它们也在尽可能地完成某种自然赋予的使命。大家都是自然界的一员，尽可能地维持这个世界的秩序和平衡。蚯蚓也是一个不可思议的例子，它们每天为了吃而活着，活着就是吃下大量的泥土，可能这些泥土是他们身体体积的200倍。难怪达尔文会说，如果不是蚯蚓，地球的土壤可能没有这样肥沃。

还有蜜蜂传播花粉，我们也非常熟悉。这些动物当然不仅仅是为生存，它们为了其他动物的生存甚至可以牺牲自己的生命。类似的思想境界在海洋中也可以发现，有些单细胞生物有着过滤器的功能，它能除去水里的某些有毒成分，它们要喝大量的水。动物的生活与地球生态的关系，动物本身并不知晓，但更高级的生命以及地表的土壤、空气和水的净化皆有赖于这些动物。

自然界好像有个秘密的任务，这种任务委派到了各种动物身上。它们使得一切物质和谐统一，使这个世界更加美满。这个世界可不单是我们自己的，我们的存在就是推进世界向前发展。我们与动物相比，的确有很多不同之处。主要的区别在于人类没有固定的、特别的生存方式，而动物却都有着其特定的栖息地，这就使得它们在适应环境方面比人类差一些。人类还能从事多样化的运动，而且可以用双手劳动，这是其他动物所不能及的。对于人来说，似乎没有什么不可为的事情。人类有多种语言，能走、能跑、能跳、能像鱼一样游泳，还能做富有美感的运动，比如跳舞或者什么。然而，在孩子刚出生的时候，没有能力能够表现出来，得在童年时期逐步学习。

婴儿想要适应这个世界，也必须要靠自己的努力。孩子需要不断地调整自己的身体状况，去适应文明社会越来越复杂的生存环境。这种适应能力也只能是孩子才具备，成人已经无法做到，这就使我们学习一门外语比较困难，即便这门语言非常简单。成人即使喜欢某个环境，也只能把它放在记忆里；而孩子却可以将它不知不觉地吸收，构成其内在心理的一部分。孩子就是这样，能够将所见所闻融入大脑，成为自己的一部分，语言就是个明显的例子。

心理学家常常把这种能力称为"内在美"，它的目的是为个体构筑一种行为，不仅适应他自己所属的时间与空间，也适应社会的精神意识。成人在精神和感情上常常是带有某种偏见的，这点在宗教上体现得就极为明显。宗教也许从理性的角度考虑应该是拒绝，但它从婴儿出生起就已经融入他们的生活，很难再摆脱宗教。

我们如果想要强化一个民族，或者剔除一些民族的劣根性，那一定要从孩子做起，从儿童期入手是最好的选择。因为成人身上很多东西已经定型，他们不可能做出太大的改变，我们要挖掘一些潜能，或者唤醒某种意识，只有从孩子身上进行，他们具有极大的可塑性。

运动对儿童的价值

对于儿童运动本质的认识，我们现在人的理解稍微有些偏差，尤其是对运动在童年期所产生的影响方面，我们的认知甚至是错误的。现在很多学校只注重智力的发展，却忽略了运动对心理发展的影响。正是由于这个原因，我们才将这方面的学习称之为"操练""体育"或"游戏"。

首先，我们来一起看一下人类的神经系统。我们都知道，人类有个极其复杂的大脑；此外，还有各种感觉器官，能够搜集和整理各种信息，并将其传递给大脑，还有肌肉，它也是身体重要的组成部分。人体构成简单地说就三部分：大脑、感觉器官和肌肉。正是这些精密的组织使得运动得以实现。最伟大的哲学家也必须通过语言或文字来表达其思想，这就牵涉到肌肉运动。如果不把思想表达出来，再好的思想又有什么用呢？然而，要表达其思想，就必须通过肌肉活动。

如果我们观察一下动物，给我们的第一印象就是，动物只能凭借其运动来表达其意图。所以，对人来说，如果忽略了其存在的运动方面，似乎就不太符合逻辑。生理学家把肌肉看做是中枢神经系统的一部分。他们认为，肌肉整体的协调活动把人和周围环境联系起来。实际上，大脑、感官和肌肉整个系统常常被称为联络系统，也就是说，它使人同客观世界、同生物和非生物联系起来，因而也同其他人联系起来。没有这一联络系统，人类就无法跟周围环境或同伴取得联系。

跟这个联系系统比起来，人体的其他部位可以说各司其职，因为它们只为身体本身服务，它们的主要职责就是让人能够存活于世，或者"像植物那样去生长"，因此更被称为"植物性器官和系统"。客观地说，这些系统只能够帮助人们存活下来，要让人保持与外界的各种联系，还得靠那些联络系统。

植物系统只是给了人们一个健康的躯体，而神经系统则赋予了人们美好的想象、灵感和思想。这两个系统显然不能相提并论。因此，不应该认为神经系统只是一个生理组织。假如人类忽略与环境的协调关系，仅仅提高自己的精神层次，就会傲慢自大，导致严重的错误。虽然动物没有思想，只能通过行动来表达自己，自然却赋予它们美丽的躯体和优美的动作。另外，动物与自然的和谐一致，还含有更深远的目的。

人的生存更具有目的性，不仅仅是达到精神和心理上的一种高境界。诚然，一个人可能而且应该总是把目标指向生理和心理完美的最高水准。然而，如果他的愿望只限于此，那么他的生活是空虚的没有价值的。大脑或肌肉有什么用场呢？世界上的万事万物都是有联系的，都是宇宙的一部分，并且按照宇宙的规律运转着。人类的精神素质不仅是为了满足自己，还应该在整个宇宙精神中占有一席之地。我们更应该注重发展精神力量的发挥，这样才能实现人类的关系。倘若只发展自己，只注重自己，那么就会变得非常狭隘自私，就会把自身的精神层面降低到生长层面。大自然赋予人类许多能力，我们必须使这些能力发展出来。这里，我所指的就是"关系系统"的作用。

大家都知道，要使得身体健康发展，心、肝、脾、肺、肾都必须正常地运转，"关系系统"也是如此。只有大脑、中枢神经系统、感觉器官和肌肉人是一个有机的整体，各个组织器官是互相联系的，完成一种运动需要几个部分的协调工作。大脑作用的发挥，也要依靠身体其他部分同时发动才行，中枢神经系统、感觉器官和肌肉都要投入工作。可以这样说，一种精神状态需要通过相应的运动来获得。这就是我要阐明的一个观点，运动依赖于中枢神经系统，这个系统是"关系系统"的一部分，"关系系统"的各部分是一个整体，只能共同完成这项工作。

当今的一个最大错误是孤立地考虑运动问题，似乎它与心理功能无关。我们把肌肉当做仅仅为了健康而使用的器官。我们锻炼身体或做体操，以保持身体健康，呼吸通畅，吃得痛快，睡得舒心。这一严重的错误不但分割了运动和思想的紧密联系，更是对儿童的身心健康造成极大的伤害。

因此，我们给儿童开设游戏就显得尤为重要，以避免忽略儿童身心的任何一部分。可笑的是，现在的西方教育界还固执地认为，运动不过是强身健体，有益于呼吸系统和循环系统而已。但是，更科学的观点认为，运动对心理和精神的发展很重要，尤其是儿童的心理发展。只要我们对儿童的发展进行观察就会发现，儿童的大脑发育是通过运动完成的。就拿儿童的语言发展来说吧，这不但表明儿童的语言能力与发音器官肌肉同步发展，而且还说明了儿童的理解能力也与运动是息息相关的。运动促进了心理的发展，并使更进一步的运动得到更新的表现，这就是所谓的周期。因为心理与运动是同一实体的两个部分。感官也相同，儿童如果缺乏感官活动的机会，那么他的心理就会仍然停留于较低的水准上。

我们身体内有一种肌肉叫做随机肌，可以受大脑意志的控制，是意志力最高的表现形式。既然随机肌受到意志的控制，那么我们就可以把它看做是一种心理器官。

肌肉是身体的肉质部分，构成身体的大部分。骨骼只起支撑肌肉的作用。因此，它们也构成同一系统的一部分。我们所看到的人和动物的外貌是由骨骼和肌肉决定的，而最刺眼的形状取决于随意肌。随意肌的数目几乎无法估计，它们之间的差别更是各有千秋，有大块大块的，也有极其细微的；有相当短小的，也有很长呈条状的。它们各自的功能也不尽相同，如果一块肌肉向某一个方向用力，另一块必然会朝着相反的方向做动作。这两个相反的作用力越大，运动也就越准确。特别是当你重复做一种动作的时候，这两块肌肉就会更加和谐。

我们根本没有意识到这些相对的力，因此应该感谢它们对我们有意识地做出的运动的控制。对动物来说，这种内在的协调是自然赋予的。老虎跳跃的优美姿态或松鼠飞跃的轻快动作都是因为相反力的平衡作用而产生的。人们不禁想到工作完全正常的复杂机器，例如时钟，轮子朝相反方向旋转，通过准确的调节，就能保证准确的时间。其实生活中所有的运动机制都是十分微妙的，对人类来说这种机制也不是先天的，而是通过各种形式的运动来逐步完善的。与动物不同，人有着丰富的肌肉，因此他能够学会做出几乎各种动作。不过，人不像其他动物那样，一出生就能完成必需的运动，也就是说人的肌肉开始不能协调活动，需要通过大脑进行完善。奇妙的是，人的动作不像动物那样固定和有限。他能够决定和选择将学习哪些动作。有些动物具有爬、跑或游泳的特殊天赋，人却没有。不过人只有一种天赋，那就是无论是爬、跑，还是游泳，他都能学会，而且还能比动物做得更好。

不过，这些潜能需要进一步挖掘才能慢慢释放出来。大多时候需要经过许多高强度的训练，才能够使肌肉达到这种协调和平衡。然而，人无法完全释放其自身潜能，哪怕他是多么优秀的运动员，也无法发挥肌肉所有的能力。正如拥有巨大财富的人，因为太富裕了，他只能使用其中的一部分，但他可以随意挑选他使用的那部分。一个人可能成为职业运动员，但并不是说他生来就有与众不同的特殊肌肉。职业舞蹈家也不是生来就有艺术所需要的特殊肌肉。运动员和舞蹈家都是在意志的支配下经过练习发展而成的。可见，无论是谁，也不管他想要做什么，都有广泛选择肌肉的能力，而且为自己确定一个发展方向。人的心理对他的发展能够起到建议和导引的作用。只要有了意志，任何事情都可能办到。

　　人与动物的另一个不同之处，就是人可以拥有许多不同的发展方向。即便是人在学习同一个技艺，也会有不同的发展方向。书法就是一个佐证。虽然我们都会写字，但每个人的笔迹都不一样。每个人都有自己的做事方法。一个人的工作性质通过运动表现出来。因为人的工作是其心理的表现，而且牵涉到各种运动，运动的发展服务于人的内心世界的这一核心导引部分。如果一个人没能发展其整个肌肉，或者正如有时发生的一样，他只发展繁重的体力劳动所需要的那部分肌肉，那么他的心理也同样只停留在其运动所维持的低水平上。

　　所以，一个人的精神状态可能受到其工作或者生活的影响。如果一个人从来不工作，不仅生理生命会大大降低，而且心理生命也会受到压抑，因为他总是坐在那里，无法激发肌肉的潜能，而使用中的肌肉却承受着重压。正是出于这个原因，体育和游戏成为学校的必修课程，这些活动能够防止肌肉功能退化。在这方面，我认为学校的教育要做到张弛有度，既不是单一的体育锻炼，也不是单纯的智力培养，而是应该同时发展，全面发展。某些现代教育理论认为，儿童认真学习书写，是为了将来成为秘书，其他人从事锄头和铁铲的工作是为了以后成为较好的劳动者。这种职业训练同我们所理解的教育中运动的真正目的是大相径庭。我们指的是儿童协调其精神生活中必需的运动，以丰富其精神生活。

当然，离开了运动，大脑也会独立地发展，但是那样一来运动也就不会受大脑的支配了，这种情况是极其危险的，运动应该为人的整体服务，并且建立在人与环境的关系之上，建立在人与人的交往之上，运动只能在这个基础上发展。目前的教育思想和原则，都过分强调自我完善和自我实现。一旦我们理解了运动的真正目的，这种自我中心论就一定会消失。我们不得不扩充这一概念，使之包括能够实现的所有潜能。

总之，我们必须毫不动摇地坚持所谓的"运动哲学"。运动是区别生物和非生物的标志，而且生物也绝不会随意乱动，而是每一种活动都有一定的目的，它们的生活也都遵循自然的法则。试想想，如果天地万物都静止不动，结果会怎样呢？如果植物内部一切运动都停止了，就不会有鲜花和果实，空气中的毒气成分将会空前增长，泛滥成灾。如果世界陷入了可怕的静止状态，那么后果将不堪设想。鸟儿也呆呆地停在了树枝上，昆虫只能在地表，鱼儿也不能在水中游动了，所有的植物都不再生长，花朵不再散发芳香，果实不再成熟，空气里充满了毒素，地球将变得多么恐怖。

以上种种仅仅是一个假设，当然不会发生。如果一切运动都停止了，这个世界的秩序也就乱了。每一生物都有它自己独特的运动和预先规定的目标。为实现某种目的，一切生物都相互配合，在他们不同的活动之间有一种和谐的平衡。

工作和运动不尽相同，但是又不能分割。人的生活离不开运动，也无法离开工作。假如这个世界上工作停止一个月，人类极有可能毁灭。因此可以说，人的运动其实还有社会功能。人的运动不仅要服务于自己，更要服务于他人，比如舞蹈家，就是表演给别人看的。如果他们没有观众，运动也就失去了意义。运动的特殊性让任何生命都无法脱离，这些运动不仅服务自身，还有着更为深远的意义。我们只有更好地了解运动的本质，才能够引导儿童进行科学的运动，帮助他们健康成长。

第四章

如何正确地带孩子

我们不必在一开始就制定出一整套原则，然后以此来拟定教育的方法。恰恰相反，我们最应做的只是充分的尊重。孩子正在通过本能的直觉，为自己找到前进的方向。

爱是我们最好的导师

孩子其实很敏感，他们非常在意大人的一些举动，也很乐意听从成人发出的每一个指令。成人绝对无法想象，孩子们的内心已经做好了服从我们的准备，他们的这个意志是非常坚定的，这是孩子的特征之一。还是举个例子说明一下吧。某个小孩子不经意把拖鞋扔在床上，他的妈妈生气地说："以后别这样了，拖鞋太脏了！"然后一边生气，一边用手把床单上的灰尘拍掉。自从这件事情之后，这个孩子就将这一幕深深地记住了。凡是有拖鞋的地方就会说："好脏哦！"然后跑到床上去拍灰尘。这个事情让我们啼笑皆非，到底应该怎么办？小家伙们是那么敏感，又那么容易受到我们的影响。因此，我们更要注意自己的言行举止，因为我们做的每一件事以及说的每一句话，都会在孩子的脑海里留下很深的烙印。因为这个阶段的孩子是完全服从我们的，孩子们对我们是又爱又崇拜。我们也要注意孩子的行为举止，一旦看出他们的情绪不大对头，就应该加以正确的引导。

孩子们爱自己的父母，因此听从我们的教导。但是我们也必须了解他们，可我们却总是说，爸爸妈妈和老师是多么的喜爱孩子，甚至有人主张必须教导孩子爱他们的爸爸妈妈和老师，甚至爱每一个人。可是，我们谁也不是孩子爱的导师，这非常的遗憾。我们不是经常制止他们，便是随意地惩罚他们。如果有人能够跳井底之蛙的视野来看待比自己更广阔的世界，就可以成为孩子的爱的导师。

每个孩子在熟睡之前，都希望有父母陪在身边，这说明孩子们的确很爱自己的父母。可是孩子所爱的人却以为"要制止这种无理取闹的行为，如果孩子睡觉的时候我们还得陪在身边，一定会把他宠坏的"。在家人一起吃饭的时候，情形也是这样，有的父母会说，如果孩子要求和我们一起坐在餐桌前吃饭，当我们不让他过来他就哭闹的话，最好假装自己还没到吃饭的时候。诚然，孩子由于太小的缘故，还不能吃成人的食物，但在成人吃饭的时候，孩子只要跟着在餐桌前他们就会心满意足。一旦孩子被领到餐桌前，就会停止哭泣，如果他到了餐桌前还是哭个不停，一定是因为没有人理睬他，他因此有被冷落的感觉。孩子一定非常想成为团体中的一员。还有谁像孩子一样，在我们吃饭的时候都那么想和我们在一起？等到将来有一天你会感叹："现在没有人再要求睡前陪他了，孩子们都只忙着自己的生活了，他们只记得今天发生了什么，还会想到爸爸妈妈吗？"这将是多么可悲啊！只有孩子每天晚上临睡前还记得说："不要走，陪我吧！"我们可不要失去了人生中这个再也不会来的机会。我们经常见到，小孩子常常一醒来就会把还想睡觉的爸爸妈妈喊起来，这让父母抱怨不已。实际上，父母应该跟这些天真的孩子步调一致。早晨，太阳出来的时候，大家就应该起床锻炼身体了，但父母却还在呼呼大睡。孩子这时悄无声息地走到父母床边，像是在说："爸爸妈妈起床啦，我们要学习过健康的生活，早晨的太阳在向我们招手呢！"

孩子们当然不是故意干扰我们睡觉，他们一大早起来就不由自主地想跑到你们身边，是因为他爱你们。你可以想象，他走得跌跌撞撞，穿过光线黑暗的走廊，但一点也不怕黑，他推开半掩的房门，走到爸爸妈妈床边，用手抚摸他们的脸。爸爸妈妈却不耐烦地说："不要一大早就把我吵醒。"孩子也许会这样回答："我来不是想吵醒你们，我只是想亲你们一下！"可是爸爸妈妈还是会蛮横地教训孩子。想想看，在我们的生命中，有谁一睁开眼睛就想着和我们在一起？有谁如此用心良苦，一面想着亲我们，一方面又想着不要吵醒我们？这样的事情在生命中又能有几次呢？而我们竟然会觉得，如果孩子有这种坏习惯，就一定得想办法改正过来。对孩子的爱的表现，我们竟然十分的冷漠。

孩子大早上醒来，其实不光是喜欢清晨的阳光，更是想着叫一下那睡懒觉的爸爸妈妈。孩子此时实际上是给我们上了一堂课，他唤醒了我们的知觉，用另一种方式使我们保持清醒。孩子用不同的方式告诉我们，应该过一种更健康的生活，完全可以比现在过得更好。人人都会有惰性，尤其是我们成年人。假如没有惰性，我们原可以过得更幸福一些。孩子恰恰是帮助我们改进的人，可是我们往往比较顽固，不愿意做任何的改变，因此便会遭遇更多的失败。

让孩子做自己的主人

我们通常讲的人格特质，不仅仅是包含道德方面的行为，还有更加广义的多重性格。不单单指的是智力和外貌的特性，也包含了孩子将这两者结合以后的表现，这种综合表现是无法从心理学的角度进行分析的。这一节我们先来介绍一下不曾被仔细研究或者说是根本不受重视的儿童活动。

儿童的活动过程可以用曲线来表示，在纸上画一条水平线，表示孩子正处于休息状态，水平线以上表示有规律的活动，水平线以下表示随意玩耍或没有规律的活动，而曲线和水平线的距离表示活动的程度，曲线的方向表示时间的长短。借助图标可以更加明确地将孩子每一个活动的时间和规律，用图形显现出来。这种方法我们可以测量一个孩子在"儿童之家"的所作所为。当孩子们进入教室后，通常先是安静一会儿，然后才开始找事情做。因此，曲线起初应该向上画出，说明孩子是在有规律地活动。然后，他玩起来的时候就变得有些混乱。这时候曲线就被画到水平线以下，下降到他的活动没有规律的部分。如果没有意外，孩子们还会换另外一种新的活动。

我们还是来举例说明吧！比如一个孩子在开始的时候只是在摆弄带插座的圆柱体，然后拿笔，认真画了一会儿，之后就去逗弄坐在旁边的孩子，这时候的曲线画到水平线的下方。紧接着，这个孩子和小伙伴儿斗嘴，这时候的曲线应该继续停留在活动没有规律的部分。后来他有点累了，随手拿起几个小铃铛放在秤盘上，大概觉得挺有趣，就专心致志地玩了起来，他的活动曲线则再一次攀升到水平线上方有规律的部分。当他们再次玩腻了，不知道接下来要做什么的时候，他们很可能走到老师的身边，并且表现得异常浮躁。

通过上述的例子我们可以看出，大多数不能专注的孩子，他们的活动都与上述曲线所描述的相一致，他们无法把注意力集中于某件事情上，常会漫无目的地从这项活动转换到那项活动，原本准备在半年的时间使用的教具，他们在几个小时之内就玩遍了。没办法，这就是儿童的天性，他们常常毫无规律和章法，这种行为是很普遍的。

几个月之后，当我们再次给他们画这个活动曲线图的时候，发现他们变得比以往专注了。从曲线图上，我们还可以明显地看出孩子的活动状况。他虽然没有很严重的无秩序现象，但是离完全有规律的要求还有一段距离。也就是说，孩子的活动曲线大致保持在有规律和没有规律两者之间。这个类型的孩子在进入学校以后，趋向于做比较容易的事情，他也许能够从教具里找出一些他已经熟悉的东西，重复练习他已经学会的内容。过了一会儿，孩子看上去有些疲倦，好像不知道该做什么似的，他的活动曲线下滑到代表休息状态的水平线。以上活动模式，不但从一个孩子身上体现出来，甚至全班孩子都会如此。一旦遇到这种情况，我们在毫无经验的时候该怎么处理才好呢？

教师也许会觉得，孩子们可能是累了吧？因为他们已经花了那么长时间摆弄教具，所以没有办法专心，错误不在我们。

很多心软的教师一定会觉得他们的确有点累，带孩子们去操场转转，放松一下是理所应当的事情。等孩子们在操场上玩命地跑了一阵子后，教师就把他们带回教室。此时孩子们比没出去玩之前更好动，更不可能专心了。这些家伙其实并不是真累，因此他们还会连续从一项活动转换到另一项活动。根据以上情况，我们往往会得出错误的结论，认为孩子对自己选择的工作会感到满意，这就大错特错了，因为孩子新鲜一会儿之后就又开始烦躁起来。我们对此非常无奈，几乎使出了浑身解数，用尽了所有办法，可是没有一个办法管用，孩子不仅无法继续原来的事情，也没有平静下来。

尽管我们认真地钻研着教学方法，但是由于对孩子缺少应有的信心，所以教师不会尊重孩子的自主权。这些教师们很敬业，他们对每一个计划和安排都非常在意，只是这些教师已经习惯于干预和指导，这反而干扰了孩子的自然发展，妨碍了孩子原本应该得到的启迪。如果我们可以尊重一下孩子们的自由，对他们充满信心；如果教师能够把陈旧的思想观念抛之脑后；如果我们能够谦虚一些，不把对他的指导当做是必要的；如果我们耐心等待，一定会看到孩子们所发生的全新转变。孩子只有在找到自己心灵深处尚未被发现的潜能时，他焦躁不安的心情才会得到平复。事实上，假如孩子们重新选择，找到了一项比以前更为容易的活动，他不安的心情就可能得到缓解，至少这项新活动可以吸引他们的注意力，孩子也会全神贯注于这项活动中，同时孩子还不易受到身边事物的影响。

当孩子完成了这项新的工作之后，脸上那种"假累"表情就会完全消失，"假累"是看起来很累，而现在他的眼睛闪闪发光，看起来又很平静，似乎有了新的动力，身上充满了朝气。我们把这种现象叫做工作的循环，包含有两部分内容：第一部分是单一的准备工作，它引导孩子接触事物，并且带领孩子进入第二部分——真正重大的工作。孩子在完成了他的工作之后，就会显得十分淡然，如释重负。实际上，只有在这个时候孩子才会显现出真正的平静。孩子祥和安静的样子，让我们清晰地了解到他已经找到了新的真理，这时候的孩子一点儿也不疲劳，反而充满活力，就像我们刚刚享用了一顿美食，或是洗了热水澡一样。相信大家都有类似的经验，吃饭和洗澡是两种费力气的工作，但它们不但不会让人觉得累，反而会使人重新充满活力。正因为孩子能够从完成工作中获得平静，所以我们应尽可能地让孩子有接触重要工作的机会。

我们在此也可以明确一下"休息"一词的真正含义。其实休息并非完全松懈。当我们静止的时候，全身的肌肉都比较僵硬，只有放松时，我们的身体才能得到充分的休息。也只有这样，才能得到精神上的平静。人生有时就是这么神奇，你越是让孩子们做各种各样的事情，他便越是精力充沛。所以，只有彻底了解孩子，我们才能帮助孩子选择他真正需要的工作。因此，只要我们尊重孩子神奇的生命进程，并相信他必有信心等待，这就足够了。

由于没有学习的压力，孩子显得快乐而且友善，他甚至十分自信地想和教师聊聊天。孩子的心灵之窗彻底打开了，他想找教师谈谈心，因为孩子已经看出我们是聪明和优秀的。从前孩子熟视无睹的一切东西，现在它们似乎都在向孩子招手。毋庸置疑，孩子的感觉变得灵敏多了，生活也变得丰富多彩，对集体活动更加感兴趣。面对这么多生活上的新事物，孩子必须储备足够的精力。当孩子还是处于一个精神不振的状态时，教师的教学对他来说就是一种折磨。这样的孩子既没有自信也不懂规矩，就算能教会他一些东西，也会让大人感到筋疲力尽。

由此，我们得出一个基本事实，那就是以往我们教育孩子的方式实在太业余了。要求孩子必须服从某个成人，这不是孩子内在发展所需要的行动表现。然而我们却一味要求孩子遵从这些外在的东西，剥夺了他们发展其潜能的机会，这样孩子怎么能成为自己的主人呢？我们真正要做的是，引导孩子找到那条通往内心世界的道路，而不是一再阻碍他们发展。孩子安静的时候，往往是他特别专注的时候，这时他们的纪律也有保障。在教学上达到这种程度的我们，都会创造出一套特殊的沟通方式。比如，一位教师可能会问另一位教师："我们的孩子表现得怎么样？他们都有组织、有秩序吗？"那位教师可能回答："嘿！还记得从前那个很淘气的小男孩？他现在变得特别乖。"用这种方式与孩子们沟通的教师对孩子们接下来的发展通常早已心中有数，对孩子的教育也就自然而然地开展起来。原来让孩子变得有纪律性是一件如此简单的事情，一个能够自律的孩子就这样走上了自然的心理发展之路。自律的孩子会习惯于工作，如果闲来无事他们就深感不安，甚至在等人的时候他都闲不下来，这样的孩子充满了活力。

当孩子们越来越自律的时候，那种"假累"的现象就会减少，工作结束后得以平静的时间就会延长，因此必须让孩子有比较多的时间沉浸在他已经完成的工作中，这个安静的时刻有它特殊的意义。尽管工作暂时结束了，但是另一项观察外部世界的工作才刚刚开始。孩子的内心十分平静，他注意观察着周围正在发生的事，并不断地在思考，于是又有了新的发现。

怎样达到专心致志的目标呢？大体需要经过三个阶段：第一阶段，准备好有具体目标的工作；第二阶段，满足孩子的内在发展要求；第三阶段，使疑问得到解答。当孩子心里的疑问有了答案时，外在表现会有所改变，因为孩子领悟到他从来没有经历过的事情。孩子变得十分听话，而且他所表现出来的耐心几乎使人无法相信，更让人惊讶的是，此前并没有教给孩子要听话或有耐心。

孩子在尚未学会掌握身体平衡之前，每走一步都是十分谨慎的。当他们一旦他学会了保持平衡，就能跑善跳！孩子的心理发展过程也是同样的道理。一个精神上不平衡的孩子不可能会专心去思考什么，他也就不能控制自己的行动，这样的孩子怎么可能不跌倒呢？如果孩子不能够按照自己的意愿行事，他也必然不会听从其他人的意见。服从是一种精神上的敏感，是心灵平静的结果，更是内心力量的表现。用来解释服从力量的最好的词是适应，生物学家认为，一个人需要用极大的力量来适应环境。这里所指的适应环境的力量，就是一种让人顺应自然规律，试着融入周围环境的重要力量。实际上，这种适应的力量在发生作用之前早已存在，因为它并不是需要用时就会有的，它要求我们事先就准备好。没有谁会比园丁更理解拔苗助长的含义。

孩子只有得到健全的发展，并且精神上协调平衡，才可能有力量去服从。自然界中，只有强者才能够适应环境；同理，只有在精神上坚强的人，才懂得顺应和服从。我们只有按照孩子的天性来让他发展，他才能够茁壮成长。一个能够健康成长的孩子，他以后的成就远比我们想象的大得多。孩子的精神，也就是专注能力自由地发展到了什么程度，就代表这个孩子未来的发展方向——控制好自己的身体，做到行动自如，也学会了小心谨慎，我们可以从孩子能够完全安静下来这一点上看出，他已经能够做到专心致志了。孩子做事的专心程度实际上远远胜过成年人，我们当然不能忽略环境在孩子发展中扮演了何种角色。

这里必须重申一下，我们不必在一开始就制定出一整套原则，然后依据这套理论来拟定教学方法。恰恰相反，我们应该通过观察自主权受到尊重的孩子，这些孩子通过他们本能的直觉，为自己找到了前进的方向。

服从意识的三个阶段

当我们在探讨儿童性格培养的时候，总有两个无法绕开的话题：意志和服从。大多数人认为，这两个问题是彼此对立的，他们认为教育就是在约束儿童的意志，甚至认为教育就意味着儿童对教师无条件地服从。让我们来澄清一些观点吧，首先，人类对于意志领域的认知还存在着许多误区，各种理论都不尽相同。就像我们在前面提到的那样，有人认为人的意志力的发展是出自一种普遍的生命力，这种普遍的力量不是物质的，而是在进化过程中生命本身的力量。它不可抗拒地推动着每一个生命的进化，由此产生了行动的冲动。但是，进化并非偶然的，而要受固有的自然法则支配。既然人的生命也是力量的一种形式，那么人的行为就受到自然的支配。

婴儿一旦自觉自愿地做出了某些个动作，说明这种力量就已开始进入他的意识之中，这也表明我们所说的意志已开始发展。而且从此以后，这一过程还将持续下去，但只是作为经验的结果。这样，我们开始把意志当做必须加以发展的东西，并不是天生的。就是说人的意志其实是自然的一个部分，所以必须遵循自然的规律和法则。

儿童的自然动作注定是杂乱无章的，甚至是难以控制的。这种观念使得思想领域变得更加混乱。它通常以这样的事实为基础，即人们看见儿童盲目地行动时，总是以为儿童的这些动作产生于他的意志。然而事实并非如此。这些动作其实都不是有意识的行为。我们成人平常的说话办事可就不同了，这些行为都是有一定目的性的，我们这样做为的是要解决一些问题。相反，如果我们的随意动作几乎总是存在于没有秩序的运动之中，那么，就像人们过去说的那样，我们也会感到支配意志或"破坏"意志的需要。因为我们觉得这是必要的，所以就必然会以我们的意志为转移，使儿童被迫服从我们。

其实，人的主观意志并不一定会导致混乱和暴行的发生。混乱和暴力是一种情绪的自然波动。一般来讲，意志总是驱使人去做一些有益于自己的事情。大自然产生了生命，就赋予了它们成长的使命。所以儿童的意志也一定会促进其天赋的自然成长，使他们更趋近于完善的人格。假如儿童的意志与他们所从事的事情是相一致的话，说明他们的意志已经开始发挥作用。儿童会知道自己想做什么事情，并且不断地重复，表明他们对自己的行为有了一定程度的理解，这些行为开始只是一种本能的驱动，如今正变成有意识的行动。

儿童本身感觉到了这种差别。有个儿童以一种独特的方式表明了这一点，他表明的方式将是我们最珍贵的记忆之一。一位有钱的夫人参观一所学校时，她抱着陈腐的观念对一个小男孩说，"在学校里，你喜欢做什么就做什么吗？"

"不，夫人。"儿童回答说，"不是我们喜欢做什么就做什么，而是我们喜欢我们所做的工作。"这个儿童已经抓住了一些差别，那就是他喜欢做的事情和能够给他带来快乐的工作，这两者有些细微的差别。

有必要指出的是，意志与其他能力一样，需要不断地开发和发展。我们不能去压制这种能力，这种能力需要在持续的行为中得到发展，否则就会被毁掉。想想看，轰炸或者地震，在顷刻之间就可以把房屋摧毁，然而建造起来却是多么困难。因为要把它建得赏心悦目，还得需要关于平衡法则、材料的承受力，甚至艺术法则等方面的知识。

建造一栋房屋尚且需要花这么多心血和精力，何况是培养一个活生生的人呢？人的精神是一座在秘密中自我建构的建筑物。所以它的建造者既不是母亲，也不是我们，甚至连建筑师也不是。无论是母亲还是我们，他们唯一能够做到的就是帮助正发生在他们眼前的创造工作。帮助必须是他们的任务和目的。然而，他们还有破坏意志的力量，能够通过独裁破坏它。以上这些就是我一直以来都坚持的观点，很多时候儿童的意志发展问题上存在着较大分歧，其中不乏一些偏见，我觉得应该在此给予必要的解释。

一个最常见的偏见就是，很多人都认为教育可以通过谈话或者以身作则来实现。然而，事实上，个性只有凭借它自身的力量才能发展。儿童通常被当做接收器，而不是被当做能动的人，而且在儿童全部生活中都是这样。人们甚至还以这种态度对待儿童的想象。给儿童讲述关于迷人的公主的神话和故事，目的是为了激发他们的想象。但是，当儿童听这些故事和其他故事时，他们只是接受关于这些神话和故事的印象，而没有建设性地发展自己的想象力。在人的心理能力中占有突出地位的创造想象没有发挥作用。当这一错误运用于意志时就更为严重了，因为一般学校不仅没有给儿童提供使用其意志的任何机会，而且还直接阻碍和抑制了儿童意志的表现。维护儿童被当做是对抗，完全可以说，教育工作者是在尽一切可能摧毁儿童的意志。

除了那些千篇一律的说教，我们还给儿童树立一些学习的榜样，而这个榜样就是我们自己。这里的想象力已经被完全抹杀，意志力和创造力也都完全被屏蔽，他们还能够做什么？除了被动地服从，别的什么都不能做。我们必须最终摆脱这些偏见，要有面对现实的勇气。在过去的教育中，我们按照一种似乎相当符合逻辑的方式进行推理。他说，"要教育别人，我必须是很好的、完美的。我知道应该做什么，或者不应该做什么。所以，如果儿童要模仿我，服从我，一切都会是令人满意的。"一切事物的根本奥秘在于服从。

我记得有位著名的教育学家曾说过：童年唯一的一种美德就是服从。这样教育就变得十分简单了，教师们因此也傲慢而狭隘。这样的教师在内心可能就是这样认为的："我做学生时候就是这么过来的，现在也要像当初那样对待你们，使你们跟我一样。"于是这位教育者开始像《圣经》中的上帝一样"按照自己的形象去创造人"。当然，成人没有意识到他正把自己置于上帝的位置，还忘记了《圣经》中关于魔鬼是怎样变成魔鬼的那些话。儿童并不是只需要大人照料的孩子，他们的体内进行着创造活动，这种活动比教师和父母所做的要重要得多。但是很遗憾，这些活动必须经过教师和父母的许可，否则儿童便可能失去自由发展的机会。曾经有段时期，我们利用棍棒强迫儿童服从。不久前，在一个高度文明的国家，我们集体性地公开反对说："如果要我们放弃棍棒，我们就只好停止教学。"即使在《圣经》里，我们在所罗门的格言中也发现了一条著名的经文：做父母的，要是放弃棍棒，那就糟了，因为不对儿童施以棍棒就会损害儿童。纪律以威胁和恐吓为基础。由此我们最后得出结论，不服从的儿童是坏儿童，服从的儿童是好儿童。

幸运的是，这种教育现在已经被人们摒弃，现代社会更加尊重人权和自由，人们在对待孩子的问题上，不能再扮演独裁者的角色了。我们可以试想一下，谁愿意听从一个独断专行的成年人的教育呢？除非他的教育之中加入更多的自由和想象力。其实教师的那种独裁和暴政还是有区别的，他们唯一的作用就是毁灭，而不是打破一个旧世界去创造一个新世界。这种教育之所以荒谬之极，就是因为他们在摧残孩子们的意志，在传授给他知识之前，就已经完全把他的思想毁灭了。

但是，当人们已经充分发展了自己的意志能力，从而自由地选择遵循另一个人的命令时，情况就截然不同了。这种服从是一种尊敬，是一种优越感。我们接受儿童的这种服从，就很可能会感到荣幸。意志与服从是相辅相成的。意志是服从的基础，在发展上先于服从。这里所说的服从比通常所说的服从具有更深刻的含义，它是指个人意志的升华。顺从是人类生活的自然现象，是常人的特征。在儿童中，我们可以把顺从的发展视为一种展开，因为顺从在人类成熟这一漫长过程的最后阶段会自发地，出乎意料地显示出来。

事实上，只要我们用心去观察，就会发现服从一直贯穿于人的全部生活之中，可以说是人类特有的一种自然特征。当然，服从意识在儿童身上有个发展的过程，而且在人临近成熟的时候就会出现。如果人的天性里面没有"服从"的基因，人类发展过程中也没有形成这样的品质，那么这个世界将不堪设想。社会生活中的很多事实表明，人们倾向于服从，这似乎已经是一个习惯。这种服从也就是为什么许许多多的人能够很容易被推向毁灭的原因所在。它是一种没有控制的服从，是一种使整个国家走向毁灭的服从。我们的世界不是缺少服从，完全相反，作为心理发展的一个自然方面，服从是太平常了。令人痛心的是，我们的世界所缺乏的还真是对服从的控制。

我们经常考察儿童发展的全过程，知道服从意识是人类的一个重要特征。这也为我们的研究表明了方向。儿童的服从意识是与个性发展同步增长的，一开始这种意识可能受到本能冲动的影响，但接下来就会进入意志控制的层面。

我们还是来重新讨论一下真正意义上的服从吧！在过去，服从就意味着儿童要听从家长和老师的话，按照他们的意志去做每一件事。但是研究表明，服从意识可能不是这么简单，它的发展需要经历三个阶段。在第一个阶段中，儿童有时服从，但并非总是如此。这可能会给人留下任性的印象。但我们必须对它进行更深入的分析。

服从并非只取决于我们习惯上称做的"良好意志"。相反，儿童在其生命的第一个时期的动作只受本能控制。这在所有儿童身上都是显而易见的。这个阶段持续到1周岁。在1~6岁这个时期，随着儿童的意识的发展和自我控制的获得，这一特征就变得不那么显著了。在这期间，儿童的服从同他偶然达到的能力的水平是紧密联系的。要执行命令，就必须具有一定程度的成熟和执行命令可能需要的特殊技能。所以，在这个时候，必须同儿童现有的能力联系起来判断服从。命令一个人用鼻子走路是荒唐的，因为从生理上这是不可能的。但是，如果要求一个目不识丁的人写信，也同样是荒唐的。因此，我们首先必须知道，在儿童已经达到的发展阶段，其服从是否切实可行。

儿童在3岁之前由于心理发展尚未成型，他们就不能有意识地进行选择，所以这个时候如果命令不太符合他们的内心需求，他们便不会服从。这一点想必谁都明白，所以没有任何一个成年人希望2岁的孩子会对他唯命是从。通过本能和推理，成人了解到，在这时，他们唯一能做到的就是或多或少粗暴地禁止儿童仍然继续做的那些动作。

然而，服从并不总是消极的，它尤其存在于与别人的意志相吻合的行动中。尽管稍微年长的儿童不再处于从出生到3岁儿童的最早准备阶段，但在以后的这一时期，我们仍然要遇到类似的阶段。即使3岁以后，在幼儿能够服从以前，他肯定发展了某种品质。他不可能陡然按照另一个人的意志行动，也不可能在一夜之间就能理解我们要求他做的原因。一定的进步产生于要经历几个阶段的内部形成。当这些形成正在发生时，儿童有时也可能按要求行动，但这意味着他正在运用刚刚形成的内在习得，只有当习得牢固地建立起来时，才能为儿童的意志所应用。

这和儿童刚刚开始运动的时候有些相似，他们还不到1岁就开始学习走路，他尝试着努力站起来，小心翼翼向前迈一步，接着就摔倒在地，但他们还会继续下去，一段时间之后，他们就不再尝试了。不过，只有他们完全掌握了行走能力，才可以任意行使这种能力。另一点也至关重要。在这一阶段，儿童的服从尤其取决于其能力的发展。在一次执行命令中，他可能成功，但下一次就不能了。人们通常把这归因于怨恨。我们的固执和指责很容易阻碍正在进行的发展。说到这里，我再说一件有趣的事。在教育界享有盛名的瑞士教育家裴斯泰洛齐，曾经提出了父爱教育理论。裴斯泰洛齐十分同情儿童所面临的种种困难，他还特别提出要教师原谅儿童的错误行为。但有件事他绝不原谅，那就是任性。他不能容忍一时服从一时又不服从的儿童。如果儿童有一次按要求做了，这就意味着，只要他愿意他就能够做。裴斯泰洛齐不接受不能再做的任何原因。这是他的仁爱没有取得好的效果的一种情况。

我们可以想一下，就连裴斯泰洛齐也如此认为，对我们来说要犯这样的错误就更司空见惯了。对儿童最致命的打击，便是当他能力形成之初，打击他的积极性。如果儿童还不能掌握自己的行为，也无法满足自己意志的要求，怎么可能要求他去服从别人呢？这是因为这种能力尚不稳定，所以表现得也有些反复无常。成人有时也是这样，初学音乐的人偶尔弹奏出优美的音乐，但如果在第二天叫他重奏一遍，他无论如何也弹奏不出来。这并不是缺乏意志，而是因为他还没有拥有卓越的艺术家的那种技能和信心。所以，他们在服从的第一个阶段表现得很不稳定，时而服从，时而不服从，二者是相互交织的。

让我们把目光再放到第二个阶段，这时的孩子不再有因缺乏控制而导致的障碍，他能够服从，而且可以总是如此。这时，他的能力得以巩固，同时可受自己和他人的意志指导。这是走向服从之路的一大步。但此时儿童的发展还尚未结束，他们的发展水平要比我们想象得要高，儿童的这种意识的发展还需要经历第三个阶段。

儿童在这种发展中能够得到很多能力的提升，而且能够将这些能力自由发挥。他们的发展也并没有停止，而是向着更高层次发展。儿童似乎真的是朝着教师的方向去发展的，但是他们更希望与教师之间是一种平等的关系。儿童会觉得："这个人在教我，希望我和他们一样聪明！"这种感觉使儿童充满了喜悦。他突然发现能够从这一美妙的生活体验中获得指导，从而产生了新的热情，变得渴望服从了。多么奇妙而又自然的现象啊，还有什么可以与之相提并论吗？另一方面，它或许就像热爱其主人，通过服从实现其意志的狗的本能。狗目不转睛地盯着主人让它看的球，当其主人将球抛出去时，它朝球跑去，洋洋得意地把球捡回来，然后等待下一次命令。它渴望得到命令，而且摇摆着尾巴高兴地跑去服从命令。儿童服从的第三个阶段与此没有什么两样。可以肯定，儿童有惊人的预备状态，随时渴望服从。

一个有着10年教学经验的女教师给我们提供了一个如何管理班级的方法。有一天，她对自己的学生说："今晚你们回家前，把所有东西都收起来。"孩子们一听到她说"把所有东西都收起来"，还没有等她说完就开始认真而又迅速地收拾东西。然后他们又惊奇地听到老师说"今晚你们回家前"。这些家伙们对于命令或指示是如此的敏感，所以我们在讲话时要尽可能严谨，慎之又慎。这位女老师完全可以这样说："今晚回家之前，把所有的东西收起来。"这位女教师告诉我们，这种事情不止一次发生过。有一次她路过自习室，听见里面非常吵闹，就有感而发，拿着粉笔在黑板上写了"肃静（silence）"这个单词，但她刚写完第一个字母，孩子们就变得鸦雀无声了。

我自己的经验（"安静游戏"正是来源于我自己的经验）也是一个佐证。但这次，服从呈现出共同的特征，产生了一种奇妙的、完全出人意料的团结。通过这种团结，这一集体的所有儿童都几乎同我打成一片。只有在场的所有人都乐意时，才可能达到完全的安静。哪怕只有一个人也能打破它。因此，成功取决于自觉的和一致的行动，社会团结感就产生于此。安静游戏为我们提供了检验儿童意志力的手段。我们发现，当多次重复游戏，安静的时间变得越来越长时，儿童的意志力就会增强。然后，我又增加了"点名游戏"。就是在非常安静的状态下叫某个同学的名字，点到这个同学名字的时候，他就马上站起来，尽量不弄出声响，其他同学则保持原来的姿势。可以想象，最后被点名的同学，是非常惨的，他要保持一种姿势很长时间。这种高强度的训练，就是为了锻炼孩子对身体的控制能力，加强他们的意志锻炼。玩儿过这个游戏之后，孩子们的群体意识和服务意识也就自然提高了，因为群体意识之中包含着服从意识。

服从力是意志发展的最后阶段，它反过来又使服从成为可能。儿童的服从意识已经到了一个很高的水准，这时候无论学校或者老师让他们干什么，他们也都能够马上去做。这样我们也就不难理解，上述那个女老师说话必须"谨慎"的原因，这样才可以避免给孩子意志带来不好的影响。正因为如此，一个好的教师或者管理者，必须具备良好的责任感和使命感。

错误以及改正的方法

我们在前面时候说过，蒙台梭利学校的孩子是可以随意走动的，没有人限制他们。但是这也并非是说这些孩子们可以无组织无纪律。我们可以给孩子一些自由的"工作"，并给他们提供这些工作所需要的环境和条件。他们一旦集中精神，就可能专心致志地做很多工作。儿童越是活跃，教师就越不活跃，到最后，教师几乎可以站到一边。

儿童在这样的环境之中，不但可以让自己融入进去，还能够发展成一种社会关系，效果十分显著。儿童的群体生活是一个极其重要的现象，同母胎的生命一样娇弱，我们决不可破坏它。我们一旦创造了一个适应儿童发展需要的环境，我们就已经完成了产生这一现象所需要的所有工作。我们可以将教师和儿童的关系重新进行一下划分和定位，关于这个问题将在其他章节中重点讲述。不过，教师是绝对不能通过表扬儿童的工作或者通过惩罚做错的儿童，或者甚至通过纠正儿童的错误来干涉儿童。这听起来可能有些荒唐可笑，而且很多人还把它当做一种障碍。

可能很多人就觉得这一点让人匪夷所思，他们觉得自己帮助孩子改正错误是理所当然的，怎么会是极端错误呢？很多教师也是这么认为的，他们觉得儿童的教育就是简单的惩罚或者奖励。假如儿童真的无法避免受到惩罚或者得到奖励，那只能说明孩子们已经失去了自我约束的能力。即便是这样，孩子们在进行工作的时候，也不要对她们精神的自由加以干涉。真正的奖励是孩子的自我奖励。虽然十字奖章能够让接受处罚的孩子感到满足，却不能满足那个积极主动、内心充实、愉快工作的孩子。纪律的形成一旦建立起自由的原则，奖励和惩罚形式就会自然取消，而一个享有自由并能自我约束的孩子，会追求那些真正能激发和鼓励他的奖赏。当内心有了力量和自由时，孩子就会迸发出强烈的积极性。

还是来以一个生动的例子来说明上述的观点吧！在"儿童之家"的最初几个月，教师们还没有学会实际运用有关自由和纪律的教育法则。尤其有一个教师，自作主张地采用了她以前习惯使用的教育方法。有一天，一个最聪明的孩子的脖子上用一条精致的白色带子挂着一个很大的希腊式银质十字奖章，而另一个孩子则坐在教室中最显眼的地方的一把扶手椅上。很显然，前一个孩子受到了奖励，而后一个孩子是在接受惩罚。不过那个老师对孩子没有再进行任何干预。结果，得到十字奖章的孩子来回地忙个不停，他把自己用的东西从自己的桌子上搬到老师的桌子上，把其他的东西放回原处。他高兴地忙着自己的事情。当他来回走动的时候都要经过受罚的孩子坐的地方。他的奖章在走动的时候不小心从颈上滑下来掉到了地上，受罚坐着的孩子把奖章捡了起来，提着缎带摇晃着，翻来倒去地看，然后对他的同伴说："你知道你掉了什么东西了吗？"

那个掉了奖章的孩子转过身，无所谓地看了一眼那个小玩艺儿，他的表情好像是在责怪别人打断了他，他回答说："我对它无所谓。"受罚的那个孩子平静地说："你真的无所谓吗？那么让我戴一下吧！"他回答："行，你戴吧。"语气中好像是在说"你让我安静点好吗？"受罚的那个孩子小心地整理一下缎带，把奖章挂在自己的胸前。这样他就可以欣赏奖章的式样和光泽了，然后他调整一下坐姿，把手搁在扶手上，舒服地坐在小椅子里，神情显得那么轻松愉快。由此可见，虽然十字奖章能够让那个接受处罚的孩子感到满足，却不能满足那个积极主动、内心充实、愉快工作的孩子。

有一天，一位女士参观另外一所"儿童之家"，她高度赞扬了孩子们。然后她打开了带来的一个盒子，拿出系有红色缎带闪闪发亮的奖章给孩子们看。她说："你们的教师会把这些奖章戴在那些最聪明、最优秀的孩子胸前。"这时，一个静静地坐在小桌旁的很聪明的4岁小男孩，皱着眉头表示抗议，他一次又一次地喊道："别给男孩子！别给男孩子！"这是一个启示！这个小家伙已经知道他属于班上最聪明的孩子之列，尽管谁也没有这么对他说过。但是他不希望受到这种奖励的伤害。由于并不知道如何维护自己的尊严，他只好借助于他作为男孩子的优点，不让那位女士把奖章颁发给男孩子！

当然，孩子在这个年龄段也很容易犯错误。但是没有人站出来给孩子指出错误，却都乐于对他们实施惩罚。但是我认为，惩罚应该被取消，至少，它应该以另一种方式来完成。惩罚不能以伤害孩子的自尊心为前提，相反，好的方式和方法能引导孩子认识自己的错误，并主动做出改正。

在"儿童之家"，对于不注意纠正错误的孩子，教师们在教室的一个角落里放一张小桌子，让他坐在那里，用这种方式来孤立他。这样就可以让他看见自己的同伴们学习，同时给他最喜欢玩的游戏和玩具。这种孤立总是能成功地使这样的孩子安静下来。在他的座位上他可以看到全体伙伴的学习情况，这对他来说是一次比教师讲什么都更有效的直观教学课。渐渐地，他就会明白，如果能成为在他面前忙碌的伙伴中的一员，他就会愿意回去和其他孩子一样学习。我们可以用这种方法教导那些原来不守纪律的孩子。被孤立的孩子总是应当受到特别的照顾，就好像生病的小孩应当受到特殊照顾似的。对于必须进行纪律教育的孩子而言，我们无法完全知道他们的心灵变化，但可以肯定一点：经过纪律教育，这些孩子都将变得很好，而且这种良好的势态会持续。孩子能从其中学会如何学习和表现自己。

假如我们对错误这一现象本身进行研究，就会清楚地认识到，每一个人都会出错。这是生活中的客观事实之一。承认这一点就已经向前迈出了一大步。如果我们探索真理，尊重事实，就不得不承认，我们每一个人都可能犯错误，否则，我们全都将至善尽美。既然这样，我们对错误就应该有一个正确的态度，错误是生活的一个组成部分，也有它的价值。许多时候，错误只是不够成熟的表现。

随着我们年龄的逐渐增长，我们儿时常犯的一些错误慢慢就会改过来。小孩子跌跌撞撞的情形依旧会出现，但是他现在已经完全学会了成长。他通过成长和经验纠正其错误。如果我们把自己想象成总是沿着生活的康庄大道朝着至善尽美顺利前行的人，那就是自我欺骗。事实上，我们接连不断地犯错误，而又没有自我纠正，也没有认识到自己的错误。我们生活在一个脱离实际的幻想之中。认为自己是至善尽美的，因而从不注意自身错误的教师不是一个好教师。我们无论注意什么，总会看到"错误先生"。这也很正常，因为科学和错误常常是如影随形的，人们之所以能对它们加以区分，就是因为科学能够对错误进行衡量。科学对错误的衡量过程中，有两个非常重要的因素，一个是需要精确的数据，这个数据并不会绝对准确，其误差有一个允许的范围。

任何科学都只能是近似的，绝不可能是绝对的。科学所得出的结论也是如此。例如，医生给病人注射抗生素，有95％的成功率，但重要的是还有5％没有把握，即使采用线性测量，也只能在有限的范围内加以纠正。没有指出它的可能错误就不可能得出或接受其任何数字。也正是对可能错误的估计才使它具有价值。可能性错误和资料本身同等重要，没有可能性错误就没有可靠的资料。如果在严密的科学中，对错误的估计是这么重要，那么，在我们的工作中就更为重要了。因为错误对我们特别重要，要纠正或者避免错误，我们首先就必须了解错误。只有通过对错误的有效控制，我们才能够趋近完美。既然所有的人（包括教师、学生和家长）都无可避免地犯错误，那么我们就重申一条原则：改正错误不是最重要的，认识错误才是最重要的。也就是说，我们需要深刻的自我反省，检测自己的所作所为是否正确。

在普通学校里，孩子们通常意识不到自己犯了错误，因为他们根本不关心这个。犯了错误老师会告诉你，与自己无关。这同我们的自由观念相差多么悬殊啊！如果我不能自我纠正，就不得不寻求他人的帮助，而其他人对错误的认识并不比我好。如果我能够认识到自己的错误，然后自行纠正，该有多好！能够自行改正错误是一种非常重要的能力，这对性格的形成也有着决定性的作用，否则会导致孩子产生自卑感。

"控制错误"如同一个指针，它能告诉我们是朝向目标之路还是偏离目标之路。在日常生活中，我们经常遇到这样的情况，想到一个城市去，却不知道怎么走，这时人们带上一份地图，或者寻找路标。看到有个路标上写着"艾哈迈达巴德（Ahmedabad）——两英里"，我们感到踏实了。但是，如果我们突然看到有个路标上写着"孟买——50英里"，我们就知道走错了。地图和路标是个助手，没有它们，我就得向其他人问路，就可能会得到相反的回答。无论到什么地方，可靠的导引和检验是不可或缺的条件。所以，教育一开始，科学与日常生活需要必须接受的事实就是"承认自己错误的可能性"。

由此我们认识到，生活中的必备常识应该在儿童早期就加以培养，这样孩子才能意识到自己犯了错误。学校也应该在这方面给予必要的帮助，就像提供教材那样。孩子们发展的方向正确与否，直接影响着他们的一生，因此必须随时保证其不能脱离正确的轨道。如果能够在教育中实现这个原则，那么，教师和家长是否完美就无关紧要了。如果这样的话，成人犯了错误也不会再难堪，反而会引起儿童的一定兴趣，因为对儿童来说，犯错误是很自然的事情。当大人也随着孩子一起承认自己所犯错误的时候，彼此之间的纪律便会进一步拉近。可是如果是两个自以为完美的人，他们自然就无心理会对方，因为他们只觉得自己完美无缺，对方则让自己无法忍受。

在我们的学校里，儿童最早做的练习之一就是将一套高度相同而直径不同的圆柱体嵌入长木板上相应的圆孔。第一步是让他们认识到每一个圆柱体都是不同的。第二步是用大拇指、食指和中指拿着柱体顶端的圆头。儿童开始每一次将一个圆柱体嵌入孔内。但最后他发现，他嵌错了一个。剩下的这个圆柱体比余下的这个圆孔大得多，其他的一些圆柱体又嵌得太松了。儿童再次查看，更仔细地研究所有圆柱体和每一个孔。现在他遇到了一个问题，剩下的那根圆柱体表明他嵌错了。然而，正是这个错误增添了这个游戏的趣味性，使他一次又一次地重复练习。所以，这套教具满足了两种要求：

（1）促进儿童感官的发展；

（2）让儿童控制错误。

我们学校的玩具都是经过精心设计的，孩子们能很直观地看出自己的错误。这些玩具不但适合3～6岁儿童，就连2岁的孩子也能使用。通过这些玩具，孩子很快改正自己的错误，走上不断完善的道路。当然，能够改正错误，并不等于儿童已经完美了，还必须对自己的能力有所认识，才能激发他们工作的愿望。儿童也许会说："我还是不够完美，还有很多能力有待提高，有很多缺陷需要弥补，但是我最起码知道自己要做什么。我会犯很多错误，但是我从来不惧怕错误，并且有信心改正错误。"

所以，他们具有智慧、信心和经验，这是走完人生旅程的保险旅费。保险的这种意义并不是人们想象的那么简单。把儿童带向完美之路也并非易事。告诉儿童，说他聪明或者愚笨，说他反应灵敏或者迟钝，说他好或者不好，都是一种背叛。儿童必须自己明白他能够做什么。重要的是，不仅给予儿童教育的方法，而且给他提供将其错误告诉他的指示物。

现在我们一起来看一下孩子们学习的情况。假如学校的教师给他们布置了一些算术题，他们在得出结果之后，总是乐于检查一遍，确保无误之后，再交上去。对他们来说，发现错误远比做对这道题有意思得多。为了增进儿童对错误的认识，我们还在教学中安排了一些明显的错误。儿童对做得更好的兴趣、不断地自我检查和自我测验对保证其进步来说也是非同小可的。儿童的天性倾向于准确，获取准确的方法引起他极大的兴趣。在我们的一所学校里，有一次，一个小女孩看到了一张"告示牌"，上面写着，"出去，关门，回来。"她认真地看了看这张告示牌，然后照着去做。但是她在中途停了下来，跑去问教师："如果我已经把门关上了，我又怎么回来呢？"

"你说得很对。"教师说，"是我写错了。"然后教师重新写了这句话。

"对了。"小女孩微笑着说，"现在我能做到了。"

我们之前已经提到了，错误可以拉近每个人之间的距离，让大家不再有那么多隔阂。错误如果得到改正，同样可以进一步增进人们之间的关系。只要有一个正确对待错误的态度，知道人无完人，那么就能够重新认识错误，并以发现错误为乐。错误本身变得有趣了，它成了人与人之间的纽带，当然也成了人们之间友情的桥梁。它特别有利于儿童和成人之间的和睦相处。儿童发现成年人的某些小错误，并不意味着他不尊敬成人，成年人也不会因此丧失尊严。慢慢地，生活中的点滴小事也越来越重要起来，因为大家都在用眼紧紧地盯着错误。

儿童的家庭教育

　　大家都知道儿童教育是以观念偏颇、先入为主的成见为基础的。我们很多人都尝试将实际观察到的一些看法公布出来，很多通过观察而得出的教育方法已经奏效。并且这些方法已经深入到各个家庭之中，那时不但孩子可以面目一新，家长也可能脱胎换骨。

　　大多数的家庭教育还是循着原来的老路子，就是纠正孩子的不当行为，教他们分辨对与错；但能够率先示范、以身作则的家长却寥寥无几，他们更多的是停留在口头上，光说不练。一旦这些方法无法实现其教育的目的，那么家长便会对孩子拳脚棍棒相加。在这样一个平等自由的社会里，这种不尊重孩子人权的体罚行为是应该严格禁止的。

　　然而，这个体罚的权力也让家长背负着双重的责任：一是在没有抵抗力的孩子面前，家长必须展现出他们说一不二的权威；二是家长必须在行为举止方面做孩子的典范。家长非常了解自己在孩子未来发展道路上正扮演着决定性的角色，正如一句谚语所言："那双推动着摇篮的手，掌握了整个世界的未来。"然而，一个童年时单单靠练习和耐心学过一些简单工作的母亲，是无法用那套方法教育孩子的。

　　那些年轻时候就已经取得很大成就的父亲，也显然没有时间和耐心去教育孩子的人格，更无心观察孩子的言行举止。所以，不管是疏忽也好，不懂得如何教育也罢，总之他们没有尽到自己做父母的责任。我们可能在日常生活中见到，一个孩子刚刚出生，他的父母就不停地互相争吵，彼此恶语相向，甚至很尖刻地指责对方的缺点。这样一来，他们成了孩子的"榜样"，这显然对孩子今后的发展不利。孩子的父母也要面临一个新的挑战，他们还要装作自己是十全十美的样子，然后努力地给孩子树立好榜样，改正孩子的缺点，让孩子每天都进步。天哪，这对他们来说是多么困难的一件事。由于日常生活中的许多困难与矛盾，做父母的需要面对的情境，我们在此也无法一一备述。

我们先来看看有关"说谎"的问题吧，不管是不是善意的谎言。

　　我们作为父母，当然有义务让孩子变得诚实。我熟识的一位妈妈为了教导她的小女儿要诚实，向她描述了许多说谎的卑劣行径。同时，她还在小女儿面前赞美那种即使受到磨难、做出牺牲，也坚守诚实的勇气和坚定意志。做妈妈的挖空心思想让孩子理解，一个小小的谎言到头来会让人犯下一连串的错误，就像一句谚语所说："说谎会使人失去理智。"她还特别对小女儿强调，一个身处幸福家庭的人更应该维护自己的尊严，为那些家境贫寒、没有办法得到良好教育的人树立典范。

　　可是这位母亲是否能言行一致呢？某天，她一个朋友邀请她去参加音乐会，这位母亲却说："不好意思啊，我今天有点不舒服，去不了。真的很抱歉！"她的电话刚刚讲完，孩子就从隔壁房间窜出来说："妈妈，你说谎！你说谎！"妈妈此时一脸茫然，显得手足无措。小女孩与妈妈之间也就彻底失去信任了，从此可能会产生隔阂。试想如果我们自己都不诚实，又有什么权利要求孩子必须诚实呢？说到欺骗，还有一则圣诞老人与圣诞节的故事。一位母亲骗孩子说，圣诞老人是真实存在的，说完之后又感觉不妥，便又告诉孩子事实的真相。孩子知道了过去一直被欺骗后，失望极了，整整一个礼拜愁眉不展。他的妈妈在跟我说这件事的时候难过地流下了眼泪。然而，一样的事情却不一定有一样的结果。比如，有一位妈妈也向她的小儿子说过类似的话，小男孩听了以后马上笑了起来，还对他的妈妈说："哦！妈妈，我早就知道世界上没有圣诞老人！""可是你怎么不告诉我呢？""因为妈妈每次听了这个故事都很高兴呀！"在这个情况下，父母和孩子的角色整个对换了。孩子是非常敏锐的观察家，为了让爸爸妈妈高兴，他顺从并取悦他们。

　　很多时候，孩子的正义感也会让父母感到羞愧，他们甚至会用自己的言行给父母上一课。有一天晚上，一位好心的妈妈让孩子上床睡觉。小男孩请求妈妈允许他把已经做了一半的事完成后再去睡，可这位妈妈一点也不肯让步。小男孩只得乖乖地上床了，可是过一会儿他又爬起来，想把事情完成。小男孩的妈妈发现他竟然偷偷溜下床，狠狠地骂了他一顿。小男孩哭着对妈妈说："我没有骗你啊，我跟你说过我想把事情做完的。"妈妈不想再和他说下去，就叫小男孩说"对不起"。但是小男孩有自己的原则，他认为自己没有欺骗妈妈，也就不需要道歉。妈妈在无奈之下，说小男孩不听话，不爱她。小男孩听了之后说："妈妈，我是很爱你的，只是我并没有做错什么事，为什么一定要道歉呢？"我们突然发现，小孩子的说话似乎更像大人，而这位母亲则多少有点胡搅蛮缠的意思。

既然说到这个话题，我这里还有一个例子。有一个牧师，他和小女儿每个礼拜都会去教堂帮忙。某个礼拜天，这位牧师正在布道，主题是耶稣的同情心。他说：我们所有的人都是兄弟姐妹，穷人以及受苦难者也是耶稣的子民，如果我们要获得永生，对穷人和苦难的人就必须爱护。牧师的小女儿被爸爸的讲道深深感动。回家的路上，小女儿见到路边有一个小女孩在乞讨，那可怜的小女孩身上还有许多伤口，她跑过去，怜惜地拥抱并亲吻了小女孩。

牧师和她的太太见到孩子这样做，顿时大发雷霆，当即把孩子臭骂了一顿，并且要求她以后不要再做这样的蠢事。回到家里之后，他们还勒令孩子赶快将衣服换掉，并且好好洗个澡，否则不准她上床睡觉。此后，小女孩再也没有去听牧师布道。在她眼中，父亲不过是个道貌岸然的人，言之凿凿大谈同情和美德，却拒绝做任何一件善事。有时候她即便听爸爸布道，也当做是故事一样去听，父亲却再也没有办法打动她的心。

生活中这些例子也许比比皆是，成人的言行不一，势必给孩子造成某种心理上的冲突，为什么成人总是喜欢说一套做一套呢？孩子和成人之间有着一条不可逾越的鸿沟，这条沟却不是一天就出现的。在孩子和父母的冲突中，虽然取得胜利的一方通常是势力强大者，但是做爸爸妈妈的依仗强权所取得的胜利，往往不能够使他们的小对手信服，因为大人的确是做错了。家长们还会采取高压手段来制伏孩子，并强迫他们服从，以便保持自己在孩子面前的威严形象。为了树立自己的权威，父母往往要命令孩子闭嘴，这才保证了"和平"。可是，父母在获得胜利的同时，也失去了孩子对他们的信任，并且连他们和孩子之间的自然情感和相互信赖也一道消失。

这样一来，孩子内心所需要的那种慰藉没有得到实现，他们索性就将自己保护起来。当然，有的孩子也会去尝试着适应大人不当的行为，但是这样同样会使他们的内心感到压抑，严重的还会产生心理疾病。孩子常常以羞怯的姿态或故意说谎来掩饰其不乖的行为，孩子的恐惧感也和说谎一样，是被迫屈服和顺从家长而引起的。这种情绪对孩子造成的伤害，要比其他情绪严重，因为它使孩子把想象与感觉混为一谈。这种情绪上的混乱常发生在缺乏内在发展机会的孩子身上。

通过观察，我们发现，在与儿童打交道的过程中，成人越来越自私自利，以自我为中心。他们只从自己的角度去看待与孩子有关的一切，结果使他们与孩子之间的误解越积越多，"代沟"就这样形成了。精神分析学鼻祖弗洛伊德曾用"压抑"这个词来形容成人根深蒂固的心理障碍，这一词的字义已经清楚表明了心理障碍产生的原因。

一个儿童之所以不能正常地成长，主要原因就在于受到了成人的"专制"的压抑。由于儿童与社会是隔离的，当他受到成年人的影响时，他就变成了一个特殊的成人，他的行为、举止就会与其最亲近的人相像。这些能影响他的人，通常是他的父母或老师。

然而，社会却赋予成人截然相反的使命：让他们有权决定儿童的教育与发展。只是到现在，当人类的思想达到了一定的深度之后，我们才转而发现，那些过去被认为是整个人类的守护者和施舍者的成人急需自省。对儿童负有不可推脱责任的整个社会，也应接受审判。但成人会对此作出抗议，并自我辩护："我们已经尽了最大努力，我们热爱我们的儿女，我们为了他们甚至牺牲了自己的幸福。"他们虽然表面上在为自己辩护，其实内心也充满了矛盾。这里的重点是这种自省本身。被告们虽然在照料和教育孩子上殚精竭虑，但还是发觉自己恍若置身困难重重的迷宫，无力自拔。其实他们并不知道，他们之所以会迷路，都是由他们自己造成的。这一控告公开谴责的并不是那些见不得人的错误，并不是那种让人觉得丢人、没用的错误，而是要指责一种在无意识犯下的错误。这种指责能使人们加深对自己的了解，从而提高自己的精神境界。

不难发现，人们对自己所犯错误的态度之间的矛盾：对有意识犯下的错误感到痛心，对无意识犯下的错误则不置可否。其实，在无意犯的错误中隐藏着很大的机会，即一旦人们认识并克服它，就能使自己超越某个已知的，或梦想达到的目标，并使我们最终得到进一步提高。所有心灵上的进步，都是经由把不自觉变为自觉，并进而征服自觉、征服自己的思想而取得的。

如今，要想不再像从前那样错误地对待儿童，把他们从内心的冲突与危险的思想中解救出来，首先必须进行一次彻底的变革。这种变革必须在成人中进行。的确，尽管成人宣称，为了孩子他们正在倾尽一切所能，并进一步声明他们牺牲了自己的幸福来成全对孩子的爱，他们也不得不承认，他们确实遇到了难以解决的问题，对此，他们必须从现有的知识以外去寻求答案。

尽管关于儿童依然存在大量未知的东西，他们的心灵中也有大量让人不甚了解之处，但我们必须去认识它们。这是那些想寻求儿童深处未知因素的成人必须做的事情。成人至今也无法理解儿童和青少年，因此，他们之间仍然因为无法沟通而不断产生冲突。问题的解决并不在于成人应该去掌握更多的知识或者提高他们的文化水平，而是他们必须找到一个完全不同的出发点，必须认识到他们因为无意识所犯下的过错。这些错误有碍于他们真正理解儿童。如果成人不做好纠正错误的准备，没有采取与这种准备相应的态度，他们就不可能进一步了解儿童。

自我反省，并没有想象的那样困难。就如同一提起药物，人们就会联想到它能用来治病。只要我们认识到我们的确在过多关注自己的同时忽视了儿童，只要我们相信自己实际也能够做到那些自以为力所不及的事情，那我们就会渴望去了解儿童的心灵，并会发现他们的心灵与成人的心灵之间存在着截然不同之处。

成人与儿童之间的误解越积越多。正是由于这种以自我为中心的观点，成人把儿童看做心灵里空无一物、有待于他们去尽力填塞的某种东西而已。因为把儿童看做脆弱的和没有自理能力的某种东西，成人就觉得必须替他们做所有的事；因为把儿童看做缺乏精神指导的某种东西，所以成人觉得需要他们不断地给予指导。总之，我们也许可以说，成人把自己看做儿童的造物主，他们只站在自己的立场上来判断儿童行为的正确与否。他们把自己当做标尺来衡量儿童的善与恶，他们认为自己是完美无缺的，儿童必须以他们为样板来塑造。儿童的任何举动一旦偏离了成人的方式，就会被认为是邪恶的，必须马上予以纠正。

成人用自以为是的方法来解释孩子的行为，用自认为正确的方式来对待孩子，不仅造成学校教育的偏差和整个教育体制的误导，更采取了一连串错误和行动，引发了一项社会与道德的新疑问。长久以来，儿童和成人之间的关系，一直是处在一种相互对立的冲突状态，这种情势的逆转，迫使我们必须采取教育改革的行动，这个行动不光是针对教育学者，更是针对所有成人，特别是为人父母者。

成人如果以上述方式对待儿童的话，即便他做出了自我牺牲，事实上都是在无意识地压抑儿童的个性发展。

实际上，要想做好儿童的家庭教育，父母也必须经过一定的训练才行。当然，父母的作用主要是引导孩子的心理活动和身体的发展。因此，父母是指导员的角色。但这并不意味着其作用就此降低，相反，他们指导的是孩子的生活和心灵。他们要为孩子准备学习的环境，除了教会孩子知识，还必须充当孩子的观察者和引导者。实际上，父母的精神状态比技能更重要。父母的准备工作不能只靠学习，还必须具备道德方面的品质，如机警、稳重、耐性、爱心和谦逊，其中最重要的是，时刻考虑到孩子。传统教育的弊端就正是在于过多地考虑传授知识，而忽视了孩子的个性发展。为此，父母应做到：

尊重孩子

深入了解孩子的真正需要，在父母和孩子之间建立互相尊重的关心。

用科学家的态度研究孩子

为了要解释孩子的欲望必须科学地研究他们。因为孩子的欲望常常是不自觉的，是他们生活内部的呼声，是按照一种神秘的规律显示出来的，人们很少懂得这种显示的方式。应当在适宜的范围内任其自然发展，从而观察这种内部生活的表现。父母不是为自然科学服务，而是为生存的人类服务。他们必须善于观察到人的内部生命，人的真实生活，看到孩子的精神状态并对观察过程有一种乐趣和强烈的热情。要观察孩子的每一种欲望，每一种表现。从孩子身上，父母将学习如何使自己成为一个好的教育工作者。

相信并热爱孩子

生命的成长必须有爱的感觉，孩子的自觉性和自我认识是通过爱得来的。孩子正是因为爱他的周围环境才产生了一种冲动，在整个敏感期将自己和周围事物连接起来。这种爱不是一般理解的情绪感觉，而是一种内在力量，通过爱来吸取外界事物并且建构自己。正是这种爱，使孩子对周围环境有一种热情和细致的观察态度。

值得注意的是，孩子在情感上更容易趋向于常在他身边的成人。父母作为指导员，对孩子的信心同样重要。我们对存在某种缺陷的孩子都不能动摇信心。应当看到一个表现不同的孩子的精神状态，并相信当有兴趣的"工作"吸引他的时候，他会实现正常化。对于父母来说，从孩子那里得到的精神快乐，应该是一种极大的幸福。

耐心等待，不要急于干涉孩子

父母不应以自己的智慧代替孩子的智慧，而要引导孩子自己进行活动，包括各种日常琐事。孩子需要发展自己的独立性，自己选择志愿。让孩子凭借自己的兴趣和意志力坚持下去。当孩子战胜了力所能及的困难时，他就会获得最大的快乐。

当然，对于孩子的不良的表现，应毫不犹豫地去制止。父母的责任不仅在于知道什么时候对孩子的活动应该加以禁止，而且要尽力避免这种禁止。这显然不是件易事，但并非不能很好地完成。对于进步慢的孩子，父母要有耐心，对他的成功要表现出热情。当动作缓慢时，父母如果不是去帮助他实现他最重要的心理需要，而是代替孩子所要完成的一切活动，这样就将成为孩子主动发展的最强大障碍。作为教育者，应记住的一句话就是："在观察的同时，耐心等待"。

除了以上这些注意事项之外，给孩子布置一个类似于"儿童之家"的环境也非常重要。我们并不需要所有的孩子都能去"儿童之家"学习和生活，只要能够为孩子提供"有准备的环境"，并采取恰当的方式，"儿童之家"同样能在一个家庭里建立起来。当然，此时父母就充当了孩子的同伴。

准备一个适合孩子安全活动的空间，提供给孩子与体格相当的、优质的、美好的实物，满足孩子喜欢使用和成人一样的物品的愿望。教具放在孩子可以自由取放的地方；图画、挂图等给孩子看的东西，挂在孩子视线所及处，而不是成年人所习惯的高度。

让孩子从小就过着有规律的自由生活。尊重孩子的选择，给孩子各种选择的自由。孩子遵守的规则，由家长和孩子一起共同制定。父母亲要多与孩子谈话，并以正确的语言交谈。避免使用负面语言，不要轻率地使用"真笨""这样做不对""你怎么没记性"等指责性词语，这样容易使孩子有自卑感和失去进取心。家长应以称赞、鼓励、肯定、感谢等积极态度，能够耐心聆听孩子说话，即使孩子说得慢或出错，也耐心听完，然后用正确的语言复述示范，而不是用"你说的不对"来打断孩子；在孩子有话要说时家长要侧耳倾听：弯下腰或坐下来，与孩子保持同样的高度，而且眼睛还要和蔼地注视孩子。这样，孩子才能够与家长无所不谈。

尽量与孩子一起从事实际生活的工作。家长与孩子最好一起从事孩子力所能及的家庭生活中的工作。衣服的穿脱、用餐、扫除、浇水、整理等，这些实际生活中的工作对于孩子来说是充满乐趣的。因此，孩子会兴致盎然地去做。对家务事的分派最好以建议的形式而不是以命令的形式进行。尽量多采取感谢、喜悦、礼貌、称赞、鼓励的态度。比如，托付孩子某件事情时，要把"把那个东西拿过来"的说法改为"请把桌子左边的红本子拿来给我"，清晰具体地表达物品的名称及所在地点。

在生活中尽量给孩子提供成功的机会，成人要以步骤清晰和放慢的动作向孩子展示每件事情的正确做法，并相应为孩子提供他易于使用的物品，这样孩子便会模仿运作，体验着成功的喜悦，进而增进了自信，激发了主动性。在学习活动中，要注意到孩子的每一件事；在孩子学习过程中出现错误时，尽量创造机会让孩子自己纠错，而不是急于指出孩子的错误。不随意打断孩子正在进行的活动，即使是在有客人时，也不要为了成人的需要而影响孩子的正常活动。

多创造与其他孩子在一起接触的机会。一般3岁以前的孩子与其他孩子交往的机会很少，在这种情况下长大的孩子大多不会主动去寻找朋友，从3岁开始最好尽量提供孩子与其他孩子交往的机会。由此孩子能增长智慧并培养社交发展。在集体活动时，教孩子有秩序地一个一个去，而不是一拥而上。

第五章

应该怎样爱孩子

如果没有爱，人类甚至天使的语言也只不过是一些无意义的声音。爱是降生到这个世界上的每个儿童的天赋。儿童通过爱实现了自我。

孩子的智力与自由

对儿童的教育必须建立在他运动的基础之上，这是基于儿童实现自由的需要。孩子们一旦具有某种智力发展的需求，就会四处走动，以期待自己的人格能够得到不断的完善。那些在某种智力目的支持和指引下工作的儿童，一般都能够做到持之以恒。如果他们没有这种智力目的，也没有对工作持之以恒的态度，就不可能有良好的内部发育，也就不可能取得明显的进步。只有我们对自己加以克制，不再对孩子指手画脚时；当我们将自身的影响力慢慢在孩子身边隐藏的时候，孩子才能够获得完全的解放。建立在这种自信的基础之上，他会对自己的智力信心倍增。

这个时候，他们会主动地进行一些具体的活动：洗洗手和脸，换个外套，清扫房间，拂去家具的灰尘，铺地毯，摆桌子，栽种花草，看管小动物，等等。他们会受到感官的吸引，或在其指导下自主地选择有助于自己发展的工作，正是这些感官材料使他们能够对事物加以区分，然后进行选择与推理，使自我得到发展。

我们所说的发展，就是让孩子的智能得到发展，并不是说放任自流，对其置之不理。如果把孩子的成长交给生命的本能，那我们对待孩子跟对待动物有什么区别呢？遗憾的是，我们一直都只这样做。当他刚刚出生的时候，我们把他们当成植物一样去照料，当他稍微长大之后我们又不断要求他像植物一样保持安静，任由我们摆布。我们对待他们跟对待奴隶其实没什么区别。试想一下，这样培养出来的孩子能够像天使一样吗？只会使他身上的本性不断湮灭，直到消亡，人性一点点退化的痕迹将在他身上显现无遗。

相反，如果我们让孩子的智能得到发展，那将看到的是另外一种情形。为了把孩子培养成高度自觉地从事智力活动的人，我们就须赋予自由以新的概念。

我们有理由相信，智力可以解决一切社会自由的争端。但是近年来有一种只要求思想上自由的说法搞得整个社会乌烟瘴气。这就好比目前人们有关孩子自由的理解一样，有人以为人类只有后退到最原始的思想自由状态，才能得到解放。这样真的可行吗？难道要大家都退回到原始社会，人们都变得没知识没文化，让这个社会全部沦为文盲？

我们来看这样一个例子。假如我们让一个人在健康和疾病之间二选一，他自由选择的概率有多少？如果让一个从来没有受过教育的人在有利益的投资和没有利益的投资之间做出选择，他会自由选择哪一种呢？如果他选择后一种，他就是"自由"地甘心被骗了；如果他选择了前一种投资，也不是因为有了自由选择的权利才选中的它，那只是幸运而已。事实上只有他真正懂得了一些投资的知识，有能力区分有利可图和无利可图的投资时，才真正称得上是自由的。只有在他形成这种内在能力后，他才能真正地自由，如果只是简单地凭借社会的约束力是不能达到目的的。

我们始终坚信，自由发展终将成为人最基本的权利。人可以按照自己的意志来培养自我，这不再成为一种奢望。只有达到了这一步，我们作为一个人才不会受到压抑，也不会受到奴役，并且能够在所处的环境中自由地选择发展自我的方法。总之，我们只有接受了教育，才能找到与个性相关联的解决社会问题的基本方法。孩子的成长和发育经历告诉我们，智力的发育是揭示他们成长秘密的关键，也是窥探他们内心世界的一种方法。

意识到这一点之后，智力卫生学的地位就显得举足轻重。当智力被视为培养孩子的关键，甚至是孩子们生活的支柱时，人们就不会再让它盲目地消耗掉，或者不分青红皂白就将其压抑和禁锢。

现在还有些父母对孩子的身体及其相关生活问题担忧，比如有的孩子头发不好、指甲过长、牙齿不整齐等问题。但是我相信，将来儿童的智力问题一定会被人们更明确地认识和更慎重地对待。当然，我们明白通向文明的道路是十分漫长的。

那么，到底什么才是智力？我们没必要先从哲学的高度去抽象它，只要思考一下促使心智形成的印象、联想和再创造活动的总和，并将这种心智活动与环境联系起来。研究表明，对差异的感知是智力活动的开始，大脑活动的第一步就是对差异予以鉴别。感觉就是对外部世界的知觉，收集材料并将这些材料加以区别就是智力活动的低级阶段。

我想，我们首先应该对智力进行尽量精确、清晰地分析。从某种意义上说，智力和时间又是相互关联的。人们常常把反应灵敏看成是孩子智力发展的标志。为什么孩子们做出反应的快慢不一样呢？这肯定与从外界获取信息，精心编织意象以及将内心思考的答案表达出来的能力有关。关于这种能力，我们不妨用一套类似于心理体操的系统加以训练，以促进其发展。这个系统的操作过程是：通过收集大量的感知材料，使它们彼此建立相互联系，并以此做出判断，经过一段时间后，就养成了自由展示这些东西的习惯。

因此，很多心理学家都建议，要使行为管道和联想管道更加具有渗透性，使反应期更短一些，在能够促进智力发展的肌肉运动中，动作不仅要表现得更加完善，而且还要更加快捷，我们所说的聪明的孩子不仅是指能够对事物加以理解，而且还应该能对事物加以迅速理解。如果某人学同样的东西要比别人花更多的时间，他的反应就要迟钝些。

人们夸奖孩子聪明的时候，往往会说"什么东西都逃不过他的眼睛"这样的话。确实是这样，聪明的孩子总是能够将注意力高度集中起来，时刻准备着接受各种各样的刺激，就像那灵敏度极高的天平对微小的重量变化都能作出反应一样，灵敏的大脑也能够对哪怕有一丁点吸引力的东西作出反应。这样的孩子的联想能力也是极强的，我们常常用"一眨眼就明白了"来形容他们在这方面的能力。

感觉训练能够让孩子具有清晰分辨事物的能力，也可以激发他们的主要活动意识。通过这些练习，孩子们可以敏锐地察觉到热与冷、粗糙与光滑、重与轻以及声音与噪音的差别；可以让他在万籁俱寂的环境里闭上眼睛，等待一种细微纯净的声音的召唤。这些练习的目的是，让孩子感觉到外部世界似乎正在帮助他打开心灵之门，并唤醒他的心灵活动。在我看来，各种感觉与环境互相融合时，这两者就能产生互相协调的作用，并能加强已经被唤醒的意识活动。还是介绍下面这个例子吧！有一个5岁的小孩子，正趴在窗口边上专心致志学习画画，这时如果耳边响起了美妙的音乐，他也会用最美丽的色调去完成手中的作品。当孩子们身处幽静的校园时，如果看到周围鲜花盛开，沁人心脾，他也会不自觉地唱起欢快的歌曲。

大脑的迅速反应就是孩子自我教育的一个有效信号。那时他的反应将变得更加灵敏；思维更有准备；往日那些从他们身边溜过却丝毫未引起注意，或者只产生一点点兴趣的感官刺激物，如今却能被他们强烈地感知到；同时，他们能够轻而易举地发现物与物之间的关系。这样，当他们在运用这些东西时，一旦出现差错就能及时发现，并迅速做出判断，然后予以纠正。正是经过了这种感官体验，孩子完成了原始而基本的智力训练，唤醒了他的中枢神经系统，并且使其处于运动之中。

与那些普通学校孩子们的反应能力相比，能够自我教育的孩子会对事物的反应更加敏锐，面对哪怕是最微弱的感召，也十分敏感，遇到任何事情都可以集中精力，他们显然更有自发联想的能力。当我们在做这些比较时，自然会拿今天的文明与古时的文明相比。比如，今天的社会环境与昔日相比更加舒适；马车在以前曾经是主要的交通工具，现在我们可以坐汽车或飞机旅行了，这样我们比过去更节省时间了；过去我们交流的媒介是鸿雁传书，在今天我们主要通过电话交谈；在敌我交战时，古人一般是一对一地互相厮杀，而今天则是危及成千上万人的大屠杀，所有这些使我们认识到，文明的进化并不是建立在对生命珍惜或对灵魂珍惜的基础上，而是建立在对时间珍惜的基础上。我们的的确确从外部感觉到了文明的发展，机器无疑运转得更快了，经济也发展得更迅速了。

　　可是，人类自身发展却依旧滞后，并没有跟随文明的脚步前行，而是依旧无法有序地进行自我的发展。在这个复杂多变的环境里，孩子们还不能随时应付所面对的各种事件，还不会充分利用人类在外部环境上的进步来为自己服务。尽管我们已经进入了一个文明社会，但我们的灵魂却一直在被欺骗、被压制！我甚至不敢想象，人类在自我改造问题上如果一直踯躅不前，将来怎样与日益发展的新世界和谐共存呢？会不会被新世界彻底抛弃，或是被毁灭？

　　孩子对这个世界的认知，绝对不单单表现为思维敏捷、反应迅速，还包含着内在秩序的相应建立。他对工作流程的熟悉，对组织条理的明晰，是智力形成的又一个过程。也就是说，秩序是人们能够作出迅速反应的关键。思维混乱的大脑对事物的知觉和认识要困难得多，那种困难不亚于写一篇含金量极高的学术论文。从社会角度来看，组织和秩序为个体、社会的发展都提供了必要的保证。

让孩子接受自然教育

　　我们必须得尊重自然规律，并且尽可能地把　切事情交给大自然去做。因为孩子越是在自然中得到发展，就越能够获得更多的智慧。因此，参加自然劳动就显得意义重大。首先，它可以使孩子的个体发育和人类整体的发展协调起来，培养孩子的耐力和品格，让孩子与整个自然建立一种内在和谐。

尽管现代文明如此发达，人类仍然离不开自然，可以说，人类仍是自然界的一部分，与自然界有密切关系，相依相存。社会生活仅仅是人的生存的一部分，它无法取代自然生活。我们与自然界有着天然的联系，它对我们身体的发育有着显著的影响。孩子的生命需要大自然的力量，他的精神生命也需要与天地万物接触，以便直接从生动的大自然的造化能力中吸取精神养分。人类从远古时代就开始了与自然的接触，并在自然劳动中学会了运用双手，改造自然。可以说，自然世界是培养人类智慧的教师。

我们必须培养属于生物，因而也属于自然界的人去适应社会生活，因为虽然社会生活是人的特殊工作，但它也必须符合人的自然活动的表现。为缓和教育中的这种转变，我们必须开展自然教育，这种方式就像"儿童之家"那样，它设置在孩子父母居住的楼里，孩子的呼喊和妈妈的应答能彼此呼应。

让孩子们在户外或公园里成长，或者让他们半裸着在海边晒上几小时的太阳。舒适的短童装、凉鞋，裸露的下肢就是一种摆脱文明枷锁的方式。不过，有一个显而易见的原则：在教育过程中，只限于为获得由文明所提供的乐趣所必需的程度。在所有对现代儿童教育的改进中，许多人都还存有一种偏见：儿童没有精神需要。他们简单地把儿童看成是只需加以爱护、亲昵，并使之在运动中生长的躯体。一个好母亲或一个现代的好教师，在今天所给予的，例如对一个正在花园乱跑的孩子，也不过是不要攀折花木，不要践踏草地之类的忠告，似乎通过活动腿脚和呼吸新鲜空气就足以满足他们身体发育的生理需要。

但既然儿童的肉体生命必然需要大自然的力量，那么他的精神生命也必然需要心灵与天地万物的交融，从而可以直接从生动的大自然的造化能力中吸取养分。达到这一目的的方法就是让儿童从事农业劳动，引导他们培育动植物，并从中思考自然，理解自然。

此外，还可以带着孩子们参加一些园艺活动。它的意义在于培养孩子参与自然和了解自然的能力，不仅能在孩子与自然之间建立一种和谐的感情和关系，还能培养孩子的品格，引导孩子的心理健康发展。从本质上来说，自然劳动是孩子自我教育的一种形式。

园林学和园艺学是自然教育的一种方法。它不仅是身体锻炼方面的自然教育，也能通过培养观赏植物让他们学习园艺。现代儿童教育的理念必须是也只能是促进儿童个体身心两方面的发展。农作物和动物培育本身就包含着道德教育，其含义和作用都极其丰富。

它引导孩子观察生命现象

孩子们与动植物的关系类似于观察他们的教师和他们的关系。随着观察兴趣的逐渐增长，关心生物的热忱也随之增长，这样孩子们也就会合乎常理地去感激妈妈和老师对他们的爱护。

引导孩子们通过自主教育而具有预见力

当孩子们懂得播种的植物的生长要依靠他们细心的浇水，饲养的动物的成长要依靠他们勤勉的喂食，否则，植物就会干枯、动物就会死亡时，他们就会像一个开始感到对生命负有责任的人一样，变得有警惕性。此外，一个与妈妈和教师全然不同的、呼唤他们忠于职守的声音响起，告诫他们，千万不要忘记自己承担的责任。这声音就是在他们照管下的垂危的生命所发出的哀求声。这样，在孩子和他们照管的动植物之间就会产生出一种神秘的一致性，从而引导他们在无需教师的干涉下完成限定的行动，进而引导他们进行自我教育。

引导孩子们学习具有耐心的美德和有信心的品格

这种有信心的品格是一种人生哲学。当孩子们播下一粒种子，直到它结果，首先他看到的是不成型的幼芽，然后是它的慢慢生长变化，最后开花直到结果；有一些植物发芽早一些，有一些则晚一点；不管怎样，儿童最终会获得一种心理感知能力，在幼小的心灵里萌生一种智慧，就像农民知道按时耕种那样。

培养孩子们对大自然的感情

大自然以其神奇造化之功哺育着这种感情，谁为它付出了劳动，谁就会获得丰硕的果实。甚至在劳动过程中，孩子们的心灵与在他们照料下而发育的生命之间也会产生一种一致性。小孩子们会非常容易地对蚯蚓和粪虫产生兴趣，而且我们这些成长时远离大自然，同时又没有接触过某些动物的人却感到害怕。儿童的这种兴趣正好能发展成为对生命的信任之情，这是一种爱的形式。

最能培养对大自然感情的是栽培植物，因为植物在其自然发展中给予的远比索取的多，它不断地展示着自己的美和丰富性：当孩子们栽培了蝴蝶花或紫罗兰、玫瑰或风信子，播下种子或埋下根球，或种了果树，也按时给它们浇了水，最后，那盛开的花朵、成熟的果实，就是大自然赐给他们的慷慨礼物。而当孩子们不通过劳动而享受这些物质成果时，情况就完全不同了，不会动的清一色的果实都用于消费，分配殆尽，而不是增加积累。

儿童沿着人类发展的自然道路前进

简言之，这种教育使得个体发育和人类整体的发展协调起来。人类通过农业从自然状态进入人工状态。当人类发现土地增产的秘密时，他就获得了文明化的报酬。注定要成为文明人的儿童也必须经历这条道路。如此理解自然教育的作用，就容易将它付诸实践了。因为即使缺少供体育练习用的宽阔操场和庭院，只需找几平方米用于栽培或一小块地方让鸽子做窝，以便进行精神教育总还是可能的，即使是窗台上的一盆花，如果需要，也可以用于教育。

在罗马的第一个"儿童之家"里，有一个宽大的院子作为种植园地。在那里，孩子们除了可以在户外活动外，还可以进行种植。当较小的孩子们在路上跑来跑去，或在树荫下休息时，大一点的孩子们则正在土地上播种、耕种、浇水或查看耕地表层，好让种子发芽。

说到自然教育，那些生长在城市里的孩子可能面临的问题要比较多。他们每天面对的都是钢筋水泥建筑的"森林"，离大自然以及那种古朴的自然劳动生活已越来越远。但这种自然生活对于儿童的成长意义深远，让孩子受到自然教育，是孩子发展自我的一个重要内容。保护和培养儿童对大自然的好奇心与感知力，让孩子与大自然建立一种和谐的关联是尤其重要的。

在日常生活中，父母应尽可能为孩子了解和探索自然创造条件。可以带孩子一起买菜，通过买菜识别各种蔬菜瓜果，五谷杂粮；让孩子参与植树、绿化带的清理、拔草活动，增强孩子的环保意识；如果有条件，还可鼓励孩子种植花草或蔬菜，养小鸡、小狗、乌龟等动物，让孩子在实践中掌握动植物的特点，建立爱心，认识自然规律，使孩子在这一劳动过程中对生命和大自然产生热爱。

除此之外，父母还可以带孩子到大自然中去，例如郊外农场、风景区或动植物园，让孩子通过观赏自然景色，体验世界的原初美感，开阔眼界，增长知识，获得心灵的陶冶。我们应该相信，当孩子在与大自然的接触中，感受到大自然的美丽与奇妙之后，一种眷念就会在孩子的心中产生，并对其个性、兴趣、精神产生影响，孩子的感官能力也能由此得到加强。

我们都知道，环保将成为人类未来的关键主题。作为父母，应该在生活中对孩子开展环保教育，给予正确及时的引导，让孩子从小建立根深蒂固的环保意识。人类生存离不开周围的环境和自然条件。工业化生产大规模发展之后，工厂、交通工具、家电燃油所制造的废气、废物、废水等对整个地球生态环境的影响已经越来越明显，可以预见，如果环境污染问题得不到相应的重视，那么生态系统必然出现难以弥补的破坏和缺口，整个生态系统一旦出现断链乃至反常，人类生活就将受到严重的威胁。因此，环境保护不仅关系到人类的生存和发展，还关系到整个生态系统能否健康地维持和发展下去，而这种维持和发展正是人类得以生存和发展的基础。为了保护好我们的家园，使我们的家园不受污染的破坏，环保教育应在孩子中间进行。作为父母，应该在生活中对孩子开展环保教育，让孩子从小树立环保意识。我们都知道，无知往往能导致罪恶，然而即使一个人具有理性判断能力，也可能做出不符合理性法则的行为。

在生活中树立环保意识

环境保护包括保护大气层、树林、淡水水源、野生动植物、土壤等方面。家长在日常教育的基础上要注意有关环保知识的讲解，建立孩子对于环保的概念，激发其兴趣。比如我们可以在与孩子谈话、讨论时，将环保知识有机地渗透在各项活动之中，注意发掘各项活动中的环保因素，让孩子知道各种与环保有关的节日，如植树节、世界环境日等。在美术活动中，让孩子通过对绘画、废物利用等活动的了解和参与，强化其环保意识。在劳动中增加锻炼内容，例如种树、嫁接、自然实验等。另外，让孩子积极参加各种生动有趣的环保活动。

让孩子体验环保

带领孩子实地参观和感受两种截然不同的环境，比如青山绿水的自然环境，和浓烟滚滚的受污染的环境。可以带领孩子参观污水处理厂，将脏水和饮用水进行比较，让孩子树立节约用水的意识。日常生活中可选择一些符合孩子年龄的游戏进行环保教育，如名为"呼吸之树"的游戏，在游戏中把椅子当做"树"，只有在"树"下才能呼吸，随着"树"的减少，孩子在游戏的过程中感到呼吸越来越困难。让孩子通过这个游戏明白植树造林和保护树木的重要性。

以身作则，潜移默化

孩子好模仿身边的成人，例如他们的父母。这种模仿有时是自觉的，有时则完全是无意识的效仿。这是儿童吸收性心智的无意识学习过程。因此父母应以身作则——养成良好的生活习惯和清洁卫生习惯，不乱扔垃圾，不浪费塑料袋，不使用一次性碗筷。最好的做法是，与孩子讨论怎样使家园变得更整洁、更优美，通过爱护身边的环境来获得一种对美感的认识：环保能带来美，从而培养孩子的环保趋向。

到了春天，不妨带孩子去花园。当孩子采了一朵花，走到母亲面前说："妈妈，这朵花很漂亮，送给你。"妈妈接过花，仔细看一看然后微笑着说："这朵花的确很漂亮，只是把它摘下来太可惜了。"接着就给孩子提示，让孩子认识到：漂亮的花儿是给大家看的，你摘走了别人就看不到了，如果不摘，我们就可以每天来看它。如果每个孩子只要喜欢一朵花，就把它摘下来，那花坛里恐怕就没有花了，美丽的环境就被破坏了。只要循循善诱，孩子自然会高兴地接受。

也可让孩子在初春时，了解刚刚发出嫩芽的绿色植物，并通过踩痛了小草会哭的故事，让孩子不要踩痛小草，小草就像孩子一样，需要保护，需要阳光和雨露才能健康地成长，才能长得非常茂盛，郁郁葱葱，从而激发出孩子本能的侧隐之心和关爱的情感。从小进行环保教育，尤其是在孩子心智关键期给予正确及时的引导，孩子就会吸纳关于环保的概念，并逐渐建立一种理解能力，让环保观念成为孩子思想价值观念的一部分。

如何对待遭遇不幸的孩子

在罗马创建的首批"儿童之家"中，我们找到了一些令人感动的例子。这所"儿童之家"有着光荣而艰巨的任务要完成。他们负责照料60名大地震后幸存的孤儿，那场大地震想来让人不寒而栗。这些孩子虽然幸运地活了下来，但还没有摆脱地震的阴霾。他们冷漠、孤僻、性格极为倔强，有的甚至失眠、厌食，对世事充满了绝望。他们没有背景、没有来历，甚至不知道自己的姓名。我们唯一能够感受到的，就是他们晚上歇斯底里的呐喊和哭泣。

意大利皇后非常同情他们，她为这些不幸的孩子提供了一个欢乐的场所。他们的新家有适合自己使用的各种色彩鲜艳的小家具：有门的小柜、小圆桌、稍高的长方形桌子、立式小凳和小扶手椅。窗户都悬挂着彩色的窗帘。餐具及就餐设施也特别引人注目，他们有自己的小刀、叉子、勺子、盘子、餐巾，甚至肥皂和毛巾的大小也跟他们的小手相适应。在每件东西上都有一个考究的装饰品。教室墙上挂着许多图画，四周摆着花瓶。这是圣芳济修会的一个寺院，有着宽敞的花园、宽阔的走道、金鱼池和鸽房，身着灰长袍并罩着庄严的长头巾的修女平静地走动着。

孩子们在这些修女的教导下，举止变得非常优雅，俨然一副贵族的样子。因为这些修女过去曾经大都是贵族，所以很有修养。这些人回忆起她们过去在上流社会里的行为方式，并把它们教给似乎永不知足的儿童。儿童学习像王子一样用餐，学习像最好的侍从一样端菜。虽然他们失去了对食物的自然欲望，但他们对所学到的新知识和进行各种活动却很高兴。他们的食欲渐渐恢复了，并能很快地入睡。他们的变化确实给人们留下了深刻的印象。

我们只要到了那里，就可以见到这些孩子们欢呼雀跃的神情。他们会把东西提到花园去，或把房间里的家具搬到树下，既没有损坏任何东西，也没有碰撞任何东西。在整个过程中，他们呈现出欢乐和幸福的神情。

看到这些儿童幸福地生活，我想到了一个词：归属感。还有什么是比征服忧愁和悲伤更让人心神激荡的事情吗？他们俨然已经迈入了更高层次的生活境界，尽管这看起来有点不可思议。其实归属感是一个与童年时期无知懵懂相对立的，然而这个词可以给我们带来焕然一新的变化，这不能不让人称奇。儿童在经历了一种精神新生后，摆脱了悲伤和放纵，产生了欢乐和纯洁。我们若将放任和悲伤看做一种对完美状态的背离，那么，恢复纯净和欢乐的状态就意味着心灵上的归属。

这些儿童确实找到了那种归属感，他们化悲伤为前进的动力，克服了许多根深蒂固的缺陷。不仅如此，通常被看做是缺点的某些特征也消失了。因此，这些儿童带来了一种令人迷惑的更新，他们以某种不可思议的方式表明，人一旦犯了错误，必须完全更新。这种更新只有在一个人的创造力的源泉中才能发现。

如果没有这种发现，蒙台梭利学校里这些曾经几乎绝望的儿童，就根本无法区分自己身上的善与恶，因为在成人的眼中，他们早就被当做"坏人"给定性了。儿童的善与恶本无绝对的边界，环境在这中间起到决定性作用。然而，儿童的天性往往被先入为主的错误观念给掩盖。于是，我们再也看不到孩子那天真无邪的眼神了，他在成人社会生活中完全是一个匆匆的过客。人们对善恶的评判标准，让儿童成为隐形人。

儿童的本质是什么

蒙台梭利教育法可能与大多数的教育方法不一样，它只关注孩子们身上那些尚未被发现的精神特质。它重点强调的是挖掘儿童潜能，将孩子的内在能力发挥到最大化。有了以上的认识，我们也就对孩子做了进一步的保护，并且强烈呼吁人们开始重视儿童的权益。

事实上，孩子总是生活在家长的"笼罩"之下，这样难免成为弱势群体，既得不到尊重，心理需求又得不到满足，长此以往，孩子的发展境遇实在不容乐观。蒙台梭利学校的成立，可以说给了孩子们一个心灵的避风港。这里的孩子们，天性得到了最大化的释放，他们可以畅所欲言，可以表达不同的观点。他们身上表现出来的那种学习态度和方式，让我引起了对现代教育的忧思，并将教育的重心转移到敏感儿童身上。

孩子向我们展示的是他们尚未被探查到的心智，他们的一些行为倾向也是许多心理学家和教育家从未研究过的。比如，像玩具之类的东西，我们认为孩子都应该非常喜欢，可有的孩子就是不感兴趣，甚至童话故事也无法吸引他。相反，他们一直想摆脱大人的控制，每一件事都想自己动手。除非真的感到无能为力，否则孩子们决不想让大人插手。孩子们在工作的时候是那样安静和专注，那种专心致志的神情真是令人感叹！

孩子们在过去由于长时间被打扰或者压抑，这时才流露出与以往不一样的神情和能力。我们有时会不适当地参与他们的工作，总以为自己完美，绝对胜过孩子们。所以就按照自己的那套规则或模式强行转接到孩子身上，妄图控制他们的行动，使他们屈从于自己。

成人喜欢自以为是地解释孩子的一切行为，认为自己对待孩子的方法都是正确的，这就使学校教育出现了偏差，甚至误导了整个教育体制。这些教育方法上的错误，引发了我们新的反思。一直以来，儿童与家长的关系就处于一种尴尬的对立状态，如今这种对立关系面临着社会的考验。要改变儿童与成人之间的对立关系，我们教育工作者就必须采取改革，这一行动不光是针对教育工作者，更应该引起所有成人，特别是准父母们的重视。

我的一些教育方法在世界各地都引起了极大的反响。紧接着很多地方都成立了蒙台梭利学校。我的教育方法在各个国家受到了的重视，这就证明了儿童和成人之间的冲突和矛盾是一个十分普遍的现象。从孩子降生的那一刻起，成人的压制也就随之而来，我们之中的许多人却不以为然，认为那是天经地义的事情。身处文明现代的社会，却遭受种种条条框框的束缚，这是大多数孩子们的悲哀，他们受到了过多的强制性约束。

身处于成年人的控制之下，这个孩子的许多需求势必得不到满足。这里不单指生理上的，更重要的是心理上的。孩子的心理需求能否得到满足，将影响他一生的命运。孩子被家长强大的力量压制着，不但不能按照自己的意愿行事，还不得不去适应一个自己讨厌的环境，这一切都是因为大人们天真地认为这样做是在帮助孩子学会在社会上立足。

几乎所有的教育都是命令式的，披着"教育"的外衣，在进行着野蛮、粗暴的行为，他们以此来约束孩子，迫使他们适应这个社会的生活方式。这种方法的基本特征是要求孩子必须无条件服从大人的指令。这就等于否定了孩子作为一个独立个体存在的必要，这对孩子来说非常不公平，他们因此而受到的身心伤害，是成人都难以忍受的。

家长制可以说根深蒂固，即便是那些富裕家庭的孩子也依然无法逃脱家长权威的压制。这种家规森严的情况，甚至比学校更厉害。"国有国法，家有家规"这种老掉牙的体罚，在许多豪门望族中都发生过。学校有组织的强权行为使孩子们提早适应了成人的社会，这种教育的目的无非也是为了让孩子早点配合大人的生活。事实上，学校里严格的课业标准和强制性的规定，是与孩子无忧无虑的童年生活格格不入的。来自学校的压力，使得他们的日常生活充满了紧张和焦虑。学校和家长同时对孩子施压，这种权威式教育对那些抵抗力稍差的孩子来说，无疑是一种强大的压力，在这种情况下，他们发出了胆怯不安的求救声，却从未引起任何人的关注。孩子们期待有人能够听听他们的意见，但是他们也不愿再碰壁，弱小的心灵受到了严重的伤害。久而久之，他们变得肆无忌惮，放任自己的行为，甚至是自甘堕落。

如果我们以教育的名义去牺牲孩子的幸福和前途，这是多么不人道的做法啊！其实为孩子创造一个良好的学习环境。让他们在其中自由发展，这并不难。为什么一定要给孩子施压呢？为什么一定要压抑他们的性格呢？无论是家庭还是学校，都应该使孩子们免受到成人世界的干扰，它应该像孩子们的避风港，或是沙漠中的绿洲，成为孩子心灵的寄托，时时刻刻保证孩子们健康成长。

由于家长制的极度泛滥，孩子受压制这一情况几乎是整个世界的问题，它普遍存在于世界的每一个角落。历史上受到强权压制的人，有奴隶、仆人和工人，他们都属于弱势群体，他们翻身的唯一办法就是依靠社会的改革，而社会的改革通常发生于统治者和被统治者之间的较量之后。美国南北战争的目的是废除黑奴制度；法国大革命则是为了推翻统治阶级，建立新制度……

可是我们的孩子，他们却没有这种能力，只能接受处处被压制的现实。一个只会在大人身边扮演附庸角色的孩子，不可能在社会环境中独立生存，大人们不顾孩子权益的做法破坏了一个社会的整体性。被当成大人附属品的孩子手无缚鸡之力，更无法为自己争取权益。所有关心儿童福利的人已达成共识：孩子是无辜的受害者，他们需要得到全社会的同情。

久而久之，人们常常会拿那些不幸和幸运的孩子们做对比，拿出身贫寒的孩子和有钱人家的孩子进行比较，拿被遗弃的孩子和被宠爱的孩子做比较。这些比较的结果都表明，人的个性差异在童年时期就已经表现出来了，而且童年时期的经历对其成年之后的生活确实有着深远的意义和重大的影响。

孩子只是父母生产出来的产品？他们甚至要比奴隶更加服从父母的指令？儿童的权益几乎一致都被无视。假如我们是公司职员，至少下班的时候还可以有自己的自由，但是孩子对成人的服从是24小时的。也许，没有一个人会愿意处在孩子的地位，他们被大人用严格的规定限制着，什么时间必须做功课，什么时间才可以玩，都得遵从大人的规定。这个社会从来不曾将孩子看做是一个独立的人。因此，在一个家庭里，妈妈负责洗衣做饭，爸爸外出工作赚钱，他们只要捎带着照顾孩子就行了。大家始终认为，这样的安排就是能够为孩子提供的最好照顾。

有史以来，人们就对于各种道德和哲学极为信奉，这些理论也都千篇一律地以成年人为主导，涉及儿童的有关社会问题常被忽略不计。没有人把孩子当成一个独立的个体，也没有人替他们思考过种种困境，更没有人想过那些日后取得非凡成就的孩子，他们真正的需要是什么？大人还是一成不变地把他们看成思考力差的小家伙，他们只会服从我们的命令。令人痛心的是，谁会来关注孩子内心的苦难和折磨？浩瀚的历史长河之中，尚没有一个字是书写有关儿童工作或生活的记载。如果可以，我宁愿做第一人！

3岁的幼儿

常言说："3岁看老"，这似乎是一个充满争议的话题，但却有一定的科学性。科学研究表示，孩子在成长过程中，3岁之前的生长发育会影响其一生。上天似乎也在孩子3岁的时候给隔了一堵墙，墙里墙外却成了截然不同的两部分。前者虽然很重要并充满创造性，但很快成了被遗忘的时期，因为孩子到了3岁才开始有意识和记忆。

前面我们提到过，儿童的有些活动在心理胚胎期是相互分开的，他们互不干扰，各自为政。比如语言和四肢的运动，又比如在产前时期，胎儿的身体器官一个接一个地出现，但是他自己却一个都不记得。3岁以前的孩子，还没有形成稳定的人格，等到身体部分构筑完整时，他才能将身体各个器官统筹起来。这个潜意识和无意识的产物，这个被遗忘的生命，似乎已被人们从记忆中抹去了，当他满3岁出现在人们面前时，似乎是不可思议的。

孩子没有与我们正常沟通的能力，除非我们知道他早期的生命进程，或认识他的本性，否则我们很可能不自觉地毁坏孩子已构筑好的部分心理。人们已经偏离了生命原来的道路而创造文明，受文明洗礼的人类只知道维护物质利益，却不知道保护自己的心灵，结果留给孩子的是充满阻碍的环境。

所有的孩子都是在监护人的监管之下成长起来的，所以他们势必要受到成人的极大阻碍。孩子必须依靠周围的环境得以发展，尽管3年来他们不断地遗忘许多事情，但是他的能力已经渗透到了意识的各个层次，这种能力可以借助生命的活动表现出来。智慧可以引导孩子在玩耍中执行心灵的意志。

3岁之前，孩子是用心在感知这个世界，3岁之后，他们则可以用手去触摸这个世界。他之前获得的能力，也会在3岁后得到进一步的完善。3岁的孩子在各方面的发展虽然已经趋于完善，但还是要继续扩充内容，直到四岁半，他们仍然具有心理胚胎期的学习能力，而且不知什么是疲倦；这时，双手成了直接接触事物的器官，扩充性的发展主要是靠双手的工作而不是用脚到处行走。3岁的孩子能连续玩耍很长时间，如果双手在不停地忙碌的话，他反倒有如鱼得水般的快乐。这是成人称之为最幸福的玩耍时期。市场上也设计了许多玩具来迎合这个年龄段的孩子的游戏需求，结果孩子的房间里塞满了许多没有用的，并且不利于心智发展的玩具，孩子想要身边的每一件东西，但成人只给其中的一些，而拒绝其他要求。

孩子们在这个时期更喜欢接触的是大自然中的沙子，在没有沙子的地方，有钱人就会去买些回来。水也是孩子们喜欢玩耍的东西，只是大人们怕孩子弄湿衣服，索性只给他们一点点，这显然无法让他尽兴。当孩子玩腻了沙子，大人就给他过家家的玩具，有小房子、玩具钢琴等，都不是真正能用的东西，他们看出孩子想学大人做家务，可是给的东西又都是假的，真滑稽！

在没有人陪孩子玩耍的时候，洋娃娃显然成了孩子最亲密的伙伴。当然洋娃娃不会说话，也不会回报小朋友给它的爱，只能勉强作为孩子生活中的代用品。玩具逐渐变得重要起来，因为人们认识到它有助于孩子智力的发展。这当然比没有东西玩好些，问题是孩子很快就厌倦了，又要新的玩具。孩子有时故意把自己的玩具弄坏，大人还以为他喜欢把东西拆得七零八落，或有破坏欲。这是因为孩子没有合适的东西可以摆弄，他不喜欢这些玩具，因为它们是假的。孩子会因此变得无精打采，不能专心致志做任何事，甚至人格也扭曲变形。其实这个时期的孩子很想在各方面认真地模仿大人，以便使自己更趋完美，可是这种努力总是被大人否定，这就使孩子陷入了误区。

我们观察到，越是在高度文明的现代社会，孩子的悲剧指数就越高。那些生活在简单社会之中的孩子，可以随心所欲地使用周围的物品，因为那些物品并不昂贵，不用担心损坏它。当母亲洗衣服或烤面包时，孩子也可以参与进去。如果能找到适合自己的事，孩子就能调理自己的生活。

实际情况就是这样，3岁的孩子必须要亲自动手了。如果你还给他一些简单的虚拟的东西，即便那些东西符合他们的身体比例，也无法吸引孩子。我的教育方式就是通过提供适合孩子力量、尺寸的用具，比如小香皂、小毛巾以及自行车等，以此引起他的兴趣。就好像成人在家或在田间工作的方式一样，孩子也应该有属于自己的小乐园。不用给他玩具，他需要的是一个家。不用给他洋娃娃，而是给他一群同伴，让他们一起去体验生活，一起健康成长。

一旦给孩子真实的东西，孩子的反应可能出乎意料。孩子会拒绝大人的帮助，清楚地表示要独立做事。父母、保姆、老师都会感到惊讶，这时候成人只能在一旁做观察者，因为现在孩子已经成了环境的主人。

在我们所进行的早期教育实验中，发现三个有利因素能促使孩子健康地成长：

第一，参加试验的家庭位于贫穷且生活比较艰难的城区边缘，那些孩子们虽然出身贫穷，但他们却因此得到了自由的自然天地，从而能够使内心的潜能得到发挥和锻炼。

第二，参加试验的孩子的父母大都是文盲，这些家长虽然不能给予孩子知识上的指导，但至少也减少了用自以为是的教育理念"毒害"孩子心灵的可能。

第三，试验中所任用的教师不是所谓的"专业教师"，所以他们在思想上是自由的，不曾抱有传统教育的偏见，更能顺利地实施这种教育法。

如果在几十年前的美国，其结果可能相反，当时传统的教育法就是要找最好的老师，而所谓的"好"教师只不过是扼杀孩子天性的刽子手，他们自己也承认在师范学校学了太多对孩子没有帮助的东西，而且满脑子都是与孩子天性相反的理念。尽管如此，他们仍然一味地把错误的教育理念强横地加在孩子身上，禁锢孩子的心灵，阻碍孩子的成长。

可以说，一个自由的小孩，能够跟随自然的引导走向完善。他往往会把自己感兴趣的工作做得很彻底。例如，我们原本只期望他能擦桌面，但让人意外的是，他连桌脚、桌边、底面和缝隙都擦得干干净净。

3岁的孩子具有一种自我成长的本能，他们的内心天生就有一位教师，始终无误地引导他。父母和教师所做的努力就是提供他们需要的环境，为他们的健康成长铺平道路。

大人的另一个偏见就是对疲劳的看法。每当孩子忙碌一段时间后，就强迫他们去休息。其实当孩子对某个活动兴趣浓厚的时候，是不会觉得累的。如果大人强迫孩子每隔几分钟就休息一下，会使他失去兴趣，反而更容易感到疲累。

我们可以想象一下：当一个人能有机会拥有最大可能的满足，而且通过做某件事他将挑战和征服自己，这个时候无论多么累，他都会感到无比骄傲和快乐。这时，他在精神上会感到疲倦吗？不，事实上，他会感到自由和满足。

与之相比，很多人在工作了一天后，回家就说："我好累呀！"难道他们是真的做了很多工作累得不行了吗？不知你有没有注意过，过一会儿之后，他们就开始做自己感兴趣的事情，如果他们真的感到很累的话，就会马上上床睡觉了。但是并没有，他们在自己的爱好上花费几个小时又几个小时，而且毫无怨言、不知疲倦，这是因为他们在爱好中获得了满足和精神上的放松。

正是由于在工作中无法满足成就感，他们才容易感到累，这只是一种"假累"而已。如果工作真的能够获取精神上的满足，那么当他们完成手头的工作之后，一样会感到轻松自如，因为这样的工作并不是负担，生命的激情在工作中得到了淋漓尽致的发挥。

如果一个人喜欢他的工作，把他的工作当做兴趣，每天都能以一种自我满足的心态积极工作，那么对他来说工作就不是什么痛苦的事情了，而变成了轻松而享受的游戏。这不仅让他感到了快乐，而且他的精神也会越来越好，根本不可能存在"假累"现象。

在孩子教育中，父母也往往忽视孩子疲劳背后的真相。在父母的强迫和阻拦下，孩子很难从事自己热爱的活动，而父母提供的玩具又引不起他们的兴趣，因此当他们玩耍一段时间后就会对这一玩具失去热情，这时的表情是厌倦或疲惫，有时甚至烦躁不安，此刻父母一定会认为孩子累了，需要休息了！

难道事实真是如此吗？这只是父母不了解孩子的心理而已。孩子的这种表现理应引起他们的警觉，而他们却采取错误的方法，使孩子的成长陷入了恶性循环。

我做了一些调查和实验发现，文化层次较低的父母比有钱的父母更配合我的教育方法。当孩子写出第一个字时，不识字的父母会高兴地把孩子举起来。然而有钱人家的父母，对孩子类似的表现反映很冷淡，还会询问学校有没有开设提高孩子修养品味方面的课程，至于孩子是否能写字似乎无关紧要。如果孩子想动手做些日常劳动，这类家长会说："这是下人的工作，我的孩子来学校可不是为学这些低贱的工作的！"他们不知道，这些工作对培养孩子的独立人格和意志力有着多么大的作用。

甚至，还有一些无知的父母认为自己的孩子年龄太小，还不适合学算数，怕孩子的脑子用坏了。在这样的家庭的孩子有很复杂的情感，他们既有优越感又有自卑感，可以说在心智上有一定的障碍。事实上，精神疾病患者几乎没有一个是用脑过度产生的，大多都是对工作、学习失去兴趣，以及遭受情感等打击造成的。

如果孩子在自己感兴趣的日常生活练习或智力游戏上"忙碌"一段时间后，父母就会认为，孩子一定是累了。他们做了这么多，还没有休息一下呢！于是就打断他们的活动，强迫他们休息。然而，孩子这时是真的累了吗？

一个对心理学一知半解的教师，也会理所当然地认为，孩子做了那么多的事，他一定是累了。所以，这个教师会打断孩子的活动，为了让孩子透透气，他会带着孩子们到操场上玩儿。等孩子们在操场溜达一圈或者玩耍一会儿后，教师才把孩子再带回教室。可此时孩子会比没到操场玩之前更好动，更没有办法专心致志地工作。孩子会继续从一项活动转换到另一项活动，这种"假累"会一直持续下去。

在上述情形下，很多教师都认为他们是对的，其实这是盲目、错误的。孩子的表现很明显，玩了一会儿之后，又会开始烦躁起来。教师对此往往感到无可奈何，他们感觉自己用尽了各种办法，想让孩子休息或换一个地方玩，可似乎都不管用，孩子不但不能继续做原来的事，还变得更加不安起来。

这类父母和教师看上去很努力地迎合孩子，但实际上他们缺乏对孩子必备的信心，因为他们没有尊重孩子的自主权。这些父母和教师虽然尽了全力，而且他们的每一项建议和计划也都非常完善，但他们没意识到，他们总是习惯干预和指导孩子，结果反而阻挠了孩子的自然发展，妨碍了孩子原本能从中得到的启迪和智慧。

只有当孩子找到自己心智深处尚未被发现的潜能时，他们焦躁不安的心情才得以平息。所以，如果父母和教师能够尊重孩子的自由，对孩子有信心；能够把所知道的东西暂时放置一边，谦虚一些，不把对孩子的指导当成是必需的；如果他们懂得耐心等待，就一定会看到孩子所发生的惊人转变。

还要注意，如果孩子重新选的工作比之前的更容易，那他们不安的心情更不可能平静。想要再次完成这项新的活动，就必须能够吸引孩子的全部注意力。与此同时，外界还不能轻易去打扰他。当孩子完成他的重要活动之后，脸上会表现出和"假累"完全不同的表情。现在他的眼睛炯炯有神，看起来十分平静。整个人充满力量，朝气蓬勃。

成人和孩子

我们常说，教育不仅仅是一个职业，更是一门需要全社会都研究的艺术。人类的发展和进步离不开教育，不仅科学家和教育家对教育科学研究产生了浓厚的兴趣，家长和公众也表现出了同样的关切。现代教育理念有两项主要原则，第一是了解和培养孩子的个人特质，即了解每个孩子的本性，并透过孩子特有的性格来引导他；第二项原则是解放孩子。

看上去教育科学领域硕果累累，似乎是攻克了许多难题，但是要领会现代教育的宗旨，还需要克服不少难以克服的困难。在现代教育中，"问题"这个词常常被当做研究的主题，例如，人们常提到学校问题、性格问题、兴趣和能力问题等。但在其他的科学的研究领域却是"原理"两个字用得比较多，例如，光辐射原理、地心引力原理等。相对于科学领域而言，它的问题往往产生于不明确的地方和外围部分，科学研究的核心则包括发现问题和解决问题。但在具有实验性的现代教育方面，却不去正视重要的问题，这等于偏离了科学的轨道。

假如有哪个疯子说："我已经把教育的问题全部解决了，我在人类精神方面做出了突出的贡献，我将教育置于明确、单纯的境地。"显然，没人会理会这样的疯言疯语。社会有一股无形的压力，迫使人们不得不去适应一些令人无法想象的事，也必须适应那些维护社会安定的礼教束缚，因此，每个人都得或多或少地牺牲一些自我。我们的孩子也如此，在学习的义务下，他们不得不有所牺牲，不管我们多么希望孩子们能够享受到学习的乐趣。孩子们必须努力地学习，但又不能把自己弄得疲惫不堪。我们一方面希望孩子自由自在，另一方面又要求孩子服从，这些理想和现实之间的矛盾，引发了很多教育上的问题。

教育改革往往最后会变成一声沉重的叹息，人们感慨孩子们的命运和未来，但却无法施以援手。所有的学校教育改革，其本意都是为了缓和沉重的教学所造成的伤害，例如，重新修改教学课程和教育制度，强调体能运动和休息的必要等。然而，这些方案并未达到使孩子自由发展的效果。无论如何，我们还是不能对教育问题熟视无睹，教育改革还有着很大的进步空间。我们一定要进行真正的改革，一定要开拓出一条崭新的教育之路，因为目前的教育仍是一条死胡同。

我们常常惊叹于其他领域的惊人成就，但是教育界多年来却一直默默无闻，至今未能有什么可喜的成就。在教育研究的领域，每一个正在探讨的项目都只限于对外在现象的研究。借用医学术语说，就是治标不治本。各种不同的症状，可能都是由同一个病因引起的，想要解除病痛，如果只是一项一项地分开治疗，而不找出病源所在，到最后可能就徒劳无功。

就拿心脏病来说吧，心脏如果有异常，那么甚至其他器官也会出现功能的紊乱，如果我们只是治疗其中一个器官的病症，而不想办法使心脏功能恢复正常，那么所有的症状仍然还会出现。再举一个和神经官能有关的例子，假如一位心理分析师发现，患者是因为情绪和思想错综复杂的相互影响，使得神经超负荷而产生的病症，那么这位心理分析师就必须寻找病症的根源，追查深埋在潜意识中的病因。一旦查到发病的主要原因，所有的问题便会迎刃而解，据此拟出的治疗方案才会使所有的病症逐渐消失或者转为无害。

正如上面所说，教育问题不是简单的表面现象，而有着深刻的内部原因，这种因素与我们的潜意识无关。我们的教育，一直都与当代的"病态教育"格格不入，我们是朝着一个"治本"的方向前行的。蒙台梭利教学法的出现，使教育问题的起因被克服，问题也消失了。　如今我们发现的所谓教育问题，特别是那些与孩子的个性、性格发展和智能发展相关的问题，事实上全都起源于孩子和成人之间的冲突和对立，成人在孩子发展道路上所设下的难关，不但难以计数，而且很有伤害力。成人在设置这些困难时，总是携着道德和科学的名义，并且想要操纵孩子的意志来满足自己的意愿。所以，最接近孩子的成人——母亲或是我们，在孩子的人格形成过程中，反而成了最可能有危害的人。儿童与成人之间的矛盾冲突与教育有关，也是造成儿童成年以后精神错乱、性情异常以及情绪不稳定的主要因素。这些问题从大人传给孩子，又从孩子传给大人，成为一种恶性循环。

所谓追本溯源，教育的首要问题在教育工作者，当然也包括孩子的父母或者监护人。教育工作者必须要理清自己的思想观念，抛弃一切偏见，最后还必须改变自己的态度；接着就是准备一个有利于孩子生活的环境，一个没有障碍的学习空间。对于环境的设计要符合孩子的需求，让孩子能够得到心灵的解放，使孩子能够克服一切困难，并显露出自己的非凡品性。以上两个步骤是奠定成人和儿童新道德观的基础。

我们自从为孩子们设置了适宜的环境之后，亲眼见证了他们创造力的自然流露。孩子们生活得很开心，他们之中屡屡有佳作出现。这些孩子一旦投入到工作之后，显示出更强的纪律性。一个与孩子精神上的基本需求相匹配的环境，能让他长时间潜藏着的态度浮现出来，因为过去和成人之间的一再抗争，使孩子不得不武装自己，表现出压抑的精神状态。

通过观察我们了解到，孩子内心其实有两种不同的心理状态：一种非常积极，他们极富创造力，显现出孩子正常、善良的一面；另一种是因为受到成人的压制而产生的自卑心理。这一发现让我很受鼓舞，让我看到了教育之路的一丝希望之光。孩子所表现出来的纯真、勇气和自信，皆出自于道德的力量，也是孩子融入社会的迹象；而孩子的缺点如行为缺陷、破坏性、说谎、害羞、恐惧以及那些让人意想不到的对抗方法，一下子会消失得无影无踪。

现在，完成与成人的沟通，可以有效地改变孩子的性格和命运。我们教师也应该以全新的态度来审视他们，千万不要再把威严和权力集于一身，要转而以谦和的态度来帮助孩子。既然我们已经觉察到孩子的心理层面有两种不同的状态，当我们开始讨论教育方针时，就不能不先理清讨论的基本对象，我们应该是以受到成人压制的孩子为讨论对象呢？还是以在良好环境下自由成长，得以发挥创造潜能的孩子为讨论对象？

对于孩子的诸多无法解决或者十分恼人的问题，其实都是完全由成人一手造成的。但对于那些自由成长的孩子来说，成人则扮演着一个对自己的错误充满自觉性，而且能和孩子平等相待的角色，成人能够轻松愉悦地与孩子相处，并且和孩子共享温馨且充满爱意的新世界。应该在科学的氛围下平等地教育每一个孩子，而所谓科学就是先假设一个真理的存在，然后才能有一个向前发展的巩固基础，才能够发展出一套确实可行的办法，进而减少错误的产生。孩子本身就是引导我们的人，孩子希望大人能够给予他们有用的协助，换个角度看，这也是成人在帮助自己。

孩子成长于形形色色的环境之中，但除了活动，他们还需要得到一些物质上的接触。在学习过程中，对孩子的指导不可或缺。成人首先必须提供孩子发展需要的硬件设备，尽可能地让孩子自己动手，假如大人做得不好，孩子就没有办法顺利地发展。如果大人做得太多，也可能阻碍孩子的发展，使他们的创造力无法发挥。而这之间的平衡点，我们叫做"准入门槛"。随着教学经验的不断增加，这个"准入门槛"我们会准确地找到，这时候孩子和家长或教师之间也会有个更好的了解。

孩子的活动必须伴有物质接触，因此我们需要精心挑选一些教具放在儿童身边，让他们随意把玩。关于文化传承的问题，也会由于这种做法而得到解决，这样的做法不但减少了大人的介入和干预，也保持了较为传统的教学形式，让孩子依据自己的发展所需，摸索着学习。每一个从活动中获得自由的孩子，可以发挥自己的最佳创造力，也将在学习过程中不断进步。所以，个体的发展也有助于文化的传承。教师保持着指导者的角色，只有在必要时才出现，孩子的个性循着自己的规则展现，演绎着行为的各项能力。

我们从实践经验中提炼出很多教育心得，其中一项重要提纲便是：成人对儿童的干预、教具的使用和学习环境都必须有所限制。教具提供得太多或太少，都可能对儿童的发展产生负面影响。教具的缺乏可能会导致儿童学习上的停顿，教具过多则容易使他举棋不定、精力涣散。为了进一步讲清上述概念，我们不妨举一个和食物有关的例子，食物如果缺少营养会导致我们的营养不良，相反一旦吃得过多就会造成消化不良，身体同样不舒服。过去人们总觉得吃得多是好事，现在大家都意识到了吃饭不是多多益善那么简单。以前的错误观念被清除以后，医生才能够拟定维护身体健康的食物质量标准，营养学寻求的则是更加精确的计算方式。

现在出现的问题是，很多人过于迷信教具，认为教具是教育儿童的重要辅助器材，所以他们不惜重金大量购置教具，认为这一方法很好。除了玩具制造商，我估计没人觉得这是个好办法。道理很简单，跟前面吃饭一样，不是说越多就越好，关键是适量。两者之所以可以相提并论，是因为它们同样都涉及"喂养"，一个关系到身体，一个则关系到心智。而今，我们关于智力发展的方式，也就是在教具上的研究表明，限制教具的使用更能够激发起儿童自觉性活动和全面的发展。

有一部分人认为，心理因素可以运用的只有语言表达能力及心智，这其实完全忽略了婴幼儿，哪怕刚出生几个月的孩子，也完全具备了那种独特性。他们觉得婴儿只需要身体上的照顾，完全忽视最重要的概念。然而当成人放下架子试着去理解孩子心理的时候，就会清楚地发现，孩子的内心世界远比大家认识到的丰富和成熟。事实上，曾有研究报告详尽地指出，即使是很小的婴儿，也能够和环境水乳交融。孩子适应环境的能力，更胜于他的肌肉的发育能力。孩子的内心存在着一股鲜活的精神力量，即使他的肌肉收缩或语言能力的发展尚未开始，但他仍然需要我们的协助和精神上的呵护。

很容易得出"二元论"的推断，即孩子的成长是两方面的，一方面是他心理的发展，另一方面是身体的成长。这一点和其他动物没有本质区别，动物一生下来就这样发展，无一例外。人类的一个独特优势就是自我必须启动身体用来动作的复杂器官，这些动作最终又会显示出个体的独特性。人必须创建自我，拥有自我，最终要能控制自我，所以我们的孩子其实是一个连续发展变化的个体，他必须循序渐进地在行动和精神活动中求得平衡的发展。成人的行为通常是经过思索而产生的，而孩子则必须设法让思想和行为取得一致。思想和行动是否保持一致是孩子发展过程中的关键。

所以说，假如我们人为地阻止孩子的行动，就等于在孩子的人格构筑途中设立了障碍。思想有其独立性，而行动有时会听从他人的指挥。动作并非只是对某个精神做出反应，假如这样，人的性格会变懦弱，内心的不协调则会减弱每一个行动的效果。这是一件需要高度重视的事，也是家庭教育和学校教育必须深思的首要课题。孩子的精神其实很高尚，至少比我们想象得要高尚得多。孩子经常感到痛苦，不是因为不想做那么多事，而是不愿意做那么多毫无意义的事。孩子渴望做的是那些与他们智力和尊严相符的事情。我们的学校在全世界有上千所，在这里看到了很多孩子，他们做出的许多事情连父母都难以想象。孩子工作时的表现，证明他们能够长时间地做一件事而不觉得疲劳，能够专心到几乎与世隔绝，这些都是孩子人格发展过程中的一方面。孩子在文化方面显得特别早熟，4岁半的孩子已经学会写字，并且非常热衷于享受其中的乐趣，我们将这一时期孩子热衷于绘画和写字定义为"画写爆发"。

　　他们看起来很享受这一过程，一点也不觉得劳累，看上去是那样的健康、安静、纯真而快乐。由于父母对孩子的管教不当，以至于他们浪费了太多的时间和天赋。是成人让他们变得执拗、孤僻和一无是处。成人简单粗暴的管教方法严重破坏了他们独特的个性发展。很多成年人热衷于挽救孩子，试图弥补孩子所犯的错误，殊不知这一切恰恰是成年人一手制造的。我发现成人在教育孩子问题上，似乎陷入了一个迷宫之中，不停地徘徊，但却始终无法找到出口，也就是无法从中走出。只有勇于承认自己的无知和错误，并将错误完全改正，这样才不至于将错误延续到下一代身上，否则他们教育子女之时，又会沿着我们的老路走。

第六章

独特的育儿方法

"任性"的儿童或许会声嘶力竭地哭闹，不让别人帮他洗澡、穿衣或梳头。这种戏剧性的冲突表明，儿童想靠自己的努力成长。

有关儿童的运动

我们都知道，生命在于运动。儿童作为一种"动物"，也就是说他必须要活动。"动物"一词在原初的意义上，已然包含了一层重要的含义，那就是它具有与石头、树木等事物相区别的一种活动能力。正如大自然的动物在生存竞争中的跑动、追逐和逃窜，这些活动都是对动物生存能力的训练，对于儿童来说，同样如此。儿童需要运动，儿童需要运用他们的双手来促进自身的发展，他们需要能让他运动的东西，并给他提供活动的机会。为了促进心智的发展，儿童在周围的环境中寻找用来看和听的东西。

儿童的运动并不是偶然的情况。他在自我的指导下，对这种有组织的运动进行必不可少的协调工作。经过无数次的协调经验，他的心智不断发展，他的表达能力也在不断地自我协调、组建和统一。因此，儿童必须能自由地决定和完成他想做的事。由于他正处在自我塑造的过程中，所以他的运动有一个特征，就是这种运动并不是出于偶然和漫无目的。

儿童想要去扫地、洗盘子、洗衣服、倒水、洗澡、梳头、穿衣，等等。儿童在做某件事之前，已经知道他想做什么。他看到另一个人在做某件事时，他自己也渴望去做。

儿童并不仅仅是在漫无目的地跑、跳和拿东西。他们的建设性活动是从别人的活动中得到的启发，他们努力地去模仿成人使用或处理物品的方式。他们还试图在使用同一个东西时，和成人做得一模一样。只不过他们使用东西的方式对成人来说，常常是不可理解的。儿童通常在1岁半到3岁之间会发生类似的情况。

例如，一个18个月大的儿童发现一叠刚刚熨平的毛巾整齐地叠放在一起。这个小家伙会拿起其中的一块毛巾，极小心地捧在手里。他把一只手放在毛巾上面，以便毛巾不会散开。他就这样托着毛巾，走到房间斜对面的角落，把它放在地板上说："一块"，然后又像他来的时候那样走回去。

等他穿过房间之后，又用同样的方式拿起第二块毛巾，小心翼翼地捧着它并沿着同样的路线走到角落里，把它放在第一块毛巾的上面，又说了一遍："一块"。他不断地重复着这项工作，直到把所有的毛巾都拿到那个角落为止。然后，他把这个过程倒过来，又把所有的毛巾一块一块地放回原先的地方。虽然这些毛巾不像最初放置得那样完美，但仍然折叠得相当好。这对儿童来讲是幸运的，因为在这个漫长的调换过程中，没有其他的人打扰他。

还有一项令儿童着迷的活动，是取下瓶盖，然后再把它盖上。孩子们特别喜欢玩能反射出七色光的瓶上的盖子。取下瓶盖再盖上瓶盖，似乎是他们最喜欢的一项工作。还有一项儿童喜欢的工作是，把水瓶和盒子的盖子拿下来再盖上去，甚至是打开再关上橱柜的门。

这些东西对小孩有一种天然的吸引力，但父母会禁止孩子碰它们。这种冲突会导致儿童发脾气。但实际上，儿童并不是真想要一个瓶子或墨水瓶，他们只是想要一个能有同样玩法的东西而已。这样的行为可以被看做人类第二次不够成熟的努力。

节奏不可以随便改

在日常生活当中的一个普遍现象是，成人之所以对儿童生气和恼怒，不仅是因为他们认为儿童所做的一切都毫无用处，还因为儿童行动的快慢和行为方式都与他们不同。然而行动的快慢，几乎就像一个人的体型，是儿童的特征。通过观察我们自己的经验就能发现，当别人的行动速度与我们接近时，我们就会高兴，而当我们被迫去适应别人时，就会感到不耐烦，甚至痛苦。

而当一个儿童动作缓慢时，成人就会有一种干预的欲望，总是无意识地极力改变儿童进行缓慢的、不慌不忙的活动的节奏，他们就像赶苍蝇一样，想摆脱掉这种烦恼，于是出手替儿童解决问题。但这种帮助有害无益，对儿童的心理需要没有丝毫的帮助，反而阻碍了儿童做他们自己喜欢的事。成人随意改变儿童自由活动的节奏，因此就成为儿童自然发展的一大障碍。

"任性"的儿童或许会声嘶力竭地哭闹，不让别人帮他洗澡、穿衣或梳头。这种戏剧性的冲突表明，儿童想靠自己的努力成长。谁会想到，对儿童的毫无必要的帮助，会成为他成长中的一个心理压抑呢？事实上，成人仍然没有做到尊重孩子。我们总是试图强迫孩子们遵从我们，乃至专横、粗鲁地对待他们，以使他们表现得服服帖帖、规规矩矩。但孩子真正的内心需要却被我们漠视，甚至粗暴地否定了。

给予儿童自由和独立，其前提就是在坚持一定原则的基础上，尊重孩子的选择，不擅自干涉儿童的行动，即使他的行动显得笨拙、缓慢，看上去似乎无法完成。在儿童面前，成人需要做的只是：在某个地方细心地观察，并耐心地等待，随时准备分享他们所经历的困难和快乐。

当孩子需要我们同情时，我们应该积极而热情地回应他。让我们对他的缓慢进步保持无尽的耐心，并对他的成功表示热心和兴奋。如果我们能够说"和孩子在一起时我们是谦逊的，我们像要求别人对待我们那样来对待孩子"，那我们就掌握了最基本的教育原则。

就我们自己来讲，我们不也是希望在工作中不受打扰，在努力的过程中没有阻力吗？我们不也是希望在需要的时候，朋友能随时提供帮助吗？看到朋友们和我们一起快乐，是我们快乐共事所需要的。同样地，孩子们应该是比我们自己更需要尊重的人，我们需要的，他们同样也需要。

　　在儿童准备进入社会生活的第一阶段，成人如果对儿童进行干涉也可能会起到负面作用。儿童们排成一列向前行进时，可能会有一个孩子跑出来向相反方向走，于是矛盾就不可避免地发生了。我们成人的做法往往是把孩子抓住，带回到原来的队伍中来。但是，儿童会照顾自己，他们会解决自己的问题。虽然他们的方式可能与成人不一样，但他们所选择的方式最能够满足自身的需求。儿童发展的各个阶段都会遇到这样的问题，它给儿童们带来了很大乐趣。如果成年人对他们进行干涉，他们会感到不快。如果我们让他们自由选择，他们会有自己的行事方式。儿童就是通过这些获得社会经验的。这种经验的积累可以使儿童能够正确处理所面临的问题，并且社会秩序感的建立也是通过这些日常经验形成的。

　　可能有人会问："儿童怎么会自己解决问题呢？"关于这个问题，有必要做一讨论。事实上，如果我们不对一群儿童进行打扰，只在旁边进行观察时，我们就会发现一些奇怪的事情，那就是儿童们互相帮助的方式与成人不一样。如果一个孩子拿了一个很重的东西，别的孩子不会来帮助他。

　　他们都会尊重他的努力，只有在必要的情况下才会向他提供帮助。这对我们来说很具有启示意义，它说明孩子下意识里对别人的需求非常尊重，不会给予不必要的帮助。在"儿童之家"，有一次一个孩子把所有的木制几何图形和卡片弄到了地板上。这时学校窗外的街上来了一个乐队，所有孩子都跑出去看，只有这个孩子没有去，因为在没有把东西整理好之前他是不会去的。这个孩子努力把所有的东西放到应该放的地方，而其他孩子没有向他提供帮助的意思。这时他哭了起来，因为他也非常想看那个乐队。

有些孩子注意到了这一点，就回来向他提供帮助，但对于成人来说当紧急情况出现时，就没有这种辨别能力。成人很多情况下提供的都是不必要的帮助。我们经常会见到男士出于礼貌为女士挪椅子或扶女士下楼梯，这些都不是女士真正需要的。很多情况都是这样：当他人急需帮助时可能会没有人向他提供帮助，但当别人不需要帮助时，帮助可能又来了。儿童在潜意识里留有他们早期的一些东西，那就是只有必要时才向他人提供帮助。

另一方面，孩子们喜欢模仿成人，但我们为何不能友善地对待他们呢？我们不也希望帮助他们培养这种友善的态度吗？难道我们会认为第一次见面就拥抱我们的人是粗鲁的、粗俗的、没有教养的吗？友善包括了解且适应别人的愿望，在必要时牺牲自己的意愿。这就是我们必须展示给孩子们的友善精神。我们应当随时准备提供孩子们所需的帮助，但永远不要成为孩子及其行动的障碍。平淡乏味的课程，或许会减弱孩子的求知热情，而保持孩子的求知热情是真正能够引导孩子的关键。这不是一项难以完成的任务，只要我们能够尊重孩子，冷静和耐心地对待孩子，在孩子做练习或行动时任由其行事而不过多地干预他。

接下来我们会注意到孩子有一种极力向外扩展的个性，他们有主动性，他们选择自己要做的事并坚持做下去，他们根据自己内在的需要来改变它。他们不逃避做任何努力，相反是努力探索并满怀喜悦地靠自己的能力克服困难。他们热情地要和每个人分享自己的成功、自己的发现和自己那些小小的胜利。因此，我们没必要去干预。"静观其变"是教育者的箴言。

要懂得孩子们的需要，我们必须科学地研究孩子，因为他们的需要常常是无意识的。那是来自生命内部的呼喊。这其中带着自然创造的神秘性。我们对这个非凡过程的干预是间接的，我们给这个小生命所提供的是必要的成长手段，做完这些，我们必须谦恭地等待孩子的成长。因此，让我们任由这个生命在他的极限内自由成长，让孩子们经历些艰难困苦吧，让我们仔细地观察其成长过程！

这是我们的全部使命。

儿童的秩序感

孩子的心灵是神秘莫测的，我们有时很难理解他们的内心世界。在很多情况下，婴儿会出人意料地哭泣，并且排斥大人们的安抚。这究竟是什么原因呢？其实很多情况是因为，孩子发现原来的秩序感遭到破坏，于是会觉得身心不舒服，从而哭闹起来。当一件物品放错了位置时，孩子会最先发现，并把它放回原处，而成人往往注意不到这种细节问题，例如，当一只鞋子放在不恰当的地方或者毛巾没有放回卫生间，一个2岁的孩子会突然注意到它，并把它放回原处。

孩子对秩序的敏感是如此强烈，让大人们不得不为之叹服！而且这种对秩序的敏感性在他们很小的时候就表现出来了，一个不到2岁的孩子在表现这种对秩序的敏感和不满时，用的不是语言而是他们唯一用来表达不满情绪的方式——哭闹。在这段特殊的时间，对他已经熟悉的秩序作出敏感反应成了指导他们行动的指南。

孩子对秩序的敏感，在他们出生后的第一个月就表现出来了。当他经常看到的东西总是放在恰当合适的地方时，他会高兴。一旦发现东西摆放的秩序混乱，他们就会感到不舒服，甚至哭闹。这就是孩子所特有的对秩序的敏感表现。父母如果意识不到这一点，就很难理解孩子莫名其妙的行为。

在成长的过程中，孩子们都存在一个对秩序极其敏感的时期，这种状态从孩子出生后第一年就会有，而且会一直持续到第二年。当孩子们看到有些东西不在原来的位置上时，他就仿佛受到了强烈刺激，非常希望那个东西回到原来的地方。对于孩子来说，当这种秩序感的需求得到满足时，就会感到快乐和满足。

有一次，一个老师不小心打翻了一个盒子，里面装着80种颜色不同的小方块。当时老师很窘迫，因为要把这么多颜色不同的小方块再重新排列起来很困难的。几个孩子看到后跑过来，迅速地把小方块按正确的颜色顺序排列起来。这种自由选择排列的能力让老师大为惊讶！还有一次这位老师迟到了，到教室一看孩子们竟然自己拿挂在墙上的钥匙打开柜子，拿出了玩具，而且各自挑选自己喜欢的玩具在玩。

后来老师让他们自己去做，结果发现他们非常乐意去把自己的东西放置好，并且每件物品看上去都摆放得很整齐。3~4岁的孩子，最乐于做的事情就是把小东西放回到过去习惯放置的地方。他们在自己适应环境的同时，还能够掌握周围的事物，而且在这样的环境里生活，他们会感到平静和快乐。

仔细想想，大人总是喜欢把一些东西搬来搬去，孩子们无法理解和判断这些举动，为什么眼前的东西总是这么混乱呢？在孩子们的这段秩序敏感期内，他所感知到的混乱很可能会成为他们成长的障碍和产生心理疾病的原因。

孩子对秩序的需要犹如鱼儿需要水，马需要陆地一样。就算闭着眼睛行走都能找到他熟悉的东西，这一点对孩子来说十分重要。秩序感使他们意识到每样物品都应该有自己合适的位置，而且他们也能记住每件东西原来的位置。这能让他们感觉到这个世界所带给他们的稳定和安全。

有关"宁静"的训练

有一个非常重要的练习，可以让孩子尽快地注意到声音之间的特殊联系，它与听觉训练不同，它不是制造声音，而是尽可能地消除周围环境中的各种声音。我们教孩子"不要动"，要求孩子尽量抑制住运动神经冲动，以促成身心真正的"宁静"。但我们也不能单靠嘴说"静静地坐着不许动"，要给孩子做个榜样，给孩子示范如何能够绝对一动不动地坐着：脚不动、身体不动、手臂不动、头也不动。呼吸运动也应该放轻，避免发出声音。

孩子要学会做好这个练习，最基本的条件就是找到一个舒服的姿势，即保持平衡的姿势。所以，当孩子要坐下来做这个练习时，无论他是坐在小椅子上，还是坐在地上，都必须让自己坐着舒服。同时，让房间内的光线保持柔和，否则孩子会闭上眼睛，或用自己的小手蒙住眼睛。

当一切都安静下来时，孩子仿佛发现了一个充满声音的新世界，但这些声音虽然侵袭了这深沉的宁静，却并没有扰乱它。当孩子熟悉"宁静"后，他们感觉声音的能力也更强了。对于感受过"沉静之美"的孩子来说，那些过于喧闹的声音逐渐变得令人讨厌了，他的心灵，也希望从喧闹中解脱。

在"儿童之家"，当老师点过孩子们的名字后，"宁静课"就算结束了。老师或者其中一个孩子，坐在班级后边或是在隔壁的房间里，一个一个点名，来唤醒那些处于沉静中的孩子。点名时，注意要小声些，声音不能太大。当孩子听到别人点他的名字时，他就站起来，向传出声音的那个地方走去。

自此，孩子们继续完善自我，他们走路时动作轻微，注意不要碰到家具，移动椅子时不弄出一点声音，小心翼翼地在桌子上放东西。教育的效果可以从孩子们举止的优雅上体现出来。还可以非常肯定地说，这个练习能够培养孩子的社会精神，让孩子获得更多的与他人合作的意识，克制能力也由此得到增强。

一堂宁静课，它证实了能够达到安静的最成功的教育方法。一天，当一名老师走进一个"儿童之家"，在院子里碰到一位母亲，她抱着她4个月大的孩子，这小家伙还在襁褓中裹着。这个安静的小家伙像是平静的化身。这名老师把他接过来，抱在自己怀里，他仍很安静。她抱着他走向教室，从教室里跑来的孩子们伸开双臂，拉着她的裙子，几乎要把她撞倒。她向他们微笑着，让他们看这个小家伙。他们懂得这个意思，在他身边跳着，闪着快乐的眼睛看着他。她与簇拥着她的孩子们一起走进教室。她们坐下，老师坐在一张大沙发上，不像平常那样坐在他们的小扶手椅上。她是严肃地坐着的。他们带着既温柔又高兴的神情看着她抱着的小孩，谁也没有说话。

最后她对他们说："我给你们带来了一位小老师。"孩子们立刻投以惊奇的眼光和愉快的笑声。她接着说："是的，一位小老师，因为你们谁都不知道怎样做到像她这样安静。"这一下，孩子们都变了姿势，变得安静了。

"还没有一个人的手脚像她这样安静。"每个孩子都认真注意自己的手脚姿势，老师微笑着看着他们，"你们总要动一下，但她一点也不动。"

孩子们严肃地看着。关于这位小老师比他们更行的想法，看来已为他们接受了。老师说道："你们谁也不能像她这样安静无声。听她的呼吸多么微弱！你们踮起脚走近点听一听。"

有几个孩子站起来，踮着脚尖慢慢走到婴儿跟前，弯腰听着。更加安静了。

孩子们惊奇地看着周围，他们从未想到，即使他们安静地坐着仍会发出声音，也从未想到，小婴儿比长大的人更能保持安静！他们几乎停止了呼吸。

老师这时站起来，说道："悄悄地走出去，踮着脚尖走，别出声！"她跟在他们后面说："我还是听到一点声音，但是只有她，这个婴儿和我一起走，没有发出任何声音。她无声地走出来了！"

孩子们笑了，他们理解了老师说的真理和笑话。老师走去开窗户，并把婴儿递给了看着他们的那位母亲。这小家伙似乎留下了她微妙的魅力，占据了孩子们的心灵。事实上，自然界没有什么东西比新生婴儿的呼吸更优美。在这个人类的小生命中，凝聚着力量和新奇，体现着人类生命的威严。孩子们也在这个人类新生儿生命的安静之中感到了诗情和美意。

无逻辑和目的性的活动

成年人的活动往往都带有一定的目的性和逻辑性，儿童在此之前就已经有了一定的目的性活动了。只是我们成年人对那些东西的使用方式与儿童大不相同。比如，一个3岁的儿童，他发现了一叠餐巾，餐巾刚刚被烫平，整齐地堆在一起。小家伙极小心地拿起一块餐巾，用一只手压在上面，使整齐的餐巾不会散开，他穿过房间，走到斜对面，把餐巾放在那个角落里的地板上说："一块。"然后，他按来时的路线又返回去。这表明某种特殊的敏感性的信号在指导他。他穿过房间，用同样的动作拿起第二块餐巾，捧着它小心地沿着同样的路线走过去，把它放在第一块餐巾上，又说："一块。"他就这样一次又一次地"搬运"，乐此不疲。有时家中一个人都没有，但他就这样不断地重复着，那堆餐巾始终是整整齐齐地摆着。

为了发展自己的心灵，儿童必须通过自身的运动，通过手的活动，才能发展自我，因此，孩子需要有一些能使他工作的物体，以便让自己获得活动的动机。当孩子的小手第一次机灵地活动，意味着他想把自我融入世界中去。对于这样的活动，成人应该加以赞美。但在许多家庭里，孩子的需要被粗暴地拒绝了。婴幼儿周围的东西属于成人所有，并为成人所用。对婴幼儿来说，这些东西成了禁忌。大人害怕那些小手伸出去拿一些他们所爱护的东西，并无意中将其损坏。基于这种顾虑，大人筑起了一道防线，他们千方百计把这些东西隐藏起来，或放在孩子够不着的地方，他们老是说："不许碰！"正如他们曾对孩子的呵斥："别动，快安静下来！"

然而这种"不许碰"能带来什么效果呢？我们知道，手受大脑的控制，与智力的发展密切相关，如果手得不到运用，他的性格形成就会处于一个很低的水准，而这样的孩子也往往表现得不听话、懒惰和情绪低落。而能够使用手的儿童，比不能使用手的儿童发展得更快，性格也会比不能使用手的儿童明显要坚强。

因此我们应该热切地期待着孩子朝外界伸出小手，这是小手第一次有智慧的举动。这个动作的最初意义代表孩子自我进入了外部世界之中。正是通过手的活动，孩子发展了自我，丰富了自己的心灵。

孩子手的运动的最早象征是抓取或拿。随后，动作有了新的发展，它已经不再像以前那样是一种本能的动作，而是变成了一种有意识的动作。10个月时，婴儿对周围世界的观察唤起了他对抓取的兴趣，且渴望掌握。在这种渴望的驱使下，婴儿不再是单纯地抓捏东西，而成了手的练习。他们此时做的不仅仅是一种简单的抓的动作了，而是通过挪动物体来充分表现自己手的能力。

还不到1岁时，婴儿的两只小手就开始忙个不停。橱柜和有盖的箱子的开关，衣柜的抽屉拉出和推进，瓶塞的取出和塞回，篮子里零散的东西的拿进拿出等等。正是通过这些努力，婴儿就越来越能够控制他的双手了。在1岁半时，儿童开始希望用手拿一些重东西，这就需要腿来对他进行支撑。作为人类活动工具的腿可以把他带到任何想去的地方，但带到目的地之后，具体工作则要由手来做。

理论上讲，儿童这种渴望运动来锻炼自己的心理应该很容易被理解，但在现实生活中去难以实现。其原因是成人心里存在着极深的障碍。因而一个成人，即使表面上同意儿童自由触摸和搬运东西的要求，他也将会发现自己无法化掉内心禁止这个儿童的冲动。

有一位母亲，虽然没有限制她3岁半的孩子搬东西，但却总想替他做点儿什么。有一天，她看到儿子把一只装满水的水罐拿到客厅里去。她注意到，他处于高度的紧张之中，并缓慢地、费力地穿过房间。他一边走一边对自己说："小心，小心！"这罐水很重，孩子的母亲终于忍不住要去帮他了。她拎起水罐，把它拿到他要去的地方，但这个孩子看上去十分伤心。孩子的母亲承认说她也很难过，但她依然认为她这么做是对的。许多家长或许都有跟她一样的想法，亦即虽然孩子正在做的事是有意义的，但却又认为让孩子搞得精疲力竭，并且浪费很多时间是不值得的。

但后来这名妇女完全承认了自己的错误。如果深入研究，就可以发现，妇女之前的表现，正是对孩子的吝啬，它产生于要保护自己财产的欲望。不过这里面并非存在什么本质性的冲突，因为妇女不是反对孩子拿取某个东西，而是害怕孩子把珍贵的东西弄坏。因此，妇女完全可以走一条折中的路线，在家里放置塑料杯，或质量很好的玻璃杯，让孩子拿一个这样轻巧的东西，再来看看会发生什么事。

妇女确实这么去做了，她发现孩子拿着杯子时十分的小心，每走一步都要停一停，最终，他安全地把杯子放到了目的地。整个过程中，孩子的母亲由于两种感情激动不已，一种是为她儿子的工作感到高兴，另一种是为她的杯子担心。但她还是让儿子完成了这项工作，因为孩子非常渴望做这件事，这对孩子的心理发展极为重要。

一个成人如果不理解儿童喜欢活动的重要性，他就会对儿童第一次表现出这种本能惊讶不已。对于成人来说，为了满足儿童的需要，必须做出牺牲，必须抛弃他的某个脾性，降低对环境的要求。如果不让儿童接触他周围的环境，就会阻碍孩子的成长。

事实上，有心的父母都不难找到解决冲突的办法，那就是给孩子准备一个"有准备的环境"，让孩子能在其中实现自己强烈的渴望。孩子想要从事活动，就得要有东西来配合，这样的东西能够"刺激活动"。

3~6岁年龄段通常也被称为"玩的年龄"。这个年龄段的儿童需要接触各种不同的东西。人们认为借助大量玩具，就能满足儿童的需要，但儿童真正的需求并不是玩具。在"儿童之家"，专门有一个为3~6岁的儿童设计的"有准备的环境"：一个小房间，使儿童能够像在他们家里一样玩耍——房间里的小桌子、小椅子、小盘子和小碗都是为儿童准备的，他们可以自己清洗碗碟，自己摆桌子，自己打扫卫生，并且可以自己穿衣服。

儿童将要进入的社会生活，对于他们来说是非常新鲜的，这些类似于现实生活中的东西比玩具更有意义。在玩具业不发达的国家，儿童们也表现出不同的活动兴趣。尽管没有玩具，他们同样保持着对外界事物的敏感和快乐。他们的唯一想法就是融入周围环境中去。他们与成年人一样做着几乎同样的事情。当他们的母亲洗衣服、做面包或蛋糕时，他们也会参与其中。虽然这些行为也带有模仿性，但这是一种有选择性的、聪明的模仿。儿童想通过这些行为为自己参与周围环境做准备，也是为了满足自我发展的需要。因此作为老师或父母，应该向儿童提供各种各样能够模仿周围事物的东西。这些东西是为孩子特制的，大小、轻重对于孩子来说都非常合适，甚至设计一个房间，专为满足儿童的需要，让儿童在里面自由玩耍。

第七章

深刻认识生命之初

实际上，孩子智力上的每一个进步都能给他带来快乐。这是一种高层次的，有别于动物的快乐，一种可以将我们从悲伤与黑暗的孤寂中拯救出来的快乐。

选择是一种高级的智力活动

很多事情都有着一定的局限性，人的心理感觉也不例外，它始终是建立在选择的机制上的。在儿童思维形成的过程中，选择就是要走的重要一步。因为在迈出这一步之前，感官要对信息进行加工和筛选，然后通过思维做出选择，这实在是一个非常复杂的程序。在以上选择活动的基础上，便形成了某个具体的选择。这样，他的注意力才能够集中在特定的事物上，而不是在所有的事物上，然后经过意志的控制，就能从众多可能的行动中选择必须完成的行动。高级智力活动是通过人自身的注意力和内在意志活动，提炼出事物的主要特征，并通过对意象的联想，使之形成意识。这是一个去粗取精的过程，大脑舍弃那些多余的东西，将独特的、清晰的、敏感的和重要的东西留存下来，尤其会保留那些对创造有用的东西。如果没有这项独特的活动，智力就不能称之为智力了。如果一个人的注意力处于漂浮不定的状态，他的意志在确定某一行动时，也就会迟疑不决；如果一个人的注意力是分散的，他就会浮光掠影，对任何事情都不能够深入钻研。

我们之所以可以对事物加以区分和鉴别，是因为我们能够将信息进行接收限制，这是一个神秘的法则，每一个生物都有其生活的形式和范围。我们的内在活动只是使这种限定更加明确、更加集中，也正是因为如此，我们的内在活动才得以挣脱原始的混沌状态，并得到不断地雕琢和改造。毫无疑问，选择就是对事物进行区分和鉴别，然后做出合理的判断。例如，我们通过观察一个圆柱图，可以知道它是一个支撑物。这一结论是建立在对它的各种特征进行选择的基础之上的。只有具备了这样的选择能力，我们才能够进行推理。通过这种内心活动，才会形成个人的倾向性。

儿童总是会作出一些很有趣的选择。一个不到2岁的孩子，有时候会毫无原因地去拿一个他们根本拿不动的东西。比如他们总是喜欢帮助成人摆桌子。他们会不停地把东西拿来拿去，直到累了为止。成年人总是怕孩子劳累，但心理学认为，成年人这时对儿童进行帮助会阻碍儿童的行为，进而影响儿童的心理。很多精神上有问题的儿童都可能受到过类似的打扰。

一件儿童经常做的事情就是爬楼梯。成人爬楼梯是有目的的，儿童爬楼梯却没有任何目的。儿童爬到楼顶之后还没有满足，他们会跑到下面再爬上去，如此循环反复。儿童爬楼梯的目的是在劳累中寻找乐趣。通过研究发现，儿童的行为本身并不是他们要达到的真正目的，他们只不过是要满足内心的某种欲望。儿童只有完成准备工作之后才能对成年人进行模仿。只有到了那时，周围环境才能激发他。如果他发现有人在清洁地板或做糕点，他就会自己去做。做一些新鲜事可以激发孩子。

在"儿童之家"，一位教师有一天迟来了一会儿，事先她又忘了锁柜子。当她到教室后发现，孩子们已经把橱柜门打开了。许多孩子围着它，还有些孩子正取出教具，并把它们拿走。这位教师立即把这看做偷窃，并认为他们对学校和老师极不尊重，应该严肃处理这件事，还通过讲一些道德原则来引导这些孩子。事实上这件事恰恰表明了一点：儿童已充分认识了这些教具，并且已经能自己做出选择！这使儿童开始了一种新的、有趣的活动。孩子们已经可以根据自己的爱好来选择不同的工作。孩子们在能做这种自由选择的时候，正是了解他们的心理需要的最佳时机。

在"儿童之家"，教师们做了一个较矮的橱柜，以便孩子们能拿到与内心需要相符合的教具。一个有趣的发现是，这些儿童只选择提供给他们的教具的一部分，而不是所有。他们总是去选择一些同样的东西和一些自己偏爱的东西，而很少去留意其他物件。这无疑表明，对孩子们来说，每一样东西都应适合其内心需要。只要让教具不发生混乱，并且淘汰不需要的用具，儿童的兴趣和专注就会被激发。

另一个有趣而重要的发现是，尽管儿童能玩到十分精美的玩具，但没人愿意去玩。老师们因此决心帮助他们玩这些玩具。她们向孩子演示如何拿小碟子，如何在玩具娃娃的厨房里点火，并且在它附近放一个美丽的玩具娃娃。但孩子们的兴趣只持续了一会儿，就各自走开了。这使老师们认识到，在儿童的生活中，游戏也许只占很小的分量，他们之所以选择玩具，是因为没有更好的事可做。当儿童感到有更重要的事去做时，他们是不会去做那些在他们认为是琐碎的活动的。在孩子们的眼里，做游戏就像下象棋一样，只是闲暇时的消遣。如果强迫他们长时间地做游戏，他们就会痛苦。在"儿童之家"，正是由于手上总有重要的事情，孩子们对游戏就不特别感兴趣了。这正是孩子的心智从较低的阶段向较高阶段迈进的一种表现，由于儿童在不断成长，他们会对所有有益于自身发展的活动着迷。

实际上，孩子智力上的每一个进步都能给他带来快乐。孩子们一旦享受到了这种快乐，就不会再去喜欢蜜饯和玩具，连虚荣心也随之消失了。正是有了这种变化，才使他们在别人眼里显得了不起。而且与我们所见到的那种歇斯底里的傻笑相比，它是一种高层次的、有别于动物的快乐，一种可以将我们从悲伤与黑暗的孤寂中拯救出来的快乐。

如果有人对我们这种提高孩子快乐层次的方法加以指责，那么受到伤害的将是这些孩子，丝毫无损于方法本身。成人之所以会有这样的指责，关键就在于他们并不把孩子当人来看待，在他们的心目中，孩子的快乐也就只是满足于贪嘴、玩耍甚至其他更溺爱的事情。实际上，这些快乐都不可能使孩子坚持多久，只有当他感受到作为人的快乐时，才会像前面那位向父亲宣布，她已经从多年毫无活力的阴暗生活中走出来的女孩一样，感到自己的生活是多么愉快。

我们从孩子身上看到的这种转折，正是他们智力上的天才表现，也正是他们发现真理之时！难道这不是代表了一种自然的心态生活吗？难道这种天才的表现不是充满了激情的人生的表现吗？只有这样，一个人才能通过自己独特的个性，揭示出人类的真正共性。我们观察到，孩子们积极塑造自己个性的道路与我们所熟知的天才所走过的道路是相同的，他们是那么专心致志，全力以赴，这使他们免遭外界环境的干扰，而且他们付出努力的强度及坚持的时间与精神活动的发展是一致的，正像天才们的努力一样，他们的这种持之以恒也不会没有结果。它是智力升华的源泉，是使思维能力拓展的源泉，同时也是使外部表现张力勃发的源泉。

所以，在我们看来，天才就是将束缚自己手脚的镣铐挣脱的人，使自己享受自由的人，在众人面前坚持他所认定的人生标准的人。为了培养这种专注的精神，一个人还必须学会陷入沉思。我们有过这样的体会，大量地、连续不断地读书反而会削弱我们的思维能力，不断地重复着背一首诗，直到将它牢牢地印在脑中，所有这些都不是沉思。培养孩子天性的方法就是沉思，因为没有别的更好的办法，能使他如此持久地专心致志，并且有利于内心逐渐成熟。每一个树立了自己目标的孩子，都有一种强烈的内在活动需要，会努力培养和发展这种内在活动，使其成为习惯。孩子们就是在这种追求中不断地成长，使自己的智力得到协调的发展。因此，当他们学会了沉思之时，就走上了充满光明的进步之路。

正是经过了沉思的锻炼之后，孩子们才会乐于安静地练习。接下来，他们会努力做到在行动时不发出声音，尽量显得举止优雅，使自己陶醉于精神集中后所呈现的愉悦状态之中。这类练习也巩固和加强了孩子们的个性，他们会越来越习惯于用这种正确的方法去认识外部世界，并能自发地运用这种方法去观察、推理和判断，用它来修正意识中的错误。从此以后，他们能够自发地活动，主动选择并继续自己的工作，从周围环境中获得专注的能力，他们按照自己的内在动力去活动，而不受外界的任何干扰，包括我们以及比他们年龄大的同伴的影响，即便有人恫吓这些刚被引入正途而仍然幼稚无知的学生，学生们也不会因此而害怕。

让孩子由创造者变为劳动者

如前面所说，我们一直在探讨儿童的一个发展阶段，这个阶段直到3岁时才告一段落。儿童在该阶段的发展与胎儿在子宫里的生活有很多相似之处。这是一个极富创造性的阶段——会发生许多重要变化。但是，尽管如此，这部分记忆终将被忘却。我们把这段时间称之为"精神胚胎"，以便于和生理胚胎区分开来。

这段时间内，儿童的各种能力，如语言、手臂动作如腿脚动作等的发展是彼此独立、互不相依的。一些感知觉能力也开始形成了。此即胎儿期的情形。在胎儿期，身体器官正在独立自主、自由自在地发展。因此，我们发现，在该心理胚胎期，各种心理控制能力正在独立地产生。因此，倘使我们忘记了所发生的一切，那么请不要感到惊诧，因为人格尚未统一，只有各部分皆已齐备的时候，它才能统一。

正因为如此，儿童3岁时候的生命将重新进入一个新阶段。因为意识在这个时期出现，并开始发挥作用，儿童的心理出现了一个明显的界限，区分开无意识和有意识两个阶段。无意识阶段被忘记，成为过去。3岁前的阶段是儿童各种功能的建立时期，3岁后是各种功能的发展时期，在这两个阶段之间存在一条遗忘河。一个普遍的心理现象是：人们大都记不起3岁前的事情。心理分析专家一直在努力，试图唤起人们3岁前的记忆，但他们的努力落空了，没有人能想起这个时期发生的事情。这是多么富有戏剧性的事情！人经历了一个从无到有的创造过程，却对此完全缺乏记忆。

3岁之前，各种功能尚处于被创造的阶段，而3岁之后，它们即处于发展的阶段。这两个阶段之间的分界线使我们联想到了希腊神话中的那条遗忘川。我们发现，没有谁能将其记忆推回到比3岁更远的时期。所以，即使某种情境很激动人心，身历其境者也不能告诉我们有关它的任何情况，因为此时造化正在从无到有地创造我们。该潜意识的创造者，即被忘却的生活，恰似从人类记忆中被抹去了，因而我们发现，3岁时来向我们致意的儿童，是一个我们无法理解的人。把我们与他联结在一起的纽带被本性的利刃割断了。成人摧毁本性正在试图从事的工作之所以极其危险，其原因就在于此。因为我们必须记住，在生活伊始的初期，儿童是完全依附于我们的。他尚不能自我照料、自谋其生。因此，除非我们成人熟知其心理发展方式——无论是由于本性的启迪，还是由于科学的启示，否则我们就可能成为其进步的最大障碍。

儿童在3岁之后，开始具备保护自己的能力。只要他感觉受到约束，就会用语言抗议，或者搞恶作剧。儿童反抗的真实目的并不是保护自己，而是要获得自由，以便了解周围的环境，促进自身的发展。那么，儿童发展什么呢？儿童所争取发展的，就是前一阶段形成的各种能力。从3岁到6岁，儿童将有意识地介入周围的环境，对它们进行研究，进入一个真正具有建设性的阶段。他们身上的各种潜在能力逐渐展现出来，这些都离不开意识取得的经验，这些经验不再是玩耍或者盲目行为，必须从环境中获得。儿童那双灵巧的手开始从事人类特有的活动。如果说在第一阶段，儿童只能被动地观望世界，只能默默地打好心理基础的话，那么在第二阶段，他就能实现自己的意愿了。于是，儿童那双智慧的手忙开了，他将自己动手改造这个世界。

刚刚开始的另一种发展就是各种习得能力的完善。语言就是一个明显的例子，因为它的发展要持续到5岁左右才告一段落。在儿童2岁半的时候它就出现了，但要到此时它才发展成熟，因为儿童现在不仅能构造词语，而且还能使用语法正确的句子。但是，那种特别的敏感性（我们称其为语言的敏感期）仍在驱使儿童去更加准确地掌握语音，尤其是驱使他去扩大词汇量。因而，存在着两种倾向：一是通过作用于环境的活动来延伸意识；二是完善和丰富习得的各种能力。这说明，3至6岁是一个通过活动进行"建设性的完善工作"的阶段。

在上一个发展阶段，儿童的大脑依靠感觉能力感知周围环境，如今这种吸收、学习的能力还在，当然已经脱离了无意识状态，在主动经验的帮助下发挥作用，因此更加丰富了。儿童不仅感知环境，而且亲自参与其中，手的使用延伸了大脑的功能。以前，儿童只能在成人的带领下接触周围环境。现在，他们能够介入这些事物，并对它们进行鉴别。所以，这个年龄的儿童总是非常忙碌，他们不停地忙碌着，兴奋不已。此时，儿童的智力发展已经走出发生阶段，迈上了形成阶段。由于儿童对世界的强烈要求，这一阶段还将出现进一步的心理发展。人们称它为"幸福愉快的游戏时期"——人们对此已有所了解，但只是最近才开始对它进行科学的研究。

在欧洲和美洲，文明生活的飞速发展扩大了人与自然之间的分裂，为了适应这种需要，人们就给儿童堆积如山的玩具，但他们真正需要的是与此完全不同的刺激物。在此期间，儿童应该触摸和把玩各种事物，然而人们几乎没有给他们任何真实的物品由他们支配，而且他们能见到的物品，大多数又禁止他们触摸。唯有一种物质是可以允许现代儿童自由触摸的，那就是沙粒。但是，我们发现，在那些玩具制造业不甚发达的国家里，儿童们的情趣大不相同。他们更镇静、更明智、更快乐。他们唯一的念头就是参加周围正在进行的活动。他们和一般的人没有什么区别，因为他们使用和操纵的东西与成人的并无二致。母亲洗涤衣服，或制作面包和蛋糕的时候，儿童也参加。虽然他的行为是一种模仿性行为，但这是一种有选择的理智的模仿行为，儿童就是通过此种行为为在世界中发挥作用做准备的。无疑，儿童所做的这些事情都是为其内部的，与自我发展有关的目的服务的。在我们的学校里，我们给儿童提供所需的一切事物，以便让他能够模仿他在家中或居住国所看到的一切行为。另外，我们还有一些专为儿童制造的器具，其大小刚好与儿童的身材和体力相称。有一间专供他用的房间，他可以在里面自由走动、说话及从事一些智力性的和形成性的工作。

在现在的西方人看来，上面这些观点是不言而喻的，但在我开始提倡这些观点时，人们却奇怪地打量着我。我和助手特意为3～6岁的儿童准备了一个游艺室，这是一件很平常的事情，周围的人竟然感到不可思议。游艺室的小桌子、小椅子、小碟子、小碗都是根据儿童的特点制作的，这样，孩子们可以自己动手做这些事情，摆放桌椅、洗刷碗碟、打扫卫生，并且给自己穿衣服。这在当时引起过争议，人们认为这是一种过于新奇的教育改革。

在这种环境中生活过的儿童会显露出一些意想不到的倾向和爱好。儿童们更喜欢与同伴在一起，而不太喜欢与玩具娃娃在一起；他们更喜欢"真实"的小器具，而不太喜欢玩具。著名的美国教育家约翰·杜威教授讲述了他的一次亲身经历。他想，在纽约这个美国生活的伟大中心，他一定能买到一些专供儿童使用的特制小器具。因而，他曾只身一人到纽约的各家店铺里寻找小扫帚、小凳子、小碟子，等等。但是，那里根本没有他要找的器具，人们根本没有想到过要制造它们。有的只是不可胜数的形形色色的玩具。于是他惊奇地喊道："儿童们已经被遗忘了？"

人们不只是在这方面把儿童忘记了，他们甚至忘记了儿童的权利。在儿童眼里，这个世界空荡荡的，他们得不到精神上的满足，只能打碎自己的玩具，搞一些恶作剧。在我所参加的学校，不存在这种界限。我向儿童提供他们真正需要的东西，希望他们能够从中得到快乐，结果得到了出乎预料的收获，儿童的性格发生了很大改变，他们的独立意识增强了，仿佛在说："不用你的帮助，我自己能做这件事情。"

弹指之间，孩子们已经逐步走向了独立。他们变得自力更生，并且瞧不起那些帮助他们的人。是谁让他们做出如此巨大改变的呢？又有谁曾料到成人将不得不扮演一个观察者的角色呢？儿童一旦被安置在这个世界里，他就会立即占领它。社会生活和性格形成就会随即自动产生。

所以说，在教育的过程中能够让儿童收获快乐是不错的。然而教育的目标不只是让孩子们变得快乐，还要他们具有独立的能力和性格，必须能够胜任工作，必须能够驾驭依赖他的一切，这样才能适应社会的需求。

发展障碍对语言的影响

我们认为，儿童的心理敏感性与大脑有着很大关系。为了更好地认知儿童潜在能力，我在下图中使用了一些表示儿童语言发展的符号，这有助于澄清我们的观念。

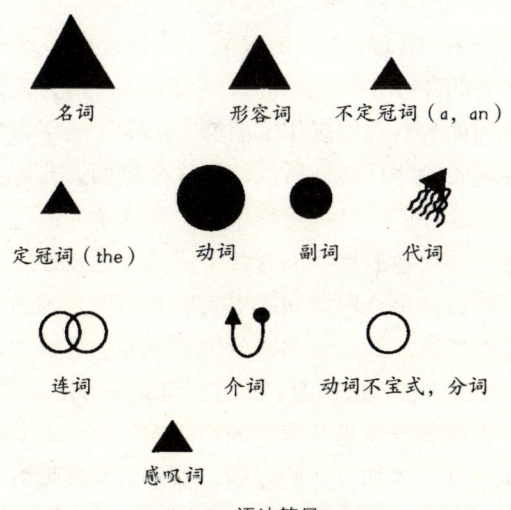

名词　　　形容词　　不定冠词（a, an）

定冠词（the）　动词　　副词　　代词

连词　　　介词　　动词不定式，分词

感叹词

语法符号

黑三角形代表名词（事物的名称），红圈代表动词，其他词类如图所示。如果我们知道儿童在某一特定年龄能够运用大约两三百个词汇，那么，通过我提供的这种方法，我们就能用图片把它表示出来，因而我们一眼就能看出语言是怎样发展的。因为，不论儿童的语言是英语、泰米尔语、意大利语，还是西班牙语，在图中，相同的词类总是用同样的符号表示。

　　图标的最左边有些模糊的东西，它表示婴儿最近所做的努力，包括呼叫、叹词等；接下来是两个声音组成一个音节的阶段；后面是三个声音组成一个句子的阶段；表的右端显示了各种词汇的组合，包括儿童常用的一些名词；其后是由两个单词组成的短语，这种短语包含各种意思，可以做不同的解释；其后的一个时期词汇量激增，这是一个词汇爆发阶段，儿童吸收了大量新词汇。在表中，我列出了不同时期词汇的大概数量。在此之前，表中有一组单词，这些单词大都由名词组合而成，名词旁无序排列着其他词类。儿童2岁后不久，开始了语言发展的第二阶段，词汇组合呈现有序的排列，这一阶段儿童使用句子大幅度增加，可以说这是一个语句爆发期。第一阶段是词汇的爆发，第二阶段是思想的爆发。

　　但是，在爆发出现以前，一定有某种准备过程。这种准备可能秘而不宣，但它的存在并非纯粹的猜想或假设。因为我们从儿童的行动中能够看到他为表达思想作出的努力。由于成年人并不总是能够理解小孩在竭力说些什么，所以，在这个时期，儿童会一阵阵地发脾气和抱怨。这在前面已稍稍提及了。在这个年龄，烦恼是儿童生活的一部分。如果他的努力没有获得成功，他就会生气。聋子和哑巴特别好争吵，这是众所周知的事实。这可能是因为他们不能用语言表达其思想的缘故。儿童丰富的内心世界急需表达出来。然而，即使是正常儿童要找到恰当的表达方式也是非常困难的。

　　因此，这一发展阶段也是儿童的困难时期，因为他必须克服许多障碍，也就是来自环境和自身的限制。这是人对环境的适应中遇到的第二个困难时期，第一个困难时期是刚出生的时候，此时婴儿脱离了母体，必须自己启动身体的运行机制。我们前面已经对此进行了探讨，这一过程对于儿童极为重要，如果他们没有得到适当的照顾，就会形成心理创伤，导致成长衰退现象的出现。儿童的语言学习是逐步走向独立的过程，如果遇到障碍，也可能衰退。

读者还应该记住儿童在这一创造性阶段中的另一个特征，即儿童心理接受的印象和印象激起的情绪都会长期存在。这对学习口语和语法是有用的。但是，正如儿童在这个时期保留了他所学习的、对以后的生活有用的东西一样，他也保留了其心理障碍的消极影响。富于创造性生活的每一阶段都具有这一双重性质。奋争、恐惧、退化，能够造成严重后果。因为这些障碍的消极影响跟进步的积极影响一样根深蒂固。摄影时因为漏光在底片上形成的污点，在以后的每一张照片上都会出现。所以，在这个时期，儿童的性格可能会正常发展，同时其个性也会出现畸形和偏差。这种畸形和偏差在儿童以后的发展中变得更为严重。

正是在这一时期，儿童形成了行走和说话的能力，这个发展过程持续到2岁半，其后发展速度开始减缓。出于同样的原因，这些能力在继续发展的过程中，也会遇到各种障碍。这种情况与心理分析学说的发现一致，这个学说的一个重要论点是："成人的心理障碍来自幼年时期。"

同正常发展密切联系的困难属于"压抑"的总体范围。"压抑"是普通心理学上使用的术语，但同心理分析有着特殊的联系。我们现在所说的"压抑"来源于婴儿期。它广泛出现在人类活动的各个领域。仅仅是语言就能提供不胜枚举的例子。

儿童对语言的吸收发展到"爆发"期，就必须开始使用语言，因为随后他要用语句来表达自己的思想。今天，西方的教育开始重视自由表述，这将促使儿童的语言机制尽快投入使用，对他们的个性发展也有帮助。有些孩子到了相应年龄，却没有出现语言爆发期。例如，有些3岁左右的孩子语言器官发育正常，却只能说低龄儿童所用的词汇，人们称之为"心理失语症"，因为这种症状是一种心理病态，完全是由心理原因引起的。

心理分析研究的其他类型的心理障碍也始于这个时期。"心理失语症"也许突然奇迹般消失，儿童出乎人们意料地口若悬河，镇静自如地开始谈话，同时还特别注意语法规则。不言而喻，一切都已在儿童的内心深处准备妥当，只是由于某些障碍而没有显露出来。

还有一些3～4岁的儿童从来没有说过话，就连2岁儿童那种"咿咿呀呀"式的话也没说过。可是经过专家的启发和激励，他们会突然说起话来。这是什么原因？这些儿童的心理曾经受到过挫伤，形成了阻碍，致使他们无法进行正常的语言表达。许多成人感觉说话很困难，为了表达清楚自己的意思，需要花费很大的力气。成人的语言障碍有以下几种类型：

1.没有勇气说话；

2.难以安排好句子；

3.感到使用句子很困难；

4.说话慢，不连贯。

这些都是心理自卑现象，目前仍旧没有找到很好的治疗方法。影响语言表述的心理障碍还有一些，如口吃、发音不准等。这种障碍不是出于心理原因，而是语言机制形成时出现的偏差。可见，在语言学习的每个阶段，都会出现不同形态的衰退现象。

第一阶段：词语形成机制的获得。相应的退化：发音不良、口吃。

第二阶段：句子形成机制的获得（表达思想）。相应的退化：造句时犹豫不决。

这些退化形式与儿童的敏感性有关。正如为了创造和增强他的能力而进行的活动，他特别容易接受一样，他还相当具有反抗性。结果，受到阻挠的创造性成为以后永生的缺陷。我们必须时刻记住，儿童的敏感性是我们的想象所不能及的。

不幸的是，经常妨碍儿童的恰恰是成人。对待儿童必须动作轻柔，可是我们的动作常常很粗鲁，而且自己意识不到。我们必须注意自己的行为，教育孩子要先教育自己。出于这个理由，我认为，对教师进行培训远比理论研究更重要，而且这种培训要注重教师个性的培训。

儿童有多种敏感性。但是他们对创伤的敏感都是相同的。伤害儿童是多么容易啊！儿童对成年人的冷淡和无情的沉默特别敏感，"亲爱的，记住妈妈的话。"那些仍然习惯于把自己的孩子托付给保姆的父母，应该特别注意保姆说话时经常表现出的这种冷酷的权力主义的态度。一些上层人物，他们尽管信心十足，但说起话来也会战战兢兢，疑惑不定或者结结巴巴，原因就在于此。

我对孩子曾经很严厉，在《童年的秘密》一书中我提到过，而且还举过这样一个例子：我看见一个孩子把脏鞋放在床单上，就坚决要他把鞋拿走，然后我使劲掸床单，表示那儿不是放鞋的地方。事情过后的2~3个月，这个孩子只要看到鞋，马上把它放到别的地方，然后用眼睛盯着床单。我终于明白，这个孩子的反常行为是对我的抗议。换句话说，当我们伤害了孩子，他们不会说："不要那样对我，我高兴把鞋放在哪儿，就让我放在哪儿好了！"对于成人的错误行为，儿童一般不会做出反抗性的反应，我认为，要是儿童对此发怒也许更好些，这表示他们在有意识地保护自己，维护自己的正常发展。相反，如果他们以改变性格的方式做出回应，很可能形成心理创伤。成人通常意识不到这一点，他们往往认为，只要孩子不哭不闹、不发脾气，就可以放心了。

成年人中间还有一种畸形，就是感觉不到的恐惧和"痉挛"。其中大多数也可以追根溯源到对幼儿的极端敏感性施行的粗暴行为。有些恐惧或痉挛反映了他们同动物，如猫或鸡的不幸经历，其他的源自幼儿对被锁在房间里的恐惧。无论是推理，还是规劝都无助于这些恐惧的受害者。医学上把这种恐惧称为"恐惧症"。有些恐惧症甚至还比较普遍，因而还有专有名称，例如"幽闭恐怖"，指对锁门或关闭房间的恐怖。

可以证明儿童时期心理创伤的例子很多，我提到这些，只是想证明这个年龄的儿童心理类型，同时提醒大家注意自己对儿童的影响，因为我们的行为不仅会影响儿童的现在，而且还会影响他们的将来。

我们应该观察儿童的行为，以此了解他们的思想，要像心理学家研究人的潜意识那样研究儿童。当然，这不容易做到，因为我们听不懂儿语，难以明白他们的意思。我们必须对儿童有一个整体的了解，起码也要对刚发生的事情有所了解，这样才能帮助儿童解决困难。我们和儿童之间多么需要一个翻译呀！我一直在为此努力，希望自己能够了解儿童所表达的意思。我感到惊讶的是，每当我和儿童接近，试图了解他们的时候，他们就向我求助，似乎我真的能够帮助他们。

我对这个问题进行了长期的研究，竭力使自己成为儿童的解释者。我惊奇地发现，如果你能成为儿童的解释者，儿童就会跑来找你，似乎他了解有人能帮助他似的。儿童对这些仅仅关心和爱抚他们的人的感情，与他对解释者的热情不同。儿童寄希望于一位解释者，因为解释者为他开启了被世界所关闭的"发现的花园"，因为解释者给儿童的亲密援助胜过了情谊——帮助是比安慰更宝贵的礼物。

我习惯早晨工作，一天清晨，一个1岁左右的男孩走进我的房间，我问他想吃什么东西，孩子的回答令我吃惊，因为我听到的是"小虫"，孩子看出我没有听懂，接着说了一个词"蛋"。我寻思，这孩子并不想吃什么东西，可是到底想要什么呢？这时孩子说"妮娜，蛋，小虫"，我一下子明白了，昨天，他的姐姐妮娜用水彩笔画了一个蛋形的圈，他当时想要那枝水彩笔，妮娜就是不给，还把他赶了出去。现在我知道儿童的做法了，姐姐拒绝了他，他不是与姐姐对抗，而是耐心地等待，找机会实现自己的意图。于是，我给了他一枝水彩笔，孩子高兴了。孩子不能用平滑的线条画圆圈，就用波浪形的线画，结果画出了一些小虫子。想想这个孩子，为了实现自己的愿望，一直等到大家都睡了，只有能够听懂他话的人没有睡时，才去向她求助，而且相信她能提供帮助。

儿童这个时期的标志不是愤怒和暴行，而是耐心，等待机会的耐心。只有当儿童不能表达自己的思想，感到心理障碍阻止了其愿望的实现时，他才表现出愤怒和暴行。上面的例子也说明小孩是怎样试图像年长者那样表现自己的。如果一个3岁儿童着手做某事，1岁半的儿童也同样想做。他也许感到困难，但他还是要试试。

我的邻居有个1岁半的小男孩，他总想跟着3岁的姐姐学跳舞。舞蹈教师对我说："这么小的孩子，我怎么能教他歌舞剧呢？"我对她说，别管孩子能学到多少，只要尽力教就行了，教师勉强同意了。不料，那个小男孩突然跑上前，对我大喊："我也要！"在我们的要求下，教师摆出一个舞姿，可嘴里还在不停地叨咕，这样小的孩子不可能学什么舞蹈。这时候，那个孩子突然显得很生气，站在那里不动，教师说她早就料到会这样，但我知道孩子并没有注意教师的舞姿，他之所以生气，是因为教师把帽子放在沙发上。孩子还不会说"帽子"和"教师"这两个词，却一直气呼呼地重复"大厅""柱子"，他要表达的意思是："帽子不应该放在这儿，应该挂在大厅的柱子上"。这使孩子失去了跳舞的兴趣，他急切要求改变眼前这种无序的状态。当我把帽子挂在柱子上以后，孩子们立刻平静了下来，并且开始跳起舞来。这件事表明，孩子对秩序的要求很强烈，超过其他方面的要求。

对词和儿童的敏感性的研究，使我们能够深入到心理学家很少涉猎的儿童的内心深处。

上面两个例子引起了我的兴趣，一个是有关儿童的耐心，一个是有关儿童的秩序感。还有一个同样有趣的例子，我在这里就不详述了，这个例子可以归结为"孩子不同意说话者的结论"。我们从这几个例子中发现，除了表中列出的情况之外，儿童心理还有许多我们并不了解。

对这一时期的儿童心灵的每一发现，都应该公之于众，因为这有助于儿童更好地适应环境。无论我们感到多么厌倦，只要是有益于人类生活，就有着相当重要的价值。在婴儿期，儿童的助手有着崇高的任务。这个任务就是开始并协调儿童的发展，这种发展是未来的科学，心理的发展和性格的形成最终必须依靠它。同时，我们也应该挑起这副重担，以防止损害儿童个性的偏差和缺陷，以及因偏差和缺陷而产生质量低劣的成人的现象发生。最后，我们必须记住：

1.最初两年的发展将影响人的一生；

2.儿童具备很大的心理潜能，而且一直没有得到足够重视；

3.儿童极为敏感，一点点粗鲁行为都会在他们的心里留下伤痕，进而影响他们的一生。

想象力与文化之间的关系

儿童的手受到智力的影响，手的活动是对大脑活动的最好表征。可以说，如果没有手的帮助，智力可以发展到一定水平，但是有手的帮助会发展到更高，性格也会变得更加坚强。儿童快乐地工作着，兴致勃勃，不知疲倦，他们的大脑会更加活跃，对获得知识的要求也更加强烈。

这是"书写爆炸"以后的事。此事使幼儿那不为人知的精神生活第一次受到了广泛的注意。但是，书写爆炸实际上只是"火堆里冒出的一缕轻烟"。真正的爆炸发生在人格内部。我们不禁联想起那些内蕴着熔炉的山岳。从外面看，它们似乎坚不可变。但是，某一天，轰轰的巨响和浓浓的火焰从巨大的岩石中喷涌而出。根据涌出的火焰、烟雾及陌生固体物质的特性，专家们就能推断地球内部的情况。

我们特意制作了许多小物件，这些物件非常适合儿童，这样，就能够使他们融入与实际相似的生活之中，其结果完全出乎我们的意料。我们应该对此有所理解，并且努力实施这种教育。正规的教育方式不曾取得如此显著的成果，当然，这些教育实验为我们提供了指导。我们不应该为儿童的发展设置障碍，要尽可能地为生命提供符合自然的条件，让儿童能够自由选择自己的行为方式，这就是儿童心理研究给我们的启示。著名北极探险家派利称我们的工作是对"人类心灵的发现"，他说，这不仅是在推行一种教育方法，而是找回人类的天性。

我们的研究发现了两个不同的事实。一组事实是，儿童能够获得文化的年龄比人们通常所想象的要早得多，但是他是通过某些含有动作的活动来吸收知识的。该年龄的儿童只有凭借行为活动才能进行学习。为了发展其正在绽开的自我，他必须从事某种活动。现在，既然我们已经知道他在3至6岁期间接受能力的大小，那么对此就再也不会有任何疑问了。第二组事实与性格形成有关，但是我将把它们留待以后去讨论。在此，我只集中讨论第一组事实，即通过自发的活动来吸收文化。

我们发现，儿童对曾经玩过的东西很有兴趣，他们很容易把注意力集中在这些事物上。比如，上文提到的"书写爆发期"，它的出现就与儿童特殊的语言感觉能力相关，这种感觉能力到6岁左右就消失了。因此，儿童在6岁之前对书写练习会很热情，超过这一年龄就失去了天性的帮助，必须做有意识的努力了。不过，由其他经验可知，流畅的书写不能仅仅依靠使用敏感期，还必须依靠儿童在早期所做的一种预备练习。在童年早期，儿童的双手正在忙于玩弄为锻炼其感官识别能力而精心设计的器具。因此，我们的教育方法中增加了一条新的原则，即"间接准备"原则。

大自然有自己的工作原则，不会随便创造一种东西而不使其发挥作用。第一阶段形成的能力，将在第二阶段发挥出来。因此，我们可以通过了解第一阶段，来把握第二阶段的发展。关于语言的学习，儿童在第一个发展时期经历了许多小阶段，这一系列发展的顺序类似学校的语法教科书。儿童先要学会发音，然后练习说出音节，其后分别是名词、动词、形容词、副词、介词、连词等。了解了这一顺序，就可以对儿童第二阶段的发展提供帮助，这就是说要先教儿童语法！先教孩子语法？在他们还没有学会读、写之前就教他们语法？许多人都觉得不可思议。

但是，让我们仔细想一想吧。有意义言语的基础是什么呢？难道不是语法么？无论何时，只要我们开口说话，我们的讲话都是符合一定语法规则的。因而，他年满4岁以后，在他完善其语言机制、丰富其词汇的时候，如果我们给他提供一些语法上的帮助，那么我们就创造了一些促进其工作的有利条件。通过语法教学，我们能帮助他完美地掌握他正在学习的口语。经验告诉我们，幼儿对语法怀有强烈的兴趣，因此，这是让他们接触语法的良好时机。在第一个时期（0岁至3岁），语法形式的获得是潜意识的；而现在，语法形式的完善则是有意识的。而且，我们还注意到了另外一种情况：该年龄的儿童居然掌握了许多生词。他对单词特别敏感，它们激起了他们的浓厚兴趣，因而他自发地积累了大量的生词。

如果以上观点正确，另一个问题就出现了，这也是教育的老问题，即现在的幼师受教育较少。幼师们把单词写在卡片上，让孩子们朗读，可是问题很快出现了，他们发现自己掌握的词汇不够用，因为除了一些名称之外，他们知道得不多，不能满足孩子们的要求。我在教学实验中，在教一般名词之外，还教一些较专业的词汇，如几何图形的三角形、多边形、梯形等，孩子学会之后，又教他们另一些更专业的词汇，如温度计、气压计，然后就是一些植物学名词，如花冠、花萼、雌蕊、雄蕊等。孩子们对这些词汇的学习很有热情，学会之后又要我教更多的词汇。当孩子们进行户外活动时，他们往往争着告诉我们一些事物的名称，有的连我们也不知道，真是令人难为情。

该年龄的儿童对单词的渴望是永远得不到满足的，学习它们的能力是无穷无尽的。但是，第二阶段的情况就不是这样了。在第二阶段，其他官能正在产生，所以儿童学习这些单词时要困难得多。我们发现，早期曾学习过这些单词的儿童，在八九岁左右上了普通学校以后，以及在以后的岁月里，还记得它们，并且还能娴熟地使用它们。但是，让8岁及8岁以上的儿童第一次学习这些相同的单词，其结果要差得多。由此可见，3至6岁期间是教儿童学习科学词汇的最佳时期；当然，不是用机械的方式进行教学，而是与相应的物体联系起来进行教学，或者在其探索过程中进行教学，以便他们的词汇与其经验同步增长。比如，我们把一片叶子或一朵鲜花的各个部分显示给他看，或者把地球仪上的一些地理单位指给他看。获得一些供儿童使用的固体模型、图画和图表并不困难。理解它们对儿童来说并不感到困难，但是，教师常常不知道使用标志，结果儿童在学习时，通常会很难记住这些词汇，且容易混淆它们。

我曾经遇到一个14岁的男孩，不清楚学校花坛里花的名称，一个3岁左右的孩子跑过来，指着一种花告诉他"这是雌蕊"。然后就跑开了。

还有一件有趣的事情。一次，我在墙上挂了一些图片，向学生讲解植物根茎的分类，一个小家伙跑了进来，问我图上画的是什么东西，我就给他讲解了一番。下课不久，我们发现花园里所有植物都被拔了起来，看来，小家伙对植物的根着了迷，就将其拔出来看个究竟。事情往往是这样，要是我因此建议使用图形或实物教儿童学习词汇，可能引起家长的不满。想一想吧，父母愿意看到自家花园的花草都被孩子拔出来吗？

儿童的心理只局限于他所见的事物吗？不，他还有一种超越具体事物的心理。他拥有伟大的想象力。只有凭借特殊的高级心理能力才能想象出那些没在眼前的实物。假若人的心理只局限于实际的所见所观，那么其视野就会极其枯燥乏味。我们并非仅仅用眼睛观看，文化也并非仅仅由我们所看见的一切所构成。拿我们关于世界的知识来说吧，即使我们的视野内没有碧蓝的湖泊和皑皑的白雪，但我们可以在"心灵的眼睛"中看到它们。不过，只有凭借某种心理活动才能看到它们。

我们都知道儿童有丰富的想象力，但究竟有多么丰富却无法知道。为了给出答案，我们对6岁儿童进行试验。我们给儿童讲解地理知识，不是从河流、海湾、海岛开始讲起，而是给孩子一个地球仪，告诉他们："这是地球。"

儿童没有从周围环境里获得任何关于世界的感官印象。因此，即使他形成了关于世界的观念，那也只能归功于他那无形的心理能力即想象力。我们给儿童呈现一个小地球仪，地球仪上的海洋是一个湛蓝的平滑表面，陆地则是一个由闪亮的细粉做成的粗糙表面。地球仪上虽然没有通常的标记、名称或地点，但儿童们立即开始说：

"这是陆地。"

"那是海洋。"

"瞧，这是美国。"

"这是印度。"

地图很受孩子们的欢迎，大多数孩子都在房间里挂上了地图。3~6岁的儿童不仅能区分事物，还能想象出没有看见过的东西。在儿童的心理活动中想象力占有重要的地位。世界上的人都喜欢给儿童讲神话故事，好像在有意培养他们的想象力，可是，既然我们都认为儿童喜欢想象，为什么只给他们讲神话故事呢？既然儿童能够通过想象理解神话，为什么就不能想象美洲呢？与语言交流不同，观察地图可以给儿童一个直观印象。思想不是被动的，它永远需要灵感的火花。

有一次，一群6岁的儿童正站在地球仪四周讨论，这时，一个3岁半儿童挤上前来说："让我瞧瞧。这是世界么？"

"是的。"其他儿童回答，他们有点吃惊。

"现在，我搞懂了。我叔叔曾环行地球三次！"他并非不知道这是一个模型，因为他知道世界很大。他一定是从无意中听到的谈话中逐渐形成这一观念的。

另外一个5岁半的男童也要求看看地球仪。他仔细地观看了它，聆听了一些年长儿童关于美国的讨论，他们没有注意到他也在场，突然，他插话说：

"请问，纽约在哪儿？"其他儿童感到非常吃惊，不过还是指给他看了。接着他又问："那么，荷兰在哪儿？"这使其他儿童更为吃惊，但是，他们指给他看以后，他说：

"噢，这就是海洋！"听到这，他们全都怀着迫切的好奇心开始询问他，于是，他讲述了下面这样一个故事。

"我爸爸每年都要到美国去两次，住在纽约，他一走，妈妈就说'爸爸现在在海上'，过了几天，妈妈就说'爸爸到纽约了'，再过一些天，妈妈又说'爸爸又到海上了'，当妈妈说'爸爸已经回到了荷兰，我们到阿姆斯特丹去接他'的时候，我就非常高兴了。"

这个儿童听到了很多关于美国的情况，因此，当听到别人把它和地球仪联系在一起的时候，他立即驻足观看，他的表情似乎在说："我发现美国了！"

如同看地图那样，儿童要将这些符号形象化需要一个过程。就像儿童以前认识物质世界一样，在这个过程中，儿童把抽象的词汇与真实的东西联系了起来。

正如他以前在物质世界中所做的那样，在思维世界中，他获得洞察力的尝试失败以后，想象客体事物对他肯定是一种巨大的安慰。在讲之前，他只能胡思乱想，胡乱猜测他所听到的单词，通常，儿童只能这样做。

人们向来认为，玩积木和听童话是该年龄儿童的两种主要需要。他们认为，第一种活动可以在儿童的心灵和周围的环境之间建立起直接的联系，从而使他能够认识它，驾驭它，使他能够得到长足的发展。第二种活动则表明，儿童游戏中倾泻出来的想象力极其丰富，但是，如果我们给儿童提供某种可以在其上运用此种强大力量的真实事物，那么我们就可以认为，他得到了巨大的帮助，因为此时他的心灵与外部世界也有接触了。

另外，这个年龄段的孩子对什么都觉得好奇，总是不停地问这问那，要求大人给他解释，这些问题接连不断，像空中投下的炸弹，常常把大人轰得晕头转向。只要大人不表示厌烦，一一给以答复，孩子就会非常高兴。不过有一点要记住：孩子不喜欢长篇大论。而成人却偏偏喜欢唠叨。

一个小男孩曾经问他爸爸，为什么叶子是绿色的。他爸爸认为这是智力高的一个标志，所以就给他冗长地讲述了关于叶绿素及其如何利用阳光进行光合作用的道理。但是，后来他无意中听到儿童自言自语地嘀咕："我想知道的仅仅是叶子为什么是绿色的，而不是有关叶绿素和阳光的大段废话！"

我们都知道，好玩、富于想象力、问问题是这个年龄孩子的主要特征。孩子们确实有很多不明白的事情，他们的问题也不是那么容易回答的。孩子可能会问："妈妈，我是从哪里来的呀？"一个聪明的母亲就会这样回答："你是我的孩子呀，当然是我生的啦。"

这个母亲的回答很简练，却又满足了儿童的愿望。也许过了一年，她会对孩子说，"我就要生另一个孩子了"，出了产房之后，她让孩子来看弟弟，并对他说："你看，他是你的弟弟，他和你都是妈妈生出来的。"

但是，到此时，该男孩要满6岁了，他提出了强烈的抗议。"你为什么不告诉我，我们到底是怎样来到这个世界的？现在，我已经长大了，我可以知道了。因此，你为什么不把真相告诉我？自从你告诉我你正在创造另一个婴儿时开始，我就一直在仔细地观察你，可你什么也没有做啊？"把真相告诉给他并不像看起来那么容易。教师和父母都需要具备知道如何发挥幼儿想象力的特殊机智。

尽管满足儿童的好奇心并不容易，但是我们和父母都要有足够的耐心和才智，使儿童的渴望得到满足。这需要进行必要的训练，因为儿童的问题很难用通常的方式回答，因此你必须放弃所有自以为是的做法，使用一些适合3~6岁孩子心理的技巧，而这恰恰是我们缺乏的。幸运的是，儿童自己从环境中学到的东西，远多于从成人这里学习的东西。

到目前为止，我们对很多问题的答复并不能满足儿童的要求，这表明我们对儿童心理存在着很多误解，还是用自以为是的方式去指导儿童，这种做法往往行不通，原因在于我们对儿童缺乏了解。我们必须放弃先入为主的做法，寻找了解他们的途径。方法其实很简单，只有儿童自己才能教我们如何了解他们——通过他们的行为方式。观察发现，儿童不仅渴望有趣的事情，而且也想知道怎样去做这些事情，由此可以推断，在儿童的广泛兴趣之中存在下意识的目的，这就是协调自己的运动，使之处于自己的控制之下。

　　另一个极端重要的观察表明，当儿童对一件工作着了迷的时候，他会一次又一次地重复相同序列的动作。再也没有什么比观看一个儿童津津有味地从事所谓"实际生活练习"更令人吃惊的了。比如，他全神贯注地擦拭铜制器皿，并且小心翼翼地按着指示去做，直到把它擦亮，紧接着，他又马不停蹄地全部从头开始把每一个细节都重复一遍，直到把擦得发亮的铜制器皿擦拭数遍方才罢休！这就说明，外部目标仅仅是一种刺激。真正的目标是满足潜意识的需要，这就是他的活动具有形成性的原因，因为儿童重复同样动作的目的是为了在其神经系统里建立一个崭新的控制系统，换言之，是为了建立肌肉之间的新协调，此种协调并非本性赐予，而需后天习得。

　　成人也是一样，我们需要通过各种游戏、运动来锻炼自己，我们打网球、踢足球，目的不只是从中得到乐趣或者提高球艺，而是通过这项运动提高我们的运动能力。我们把儿童的很多活动称为游戏，这些游戏对儿童的意义和运动对成人的意义相同，就是从中获得所需要的能力。适应生活环境的需求是生命的本能，这对任何生物都一样。处于发育时期的儿童必须培养自身的能力，以便适应生活的需求。儿童时期是培养生存能力的最好时期，正是基于这个原因，我们说儿童的模仿能力是他们完成自我建设的前提条件。

　　儿童天生具有完备自身的能力。周围人的行为能够激发儿童的兴趣，他们模仿这些行为，培养各种能力。那么，儿童通过行为到底培养了哪些能力呢？以语言为例，这些能力就像纺织机上的经线，这些经线并非所要织的布，而是织布的基础。形象地说，这些经线上布满了具有韵律感的词汇的声音，这些声音如同语法规律一样有序地排列着，经过一系列生活经验的促动，这些经线奠定了某一民族的基础，整匹布是在3～6岁织完的。所以，6岁以前的儿童阶段非常重要。这这段时间培育起来的各种能力将会伴随人的一生。人的行走方式、做事方式都是在此期间定型的，并且成为个性的一部分，它们将决定人是属于社会底层还是上层社会。不同阶层的人的差别不仅体现在社会方面，而且也体现在个性方面，就像民族的区别在于语言一样。

因此，一个出身卑微之人，即使环境改变，爬进了社会上层圈子里，也不能甩掉出身刻画的痕迹。同样，一位贵族即使把自己乔装成一位工人，其行为习惯和言谈举止中的某种东西也会使他原形毕露。就语言方面来说，该年龄阶段正是方言定型的时期。因此，即使某人是一位习惯于使用高度专业性词汇的大学教授，其口音也会千真万确地表明其原籍。

确实如此，高等教育可以大大丰富人的思想，却无法抹掉婴儿时期形成的东西。因此，这个年龄的经历对社会教育也非常重要。假如儿童在第一个阶段遇到了一些障碍，导致人格偏执，在3～6岁还来得及补救，因为这个时期处于儿童心理发展的收尾阶段。另外，如果使用科学方法，可以对这个时期的儿童进行教育，缩小不同国家、种族之间的差别，这样能使人类更加和睦地相处。

换句话说，人类创造的文明可以改变人类自己，就像人类能够改变创造自己的自然环境一样。同样，儿童的个性也将指引他的发展，这种作用会通过儿童的行为表现出来，我们也能在儿童的各种活动中发现它。那么，应当怎样培育儿童的感觉能力呢？感官是我们和环境之间的接触点，心灵可以凭借感官体验变得极其灵巧，正如一位钢琴家可以在同一批琴键上奏出最优美的旋律一样。比如，缫丝工人能够获得惊人的触觉辨别力，他们能够区别出其手指下的一股丝线是由一根丝还是两根丝所拧成。一个野蛮部落的成员能够听到一条蛇爬行时发出的沙沙声，此种声音微弱得几乎听不见。

人与生俱来的各种能力，都受到日常生活的影响。如果缺乏智力和运动的促进，对感觉能力的教育就无法进行。正是这些内在因素导致了不同的兴趣，不同兴趣带来的感觉经验形成了个体差别。换句话说，人生来就有某种兴趣倾向，它会根据自然规律促成个体的发展，形成不同的个性。

我们的感官材料能给我们的观察提供向导，因为它把每种感官所能接收到的印象进行分类：颜色、乐音、噪音、形状、大小、触觉、嗅觉和味觉。毋庸置疑，这也是一种陶冶，因为它使我们不仅要注意我们自己，而且还要注意周围的环境。作为一种熏陶，它并不亚于言语和书写，它完善我们的人格，充实我们的天赋能力。同时，和儿童的高级能力有关的一切都能变成一种刺激，此种刺激能开动其创造力，延伸其探索心灵的兴趣。

感觉器官是人获得知识的通道，人对世界的认识离不开它。为了训练儿童的感觉能力，我们专门为他们制作了一些小物件，以便他们能够了解更多事物的细节。现在，普通学校的教师们经常开所谓的"直观教学课"，这种课要求儿童枚举某一特定物体的各种特性，比如颜色、形状、结构，等等。但是，尽管世界上的物体形形色色，不可胜数，但它们的特性却屈指可数。因此，这些特性类似于字母表中的字母，它可以构成不胜枚举的单词。

西方学校有一门被称为"物体课"的课程，在上这门课时，我们要求每一个儿童举出某个物体的特性，例如物体的颜色、形态、纹理等。世界上的事物无穷无尽，但每一个只能具备某种物体的特性。这和词语的情况很类似，单词很多，而组成单词的字母却很有限。如果我们提供给儿童许多物体，而每一个物体具备不同的特性，这就像给了儿童一个认识世界的字母表，一把打开知识宝库大门的钥匙。因为，儿童不仅能够掌握这些东西的特性，而且还会从中发现事物的发展规律，这就为他们了解世界打下了基础。因此，可以说我们专门制作的小物件，是这个物质世界的"字母表"，其价值不言而喻。因为，正如前面已经说过的那样，文化不仅仅是知识信息的积累，同时也是人类个性发展的表征。这是能够直接感受到的，就拿从事教育事业的人来说，教一个感觉受过训练的儿童是一回事，教一个感觉没有受过训练的儿童又是一回事，两者之间的差别非常明显。对于感觉受过训练的儿童，一个物体、一种想法都会引起他的巨大兴趣，因为他们对事物的感觉很敏锐，能够区分细小的差别，如叶子的形状、花的颜色、昆虫的器官等。儿童的发展前景取决于所接触的事物，以及由事物引发的兴趣。就儿童而言，一个有准备的头脑就是一个优秀的教师，比其他东西都重要。由于教师制作的每个物件都有不同的特性，对儿童大脑的条理化也会有所帮助。

尽管程度上有所差异，儿童随着年龄的增长，都能够对事物进行区分，并且掌握事物的不同特性，这是自然发展的结果。

虽然没有受过任何专门的教育，但是，每个人都能鉴别颜色、乐音、形状等特性之间的差别。显然，这与人类心理本身的结构有关。人类心理具有如下特征：它不仅能想象，而且还能收集和重组心理内容，比如，它能从我们遇到的不可胜数的外界事物中抽象出一张"特性字母表"。它是凭借其抽象思维能力来进行此种抽象活动的，字母表的发明者运用的就是此种能力。因为他们选择和发出了组成所有单词的几个语音。因此，字母表是一个抽象系统，因为只有那些实际存在的语音才是单词。除非人类能进行想象和抽象，否则他就不可能很聪明；或者他的智力就会与高等动物的不相上下，就是说，它只能刻板地固守某种特定的行为，因而它的发展就会受到阻碍。

尽管我们在日常生活中很少运用抽象思维，但是会接触到各种各样的事物。要把握这些事物的特征和彼此之间的关系是离不开抽象思维的。而且抽象思维越准确，事物的价值也就越大。事实上，人类的思想来源于抽象思维活动。

想象力和抽象能力是大脑的两种主要能力，它们不仅能提供事物的本质特征，而且对人的心理发展起着重要的作用。首先，语言学习离不开想象力和抽象能力，如果要丰富词汇或者提高语言的实用性，就需要不断地运用新的词汇，这些新词汇只能依照字母表和语法规则衍生出来，而这样的新词汇是无穷无尽的。其实，语言构建的规律也是大脑构建的一部分。

　　当你说"他是一个心理模糊的人。虽然他很聪明，但是却很模糊"的时候，你的言外之意是，虽然他的心理观念甚多，但却秩序混乱，模糊不清。关于另一个人，你可能说"他拥有一个像地图一样的心灵。他的判断无懈可击。"因而，在工作中，我们给这部分用精确性建造起来的心理取了一个名字，叫"精确的心理"。这个术语是我从法国哲学家、物理学家和数学家帕斯卡尔那里引用过来的。他说，人的心理天生就是精确的，一切知识和进步都来自精确的观察。

　　前面提到过，人脑的构建和语言的构建相吻合。如同语言的基础是语音和语法规则，大脑的活动也存在一定的规律。人们对一些著名的发明进行研究，发现在发明的开始阶段，发明家的思想也有一定的规律。这也不奇怪，诗歌和音乐创作主要依靠想象力，可是在这个领域也存在一定的规律，因为诗歌和音乐要遵循一定的韵律和节奏。

　　因此，我们的教育必须同时训练大脑的这两种能力。虽然对某种性格来说，这两种能力的作用并不平衡，往往是一个大于另一个。但是，可以肯定的是，它们同时存在，并共同发挥作用。如果我们在教育中仅发掘儿童的想象力，就会造成两者之间的不平衡，影响儿童的个性发展，成为他们现实生活的障碍。

　　3～6岁儿童都有追求准确的倾向，这种倾向会以很多方式表现出来。其实，只要我们告诉儿童怎样准确地做一件事情，单是这种准确就会引起他们的兴趣，促进他们的发展。儿童在学校的学习，主要是训练行为的秩序和准确。

现在，如果我们考察一下能够为儿童全神贯注的感觉器官（三四岁的幼儿表现得尤为明显），那么毫无疑问，不仅可以把此种感觉器官看作探索环境的一种帮助，而且可以把它看作精确心理的一种发展。

用这些幼儿做实验所得到的结果和下面这一事实形成了奇妙的对比：在学校课程中，数学常常被认为是一种折磨，而不是一种快乐。大多数人对数学都有一种"心理障碍"。但是，如果把它深深扎根于吸收的心理之中，那么一切都将迎刃而解。

儿童平常所能接触到的生活环境，很少有与数学相关的东西。大自然中有树、花、虫子，就是没有与精确性直接相关的东西，这样，儿童的数学天赋就得不到发挥，进而影响以后的学习。因此，我们的那些特制的小物件就可以被看做"物质的抽象"，或基础数学了。对于儿童数学能力的培养和教育，我在另外两本书里进行了多方面的讨论，这两本书是专门讨论儿童学习心理的。

在第一个发展阶段，儿童从物质世界中吸收经验，这是一个为将来的发展打基础的阶段，儿童在这个阶段的发展类似于胚胎，因为胚胎的发展过程决定于基因。科学家考格西尔研究发现，儿童身体器官的发展和人的行为发展遵循相同的规律，发展的类型决定于来自物质世界的基础。

语言能力的发展，为儿童打下了另一个基础，这是一个准确的、固定不变的基础，因为这是由语音和语法系统组成的，这些东西是后天形成的，与特定的群体生活相关。社会群体还有许多行为规范，如习惯、传统、道德，这些都会成为儿童能力的一部分。这里说个题外话，进化论者认为"传统简化了人们的生活"，因为传统意味着对人的某些自然本能的限制，而我们发现恰恰相反，人的"自卫本能"不只寻求生命的最佳状态，还包括对文化与道德的需求。虽然传统限制了自然本能的发展，对生命而言是一种障碍，但是人们还是愿意牺牲与生俱来的本能，去适应传统。换句话说，人必须牺牲某些东西，否则就不能在这个特定环境中生存。在原始人中，这种限制性习惯成为某种禁忌，人必须遵守它们，甚至因此经常发生损伤身体的事情。古人对美的追求就是一个例子，为了获得美，古人经常要付出痛苦的代价。随便举几个例子，如非洲人在鼻子上戴装饰、欧洲人在耳朵上穿孔。还有对食物的限制。前几年，印度发生大规模饥荒，饿死了成千上万的人。令人惊讶的是，印度的城市和乡村到处牛羊成群，这里的人饿死也不愿意吃这些动物。由此可见，不宰食动物的传统在印度人思想里是多么根深蒂固。

道德属于社会生活的上层建筑，社会生活将它们作为一种确定的形态固定下来。我们一定不能忘记，这些形态也是由普遍同意所建立起来的，以便它们能发挥其作用。我们认为，各种宗教也是如此，因为即使是偶像也必须经过社会的普遍同意。宗教并不仅仅是人们建立在某些观念基础之上的相互同意。毫无疑问，它们产生于人类的精神需要——是导致宗教崇拜，而不只是导致对某些信仰的理智认可的需要。原始人因为对自然界的奥秘迷惑不解，所以就对自然界中某些深刻的方面产生了崇拜，并使自己的惊奇蒙上了一层感激和恐惧的色彩。因而，他们普遍同意后，就把这些情感反应附加在那些神圣的事件和事物上面。

人类对宗教偶像的崇拜，不仅依赖奇迹激发的想象力，思想也起了作用，思想在信仰活动中得到了满足，如同进行抽象思维时得到满足一样。人的心灵有多个层次，某种意识活动可以认识事物的特性，而另一种意识活动建立一些抽象符号，以此表达人类的崇敬之情。因此，崇拜偶像要成为一种社会符号，必须得到大众的认可，这样才能在社会群体中固定下来。几个世纪或者更长的时间过去了，这些崇拜活动已经成为一种习俗，宗教信仰已经烙进了人们的头脑，成为和道德一样固定的行为系统。共同的信仰把群体联合在一起，并且以此与其他群体区别开来。人类群体之间的差别和生物物种之间的差别在于生物差别采自遗传因素，文化形态的差别形成于一代代人的心理积淀。尽管文明包含很多想象的东西，但是人类生活的特征并非来自想象力，而是想象力和其他精神活动共同作用的结果。当然，这种抽象活动后来变得单一，并且形成某种特定形式，这些形式形成了简化的符号，具有精确性和稳定性，便于群体共同掌握这种超现实的想象。儿童成长到一定年龄，就开始吸收这些精神上的东西，但他们到底学到了什么呢？

由语言中的情形可以推知，他吸收的是一种模型，即他接受了从抽象中得来的稳定性和精确性，并按照精确心理的要求把它组织起来。这个模型成了他的一个组成部分，就像生物结构成为一个胚胎的组成部分一样。该模型很有效力和创造性。正如基因决定身体的遗传特征，或神经中枢的类型决定行为的模式一样，该模型赋予人格一定的结构形态。

在婴儿期（或心理期），儿童从周围世界中吸收了一些独特的模型，这些模型受到其群体的社会生活的遵守。这就是说，他首先吸收的并不是其种族的实际精神财富，而仅仅是产生于这些精神财富的一些模型。因此，他吸收的只是基础的或概括的或精确的那部分——正因为如此，在人们的日常生活中，它才被多次重复。总而言之，他吸收的只是精确的部分。一旦这些模型在他内部建立起来以后，就变成了类似于其母语的固定特征。

在这里，我要将这种学习和语言学习进行比较。我们知道模式具备准确性和稳定性，如果人接受了某种模式，这种模式就将成为他的组成部分，从而发挥创造性的作用，这和基因决定个体特征、神经中枢决定行为模式是一个道理。婴儿出生后的第一个发展时期，属于心理发展阶段，此时婴儿从周围环境学来的主要是一种特定模式。也就是说，儿童在心理发展阶段首先吸收的不是直接心理经验，而是某种心理模式。这些模式的集中表现，就是日常生活中多次重复的那些行为。儿童一旦吸收了这些模式，就在它们的个性中固定下来。

儿童随后的发展可能没有第一阶段那么确定，因为出现了很多个性因素，但这些发展仍然离不开一定的基础。与此相似，由于环境的改变和文化因素的影响，儿童对母语的学习也会不确定，但是不会背离已经接受的语音和语法规则，因为这是在胚胎时期就确定下来的。儿童大脑的条理化和精确性呈现得很早，这不仅表现在他们对行为精确性的要求上，而且也出现在儿童对秩序、规则的要求上。儿童对秩序有很高的要求，他们对物件的摆放是否有规则、位置是否恰当很敏感。这一现象表明，儿童在通过自己的行为认知周围环境时，留在大脑记忆中的是具有一定规律的东西，否则，就无法把注意力集中起来。

历经上面的论述之后，相信我们已经发现，儿童心理的特征已经揭示出来了。精神其实是非常统一的一个有机整体，它的形成依据一种预定的潜在模式，不然，心理只靠思维能力和意志力来发展，这未免有点荒诞，因为这些能力都是后来获取的，而且是在心理潜能发挥作用的基础上形成的。

正如一个人不是凭借逻辑推理来创造其躯体的一样，他也不是按照逻辑论证的方法来创造其心理结构的。在这里，创造一词意指产生某种前所未有的东西的神秘活动，按照生命规律，此种事物以后一定会生长起来。但是，万物确实是从某种创造开始的，所有生命都是从受精卵开始的。

因此，人类心理是建立在一个本身就富有创造性的基础之上的，但是，这一过程是发生在出生以后；因为人类心理必须以来自外部世界的感官体验作为基础。它以此为基础，把每一个个体变成其种族群体所要求的一员。不同人类群体之间的差别就是如此连续传递下去的。在漫长的时间长河中，这些人类群体发展了他们的文明。

只有当诞生于环境中的新成员具有创造力的时候——此种创造力能使他适应环境，一切非本性所固有的、像社会形态一样逐渐发展起来的东西才能继续存在。这就是儿童真正的生物功能，正是此种功能促进了社会的进步。但是，正因为它是一种我们可以驾驭的创造性活动，所以它对我们才极其重要。

确定新的方向

时代在进步，生物科学也在不断地向前发展。过去我们研究生物，都是找成年的个体来做标本，研究人类亦是如此。无论是有关人的道德问题还是社会形成问题，所讨论的也都仅仅是成人。人们最经常讨论的话题就是死亡，这对我们来讲是无需大惊小怪的，因为成人在其人生道路上的归宿就是死亡。整个的道德问题就是一个法律问题，或者是成人世界中的社会关系问题。现在科学已开始转向另一恰恰相反的方向。这几乎像是在倒退。如今，对包括人在内的所有生命形态的研究，重点都放在幼年个体，甚至更早的阶段，这个转变最先出现在对生物胚胎的研究以及对细胞生命的研究上。因为无论是对人的研究，或是对其他形式的生命的研究，其兴趣已集中到幼体标本，甚至集中到这些生命的起源。胚胎学和细胞学——细胞生命的科学已经产生，在这种一般水平的调查研究的基础上，一门有些像新哲学一样的学科正在兴起，这远远不是一门纯理论性的哲学。事实上它是建筑在观察之上，所以人们完全可以说它比过去通过抽象的思想家早期得出的许多结论更有权利称之为科学。因为这门哲学的展开正通过实验室里所获得的新发现而一步步地继续下去。

胚胎学把对成年个体的研究带回到了生命的起点。人们发现，生命的早期阶段与成年阶段存在很大差异，这些研究表明了过去思想家对生命的无知，也为儿童性格的研究带来了曙光。幼体与成体的不同可以用一句话来表达：成体在走向死亡，幼体却在走向生命的巅峰。人也不例外，幼儿要做的是把自己塑造成一个完善的人，一旦完成这个过程，长大成人，也就不再是原来那个孩子了。所有儿童期的生命是向着完善的方向发展的。由于以上这些理由，我们可以断言，孩子们都很乐意做这些使自己得到完善的事情，而且生命的这一过程充满了快乐。与此相反，成人的生活却充满了压抑和苦恼。

生活的过程，对儿童来说，就是一种自身的外延与加强。年龄越大就会变得越强壮、越聪明。他的工作和活动使他获得了这种力量与才智。但是对成人来讲，岁月的流逝会产生相反的结果。再者，童年时期不存在竞争，因为没有人能够替儿童做那种为建筑他成为一名成人而做的工作，而这种工作是儿童必须做的。总而言之，没有人能代替儿童成长。但是如果我们更进一步把儿童的生活追溯到出生前的那个时期，我们又会发现儿童与成人的联系，因为儿童的胚胎期是在母亲的子宫里度过的。在此以前，子宫里存在着第一个细胞，这个细胞就是由成人提供的两个细胞的结合而产生的。因此，无论我们追溯人的生命的起源，还是追随儿童的成长过程，我们总会发现成人离儿童不远。

生命的自然规律要求成人照料自己的孩子，孩子来自于爱情，也离不开爱情，爱情是他们的源泉。孩子一生下来，就受到父母的精心照料，父母是孩子的第一道防线。父母对孩子的爱是无私的、伟大的，这是生命的一种本能。正是由于这种与生俱来的爱，所有父母都会全心全意地为孩子服务，不惜抛弃自己的生命来保护孩子。父母在做这种奉献的时候，并没有牺牲感，反而会体验到一种本能的快感。父母在为孩子尽心时会感觉到快乐，这是生命的天性，所有生物都是一样。孩子所能唤起的美好情感，在社会关系中是找不到的。一个商人绝对不会对交易伙伴说："我放弃这些利益，都归你吧。"可是，一旦出现食物短缺，他会毫不犹豫地把唯一一片面包留给自己的孩子。

因此，我们看到有两种生活，成人有幸都能够分享：在一种生活中是作为父母，在另一种生活中是作为社会的一员。两种生活中更好的一种是同儿童在一起，因为与儿童接近能够表现出我们最高尚的一面。这两种不同的生活在动物中也是显而易见的。最凶残的野兽对它们的幼仔也会变得温顺。狮子和猛虎对它们的幼仔是多么的温柔；雌山羊在保护它的羊羔时又是多么的凶猛！似乎看起来所有的动物在它们的幼仔面前所表现山的本能与其惯常本能正好相反。好像动物所表现出的特性本身压倒了其惯常本能。甚至比人更温顺的动物也具有自卫本能，如果它们的幼仔需要保护，这些本能就会变为侵略性本能。

鸟类也一样，面临危险，它们会本能地飞走，但要是它们正在孵小鸟，就不会轻易离开鸟巢，而是一动不动地待在窝里，伸开双翅挡住鸟蛋。有些鸟儿则冲出草丛，把靠近巢穴的猎狗引开，尽管它们很可能被咬死。科学家们通过研究发现，动物和人一样具有两种本能，一是自我保护，一是保护幼崽。法国人法布尔是世界上最伟大的生物学家，他在结束自己的巨著《昆虫记》时说，无论什么生物都应该感谢伟大的母爱，如果不是母亲为他们提供保护，几乎所有幼小的生命都无法活下来，因为它们还不具备生存所需的技能。老虎刚生下来没有牙齿，无法捕食，鸟儿出壳时没有羽毛，不能飞行，要是生存只依赖自身的强壮，那么物种早就消失了。所以，父母对幼崽的保护，是物种延续不可缺少的条件。在对自然的研究中，最为神奇的就是对生存智慧的研究。自然是多么奇妙，任何生物都有自己的生存智慧，即使是最为温和的动物，这种生存智慧也不难观察到。

人们知道，即使最低级的生物，也被赋予了自我防卫的本能，但是自然科学家们发现，生物的生存智慧集中在对幼体的保护上。用在自我保护行为上的相对较少，而且显现出的智慧也不如保护幼体程度高。

因此，如果我们要研究生命的不同类型，就有必要对两种本能、两种生活方式进行研究；如果我们要断言人类的生活，就有必要去研究儿童，因为他们对成人有着很大影响，因此要想充分地研究人类生活，我们就必须从研究人的生活的起源开始。

--- 第八章 ---

学会尊重生命

即使一个成人确实爱他的孩子，但他的内心依然会有一种自我保护的本能。当儿童长大到能够独立行动的时候，他与成人之间的矛盾也就开始了。

怎样认识儿童

我们前面讲了那么多，无非就是围绕着一个重要话题展开论述：儿童的内心世界微妙至极，我们成年人至今还没有注意到这个方面，以至于不经意间就会破坏他们的发展。很显然，成人的环境并不适合儿童，这是儿童发展的真正障碍。这些阻碍是出于对儿童的防御而设立的，它使儿童的性格变得古怪，容易被成人的暗示所摆布。

儿童心理学作为一门非常重要的课程，并没有针对儿童的特性来进行研究，而是一直从成人的角度进行研究。因此，从根本上重新审视它们的结论是十分必要的。我们常常看到，儿童每一个不寻常的反应，都可以作为一个有待解决的问题来研究，每一次儿童的愤怒都是内心思想冲突的外部表现，简单地说成是对不相容的环境的一种防御机制是解释不通的，我们应该得出他们寻求展示更高的品质的结论。

发脾气就像是大暴雨之前的电闪雷鸣，它往往预示着儿童内心的愤怒，而这种愤怒的根源是由于自己的发展受到了阻碍。现在，我们把儿童内心的秘密全部曝光了，儿童真实的心灵已经被隐藏了太久。儿童不能展示他的真正个性，自我实现的努力被发脾气、反抗等反常表现掩盖了。他的个性是由许多特性构成的。个性藏在这些互相矛盾的外部表现背后，它应该是从一个精确心理发展模式发展起来的个体精神胚胎。一个尚未被认识的儿童，是一个充满活力的、被隐藏在这些表面现象背后的人，毫无疑问，他必须获得自由。教育所面临的最紧迫的任务，就是去深入了解儿童，从所有的障碍中解放儿童。自由意味着能去发现未知的东西，自由意味着一个人知道自己可以做什么就大胆地去做。

有人会说，现在难道还没有有关儿童心理分析的研究和分析吗？但是我要说，那有着本质的区别。成人的秘密是自我约束的藏在潜意识中的某种东西，而儿童的秘密几乎暴露在他的环境中。帮助一个成人就像帮助他解开在漫长的时期中形成的一团心理乱麻，帮助一个儿童就必须给他提供一个自由发展的环境。

我们应该完全为了儿童的发展打开心窗，给他足够的自我创造空间。他们正处于从不存在到存在、从潜在性到实际性的过程中。儿童在这个过程中不可能是复杂的。儿童的能力日益增强，就用不着艰难地展现自我。在一个自由的环境中，儿童的心灵在自然发展的情况下会把秘密自动地揭开。脱离这条原则，所有的教育都会更深地陷入一种无穷的混乱之中。

新式教育的主要任务便是发现儿童，彻底解放他们，其次是根据特定需要适当改变环境和生活方式，再次是给日趋成熟的儿童提供必不可少的帮助。也就是说，我们必须给予儿童发展过程中所需的成长环境，尽可能地将所有的障碍物拿开，为他们的自由发展提供帮助。成人既然也包含在环境之中，就必须要遵循这个环境中的原则，努力适应有儿童的环境。成人不要越俎代庖，要给予孩子自由发展的空间，不要"好心"去帮他，其实那是害了他。

替换性人格

　　成人往往喜欢以权威来代替孩子的活动，甚至代替他们思考。这种将自己的意志强加给孩子的行为，实在是荒谬。比如一位父亲年轻时候没有考上某名牌大学，他就要求儿子或女儿一定要报考这所大学，从来不管孩子是否像你一样喜欢那所学校。总之，孩子们完全处于弱势，没有什么决定权。

　　夏洛特有一所著名的精神病医院，他进行的实验研究引起了轰动，即通过催眠可以实现替换癔病患者人格。他的实验改变了之前认为人是自己行为的主人的观念。夏洛特的实验证明，某些暗示可能使被试验者接受催眠者的人格，失去自己的人格。这些数量很少仅在诊所里进行的实验开辟了一个新的研究领域，即从这种现象发现了双重人格。

　　儿童在童年期处于一种创造性特别容易受到暗示的状态，因为他开始意识到自我时正处于一个个性形成的阶段。成人的人格能够在这个时期悄悄地潜入儿童之中，用自己的意志激发儿童的意志，并使其产生变化。

　　成人必须学会控制自己的行为，在对待孩子方面，体现为不干涉孩子的举动，同时在生活方式上，减少乃至取消强制性措施，避免粗暴的命令、呵斥，甚至暴力威胁，而是要以和蔼的态度加以引导。显而易见，这样的态度是许多家长知道的，但他们并不见得就理解了其深刻的内涵。实际上，这跟儿童的发育和心理密切相关。

　　不难发现的一个情况是，当儿童长大到能够独立行动的时候，他与成人之间的矛盾也就开始了。当然，没有一个人能够完全控制儿童的视听，进而征服他的世界。但是当儿童开始独立行动、走路、触摸各种东西时，情况就另当别论了。即使一个成人确实爱他的孩子，但他的内心仍然会有一种自我保护的本能。正在成长的儿童与成年人各自不同的心态的确差别很大，如果双方不作些调整，他们就无法和谐地生活在一起。我们不难看到，这些调整是对儿童不利的，儿童弱小无力，只好任人摆布。儿童的行为如果与成人的需要不一致，就会不可避免地遭到限制。尤其是当成人没有意识到自己的自我保护心态时，他们反而会相信自己确实给了孩子深厚的爱和奉献。

但是，成人的这种无意识的自我保护，并不是以它的真实面目表现出来的。成人具有一种贪婪的心态，这使他小心翼翼地保护自己拥有的任何东西。然而这种贪婪却被"有责任正确地教育儿童"的信条掩饰起来了。成人害怕儿童打扰他的安宁，就找来一个借口："为了保证儿童的健康，应该让他多睡些。"

成人会心安理得地说："儿童不应该到处乱走。他不应该碰不属于他的东西。他不应该大声说话或叫嚷。他应该多躺一会儿……"这个发号施令的人似乎不是家庭一员，对孩子也没有特殊的爱。那些懒惰的父母会选择最省力的方法，他们干脆打发自己的孩子去睡觉。

谁会在让孩子睡觉这一点上犹豫不决呢？但是，如果一个儿童是那么机灵和那么快地服从了，从本质上来看，他应该不是一个"睡眠者"。当然，他需要也应该得到正常的睡眠时间，但必须区分什么是适宜的睡眠，什么是人为强制的睡眠。一个强者可以通过暗示把自己的意志强加给弱者。一个成人如果强迫儿童超时睡眠，他就是在通过暗示的力量，无意识地把自己的意志强加给儿童。

成年人，不论他们是有学问的或没有学问的父母，还是照顾婴儿的保姆，都联合起来促使这个充满生气的、活跃的婴儿去睡觉。在富有的家庭里，甚至2岁、3岁或4岁的儿童都要被责令过量睡眠。然而贫困家庭的孩子却不是这样，他们整天在街上跑，没人让他们去睡觉，因为他们并不是母亲厌烦的根源。通常情况下，这些贫穷家庭的孩子，比富家子弟要更平和一些。

能够给予儿童心理发展的一个最大帮助，就是给他一张满足他需要的床，以及不让他的睡眠超过必要的时间。只有当他困了、累了的时候，才让他去睡觉。当他睡够了就醒来，想起床时就爬起来。

像所有有助于儿童心理生活的新东西一样，一张矮床是非常经济的。儿童需要的是简单的东西，复杂的东西往往更容易阻碍儿童的发展。在许多家庭里，常把小床垫铺在地板上，上面再盖一条大毯子，由此改变了儿童的睡眠习惯。这样，一到晚上儿童就可以自己高兴地去睡觉，早晨起床也不会打扰任何人。

这些例子表明，成人是怎样错误地将自己的意愿强加给儿童，并在照顾儿童上费力不讨好。实际上，由于他们自我保护的本能，使他们违背了儿童的需要。其实，这种本能是可以轻易克服的。因此，成人应该努力去理解儿童的需要，这样就可以给他们提供一个适宜的生长环境，使他们得到满足。成人不应该把儿童当作没有生命力的物体，不应该在他小的时候随便支配他，在他长大以后又让他唯命是从。成人必须确信在儿童的发展方面，他们只能起一个次要的作用。他们必须努力地了解儿童，这样才能适当地帮助他们。由于儿童要比成人弱小得多，如果儿童要发展自己的个性，那么成人就必须控制自己，倾听孩子的心声。

自发建立纪律

生活中处处存在着偏见和无知，有时让人哭笑不得。比如说，明明有些缺陷十分明显，成年人却认为那是好的表现，是优点。在他们看来，不爱说话、不爱走动、消极而缺少活力的孩子才是乖孩子；那些吵闹不停、胡思乱想的孩子则被认为天分过人，大有前途。社会陈旧的观念往往简单地将孩子分为以下几类：

1.那些不正常的儿童需要进行教育，使其改正；

2.那些守规矩的孩子才是好孩子，他们是其他孩子学习的榜样；

3. 那些性格异常的孩子与众不同，比一般孩子要强。

后面两种观念非常普遍，这两种类型的儿童总能得到父母们的夸奖。虽然除此之外，再没有人喜欢他们，尤其是最后一种类型的儿童。

关于这一点，我已经多次指出，这是误导了人们几千午的一种偏见。可是，在我所办的第一所学校以及其后的学校里，当孩子们被某项工作吸引的时候，他们原有的这些性格特征都消失了。也就是说，这些儿童身上所有与众不同的东西都消失了，不论这些东西被认为是坏的还是好的，至少是可以改变的。

这又一次说明了，我们在对待儿童性格发展上有着太多的偏见，这甚至已经成了一种习惯。上面的问题也许根深蒂固，一时无法根除。鉴于这种情况，我不由得想起一句宗教格言："真理只掌握在上帝的手中，我们看到的都是虚幻。"通过教学实践，我们发现儿童很想自己动手。人们以前完全忽视了这一点，他们没有注意到儿童会和自己一样，会有选择地去做一些事情，认为儿童只会玩耍。其实，儿童在心理的支配下，总忙于做事，因为他们能够从中获得快乐。

成人可能没有发现，这些每天都忙碌的小家伙儿们已然形成了纪律性。怎样培养孩子的纪律性而又不伤害他们的创造力呢？这里首先要理解纪律的概念，它与普遍接受的观念不同。只有当孩子成为自己的主人并遵循一些生活规则时，才能管住自己的行为，我们才认为他是一个守纪律的人。它不同于旧式教育里那种绝对的、不容辩驳的高压政策下的"不许动"的原则，换句话说，纪律不是让一个人默不作声或一动不动，如果是这样，就只会让孩子失去自我。

想让孩子终身受益，并不断完善他们的自制能力，我们就要有一些引导孩子遵循这些纪律的特殊技能。一旦孩子们学会了走动而不是坐着一动不动，那他就不是为学校而学习，而是为自己谋生活了。他将通过自己的习惯和实践变得很能干，在社会或社团活动中谈吐自如、举止得体。

当然，孩子的自由应限制在集体利益之内，这一集体可以是班级，也可以是家庭。从行为方式上看，孩子要达到的是有好的教养。因此，我们必须观察孩子是否有冲撞或激怒他人的行为，是否有粗鲁或不礼貌的行为。至于其他的行为，不管是怎样的行为，表现为怎样的行为方式，我们一方面要允许，另一方面还必须进行观察。这是最重要的一点。不管是老师，还是家长，都要去训练自己的观察能力，并且应作为一个被动的观察者，而不是一个主动并施加影响力的观察者。这种被动性表现为：一种带着渴望的好奇心，绝对尊重观察到的一切。

这一原则肯定适用于学校里那些首次展示出自己心理的孩子。人类在幼年时期所表现出来的智慧就如初升的太阳。我们必须虔诚地尊重孩子个性的初次展现。无论任何教育行为，如果行之有效的话，它就只能是帮助生命充分发展。要达到这样的效果，我们就非常有必要避免那些抑制自发行为和任意强加的行为。那些已习惯了普通学校旧式教育方法的人，尤其有必要接受这样的训练。

但把这种观察训练付诸实践并不容易。这是一个积累的过程，如果我们在心理学方面的科学文化知识和实践经验越广泛，我们就能越快地适应这个工作。渐渐地，我们就可以辨清哪些行为应该制止，哪些行为应该进行观察。

在干涉孩子之前，我们首先要注意观察和识别孩子行为的性质。有这样一个例子：一个小女孩把她的伙伴们召集到身旁，她站在他们中间开始一边讲话，一边打手势。教员立即跑向她，抓住她的手臂，告诉她不许动，但这个小女孩，其实是在扮演教师或母亲的角色，教他们做祈祷，向圣人祈祷和画十字架。她已经把自己当做一名教员了。

另一个孩子，他经常做一些无组织和捣蛋的行为。有一天，他非常小心地开始搬动桌子。不久，他就被教员要求站在那里不要动，因为他弄出了太大的噪音。然而，这是孩子第一次想好好表现，这本应该是值得尊重的行为。

在"儿童之家"经常发生这样的事情，当女教员把教具放回到盒子里，一个孩子就会走近，拿起这个教具，模仿教师。但教师的第一想法就是让孩子回到座位上，便对孩子说："别动，回到你的座位上"。然而，孩子只是想通过这个来表达他们想成为有益的人的欲望，对于教师来说，这本是教会孩子东西要摆放有序的一个好时机。

在"儿童之家"，最初的日子是教员们最困难的。为了能够积极遵守纪律，孩子们学会的第一个思想就是能辨别好与坏，而教员的职责就是观察孩子们有没有混淆好与不好、坏与不坏这些概念。我们的目标就是建立一个积极的纪律、工作的纪律和有益的纪律而不是一个不动的、被动的和顺从的纪律。

当建立了个性化纪律后，我们将安排孩子各就各位，让他们到自己喜爱的位置，保持秩序。我们要尽力让他们明白这样的道理，即这样的安排看起来很好，这样的井然有序是件好事，房间的布置非常好并令人愉快，他们为此应保持秩序，安静地待在教室里。后来，他们就安安静静地待在自己位置上了，这是一种教育的结果，而不是强迫接受的结果。让他们明白道理，而不是强迫他们去做，这才是最重要的。事实上，这种行为也是在训练孩子的反省能力。

孩子们经过这样的训练后，他们就在一定程度上有了可以选择自我行为的倾向。这种倾向一开始与不自觉的活动相混淆，但只要这样进行下去，孩子将能清晰地表现自己的个性。

也有一些孩子，他们静静地坐在座位上，显出毫无兴致或昏昏欲睡的样子。有的孩子则会离开位置，去同别人争吵、打架或打翻各种各样的木块和玩具。后来则有另外一些孩子开始做明确的判断性行为，如，把一张椅子搬到一个特殊的地方，然后坐在上面，把一些不用的桌子搬过来，像他们玩游戏一样布置它们。

由于孩子生来具有的不能自立的特性，以及作为社会个体的性质，孩子总是被镣铐限制着自己的活动。我们必须采用以自由为基础的教育方法，来帮助孩子克服这些各式各样的束缚。尽管儿童看起来行为自由，但他们给人的印象总是非常有纪律性的。每一个儿童都安静地、全神贯注地进行自己的工作。他们取出或归还教具时，走路的声音很轻。他们离开教室时，在院子里张望一下就回来，从不久留。他们对我们的要求执行迅速，这位教师告诉我："儿童这样听话，使我开始注意自己所说的每一句话，为每一句话负责。"我们要求儿童安静地进行练习，在她提出要求之后，他们就会带头表率。这种纪律的服从不仅没有阻止儿童的独立行动，更没有给他们按自己爱好安排每天的活动造成障碍。他们各取自己工作所需要的教具，并保持整洁。如果我们来迟了，或只有儿童们留在教室里，一切都照常进行。他们把秩序和自发的纪律结合在一起，这是最吸引参观者的表现。

他们十分安静，同时也表现出极好的纪律性，在我们提出要求之前就表现出服从。原因是什么呢？儿童工作时，教室里非常安静，没有人试图破坏过这种安静气氛，也没有人能通过虚假的形式来获得这种安静，可能是这些儿童找到了适合他们的生命的道路吧，就像星星在运行中不停地闪光一样。这种自然规律已经与环境无关，并成为宇宙规律的一部分。人们应该具备这种观念，自然界的规律肯定为所有其他形式的诸如社会生活的规律提供了基础。事实上，能激起最大的兴趣，并更能为教育理论提供营养的事情，就是阐明了自由只能诞生在秩序和纪律的基础上，很多人很难理解这一观点。

一天，意大利总理的女儿陪同阿根廷共和国大使来"儿童之家"参观访问。这位大使要求不要预先通知，他觉得耳听为虚，眼见为实，所以要更确切地证实一下。但当他们到了学校时，才知道那天是假日，学校不开门。院子中的一些儿童马上走过来，其中一个儿童和他们解释说："虽然今天是假日，但这没有关系，我们都在这幢大楼里，可以到门卫那里取钥匙。"于是，这些儿童跑到各处把他们的小伙伴集合起来。他们打开教室的门后，自动工作起来，向客人证实了他们令人惊讶的自发性行为。包括意大利国王、王后以及一些名人都来了，访问者到院子里看望孩子，引起这些住在公寓大楼里的家庭的惊讶，因为这种场面他们以前从未见过。儿童们的母亲经常会跑到我这儿，高兴地反映她们的家里所发生的事。悄悄地告诉我："如果不是我们的小孩，这些三四岁的小孩所说的话会令我们惊讶的。例如，他们会说：'该洗一洗你的脏巴巴的手了。'或者会说：'你是不是该把衣服上的脏东西擦掉。'听到他们的这种话时，我们不仅不恼火，而且觉得像在梦中一样。"

如今，儿童们使这些贫困的家庭变得更清洁，更整齐。孩子们把破碎的锅罐从他们的窗台上清理掉了，把窗户玻璃擦干净，在阳光下闪闪发光，他们又把院子花坛中的天竺葵也侍弄得花枝乱颤了。一些妇女经常把天竺葵放在学校的窗台和地板上，并做一些孩子喜爱的好吃的饭菜送到教室，以表达他们的感激之情，而且还不让我们知道是谁干的。

教育有哪些原则

教育应该通过什么手段才能更好地实现呢？下面我将通过对某些事情和印象的简单描述，来阐明自己的观点。

我们通常所看到的只是儿童，而非方法、通过对比你就发现，那些没有障碍物约束的儿童内心十分敞亮，他们能够按照本性而活动。我们前面所列举的那些童年期特征全是属于儿童生活的，它们根本不是任何"教育方法"的产物，就如鸟的羽毛、花朵的芳香一样。

可是，儿童的自然特性也会在某种意义上受到教育的影响，因为教育要做的就是帮助儿童发展或成长，用自然发展的方式去培养儿童。这有点类似于花园里的园丁，只不过他们培育的是植物，我们培育的是活生生的人。

"儿童之家"的种种现象表现了儿童的某些天赋的心理特征，这些心理特征不像植物的生理特征那么明显。儿童的心理生活是非常善变的，所以他的某些特征若不是在固定的某种环境中，就会消失殆尽，还有可能被别的东西所取代。所以，在探讨教育理论之前，我们要先创造一个能促进儿童天赋正常发展的适宜环境。为了实现这一目的，首要的就是消除障碍物，这是教育的基础和出发点。我们要做的不仅仅是发展儿童的现有特征，首先应当去发现儿童的本性。只有如此，才能促进儿童的正常发展。

在所有能够促进儿童发展的措施中，首要条件就是布置一个相对舒适的环境，这是重中之重。这个环境不一定要金碧辉煌、奢华至极，但一定要住着舒服，儿童在里面不会感到压抑。那些家庭条件不好的儿童，定然会喜欢上他们的新环境——洁白整齐的教室，那些为他们特制的小桌子、小板凳或者小型生活用具，以及院子里每个角落都能感受到的暖暖阳光。

至于第二个条件，则在于成人所起的作用是否积极。尽管儿童的父母没有什么文化，但我们的老师绝对不会轻慢家长，不像普通学校老师那样带着一股傲慢与偏见，这就产生了一种"理智的沉静"。人们早就认识到教师必须沉静，但是这种沉静常常被视为一种性格和神经质。然而，那种更深沉的沉静是指一种没有杂念的、更好的和畅通无阻的状态，它是内心清澈与思考自由的源泉。组成这种沉静的是心灵的谦虚和理智的纯洁，它是理解儿童所不可或缺的条件。因此，教师准备活动的最必要的部分就是获得这种沉静。

最后一个重要条件就是给儿童提供针对性的感官训练。这种训练的教具要有吸引力，能够引起儿童的极大兴趣。儿童被这些可以感知的东西吸引，并对他们逐一分析和研究。这些教材还可以帮助他们训练注意力的集中，注意力仅仅靠老师耳提面命是不够的，因为起决定作用的是内因，外部力量很难奏效。

适宜的环境、谦和的教师外加丰富的教具，这是我们教育方法的三个外部特征。现在，我们就去发现儿童各异的表现方式吧。连续的活动就像是一根魔法棒，能够叩开儿童心灵上的大门，这样就能更好地展现儿童自我发展的天赋。这种活动要求将受心理指导的手的运动专注于一项简单的工作上。儿童特征的发展显然来自于某种内在的冲动，像"重复练习"和"自由选择"这样的活动是儿童乐于进行的。我们发现，一个儿童会不知疲倦地从事他的工作，因为他的活动就如一种心理的新陈代谢，而这种新陈代谢与他的生命和发展是息息相关的，儿童自己的选择将成为他的指导原则。他热情地对诸如安静一类的练习作出反应，他喜爱那些能导向荣誉与正义的课程，他急切地想学会使用那些能发展他的心灵的工具。然而，他厌恶诸如奖品、玩具和糖果之类的东西。向我们表现出秩序和纪律也是他所关心和需要的。但是他仍是一个真正的儿童，充满活力、真诚、欢乐、可爱；高兴时会叫喊着，拍着手，到处奔跑；喜欢大声迎接客人，反复感谢，以呼唤和追随来表示激动；他友好，喜欢看到的东西，并使一切适合自己。

我们不妨列出一张表来，这样儿童自己喜欢的东西和他所抵制的东西就会显得一目了然。我们也许能够从这个方法之中寻觅到教育方法的端倪。总之，儿童本身已经对教育方法的构建提供了切实可行、清晰明确的轮廓。儿童自然本性能够自觉地遵循这种原则的指导，他们会本能地规避错误的原则。

第一项 儿童喜欢的东西	个人工作 自由选择 运动分析 社会交往的良好行为 环境秩序 感官训练 复述	重复练习 控制错误 安静练习 个人整洁 书写和阅读 自由活动
第二项 儿童抵制的东西	奖励和惩罚 拼字课本 玩具和糖果 教师的讲台	

认识到这一个点，那么这些原则就会在教育方法的构建过程中始终处于核心地位，实在让人惊叹不已。如果你熟悉脊椎动物的胚胎的话，就一定能想象到：在这种胚胎之中，我们能看到一条将来的脊椎柱的模糊线。在这条线的内部有一些点，它们慢慢地发展成互不相连的椎骨。为什么要说这个话题呢？我发现这种胚胎分成了头部、胸部和腹部三部分，和我们的教育三大原则差不多。它具有一些将会如脊椎一样渐变的特征。这种整体也包括三部分，即环

境、教师及教具。

如果对这种基本轮廓的演变步步紧跟的话，你会发现这是一个非常有趣的过程。人类社会最初的工作是受儿童指导的，这表明了这些原则起初表现为一些人们从未料到的新发现。这种特殊的教育方法不断发展最好被看成是一种演变，因为其中的新东西来自生命本身，而生命的发展是依靠它的环境。儿童成长的环境就成了某种特殊的东西，虽然它是由成人提供的，但在本质上却是一种与儿童生命发展所展现出的新模式的积极互动。

这种新式的教育方法，很快就得到了广泛应用，这也给我们提供了大量丰富的素材，这使我们能够发现共同的特征和趋势。所以说，自然规律是构成教育的基本因素。

教育方法是如何来的

很多人关心，我们的教育方法是如何得来的。其实，我们只是比较注重环境的功效，然后强调的是教师的指导作用。传统教育中，教师已经成为禁锢儿童自由发展的枷锁，他们往往倚仗自己的权威，缺乏主动性。当然，其中也不乏好的教师，看到儿童取得进步时，会感到高兴，会给予他真诚的赞美，但那毕竟不多。我们的老师可以做到这些，每个人都可以。因为我们尊重儿童的人格，这在教育界算是开了先河。

以上三个原则是我们"儿童之家"办学的根本宗旨，我们希望打造最具亲和力的"家庭"，而不是一个充满铜臭味的教育机构。就像关注新教育运动的人所了解的，新教育方法受到广泛地讨论和关注。这种教育方法把儿童和成人的角色重新定位——教师并不是教学的主体；把儿童当做活动的中心，让他们可以独立学习，随意地走动和选择自己想做的事情。人们把这看做是一种乌托邦，这样的说法是夸大其词。

下面我们再来谈一下有关环境设施的问题。我们的环境设置都是为孩子们量身定做的，一切设施都那么精确而舒适，因此也赢得了不错的口碑。装饰着花朵、低矮窗户的教室干净明亮，有仿制的现代家庭中的家具，比如各种小桌子、小扶手椅子、好看的窗帘、儿童可以自由开合的矮橱柜，橱柜里摆满了儿童可以随意使用的教具。总之，这一切看来都是有助于儿童发展的一种真正实际性的改进。我相信，方便的外部条件会被更多的"儿童之家"保持，这种令儿童喜悦的改进是"儿童之家"的一个主要特征。

当然我们也不会驻足不前，我们没有停止过对"儿童之家"教育理念的反思工作，因此我重新阐释儿童教育方法的起源。我们先是对儿童进行了细致的观察，然后才根据需要建立了这个学校，创造特殊方法，还认为儿童有神秘的本能，这是毫无根据的。一个人通过一种模糊的直觉去观察某种未知的东西，几乎是不可能的；凭空想象儿童具有两种本性，企图用实验把它们展现出来更是不可能的。这其实也很正常，新生事物往往在刚刚出现的时候遭受到的质疑最多，因为这个世界上还有很多人骨子里就拒绝新生事物。不过不能气馁，虽然有些东西至今尚未被人们所认识，但它会不断地前行，直到最终被人们心悦诚服地接受。人们最终会被新的东西震惊，最终接受它，并会坚定地欢迎它，甚至为它奉献自己的生命。

我们都知道，发现新的东西是困难的，要让自己相信一些新生事物更困难，因为我们感官的大门在新生事物前总是关闭的。但一旦有机会发现并承认它，我们就变成了《圣经》中那个寻找宝珠的商人，为了能找到一颗价值连城的宝珠竟然卖掉所有的家产。

我们的心灵就像是一扇窗，里面摆满了珍奇异宝，生怕陌生人进入。即便有陌生人想进入，也得有个可靠的人引荐才行，这是因为从已知到未知的过程中人们总是重复上述行为。一个没有人介绍的人就会砸坏紧闭着的门，或在门虚掩时偷偷地溜进去。他最终进入这间画室，就成为一个神奇的人物。当伏特在注视着四肢被剥皮的青蛙还能抽动时，他的神情很惊讶。但是他没有让这个瞬间流失，而是迅速跑回实验室，终于发现了静电的作用。有时伟大时代的开启，就源自于一件极其微小的事情。

物理学和医学都对于新的发现有着严格的审定标准。在这些领域的一个新发现，可能会揭示出一个人让人震惊的事实。这种可能被发现的事实，似乎并不存在，这种事实并不依赖于个人的直觉，它总是客观的。这其中有两个重要的步骤来证实新的事实：首先必须在被分离的状态下进行研究，但是还是要在不同条件下进行。其次，必须使新的发现在这个研究环境中得到确认，必须可以再现和真实存在。新的发现必须先解决这个基本问题，然后才能开始研究，并在新的起点发现新的东西，才能为研究者带来真正的发现成果。我相信，没有人肯研究一些自己无法证实存在的东西。探究者很可能只能得到一种幻象而非真相。一种研究方法总是与一种发现的再现、保存和控制紧密相连，因此它不会在电光石火间消逝，最终肯定能够实现自身的价值。

关于儿童的自尊

我们应该更加了解孩子的人格。不论教养的是新生儿还是年龄大一点的孩子，教育者的首要责任是察觉孩子的人格，并予以尊重。当我们因为怕孩子吵而不让孩子和我们在一起时，我们所表现出来的就是对孩子的不够尊重。

举个例子，如果我们正在吃晚餐，孩子此时却在另一个房间里哭哭啼啼，他为何会哭？那是因为他被单独隔离在外，而我们对成人显然就不会用这么不尊重的态度把他一个人关在房里。就像对待任何其他人一样，我们应该觉得孩子能和我们坐在一起吃饭是我们的"荣幸"；我们应该乐于见到孩子，并让孩子和我们接近。

有一些人相信，让孩子在成人的吃饭时间吃成人吃的食物，对孩子的健康不利，但我们实在不必太担心这个问题。重要的是，如果我们忽视了孩子，我们就伤害了孩子，而我们却常常未向孩子致歉。

对儿童来说，擤鼻子并不是易事，由于他们屡屡遭成人责备，所以他们在这一点上十分敏感。孩子们听到的叫嚷和辱骂强烈地刺伤了他们的感情。更让他们觉得难堪的是，在学校里穿戴整齐后，还要把手帕别在引人注目的围兜上，以免手帕丢失。但很少有人真正教他们怎样擤鼻涕，一旦有人这样做时，孩子们便感受到了从前受的羞辱得到了补偿。他们得到了公正的对待，而且也使他们获得了新的地位。

长期的经验表明，事实的确如此，儿童是有着一种强烈的个人尊严感的。通常，由于成人没有意识到这一点，便使儿童很容易受到伤害和遭到压抑。而要在孩子与成人之间建立一种和谐的关系，作为强势一方的成人，就必须首先去尊重孩子，深入了解孩子的真正需要。具体说就是，父母、长辈或教师与孩子的关系应是互相尊重，时时想到对方的愿望。因此当遇到某个问题时，例如在家庭内部出现的问题，不论是做出什么行动，都应当征求孩子的意见。作为父母或教师，不只是努力做一个有道德的人，更要消除使孩子对他感到不可思议的那些无形的阻力。如果成人对于孩子的要求违反了他们内部发展的不可改变的规律，孩子就不可能服从。孩子的顽皮和不服从往往就是由于他建构自己的内部力量和不了解他与成人之间的矛盾造成的。

可以说，孩子的最大障碍正是成人的权威和骄傲。孩子虽然还意识不到这种不公平，但他会感觉到精神上受到压制，从而给孩子的个性和心理发展造成影响。假如成人能做到尊重和了解孩子，不粗暴地拒绝孩子的请求，并从他们心理发展的规律中得到启示，便会知道孩子的心理和成人的心理是完全不同的。

斯托夫人的教育

第一章

学做一个聪明且有独创性的母亲

我认为，要想成为一个合格的母亲，不仅需要积累育儿知识，心理的、生理的知识和实际应用技巧都应当吸收。诚然，与别人交流常常会学到很多东西，读有关书籍更是一个重要途径，但最重要的还是要把学来的知识与技巧加以创造性地运用。每个孩子都是不同的，这就要求母亲具有独创性，不断在实践中摸索和思考。要知道，善于灵活运用知识的母亲，做起事来才会事半功倍，也能使自己摆脱很多不必要的烦恼，避免很多不必要的失误。

从怀孕那天起，我就准备做个好母亲

我在阅读那些伟人的传记或回忆录时，总是禁不住感慨万千。因为在伟人的后代们身上，常常会有这样一种让人感到悲哀的现象：伟人的孩子大多是不肖之子，他们的成就比起自己的父辈来，简直让人为其汗颜。这究竟是为什么呢？按道理说，伟人的孩子遗传了上一辈人所拥有的优质基因，理应获得更大的成就才对，但为什么事实却恰恰相反呢？实际上，这无非是伟人过分执着于自己的事业，从而无暇顾及自己的妻子儿女所导致的。

根据我做母亲的经验，我认为，一个孩子将来能否成为杰出人物，极大程度上取决于母亲对孩子所施行的教育如何。而事实上，现在有许多母亲几乎不知道应该如何去教育自己的孩子，所以社会有必要通过各种途径对母亲们普及育儿知识，尽管此时已经有些亡羊补牢的意味了。其实，从少女时代开始，就应当维护女人们的身心健康，使其具有健康的体魄和纯洁的精神，以便做好成为一个合格母亲的准备。要知道，母亲的身体健康和道德修养，远比数学和天文学知识更为重要。诚然，这些知识也非常重要，但相对而言，如何养育优秀后代的知识则更为重要。

许多母亲忽视了胎教的重要性，她们认为一切顺其自然便是最好。其实，这是一种完全错误的观念，它对孩子健康成长所造成的损害是非常严重的。

根据生理学家的观点，胎儿的健康在很大程度上取决于母亲的饮食。因此，要想生出一个健康的宝宝，作为母亲应当多研读相关的营养学知识。我们知道，任何一个母亲都不会让婴儿去喝酒、吸烟、吃难以消化的食物，然而很多母亲却无形中让胎儿吸收这些有害物质——她们在妊娠期间"享用"这些东西，实际上已经通过自己的身体将其传递给胎儿了，那么孩子出生之后会是什么样子就可想而知了。

我在怀孕期间，特别注意读有益的书，想美好的事，听使心情平静的音乐，和丈夫一起去欣赏美丽的自然风光和艺术作品，并且常常行善事。我之所以要这样做，是因为只有这样，我的身心才能始终处于良好的状态中，才能让未出世的宝宝将来具有爱美、爱正义、爱真理的精神和善良的品质。

我认为，仅仅生一个健康的孩子是没有什么意义的，最重要的是应当将这种健康变成孩子一生的财富，精心把孩子培育成人，使之拥有幸福的人生。

我的母亲曾经语重心长地对我说，一个女人不生孩子就不能成为完整的女人，不能体会到作为母亲的幸福和价值。与此同时，她也让我牢记，做母亲必然会有许多出人意料的困难需要克服，没有准备好迎接这些挑战的女人，最好还是不要生孩子。因为母亲在倾心教育孩子的同时，还要照顾好丈夫，否则他就会另寻新欢，家庭将会因此失去平静，这对孩子的成长是极为不利的。因此，做母亲并不是一件轻松的事。即将成为母亲的女人必须清楚地意识到自己的困难，并且有勇气面对这些困难。只有这样，才能成为一个合格的母亲。

在我们的周围，有许多母亲由于各种原因，会雇人来照顾自己的孩子。而我则始终认为，雇人教育孩子的女人不能称其为母亲。要知道，母亲的天职不仅仅是把孩子带到人世间，更重要的是培养孩子。教育孩子的重任是不能委托给别人做的，只能由母亲自己来完成。也许，就只有人类才会把孩子委托给别人去教育，动物决不会这么做的。可以说，罗马帝国之所以会灭亡，很大程度上正是出于罗马的母亲们把教育孩子的责任交给了他人。

我们知道，要想培育出千里马，就得有称职的马夫，而不称职的马夫即使面对最优良的品种，也会将马的才能给抹杀掉。因此，我们从来不会去雇用不称职的马夫。然而，很多母亲居然把孩子交给毫无知识的保姆喂养，这样的保姆总是对孩子说不许这样，不许那样，因为这样做她最省事。

为了提前学习育儿经验，我在维尼芙雷特出生前便去拜访了女友安娜，她儿子已经3岁了。然而，见到小男孩之后我大失所望，并且差点失去了做母亲的信心。因为她儿子总是沉默寡言，郁郁寡欢，完全不像3岁孩子应有的性情。为什么会这样呢？对此，我很是诧异。

我后来才了解到，从儿子一出生，安娜就把他交给一个既没有文化又没有教养的保姆喂养，这个保姆为了使孩子循规蹈矩，不捣乱，时常给他讲一些恐怖故事。保姆经常这样吓唬孩子："如果你再吵吵闹闹的，魔鬼就会来把你抓走！"而且她还经常扮鬼脸吓唬孩子。我的天！这样的保姆怎么能带好孩子！知道这些事情之后，我义愤填膺地责备了安娜，因为她实在是没有尽好一个母亲应尽的责任，我还极力劝说安娜辞掉那个保姆。

草率地把孩子扔给别人抚养，不但不能使孩子各方面能力得到发展，还会使其能力萎缩。除此之外，孩子会耳濡目染地学到保姆的一些坏习惯，这对于孩子的成长是极为可怕的。当然，家境比较宽裕的母亲可以把一部分工作交给保姆做，但是值得注意的是，对孩子的教育，母亲还是应当承担起大部分的责任，诸如吃饭、洗澡和穿衣服等等，还是应该由母亲来完成比较好。

另外，如果非要请保姆，就一定要挑选性情开朗、乐观活泼、爱笑的妇女来担当此职。当然，作为母亲，也应对生活充满爱，对未来充满热情。因为母亲和保姆的性格十分重要，她们的一个表情甚至都会影响到孩子。

我把家里的居住环境布置得温馨优雅，以迎接我可爱的小天使的降生。因为，这一方面可以使我总是生活在欢快、清新的气氛之中；另外，我希望小宝宝一出生就能见到世界美好的一面。我想，如果女儿在美的环境中成长，那么她就会时时感受到这种美的熏陶。在怀孕期间，我便常常想象世上的一切真善美的事物。我认为，这种情绪可以在潜移默化中影响到未出生的孩子，因为想象所带来的美好感觉能使人心情愉快，从而使人变得更加美丽。我精心所做的这一切都是为了尽早开发孩子对美的感受能力。现在，每当有将为人母的妇女向我请教养育孩子的诀窍时，我首先会对她们介绍这个经验。

我给维尼芙雷特住的是家中最好的房间，那里环境幽雅，空气清新，阳光充足。墙壁选用的是让眼睛最舒服的那种暗色，床、床单和被子都是洁白的。我为她准备了又软又轻的被子和毛毯，这能让她感到舒适惬意。为了让女儿无时无刻不沉浸在美的事物与氛围中，我还在墙壁上挂了各种名画的临摹品，甚至连壁炉和桌子上都摆放着那些著名雕刻的复制品，这些东西既便宜又精致，都是很美的艺术品。这样一来，不仅让她感受到世界的美好，而且还能在无形中培养她对美的鉴赏力。

事实上，无论是书本中的间接经验，还是现实生活中的事实，都无一例外地证明了母亲对孩子教育的重要性。例如，远在东方的中国，是最早设立学校的国家，但现在他们的文明落后了。这是为什么呢？我很肯定，其中一个很重要的原因就是他们对妇女教育的不够重视。不仅是过去，甚至到现在，中国人在潜意识里还认为妇女没有必要接受太多的教育，因此，中国大多数妇女是文盲，而且连最基本的家庭教育也从未科学地施行过。如此一来，孩子会从母亲那里受到什么样的影响呢？

我认为，所有的人都应当是合格的教育者，至少所有的母亲应当是合格的教育者。最早对孩子进行积极教育的，不应当是学校和老师，而应当是家庭中的母亲。并且，孩子上学之后，母亲与教师应当相互配合，共同对孩子进行教育，这样才能达到最佳的教育效果。

近年来，真善美与我们渐行渐远，媚俗与低级趣味的东西日益风行，尤其是妇女的着装打扮，已经到了近乎疯狂的地步。而让我们更为痛心的是，一些父母亲居然没有意识到这些低俗之物也在侵蚀并毒害着我们的孩子。为了把下一代培养成为杰出而高尚的人，我奉劝各位母亲，从现在开始培养高尚的情操，使家庭成为让孩子茁壮成长的健康的空间与环境。

弗卢培尔曾经说过："人类的命运，与其说是掌握在当权者手中，不如说是掌握在母亲手中。因此，我们必须努力启发母亲——人类的教育者。"可惜，真正理解这句话的人很少，而真正对这句话加以实践的人则更是屈指可数。否则，我们也不会每天都会从报纸和电台的新闻中看到和听到，无数堕落的母亲，正亲手葬送她们孩子的前程，将他们送进监狱和教养所！

不称职的母亲是怎样的

在现实生活中，有很多父母总是向孩子提出各种要求，命令孩子必须这样，不许那样，但却从来不肯先端正自己的言行。这样的父母是永远都不可能教育好孩子的。在教育孩子的艰辛过程中，我深刻地认识到这样一个道理：孩子是父母的影子，他们的 切善、恶品行都是从父母那里学来的，尤其是母亲。在孩子的心目中，母亲往往是最慈爱、最可亲的人，孩子总是把母亲当做学习和模仿的对象。然而，让人遗憾的是，我身边的许多父母并没有注意到这些，尽管他们无意中对孩子产生的坏影响都并非出自本意，但事实毕竟是事实，没有把孩子向好的一方面引导，那就是教育的失败。

以批评孩子为例。在生活中有许多"刀子嘴，豆腐心"的母亲，她们深爱自己的孩子，对孩子生活上关心备至。孩子在外面如果受了顽皮孩子的欺侮，她们会心疼得说不出话来，总要去讨一个公道；孩子受伤生病时，她们会不眠不休地照顾孩子。但是当孩子不读书或不听话时，她们却一点包容之心也没有了，好像要骂了才痛快。她们时常会骂得有些过头："怎么会有你这么笨的孩子？什么功课也不会做。你真是蠢死了！这样蠢，还不如死了好！"骂过之后，自己气消了，对孩子又爱护如前。但是她却不知道，也从未认识到自己对孩子心灵的伤害有多大！

我就认识这样一位母亲，她非常疼爱自己的儿子，在物质上尽最大限度的满足儿子的要求，但是只要孩子考试没考好，常常就是一顿乱骂，有时候实在是气不过，还会出手打几下，事后她总是认为这样是在帮助孩子。然而，结果却证明她是错的。她儿子的学习成绩不仅没有上去，而且还结交了一些不好的朋友，最后连学也不上了，整天在外面乱跑，成了一个十足的小混混。后来，有一次我遇到了这个孩子，和他进行了一番长谈，并问他为什么会这样，他的回答令我非常震惊，他说他恨自己的妈妈，他就是想让妈妈生气。一个母亲教育出这样的孩子，我想是非常可悲的。

我一直觉得，作为母亲，在任何事情上都必须检点。在孩子心目中，既不应过于随便，也不要太注重打扮。否则母亲的威信就会下降，而对孩子教育的失败正是从这里开始的。

事实上，人人都渴望尊重，没有谁喜欢听别人对自己发号施令，大人如此，小孩子也一样。因此，我在教育维尼芙雷特时，从不对她说不许这样，不许那样，而总是采取一种巧妙的方式：要她做什么，不用说就能让她自觉地去做；禁止她做什么，就让她自觉地不去做。我认为，用强迫的方式命令孩子学习是没有用的，并且这种做法往往会适得其反，使孩子产生对学习的反感情绪。尽管这一切都是出于母亲的好意，但最后只能事与愿违。因此，与其命令孩子去学习，还不如引导孩子正确地看待学习，让他们爱上学习并自主地去学习。

我的女友劳拉经常陷入某种苦恼的情绪之中。她经常向我诉说苦恼，因为她费尽心思地想要教育好女儿珍妮，为女儿尽可能地付出了一切，而结果不仅对珍妮的教育没有取得良好的效果，反而引起了珍妮的叛逆与反抗，母女之间常常爆发争吵，使彼此相处得非常不愉快。

劳拉告诉我，她努力了好几个月，想帮珍妮规范学习时间，因为珍妮虽然已经上学了，但对自己的学习时间仍然毫无计划，并且最让劳拉头疼的是，珍妮总是花很多时间和小伙伴一起玩游戏，以致常常不能按时完成规定的学习计划，晚上不能按时睡觉，这样一来，每天早晨让珍妮按时起床这个原本非常简单的事情就变得非常困难了。为此，劳拉已经费了很多口舌，她一有空就找珍妮谈话，向珍妮指出贪玩的坏处和睡眠不足对身体、学习的危害等等。然而，这样的谈话一多，珍妮都能背诵出来了。劳拉只要一开口，珍妮就能学着她的样子说出后面的话，"是啊，贪玩会影响学习……""没错，睡眠不足会影响身体发育，还会形成恶性循环……"这样说着，还做出一本正经的样子，让劳拉不知应当如何是好。

后来，劳拉为珍妮规定了玩游戏的时间，并要求她放学后先做作业。两个人较量了多次之后，女儿慢慢学会了控制自己，适应了有计划的生活。劳拉总算松了口气，觉得自己的付出终于有了一个满意的回报。最近，劳拉有些重要的事情要办，就专门雇用了一个女管家，在珍妮放学后陪她。渐渐地，珍妮又不按时回家了，晚上也很晚才睡。劳拉警告她一下，她就有所收敛，但母亲不在时，珍妮又开始我行我素了。

有一天，劳拉提前回到家，发现珍妮又在房间里玩她的玩具，并且没有先做完功课。

"珍妮！"劳拉吼了一声，生气地瞪着女儿。

看到妈妈生气的样子，珍妮赶紧把玩具藏了起来，很勉强地笑了笑，然后故作镇静地说："我做了一个小时的作业，刚坐下来休息一会儿。"

女管家也帮着珍妮说："是的，她刚坐下，讲好了只玩20分钟的。"

一时间，劳拉说不出话来，只感到内心的火气在不断上升，心里只想着这么长时间的教育和监督都没能改掉女儿贪玩的坏习惯，这些道理女儿明明全都知道，却还是这样没有自制力，将来长大了会变成个什么样，为什么自己的女儿就这样没出息。她突然想到了女儿的同学罗伦娜，那是一个多么可爱的孩子啊，自制力强、成绩优秀、活泼开朗，更难得的是，罗伦娜还非常体谅自己的母亲，不用让人太费心，就能按要求把学习生活安排得有条有理。

这些想法在劳拉脑海中纠缠在一起，就像滚雪球一样越来越沉重，她真想痛哭一场来发泄心中的郁闷和气愤。

"珍妮，你太让我伤心了，你怎么能这样对待妈妈，你知不知道这样做将来会有什么结果？"看到女儿似乎要辩解，劳拉更加生气地说："你不用解释，我不想听任何解释，我失望极了，你难道不知道我这样做都是为了你好？"

"那你别管我好了。"珍妮回了一句。

"你说什么？"劳拉的眼睛瞪了起来，声音突然高了八度。

这时候，珍妮的眼睛里开始有了恐惧，她在寻找退路。

"不管你！我怎么能不管你！这是我的责任。回你的房间去想一想，还有……"劳拉突然想起珍妮这个周末要和几个伙伴到同学家过夜，"还有这个周末不准去凯瑟琳家过夜。"

"为什么？"珍妮叫道，愤怒和绝望使她的五官扭曲了，"我要去，我偏要去，你是个坏妈妈！"

看到女儿愤怒得有些发狂的样子，劳拉自己也有些不安了，她知道珍妮是多么期盼这个能与小伙伴一起过夜的机会。但是，她的愤怒和自尊都不允许她收回这道已经发出去的"命令"。

"是你自己取消了这次机会。"

"为什么？这和玩有什么关系？我偏要去，看你怎么办！"女儿暴怒道，她那困兽似的绝望表情让劳拉心痛不已。

"你马上给我闭嘴，否则我要发火了。"

"你已经发火了，我就是要这样，你能怎么样？"

"啪、啪"，劳拉不由地火冒三丈，在女儿背上狠狠地拍了两下。

"呜！"女儿放声大哭，冲进自己的房间，"咣"的一声把门关上。

两巴掌打完之后，劳拉的心头的火气消了，但随之而来的却是强烈的内疚，并且越想越懊悔，有一种被打败的感觉。这时，女管家来向她告辞，并且告诉她："劳拉，珍妮这几天都没有贪玩，今天确实是先做了一些作业，才请求我让她玩一会儿的，我觉得她确实是很在乎你的要求的。"

在这里，我不想讨论劳拉惩罚女儿的对与错，我要谈的是劳拉在看到女儿违反她的规定那一刻的心理活动。在看到女儿趁自己不在玩玩具的时候，劳拉首先想到的是自己做了那么多工作，女儿仍然违反母亲的规定，不顾及母亲的感受，结果做母亲的辛苦和委屈便突然喷涌而出。再加上想到睡眠不足对女儿身体的危害，女儿以往不听话的事情也一件件在脑海中演映出来，从而造成了情绪的总爆发。

我认为，劳拉这种将愤怒和忧虑全部都带进目前局势中的思维方式是非常不明智的。这样一来，就会把母女间的对立提升到了一种不成比例的高度，从而让劳拉失去了对事情的判断力，甚至忘记了管教女儿最根本的目的，从而只顾发泄自己胸中的怒气。事实上，这是在报复心理驱动卜作出的反应，她要惩罚女儿，让女儿失望难过，借以发泄自己的怒气。这种让愤怒的情绪来左右自己的行为当然是愚蠢的，如果这种事情发生在家庭之外，多数人也许会考虑到很多利害得失，从而告诫自己要冷静、不要莽撞，但是面对自己的家人却往往会毫无顾忌地发泄怒火，这种现象在现实生活中非常普遍，对于其背后的原因，我们暂且不去讨论，我在这里只是想说：假如想一想自己慈爱的本意和这样做对孩子带来的伤害，劳拉的确应该尽力控制自己的情绪。

诚然，一个母亲对孩子不管不问，漫不经心肯定是不称职的；但是那些过分溺爱、迁就孩子，或者粗暴地采用错误教育方式的母亲，不管她内心多么爱自己的孩子，为孩子着想，在我看来，同样是一个失职的母亲。

突破大人与孩子的壁垒

如何把女儿培养成为一个有用的人？这个问题在维尼芙雷特出生之后，便常常萦绕在我的心头，我最担心的就是我不能成为一个合格的母亲，从而影响到女儿的成长。要知道，生儿育女是我们做父母的选择，并不是儿女的选择，一个人有什么样的父母完全是命运来决定的，我们不能让儿女在长大之后为自己的父母感到失望，甚至厌恶。那么，身为父母，我们究竟怎样才能扮演好自己的角色，赢得儿女一生的敬爱呢？

父母生养了子女，为他们可以说呕心沥血了。但是，这是否就意味着儿女理所当然地应该对父母感恩戴德呢？或许，有很多父母可能都会这样想：我为你付出了如此之多，你就应当知恩图报，对我的意愿言听计从。在人类的传统道德观念中，孩子对父母有着与生俱来的尊敬和服从的义务。但事实上，时代在改变，许多传统的东西在消失，许多事情都要接受时代的审判。那么，现代的父母究竟应该怎样面对家庭角色的逐渐转变呢？

当我的女儿还小的时候，我一直觉得让她乖乖听话是一件易如反掌的事情，甚至有时要求她无条件地绝对服从，她都没有表示过异议。然而，伴随着她的逐渐长大，这种情况变得越来越费劲了，甚至她还会无缘无故地制造很多麻烦。不知有多少父母曾经惊异于子女的巨大变化，从而发出这样的感叹："我为孩子尽心尽力，带来的结果是什么呢？不仅没有得到应有的尊重，甚至把我的话当做耳旁风，不愿意听从我的教诲。"让我感到欣慰的是，幸好维尼芙雷特并没有那样对我，事实上，我也不曾要求她绝对地服从我。我认为，一切事物都是相互作用的，你怎样对她，她就会怎样对你。

我认为，父母期待子女报恩的心理，正是导致父母与孩子之间产生矛盾的主要原因。为人父母，本来就是一件光荣而又艰辛的事情，如果不以虔诚的态度来对待，便很难得到子女的爱与尊敬。试想一下，如果总是对子女强调"我为你付出了那么多……你一定要好好报答我"之类的话，那么在孩子们的心目中，家的感觉何在呢？在这样嘈杂压抑的环境下，孩子们怎么能够健康成长呢？

另外，只有那些真诚地对待生活、事业、家庭，生活习惯良好的父母才能得到孩子的尊敬。否则，在父母对孩子的行为严加指责的时候，必定会被孩子的一句话问得哑口无言："你自己不也是那样吗？"因此，我认为，父母能否得到孩子的尊重，最重要的在于父母本人的言行举止。那些有涵养的父母在教育子女的时候或许还可以为自己辩护，劝说孩子接受自己的教诲；而那些没有涵养的父母，则往往会因为被孩子戳到自己的痛处而更加恼火，从而说出一些极不理智却又貌似有理的话来："你怎么能这样和你妈妈说话？不懂得尊敬长辈！我是大人，当然可以这样做，你还是个孩子，当然就不可以！你不听话，就要受到惩罚！"在这种环境中，孩子成了低等公民，哪里还有幸福可言？有的人认为，这样的训话是理所当然的，既然孩子的生命是父母给的，父母当然就应当握有"生杀大权"。可在我看来，这种观点极其荒唐可笑，为什么大人就一定要得到孩子的尊敬？为什么年龄大或地位高的人就一定应该受到年轻或地位低的人的敬爱？成年人也许为了利益得失，从而不得不对年长或位高的人表示尊重，这完全是成年人自己的选择，但千万不要把这种思想强加到天真无邪的孩子身上。对一个不值得尊敬的家长，孩子完全有权力表现出自己的反抗意愿。我认为，打着尊敬长辈的旗号强迫孩子服从自己，非但得不到他们内心的服从与尊敬，反而会加重孩子对家长的不信任与怨恨。

我认为，父母应当抱着一种理智的态度与孩子平和地沟通。如果我们真的认同某个观念并且以身作则，也必然能够得到孩子的理解与尊重。因此，我们在教育孩子之前，必须先反省自己的行为是否值得孩子们学习和尊敬。事实上，这种自我反省的态度，本身就是对孩子最好的教育。

在对维妮芙雷特的教育过程中，我从来不会以权威的身份去命令她做什么或不做什么，也从不以高她一等的姿态向她提出什么要求。因为我知道，说教永远是苍白无力的，只有严格要求自己，以自己的行为作为她学习的指引，才可以收到良好的效果。

在维尼芙雷特两三岁的时候，也是一个非常调皮的孩子。很多时候，她不是弄坏自己的玩具，就是来干扰我的工作。在这个年龄段的孩子，类似的事情是时有发生的，因为对他们来说，一切都是新奇有趣的，所以什么都想尝试摆弄一下。有一次，维妮芙雷特趁我外出的一会儿，偷偷溜进了我的书房，等我回来的时候，就发现整个书房已经陷入一片狼藉之中。也许是出于恶作剧，也许是出于好奇，她把我未写完的论文稿撒得满屋子都是，那些整理好的顺序全部都被搞乱了。对我来说，这简直是一场灾难。

然而，当时我并没有责怪维尼芙雷特，只是蹲下身去自己一页页将稿纸捡起来重新整理好。她就静静地站在旁边，看着我整理稿子，似乎没有想到要过来帮我。在我快要整理完的时候，她就静静地回到自己的房间去了。

一直等到晚饭之后，维尼芙雷特要我到她的房间去帮她收拾那些散落满地的玩具。我走到她的房间，看见那些玩具被扔得到处都是，而且床单也被凌乱地扯到了地上。

我看了看，什么话也没有说就准备离开，女儿突然回过头来，问道："妈妈，你不帮我收拾一下玩具吗？"

"不，这些都是你自己的事情了。"我回答道。

"可是，这些你平时都会帮我做的啊。"她疑惑地看着我。

"那么，今天我的资料散落满地，又有谁帮我收拾呢？"我问道。

这时，女儿不解地看着我，不知道该说什么好。

"维尼芙雷特，你知道我的论文稿是怎么撒到地上的吗？"我问。

"是被我弄下去的。"

"那么，你为什么那样做呢？"

"我觉得把它们撒下去很好玩。"女儿回答。

"是吗？那你觉得它们是玩具吗？"我又问。

维尼芙雷特似乎还没理解我的意思。

"孩子，你想想，那些稿子弄乱很容易，要整理起来却很麻烦。这就是为什么你玩的时候不需要妈妈帮助你，而收拾玩具的时候却需要妈妈帮助的原因。你玩玩具弄乱了需要妈妈收拾，但你可知道，你弄乱的那些稿子都是妈妈的心血，是好不容易才写出来的，你怎么可以随便乱扔呢？"

"对不起，妈妈。"维尼芙雷特低下了头，"我错了，我以后再也不乱动你的东西了。"说完，她走进自己的房间，轻轻关上门。过了一会儿，她出来叫我。原来，她已经自己把那些玩具捡了起来，并且整理了房间。虽然整理得并不是很好，但确实是她自己亲手整理的。看到这个情景，我真的非常感动，因为我觉得，在女儿幼小的心灵里，已经理解了我想告诉她的道理。

从那以后，维尼芙雷特再也没有乱动过我的东西，并且学会了收拾自己的东西。

让自己成为最好的母亲

事实上，在我那可爱的女儿还没有出生的时候，我就已经开始考虑将来应该如何教育她了。每当感觉到她在我腹中躁动，每当她在肚子里面踢我的时候，我就会想象到她出生之后的样子。在那个时候，我就已经深深体会到了即将成为一个母亲的喜悦心情，并且决心要做一个优秀的母亲。

　　第一眼看到刚刚来到人世的女儿，我真的不知道怎样爱她才好。我想，大概天下所有的母亲在看到自己孩子降临人世的那一刻都会这样的吧。我不知道世界上是不是有一个理想母亲的模式，如果有，我真想立刻成为其中的一员。

　　那么，什么才是理想的、优秀的好母亲呢？在我看来，有爱心、有责任心的母亲，就是最理想的好母亲。这样的母亲会真正关心孩子的成长，从而不断摸索和学习培养孩子的经验与知识，与此同时还会注重自身的成长，以自己的积极态度影响孩子。我一直认为，理想的母亲应该永远镇静自若，永远和善、充满爱心地对待自己的孩子，永远知道教育孩子的最好方式，永远有足够的时间花在孩子身上，永远对孩子抱有乐观、积极的态度，永远知道应当如何解答孩子各式各样的疑问。这就是我在女儿出生之前，在自己心中构建的理想母亲的画像，我觉得我应当成为这样一位母亲。然而，当维尼芙雷特出世之后，我才深深地体会到，要成为这样的母亲简直比登天还难。

　　看着我的维尼芙雷特一天天长大，我开始感到压力莫名袭来，并且常常猜想，大概其他的母亲都比我做得好，但与此同时我也知道，其实没有任何一位母亲能够永远做到那种理想中的完美。因为即使做了母亲，也仍然处于人生的成长阶段，仍然面临着生活的各种考验，仍然有着各种各样的缺点。尽管如此，我仍然尽力做得更好一些，尽量向一个完美的母亲靠近。

　　我的女友爱琳娜是个不幸的女人，丈夫离开了她，生活的压力让她感到心力交瘁。有一段时间她简直已经到了崩溃的边缘，所幸她还有一个女儿在身边，于是女儿的欢笑就成了她的唯一的慰藉。然而，伴随着女儿一天天长大，她却发现女儿变得越来越不快乐，每天回家都郁郁寡欢，也从来不与朋友交往。

　　爱琳娜不知道究竟发生了什么事情，她几次追问女儿，但得到的回答都是："什么事都没有，你不用操心了"，然后就是一阵沉默。直到有一天，在与老师的交谈中，爱琳娜才发现了一点线索。老师给爱琳娜看了一篇女儿写的作文，在这篇作文里，女儿把自己描述了一个自卑的女孩子，处处不招人喜爱，头脑也不灵活，因此活得很不幸福。老师告诉爱琳娜，作文很可能反映了女儿内心的真实想法，希望爱琳娜能找她谈一谈。

爱琳娜看过作文之后，想了很久，她从中似乎看到了自己的影子，回忆起自己平时总是唉声叹气、自怨自艾，很少有开心的样子，难道这不正是女儿在作文中所描述的情形吗？此时，爱琳娜突然意识到，原来正是自己的态度造成了女儿的低沉和消极，自己平时的表现已经潜移默化地影响到了女儿的成长。因此，要想帮助女儿找回自信，形成乐观开朗的性格，只有先改变自己，让自己成为一个积极、乐观的人。

于是，爱琳娜开始积极寻找可以鼓励自己的方法。她首先对女儿讲述了自己的计划，并且请求女儿对她进行监督。每天晚上，爱琳娜都会写下一件明天要实现的具体目标，比如和同事一起吃午餐以增进了解，以此来逐渐摆脱自己的孤僻形象，等等。写完之后，她会把纸条留在餐桌上，等到早上起来的时候由女儿念给她听，以此作为提醒，晚上共进晚餐时一同检查执行情况。

刚开始的时候，女儿对母亲的行为不太理解，甚至有点怀疑母亲是否出了毛病，但看到母亲坚持不懈、积极认真的态度，逐渐被母亲所感动，并且积极参与到母亲的计划中来。在用晚餐的时候，她们经常在一起讨论这些行动的效果，女儿开始给母亲提出建议。不久，爱琳娜的纸条旁边加上了女儿的纸条，母女俩开始相互监督。有的时候，她们还会回过头去做过去的条子上写下的事，因为她们感到从中获得了快乐和自信。最后，当女儿从低沉的情绪中恢复过来的时候，爱琳娜也精神焕发，仿佛获得了新生一样。

我一向认为，作为母亲必须要懂得，教育孩子的知识和技巧永远也不会有足够的时候，因为在现实生活中，时常会遇到各种新的问题，从而需要相应的新的解决方法。因此，要想成为一个优秀的母亲，就应该在不断探索与自我校正中改善自己的教育方法，而这一过程要延续到孩子长大成人，走出家门为止。

在养育女儿维尼芙雷特的过程中，我经常问自己这样的问题：我真的是一个好母亲吗？当我在没有弄清楚事情的真相，就怒气冲冲地训斥她，后来却发现她受了委屈；当我强迫她按照自己认为正确的方法去做事，结果得知自己的认识是错误的时候……都会不断引起我的自责，有时甚至让我怀疑自己作为母亲的资格。每当这个时候，我都会感到一阵阵心酸和难过，这种感觉真比自己受了委屈还要难过百倍。

有一次，我对女儿发了火，也许她觉得自己已经长大了，竟然表示出了对我的不满和反抗。"米莉的妈妈就不像你这样怒气冲冲的，她一向都很耐心地同米莉讲道理。"女儿冲着我吼道，并且模仿着我发火的样子。

在那一瞬间，我愣住了。女儿的表情和话语像一根钢针，深深地刺疼了我，使我作为母亲的自尊受到了伤害，也开始怀疑自己是否有能力成功地教育孩子。当时，在我的脑海中出现了这样一幅画面：我声嘶力竭、疲惫不堪地试图将女儿领入正确的轨道，却总是不得要领，结果招来的是强烈的反抗；反之，隔壁米莉的母亲却举重若轻、游刃有余地控制着局势，不失优雅地将孩子的一切安排得井井有条。我几乎丧失了所有的自信，开始对自己感到失望和愤怒，觉得自己是如此无能和缺乏爱心，我甚至怀疑女儿已经在背后嘲笑我这个无能的妈妈了。

第二天，我在路上遇见了米莉的母亲，我故作轻松地向她转述了维尼芙雷特的话，并且惴惴不安地希望听到她的建议，以鼓励我正在动摇的信心。让我出乎意料的是，米莉的母亲居然大笑了起来：

"你不要相信她的话。孩子们都差不了多少，母亲们也都大体相同。想想吧，我是两个孩子的母亲，我怎么可能没有脾气呢？我只是从来没有在你的女儿维尼芙雷特面前发过脾气罢了。"

米莉母亲的话让我如释重负，一时间自信心也恢复了许多。我举这个例子，并不是要为我的"粗暴"辩解，认为父母可以理直气壮地向孩子发脾气。我只是想为年轻的母亲们打打气，即使在抑制不住的情况下做了一些不明智的事情，也不必因此而怀疑自己成为好母亲的资格和能力。我认为，只要自己尽了最大的努力，不断改进自己的态度和方法，就完全可以称得上是一个好母亲。

事实上，在以后的日子里，我不但没有再冲着维尼芙雷特发过脾气，还逐渐掌握了一整套非常有效的教育孩子的方法。在后面的章节中，我会详细地向大家介绍。总之，我为自己所做的努力而感到骄傲，并且也为我的女儿维尼芙雷特在成长过程中的每一个进步而感到欣慰。我相信，直到现在为止，我仍然可以称得上是一个好母亲。

每个母亲都必须有自己的一套

自从维尼芙雷特在学习上取得一些成绩之后，很多家长都跑来向我讨教养育孩子的方法，我也总是不遗余力地把自己的教育理念传输给大家。不过，这其中也遇到了一些问题。

我记得曾经有一位年轻的母亲这样对我说："有时候，我为自己取得的成功而感到欣慰，觉得前途一片光明；而有的时候则又觉得很失败，似乎所有的努力都白费了。"我问她是怎么教育孩子的。她告诉我，她读了很多关于教育的书，但有的管用，有的却没有效果。于是，我告诉她："孩子是你生的，你当然最了解自己的孩子，要教好孩子，你必须要有自己的一套，根据自己孩子的特点进行教育，不能总是人云亦云。"

我的朋友伊斯宾娜·杰克斯是一位心理学家，她曾经对我谈到过自己的一段经历：

"我学完心理学课程之后，就开始为有问题的少年进行心理和教育咨询。经过一段实习之后，我满怀信心地投入了工作。一般来说，向我咨询的孩子通常都是由父母陪伴的，而父母们问得最多的一个问题居然是：'你有几个孩子？'我回答说：'我还没结婚，现在一个孩子也没有。'

"每当听到这个回答，父母们总是显得非常失望，接下来的咨询就明显是在敷衍了，因为他们压根就不相信我的诊断，对我提出的建议也持怀疑态度。这件事让我非常气馁，觉得自己辛辛苦苦完成了那么多课程，受了那么多专业的训练，没想到却遭到了别人如此轻易的否定，这个世界实在太不公平了。

　　"直到后来，我结了婚，有了自己的孩子。起初，我对自己成为一个好母亲是非常有信心的，觉得凭我这么多年的专业知识和对孩子的一腔热爱，不可能做不好母亲。一开始，我便为我的孩子制定了一整套培养计划。

　　"然而，结果却让我十分难堪。我不仅没有机会实施那些周密的计划，甚至孩子的日常生活就已经让我狼狈不堪了，只要能够相安无事，我就已经是谢天谢地了。我发现自己的专业知识根本派不上用场，只好跑到书店买回一大堆育儿方面的书，向它们寻求帮助。这时候我才明白，为什么那些父母会毫不重视一位从未做过母亲的心理辅导师的建议。"

　　不仅如此，伊斯宾娜还告诉我，即使自己读了那些育儿方面的书，也似乎并没有收到多大的效果，那些理论往往离孩子的日常生活非常遥远，她自己则常常感到培育孩子的艰难。

　　事实的确如此，虽然那些育儿专家的理论看上去很正确、很权威，但父母需要的却是具体详细的指导，而这些真正切实有效的指导则往往来自于那些有过亲身育儿体验的人。如今，我之所以要写这本关于教育的书，也正是因为有了教育维尼芙雷特的经验，并且取得了一定的成功，否则我是绝对不敢轻易动笔的，因为我深知其中的难度。还有一些人是让我特别敬佩的，他们不仅养育了自己的孩子，还收养了一些孤儿，组成一个大家庭。这样的专家自然要比只有书本知识的学者更有发言权，在我养育维尼芙雷特的过程中，也从他们那里得到了很大的启示。

　　我认为，养育孩子并不像有些人想象的那么简单，并不是仅靠一张写满计划的纸就能够完成的。它是一件非常严肃的事。诚然，世界上所有的父母都极其希望自己的努力能够对孩子的成长有所帮助，而不愿意看到自己的孩子失去任何可能的机会，而在实施教育的过程中却总是发现这项工作的艰巨性，以及后果的难以预料性。有些父母，不仅无法在智力、道德、能力上为孩子打好使其受用一生的基础，即使在处理一些日常生活的小事上，也会不知所措。甚至连那些受过良好教育的父母们，也会发现自己会常常失去理智，用无知、不理智的方法来对待孩子，而事后则又为自己的无能和粗暴而愧疚、自责。

在教育维尼芙雷特的过程中，我深深地体会到只靠书本知识是远远不够的，必须有意识地调动起母亲自身的潜力，理智而细致地培养孩子。

前一段时间，我又偶然遇见了前文所说的伊斯宾娜，她现在已经是一位颇有建树的儿童教育专家了。她在向我询问了一些维尼芙雷特的情况之后，给我讲述了下面这件发生在她自己身上的事情：

"有一次，我和丈夫带着儿子一起到外面吃饭，坐在邻桌一位女士走过来对我说：'恕我冒昧，我只是忍不住要对你讲我多么羡慕你有这样一个聪明懂事的孩子。我认识你，曾经听过你的教育讲座。你的确是一个理想的母亲，看到你和孩子交谈的态度，我就明白了你的儿子为什么会有如此良好的表现。'

"我还从来没有当着孩子的面受到过这样的称赞，这实在让我脸红。虽然儿子那天的表现确实非常好，但他绝对不是一贯如此。不知道曾经有多少次，他把我气得咬牙切齿，低声向他怒吼！

"诚然，我也确实为儿子卡特尔感到骄傲，由于他在知识竞赛上的出色表现，他的名字经常出现在当地报纸上。但正是这个出色的儿子，时常给我带来了无尽的烦恼，我们经常发生争执，并且多半不是为了原则上的问题。我最不能容忍的，就是他无论走到哪里都会把房间搞得乱糟糟的，每当看到这种情形，我都会勃然大怒，忍不住冲他大叫'卡特尔，我跟你说过多少次了！……'我们之间的冲突是如此频繁，以致我很担心卡特尔是否会对我这个母亲充满仇恨。

"直到有一天，卡特尔到外地去参加夏令营，情况才有了好转。在卡特尔出门之前，我们产生了一点矛盾，也许卡特尔生我的气了，很久没有给我写信。当时，我真的很牵挂他，于是就主动给他写了一封信，除了表示关心外，还在信中表达了一些平时说不出口的想法，并特地向他道了歉，承认自己经常发脾气不对。

"没过多久，卡特尔就给我写了一封回信，他在信中说：'我在这里最想念的就是爸爸妈妈，我真的很爱您，妈妈。妈妈，您用不着向我道歉，本来就是我错了，本来应该我向您道歉才对。'"

讲到这里，伊斯宾娜激动地抓住我的手："你不知道我读了这封信后有多么高兴！而且，卡特尔回家之后，我们就再也没有争吵过。"

在伊斯宾娜讲述的故事中，我注意到了那封信，她在信中向儿子说出了平时说不出口的真心话，从而获得了儿子的理解；相应地，儿子也在信中以不损尊严的形式承认了自己的错误，表达了自己歉意。这是一种非常好的沟通方式。

我认为，问题总会随着孩子的成长而不断产生，作为父母则要不断地学习，不断地提高自己，以此来应对这些不断出现的新情况。就以我的女儿维尼芙雷特为例，我刚刚帮她改掉吸吮手指的坏毛病，马上又得想办法制止她破坏物品；刚刚鼓起她和陌生人交往的勇气，结果又要防止她胆大包天，随意走出家门，擅自行动。总之，问题就是没完没了，解决完一个，另一个也就随之产生。

尽管这些问题会源源不断地冒出来，但我想，天下所有的父母都会愿意解决这些问题。事实上，最终让父母们懊悔不已的，并不是努力之后没有收到成效，而是该做的努力却没有去做。

有一位母亲，曾经这样对我谈到自己："我真是一个大笨蛋，我怎么会这样愚蠢，居然让几个月大的女儿每天只睡那么几个小时，要不是你后来提醒我为她建立睡眠规律，我还会继续下去呢，不过现在已经晚了。"我对她说："真的晚了吗？我想还没有那么严重吧，其实少睡点觉对孩子将来的影响或许没有你想象的那么大。"话虽然是这样说，但我还是能理解她的懊悔，因为那是她唯一的孩子，而且她由于身体原因，以后恐怕再也不会有孩子了。

这位母亲对女儿可以说是倾注了全部的心血。其实，孩子刚出生的那几个月，应该有尽可能多的睡眠时间，这对孩子的身体和大脑发育都有至关重要的影响，即使孩子喜欢哭闹，不愿意睡觉，也要想办法让他多睡，使他养成良好的睡眠习惯。然而，这位母亲不忍心看着自己的孩子哭，她一哭就抱起来哄，这样一来，孩子就睡得就非常少，而当她意识到这个问题的严重性并开始为孩子建立睡眠与喂养规律时，最关键的几个月已经过去了。这件事情让她非常痛心，她常常自责，怪自己做了那么多的准备，费了那么多的心血，对这样关键的问题却没有注意到。

孩子的成长是有着不可违背的自然规律的，很多母亲本来不必做太大努力就可以使孩子顺利成长，但却由于没有意识到这一点而错过了孩子成长的最佳机会，从而造成了终生的遗憾，这的确是非常可惜的。另外，还有的母亲费了很多心血去纠正孩子的某个毛病，却由于方法不当或者认识有误而白费力气，甚至适得其反，这种情况在现实生活中实在是太普遍了，而由此造成的遗憾，同样会让母亲们为自己的过失而悔恨不已。

因此，我认为要想成为一个合格的母亲，不仅需要积累育儿知识，心理的、生理的知识和实际应用技巧都应当吸收。诚然，与别人交流常常会学到很多东西，读有关书籍更是一个重要途径，但最重要的还是要把学来的知识与技巧加以创造性地运用。每个孩子都是不同的，这就要求母亲具有独创性，不断在实践中摸索和思考。要知道，善于灵活运用知识的母亲，做起事来才会事半功倍，也能使自己摆脱很多不必要的烦恼，避免很多不必要的失误。

我希望世上所有的母亲都成为聪明且有独创性的母亲，只有这样，才能对孩子进行积极有效地教育和培养。在对维尼芙雷特的培养过程中，我深深体会到，一个母亲要想养育出优秀的孩子，就必须先进行自我教育。

第二章

喂养！从喂养起步！

在女儿还没有出生时，就有很多好心的人对我述说母乳的好处，尤其是我的母亲，她常常在我耳边念叨："金汁银汁，不如母亲的乳汁。"我的母亲告诉我，千万不能向那些不负责任的母亲学习，她们为了追求体态的美观，对母乳喂养有一种抵触心理，甚至放弃了母乳，这是十分不理智的做法。

金汁银汁，不如母亲的乳汁

在前面的章节，我讲了很多关于母亲的事。那么，从现在开始我想应该来谈一谈孩子了。为了让大家更好地理解我对女儿的教育方法，就让我从女儿的出生开始吧。

维尼芙雷特刚一出生，我首先考虑的就是她的健康问题，可以说，我从一开始就非常注意造就女儿强健的身体。因为我知道，健康是一切幸福的源泉，如果没有健康的体魄，无论大人孩子都是非常不幸的。一个身体不健康，不断遭受病痛折磨的人，是不会有闲情逸致去欣赏大自然的美的。当然，对于还是婴儿的女儿来说，我也只能首先从喂养开始。

我认为，对于一个婴儿来说，最好的食物就是母亲的乳汁。我想，大概世上所有的母亲都会认同这一观点吧。母乳可以恰到好处地满足婴儿所需要的全部营养，其他婴儿食物即使某些方面的营养极为丰富，也无法与母乳相媲美。我们知道，母乳里充满了抗体，特别是初乳中含有大量的免疫物质，这是人工婴儿配方所无法替代的。如果不进行母乳喂养，则会降低婴儿的免疫能力，对孩子将来的健康造成极大的影响。当然，对于那些由于自身身体因素无法进行母乳喂养的母亲，我只能说这是非常遗憾的，但我还是要强调，任何一个母亲，在孩子出生之前，就应当做好充分的准备来迎接宝宝的到来，其中最主要的就是把自己的身体调养好。

事实上，进行母乳喂养不仅对孩子有益，对母亲也有好处。母乳喂养是母亲分娩后身体恢复的一次软着陆，能够使母亲从孕期状态向非孕期状态成功过渡。伴随着孩子吸吮而产生的催产素，不仅可以促进子宫收缩、减少产后出血，而且还能让母亲体内的蛋白质、铁及其他所需营养物质通过产后闭经得以贮存，从而有利于产后的康复。的确，每当小维尼芙雷特轻轻地吸吮我的乳汁时，我都会感到无比的幸福。看着自己创造的这个小生命吸吮的小模样，我心中常常会情不自禁地充溢着巨大的喜悦。

在女儿还没有出生时，就有很多好心的人对我述说母乳的好处，尤其是我的母亲，她常常在我耳边念叨："金汁银汁，不如母亲的乳汁。"我的母亲告诉我，千万不能向那些不负责任的母亲学习，她们为了追求体态的美观，对母乳喂养有一种抵触心理，甚至放弃了母乳，这是十分不理智的做法。总之，我的母亲反复对我强调，作为母亲对孩子负有多么重大的责任，让我千万别错过哺乳的时机，以免将来后悔莫及。

女儿渴了、饿了，就会感到很不舒适，并开始啼哭。在她出生最初的几天里，自然还不知道感到不舒服是因为饥饿，更不知道吸进乳汁会使自己感到舒适和满足。因此，当她因为饥饿、口渴而哭闹的时候，我把乳头放进她嘴里，她总是哭叫着不停地躲开，即使尝到了初乳，也不能使她停止哭叫。我知道，这个时候千万不能着急，否则可能反而会弄巧成拙。因此，我没有强迫她吮吸，而是放心大胆地暗示她，用亲情和耐心唤起她吮吸的渴望，诱导她学会吮吸。

我知道，对于婴儿来说，吮吸是本能的反应，是天生的能力。因此，我没有强制地把乳头塞进她的嘴里，而是顺势运用这些反应，三番五次地反复诱导她吮吸。我想，只要她吸过几回，把吮吸和乳汁、舒适之间联系起来之后，一切都会好起来。后来，只要乳头一放进她的嘴里，她就会轻松安详地吮吸起来，以至于凡是能放进嘴边的东西，无论是乳头、奶嘴，还是手指，她都非常爱吮吸。

我在为女儿喂奶期间，始终坚持这样一个原则：要充分满足她吃奶的需要，只要她饿了就给她喂奶。在最初的几天，我每隔两小时左右就给她喂一次奶，如果由于她哭累了，睡过吃奶的时间还不醒，我也就任其随便。因为我知道，醒来后她自然会找奶吃，无论是白天还是夜里，孩子的哭声仿佛都是我不定时的警报，只要她一哭就表示饿了，我就及时地给她喂奶。总之，在哺乳时期，我让女儿吃得很香，吃得很满足。

另外，在给女儿喂奶期间，我绝对不会使用香水或有浓重香味的化妆品。这主要是因为，新生儿的嗅觉极为敏感，浓重的香味会使婴儿产生排斥，认为这不是自己的妈妈。记得有一次，我只不过用了一点护肤的化妆品，小维尼芙雷特就不安地哭闹起来，甚至想推开我。

总之，在哺乳期间，我对女儿的照料一直都是极为细心的。我想，她现在能有这么健康的身体以及聪明的头脑，和她在婴儿时期得到细心的照料是分不开的。

我从不把食物作为管教女儿的筹码

等到女儿长到4个月大的时候，每当我在喂她母乳之前，总是先给她喝一点橘子汁。再过一段时间之后，我便开始喂她汤、煮熟的鸡蛋和土豆等食物。营养学家告诉我们，谷类食物是孩子最好的食物，并且还我发现，这也是孩子最爱吃的食物。

我个人认为，对于孩子来说，进食既不应是一种奖赏，也不应是一种义务。实际上，我从不用食物来作为奖赏或惩罚女儿的工具，我觉得这是一件既浪费时间又浪费精力的事情，用这种方法来管教孩子，无论对家长还是孩子，都是有害而无益的。因此，对于维尼芙雷特，我从来不把管教和食物联系在一起，并且我还会放点柔和的音乐，为她营造轻松的进食气氛和环境，让她把进食当做一件愉快的事情。

在我的周围，经常可以看到一些这样的父母，他们总是害怕孩子吃得太少或者太多，一到吃饭时就如临大敌，绞尽脑汁想尽各种办法来对付孩子，从而无形中给孩子施加一种压力。这些父母总是要孩子这样不能那样，要吃这些不能吃那些，要吃饭速度均匀不能太快或太慢。久而久之，吃饭对孩子来说就成了一种负担。实际上，这不仅影响了孩子对食物的兴趣，也会给父母带来很多不必要的麻烦。

我表妹有一个儿子，名叫约翰，今年已经6岁了。记得两年前见到约翰时，他还是一个胖乎乎的小伙子，面色红润，而且充满活力，身体一直很健康，而两年之后再见到他，简直把我吓了一跳：他仿佛换了一个人，瘦得就像一只猴子！我赶忙问表妹这是怎么回事。表妹满脸无奈地告诉我，小约翰患上了厌食症。于是，我详细地向表妹询问了情况，这才知道小约翰生病的原因。

原来，小约翰生性顽皮，他的母亲为了让他听话，经常用禁止他吃东西的办法来管教他。有一天，小约翰和伙伴们在外面玩得太高兴了，等到天黑之后才回家，以至于错过了吃晚饭的时间。由于太饿了，小约翰一进家门就直奔厨房，寻找他爱吃的东西。这时，他的母亲出现在他的面前。

"约翰，你在干什么？"母亲严厉地问。

"我在找吃的东西。"小约翰回答。

"你还想找吃的，现在都什么时候了？"母亲双手叉着腰，气势汹汹的样子，"谁叫你错过了吃饭的时间？你一天到晚在外面玩，什么都不顾……简直太不像话了，今天我不给你点颜色看看，你这毛病是改不掉的……今天，我绝对不给你东西吃！"说着，母亲揪着小约翰的耳朵把他带回了房间，并且锁在了屋里。

后来，小约翰对我说，他那天实在是饿极了，真想把床单都吞下去。可是，无论他怎样哀求，都无法让母亲给自己食物吃，于是他就在饥饿中睡着了。直到第二天，约翰的母亲一大早就给他送去了牛奶和他最爱吃的点心，可是这时候小约翰什么东西也不想吃，按他自己的说法是"我已经饿过头了，对什么东西也没有食欲，并且也感觉不到饿了。"自此以后，小约翰似乎再也没有了以前那种好胃口。每天只吃一点点东西，有时甚至什么也不想吃，也不觉得怎么饿，以至于造成了现在这种骨瘦如柴的样子。

听完表妹的讲述，我把小约翰叫到一边，问他为什么不想吃东西。他说，那天晚上他梦见了很多好吃的东西，当他正准备吃的时候，母亲却突然出现在了面前。母亲身边有一条很大的狼狗，恶狠狠地盯着他的食物，似乎马上就要扑上来抢他的美食。后来，母亲很严厉地骂了他一顿，还让那条大狼狗咬了他。小约翰告诉我，他一想到吃东西的时候，就会想起梦中的那条凶恶的大狼狗，所以根本就不敢吃，渐渐地就变得对食物没有兴趣了。

看着小约翰瘦骨嶙峋的样子，我心中感到非常难过，就算孩子再不听话，也绝对不能用禁止吃东西的办法来惩罚他，而应该采用合理的教育方法。因此，我很严厉地责备了表妹，而她自己对当初的行为也非常后悔。后来，我们带小约翰去看了心理医生，费了很大的力气才治好了他的厌食症。

作为父母，一定要记住，管教孩子的方法有很多种，不管孩子有多大的错误，都不能用不许孩子吃东西这种方法来管教孩子，采用这种方法的父母真可以说是愚昧无知的，它给孩子幼小的心灵上留下的阴影，甚至可能会成为他一生的负累。而且，我们都知道，对待成年人应当就事论事，可为什么却总是以事论人呢？实际上，用这种愚蠢的教育方法来管教孩子，非但不能让他正确地认识错误并加以改正，甚至还会影响他的心理健康。小约翰的例子就是最好的见证。

我认为，孩子在小时候未得到良好的教育，最终都会在长大之后表现出来。在我们的周围，孩子们有各种各样的缺点，有的自私，有的贪婪，有的阴郁，有的自卑，其实很大程度上都是父母教育失误所导致的，而利用禁吃食物来处罚孩子，就是一种非常普遍的错误的教育方法。试想，如果我们用吃来奖惩孩子，他可能会认为生活的目的就是为了吃喝，就容易形成自私、狭隘的性格。并且，如果孩子因为犯了错误而挨饿，就会潜意识地认为父母不爱他，从而导致性格变得阴郁。一旦他有了这种错误认识，必定会对他的未来产生很多不良影响，我们当然不希望自己心爱的孩子被这种不良影响所困扰。所以，千万不要用食物来奖惩孩子。

鼓励女儿独立进食

在喂养女儿维尼芙雷特的过程中，我始终坚持这样的原则：鼓励女儿独自进食，让她觉得吃东西不仅是一件重要和愉快的事情，而且还是一件她想做和能做的轻松自然的事情。特别在很小的时候，如果她觉得用手指比较方便，那么即使她用手抓着吃，我也不会去指责和训斥她。因为我始终相信，只要给女儿提供足够的食物，她就完全不会挨饿。

也许有的母亲会认为，我对女儿采取这样一种喂养的态度，是对孩子的漠不关心，是一种不负责任的行为，而事实却并非如此，这是我在养育女儿过程中所得到的经验，我想它应该适用于世界上所有的孩子。我认为，对于孩子的饮食来说，最好应当采取多提醒、少训斥的方法，逐步培养他良好的饮食习惯。因此，无论维尼芙雷特喜欢先吃什么，喜欢把哪些食物一块吃，我都由她自由地选择，只要她没有挑食或贪吃的迹象，我都会尽量让整个进餐过程变得和谐而愉快。

哈里斯·莱恩斯特博士是一位著名的营养学专家，他在自己的作品《关于大脑的营养》一书中这样说道："任何一种营养不足都会降低某些神经信息传递的水平，并会影响到多种相应的行为，产生负面的影响。同样，身体或精神的失常也可以通过调节相关传递因素而得到矫正，这可以通过对饮食做简单的改变而做到。"另外，他还在书中详细列举了损害大脑功能的其他营养不良的情况，并且特别介绍了一种人体自身不能生产出来的多元不饱和脂肪酸缺乏时所造成的结果，与此同时，莱恩斯特教授还说道："值得庆幸的是，同样很容易发现，一匙玉米油就足以满足一个成年人一整天的全部需要。但是，这一匙对正常大脑功能是至关重要的，没有这一匙玉米油，大脑就不能修复髓脂质鞘，结果可能会导致动作不协调，混乱，失去记忆，偏执，冷漠，发抖等症状。"

在现实生活中，类似营养不足引起大脑功能降低或损伤的情况并不少见。但是，如果父母想要孩子的大脑能高效运行，胜任所有形式的脑力劳动其实并不困难，只需要对饮食的合理安排，就能更适合于孩子的营养需求，从而维持其生理平衡。因此，我个人认为，科学的饮食可以供给大脑正确的"食物"，能够帮助提高孩子的脑力，是孩子发展智力必不可少的起始步骤。

自从维尼芙雷特出生之后，我就时常仔细观察她的一举一动。在这种观察中我发现，像她这样的婴儿生长得特别迅速，其中最初3个月当属最快，所以这一阶段的营养补充和摄取比其他任何年龄阶段都更加重要。除了像前面谈到的那样，及时给她母乳喂养之外，我还用牛奶、羊奶喂她，并用各种米、面粉、黄豆等制成的代乳品喂她。

另外，在女儿1～3个月的时候，我还给她喂一些果汁和菜汁，如橙子汁、西红柿汁、胡萝卜汁、菠菜汁，等等。等到4～6个月的时候，我就给她喂香蕉泥、苹果泥、土豆泥、胡萝泥、蛋黄泥、鱼肉糊、青菜粥、牛奶粥等。7～12个月的时候，我特别给她做了青菜末、牛肉末、鱼肉泥、鸡肉粥，还时常给她喝一些鸡汤、骨汤等。我发现，维尼芙雷特在吃这些东西的时候，好像比吃奶还要高兴。

维尼芙雷特在1岁多时，就已经断了奶。在刚开始的时候，我主要还是给她喂牛奶，并且在每天的正餐之间，会定时给她喂上一些辅助食物，比如肉末、蛋羹、果菜等。因为我知道，这时候母乳的营养价值已经大不如前，孩子主要的营养已经不是来自母乳，而是从每日的饮食之中摄取。因此，我更加注意食物的调配，从而保证营养的供给。

在维尼芙雷特2岁时，我主要喂她菜、肉、鱼、蛋、豆制品，同时辅以面包、薯类等食品。那时候，小维尼芙雷特非常不喜欢吃蔬菜，我经过仔细观察才发现，她不喜欢吃的主要原因是由于蔬菜纤维过长，味道和口感都相对差一些。因此，我就会尽量把菜肴做得更加精细一点，使她愉快地接受。

在维尼芙雷特3岁时，我认为这时各种类型的营养对她极为重要，尤其是那些基本的营养类型一样都不能缺少，而那些特殊的营养则能为孩子的成长提供必需的重要能量。比如，脂肪吃得过少、导致热量不足，就只能依靠糖类来补充，但是一定要适量，因为过多地吃甜食会造成孩子食欲不振、蛀牙等不良后果。所以，我从来不会给女儿吃太多的糖，即使确实需要，也会让她有节制地食用。

从女儿3岁的时候起，我便开始注意她的饮食规律。一般情况下，在每日三餐之间会加一些不影响正餐的辅助食品，从而让她全面、无遗漏地摄取各种营养。到了5岁，小维尼芙雷特的乳牙已经出齐，咀嚼能力大大增强。这个时候，我认为她的饮食要求已经大体接近了成人，因此就给她吃各种成人吃的食品。不过，我很少让她进食刺激性强的食物，因为这些食物可能会对她那娇嫩的器官造成致命的伤害。另外，在那个阶段，我在为她安排食物的时候，还会注意各种食品的花色种类，注意粗粮和细粮，荤菜和素菜的搭配。

在教育孩子的过程中，很多父母可能都遇到过这样的情况：孩子在吃饭的时候会特别爱说话，有时候还会边吃边说话边比画。我们都知道，这样一来，不但吃得慢、吃得不专心，长此以往还会对孩子的身心发育不利。因此，当家长们遇到这种情况，就会严厉斥责孩子，告诉他这是一种坏习惯，希望他能改掉。然而，这样做的结果固然能够让孩子不说话，但同时也打消了孩子对食物的兴趣，使整个过程变得死气沉沉，同时也会影响孩子的表达愿望和能力。维尼芙雷特在成长的过程中也有过这样一个阶段，但我与其他家长所不同的是，一般女儿边吃边说话的时候，我不会干预她，除非她做得太过火。不过，即使是干预，我也不会对她进行斥责，而是及时加以引导，让她自己意识到这是一种不好的习惯，从而自己加以克制。这样一来，不仅不会影响她的进餐兴趣，更不会激起她的逆反心理，使局面变得无法控制。

另外，食欲对我们人类来说是非常重要的。调节和控制食欲，可以帮助父母巩固和加强孩子成长发育的成果。然而，值得注意的是，孩子食欲旺盛固然是件好事，但如果食欲过于旺盛则未必值得高兴了。我认为，孩子如果贪食，其中必定有问题，所以，调整好孩子的饮食对他们的成长至关重要。

对于人来说，吃是天性，孩子偶尔嘴馋也是难免的事，但关键是在这种情况下应该如何去引导他们。当然，小维尼芙雷特也有贪吃的时候，每当她在不适当的时候想吃东西，我就会想一些办法引导她忍耐，等那股馋劲过去，以此来减少食物对她的诱惑。

我认为，孩子的饮食方式是多种多样的，作为父母应该充分考虑一下孩子的年龄、体质、营养等各方面的因素，认真选择适合于孩子的方式，从而加以适度调控，并且循序渐进地帮助和引导孩子建立起健康的饮食心理。事实上，也只有这样，才能让孩子健康地成长，而不会白白浪费父母的精力，最终劳而无功。

第三章

打开孩子的感观之门

经验告诉我们，婴儿的确需要相当长一段时间才能听懂父母所讲的话。但是，自从孩子来到这个世界上，就会对父母不同的话做出各种各样的反应。对此，我也有着深刻的体会：每当我对女儿温柔的讲话时，总会看到她非常愉快的神情；但是，如果我大声斥责，她就一定会不停地哭喊。因此，我奉劝年轻的父母们，如果你了解到这些知识后，一定要有意识地培养并训练孩子的听力，并且尽早和孩子讲话。

用音乐唤醒女儿的耳朵

我认为，任何能力只有认真开发并加以利用之后，才可能有所发展，否则便永远不会得到增长与提高。所以，对孩子的教育必须尽早开始。而我对维尼芙雷特的教育，是从训练她的五官开始的。

对于孩子五官的训练，我认为最好从听力训练开始。科学研究发现，婴儿听力的发展实际上要比其他方面发展更早，甚至比视力还要早。实际上，早在母亲怀孕的时期，婴儿就已经能够听到声音了。我想，如果父母能意识到这个问题，尽早对孩子实施合理有效的胎教，孩子的听力就会得到更早更好地发展。否则，孩子听到的很可能只是母亲单纯的心跳声。

正是由于这个原因，我在女儿还没有出生的时候，就已经给她取好了名字，并且经常对着腹中的孩子这样讲话："小维尼，小维尼，妈妈正在跟你说话呢，你听到了吗？"除此之外，我还时常给她唱一些动听的儿歌。我相信，她一定能够听见。

很多父母可能都有过这样的经历，当孩子听到尖锐的声音马上就会受到惊吓，而且声音越是尖锐，孩子的反应就会越强烈。于是，当我发现维尼芙雷特有这样的举动时，我就知道她已经具备了足够的听力，因此我便开始抓住时机对她进行听力训练。

我发现，维尼芙雷特在很小的时候就非常讨厌刺耳的声音，反之，对有韵律、有节奏的声音，如歌曲、有节奏的鼓声和"嘀嗒"的时钟声却非常感兴趣。所以，当看到女儿有这样的表现时，我就用听音乐和朗诵诗歌来开发她的智力和潜力。

可以说，小维尼芙雷特幼年的时光，实际上完全是在音乐旋律中度过的。作为我个人来讲，一直有着对音乐方面的特殊爱好，并且时常在家里弹一弹钢琴，于是我就发现，每当女儿听到悦耳的琴声时，总会流露出激动的神情，似乎完全沉浸在美妙的音乐之中。

我想，大概维尼芙雷特对音乐的敏感在这个时候就已经得到了很好的启蒙。记得有一段时间，我正在练习贝多芬的《致爱丽斯》，而小维尼芙雷特则自己在隔壁的房间里躺着玩。有一天，在弹完钢琴之后我去看女儿，还没有进门的时候，就听到她在"咿咿呀呀"地哼着什么。于是，我就在门口停了下来，贴着门认真听她在"咿呀"什么。让我大为吃惊的是，她居然在哼《致爱丽斯》前面的几个乐句。虽然并不是那么标准，但还是能听出个大概来。

当时，我非常激动，突然感觉自己好像获得了一个小小的知音，而这个知音居然是只有8个月大的小女儿，这让我觉得简直太不可思议了。于是，为了让女儿对《致爱丽斯》前面的部分加深印象，尽管我已经弹得很熟练了，但仍然反复弹奏着那几个段落。果然，我的工作并没白做，不久之后，小维尼芙雷特就可以把那几个乐句完整地哼出来了，而且旋律和节奏都是准确无误的！后来，维尼芙雷特3岁的时候开始学钢琴，她很快就把《致爱丽斯》这首曲子的大部分学完了，除了几个特别难的地方，她几乎可以说是一气呵成。我想，这一定和摇篮时期的学习有很大关系吧。

那时候虽然女儿很小，但已经在脑海中记录下了许多乐曲。除了给她弹琴之外，我还经常放一些经典的乐曲给她听。慢慢地，我发现女儿对不同风格的乐曲会表现出不同的反应。比如，当听到莫扎特的小夜曲时，女儿会显得非常愉快而高兴；当听到巴赫的乐曲时，女儿则会显得很安静；然而，当听到贝多芬的乐曲时，女儿又会表现得非常激动而兴奋；当听到舒伯特的《摇篮曲》时，女儿又会安详地入睡。我想，音乐大概是人类的一种本能吧，每一个孩子对音乐都有着超强的天赋，都能从音乐中获得积极的成长元素，只不过有些父母错过了用音乐锻炼孩子的好时机。

为了进一步培养维尼芙雷特对音乐的敏感度，我除了让她接触不同的乐曲外，还让她自己玩钢琴，每次当她敲响那些黑键或白键时，总会咯咯地笑个不停，由此表现出她内心的喜悦。基于这样的经验，每当维尼芙雷特不高兴或哭闹的时候，我就会抱着她到钢琴前面弹上几个音，或者让她自己来弹几个音听一听。我发现，她对钢琴有一种特别的情愫，只要琴声一响，无论她哭得有多么厉害，都会立刻平静下来，认真地倾听。有时候，我觉得给她太多琴声的刺激会影响她的成长，因而把她抱开，结果她又哭闹起来。

为了让女儿对各种音形成一个准确的概念，我特意在钢琴C大调的七个基本音的琴键上分别贴上红、橙、黄、绿、青、蓝、紫七种颜色的纸条，并告诉女儿，这些键的名字叫红色的声音、橙色的声音、黄色的声音等。我几乎每天都会抱着女儿来到钢琴前，敲响这些琴键给她听，陪她一起识别这些音。真是功夫不负有心人，在女儿还不到6个月大的时候，就已经能把这几个音准确的区分开了。

伴随着小维尼芙雷特的成长，她慢慢地开始学会讲话了，我就告诉她这些颜色分别代表着什么音。有时候我还会随机地问她："红色代表什么音？绿色代表什么音？"女儿总是能够迅速灵敏地回答出来："红色是do，绿色是fa。"有时候说得高兴了，甚至连我没有问到的音也一口气说出来。每当这个时候，我就会不失时机地对女儿进行由衷地表扬。

虽然我自己从小就有对钢琴的爱好，但毕竟不是专业的。为了让女儿能在一开始就接受完整的专业知识，在她3岁开始学钢琴的时候，我就特地请了一位音乐教师来教她。没有想到，第一节课上完之后，老师就非常惊讶地看着我说："这简直太不可思议了！你的女儿有一定的乐感也是正常的，因为你本人就非常喜欢音乐。但是，她的音准概念简直太好了，而且还能把每一个标准音都记得那么清楚！你要知道，对于任何一个学音乐的人，要想培养标准音的概念，都是要花费大量的时间和精力来练习的啊！"

于是，我给这位老师讲了自己培育女儿所用的方法，老师不禁感叹道："如果所有学音乐的孩子的父母都能够像你这样，在婴幼儿时期就对孩子进行合理有效的训练，那么这些孩子将来在音乐的道路上一定会倍感轻松。这样的话，这个世界上真不知道还会拥有多少音乐家呢！"能够得到音乐老师这样的评价，我想这是对我关于女儿音乐教育的最好肯定了。

我认为，孩子来到这个世界之后，父母应该尽早和他们讲话。所以，在维尼芙雷特还是个小婴儿的时候，除了让她沉浸在音乐之中之外，我还经常和她谈话。

从我的教育经验来看，女儿其实是最喜欢我同她说话的声音了。我经常发现这样的情况，每当女儿啼哭的时候，只要我走到她旁边和她讲话，她就会立即停止哭泣，静静地看着我，好像她真的听懂了我想要表达的意思。有时候，女儿安静地躺着，并没有让我爱抚的意思，但只要她一听到我的声音，立刻就会动起来，并且非常渴望我能爱抚她。同样，有时候，在我讲话之前她还在蹬腿，但只要一听到我的声音，就会马上平静下来。

各种各样的经验告诉我们，婴儿的确需要相当长一段时间才能听懂父母所讲的话。但是，自从孩子来到这个世界上，就会对父母不同的话做出各种各样的反应。对此，我也有着深刻的体会：每当我对女儿温柔地讲话时，总会看到她非常愉快的神情；但是，如果我大声斥责，她就一定会不停地哭喊。因此，我奉劝年轻的父母们，如果你了解到这些知识后，一定要有意识地培养并训练孩子的听力，并且尽早和孩子讲话。

有经验的父母可能都有这样的认识，初生的婴儿除了会哭之外，还会发出一些其他的声音，比如，有时候可能是饭后高兴的"咯咯"声，而有时候则是哭泣前伤心的"呜呜"声。尽管这些声音并非有意发出来的，但却是他们正常的生理反应，而且这些声音也传达出了一些特定的信息。对于这些信息，做父母的也应当引起注意。

女儿维尼芙雷特在刚出生6个星期时就对声音有所反应了，特别是对我的笑声和说话声，好像非常敏感。等到两个月大的时候，她不仅学会了微笑，而且还能发出一些"咿咿呀呀"的声音。这让我非常高兴，于是我便抓住时机和她讲话。我相信，这对孩子的成长来说，是非常重要的。我认为，如果照顾孩子的大人不喜欢说话，而且也不愿意搭理孩子或者和其他大人说话，那么这个孩子说话的时间就会减少了。况且，除了和大人说话交流之外，孩子有时自己也会自言自语。我希望所有的年轻父母，都能抓住这个关键的教育时期，尽可能多地与孩子进行言语交流，从而使孩子的听力得到更好的发展。

为了让小维尼芙雷特的听力发展得更好，我还想了另外一些有趣的方法。当我发现玩具发出声响时，女儿就会扭头寻找声源，找到之后便瞪大眼睛很好奇地盯着看，所以我在女儿两个月大的时候，就给她买了一些可以发出声音的玩具，如小鼓、铃铛之类的东西，以帮助她增强对声音的辨别能力。除了这些之外，我还常常用轻柔的声音为女儿朗诵诗歌。我想，毕竟诗歌和音乐在很多方面还是不同的，一个完全是声音，一个则包含意义。实践证明，朗诵诗歌非常有帮助，在女儿刚满 岁的时候，她就已经可以流利地背出维吉尔的某些诗句了。后来，女儿也养成了每天晚上背诵诗句的好习惯，也正是因为喜欢，她很快就能背诵得非常流利了。我想，这也无形中对她的表达能力产生了一些积极的影响吧。

用色彩培养女儿的视觉

在我们周围，很多人认为孩子的听觉和视觉是自然形成的，因此不必在这方面花费太多心思。然而，我认为这种看法是错误的，是不科学的。如同对婴儿的耳朵进行训练，对婴儿的眼睛进行训练，在其成长过程中也是至关重要的。有些人可能错误地认为，婴儿的眼睛形同虚设，根本看不见任何东西。但事实上，婴儿只要睁开眼睛就能看见东西。在现实生活中，可能不少父母会有这样的经历：婴儿醒着的时候，总是呆呆地看着窗帘或明亮的窗户，根本没有什么反应。其实，这并不是孩子看不见东西，而是根本没有东西可看。

记得有一次，小维尼芙雷特呆呆地盯着天花板，眼睛里一片茫然，样子显得有些呆傻。我便走过去逗她："怎么啦，我的小维尼？"然而，她还是没有反应。我就感到非常奇怪，女儿今天为什么这么迟钝，是不是生病了？当时，我的手里正好拿着一本红色封面的书，恰巧在她的眼前晃了一下，突然，我发现她的小脸蛋上露出了笑容，并且使劲地挥舞着小手，不停地蹬腿。我这才恍然大悟，原来女儿最喜欢看鲜艳悦目的东西。那天，我到外面买回了许多颜色鲜艳的东西：美丽漂亮的图画，五颜六色的布娃娃，甚至还特地把窗帘换成了绿黄相间的花窗帘。总之，为了提高女儿对色彩的观察能力，我把她的房间布置成了颜色亮丽的小公主房——四周墙上挂了各种漂亮的图片，其中有名画的临摹品，还有美丽大方的装饰画。

也许正是那样一次偶然的经历，我深刻地意识到了色彩对于孩子视觉成长的重要作用，同时也领会到了图画对孩子智力开发的重要意义。我想，在善于绘画的母亲培养下成长的孩子，一定是非常幸福的。正是由于这个原因，我在女儿还不懂事的时候，就为她准备了许多美丽的花草和鸟兽的图画，时不时地拿给她看。除此之外，我还会给她看一些有着漂亮插图的小人书，并不时读给她听。这时候，小维尼芙雷特总是饶有兴趣地看着，静静地听着。我想，尽管她那时候还什么都不懂，但已经对母亲的声音和图画的颜色感兴趣了。

等到维尼芙雷特再稍大一点之后，我除了给她看更多的图片外，还给她买回了颜料、画笔和纸，开始教她画一些简单的东西。非常有意思的是，或许因为当时她的手太小了，根本握不紧画笔，总是掉下来，但她仍然表现出对画画的巨大热情，每次掉下来都会急忙去拾，看着她用力抓笔的样子，我都会忍不住笑起来。

有时候，维尼芙雷特看着一大堆花花绿绿的颜料，但又不知该怎样去用它们，于是就急得咿咿呀呀地叫，一副不知所措的样子，那副样子简直太可爱了。记得有一次，我索性把各种颜料都给维尼芙雷特挤在调色板上，让她自由自在地玩。这样一来，她显得高兴极了。结果，让我没想到的是，她居然把自己弄得一塌糊涂。当时，我帮她做好准备工作之后，就到别的房间去了，而当我再次走进女儿的房间时，情形已经大不一样了。小维尼芙雷特满脸都是颜色，本来洁白的衣服也成了花衣服，连地板上都到处是颜色。我想，如果这种情况让别的父母碰上，大概早就火冒三丈了吧。但是，我并没有这样，我觉得脸和手脏了可以洗干净，床单弄脏了可以再换，但是如果女儿在我的斥责声中失去了玩耍的乐趣，失去了对色彩的感觉，那可能就再也无法挽回了。

"啊，我的小维尼，你看你，把房间搞得多脏啊。"我虽然嘴上这样说，但语气却是很温和的。并且很细心地帮她收拾，不让颜料进入她的眼睛或嘴里。这个时候，我猛然发现，在旁边角落的墙壁上，有一个淡黄色的图案。我仔细一看，竟然是一只小鸭子！当时，我真是太激动了，不管是有意还是无意的，维尼芙雷特毕竟在墙上画出了她的第一幅画啊！

女儿的"小鸭子"给了我很大的勇气和信心，于是我决定教她使用画笔。我把画笔放在她的手上，耐心地教她怎样握住笔。在很多次的失败之后，维尼芙雷特终于能牢牢地握住画笔了。会使用画笔之外，女儿就不再用手去抹颜料，而真正开始了她用笔画画的道路。

为了增强维尼芙雷特对色彩的感觉，我不仅给她买来了颜料，还给她买了色谱，并且安排时间耐心地教她区分不同的颜色。没过多久，女儿居然记住了很多种颜色，不仅是红、黄、蓝、绿等基本色，甚至还能说出不同灰度的颜色的名称来。这真的让我非常高兴。直到今天，维尼芙雷特一谈到色彩，还会说出一些专业的名称来。对于一般人来说，如果没有受过专业的训练，看到颜色之后通常只会说"那是红色，那是橘黄色"，或者"那是灰色"，但维尼芙雷特从小就会说："哦，那是紫红，那是普鲁士蓝，那种灰色有点偏黄，哦，那块黄色有点偏绿……"虽然她后来没有成为画家，但她对色彩的认识却远远超过了一般人。记得维尼芙雷特曾经对我说："妈妈，我真是太幸福了，因为我能看到大自然中各种各样美丽的色彩。不仅是多变的天空和五颜六色的花朵，我还能在别人不经意的地方看到色彩的细微变化。看那张旧桌子，它的色彩变化有多么复杂啊，简直就是紫灰色和蓝灰色组成的色彩乐章……"

维尼芙雷特学会走路之后，我经常带着她出去散步，并让她观察大自然中的各种色彩。事实上，那时候她已经是一个小小的色彩专家了，她对色彩的认识甚至比我还要强出许多。每每看到天空的颜色、原野的颜色、森林的颜色、海水的颜色、建筑物的颜色，以及人们服饰的颜色，她都会陶醉在这些美丽的色彩当中，同时还会对周围的色彩品头论足。所以，每一次散步，我都会听到小维尼芙雷特不停地评论周围的色彩。

"妈妈，你看看那片天空。上面是深蓝色，左边有点湖蓝的味道，右边在向钻蓝过渡了。快看，快看，接近地平线的地方在向紫灰和蓝灰过渡……""妈妈，你看那位阿姨的衣服，颜色搭配很不协调，一点也不好看……花里胡哨。""看远处那座高高的教堂，色彩搭配真是美极了……"总之，维尼芙雷特不会放过一次评论的机会。而每当这时候，我都会感到很欣慰，并且积极参与她的观察和评论，有时还会和她发生一点小小的争执。不过，更多的还是高兴。看着女儿正沉浸在周围事物的美丽之中，我认为女儿是幸运的，也是幸福的，她不像有些人那样对身边的美视而不见，而是尽情地享受它们。

我觉得，女儿通过对周围色彩的观察，不仅得到了美的享受，更重要的是形成了敏锐的观察力，建立起了一种独特的视觉感受力。并且，这种善于观察的习惯和能力，对她智力的发展和本身内在潜力的开发都是非常有帮助的。

多种方式塑造孩子丰富的情感

游戏，除了交流感情，还有一个重要功能，那就是培养孩子的健康心理。游戏的功能不在于让孩子知道多少知识，那是课堂上应该完成的事情，家庭游戏的重要作用在于，让孩子有众多的情感体验：快乐、幸福、激动、紧张、恐惧、同情、宽容等，也就是在模拟的世界中成长，逐渐塑造出丰富、成熟的不同情感特点。

我的好友丽莎有一个3岁大的女儿，这个孩子非常可爱，很喜欢自己玩，除了打扮娃娃之外，她最常玩的游戏就是模仿丽莎了。刚开始的时候，丽莎还很高兴孩子会自己玩耍，不会打扰大人。但有一次，丽莎仔细观察女儿的游戏模式，赫然发现她反复模仿和演练的竟是妈妈的日常活动：买菜、做饭、梳妆打扮、电话聊天、匆匆忙忙出门去上班等，甚至会边穿衣服边拿东西，嘴巴里还会忙不迭地喊着："来不及了！来不及了！贝贝再见！要乖……要听话……"

孩子惟妙惟肖的动作、表情，既令平时忙碌的丽莎哑然失笑，又让她隐隐的多了一些忧虑：规律、单调的生活环境——家庭，和唯一的模仿对象——妈妈，使孩子的玩耍模式也变得一成不变，缺乏创造和想象的空间。但是孩子却从中体验到照顾他人、安排事情的乐趣。

其实，想要让孩子有更多的情感体验，就需要抽出时间来陪孩子一起活动。家长可以在家中模仿幼儿园的教学模式，设置一些特殊的"游戏角落"，布置玩具。玩具不一定要有多精巧多高科技，家中安全的废弃物也完全可以利用起来，比如大纸箱、旧布、坏掉的门把手，都可以变成孩子的宝贝，在孩子的游戏中变身成各种各样的角色，创造出各种不可思议的效果来。例如纸箱变城堡、火车；旧布变云彩、巫婆斗篷；门把变喇叭、假鼻子……孩子的想象力一旦被开启，往往连大人也望尘莫及。在玩的过程中，不但孩子的动手能力会得到很大的提高，他对感情的理解也会越来越丰富、深刻。

另外，户外活动对孩子来说，也是必不可少的。孩子是属于大自然的，美丽的自然会让孩子感触到壮阔、沉静、真实等在家中无法体会的情感。

多让孩子和其他人接触，也是培养孩子丰富情感的好方法。与陌生人交流会为孩子创造更多玩耍学习的机会与空间，迈出社交的第一步。

多种方式综合运用，孩子的情感心理会有很大的进步，这就需要父母看到这种进步，正确地理解孩子体验情感、表达感情的方式。例如，陪孩子玩耍，除了创造多元机会与空间，更应确切掌握幼儿的听觉与理解特性。许多爸妈会用"大人"的角度，和"小孩"互动，间接或直接安排甚或命令孩子怎么做、怎么玩、玩什么。其实小孩就是小孩，并不是"小大人"，他们是独立的个体，也拥有自己的想法，像是一个隐藏的"神秘宝盒"，我们只能逐步开启和循序引导，不能掌控。

一味争强好胜的孩子情感并不健康，不能坦然面对失败的孩子日后也会因此承受更多压力和痛苦。从小就去体验生活的多面性，游戏是当之无愧的启蒙老师。想让孩子成为出色的人，首先让他成为情感健康的人；要想让孩子拥有宽阔的心胸和坚强的意志，就需要从转变家长的游戏态度开始。

如何培养孩子的注意力

注意力是意志的一种表现。事实证明，注意力在创造性劳动中具有很大的作用。一位教育家说："注意力是我们心灵的唯一门户，意识中的一切必然都要经过它才能进来。"善于集中注意力的人，就等于打开了智慧的天窗。谁的注意力不集中，谁就不可能自觉地做好他所从事的工作。因而，培养孩子的注意力，是教育孩子的第一步。

作为家长，可能经常会发现孩子注意力不集中，一会儿做这件事情，一会儿又跑去做那件事情，尤其是在做功课的时候，总不能静下心来一次做完，常要每隔5分钟便出来喝水或上卫生间。如果不准他出来，孩子便在房间里看漫画书或玩小汽车。

其实，对于几岁的孩子们来说，他们对于一件事情的注意力大概只能维持在10分钟左右，一旦原来的事物不再有新的趣味，或改变了可以吸引他的注意焦点时，孩子便很容易将注意力转移他处，这是很正常的现象。如何让孩子对原有的事物保有持续的兴趣，需要靠父母从小培养孩子的注意力。

我们都知道注意力是一个人成功的关键，只要能够集中精力、专心致志，许多事都能事半功倍。当孩子进入幼稚园或小学，在学校的大团体中，老师授课时不再只是单独教学，而是面对整个班级的学生，如果孩子在上课时分心，不集中注意力，很容易跟不上进度，相信这不是家长所乐于见到的现象。

那么，如何培养从小专心学习的态度？

培养孩子专心的态度，首先得先找出孩子不能专心做事的原因。例如：小学生不能专心做功课的原因，有时是孩子学习环境不佳所造成的，外在的干扰使孩子分心，导致孩子不能够集中注意力。

而家长常犯的错误便是要求孩子在房间里写功课，自己却在客厅谈话声音很大，这不仅会影响孩子做功课的专心度，而且不了解孩子究竟是在房间里玩还是读书。

曾有位妈妈告诉我，他每天花一个小时的时间陪孩子做功课，不仅让孩子在做功课时有不懂的地方可以请妈妈帮忙，也可以增进母子感情。所以如何培养孩子注意力，我们可以先将容易引起孩子分心的事物排除，甚至可以陪同孩子一起念书，多培养孩子在各方面的能力与兴趣，从户外活动、郊游、参观到美术、音乐的学习，慢慢让孩子去发觉自己的兴趣在哪一方面，幼小的孩子甚至可以让他多玩一些启发性或具挑战性的玩具，让孩子专心、独立地去学习，而不要强迫或干扰他们。

父母也可以利用游戏来培养孩子的注意力。例如：和孩子玩听写游戏，你可以念三五组数字，然后让孩子一次写下刚才念过的数字或者让孩子看几张动物图，然后收起来，请孩子说出有哪些动物。如果反复的练习，不但可以增加孩子对一件事物的注意力，也可培养孩子的专注力。

其实，训练孩子专心的方法很多，陪孩子一起玩拼图或组合模型都是很好的方法。玩拼图可以让孩子学习留意每一块图片之间的图案，并能够培养耐心，从小图案拼到全部完成，组合模型也有同样的作用，能让孩子在玩乐中学习如何克服困难、如何自己寻求解决之道，最重要的是孩子在整个独立的学习过程中能得到成就感，并能培养耐心和专心。

集中注意力的另一种方法是在学习中不断提出问题。例如，当学生们学习美国历史时，他们可能会问自己这样一些问题："美国历史上的那一阶段的真实情况是什么？让我想象一下工厂的工人的情况，想象他们在决定成立工会之前生活究竟是怎样的？假如我是工人中的一员，那么我会支持还是反对工会呢？让我想象一下，导致工会成立的这一连串事件。"

还可以向孩子提出建议，让他们问自己这样一些普通的问题：这段短文说的是什么事情？其中谁做了些什么事？为什么这样做？

短文中哪些论述说了中心意思？它所谈论的是正确的还是错误的，为什么？文章中提出了什么原理？

让孩子自己提问题有两个目的。第一，能帮助孩子们把分散的注意力集中到功课上来；第二，能帮助他们把注意力保持在自己的功课上。

另外，运用适当的赞美比指责更有效，尤其孩子在专心做一件事情时，若有好的表现，家长可就好的表现加以赞美。

其实，学习能力每个人都不一样，有的孩子心智发展很快，有些则较慢，但专心认真的学习态度则是通过后天训练的，因此从小培养孩子专心的习惯，对孩子未来的学习、生活都将会很有帮助。

感觉能力要和实物联系起来

我那可爱的维尼芙雷特，不仅有着非常惊人的感受能力，而且，在她很小的时候就能恰当地运用词语来表达自己的感受。我想，这与她从小受到良好的感觉能力训练是分不开的吧。在这一节里，我想要对大家讲一讲我是如何通过有效的方法培养女儿的身体感觉能力，并且在这一过程中，使她逐渐学会一些有意义的词汇的。希望能给那些不知从何着手的母亲们一些帮助。

记得在小维尼芙雷特6个星期大的时候，我就给她买来了五颜六色的气球，并把这些气球用线轻轻系在她的手腕上，只要她一动，气球就会随着手的动作而上下摆动，而她总是好奇地盯着那些动来动去的气球，当她意识到自己的行为可以左右气球的摆动之后，便很兴奋地晃动自己的手臂。看着她那可爱的样子，我心中的欢喜难以用语言表达。这时，我会不失时机地轻轻对她说："这个叫气球，它既圆，又轻。这一只是红色的，那一只是绿色的。"她就这样被深深吸引住了，我可以感觉到她体会到了红、绿、圆、轻这些概念，同时，也使她在不经意中学会这些形容词。我认为，这不仅仅是在坑，也是最早的学习。我还发现，这一方式很能引起女儿的兴趣，她非常乐意我这么教她。

小维尼芙雷特稍微长大一些之后，我又给了她一些小木片，有粗糙的，也有光滑的，我想，这些东西一定能帮助女儿感受物体的质感。

　　在那段日子里，只要是女儿感兴趣的东西，我都会尽可能提供给她，除非某些东西对她有害。并且，在教育女儿的过程中，我从不强迫她去接受什么。我认为这才是教育孩子应有的方式，要知道，孩子是鲜活的生命，只有在自然的情况下才能充分发掘她的潜能。我之所以努力对她进行各种引导，是因为不希望让她的精力无谓地消耗掉。我发现，由于实施了这样的教育，女儿总有事可干，她决不会因无所事事而去咬手指，或者因百无聊赖而沮丧，甚至哭闹、发脾气。

　　我的邻居卡丽特丝夫人曾经向我诉苦，说她的小儿子要么就整天哭闹，要么就垂头丧气，或者吸吮自己的手指头，因而她总是担心儿子是不是生病了。然而，请医生来检查过很多次，结果都说什么病都没有。她很想知道，为什么我的女儿总是生气勃勃的样子，并且希望我能够给她一些带孩子的好建议。

　　于是，我便到卡丽特丝家看望她的小儿子。当我走到孩子身边时，他毫无反应，只是呆呆地望着天花板，而且不停地吮着手指头，而当我试着去抱一抱他的时候，他居然像受了惊吓一样，放声大哭起来。

　　"亲爱的，你难道平时没有让孩子玩玩具吗？"我问卡丽特丝。

　　"玩具？难道这么小的孩子也要玩具吗？"卡丽特丝不解地问我。

　　"当然，我看你儿子整天没有精神，主要就是因为生活太单调了。你不要小看了孩子，别以为他在摇篮里就不需要玩具。你应该为他准备一些能引起他注意的东西。"我对卡丽特丝解释说，并向她介绍了一些维尼芙雷特平时喜欢玩的东西。同时，我还告诉卡丽特丝："那些有趣的玩具，不仅可以让孩子心情愉快，而最重要的是，它们对孩子早期智力的开发有着很好的帮助。"

"什么，这么小就要开发孩子的智力？"卡丽特丝一脸的诧异，仿佛看到外星人一样。

"当然，我从维尼芙雷特出生那天起，就已经开始教育她了。你看她现在那么快活，那么精神，全都是这种教育的结果啊。"然后，我又详细地向卡丽特丝介绍了我的教育方法，卡丽特丝听完之后深受启发，她决定把这些方法应用到自己的儿子身上。

功夫不负有心人，没过多久，卡丽特丝兴冲冲地跑到我家来说："这简直太神奇了，现在我儿子好像每天都特别高兴，再也不像以前那样死气沉沉了……他好像还总想和我说话，我觉得他想说点什么。"

"是的，这就对了，那么你就开始和他谈吧！你应该陪他玩，还要有意识地教他一点什么，从现在开始，你就应该培养他的能力了。"听到卡丽特丝这样说，我真为她感到高兴。

为了训练维尼芙雷特的感受能力，我这个做母亲的可真是费了不少心思，绞尽脑汁要让她懂得一些感知的概念。在生活中，我经常和女儿玩的另一种游戏是"蒙眼睛"，其实这是为了训练她在不用眼睛的情况下去感受身边的事物。方法同样很简单：我用一块布蒙住她的眼睛，把各种物品摆在她面前，让她用手摸，并说出摸到的物品的名称和她的感觉。比如，当她摸到一个玻璃杯时，我就问她："这是什么。"

"是一个小杯子。"她回答说。

"杯子是用什么做的？"我接着问。

"是玻璃做的。"

"那么，玻璃是什么样的呢？"我又问。

这时，维尼芙雷特会回答："它很光滑，冰冰凉，还很硬……"

我一问下去："那么，还有什么东西是光滑、冰凉，又很硬的呢？"

她回答说："还有金属勺子、叉子，吃饭用的盘子。"

"那么，它们有什么区别呢？"

这时，维尼芙雷特把杯子仔细地又摸了一遍，但还是回答不上来。

"你再仔细想想，"我开始提示她，"假如你能看得见的话………"

于是，她马上答道："我知道了，玻璃是透明的，而勺子和叉子是不透明的。"

游戏结束之后，我会让维尼芙雷特记住刚才说过的形容词：光滑的、冰凉的、透明的、不透明的。

总之，我就是用这一类方法来培养女儿的感受能力，同时还教会她一些形容词。女儿上学之后，能写出非常漂亮的文章，并且善于使用修辞。我一直认为，这与在她小时候受到的这种有趣的训练是分不开的。

当然，在这种游戏和训练之中，还会发生许多特别有趣的事，而这些事往往让我们母女俩终生难忘。后来，女儿在她的日记中曾经有过这样的回忆：

今天，我的作文得了第一名，这真令我兴奋。我想，我能够取得现在的成绩，要完全归功于我亲爱的妈妈。我还记得，自己3岁的时候，有一次妈妈和我玩"蒙眼睛"的游戏。妈妈把我的眼睛蒙上之后，把我带到了厨房，并把我的手放进一盆水里。

妈妈问我："维尼芙雷特，你摸到了什么？"

我当然知道那是什么，便立即回答道："这是水。"

妈妈又问："那么，你有什么感觉？"

我回答说："冰凉的，而且很湿……"

妈妈问我："还有什么是冰凉的，什么是很湿的？"

我想了想，回答说："冰淇淋是冰凉的，也是很湿的；还有铁，也是冰凉的，但它不湿。"

妈妈接着问："那么，和冰凉相反的有什么呢？"

我回答说："牛奶。"

妈妈问："那么，牛奶给你什么感觉呢？"

那时候，我还不知道牛奶有冷热之分，由于每次喝的都是热牛奶，所以在我的印象中它是热的。但是，我不知道应该怎样去表达那种感觉。我想了很久，还是不知道如何回答妈妈的问题。这时候，我感到妈妈用毛巾把我的手擦干，并把我的手放进了她的衣服里。顿时，我感到了妈妈身体的温暖。

"哦，我知道了，是热的，温暖的！"我兴奋地喊了起来。就在那一刻，我不仅明白了冷和热的概念，并且还学会了使用温暖这个词，我更明白了我的妈妈有多么好。妈妈是那么爱我、关心我，在我的心目中，妈妈是最体贴我的人，因为是她让我感受到了温暖的力量。

今天，老师夸奖我说，我的作文里有一个句子特别美，那就是：母亲用体温培育了像小鸡那样 刚刚破壳的孩子们。老师认为，我有写作的天赋，虽然这让我感到很高兴，但是老师不知道，我所谓的天赋都来自于从小妈妈对我潜移默化和循循善诱的引导。

我从心底里感谢我的妈妈。

第四章

过人的语言天赋，须从小培养

在我的周围，经常可以听到有些可爱的孩子说出错误的语言，比如他们会把猫叫"喵喵"，把狗叫"汪汪"。显而易见，这些话都是他们长大之后完全用不上的语言，他们幼年时期的宝贵生命被这种错误语言包围着，成年后浪费掉大量时间和精力来学习标准的语言。与其这样，倒不如从一开始就学一套正确的语言体系，让以后的他们能学到更多更好的东西。

语言是提高智力的垫脚石

作为一个母亲，当听到女儿说出第一句话时，我的内心是多么的高兴啊。尽管她的发音还是那样含混不清，但就是在这一刻，我感受到了母亲教育孩子的神圣使命，我觉得自己有责任从现在开始，不失时机地发掘女儿的语言能力。因为我知道，语言能力是开发孩子头脑最有力的手段，是提高孩子智力必不可少的垫脚石。

一般来说，大多数父母都会关注孩子的身体健康，但却往往忽视对他们智力的开发，这种做法是极其错误的。在我看来，很多父母仅仅是让孩子顺其自然，而不是有意识地鼓励孩子说话，这显然是一种无知的表现，可以说对孩子也是极不负责任的。对于这样的父母，我为他们以及他们的孩子感到遗憾。

我认为，如果不尽早地开展对孩子的语言教育，孩子的头脑就不能很好地发展。大量事实证明，如果能在孩子6岁之前及时教准确的语言，那么这个孩子的发展就一定会很快，而且其速度是其他孩子无论如何也赶不上的。然而，一旦错过了这个黄金时期，那么孩子的这一功能就会退化，至少会学起来非常困难，甚至有的时候还会反应迟钝。

当我对维尼芙雷特进行语言教育时，是将听和说的能力同步培养的。在我看来，听与说就是孩子学习语言的双翼，只有同时扇动才能展翅高飞，忽视了任何一方都是不可以的。所以，我竭尽所能为女儿提供听的环境和说话的机会。

在维尼芙雷特小的时候，听话的主要对象就是我和她的父亲，我想大部分孩子也都是这样的吧。在女儿很小的时候，我和丈夫都会有意识地同她交谈，让她倾听我们的声音。而且，从一开始说话，我们就对女儿使用准确的语言。我的发音清楚、缓慢，并且不断地重复和再现，因为我知道，女儿这个时候的反应速度不如大人那么快，只有耐心地慢慢和她说，才能够有利于帮助她理解。

每当女儿听到我说话，就会有一些反应，或者微笑、眨眼睛，或者摇手、蹬腿，这时我就会马上给予她鼓励，以增强她对语言的兴趣。当女儿能够开口说话的时候，我就会想尽一切办法保持女儿说话的热情。后来，当她能够说出双音词、短语时，我就给她说一些简短的句子，让她慢慢地理解和体会。

我总是在想，当孩子开口叫出"爸爸"、"妈妈"的时候，这是一个多么巨大的进步啊。从此以后，孩子就可以用自己的语言与父母进行交流了。因此，父母应该在这个时候全力鼓励孩子说话，为他们制造说话的环境和条件。我认为，如果把握好孩子的听和说两个方面，就抓住了教孩子说话的关键，孩子因此就会变得越来越聪明，从而向更高更远的目标迈进。反之，如果错过了孩子说话的时机，可能会造成孩子一生智力的障碍，这绝对不是危言耸听。

在维尼芙雷特幼年时，有一个叫克拉夫特的玩伴。他是邻居的孩子，比维尼芙雷特还大1岁，但两个孩子相比起来，简直就是天壤之别。

　　事实上，当维尼芙雷特已经能够运用世界语写剧本的时候，克拉夫特甚至还不能写出一个完整的句子来。我的维尼芙雷特伶牙俐齿，而克拉夫特说起话却面红耳赤、吞吞吐吐。不仅如此，与维尼芙雷特比起来，克拉夫特在其他方面也显得有些反应迟钝。

　　在我的印象中，克拉夫特是个很自卑而且非常内向的孩子。记得有一次，年仅3岁的维尼芙雷特拿着她刚刚写好的诗歌朗诵给小伙伴们听，虽然那些孩子看上去也不怎么懂，但仍然不停地拍手喝彩，而只有克拉夫特毫无反应。当维尼芙雷特问他，是否不喜欢自己写的诗歌的时候，克拉夫特羞愧地低下了头。因为他根本听不懂一句，更谈不上喜欢不喜欢了。看见克拉夫特羞涩的神情，我真的替他感到难过，于是便去找到他的母亲询问克拉夫特的情况。

　　经过询问我才知道，原来克拉夫特的父母工作都非常忙，在孩子小时候根本没有空暇时间来陪他玩。可以说，他的幼儿时期简直就是在孤独中度过的。我问克拉夫特的母亲，为什么不尽早地给他实行早期教育？他母亲则说，一方面是因为没有时间，另外其实也不知道应该怎样去教育他。更加让我感到失望的是，克拉夫特的父母根本就没有意识到早期教育的重要性，甚至认为如果让孩子过早地学习，可能会影响他大脑的发育。当听到这种话的时候，我简直痛心极了，正是由于父母错误的认识，才最终导致了克拉夫特没有能够健康地成长。

　　我决定尽我所能改变克拉夫特父母的观念，让孩子能够尽早地接受教育。于是，我便问克拉夫特的母亲，现在克拉夫特能够认识多少字，他母亲的回答让我感到吃惊："现在嘛，他还几乎不识字，我想等他上学后再去学习也不迟。"

　　当时，维尼芙雷特只有3岁，已经能够写诗歌和散文，而4岁的克拉夫特居然一个字不识，这真是让我无法接受。

　　后来，我还特意问过克拉夫特："克拉夫特，你想识字吗？"

　　"当然……只是……恐怕……"克拉夫特小心地和我说话，很长时间也没有将自己的意思清楚地表达出来。

当时，我看看在一旁玩耍的活泼可爱的维尼芙雷特，再看看木讷地站在那儿出神的克拉夫特，心里说不出有多难受。同样的孩子，为什么一个聪明伶俐，一个迟钝蠢笨呢？这就是不同的教育所产生的不同结果啊。当然，克拉夫特根本就谈不上受到过教育。其他的都不用说，克拉夫特的父母没有意识到早期教育的重要性，也没意识到教会孩子语言是开发孩子头脑的手段，所以才让孩子的天赋在不知不觉中消失了。

我记得，当时克拉夫特的母亲站在我身后，看着活泼的维尼芙雷特，充满羡慕地说："你的女儿是一个多么聪明的孩子啊，比我的儿子还小一岁，居然懂那么多的东西……我真羡慕你有这样的女儿……唉，我的儿子算是没有什么希望了……"

这时，我不失时机地对她说："那么，你就赶快对克拉夫特进行教育呀！"

她说："现在恐怕不行了，早期教育就算果真如你说得那样好，而现在也已经太晚了。你要知道，我的克拉夫特比维尼芙雷特还要大呢！"

我注视着她，认真地说："不晚，你的孩子才4岁，正是进行早期教育的时候，不要放弃。我想，只要你肯努力，一定会有好的成绩。再说，我还可以帮助你呢！"

于是，我便把教育女儿的方法毫无保留地教给了克拉夫特的母亲，并且建议她从培养孩子的语言能力开始对他进行早期教育。没过多久，在克拉夫特的身上就发生了巨大的变化，他在仅仅一年的时间中，不仅学会了读书和写字，并且性格也变得开朗起来，比起以前的迟钝木讷，简直判若两人。

最终，克拉夫特变成了一个聪明的孩子，并与维尼芙雷特成了最要好的朋友。在他们六七岁时，我经常看到他们在一起读书、学习，并且时常在 起讨论诗歌和音乐的话题。

教孩子完整的语言会事半功倍

我在前面曾经提到过，在维尼芙雷特还很小的时候，我就一直坚持用大人的口吻和她说话。最关键的是，从那时起我便注意用完整的语言和她进行交流。尽管我心里非常清楚，在当时她还不能完全理解我所说的话，但是，这又有什么关系呢？重要的是我要培养她将来用完整语言说话的习惯。

我是那么爱我的女儿，当她还在摇篮的时候，我就一直细心地观察着她。我发现，维尼芙雷特从小就对人的声音和物品发出的响声有着天然的敏感性。我想，也许别的孩子也是这样吧。据我所知，有些父母也认识到了这一点，并且他们也因此制订了一些教育规划。但让我感到遗憾的是，他们中的很多人却忽略了一个关键性的问题，即没有意识到应该用完整的语言和孩子进行交流。

我认为，即使孩子还非常小，如果你不用完整的语言去与他们交谈，那么你的语言教育一定是收效甚微的。因为，如果孩子在早期学到的不是完整的语言，那么对孩子们来说，就意味着他们必须要学会两套词汇，这无疑是对时间和精力的极大浪费。当孩子们长大后为自己不正确的发音苦恼时，父母们将会发现自己曾经的教育失误带来的不良影响。这种效率极低的教育方式，我认为是极不可取的。

根据我的观察，现在很多受过良好教育的人因为自己发音不准，语法不对而伤脑筋。我有一位好朋友，是我的大学同学，也是一位心理学博士，他就常常被这种发音不正确的麻烦所困扰。由于他本人就是做心理研究的，所以非常清楚自己的问题所在。有一次，在我们的巧遇中，大家探讨着儿童教育的问题，他向我分析了自己发音不准的原因，并一再劝我不要用错误的方法来教孩子说话。

他对我说："当我还在很小的时候，我的母亲就开始同我说话了。也许，她以为我听不懂完整的语言，所以一开始就没有教我正规的英语。每当她想要我注意某样东西的时候，不是说：'你看这个东西。'而是模模糊糊地对我说：'瞧，瞧瞧，球球……'

其实，她是想叫我看那个玩具皮球，但她并没有明确地教会我这个词。于是等我再长大一点之后，我还是一直把球称做'球球'，因为这样，还在小伙伴面前出了洋相。在我小时候，不知接受了多少这样的词，比如'果果'、'圈圈'、'碗碗'，诸如此类。后来，我不得不花大量的时间和精力去纠正它们。你现在看到，我学语言的速度有多慢，大概就是把时间都花在纠正错误的语言上了，所以到现在为止，我还不能完全掌握两种以上的外国语。

"于是，我对这个问题进行了仔细地分析，由此得出，母亲的教育方式不恰当，使我在不知不觉中耗费了大量精力，学会了一套毫无用处的语言，也就是那些半截子话，把苹果称做'果果'，把汽车称做'车车'。虽然，这对小孩来说非常形象，也比较容易记住，但那毕竟是错误的语言表达方式，对现在的我来说一点用都没有。你以前经常嘲笑我发音很古怪，这都是儿时那些不正确的语言教育方式所导致的后果啊。"

我觉得，我这位老朋友讲得的确很精辟，那些不完整的语言，就仿佛病毒一样占据着孩子的大脑空间。从表面上看，这种语言貌似暂时有利于年幼的孩子理解周围的事物，但实际上它却是在破坏孩子的语言感觉，这对他们未来的语言学习会造成巨大的障碍。因此，自从我女儿出生起，我就尽量用标准的英语和她对话，从来不用那些半截子话来损害她的语言感觉。

总之，我认为没有任何理由去教孩子不完整的话。事实上，根据我的经验，教一岁的婴儿拼音是一件非常容易的事，因为幼儿接受知识的能力非常强，他们一旦接受了，就会记得特别牢。当然，如果你教给孩子的是不完整的话，那么孩子也会把这些不完整的语言记录到自己的大脑中，伴随着孩子的成长，等到你想用标准的语言来纠正他的发音，就会变成一件非常困难的事了。因此，作为父母，就应该从小就向孩子传授正确而有用的知识，同时应避免使用错误的知识给他们以后的学习造成难以克服的障碍。

其实，有很多父母就像我那位朋友的母亲一样，仍然在用一套不完整的话教着孩子。这种现象不仅仅存在于英语语种当中，其他任何一种语言环境下，父母都会建立一种与成人世界不同的语言系统来教育孩子，似乎孩子就应当有孩子的语言。事实上，这让我感到非常难以理解，难道孩子们一开始就被灌输正确的语言知识不好吗？何必非要花尽心思建立一套错误的教育系统，让孩子们将来花费大量时间和精力来纠正这些错误呢？

现在，在我的周围，还是经常可以听到有些可爱的孩子说出错误的语言，比如他们会把猫叫"喵喵"，把狗叫"汪汪"。显而易见，这些话都是他们长大之后完全用不上的语言，他们幼年时期的宝贵时间被这种错误语言包围着，成年后浪费掉大量时间和精力来学习标准的语言。与其这样，倒不如从一开始就学一套正确的语言体系，让以后的他们能学到更多更好的东西。

我认为，我们应该对孩子采用高效率的语言教育——即从一开始就灌输完整的语言体系。在维尼芙雷特还很小的时候起，我就一直教她规范的英语，所以她完全掌握英语只用了很短的时间，并且在没有浪费任何精力的情况下轻松掌握了世界语。我想，维尼芙雷特并没有什么过人的天赋，她只是用人家纠正半截子语言的精力又多学了另一种完整的语言。

虽然我自己很明白一开始便教孩子完整语言的重要性，但我周围的人，无论是有过教子经验的还是没有教子经验的，大部分都固守着那种对儿童要用所谓的"儿童语言"这种传统观念。因此，我很担心自己的女儿会受到这种环境的影响，因此每当有人试图用这种语言和维尼芙雷特说话时，我总是很委婉地向对方表示：你可以和她说完整的语言，我相信她能听得懂。不过，伴随着维尼芙雷特的成长，我发现我确实没有必要这样紧张，因为一个母亲对孩子的影响力往往比其他任何人都要重要得多。

我记得，在维尼芙雷特还刚刚1岁多的时候，她的一位小伙伴曾经对她说："看，维尼芙雷特，天上有一群飞飞。"没想到她却立即纠正说："不，那可不是什么飞飞哦，那是一群可爱的小鸟。"

说完，她还把这个句子用法语完整地复述了一遍。听到女儿这样完整的发音，作为一个母亲，还有什么比这个更值得骄傲的呢？因此，我想再次提醒各位年轻的妈妈，一定要用完整的语言和孩子交流，不要担心他们听不懂，他们慢慢会听懂的。

充分发挥实物的魔法

我一直坚信，孩子在婴儿时期的语言教育决定着他一生的语言发展。因此，我从一开始对维尼芙雷特说话就特别注意使用标准的发音、精选的语法和词句。虽然在小时候，女儿可能还无法完全理解某些词汇的意义，但我还是坚持这样做，并且很耐心地帮助她去理解那些难懂的词和句子。

现在想起来，真是多亏了我采用了这样的教育方法。因为在女儿稍大一些之后，就表现出了惊人的语言能力。很多人曾经问我，这是不是由于维尼芙雷特的天赋，并且还询问我或者我丈夫的家族当中是不是曾经有过很著名的语言大师。对于这样的问题，我总是报之一笑，同时告诉他们说，其实维尼芙雷特并没有什么过人的语言天赋，只不过是在婴儿时期受到了正确的语言训练罢了。结果，这样一来，就有很多人不时来向我请教教育女儿的方法了。

事实上，我的教育方法非常简单，就是让维尼芙雷特时刻保持对周围事物的好奇心，并从中学习必要的知识。我认为，学习是孩子的一种天性，孩子从出生那一刻起，就已经开始自觉地学习和探索了。并且，不仅仅是我们人类，就连动物也都是如此，否则这个物种就可能要面临灭绝了，更不要谈什么进化。

作为一个母亲，在教育孩子的过程中我发现，其实孩子的好奇心和求知欲非常强烈，只要父母善于利用和引导，那么无论什么知识他们都能学得很轻松。记得维尼芙雷特还不会说话的时候，我就开始抱着她在屋子里到处走动，我一边让她看屋里的摆设，并一边缓慢而清晰地说出这些物品的名称。我经常指着某件东西对她说："椅子、桌子、苹果、窗、床……"可能有的人会说，那时候孩子听觉和表达能力都还没有健全，这样无非是在做一些无用功。然而我却认为，虽然那时维尼芙雷特或许还不能说出来，甚至听不大懂，但这些词汇必定在她的脑海里深深地留下了痕迹，而这些痕迹就是帮她开启智慧的钥匙。另外，由于我当时说的全部都是标准语言，等女儿能开口说话时，脑海中的记忆就立刻被唤起，因此她很自然地就能说一口标准语言。

我发现，孩子们其实都非常喜欢说话，他们从小就常常独自把学到的单词反复地说着玩，维尼芙雷特也不例外。自从她开口说话以后，我经常会发现她独自一人坐在地毯上嘟囔，把自己刚刚学会的词句翻来覆去地念。比如，有时候，她一边玩玩具，一边说个不停，"桌上的苹果，宝宝要吃苹果"，等等。从那时起，我就有意识地利用孩子普遍存在的这种念单词的爱好，把我认为女儿能理解又有趣的故事，用精选的词句组成小短文，让女儿记住。由于那些故事都非常有趣，维尼芙雷特不仅能够很快记住，而且总是饶有兴趣地复述着。在她大致掌握了英语之后，我就把这些短文译成各国外语让她记。我发现，这种做法非常受维尼芙雷特的欢迎，因为同一个故事居然能用不同的语言来表达，这让她感到好奇，于是就尽力去记住它们。由于维尼芙雷特很感兴趣，而且觉得好玩，所以很自然地就把另外的语言也记住了。这是我在教女儿语言时候的一个小窍门，拿到这里来与大家分享，希望能给年轻的父母们带来一些帮助。

另外，根据我个人的经验以及我所接触到的一些材料来看，语言的教育是有一定的阶段性的。一般来说，在人的一生中1～5岁可能是语言能力最强的时期。所以，我还要奉劝那些年轻的父母，教孩子语言一定要尽早，不要错过孩子学习语言的最佳阶段。

我认为，在教孩子语言的过程中，语法其实并不是那么重要。因为在实际应用的时候，用到语法的机会比较少，尤其是对孩子来说，更是没有太大必要。因此，在维尼芙雷特8岁之前，我从来没有教过她语法。我觉得，通过听和说来教孩子语言，远比教她枯燥的语法更有效。比如说，我在教她主语和宾语时，并不是向她讲解句子的结构，而是通过直接对话来达到目的。

记得有一次，她说了一句有语法错误的话。

"Give I an apple（给我一个苹果）。"她想表达自己的愿望，却用错了词。

我告诉她："不是give I，而应该说give me。"

她说："I want you give I an apple．"

我知道女儿没有搞清"I"和"me"之间的区别，但如果给她讲语法，只会使她更加糊涂。

于是，我就边说边做手势，不停地让她理解。经过多次讲解和举例，最后她终于知道了"I"和"me"的用法。

于是，当她说出"Give me an apple"的时候，我特别奖给她一个大大的红苹果。

总之，对于孩子的语言教育，还是越直接、越简单越好。复杂化不是一种好方法，因为他们的理解能力还没有达到那个程度，这样只能让他们背上沉重的负担，从而产生对语言学习的厌恶情绪。我认为，最好的方法就是利用实物来不断重复，加深孩子的印象，把正确的表达方式像刀痕一样，深深地刻在孩子的脑海当中，让他们能够一生铭记。

循序渐进，让孩子登上外语的天梯

我认为，无论学习什么都必须要循序渐进，不能急于求成，学语言也不例外。在女儿的语言教育方面，我的想法是让她尽早学好一门主要的外国语。尽管有些语言学家认为，孩子完全有能力同时学会两三门语言，但根据我的经验，这样很容易使孩子感到学习的负担和压力，而一旦孩子对学语言失去了兴趣，就连一国语言也学不好。因此，在维尼芙雷特没有很好地掌握英语之前，我坚持不教她任何一种外语。

在维尼芙雷特已经完全能流利地说英语之后，我便开始教她西班牙语。我觉得，要想教孩子外语，在外语的选择上同样需要讲究，而我之所以选择西班牙语作为女儿学习的第一门外语，主要是因为西班牙语相对于别的语言来说是最简单的，女儿肯定能够轻松地掌握。

在教维尼芙雷特西班牙语的时候，我还是采用教她英语的方法，先从训练听力开始，一步一步发展到说话能力。在维尼芙雷特掌握了西班牙语之后，我又教了她法语、德语和拉丁语等。我逐渐发现，她在语言的学习上越来越轻松，这可能是由于语言之中有一些共通的东西，只要能够触类旁通、举一反三，就能很容易在原有的基础上再搭建一层。经过不懈地努力，维尼芙雷特5岁的时候就表现出了惊人的外语才能。这时，她已经能够用8个国家的语言表达自己的想法了。我深切地感觉到，如果我再继续教她，她也许能学会10个，甚至20个国家的语言。

在维尼芙雷特学会几种外国语之后，我便把她学语言的重点放在了世界语上。在教女儿世界语的时候，我觉得有些后悔了，因为世界语是一种特别简单的语言，据说托尔斯泰只学了一个小时就能写信了。所以，假如我再培养孩子的话，我会首先教她英语，然后就只教她世界语，而不再教其他的语言。

我认为，任何一个孩子在摇篮时期都能够学会世界语。经过我的教育，维尼芙雷特4岁时不仅能用世界语读写，甚至能熟练地用世界语说话了。为了发展女儿在其他方面的语言能力，我决定让她尝试用世界语写一些作品。没过多久，在尤利雅·比阿巴娜女士的帮助下，维尼芙雷特写的一个剧本在一个慈善会上演，并且获得了强烈的反响和广泛的好评。据我所知，这可能是在美国上演的第一部世界语剧。

维尼芙雷特从5岁开始，便俨然成了一个小老师，她很热心地教其他孩子世界语。她的教法不仅借鉴了我教她时所发明的各种游戏，而且为了达到教学目的，她还自创了各种新的语言游戏。这不仅锻炼了她的表达能力，而且增强了她的创新意识。

维尼芙雷特5岁的时候，我曾在纽约的肖特卡居住过一段时间，为了宣传世界语的优越性，我经常到外边演讲。每次维尼芙雷特都会与我同行，并且积极地配合我的工作。她向听众背诵用世界语写的各种诗歌，或者给大家讲故事。这样一来，越来越多的听众开始了解世界语有多么简单易学，并且开始接受世界语。可以这样说，在美国，维尼芙雷特所赢得的世界语支持者是最多的。

当时，美国召开了一个全美世界语大会。在大会上，小小的维尼芙雷特站在桌子上朗读了普林斯顿大学马库罗斯基教授写的诗歌，结果赢得了观众的满堂彩。随后，5岁的维尼芙雷特和年过七旬、满头白发的马库罗斯基教授又用世界语做了对话表演。如此生动的场面感动了许多人，在他们的感召之下，与会者当中出现了许多世界语的支持者。除此之外，维尼芙雷特还用普赖厄的世界语读本为听众做了世界语朗读表演。这一切，维尼芙雷特做得是如此出色，我真的为自己的女儿感到自豪。

由于女儿的出色表现，越来越多的人开始向我咨询一些教育孩子的方法，但与此同时，我的教育方法也曾经遭受到一些质疑。不过，这些质疑都在我的耐心解释之下释然了。比如，有一次维尼芙雷特在斯宾塞夫人家的走廊上，为加拿大诺茨库斯大学的某位教授讲解《世界语入门》。休息的时候，一位保守的大学教授对我说："请原谅，夫人，我觉得您这样做实在不对啊！小维尼芙雷特这样痴迷，我真担心会影响她的寿命啊！"

于是，我忍不住问他："我的女儿看上去身体虚弱吗？"

他回答说："不，外表很难说明问题，但是，一个小孩这样用脑确实是会影响她的寿命的。"

我笑着说："是这样吗？"

为了打消这位好心人的顾虑，我决定让要他见识见识维尼芙雷特的保健秘方。

恰好，就在我们谈话的时候，维尼芙雷特出去运动去了。她在外面又跑又跳，显得非常活跃。于是，我对那位好心的教授打趣说："您瞧，我的女儿正在吃药，感谢您对她的关心。其实，对她来说，运动就是最好的药。”

为了向这位教授证明维尼芙雷特的健康，我特地找来一个比女儿大两岁的男孩和她一起玩球。我和教授站在树下，一边休息一边看，当他看到小维尼芙雷特无论是投球、跑动还是跳跃都不亚于那个男孩时，才算真正心悦诚服了。后来，据说这位教授不仅改变自己过去那种“用脑伤寿”的理念，甚至还到处向别人推荐我的教育方法，他认为我的教育方法不仅具有独创性，而且还非常科学，对儿童的成长发育也非常有帮助。

在教育女儿学习知识这方面，我的经验就是：兴趣是最大的动力，无论教她什么，一切都是以兴趣为前提的。尤其是在学习语言方面，我总是在她充满兴趣的时候让她有效地完成学习计划。我认为，只要采取循序渐进的方式，孩子学习起来就不会感到吃力。相反，她会感到很有趣。寓教于乐，劳逸结合，在欢声笑语中学习外语，孩子怎么可能会对学习感到苦恼呢？

其实，我的教育方法是非常简单的，任何一个母亲都可以拿来用。当然，就如同我在前面所讲的，在用这个方法的时候还要注意孩子自身的发育特点，不能生搬硬套。

女儿用各种语言与外国孩子通信

在肖特卡的工作告一段落之后，维尼芙雷特就跟我一起回到了万兹维尔。没过多久，她突然提出了一个让我感到非常高兴的建议，她决定给国外那些懂得世界语的孩子们写信。不过建议虽好，但要到什么地方找到那些外国孩子的通信地址呢？没想到，这个问题很快就被维尼芙雷特自己解决掉了。她拿出一份世界语年报给我看，上面就有许多孩子的名字和地址。维尼芙雷特从小就是个机灵鬼，总能想出一些巧妙的办法来，难道不是吗？如果是我，无论如何也想不到这样去做。

几封信发出去之后，就开始了漫长的等待。刚开始的时候，小维尼芙雷特还有些着急，总是问我：“为什么还没有人给我回信呢？他们不愿意和我做朋友，是吗？”于是，我便向她解释，信件的传递是需要一定时间的，并且还顺便告诉了她信件发送的流程。知道这些之后，小维尼芙雷特便释然了，她又写了几封信。她说，这样一来便可以在不同的时间收到回信了。这可真是个好主意，我再次为女儿的聪明感到自豪。

果然，功夫不负有心人。在经历过一段时间的等待之后，小维尼芙雷特收到了来自国外的回信。第一封回信是来自俄罗斯的。收到信的当天，女儿真是高兴极了，她为我朗读了信中的内容。那位俄罗斯孩子在信中描述了俄罗斯的地貌、风光和民俗，还在信中给女儿讲了几个有趣的俄罗斯历史故事。从此，女儿就对俄罗斯产生了浓厚的兴趣，读了许多关于俄罗斯的书。

随后，维尼芙雷特又相继和日本、印度、法国的孩子们通上了信。她对这些遥远的国度很有兴趣，并且开始很热心地研究它们的地理状况和风俗习惯。我见到女儿如此充满热情，心里感到十分欣慰。我知道，要使孩子对地理产生兴趣，让她和外国孩子通信的确是个不错的办法，所以我对她的通信行为一直很支持。而且，通过这种方式，可以增进她与各国朋友之间的相互了解。

不久之后，维尼芙雷特不仅用世界语和外国的孩子们通信，甚至还用其他的外国语给他们写信。比如，她在给法国的孩子写信时候就用法语，在给俄国的孩子写信的时候就用俄语，在给日本的孩子写信的时候则用日语……这样一来，不仅让维尼芙雷特的外语水平有了突飞猛进的提高，同时也不失为一种良好的交流方法。

有一次，一位日本的小女孩给维尼芙雷特写了一封信。这位女孩在信中表达了对维尼芙雷特的敬意，因为她早就听说了维尼芙雷特取得的成就，并且在信中向维尼芙雷特请教学习外语的方法。维尼芙雷特立即给她回了信，详细地介绍了自己学习外语的经验和我的教育方法。并且，这封信是用日语写的。

在第二封信中，日本女孩表现出极大的诧异，她说她没有想到维尼芙雷特的日语会是那样标准。她在信中告诉维尼芙雷特：“我曾经为自己懂得世界语而感到骄傲，但是看了你的信，顿时感到自愧不如，因为我知道，对于你们来说，日语确实是非常难学的，但你却学得那么好，真让我感到敬佩。"

另外，还有一位法国孩子来信说："维尼芙雷特，你简直是一个天才！本来，我想用英语给你写信的，但是看了你的来信，我打消了这个念头，因为你的法语简直太棒了，和法国人写的几乎没有什么差别，而我的英语水平与你的法语水平相比，实在是相形见绌。这封信我之所以仍然用法语给你写，实在是因为羞于让你看到我这蹩脚的英语。不过，你给了我学好外国语的信心，今后我一定要努力学好英语。我相信，总有一天我会用漂亮的英语和你对话的，请你相信我。另外，我还真诚地希望你能到巴黎来，法国是个浪漫的国度，走在街头，仿佛置身画中。这里有快乐的人民，还有很美的艺术品。如果你能来到法国，我一定带你去看一看卢浮宫和埃菲尔铁塔，我想你肯定会非常高兴的。到那时候，我一定要用英语和你对话。"

通过与外国小朋友通信，维尼芙雷特不仅大大提高了自己的外语水平，同时还认识了许多远方的朋友。另外，这样的通信也使她的视野更加开阔，知识也更丰富了。记得有一次，维尼芙雷特曾经对我说："妈妈，我觉得自己真是特别特别的幸福，因为我又认识了那么多的好朋友。由于语言为我们搭起了桥梁，所以虽然他们远在天边，但我却感觉近在咫尺。不过，亲爱的妈妈，这都是你的功劳。"

听到女儿说出这样的话语，有哪一个母亲能不为之感动呢？我真诚地希望天底下所有的孩子都能够像我的维尼芙雷特一样出色，让天底下所有的母亲都能够体会到我所感受到的那种幸福与喜悦。

第五章

让伟大的游戏散发魅力

　　当人们看到维尼芙雷特在那么小的时候就能写书时，总会流露出困惑不解的表情，他们为我女儿的写作能力感到吃惊。但是在我看来，这并没有什么特别奇怪的地方，因为这都是我对女儿实行早期教育的结果。而且，由于这种良好的教育是在游戏之中进行的，既让女儿学到了知识，让她的潜力得到了广泛的开发，同时，也并没有对她造成任何方面的负担。

在玩耍中学习字母和词汇

　　我认为，对孩子大脑的训练应该尽早开始，并且这种训练必须用游戏的方法进行。事实上，这种利用游戏来培训后代的方法不仅适用于人类，即使动物们也广泛采用。在生活中，我经常看到一些可爱的小动物们在尽情地游戏，我想，这正是它们不断成长，不断积累本领的过程。

　　有一次，我看到邻居家的一只小猫在院子里不停地跳跃，一会儿在地上打滚，一会儿又去咬自己的尾巴，有时候甚至连一块小石子它都会兴致勃勃地玩耍一会儿。当时，我深受启发，觉得那只小猫真的不光是在玩耍，更重要的是它还在锻炼自己将来捕捉老鼠的能力。于是我就想，既然连动物都知道在游戏之中锻炼自己，更何况我们人类呢？那么，对于我的小维尼芙雷特，我应当做些什么呢？

那天，我想了很多，从各种各样的动物的游戏，再想到我小时候经常玩的游戏，想到现在的孩子们经常玩的游戏。我突然感觉到，游戏简直就是这个世界上最完美的教科书，它不仅可以让孩子们拥有快乐的生活，更重要的是，它还能够为他们在长大之前储备必要的生存技能。因此，为了发展女儿将来能用得着的能力，我必须尽早利用这种绝妙的办法。可以这样说，我对维尼芙雷特的早期教育，几乎全都是采取游戏的方式进行的。

在维尼芙雷特的成长过程中，我采用了很多种游戏的方法来对她进行训练，这些方法有些是我自己想出来的，有些是从其他母亲那里借鉴来的，还有一些是从书本上精挑细选的。这些方法，我会在后面结合维尼芙雷特的成长经历一一介绍。这里，我首先给大家讲一讲，我是怎样让女儿在游戏中学习字母和词汇的。

记得还在维尼芙雷特不到一岁的时候，我就在她的房间的四面墙上贴上干净的白纸，然后再用醒目的红纸剪出文字和数字贴在上面，以便女儿随时都能看见它们。这样一来，维尼芙雷特虽然可能并不知道这些东西都分别代表什么意思，但这些文字和数字从小就会在她的脑海中留下较深的印象。

在白纸的某一块地方，我整齐而有秩序地贴上最简单的词，如：bat、cat、hat、mat、pat、rat、bog、dog、hog、log（蝙蝠、猫、帽子、席子、拍打、老鼠、沼泽、狗、肥猪、圆木）。我之所以会选择这些名词，就是因为它们是孩子在开始认字时最容易产生兴趣的词汇，同时也是孩子最容易弄懂的词汇。

在另一面墙的白纸上，我还将从1～100的数字分成10行，并排贴在上面。有时候，我会在女儿面前，用手指着这些数字轻声地读给她听。除此之外，我还在别的地方画上乐谱图，由于婴儿的听觉比视觉发达，我决定对女儿从听觉入手教她ABC，有时我让女儿的保姆唱歌，当我指出ABC字母时，保姆就像唱歌似的唱给女儿听。当然，由于维尼芙雷特当时只是6个月大的婴儿，起初听来也只不过是耳旁风。但是，天天听、天天看是非常有效果的，没过多久，维尼芙雷特就学会ABC了。

　　当然，这种学习都是我和女儿用游戏的方式做的，而且是适度地、循序渐进地进行，玩一会儿就让她休息一会儿，而不是强迫她必须练够多长时间，只要她表现出不适的情绪，这种游戏就会马上中断。不过，我很高兴地发现，小维尼芙雷特对这种游戏很感兴趣，她总是满怀好奇地看着我为她"表演"。事实上，这种方法确实很有效果，维尼芙雷特在还不到1岁半的时候，就已经会自己看书了，从这以后我对她的教育就像顺水推舟一样的顺利，因为从那时开始，维尼芙雷特就非常喜欢阅读了。

　　女儿喜欢读书，这是一件令我极为高兴的事。当然，在维尼芙雷特的幼年时期，我非常注意培养她养成有针对性的读书习惯。因为我认为，无论是读书还是工作，如果毫无目的地进行，那么不仅没有什么收获，反而还会有害精神，甚至损伤身体。因此，有目标的阅读对于孩子来说是极其重要的。

　　维尼芙雷特在很小的时候就写了《和仙女作圣诞节旅行》一书，在她写作时，看了大约30多种参考书，并且仔细地研究了各国圣诞节的风俗。而在她写《跟兔子作复活节旅行》这本书时，为了弄清各国复活节的风俗习惯，在我的陪同下几乎跑遍了匹兹堡的所有图书馆。在女儿写《我在动物园里的朋友》一书时，几乎每天都去动物园，而且也是想尽办法去阅读各种有关动物的资料。

　　我周围的人，当他们看到维尼芙雷特在那么小的时候就能写书时，总会流露出困惑不解的表情，他们为我女儿的写作能力感到吃惊。但是在我看来，这并没有什么特别奇怪的地方，因为这都是我对女儿实行早期教育的结果。而且，由于这种良好的教育是在游戏之中进行的，既让女儿学到了知识，让她的潜力得到了广泛的开发，同时，也并没有对她造成任何方面的负担。

　　我想，维尼芙雷特之所以从小就那么热爱学习，大概完全是由于她在学习中感到了快乐。从这一点来看，我有理由断定女儿一定会有一个美好而幸福的人生。

巧用音乐的魔力

在上文曾经提到，在维尼芙雷特还非常小的时候，我就用钢琴的声音训练她的听力，以此来开发她的大脑功能。事实上，在女儿的幼年生活中，很大一部分时间都由钢琴陪伴她度过的。

当维尼芙雷特学会了字母后，没过多久我就开始教她阅读乐谱。我知道，很多望子成龙的家长都希望孩子懂一点音乐，因为他们懂得这对孩子未来的成长是有帮助的。关于这一点，我举双手赞成。然而，我并不赞成那些父母教孩子音乐所采用的方法，他们总喜欢请来一位音乐老师，强迫孩子坐在钢琴前面，每天练够一定的时间，否则就要受到相应的处罚，或者向孩子说一些"不是听话的孩子"、"为了你付出这么多，你自己反而这样不上进"之类的话，结果弄得孩子苦不堪言，不要说喜欢音乐、享受音乐的乐趣，简直可以说对音乐已经到了深恶痛绝的地步，这样的学习方法怎么能学好呢？事实上，我的方法正好与之相反，我总是有办法让女儿感觉学习音乐就是一种愉快的游戏，激发她对音乐的兴趣，让她自己主动去学。

有一天，我发现女儿一个人坐在房间里闷闷不乐，似乎发生了什么不高兴的事，于是，我就走进了她的房间。

"小维尼芙雷特，你在干什么呢？"我温和地问她。

然而，女儿依然一声不吭，理都不理我，仿佛没有听到我的声音。

我心里很清楚，这样小的孩子经常会有这种情况，不是莫名其妙地烦恼，就是在幻想什么伤心的事。我想，与其这个时候去追问她烦恼的原因，还不如想办法先让她高兴起来。于是，我不再问她什么，而是走到钢琴前。我敲响低音键，有意把音乐弹得低沉、凄凉。过了一会儿，我把手指移到了高音区，弹了一些节奏欢快、充满激情的乐曲，并尽力渲染这种欢快的气氛。

果然不出我所料，没过多久，维尼芙雷特就从自己的房间里走了出来，来到钢琴旁。我看见她一脸的愁容早已消失殆尽，换之以好奇和惊讶，并且还跃跃欲试，也想弹一弹钢琴。这个时候，我抓住时机站了起来，并且鼓励她来弹。

一开始，维尼芙雷特还有些茫然，不知该如何下手。在我的指导下，她先在钢琴的低音区小心翼翼地敲了几个音，接着又在高音区敲几个音，然后又回到低音区，再弹回高音区。

"真是奇怪，为什么它们会有这么大的区别呢？"女儿声音很小，像是在问我，又像是在自言自语。我知道，她的情绪正在从低落开始转移。于是，我便开始给她示范，并且耐心地讲解。

"瞧，你刚才就像这儿。"我说着敲响了最低的一个音，声音显得非常沉重。

"对啊，刚才我就是这样的，心里感到很沉闷，有一种很压抑的感觉。"女儿看着我说。

这时，我又敲响了高音键。

"你应该像这样才对呀！"我对女儿说道。

"没错，我真的就想这样，这多好听呀，就像蝴蝶在阳光下飞舞。"女儿的情绪好了起来，不停地弹着钢琴的高音区。她一边弹，一边笑，完全忘记了刚才的烦恼。

后来，我告诉维尼芙雷特，这就是音乐的魔力，它既能表现痛苦，同时也能表现快乐，我鼓励她要做一个快乐的人，要像钢琴的高音区那样，明亮、欢快。

在后来的岁月中，每当维尼芙雷特心情不好的时候，总会静静地坐在钢琴前，弹奏那些明亮欢快的音符。用她自己的话说："音乐能让我从失意的阴影中走出来，并且沉浸在美妙的感觉之中。"

不仅如此，我还用游戏的方式教女儿学习钢琴的技巧。

在我们周围，很多孩子在七八岁之后才开始学音乐，但由于没有从小受到听力方面的训练，多数人的学习效果都不理想，这常常给孩子们带来烦恼。并且，正如我在前面所提到的，很多音乐教师在教孩子音乐时，一开始往往不是教完整的曲调而只是练习技巧，这种枯燥的方式常常让孩子感到厌烦。我认为，技巧练习固然重要，但不能为此牺牲孩子对音乐的兴趣和感觉。

我的维尼芙雷特从小就喜欢摆弄钢琴，于是我就利用她的兴趣来鼓励她练习。在她很小的时候，就能够在我的指导下创作出各种曲调，并把自己创作的许多曲子记在笔记本上，和她那些幼年时代的照片放在一起，珍藏起来。女儿长大后，我常常把那些"作品"翻出来看一看，觉得非常有意思。我想，这已经成了我一生的财富。

为了唤起女儿学习音乐的热情，我发明了许多有趣的游戏。比如，我教她：乐谱的高音线e. g. b. d. f，就是Every good boy does finely（每个好孩子都表现得很好）的缩写；中间是face（脸）；则低音线g. b. d. f. a是Good boys do finely always（好孩子们总是做得很好），中间的a. c. e. g是A cow eats grass（一头母牛在吃草）。除此之外，调的记号也用类似的方法来教。

我想我的女儿是幸运的，因为我采用了合理的方法来教育她。相比之下，其他孩子可能就没有这么幸运了。我有一位好朋友，为孩子请了一位小提琴教师，在一年的教学中，只知道练习枯燥的技巧，结果使这个孩子不仅没学会音乐，反而对音乐产生了极大的厌恶情绪。幸好，我没有那样做，否则维尼芙雷特可能也不会对音乐产生兴趣了。

向打字机请教拼写

当我用字母卡片的游戏教会维尼芙雷特拼音之后，我便计划着要开始教她拼写。一开始的时候，我想了很多方法，但都没有调动起女儿的积极性。其实我也知道，相对于读拼音来说，拼写要更加枯燥一些，因而也更加难一些，如果没有一个好的方法调动孩子的兴趣，是很难让她快速掌握的。一次偶然的机会，我发现了一种教孩子拼写的好工具——打字机。

由于工作的关系，我必须用到打字机。有一天，维尼芙雷特走进我的书房，刚好我正在用打字机打字，也许是打字机噼噼啪啪的声音激起了她的好奇心，她在旁边看了我一会儿，便缠着要我教她打字。听到她主动要求学习，我心里自然是非常高兴，不过当时正好有事情要忙，我就答应第二天教她。

第二天，当我从外面回来的时候，维尼芙雷特蹦蹦跳跳地跑过来递给我一张纸，脸上挂满了喜悦。我接过来一看，心里真是高兴极了，在那张纸上，女儿用打字机打出了某本儿歌书中的一页内容。尽管只是打上了字，没有对其格式进行设置，但我心里还是高兴得很，并且不失时机地对女儿进行了表扬。要知道，这是女儿生平第一次使用打字机，这些字完全是靠她自己的摸索打出来的。

也许是我的表扬起到了作用，也许是她为自己的才能而产生了一种自豪感，维尼芙雷特一直对打字有着浓厚的兴趣。因此，从那个时候开始，我便正式教她如何使用打字机打字。维尼芙雷特非常高兴，她每天都用打字机打各种各样的诗歌和故事，在她看来，打字与工作是两件毫不相干的事情，是一件非常有意思的游戏。于是，就在这种打字的游戏中，维尼芙雷特学会了拼写，那时候她还不到3岁。并且，等到她后来自己写诗和故事，也是用打字机来完成的。

说到维尼芙雷特的打字，还有一件让我非常感动的事。记得那是在教会她使用打字机之后不久，我的身体出了一些问题，需要在芝加哥医院动手术。而在我住院期间，维尼芙雷特便每天用打字机写信，然后从家里给我寄来。这些信虽然看上去都是孩子的语言，但它却包含了一个女儿对母亲浓浓的爱意与思念，它伴随着我度过了那段难熬的时光，那时候我无时无刻不想自己快一点恢复健康，快一点回到女儿的身边，也许正是这种信念的支配，我的手术才会做得那么成功，并且在很短的时间内恢复了健康。孩子的那些信，我至今完好无损地保存着，我觉得这是孩子送给我今生最珍贵的礼物。

后来，维尼芙雷特在打字的游戏中乐此不疲，每天用打字机打德国自古至今的许多著名诗歌和文章，并且在不知不觉中记住了它们。虽然我不知道用打字的办法教拼写究竟对孩子有多大的帮助，但我认为，这种方法比直接用笔写字要有效得多，而且对孩子来说也是一件非常快乐的事。

虽然维尼芙雷特学会了用打字机打字，但我仍然要教她使用钢笔。那时候，女儿特别调皮可爱，对什么事情都充满好奇。当维尼芙雷特模仿我用钢笔写字时，我就不失时机地教她写字。我觉得，在孩子感兴趣的时候，只要父母能够耐心教，孩子学东西就会特别快。

　　在有了一定的打字基础之后，维尼芙雷特学写字就变得特别轻松了，基本上不会出什么错，因为打字本来也是一种书写，只不过是没有用笔罢了。我们都知道，在孩子刚开始学写字时，都显得非常笨拙、费力，而且还经常出现很多错字。一方面，这由于孩子写得比较少的缘故；另一方面，也是因为在孩子的脑海中还没有形成字的标准概念。我想，对如此幼小的孩子来说，这是再正常不过的事了。不过，维尼芙雷特一开始写字就很少出错，这都要归功于她在学写字之前，已经通过玩打字机接触了大量的文字，在她的头脑中早已留下了标准文字的印象，虽然字迹有点歪歪扭扭，但还是比别的孩子强许多。

　　当然，很少出错也并不意味着完全没有错，每当发现维尼芙雷特的拼写错误之后，我都会很有耐心地帮她纠正。有一天，我发现维尼芙雷特在写字时总是犯同样的错误，即把G写成C，我说了好多次都没办法使她改正过来。我想，她也许还没意识到这个错误。于是，我把她带到打字机前，让她打这两个字母。我念C，就打C；念G，就打G，结果她打得完全正确。可是，当她用笔写这两个字母时，情况就完全不同了，当我念C时，她写对了；而当我念G时，她又把它写成了C。于是，我便知道了怎么样帮她纠正。

　　我让维尼芙雷特把自己写的字母和打字机打的字母相比较。当两张纸放在一起时，我可爱的女儿顿时茅塞顿开。

　　"哦！妈妈，我知道了，G还要带个小尾巴。"

　　当时，我对女儿的表现非常满意，看来平时的打字游戏没有白玩。

　　在维尼芙雷特两岁时，她刚学会写简短的文章，我就让她每天练习写日记。每每在雨天不能到外面玩时，她就拿出自己的日记，回忆幼年时的情景，这给了女儿极大的乐趣。长大后，女儿有一次对我说："我将来一定要写一部自传，专门介绍你对我的教育，现在这些日记就是最好的材料。"那时候，我心里觉得无比的自豪，我想在若干年后，孩子看到这些日记忆起童年时光，将会觉得更加有趣吧，并且这些日记也将成为她的子女最感兴趣的读物。

由于女儿对书写有着浓厚的兴趣，所以她的写作水平提高得很快。在她5岁的时候，曾经为《圣·尼古拉斯报》写征文，并且非常荣幸地获得了该报的金质奖章和银质奖章。我想，这其中也有我们家那台打字机的功劳吧。

玩具是最好的外语教材

在我读大学的时候，发现一个奇怪的现象，就是大多数的同学差不多都讨厌学习拉丁语。后来据我分析，这可能是由于他们没有在幼年时期打下学习拉丁语的良好基础所致。由于这个原因，我认为有必要尽早开始给孩子打下良好的拉丁语基础。事实上，在维尼芙雷特还在摇篮里的时候，我就已经开始教她拉丁语了。

我们都知道，由于拉丁语是罗曼斯语的语源，学会拉丁语，就容易学会法语、西班牙语、意大利语。因此，可以说拉丁语是研究学问必不可少的工具。我想，维尼芙雷特之所以能够在那么小的时候就可以掌握多国语言，应该完全归功于我对她自小进行的拉丁语训练。

可能很多父母都很好奇，我究竟是用什么方法来教女儿拉丁语的呢？要知道，就是很多大学生的拉丁语成绩都是很差的。其实，现在的学校里使用的是用图表看规则的办法教拉丁语，我认为这不是最好的方法，因为这种方法太死板、太机械，不容易引起学生的兴趣。我发现，对于婴儿来说，往往善于用耳听而不善于用眼睛看，所以从一开始我就利用听的办法教维尼芙雷特拉丁语。

记得在维尼芙雷特4岁的时候，曾经和一位正在教拉丁语的教师用拉丁语交谈，但那位教师却一点儿都听不懂。事实上，并不是因为维尼芙雷特说得不好，相反她说得极为标准。而之所以会造成这个结果，就是因为那位老师只会认字和语法，却没有良好的听力。也就是说，他完全可以将书面文章做得十全十美，但对于听说能力则几乎等于零。

事实上，在我们周围，像那位拉丁语教师一样的人非常多。他们学习外国语只注重语法，虽然很多人还可能是这方面的专家学者，但他们只能看书却不会说话。这种现象在我看来是非常可悲的，难道语言只是用来坐在教室里学习的，而不是人与人之间用来沟通的吗？我认为，学习语言首先应该能听能说，如果只懂句子和结构，那么就完全失去语言本身的作用了。

从我个人的教育经验来看，其实孩子的语言学习能力是非常惊人的，只要做父母的能够采用科学的教育方法，让孩子在幼年时期掌握几种，甚至十几种语言是完全有可能的。下面，我就把我的教育方法介绍给大家，如果哪位母亲觉得恰好可能应用到自己的孩子身上，我会感到非常高兴的。

在维尼芙雷特刚学会英语时，我把"您早"这句话用13国语言教给她，并且她很快就学会了。每天早上，我会让她对着代表13个国家的13个不同的玩具，用各国的语言说"您早"。这些玩具中有大象的模型，还有狮子、企鹅、老鹰、老虎、鲨鱼，等等。有时，维尼芙雷特会对我说，某某国家是大象，某某国家是狮子，某某国家是鲨鱼。这时，我就会让她对老虎、狮子这些动物用各国的语言说"您早"。比如，狮子代表法国，那么她就会对着狮子说法语的"您早"；而鲨鱼代表俄国，那么她就会对着鲨鱼用俄语说"您早"。

除此之外，从那时开始，我就有意识地教给维尼芙雷特一些拉丁语的句子，并时常用游戏的方式训练她的听说能力。这种游戏非常简直，我给它取名为"翻译家"的游戏。

刚开始的时候，我用英语和维尼芙雷特对话，当然选用的都是一些简单的日常用语。比如"你好吗？"、"见到你很高兴！"这类简单的句子。我会让维尼芙雷特装扮成一个翻译家，假想自己是一个出色的翻译家，并且要陪同我这个"外交官"去接见来自不同国家的客人。我们时常把房间中的桌子、椅子、门窗假想为那些外国的客人。我作为"外交官"，一边对"他们"说"很高兴见到你"，一边和"他们"握手表示友好。这时，女儿就会在旁边给我做翻译，用不同的语言对"来自远方的客人"说"很高兴见到你"。

我和女儿经常会沉浸在这种表演出来的游戏之中，并且乐此不疲。我想，这不单单是对女儿进行了语言的教育，同时还在我们母女之间搭起了一座桥梁，让我真切感受到了作为一个母亲的幸福。

随着时间的流逝，女儿不仅能说这些简单的话，而且慢慢地就能够用多种语言表达自己的意思了。这一事实再次证明，游戏对孩子来说是非常重要的语言教育工具，这些游戏不但会让孩子觉得有趣，还非常容易让他们记住这些不同的语言。

维尼芙雷特5岁时，就已经能记住《爱丽绮斯》的第一卷和各种著作者的名诗五百首以上了。现在，她能背诵凯撒、西塞罗、利维乌斯亚等人著作的部分内容。这真是一件让人感到欣慰的事情。

我认为，为了让孩子有效地学好外语，弄清词源是非常有益处的。在维尼芙雷特很小的时候，我就尽力教她弄清词源。现在，她已经有好几本有关词源方面的笔记了。每当她记住某一个拉丁语的单词时，紧接着就调查由此产生出哪些现代词，然后把结果记在笔记本上。不过，这种严肃而"正规"的方法我使用得比较少，大多还是采用游戏的方式。因为我自始至终都认为，教孩子外语最有效的途径还是各种游戏。

我认识一位今年上小学六年级的女孩。

有一天，这位女孩对我说："我在班里语法最好，这次考试得了98分。"

我向她表示了祝贺，并问："你父亲对此曾说过些什么没有？"

她回答道："Oh, nuthin. He don't never say nuthin about my school grades."（他总是什么也不说）。

于是，我问她："你的老师教过你'nuthin，he don't never say nuthin'这类说法？"

她回答说："I don't."（不知道）。

我想，考试成绩再好，实际上等于什么也不会，因为这位女孩说的英文完全是错的。

在枯燥的数学里加点趣味游戏

我用卡片游戏和在墙上的白纸上写字的游戏使女儿学会了数数和数字，然后我又用做生意的游戏很快教会了她数钱。然而，当我开始教女儿算术时，却发现她毫无兴趣，不像学习其他知识那样兴高采烈，而总是是一副无精打采的样子。好像对她来说，简直没有比数学更枯燥的了。而当我开始教她加减乘除时，甚至经常会看到她露出厌恶的表情。于是，我便开始认真研究，为什么维尼芙雷特对数学如此缺乏兴趣呢？

经过仔细的分析与观察，我终于找到了原因，我发现最让维尼芙雷特感到厌烦的就是那些需要死记硬背的东西，而在所有科目中数学需要死记硬背的东西是最多的，比如加法表、乘法口诀等。怎样才能让维尼芙雷特记住这些东西呢？我知道不能强迫她，因为这样反而会激发她的逆反心理，更加厌恶数学了。

经过了几番努力，我还是没有办法让维尼芙雷特喜欢上数学，只好求助于他人的帮忙了。我有一个好朋友，是一位数学教授，也是一位妈妈，她的孩子可以说是一个数学天才，比维尼芙雷特只大一岁，已经会做许多高难度的运算了，其中一些连我都很难解答。当我把我的情况向朋友介绍之后，由衷地表达了对她在数学教育方面的钦佩。她听完之后，决定让维尼芙雷特和她儿子一起学几天数学。那时候，我正在纽约州的肖特卡做世界语的宣传，而我的朋友也正好住在那里，于是我就每天带着维尼芙雷特到朋友家里去，把她交给朋友之后我就去做自己的事了。第一天，维尼芙雷特听说是学数学，还有点不高兴，但第二天就高高兴兴的主动要求去学习了。这是为什么呢？朋友到底使用了什么魔法，使维尼芙雷特喜欢上了数学呢？我问朋友，朋友笑而不答；问维尼芙雷特，她说这是她和阿姨的一个小秘密，等她的课程结束之后再告诉我。这让我感到非常疑惑不解。

一个星期过去了，我的工作即将结束了，要离开肖特卡，维尼芙雷特的培训也要结束了。这时候，朋友建议我和维尼芙雷特一起听一堂她的数学课。带着好奇心，我把这堂课听完了。我发现，朋友使用的教育方法居然和我平常用的很类似，只不过我是用在语言、音乐、绘画方面，而她则用在了数学的教育上。

朋友对我说："记得我也曾经向你学习过你对维尼芙雷特在音乐和绘画方面的教育。实际上，教数学也可以和教音乐和绘画一样，让孩子们非常感兴趣，关键要看教学者是否动了足够的心思，下了足够的功夫。"

回到家中，我认真考虑了朋友的话，最后得出的结论仍然是：兴趣是学好一切的前提。于是，我开始对自己教女儿数学的方法进行了反思，发现的确存在着很多问题。由于我自己在数学方面从小就比较薄弱，所以想不出一些有趣的点子，来激发维尼芙雷特的兴趣。

要想改变孩子，首先要从改变自己做起。在现实生活中，很多父母把希望都寄托在了孩子身上，从而对孩子的要求非常严格，而相反，对自己的要求却非常松解，甚至有时候还会说出"我可以这样，但你不可以"之类的话来，我一直认为这种教育方法是非常可笑的，并且也不可能取得成功，但我没有想到，在教育维尼芙雷特数学上，我自己恰恰犯了类似的错误。因此，为了使心爱的女儿能够学好数学，我不得不强迫自己去喜欢数学。有什么办法呢？我觉得为了女儿，这么做是值得的，尽管我一直都不喜欢数学。

从此之后，我便开始想方设法改变自己的教学方式，尽最大的努力唤起女儿对数学的热情。为此，我还专门下功夫学习数学，给自己补课。这样做，一方面可以提高自身的修养，另一方面也可以对女儿的学习提供帮助。

有一次，我在维尼芙雷特的每个手指上点上一个小红点，然后和她一起做数学游戏。

我问女儿："你的手上有几个小红点？"

起初，她回答不上来。

于是，我又问："那么你有几个手指头呢？"

维尼芙雷特马上回答说："10个。"

我接着问她："你有10个手指头，每个指头上有一个小红点，那么一共有多少小红点呢？"

这时，她终于懂了："当然也是10个。"

我又问："10个减去5个还剩几个？"

她又搞不明白了。

于是，我把她的一只手放在她的背后，问她："你看，现在是几个？"

"5个。"她看着我，自信地回答。

我说："你看，每只手有5个手指头，那么就有5个小红点，两只手就是10个小红点，把一只手藏起来，就剩下5个了。这就是 10减5。你说，10减5等于几？"

女儿想了想说："等于5。没错，10减5等于5。"

我就用这种方法，教维尼芙雷特学会了10减5、10减2、5加5、5加3等基本的加减法。后来，我又用类似的方法教她乘法和除法。

我问女儿："一只手5个指头，那么两只手有多少？"

她立即回答说："10个指头。"

随即我就告诉她，这就是乘法，叫5乘以2等于10。

再后来，我又把她的脚趾也加了进来，于是慢慢地，她又学会了5乘以4、5乘以3、10乘以2，等等。

有一天，维尼芙雷特兴冲冲地跑到我跟前，对我说："妈妈，我终于学会乘法了，我知道5乘以6是多少，也知道2乘以3，还有别的也知道呢。"

看着女儿兴奋的样子，我也立即表现出了浓厚的兴趣，问她是怎么知道的。

女儿对我说："我刚才想了想，假如把爸爸也加进来，那么我们就有6只手，每只手5个手指头，一共就是30个，这就是5乘以6等于30。我有两只胳膊，你有两只胳膊，爸爸也是两只，我们三个人就有6只，这就是2乘以3等于6。"

由于产生了深厚的兴趣，后来维尼芙雷特对数学表现出了极大的热情，甚至有很长一段时间她都沉浸在学数学的快乐之中，一点也不像以前那样厌恶乘法口诀了。没过多久，她就把乘法口诀完全背了下来。接下来，她又学会了代数、几何，数学水平突飞猛进，依我看来，她可以说已经完全迷上了数学。

电影和儿童剧让女儿懂得了礼仪

在纽约，设有专门的儿童剧场，我认为这种剧场有必要多建一些。由于孩子们都非常喜欢模仿别人，特别是戏剧或电影里面的人物，更是他们乐此不疲的模仿对象。因此，儿童剧场就成了孩子们的乐园，儿童剧里那些可爱的形象，正是教育孩子最好的样板。

另外还有电影。虽然人们对电影的看法褒贬不一，有的人认为电影是一种时兴的、值得广泛推广的艺术，而有的人则认为它是现代文明产生出来的一种精神垃圾。然而，我则认为，好坏跟电影这个媒介本身没有关系，只要挑选好的影片，电影也不失为一种很有价值的教育手段。况且，大多数孩子都是非常喜欢去看电影的，我们为什么不能借此机会来展开自己的趣味教学呢？

在维尼芙雷特还小的时候，我经常带着她去看好的电影和儿童剧，每次她都是兴致勃勃的样子，这种兴致甚至超过了她对所有玩具的喜爱。并且，回到家之后，维尼芙雷特的兴致不仅不会降低，反而更加高涨，她总是喜欢和我一起来扮演电影或戏剧里面的角色，我和维尼芙雷特分别选取一个角色开始表演，有时候我们还会邀请孩子的父亲或其他一些小伙伴参与进来，而当角色实在不够时，我们就用玩具娃娃和其他物品代替。

我发现，维尼芙雷特在这种模仿电影和戏剧人物的表演中不仅培养了一些良好的品格，比如勇敢、幽默、快乐等，而且在对电影和戏剧中某些角色的模仿过程中，她渐渐学会了与人交往的礼仪和技巧。

　　有一次，我们看完了一出名为《国王和他的女儿》的儿童剧。该剧讲述的是聪明的公主如何戏弄那些阿谀奉承的大臣的故事。回到家之后，维尼芙雷特就乐滋滋地穿上她的公主裙，开始模仿戏中的一个情节。维尼芙雷特扮演那位国王的女儿，而我扮演的则是一个贪婪的宰相。

　　刚开始的时候，我们都尽量按着剧中的情节来演，但后来，维尼芙雷特就开始自由发挥了。这个时候，我并没有去干涉她，我认为这正是一个发展孩子想象力千载难逢的好机会。

　　维尼芙雷特模仿剧里的公主，昂首挺胸，神态和举止简直就像个真正的公主，显得优雅从容。她对我这个狡猾的宰相说："你，宰相大人，你的花招能骗过我父亲——国王陛下，但你休想骗过我。其实，我早就看出了你的野心，你想夺权篡位、谋叛造反……"

　　于是，我立即装出战战兢兢、卑躬屈膝的样子："不是的，请公主殿下明察，我对国王陛下忠心耿耿，怎么敢有那些邪恶的想法……"

　　这时，看着维尼芙雷特煞有介事的样子，我忍不住笑出声来。

　　"不许笑，亏你还是个宰相，一个宫中的大臣，怎么可以这样不严肃呢？简直没有教养，一点礼仪都没有。我觉得，就凭这一点，就应该判你极刑！"女儿一本正经地说道，似乎她真就是剧中的那位公主了。

　　"啊！实在对不起，公主殿下！我真的不是有意的。"于是，我急忙装作严肃认真的样子，竭力忍住发笑。

　　"你知道吗，作为一个大臣，必须要自重，一举一动都要合乎礼仪，这样才能给下面的百姓做个模范。可你看看你，整天嘻嘻哈哈、鬼头鬼脑的模样，怎么做人民的表率！"

维尼芙雷特严厉地"训斥"了我一顿，并开始"教"我怎样说话，行为举止应该如何。尽管她的"台词"已经天马行空、自由发挥了，但她的动作神情仍然像剧中的公主一般高贵雍容。等到维尼芙雷特长大之后，人们都夸她的言行举止得体到位，并问我是怎么把孩子培养得这样高雅大方。其实，真正的原因就在于那些有趣的戏剧游戏。

在现实中我发现，现在父母都非常溺爱自己的孩子，因此在管教他们的时候不像我们小时候那样严厉。尽管我也不提倡过去那种方法，但无论如何，教会他们必要的礼仪也是非常有必要的。在我的周围，有不少这样没有教养的孩子，他们在幼儿时期没有受到良好的教育，稍微大一些之后就会说脏话、对人粗鲁无礼，每当看到这些情形，我心中都会感到非常难过，我不知道这是教育的悲哀，还是这些孩子的悲哀。

我认为，现在的父母只注意孩子的智力而忽视对他们礼仪的教育，这种做法是非常不明智的，最终只会使孩子们长大之后变得无礼而粗野，他们的将来也必定会因为恶劣的人际关系而无法在社会上立足。事实上，只有良好的礼仪教育，才能使得孩子长大之后变得懂礼貌、有魅力，从而直接地影响他们的人际交往。

第六章

缺乏想象力的人没有快乐

也许有人会这样说，靠想象来摆脱痛苦是一种自我逃避。但我却不这样认为，在我看来，无论使用什么方法，只要能把自己从不幸中解脱出来就是一件好事。因为对于人来说，最重要的就是快乐和幸福，而这种勇于面对痛苦并且在逆境中寻找快乐的品质就是坚强。维尼芙雷特在5岁时，就已经懂得了这个道理，用她的话说，一个既坚强又有想象力的人，才会成为一个真正幸福的人。

缺少想象的生活是无趣的

我们的周围有很多人，无论做什么都是有板有眼，只论事实。他们总是排斥想象，没有一点风趣，更不知道在想象之中得到生活中的另一种乐趣。不仅如此，他们还会将这种干巴巴的生活态度传染给自己的孩子，结果他们不仅不能将孩子培养成快乐的人，而且还严重影响了孩子想象力的发展，并阻碍了孩子潜力的充分发挥。

在我们学院，有一位莱斯顿教授，尽管他已经是颇有名气的学者，并且对自己所研究的科目也是兢兢业业。但是在我的眼里，他只是一个会翻书本而毫无想象力的人。虽然莱斯顿教授很有威望，但他总是喜欢板着脸，用成套成套的清规戒律来教训自己的学生。事实上，很少有人听到他对学生说："按照你自己的想法去做。"反之，他最常挂在自己嘴边的话就是："你不要这样，不要那样。

别胡来，这个不合规矩。"

诚然，对于莱斯顿教授的严谨，我是表示赞赏的。但是，对于他那种呆板的、墨守成规的学习方式和教学方法，我则感到非常厌恶。我认为，这种没有一丝生气的教育方式，不仅无法培养出杰出的人才，反而会让学生们失去生活的乐趣。

正如我一向所认为的那样，什么样的教育就会造就什么样的孩子，尤其是家庭教育。根据我的观察，莱斯顿的儿子卡勒斯也和自己的父亲一样，虽然有了学位，也有了一份正常的工作，但却是个只会啃书本的书呆子，没有什么想象力和创造性。据说，在卡勒斯四五岁的时候，在当地就是一个众所周知的"小大人"，无论做什么事都比同龄的孩子显得成熟一些。当时，人们表面上都说这个孩子真是懂事，但在私下里却又议论纷纷：这孩子怎么一点儿也不像个天真活泼的小孩子，成天板着脸，就和他的父亲一样。我想，卡勒斯的生活中是没有多少快乐而言的。

一个偶然的机会，我得知了卡勒斯小时候的教育状况，使我的猜想得到了证实。果然，他那种小老头的性格并不是天生的，而是由他的父亲一手造成的。

在卡勒斯5岁的时候，他还是一个活泼可爱的孩子，有着丰富的想象力，并且喜欢画画。有一天，他拿着自己刚画完的一幅画，兴冲冲地跑到了父亲面前。

"爸爸，你看看我这幅画，它漂亮吗？"小卡勒斯怀着期盼的心情问自己的父亲，他是多么期望得到父亲的赞扬啊。

"你这画的什么呀！嗯？一点儿也不像。"没想到，父亲居然毫不客气地给了卡勒斯当头一棒。

"哪儿不像呢？"卡勒斯的兴致一下子就被浇灭了，低声问道。

"天空不可能有这么蓝，而且，还有这些花，你画得也太大了。"父亲并没有顾及小卡勒斯的情绪变化，仍然毫不留情地批评着。

"可是……"

"不要什么可是，你先听我说完！"莱斯顿先生不顾儿子的想法，滔滔不绝地批评起来，"这简直不像话，怎么这儿还有一个小人？怎么一个人能够飞在天空中？完全不符合逻辑啊。"

"可是，我觉得这样很好，这完全是我想象出来的。"小卡勒斯低声为自己辩解道。

"想象？什么是想象？卡勒斯，你不应该凭想象做事，应该完全凭事实。"

"可是，老师说，画画是需要想象的。"

"不，不，不，你的老师给了你错误的指导，不应当依靠想象，想象是不能当饭吃的。"莱斯顿先生一味坚持自己的主张。

"我认为，只有想象才会画得好，而且想象会给人快乐。"卡勒斯说出了自己的观点。

"这是瞎胡闹，我就不靠想象，但我不是一样很快乐吗？"莱斯顿先生得意地说道。

"可是，人们都说你太沉闷，都不愿和你交往。"卡勒斯说道。

没想到，这句话一下子激怒了莱斯顿先生，他"啪"的一声给了儿子一记耳光。

"简直胡说八道，你太……太不像话了。我告诉你，不管怎样，我就是不许你胡思乱想，什么都必须要讲事实！没有事实，一切都是毫无意义的，你是在浪费自己的时间！"被儿子这样评论，莱斯顿先生心里肯定不好受，但他并没有检讨自己，而是一味把自己错误的意志强加给儿子。

从那以后，小卡勒斯再也不敢说什么有关想象的事了，也不再画画了。而且，本来活泼开朗的性格也变得阴沉忧郁起来。不久，人们便发现小卡勒斯变得和他的父亲一模一样，只会一味地啃书本，生活毫无乐趣可言。

事实上，虽然莱斯顿父子踏踏实实、兢兢业业地做学问，但始终没有取得非常很好的成果，并且一直生活在枯燥无味和孤独之中。我想，这正是由于他们失去了创造力的源泉——想象。并且，由此我也想到，家庭教育的力量对一个人一生的影响是多么重要。因此，我在教育维尼芙雷特的过程中，就坚决吸取莱斯顿先生的教育，充分激发她的想象力，让她的童年生活一直在快乐中度过。

在维尼芙雷特四五岁的时候，也非常喜欢画画，并且也时常和卡勒斯一样，把自己充满想象力的画拿给我看。每当这时，我都会极力赞扬她的想象力，至于画得像不像，根本就不是一个重要的问题。不仅如此，我还时常鼓励她充分发挥自己的想象力，让她大胆一些，再大胆一些。这样一来，维尼芙雷特的画不仅越画越好，而且她的心态和性格也越来越健康。虽然维尼芙雷特长大后并没有成为画家，但我想，那丰富的想象力以及由此而带来的快乐，必将成为她人生成功与幸福的源泉。

想象力支配着整个世界

等到维尼芙雷特稍稍懂事之后，我就开始在每天晚上睡觉前给她讲述那些伟大人物的故事，让她知道想象力对于一个人来说有多么得重要。

记得有一次，当我们再次谈到想象的话题的时候，孩子突然对我说："人们都说想象只是艺术家的事，如果不想当艺术家，就什么都要从实际出发，什么都要以事实为标准。"

听到维尼芙雷特这样说，我知道她还不明白想象力和实际之间的关系，于是就耐心地告诉她："从实际出发，凡事切合实际，这当然是没有错的。然而，有想象力也并不意味着背离现实啊。没有想象力的人，无论做什么事都要以实际为准则，常常受到条条框框的限制。这样的人，没有创造新事物的能力和勇气，做什么都缩手缩脚，不可能取得什么大的成就，只会一辈子平平庸庸。我让你要有想象力，并不是要你什么都靠想象，而是要敢于在实际的基础上发掘出新的东西。"

当时，维尼芙雷特歪着小脑袋又问："艺术家必须要有想象，这我可以理解。可是，科学家呢？科学研究不是必须完全以事实为依据的吗？"

显然，维尼芙雷特这时候已经有了自己的观点，这个观点不是某个人单纯地植入她的头脑，而是她经过自己的思考得出来的，尽管她的观点是错误的，但我还是感到非常高兴。不过，关于想象力的问题，我还得对她进一步解释。

"当然，科学应该以事实为依据，但是，你想想，如果没有科学家的想象力，科学也同样不会有进步呀！"我对她说道。

"为什么呢？"维尼芙雷特疑惑地看着我。

"你想一想，如果人类不是靠最初的想象，怎么可能发现水的浮力，又怎么可能发明大船呢？如果我们人类没有想象力，也许我们到现在还住在山洞里呢。"我说道。

"哦，这样我就明白了，如果没有想象力，人们就不可能发明出灯泡，给我们光明；不可能造出汽车和火车，我们也不会有现在这样便捷的生活。"

"对啊，宝宝好聪明，知道以后该怎么做了吧？"

"嗯，世界上一切美好事物都是从想象开始的，所以我们每个人都应该充分发挥想象力，让生活变得更加美好。"

从那时起，维尼芙雷特便尽情地发挥自己的想象力，不论是在学习绘画和音乐上，还是在平时的游戏和生活中。这不仅开启了她的智慧，同时也给生活增添了很多乐趣。

然而，在现实生活中有很多家长不仅没有激发孩子的想象力，还用刻板的方式来限制孩子，给孩子带来了极大的伤害。在这样的教育环境下，孩子要么就漫漫丧失了想象力和创造力，要么就会非常痛恨生活。我身边就有这样一个极端的例子。

格林先生是个生活刻板严谨的人，极有规律，无论发生什么事，作息时间从不改变。但这么一个讲究纪律的人，却有一个最调皮捣蛋的儿子彼特。

彼特是个精力旺盛的孩子，成天都在不停地动，不知疲倦地摔碎器皿，弄坏东西，惹是生非。他与他的父亲是两个极端，因此两父子之间的战争一天之中不知要发生多少次。

有一次，彼特把祖母刚送给他的万花筒拆开了，想看看里面究竟藏了些什么，这自然会招致他父亲的愤怒。不过拆东西可算是彼特最大的爱好了，凡是让他感到好奇的东西，都逃不过被拆的命运，当然他也逃不过挨揍的命运。可是无论父亲多少打骂，他的这个毛病始终也改不了。

还有一次，彼特竟然把一块金表给拆开了，要知道这块表是彼特故去的爷爷留下来的遗物。他父亲一直十分珍惜，总是带在怀里，从不离身。不久前他还说表出了点故障，必须拿去修理，哪知还没来得及修，就被他这个调皮的儿子给翻了出来。现在这表被大卸八块，零件散落了一地。格林先生立即暴跳如雷，一耳光将儿子打得坐在地上，接着他上去就是一阵拳打脚踢。

第二天，彼特突然失踪了。原来他是跟着一个马戏团跑了。当家人找到他的时候，他依然不肯跟回家，而且态度十分坚决。他说自己在家里总是不愉快。而跟马戏团在一起，却感到非常的自由，非常的快乐，他喜欢马戏团的这种自由自在的生活。

直到彼特的母亲哭得昏死过去，他才不情愿地回家了，这件事对格林先生的震动非常大，他开始认真地对待儿子的天性，不再强求他非要与自己一样。这样一来，他发现自己和儿子都变得轻松愉快了。而且，渐渐的他从儿子身上发现了越来越多的优点，其中就包括丰富的想象力。

要知道，想象力就是创造力，童年是人生中想象力最丰富的时期，我们作为父母一定要因势利导，为孩子发挥想象力创造广阔的空间，而不要以自己的刻板来影响、阻碍孩子想象力的发展，否则，你可能就会成为抹杀孩子一生幸福的罪魁祸首。

星空下的美丽传说

很多人认为，神话故事和传说是没有价值的东西，因此不应该给孩子们讲这些故事。而我却不这样认为，正相反，我认为自古流传的那些美丽的神话和传说是开发孩子想象力的有效方式，它能够让孩子在想象的天空中自由驰骋，给孩子带来无尽的乐趣。因此，只要有机会我便选择一些神话或传说讲给维尼芙雷特听，并且事实上，维尼芙雷特也非常喜欢这些故事。

和其他小孩子一样，在晚上的时候，维尼芙雷特也非常喜欢坐在外面眺望夜空中灿烂夺目的星星。每当这时，我都不会以任何理由去打扰她，并且还会给她讲一些有关星空的故事。

在一个晴朗的夜晚，我的维尼芙雷特像往常一样，坐在院子里的椅子上眺望着星空。她看得十分出神，似乎在思考着什么。

"维尼芙雷特，你在想什么呢？"我轻轻地走到了她身边。

"我在想，那些星星上是不是真有仙女？"

"那么，你认为有吗？"

"有，当然有。"

"为什么呢？"

"你看那些星星是那么明亮、干净，一定是那些仙女把它们收拾干净的。否则，它们怎么会那么亮呢？"

"是啊，我也是这样认为。所以，你也应该像仙女那样勤快，把周围的东西都收拾得干干净净的。"

"那么，天上到底有多少星星呢？"

"啊，这可是个不好回答的问题。因为我认为，天上的星星是数不清的，非常非常的多，恐怕没有人能够数得清吧。"

"哇！那妈妈的意思是，天上的仙女也多得数也数不清喽？"

"这个当然啦。"

"可是，我为什么总是见不到她们呢？"

"维尼芙雷特，你要明白，仙女并不是什么神奇的人。我认为，只要一个人能够做到勤劳、善良，并且有一颗美好的心灵，那么她就是一位仙女。"

"那么，我也能成为仙女喽？"

"当然，不是早就有人说过，我的维尼芙雷特像仙女一样可爱吗？"

听我这样说，维尼芙雷特高兴地笑了笑，又继续提出她的问题："那些星星上到底有什么？那上面也有人吗？"

"这个嘛，嗯，我也说不清楚。不过，我知道现在有很多天文学家正在研究这个问题。"

"天文学家？"

"是的，天文学家就是专门研究宇宙的科学家，他们的工作就是要解开宇宙的秘密。比如说，太阳上有什么，月亮上又有什么，那些星星究竟离我们有多远，等等。"

"这么说，天文学真是一门有意思的科学。我要是也能研究天文学就好了。"

"这一点都不难啊。只要你努力学好知识，等你长大后完全有机会成为一位了不起的天文学家。"

从那以后，维尼芙雷特简直变成了一个天文迷，整天要我给她讲关于宇宙的故事。对于女儿的求知欲，我当然会尽力去满足她。当然，我不仅给她讲故事，还专门给她买了一些有关宇宙的带有插图的书籍。

就这样，在维尼芙雷特4岁的时候，就已经掌握了大量的天文学知识，比她同龄的孩子们懂的东西要多得多。我经常看到维尼芙雷特和一群小伙伴们聚在一起讨论世界的奥秘。不过，一般来说都是女儿当主讲，别的孩子围在她身边安安静静地听着。

有一天，维尼芙雷特给小伙伴讲了有关太阳系的事，她的知识让其他孩子们大开眼界，并为她的学识感到诧异。

"你们知道吗？我们生活在宇宙中的一个小星球上。"维尼芙雷特这样说道。

"什么？小星球？地球那么大，怎么能说是小星球？"

"不会吧，我们生活在大地上。"

"胡说，我们生活在城里。"

有不少孩子提出了异议，并且七嘴八舌地议论起来，每个人都坚持自己的观点，觉得维尼芙雷特这次说得似乎有些夸张了。这时候，小维尼芙雷特拿出自己的书本，翻开画有太阳系的图画给别的孩子们看。

"你们看看，这个就是地球，这个是火星，这个是水星……这些星球都围绕着太阳旋转。"维尼芙雷特一边翻书，一边给孩子们讲解。

"可是，你为什么说地球是个小星球呢？"有人问道。

"当然小啦。你没有看到在这张图上，地球只是一个小点儿吗？你们看，太阳系有这么大，它包括九颗行星，还有太阳。可是，在宇宙中还有多得数不清的其他太阳系。你们想想，这样一来，地球不就是整个宇宙之中的小星球吗？"维尼芙雷特认真地解释道。

"可是，我却觉得地球很大，因为我父亲曾在世界各处旅行，花了很多年时间都没有走遍整个地球。"这时候，其中的一位孩子仍然不服气地辩解道。

"这个很正常嘛，地球再小，也比人大得多了。这只能说明我们人在宇宙当中实在是太渺小了。"维尼芙雷特微笑着解释道，那种自信，俨然就是一个小老师了。

就这样，维尼芙雷特从眺望星空开始喜爱上了天文学，并掌握了大量的自然科学知识。她从对神话、传说的想象开始，逐渐变成了对科学自觉的探求。我想，这是一个人成长的必然过程，并且这个过程也符合我们整个人类的发展历程。如果我们忽略掉前面的神话传说，直接给孩子灌输宇宙天文学的知识，不仅无法激起他们强烈的兴趣，同时还会限制他们的想象力，把学习变成一件枯燥乏味的事情。我认为，这实在是教育的大忌，也是父母的悲哀，其结果必然会造就一个书呆子。

世界上最不幸的人是不善于想象的人

我一直认为，一个在童年时代充分发展了想象力的人，即使遇到再大的不幸，也能从不幸中找到幸福。相反，缺乏想象力的人，则只会在生活中屡屡失败，而永远不会取得什么成就。在维尼芙雷特小的时候，我便经常对她强调，再也没有比拥有丰富的想象力更重要的了。我想，这种意识一定深入到了她的思维，因为我渐渐发现，维尼芙雷特不仅可以通过想象力为自己找到生活的乐趣，而且还会利用想象力帮助别人摆脱苦恼。

有一次，维尼芙雷特的小伙伴托尼生了一场大病，由于成天躺在床上，不能到外面和其他小伙伴一起玩，所以心情非常沮丧，整天垂头丧气的，对什么都提不起兴趣，对什么都没有信心。

维尼芙雷特问我："你说，有什么办法可以帮帮托尼吗？"

我没有回答，而是指了指自己的脑袋，提示她自己想一想。

小维尼芙雷特仰着头想了一想，便喜笑颜开地跑了出去。我知道，她一定想到了什么好办法，由于当时正好也没有什么特别要紧的事，便跟在她后面一起探望托尼。

为了帮托尼摆脱坏情绪，维尼芙雷特特意给他带去了有趣的书和漂亮的图片，但托尼好像一点兴趣也没有，还说这些东西没用。于是，维尼芙雷特给他讲了一些有趣的故事，这些故事都是过去我讲给她听的，没想到她不仅记得很清楚，而且还自己加进了一些情节，使其丰富了许多。不过，遗憾的是，故事也没有引起托尼的兴趣，他还是一点反应也没有。

"难道，你就不能想象一些美好的事吗？"维尼芙雷特问托尼。

"想象？想象管什么用？"托尼回答说。

"想象可以帮你摆脱生病的痛苦，还能使你的心情变好。"

"不，我可不这么看。我看想象没什么用，我只想病快点好，我好出去玩。"托尼依然很悲观地回答道。

"可是，在你病没有好之前是不能出去玩的，你为什么不读读书，看看漂亮的图画来摆脱坏心情呢？"维尼芙雷特劝托尼试着利用想象来获得快乐。

"这样做有用吗？"托尼疑惑地看着维尼芙雷特。

"当然，有一次我生病，就是用这个办法使自己高兴起来的。"维尼芙雷特开始津津有味地介绍自己的切身体验，"那次，我病得可严重了，但我一点也没有垂头丧气。虽然我必须躺在床上，不能出去玩，可我在床上总是闭上眼睛，想象那些美好的事情。我想象我在草原上跑，草原上到处是鲜花；我想象我在蓝天上飞，穿过那些棉花一样柔软的白云，真是有意思极了。渐渐地，我就忘记了生病的痛苦，变得开心起来。结果，我的病也就很快地好了。"

"真的吗？如果真是这样，那么我决定试一下。"托尼受了维尼芙雷特的影响，也想体会一下想象的乐趣。

可是，无论托尼怎么努力去想象美好的东西，却总是不能进入状态。他一闭上眼，想到的就是自己正在生病，只能躺在床上，不能出去玩。最后，他只好说想象不起作用，心情依然如故，还是不能摆脱疾病的痛苦。然后，维尼芙雷特又给他讲故事、读书，可他仍然听不进去，仍然陷入那种坏心情之中不能自拔。

我发现，在生活中像托尼这样的人还有很多。他们没有想象力，也没有乐观向上的精神，一有困难就怨天尤人，既不能从自己的内心里找到快乐，也无法尽快从痛苦中走出来。我想，这样的人才真正是世界上最不幸的人吧。

从小，维尼芙雷特就有过人的想象力，这不仅对她智力的开发起到了非常关键的作用，也为她乐观的性格打下了很好的基础。记得在维尼芙雷特5岁的时候，她的舅妈不幸因病去世了。平时，舅妈特别疼爱维尼芙雷特，她们之间建立了非常深的感情。一听到舅妈去世的消息，维尼芙雷特就陷入了极度的悲痛之中，不知为此痛哭过多少回。然而有一天，维尼芙雷特突然不哭了，反而还去安慰暂时住在我家的舅舅。

那时候，我的弟弟失去心爱的妻子，生活态度一直很消沉。我想，这是人必经的一个阶段，过一段时间之后，他自己自然会从悲痛中解脱出来，因而也并没有过于安慰他。然而，没想到的是，我5岁的维尼芙雷特居然像成年人那样劝舅舅不要太难过，这顿时让我们大家都感到非常诧异。

维尼芙雷特对舅舅说："亲爱的舅舅，你不要再难过了。我知道，你很爱舅妈，但这也是没有办法的事，舅妈是个善良的人，我想她现在一定到了天堂，她一定会得到上帝的爱，她的生活一定很幸福。"听到维尼芙雷特这么一说，我也赶紧去安慰我那可怜的弟弟，说人死不能复生，必须自己去面对未来的生活。

过后，我问维尼芙雷特怎么会想到去安慰舅舅。她说："我想，舅妈是个好人，她虽然去世了，但她的灵魂会得到安息的。我想舅妈现在一定坐在天上的云彩上，正在天堂里享受幸福，所以我也就不再难过了。我看见舅舅那么难过，就想让他也像我这样想。不管怎么说，痛苦总是没有好处的。我希望舅舅也能快点高兴起来。"

听了维尼芙雷特的一番话，我感到非常欣慰。我觉得，女儿这么小就能乐观地看问题，那么她长大之后在生活中遇到困难和痛苦时，就有能力接受命运的挑战，而不至于被挫折所击垮。

也许有人会这样说，靠想象来摆脱痛苦是一种自我逃避。然而，我却不这样认为，在我看来，无论使用什么方法，只要能把自己从不幸中解脱出来就是一件好事。因为对于人来说，最重要的就是快乐和幸福，而这种勇于面对痛苦并且在逆境中寻找快乐的品质就是坚强。维尼芙雷特在5岁时，就已经懂得了这个道理，用她的话说，一个既坚强又有想象力的人，才会成为一个真正幸福的人。

充满想象力的表演

为了发展维尼芙雷特的想象力，我时常和她一起表演神话和传说中的情节。通常情况下，表演都需要有一个背景。可是，我和女儿的表演中往往没有背景，因为我觉得这样更能给她自由发挥的余地，而不用那些背景之类的东西限制她的想象力，从而使她的想象力得到充分的发展。

记得儿童剧场的创始人阿里斯·彭尼·赫茨女士曾经说过："如果儿童剧场的布景和扮装太过逼真，孩子们就没有想象的余地了，这样反而不能促进他们想象力的发展。当今教育的弊病就在于过于接近现实，从而不能让孩子的想象力得到充分发展。"我个人认为，赫茨女士的观点真是太对了，她不仅指明了想象力在儿童教育过程中所占据的重要地位，而且点出了儿童剧布景和装扮对于想象力的局限。因此，我在与维尼芙雷特进行表演时，很少用过多的背景来限制她的想象力，最终演成什么样子，完全由她自己来决定。

有一次，当我和维尼芙雷特一起读完一个王子与公主的故事之后，她兴奋地要求我和她一起来表演一遍。自然，作为一个母亲，我从来不会拒绝女儿这样的要求。记得当时故事的情节是这样的：有一个年轻的公主，她不幸被魔鬼抓走了，被困在一个偏远的山洞里。深爱着公主的王子找了很久，终于找到了那个山洞，并勇敢地与魔鬼进行了搏斗，最终打败了魔鬼，把公主救了出来。经过商量之后，我们决定由维尼芙雷特扮演王子，而我则来扮演公主。因为，这个故事主要是表现王子的勇敢，维尼芙雷特就主动要求扮演这个角色，她想当一次英雄。

表演开始了，维尼芙雷特手持"宝剑"和虚拟的魔鬼奋力搏斗，不停地痛骂魔鬼的邪恶。不过，她很快便脱离了故事的情节，进入了自己创造的故事之中。在原来的故事中，王子是骑着马去的，但在维尼芙雷特的演绎中，她没有作骑马的动作，而只是不停地用手臂表现飞翔的姿态。她一边"飞翔"，一边用"剑"刺杀魔鬼，并且想把公主抱起来和她一起飞走。

演着演着，维尼芙雷特又说错了台词，不再叫我公主而是"妈妈"。她不停地喊："妈妈，妈妈，快来，我们一起飞到天空上去。"当时，我差一点笑出声来，但仍然没有去打断她，也没有去纠正她的错误。因为我认为，这种表演最终的目的就是为了培养女儿的想象，不一定要完全按照原故事那样去演。

等表演结束之后，我问维尼芙雷特："你为什么在表演的时候想到了飞翔？原来故事中的王子不是骑着马去寻找公主的吗？"

维尼芙雷特对我说："我本来是骑着马的，可后来我想到公主在山洞中被魔鬼欺负一定很痛苦，便觉得骑马太慢了，干脆就飞了过去。妈妈，我用飞翔来表演有什么不对吗？"

"没有什么不对，我觉得你表演得真是棒极了。而且，我也认为飞翔比骑马更好，更有想象力，更能够表现王子的心情。"我这样说，以鼓励女儿大胆想象的勇气。

"是啊！飞翔的感觉真是太美妙了。"女儿兴奋地说道。

"那么，飞翔是什么感觉，你能对妈妈描述一下吗？"

"飞翔的感觉让人愉快。我仿佛听到了耳边的风声，我好像在空中飞得很快，并且看到了大地上的山川树木，那样的画面多么美呀！"

"那么公主呢？你认为她会怎样？"我对女儿的回答表现出了极大的兴趣。

"公主当然也会高兴，因为她脱离了魔鬼的掌握。我想，那个邪恶的魔鬼一定在地上气得发抖，他看见我们飞得那么高那么快而束手无策，一定会把他气死。哼，不过那也是活该，谁让他总是干坏事！"维尼芙雷特似乎真的觉得就有那样一个魔鬼一样，对他进行无情的批判。

"可后来又怎样呢？"我又问女儿。

"后来？我们还没有演哪！"

"虽然没有演，但你可以继续想象下去啊。你想一想，救出公主后，你应该怎么办？"我继续引导女儿展开想象。

"救出公主之后，嗯……"维尼芙雷特想了想，然后说："救出公主后，我先把她带去见国王，让他们父女见面，然后……"

"然后怎样呢？"

"然后，我一定会求国王把公主嫁给我。"

听到维尼芙雷特这样说，我忍不住大笑起来。

"妈妈，你笑什么？有什么不对吗？"女儿不解地看着我。

"没有什么不对，这是合情合理的，你的想象力真好。"

看着维尼芙雷特天真烂漫的模样，我真为她感到高兴，她表演得是那么生动，那么富有激情，即使表演结束了，也仍然能够按着故事的线索将它继续想象下去。从这一点看来，女儿的想象力已经得到了很好的发展。

这种表演在我们的生活中时常进行，根本不需要什么特别的准备，有了兴致随时都可以来玩。在这种表演中，维尼芙雷特可以将她的想象力发挥得淋漓尽致。并且，除了这种表演的方式外，我还和维尼芙雷特各自交了位想象中的朋友，以此来培养女儿的想象力。我的朋友叫内里，女儿的朋友叫鲁西。当我们远离身边的朋友住在乡下时，我们就请出这两位想象中的朋友，这样我们可以4个人一起玩了。这样一来，即使维尼芙雷特独自一人的时候也不会感到孤独和无聊。我认为，这样非常有利于她快乐性格的形成，这不仅培养了她的想象力，也使她的生活增添了不少乐趣。

让女儿为自己设计玩具

在我的周围，有很多父母对子女真是疼爱至极，只要孩子喜欢，无论什么样的玩具都会给他们买来玩。诚然，爱孩子无可厚非，玩具也确实可以给孩子带来无穷的乐趣，但是我认为，太多的玩具对孩子的成长并没有多大的好处，因为这些玩具只能帮孩子打发无聊的时间，而对他们的教育则没有带来任何益处。

经过长期的观察与思考，我发现孩子的玩具不应该是包罗万象、完美无缺的，因为太完美的东西会影响孩子发挥自身的能力，妨碍他们主动运用想象力。我认为，玩具实际上不应该仅仅用于玩耍，而要对孩子产生积极的影响。把教育渗透到游戏之中，这才是游戏真正的的意义所在。因此，我从来不给维尼芙雷特买太齐备的玩具。

从维尼芙雷特很小的时候起，我就只给她布娃娃和橡胶娃娃。她可以跟这些玩具说话，还可以和它们一起睡觉，这样一来，通过这些玩具就可以发展她的想象力。有时候，她还会自己玩和玩具对话的游戏，她自己构思情节，然后给各个娃娃分配角色，然后她便模仿着各个角色应当有的声音来进行表演，比如她给其中的一个娃娃分配了老爷爷的角色，等到这位"老爷爷"发言的时候，她就会刻意把声音变得沙哑一些。看着女儿绘声绘色的表演，我总是忍不住偷偷地笑个不停。

事实上，我不仅只给女儿买来一些简单的玩具，而且还鼓励她自己动手做一些玩具。有时候，我会给她准备剪刀和碎布，教她自己缝制娃娃的服装。这样一来，不仅锻炼她的想象力，而且还可以使她从小就学会一些基本的生活技能。

为了让维尼芙雷特学会这些"小技术"，我时常先用碎布给她做一两个样本，然后让她自己照着做，以此来锻炼她的动手能力。不过，女儿往往会出人意料地搞一些发明创造，而且常常比我给她的样品还要好。

有一次，维尼芙雷特兴冲冲地跑到我的跟前，双手举着两个不同的布娃娃，它们都穿上了不同的"新衣服"。

"妈妈，你看哪一个更漂亮呢？"

我仔细看了看，女儿左手拿的那个布娃娃穿的是我之前帮她做的衣服，右手拿的那个穿的则是她自己做的衣服。我做的衣服很正规，像真的一样，而女儿做的那套衣服却很有创意。她把裙子做得特别长，像孔雀尾巴一样向后撒开，看上去非常华丽。另外，在颜色搭配上也有不少独到之处。相比之下，我做的那件衣服就显得缺少了那么一点灵气。

女儿见我不说话，有些着急了："妈妈，你快说呀，究竟哪一件更漂亮？"

"当然是右边的漂亮，你看它是多么华丽呀。"我一点也没有哄孩子的意思，这的确是我真实的想法。

"那么，我可以穿这样的衣服吗？"维尼芙雷特兴奋地说。

"当然了，你穿上这样的衣服，一定非常漂亮。"

"真的吗？明天你给我做一套好吗？就照这个样子做。"

"维尼芙雷特，我很愿意为你做，可是，这样的服装太奇怪了，穿着它上街恐怕不大好。"

"你的意思是说它不好看！"

"不，我可不是这个意思。我是说，这样的服装更适合在戏剧舞台上穿，因为它很有艺术性。这样吧，如果下次你要参加什么演出，我一定给你做这样一套。"

当时，维尼芙雷特看上去有些失落，但她毕竟是一个聪明的孩子，也明白我所说的意思，就没有再坚持。几天之后，她似乎就把这件事情忘记了。不过，我并没有忘记。在圣诞节那天，我参照维尼芙雷特自己所设计的娃娃服装，为她制作了一件漂亮的节日礼服，她穿着这件服装参加了一个很精彩的节目，并且受到了小伙伴们的交口称赞，那一天，维尼芙雷特真是高兴极了。在后来的日子里，女儿不仅为自己设计演出服装，还为别的孩子设计。

如今，我的衣柜里仍然保存着女儿设计的那套服装，每当我看到这套具有纪念意义的衣服，就会想起女儿小时候可爱的样子，同时为女儿从小形成的丰富想象力和创造力而感到骄傲。

第七章

好习惯是一支神奇的魔术棒

维尼芙雷特究竟是如何处理好学习与爱好之间的关系的呢？根据我的观察与分析，这大概要完全归功于她从小养成的专心致志的学习习惯。维尼芙雷特能弹琴、喜欢绘画，从小就读了大量的书籍，而且还掌握了多国语言，另外，她无论在数学、地理还是体育方面都非常出色。这些都是由于她能够在特定的时间内专心致志地做一件事而练就的。

专心方可成器

从小，维尼芙雷特的兴趣就十分广泛，比如音乐、画画、外语，等等，有着很多学业之外的爱好。于是，很多认识的人就会常常提出这样的疑问：维尼芙雷特有着那么多的业余爱好，怎么可能把功课学好呢？她有足够的时间来学习吗？

其实，人们有这样的疑问是很正常的情事，因为一般说来，孩子的业余爱好太多，的确有可能影响到他正常的学习。我接触到的一些其他孩子就存在这样的问题，比如在某一领域可以称得上是一个天才儿童，但在一些基本的常识性的学科上则表现得很差劲，甚至还不如一般的孩子。不过，我却认为，对于孩子来说，只要时间安排得合理，使其养成良好的学习习惯和高效的行为风格，那么，就算学习的科目和业余爱好都很多，也不会互相干扰的。事实上，维尼芙雷特正是这样的，她不仅没有因为这些爱好而影响正常的学习，而且她的学习成绩和她的业余爱好一样优秀。

那么，维尼芙雷特究竟是如何处理好学习与爱好之间的关系的呢？根据我的观察与分析，这大概要完全归功于她从小养成的专心致志的学习习惯。维尼芙雷特能弹琴、喜欢绘画，从小就读了大量的书籍，而且还掌握了多国语言，另外，她无论在数学、地理还是体育方面都非常出色。这些都是由于她能够在特定的时间内专心致志地做一件事而练就的。维尼芙雷特从小就懂得专心致志的好处，深知不专心就不可能做好任何事情。

我的小维尼芙雷特在两三岁时，也和普通的孩子一样，爱好庞杂而不能集中精力去做一件事情，似乎什么都想学，但却往往什么也学不好、学不精。正是由于我适时做出有的放矢的指导，才帮助她改掉了这个坏毛病。

有一次，小维尼芙雷特在房间里手忙脚乱地摆弄她的那些宝贝，时而拿起画笔在纸上涂几下，时而捧着书翻一翻，时而又要去弹弹琴。结果是忙得不亦乐乎，却什么也没有做好。后来，女儿满脸不高兴地跑到我的跟前。

"妈妈，我不想学了。"她冲着我喊道。

"不想学什么了？"我问她。

"什么也不想学了。"

"为什么呢？"

"简直烦死人了，学那么多东西，都快把我搞得发疯了！"

"为什么，学习怎么会让人发疯呢？"

"事情太多太多了，我都不知该怎么办才好。我刚拿起笔准备画画，就想到书还没看呢，我去看书吧，可又觉得应该练琴了。"

"那么，你为什么不一件一件地做呢？"

"我也想一件一件地做，可是没时间啊！"

我了解维尼芙雷特的性格，她是个非常认真的孩子，想把所学的都学好，因此就产生了急于求成的心理，以至于失去了内心的平静，变得焦躁不安起来。

"怎么会没时间呢？"为了使女儿平静下来，我便开始耐心地告诉她如何合理地安排自己的时间。

"那么，你打算每天用几个小时来学习功课？"我问她。

"两个小时。"维尼芙雷特回答说。

"那么画画和弹琴用几个小时？"

"画画用一个小时，弹琴也是一个小时。"

"对呀！一共才用去4个小时，而一天有24个小时，除了睡觉、吃饭、玩，你的时间还是很充足啊。"我帮她一步一步分析。

"可是，我为什么总是觉得时间不够用呢？"

"这是因为你自己安排得不好啊。"

"那么，我应该怎么安排呢？"

"我看你的时间很好安排，问题关键是，你首先要让自己平静下来。"

"唉，我就是静不下来，心里总是非常着急。"

"我知道你为什么会着急，因为你不能集中注意力去做一件事情。你在做任何一件事的时候，最好把其他的事情完全抛开。比如说，看书的时候就完全不去想画画和弹琴，等到画画的时候再想着画画，弹琴的时候再想着弹琴。这样不就可以了吗？"

"这样真的有用吗？"

"当然了。"

"那好吧，我试一试。"

于是，维尼芙雷特又回到了自己的房间。没过多久，她又来到我的房间，告诉我："妈妈，这个办法简直太有效了。我一点也不急，反而把事情都做完了。现在我准备弹琴了。"

从此以后，维尼芙雷特养成了专心致志的习惯，无论有什么事干扰也不能使她放下正在做的事情。等到女儿四五岁的时候，这种好习惯已经在她心中根深蒂固了。凡是熟悉她的人都说，维尼芙雷特是一个个性很强的孩子，因为没有人可以轻易地干扰她正在进行的工作。

记得有一个周末，我和维尼芙雷特约好要一起去游乐场，那时候由于工作的关系，我已经有半年的时间没有带她去游乐场了，她已经向我提议好几次了，我总是说等忙过这段时间。这次终于可以抽出一天来带她去玩，维尼芙雷特自然是非常兴奋，头天晚上我们还在计划着先玩什么，然后再玩什么。第二天早上吃完饭，我以为她已经收拾好在等我了，但却找不到她的影子了，叫了她好几声也没有回音。最后才发现，原来她正在自己的房间里做功课。

"维尼芙雷特，我们要走了，你不想去游乐场了吗？"

"当然想啊，你不是说要8点出发吗？现在才7点40分，还有20分钟呢，我东西都收拾好了，先把功课做完。"

"可是，现在你还有心思做功课吗？你不是一直都想着去游乐场吗？"

"我一点都不着急，妈妈，你不是总对我说，无论做什么都要专心致志吗？"

确实如此，无论什么时候、做什么事情都要专心致志，这正是我对女儿的教导。我想，她现在已经把这种教导深入到自己的精神之中，无论什么时候都不会改变。我为自己的女儿感到骄傲。

我一定要做到最好！

现在回想起来，我那可爱的维尼芙雷特从小就是一个好强的孩子，即使在只有四五岁的时候，她也是无论做什么事情都会尽力要求自己做到最好。在我的记忆中，这是她和其他孩子最明显的一个区别。一般来说，大部分孩子都非常贪玩，只要能够把自己的事做完就已经很不错了，很少有孩子主动要求把事做到超出自己的能力范围的。然而，维尼芙雷特却不一样，她不仅能按大人的要求去做每一件事，而且还时常自己想办法把这件事情做得更好。

由于女儿从小喜欢画画和弹钢琴，所以她逐渐结识了一帮有着相同爱好的小伙伴。这些孩子中有的是我们邻居的孩子，也有的是我和丈夫的同事、朋友的孩子。几乎每一个周末，维尼芙雷特都会不约而同的和这些小伙伴们聚在一起，或画画，或弹琴，并且经常互相交流各自的学习心得。

为了让孩子们能够更好地交流，也为了给他们一个快乐的周末，我和这些孩子的父母们商量好，为他们举办了一次钢琴比赛。当然，这样的活动不可能像正规的音乐比赛那么严格，主要是为了让孩子们玩得高兴。所以，孩子们在演奏钢琴时，可以自己选择曲目，也可以不断地重复一首乐曲，直到孩子自己满意为止。

记得那个下午，我们家可真是热闹极了。大约来了七八个孩子，几乎都是从两三岁就开始学音乐，并且都有自己的长处。有些孩子还穿着很正式的服装，感觉颇有音乐家的风度。

家长坐在观众席上，孩子们一个接一个地走到钢琴前演奏自己熟悉的曲子。有的演奏刚入门的练习曲，有的演奏简单的民谣或儿歌，有的甚至只弹一两段音阶。由于当时孩子们的年龄都特别小，几乎没有一个人能把整首曲子不出差错地演奏下来的。但尽管如此，孩子们还是兴致勃勃地参与了比赛，并且不时赢得"观众"们的掌声鼓励。

这时候，有一个名叫威廉斯的孩子，比维尼芙雷特大1岁，从小就受到了良好的家庭教育。他从容地走到台上，完整地弹了一首比较简单的乐曲，顿时赢得了所有人的欢呼。我想，到此为止他应该是当天唯一能够连贯地演奏而不犯错误的孩子吧，于是人们都不约而同地站起来为他鼓掌喝彩。这个孩子也非常自豪而且有礼貌地向大家鞠躬行礼，其风度俨然是一个真正的钢琴演奏家。

"维尼芙雷特，你看威廉斯多棒啊，他弹得多么流畅啊！"我拍拍女儿的肩膀，示意她也应该像威廉斯一样。

"是的，威廉斯弹得是很好。"维尼芙雷特悄悄地对我说，"不过，妈妈，我会弹得比他更好。"

"我相信你能做到，亲爱的，但是上场后千万不要紧张。"我知道，小威廉斯的演奏激起了维尼芙雷特的好胜心，所以我提醒她不要求胜心切而导致发挥失常，"我知道你平时也能弹得很好，但是这么多人看着你，可能会影响你集中精神，所以你一定要保持平静。"

维尼芙雷特听我说完，向我点点头，非常自信地说："没关系，妈妈，我才不怕大家看着呢，等一会儿你就瞧我的吧！"

没过多久，就轮到维尼芙雷特上场了。她走到钢琴前，深吸一口气，并向我这边看了一眼。我知道孩子肯定会紧张，因为小威廉斯的演奏给了她一定的压力。于是，我向她点点头，示意她不要受到外界的干扰，专心致志地弹琴就好了。

伴随着音乐的声响，维尼芙雷特的弹奏开始了。但是，我从响起的琴声之中，隐隐感觉到她有些紧张，弹得不像平时那样稳，也不太流畅。果然，在弹了几个段落之后，维尼芙雷特弹错了，琴声停了下来。

我始终注视着女儿，用一种肯定的眼光看着她，鼓励她继续弹下去。可能维尼芙雷特感觉到了我的心声，她鼓起勇气，从头开始弹。可是，经过两个乐句之后，她又弹错了。

就这样，维尼芙雷特不是出错，就是忘了乐谱，反复停顿了很多次。我想，她这会儿心里肯定很焦急，于是便走到她身边。

"维尼芙雷特，今天是不是状态不好？"我低声问道。

"不知道为什么，今天总是出错。"

"那么，下来休息一会儿，先让别的孩子演奏吧，等你状态好了之后再弹。"

维尼芙雷特看了我一眼，又快速地瞟了一眼其他人，也许知道现在有很多人在看着她，她的脸"唰"地一下子涨得通红。

看见维尼芙雷特尴尬的样子，我赶紧小声安慰她："没有关系，大家都是很熟的朋友，没有人会嘲笑你的。你的琴弹得好，大家都是知道的，他们都能理解你。再说，谁都有发挥不好的时候，我们去休息一会儿再弹，好吗？"

"不，妈妈，我不能这样下去。我不能让别人看到我不行。"

女儿倔强地说道。

我知道维尼芙雷特的脾气，她不达到目的是绝不肯放弃的。面对这种情况，我知道再说也没有用，我能做的只是继续鼓励她："那么，好吧，你先做一下深呼吸，让自己平静下来，然后再全身心地投入到演奏中去……"

我转身离开钢琴，女儿的琴声就响了起来。这一次，维尼芙雷特真的是把一切杂念都抛到了脑后，全身心投入了。她的演奏不仅完整，而且还表现出了她对音乐的独特理解，十分感人。当她演奏完那首曲子，站起来向大家致意的时候，所有的人都从座位上站了起来。大家不停地鼓掌和喝彩，还有人不停地喊着她的名字：

"维尼芙雷特……维尼芙雷特……"

"太棒了，维尼芙雷特，真是太棒了！"

后来，我问女儿，为什么突然之间就弹得那么好了呢？

维尼芙雷特回答说："我看见有那么多双眼睛盯着我，我为自己的失误感到惭愧。我想，我一定不能在他们面前丢脸，我一定要做到最好！所以，后来我就像中了魔法一样，也不知道为什么，状态突然就好了起来，似乎弹得比平时还要好。"

"我一定要做到最好，"这句话多么令人激动啊，听孩子这么说，我心里真是非常高兴，因为把维尼芙雷特培养成一个有勇气的人是我最大的愿望，而孩子这一天的表现已经可以证明，她正是这样一个人。

事实上，维尼芙雷特一直是用"做到最好"这样的标准来要求自己的，不仅是在音乐和绘画方面，在别的方面也是如此。我想，这也许正是她在各方面都表现得比一般的孩子都突出的原因吧。我希望维尼芙雷特能够一直保持着这样的精神，我也希望天下所有的孩子都能够具有这样的精神。

追求完美才可能拥有完美

我认为，一个人只有对自己有很高的要求才会有强烈的成功愿望，而且只有这样，才有可能取得非凡的成就。反之，那种从一开始就没有目标的人，往往会一事无成。因此，为了让维尼芙雷特将来能成为有所作为的人，我在她很小的时候就教育她要把自己的目标放在一定的高度之上。

记得那一天，维尼芙雷特和往常一样，在房间里玩她的那些积木。她正在搭建一个自己心中想象的大教堂。我偶然从她的房间门口经过，只是看了一眼，就被吸引住了，因为她搭的建筑真是太漂亮了。

"哇，这是个教堂吗？真漂亮。"对于女儿，我从来不会吝啬自己的赞美。

"是的，妈妈，我正在修建罗马大教堂，我曾在一本书上见到过它的样子。"女儿兴奋地给我描述这个"教堂"完工后的模样。

维尼芙雷特一提到罗马大教堂，我的眼前就浮现出了它的影子，虽然女儿的教堂还没有完工，但也初具规模。我想，她的教堂一定会做得非常漂亮的。

然而，在我仔细观察女儿的作品时，偶然发现她犯了一个错误。根据我的经验来看，这个错误虽然很小，但却是致命的，有可能导致整个建筑的倒塌。可能是维尼芙雷特在搭建最底部的几个木块时太随意了，她把那几块关键的木块放在了一块卷起来的布上。我觉得那片凸凹不平的"地基"很可能使漂亮的大教堂瞬间倾塌。作为一个母亲，我有责任给女儿提一个醒。

"维尼芙雷特，我想这个教堂完工后一定很漂亮，不过，这里有一个问题。"

"什么问题？"

"你看见下面的那块布了吗？"

"看见啦，怎么了？"

"那是个非常关键的部分，但它却不平，很有可能造成整个教堂的倒塌。"

"不会吧！"

"我想，倒塌的可能性很大。因为在真正的建筑中，最关键的部分就是地基。"

"那我该怎么办呢？"

"现在只有一个办法，那就是拆掉它重做，你应该为教堂的质量负责任。"

"可是那太麻烦了，凑合着吧！"说完，维尼芙雷特又开始继续她的工作，不再理会我这个旁观者。

既然女儿这样说了，我也没有再劝告她。我想，反正只是个游戏，何必太认真呢？只要女儿玩得高兴就行了。于是，我就不再理她，回到书房做我自己的事。

然而，没过多久，我听到了女儿的房间中传来隐隐的哭泣声。

"咦？这是怎么啦！刚才还好好的，怎么突然哭了起来呢？"我一边这样想，一边走进了女儿的房间。

我这才发现，原来维尼芙雷特搭建的教堂已然成了一片废墟，积木四处散乱在地。我想，一定是孩子因自己的劳动成果被毁掉而伤心了。

"怎么啦，维尼芙雷特？"我关切地问道。

"垮了，果真垮了。"

"那为什么呢？"

"妈妈，你说对了。"维尼芙雷特一边哭一边说，"就是那块布。在我搭教堂的屋顶时，它摇晃了起来。我想去稳住它，但还是垮了下来。"

"真的吗？"我当时没有立刻去讨论她的错误，而是极力地安慰她："我只是有那样的感觉，没想到真的会这样，真是太遗憾了。"

维尼芙雷特不再说什么，只是呜呜地大声哭起来，看样子真是伤心极了。

"维尼芙雷特，没有关系的。你再做一个更漂亮、更结实的不就好了吗？何必为这件事而难过呢？"

"可是，这个教堂是我做了很久才做好的……它居然一下子就没有了……"女儿哽咽地说着。

"没关系，既然已经倒了，哭也没有用，我认为你应该吸取教训再搭建一个，或许还会比刚才那个做得更好呢？"我看她的情绪已经缓和很多了，又安慰了她一句。

维尼芙雷特真的是个拿得起放得下的孩子，难受过后没过多久，她马上又投入到新的搭建工作中了。我看着她那忙碌的样子，俨然忘记了刚刚倒掉的那座大教堂。不过，她眼角的泪痕还没有擦干呢。

孩子真是可爱，能够抛下任何烦恼。我这样想着，为了不打扰她的"建筑工作"，我又回到自己的房间，开始我的工作。

过了有半个小时左右的时间，维尼芙雷特又跑到我的屋里，邀请我去看她新建的教堂。果然，她又搭起了一座美丽的大教堂。

"这个教堂做得真漂亮，简直就和罗马大教堂一样，甚至比它还美丽呢！"

"真的吗？"女儿听我到我的夸奖，高兴地欢呼起来。

"妈妈，我现在明白了。"女儿小声地说。

"明白什么啦？"我问道。

"我现在明白你的观点是正确的，无论做什么事都要精益求精，不能放过哪怕是一丁点儿的错误，否则就可能造成很严重的后果。"

"没错，我认为你今天的最大收获就是明白了这个道理。你一定要记住，只有尽力去追求完美，才有可能拥有完美。"

我想，对于我的话维尼芙雷特真的是铭记在心了，她不仅把它写在了自己的日记本上，而且在日后的生活中，她也一直是用这样的标准来要求自己的。

心静！心静最重要！

我们都知道，要想做好一件事，就必须要保持一个良好的心态，使自己内心平静下来。如果总是处于焦急的状态当中，往往会把简单的事情复杂化，本来很快就能做好的事，因为着急反而要花费更多的时间和精力。在日常生活中，经常会遇见这样一些情况，有些父母希望孩子能够适应自己的生活习惯和时间安排，因而经常这样催促孩子：快点，我要出门了；赶紧把功课做完，客人马上要来了。在我看来，这种做法对孩子的成长极为不利。这样一来，孩子可能会一直处于焦躁的状态，看上去总是很匆忙，但忙来忙去却没有做好一件事。我们周围不是经常有这样的人吗？我想，这些人这种习惯的形成，跟他们的早期教育是不无关系的。

因此，无论维尼芙雷特是在做功课还是在玩，我都从来不催促她，从不以自己的标准去要求她。而且不仅如此，当女儿落入性急的心态中时，我还会想方设法使她平静下来，给她讲"欲速则不达"的道理。我要让她明白，心里越着急就越不容易达到目的，就越容易出差错。只有让心情平静下来，才能将事情一步一步地完成，而等你回过头来的时候就会发现，原来事情并没有想象中那样困难。

有一个周末，我们全家决定去维尼芙雷特的姨妈家做客。听到这个消息之后，维尼芙雷特显得兴奋极了，因为姨妈特别疼爱她，并且她也有好长时间没有见到小表弟了，她前几天还惦念着他呢。维尼芙雷特的姨妈家有一个很大的园林，里面养着各种各样可爱的小动物，所以每次去姨妈家她都玩得特别开心。所以对她来说，每次去姨妈家都是一个不小的诱惑。

然而，直到出发之前，维尼芙雷特的功课还没有完成。平时我对女儿的要求是非常严格的，必须先做完自己的功课才能出去玩。对于维尼芙雷特来说，这几乎已经成了一个必须遵守的规定。当然，她也很乐意接受这样的规定，在大多数情况下她都能够做到。

但是，孩子毕竟是孩子，年龄还那么小，在那样兴奋的状态下难免会心急起来。维尼芙雷特一边在房间里做数学题，一边不停地看表，同时不停地冲我们大喊："快了，快了，请等一下。"

其实，当时的功课并不多，但维尼芙雷特所用的时间几乎超过了平时的两倍，这样一来，女儿就更加着急了。她拼命地做啊做啊，但功课似乎多得没完没了，还不时出错。渐渐地，她在房间里发起脾气来了。到后来，她终于控制不住心中的焦虑，开始摔东西了。见女儿这个样子，我赶忙走进她的房间。

"维尼芙雷特，你在干什么呢？"

"真是气死我了，我怎么总是做错？"女儿非常气恼地说。

"嗯，让我来看看……这道题并不难解呀！你怎么会做不出来呢？"

"我也不知道，可就是做不出来，怎么也做不出来。"

这时，我突然明白了，女儿一定是陷入了一种十分焦急的状态之中，心里总是挂念着去姨妈家的事，所以忘了"欲速则不达"的道理，真是越着急速度就越慢。在这种情况下，一定不能再催她，否则只会让她愈加着急，而应该想办法使她内心平静下来。

"维尼芙雷特，时间还早呢，你不用着急。"

"怎么能不着急呢？要是不早点走的话，到了姨妈家天就黑了，还怎么玩啊？"

"不会的，我们等你把功课做完之后再出发。况且，我和爸爸现在还有些事没有做完呢，等我们把事情做完后再走，反正你姨妈家也不是很远。"

"可是，天黑之后就不能去看那些小动物了。"

"那有什么关系呢，反正我们要在那里住一个晚上，明天白天去林子里不是更好吗？清晨的树林才是最美的呢。我都安排好了，今晚上我们可以在姨妈的客厅里聊天，你也可以和小表弟说说话，还可以弹琴给姨妈家的人听。上次姨妈还特地对我说，她想听你弹琴呢。"

"真的吗？"

"当然，妈妈从来不会骗你。"

"那么好吧，等我把功课做完咱们再走。"

"你放心吧。我和你的爸爸都不着急，你急什么呢？如果你觉得题目太难，可以先休息一下再做，也许那样效果反而会更好一些。"

"不用了，现在我感觉好多了，我现在就去做。"

维尼芙雷特的心情平静下来之后，做功课的速度快了许多，没过多久就出来对我说功课全部做完了。

"出发喽！"女儿欢呼着，丈夫抱起了她。我们有说有笑地出门了。

在路上，维尼芙雷特对我说："妈妈，真奇怪，刚开始的时候，我想快点把功课做完好马上走，可是怎么也做不完。后来，我不着急了，反而做得快了。这是为什么呢？"

"这很正常。因为开始的时候你心里太着急，总是惦记着去姨妈家的事，所以不能聚精会神地做功课。后来，当你认为没有必要着急的时候，内心就平静了，所以能够全身心投入到功课中去，自然很快就把它做完了。许多事情就是这样，你越想快它反而越慢，你慢慢做，却很快就做完了。这就是我经常对你说的'欲速则不达'的道理。"

"妈妈，我知道了，以后不管做什么都不能性急，而要心平气和地去做，这样的话，什么事都可以做得又快又好。"

"维尼芙雷特真是太聪明了。"我微笑着夸奖女儿说。

可能很多父母都会遇到这样的情况，孩子莫名其妙地乱发脾气，乱扔东西，那些不明事理的父母总是觉得孩子无理取闹，而且采取斥责等方法来加以对待，结果只能造成两种可能，一种是激起孩子更大的反抗，另一种就是孩子在斥责声中沉默了，变成一个性格孤僻的孩子。我认为，这个时候应该因势利导，找出孩子焦急的原因，让他平静下来，慢慢解决自己所遇到的问题。

培养一颗宝贵的恒心

我看着维尼芙雷特一天一天长大，对她成长的每一个细节都看得清清楚楚。在那些日子里，我常常会产生这样一种感觉：她总是会不断地冒出许多新的想法，但又很少能够有恒心把每一件事都做得很好。我想，恐怕其他的孩子也都是这样的吧！不过，没有恒心的确是一个人的致命弱点。一个人无论多么有才华，在缺乏恒心面前都会变得一无是处。因此，作为父母，必须寻找机会帮孩子培养出一颗宝贵的恒心。

我心里非常清楚，维尼芙雷特是那种思维特别活跃、头脑也十分灵活的孩子，可能也正是由于这种原因，她在恒心这方面有时会表现得极为欠缺。在维尼芙雷特小的时候，她会突如其来地产生一种新的想法，但等到热情消失了之后，又显得特别冷淡。另外，还有的时候，她在学习某种新的知识时，刚开始会表现出极大的兴趣，但在遇到困难后又会立即产生退缩的情绪。

在前文中，我曾经谈到了维尼芙雷特学习钢琴的事情，可能有人认为她从一开始就是这样用心，这样努力。然而，事实并非如此。在女儿学习钢琴最初的很长一段时间里，她常常表现出缺乏恒心的情况，尤其是当遇到那种所谓"突破"的阶段时，这种弱点表现得更加突出。

我们知道，当一个人在遇到困难的时候，总会表现出某种不安和失望，有时甚至还会失去信心，这几乎是人的一种天性。而往往就在这时候，一个人的毅力和恒心就成了决定成败的最重要的因素。在学习乐器的演奏上，这种现象体现得极为突出。大家都知道，学习演奏乐器往往需要进行大量的练习，有些时候是非常枯燥的，是一级一级地往上爬的，并不是每天都会有进步，有时还会很长时间的停滞不前，甚至后退。这种时候，如果学习者能够具备足够的恒心以渡过难关，之后就会有一个很大的进步。其实，大多数人之所以不能学好乐器，就是因为在这种情况下忍受不了停滞和退步的苦恼，以至于失去信心而最终放弃学习。

迄今为止，维尼芙雷特在学习钢琴演奏上曾遇到过三次这样的难关。第一次是在她刚开始学琴之后的第4个月的时候，由于不能准确地把握节拍而差一点放弃了学习。第二次是在她学琴之后第一个年头，那时她好像已学完了所有最基本的演奏技巧和乐理知识。第三次就是在她5岁的时候，这一次似乎是最为困难的一次，那种久久不能进步的烦恼几乎已经使她对音乐产生厌恶的情绪。

有一次，我正在书房中工作，突然听见女儿的钢琴不再发出连贯而优美的曲调，而是显得杂乱无章，听上去令人觉得极不舒服。其中，还有几个和弦弹得非常粗暴，那种突然出现的强音把正在写作中的我吓了一跳。很显然，这是女儿在发脾气，以胡乱敲打钢琴来发泄自己心中的怨气。

"维尼芙雷特，不许胡闹，你不想弹就别弹了，搞得真让人心烦。"丈夫忍不住走过去训斥女儿。

不过，维尼芙雷特非但没有停下来，反而又使劲地敲了几个琴键，那种不和谐的声音震耳欲聋，让人听了很难受。

"维尼芙雷特，你怎么不听话？"丈夫非常生气，冲着女儿大声吼了起来。

这时候，我赶忙走到客厅里，把丈夫拉回了自己的房间，然后坐在了女儿的身边。

"维尼芙雷特，怎么，遇到困难了吗？"我关切地问。

"我不想再学了。"女儿气冲冲地说。

"为什么呢？"

女儿没有回答，仍然一副气鼓鼓的样子，也不看我。

"你是不喜欢音乐了吗？"

"是的，不喜欢了。"

听到女儿这样说，我知道这并非出自她的本意，显然是气话。

"维尼芙雷特，我知道你说的并不是自己的真心话。不过，我可以给你考虑的时间，过一会儿我们再谈这件事好吗？"

我说完就离开了客厅，去和丈夫商量这件事，并告诉他不应该用那样的语气对待孩子。丈夫显然是被维尼芙雷特气晕了，但他还是意识到了自己刚才的粗鲁并不是教育孩子的好办法，他决定配合我帮助维尼芙雷特渡过难关。这个时候，维尼芙雷特过来找我们了。

"妈妈，我其实不是不想学钢琴。"女儿小声地说，"只是觉得它太难了，也许我永远也学不好。"

"为什么呢？你不是一直都弹得挺好么？"

"那是以前，可现在不行了，也许我的天赋只有那么一丁点儿。"

"不会的，爸爸妈妈对你很有信心呢，一直认为你是很有音乐天赋的孩子。"

"可是，以前我学的曲目都很简单，现在难度一提高就不行了，可能我再也不会进步了。"维尼芙雷特皱着眉头说。

我知道，维尼芙雷特在学习钢琴中遇到了我们通常所说的"瓶颈"，我记得我小时候在学习中也经常遇到这种情况。为了帮助维尼芙雷特从这种不良的心理状态下解脱出来，我耐心地给她讲了许多有关学习的道理，并特别地给她举了一些音乐大师的例子，以帮助她懂得毅力和恒心是取得成功最重要的因素。

"我听说，莫扎特在小时候也遇见过这样的问题，他也有弹不好琴的时候。"

"真的吗？"维尼芙雷特听我这样说感到大为吃惊，因为莫扎特是她最崇拜的音乐大师之一，"不会吧！他可是天才啊，怎么会有弹不好琴的时候呢？"

"这是真的，我曾经读过莫扎特的传记，其中有几段说到他在小时候也遇到过几次非常大的困难，有的时候，他甚至糟糕到连最基本的音阶也弹不好。"

"不可能吧？"维尼芙雷特用怀疑的眼光看着我，"虽然我现在很糟糕，但起码还是能弹音阶的。"

"是吗？那你已经很不错了，还不能算太糟糕。"趁这个机会，我继续开导她，"我认为，你在这种情况下还能弹音阶，已经比莫扎特当时好多了。不过，有一点你却比不上他……"

"那一点？"

"我说出来，你可不许生气啊。"

"我不生气，你快告诉我。"

"我认为，你比他差的是恒心。莫扎特的传记中写道：莫扎特在遇到困难时并没有灰心，而是一个音一个音地重新从音阶开始练习。没过多久，他不但恢复了已有的演奏能力，而且还向前迈进了一大步。这一次的进步，使他的演奏达到了优秀演奏家的水平。"

"真的吗？有这样的事？"女儿的脸色开始好转了。

"当然了。我不是曾经对你说过吗？在演奏乐器的学习过程中，遇到这样的情况是经常的事，就好像我们身体出现了一些小毛病，只要坚持一下把它克服，就会觉得非常简单了。过去，你不是也遇到过这种情况，并且顺利地渡过了难关吗？"

"是这样的，但是……"这时，维尼芙雷特陷入了沉思。

"我记得莫扎特曾经说过：'人们都以为我的成就完全来自于天才，其实这种说法是不准确的。我之所以有如此的成就，完全归功我的不懈努力和恒心。'"我坐在钢琴旁的凳子上，继续对女儿说，"你自己想想，像莫扎特这样的大师都把成绩归功于自己的努力，更何况是你呢？你不是很喜欢莫扎特吗？那么，你就应该向他学习，不光是学他的音乐，还应该学他做人的品质和坚持不懈的恒心。"

"妈妈，我知道了，我现在就开始练琴，你放心吧，我一定会把琴练好的。"

听到女儿这样说，我知道她已经明白了我的意思，于是便回到自己的房间。不一会儿便听到客厅里传来女儿的琴声，虽然还是那么断断续续，但已经没有了一开始的那种烦躁。没过多久，她便把一首比较复杂的曲子学得非常熟练了，琴艺由此也迈上了一个新的台阶。而与此同时，维尼芙雷特也变成了一个具有超常毅力和恒心的人，这直接引导了她，使其以后有所成就，而她的这种做任何事都具有恒心的精神是其他孩子所望尘莫及的。

第八章

让孩子在愉快的环境中成长

让孩子在愉悦的心情中去学习好的行为，比带着受责备的坏心情去养成好习惯要容易得多。可以说，每个人生来就对别人的斥责有排斥的本性，成年人这样，孩子也是如此。尽管大多数孩子接受成人的权威，但过多的责备仍然会引起他们的反感。这种反感自然会产生反面的力量，削弱管束的效果。我想，既然如此，还不如采用正面鼓励的方法，这样效果会更好一些。

我从不伤害女儿的自尊心

我想，只要是有责任心和爱心的父母都会注意到，孩子的心是稚嫩的，必须小心地呵护，尤其不能伤害他们的自尊心。然而，在现实生活中，很多父母却经常在不经意间伤害了孩子的自尊心，这的确是一件令人十分痛心的事。

事实上，孩子们和大人一样，都有着自尊心。作为父母，如果能够认识到这一点，就一定能够避免许多不必要的麻烦。然而，许多父母往往对自己的自尊心比较敏感，每当孩子有叛逆行为时，伤到了自己的尊严，便会怒不可遏，一发为快。可是，当孩子们觉得委屈了或遇到有可能伤面子的事，父母们则一般都会认为：小孩子嘛，有什么面子不面子的。而且，有的时候还会有意给他们一点伤害，以此作为惩戒的手段。

我认为，这种做法是非常不明智的。这样一来，非但不会给孩子带来任何好处，反而会对孩子造成心灵上不可磨灭的伤害。不过幸运的是，从维尼芙雷特出生到现在，我就从来没有以这种态度对待她，因为我爱我的女儿，我不愿意让她受到任何伤害。

哈里斯是我的一位熟人的儿子。他从小便是一个既聪明而又懂事的孩子，才6岁就开始帮母亲做一些力所能及的家务事。有一天，哈里斯和母亲一起购物回到家，他帮着母亲将买到的东西从外面搬到厨房。母亲看到他抱着一堆玻璃瓶，不禁担心起来，说道："哈里斯，你最好分两次拿，这样会打烂瓶子的。"

哈里斯固执地说："不会的，妈妈，我之前也拿过这么多的东西。"

母亲有些生气了，看着儿子说："如果你不听妈妈的话，肯定会打碎瓶子的。"

哈里斯装着没听见，只顾往厨房里走。然而，没想到他刚走进过道，瓶子就接二连三地掉落下来，有些还被摔破了，洒了满地的汁水。

哈里斯的母亲看着满地狼藉，不禁火冒三丈："我告诉过你的，可你就是不听，你看看把这里弄得乱七八糟的。"

实际上，哈里斯把瓶子打碎本来就已经感到很惭愧了，他本来是想帮母亲的忙，想得到母亲的表扬，没想到换来的却是这样的结果。顿时，哈里斯感到无地自容，丢下手里的瓶子，跑回了自己的房间。从此以后，哈里斯再也不帮母亲干活了。

我认为，当哈里斯不慎摔坏瓶子后，他就已经认识到了自己的失误，这种事实造成的结果，其实比母亲事前的警告与事后的教训效果还要好。这时候，哈里斯的母亲本应该能体会哈里斯的心情，及时给孩子一些安慰，告诉他下次注意就好了。然而，哈里斯的母亲却没有意识到这一点，她本能地发泄了自己心中的情绪，对儿子采用了责骂的方法，使他感到非常难堪。我想，这种情况可能很多家长都曾遇到过，并且采取了和哈里斯的母亲类似的方法。可是，我们反过来想一想，与孩子的教育比起来，那几个瓶子又算得了什么呢？为此而伤害孩子的自尊心，难道不是太小题大做了吗？

在维尼芙雷特5岁的时候，就已经是个非常有主见的孩子了，可以说，几乎在所有事情上，包括吃、穿、住、行，都有她自己的观点。对于这一点，我感到非常高兴，因为从小培养女儿的自主性，也是我实施教育的目标之一。这样一来，长大之后才会果断行事，不会优柔寡断、人云亦云。然而，任何事情也都有其反面，让我时常感到头疼的是，有些时候女儿在某些方面显得太过有主见了，往往不能把事情做好。

记得有一次，我们和一些朋友去郊游。因为当时已经是春天了，大家都穿上了轻松的春装。可是，维尼芙雷特非要穿她的那件绿色大衣不可，因为她觉得那件衣服非常好看。

我对女儿说："现在已经不是冬天，天气热了起来，如果你穿大衣出去，会捂得很难受的。"

然而，维尼芙雷特非常固执地坚持自己的观点，不肯采纳我的建议。于是，等我们到了游玩的地点，其他的孩子都穿上了轻便的服装，只有维尼芙雷特一个人捂着厚厚的大衣，在温暖的天气下，热得她满脸大汗。这时，她注意到其他孩子在用奇怪的眼神看着她。

"妈妈，我有些肚子疼，我们回家吧。"维尼芙雷特对我说。

我知道女儿的意图，她自己已经觉得不好意思，是在想找借口离开这里。

"哇，春天真让人感到舒畅。"我假装没有听到女儿的话，只是自言自语地说："那些孩子穿的衣服显得多么轻松呀。"然后，低头对维尼芙雷特说："我早就想到你可能会改变主意，所以把你的春装也带来了，想不想到树林里去把它换上？"

这时，维尼芙雷特的脸上顿时阳光灿烂，亲热地吻了我一下，并要求我带她到树林中去换衣服。并且，从此以后，维尼芙雷特再也不那么固执，并养成了善于接受别人意见的好习惯。

我想，在这件事情上，如果那天我不给女儿带上春装，而让她忍受由穿得太厚而带来的难受，以及别的孩子对她的奇怪眼光，或者当着众人的面嘲笑她，那么一定就会对她的自尊心造成伤害。那样的话，不仅不能让女儿养成采纳别人意见的习惯，还会使她在今后做任何事情时都不敢自己作决定，从而损害她的自信心。

相反，我采用了另一种教育的方法，我不露痕迹地把女儿从尴尬中解救出来，她当然会感激我的做法，也为自己摆脱困境而庆幸。并且，她也会知道，到了春天就应该穿春天的衣服，无论冬天的衣服有多么漂亮。她还会懂得，有些时候放弃自己的观点，听妈妈的话是不会错的。

用"暂停法"来摆脱情绪失控

在培养维尼芙雷特的过程中，我发现年幼的女儿经常会陷入一种不能自控的状态，似乎丧失了任何使自己镇定下来的能力。有时候，她还会提出一些无理要求，而当要求没有得到满足的时候，她就会无休无止地哭闹和不顾一切地反叛。我想，这也许是所有孩子的一种通病，对于孩子来说，这大概也是一种很普遍的现象。

可能很多父母都有过这样的经历：当他们在向孩子大喊"不许这样"的时候，孩子就好像没有听见一样，仍然哭闹不止。于是接下来，生气的父母可能打孩子几下，试图以这种方法来止住孩子毫无道理的哭闹。然而，大量事实证明，这种方法非但没有成效，还会导致孩子像被火上加油一样更加暴躁，结果父母也就愈加不能控制自己，大发脾气。一时间，孩子的哭喊声和父母的呵斥混合在一起，还夹杂着父母打孩子的声音，那种情形简直可以说是天翻地覆，让人感到疲惫不堪。

我认为，遇到这种情况，父母的出发点并不是要惩罚孩子，而是要使孩子停止"疯狂"的行为。在维尼芙雷特的成长过程中，也会像一般的孩子一样，偶尔会有这种"疯狂"的时刻，而我通常则会采用"暂停法"米控制女儿的这种情绪失控。

记得有一次，我准备带3岁的维尼芙雷特去一位朋友家做客，当什么都准备妥当的时候，她突然要求穿上自己刚刚换下来的一条裙子，而这条裙子在她之前的玩耍已经被弄脏了。当她的要求遭到我委婉的拒绝之后，她突然发疯似的拉着我喊："我就是要穿那条短裙子，你快给我换上。"

我向她做了充足的解释，并且已经收拾停当，最后实在没办法，便生气地对她说："维尼芙雷特，如果你再这样胡闹下去，我就不带你出去了。"

"不去就不去，反正我就是要穿那条短裙子。"小维尼芙雷特喊道，嗓子已经哭得有些嘶哑了。

于是，我把已经打开的房门关上，冷静地对她说："维尼芙雷特，你现在情绪不稳定，我们停一停。"然后，我把她带到她的房间，把她放在床边的小凳子上。女儿没有反抗，尽管还在哭叫，但却乖乖地坐在那里。

"5分钟之后，我过来找你。"我对维尼芙雷特说。

维尼芙雷特点点头，坐在那里没有动，接着我走出了她的房间。5分钟后，维尼芙雷特不再哭泣，在房间里喊我："妈妈，我可以出来了吗？"

"可以了，那么你还想去安迪叔叔家吗？"

"想去。"女儿走到我跟前，把头靠在我身上，乖巧地说，"妈妈，我们走吧。"

实际上，我让女儿"暂停"一下，并不是想让她在痛苦中学到什么，而是为了使她摆脱暴躁，重新获得平静，忘掉自己的无理要求。因此，假如女儿在"暂停"的时间里发现了什么好玩的东西或游戏，只要没有危害，我就会让她高高兴兴地玩一会儿。

在维尼芙雷特3岁的时候，喜欢拿着画笔到处乱画，有时根本不在我为她准备好的纸上画，似乎无法控制自己。有一次，维尼芙雷特又把画画得到处都是，于是我便拉着她的手说："你是想规规矩矩地玩呢？还是想到你的房间去待上5分钟？也许到房间里去待一会儿，会让你感觉好一点。"

小维尼芙雷特非常调皮，她好像要试探我是否会真的实行这一办法，丝毫没理我的话，依然任性地涂抹着家具。我对她说："看来，你选择了回房间待一会儿，是要我送你去呢，还是你自己去？"

维尼芙雷特没有动，于是我拿下她手中的画笔，拉住她说："那么，你是选择了让我送你去。"到了她的房间，我心平气和地对她说，"等你觉得好一点儿之后再出来找我，我们可以玩别的游戏。"说完我便离开了。

大约过了4、5分钟，维尼芙雷特从房间里走了出来，她显然已经忘记了刚才的"不愉快"，自己在地上玩起了积木游戏。

后来，我为维尼芙雷特买了一个计时器，让她自己设好"暂停"的时间，通常是5分钟。有时候，女儿拒绝在自己的房间里待着，跟着我跑出来，我会立刻把她送回去，并且延长时间。有时候我会问她，要不要我在里面陪着她，直到她感觉好一些为止。

在维尼芙雷特4岁的时候，她已经习惯了我用这种"暂停法"的方式让她平静，每次她都是自动地走进房间，直到心情平静下来。有时，她会在房间里玩一些别的东西，而我从来不干涉她。在这种情况下，她甚至会忘掉规定的暂停时间，索性待在里面高高兴兴地玩下去。

也许有人会认为，我的这种"暂停法"对孩子来说是一种惩罚，与很多父母都会采用的"关禁闭"的方法无异。实际上，我认为这两种方法有着本质的差异。我从来会不让女儿感觉这种"暂停"的方法是对她的惩罚，而是让她认为是另外一种放松方式。因为，一旦给她惩罚的感觉，她就会拼命地反抗，这不仅不能帮助她摆脱原有的坏情绪，反而会让坏情绪更加强烈。

根据我的经验，应用"暂停"的方法来帮孩子控制情绪，是非常有效的。可以说，与那些惩罚相比，孩子会很乐意接受这种方法。因此，如果你的孩子也经常会情绪失控，并且到目前为止你还没有找到合适的解决方法，那么不妨就试一试这种方法。

我与女儿互相尊重

我认为，父母完全有理由让孩子知道自己的烦恼，无论对大人还是孩子，这都是一种非常明智的选择。事实上，把自己的烦恼告诉孩子，就会让孩子产生一种平等相待的感觉，他们会觉得自己受到了尊重，那么相应地，他们也会因尊重你而停止自己的无理行为。维尼芙雷特有时候也非常顽皮，每当我被她弄得不胜其烦时，我就会告诉她我的感受，让她知道她正在给我带来烦恼，并让她学会理解和尊重别人。

大多数父母可能都有体会，有时候孩子的自私简直令人惊讶，甚至当他们已经到了应该很懂事的年龄，却仍然是那么的"不懂事"。在一般情况下，在困惑中的孩子，即使得到了父母的安抚、慰藉，仍然会有更多的麻烦堆在那些本来就已经非常辛苦的父母面前，迫使父母为他们服务。这常常让父母很生气，却又不便发作，因为他们已经表示理解孩子的苦衷，并愿意尽力帮助孩子。这时候，怎么能有任何抱怨呢？

不过，在我看来，父母的这种自我牺牲和忍耐都是有限的，当这种烦恼积累到一定程度之后，就会瞬间爆发出来，造成家长和孩子双方的不愉快。因此，在这种不愉快爆发之前，做父母的不妨真诚地跟孩子谈一谈心，说一说自己的困扰，我想会得到孩子们的理解的。

在养育维尼芙雷特的过程中，我发现当我明确地向女儿说出自己的感受时，往往会收到意想不到的效果。在我看来，每当这个时候，一向只考虑自己的情绪而不管别人感受的女儿，会突然变得非常有理智，开始照顾别人的情绪了。不过，值得注意的是，向孩子表达自己的感受，并不是控诉和指责孩子，不能把握好这种区别，就收不到理想的效果。

维尼芙雷特有个叫安娜依丝的小伙伴，和自己的母亲达成了一项协议：如果没有什么特殊的安排，安娜依丝每到周六必须首先打扫自己的房间，把它收拾干净后再做其他的事情。可是，在这个协议执行了两个星期之后，安娜依丝的母亲有一天到女儿的房间里检查，发现里面乱七八糟，根本没有整理过。这时候，安娜依丝已经和小伙伴们到外面玩去了，而且玩到很晚才回到家。

安娜依丝一回来，母亲就生气地质问："安娜依丝，你今天的做法真是让我感到很难过。"

安娜依丝还没有意识到自己的问题，她可能确实已经把那件事情给抛到脑后了，因而问道："怎么啦？"

"你总是这样说话不算数，该做事的时候悄悄溜掉，我认为这是不负责任的表现。"母亲把自己心里的话说了出来，口气中充满了抱怨与责备。没想到，安娜依丝撇了撇嘴，就走进了自己的房间，把门一关，留下母亲独自在那里生闷气。

那么，安娜依丝的母亲的做法有什么不对吗？她说的那些话究竟是指责还是表达自己的感受呢？据我看来，这位母亲一开始确实是想表达自己的感受，但说着说着就变成指责了，而这种指责只会激起女儿的反抗。试想，如果安娜依丝的母亲这样说："我很失望，我想我们应该履行协议，先收拾完房间再出去玩。"那么，效果必然会完全不一样。这样，既表达了母亲对孩子的不满，又没有给孩子发脾气的理由，女儿也会认识到自己的错误，理解自己的母亲，下次必定会做出改变。

在维尼芙雷特小时候，也总是没有时间概念，有时候和小伙伴们玩得高兴了，会很晚才回家。关于这件事，我曾经提醒过她几次，她似乎也有所改正。但有一天，维尼芙雷特和小伙伴们玩又忘记了时间，等到很晚才回家。由于她太小，让我非常担心。于是，一听到维尼芙雷特的敲门声，我就冲了过去为她开门，当时我真想骂她一顿，给她点颜色瞧瞧，但最后还是控制住了情绪。我一见到她就说："感谢上帝，你总算没有出事。"

维尼芙雷特说："我一直在罗茜家玩啊，怎么啦？"

我说："你应该早点回家，刚才妈妈非常担心，你玩到这么晚还不回来，我真怕你出了什么事。"

女儿扑过来亲吻了我："对不起，妈妈，我以后一定早点回来。"

我采取了正确的方式，让女儿深刻地认识到了自己的错误，也让她感觉到了我对她的爱，因此她就会懂得理解和尊重我。从那以后，维尼芙雷特就很少让我为她担心什么了。所以，我认为父母在表达自己的感受时，要采取恰当的方式和语气，否则孩子就会认为你不真诚。让他感觉你在责备、刁难他，这样一来，就很难达到你的教育目的了。

我们知道，一个人要想得到别人的尊重，首先就要尊重对方。这一规则在成人之间运行，没有任何障碍，可是在大人与孩子之间，它往往被束之高阁。一般来说，大人与孩子之间的矛盾很多都是由于父母过于随便的许诺造成的。在现实生活中，有不少这样的父母，他们在提出建议时往往会表现得过于慷慨，可到头来却又不能兑现，最终导致孩子的不满。实际上，这样做既不尊重孩子，因而也不能得到孩子的尊重。

维尼芙雷特的父亲总是很忙，很少有时间带女儿出去玩。有一天，终于有了一个难得的机会，可以在周末和女儿一起待上一整天。于是，他在头一天就兴冲冲地对女儿说："明天爸爸有时间，你想到什么地方去玩，我都可以带你去。"

"哦，真的吗？太棒了！"维尼芙雷特兴奋地喊道，"我想到郊外去搞一次野炊。"

这时，她的父亲却感到有些为难："嗯，这恐怕不行，那太耽误时间了，因为晚上我还要和别人一起吃饭，可能来不及赶回来。"

"那么，我们就去看儿童剧。"女儿又提出了一个建议。

"可是，那种地方太吵了，爸爸整天忙这忙那的，想安静一下，你再想想别的地方。"

"随你便吧。"女儿顿时变得无精打采了。

"唉，这是陪你出去玩，你怎么会这么没有精神。"

"我说了，随你的便。"女儿看上去几乎有些不耐烦了。

后来，我就这件事和丈夫谈了很久，劝他以后不要随便向女儿许诺。从那以后，每当维尼芙雷特提出这类建议时，我和丈夫都要做一些限制，提出几个具体的游玩地点，供她挑选，或者规定一下行动范围，而不是先使女儿有过高的期望，然后又让她大失所望。我们尽量做到不让女儿天真的脸上出现失望的表情。

我认为，如果父母说话不算数，孩子就会失去对父母的信任感。试想，孩子怎么可能尊重一个不值得信任的人呢？要知道，我们面对的不是一个可以随便摆布的玩具，而是一个活生生的有着复杂感情的人。

孩子期待你的鼓励和表扬

我认为，作为父母一定不要吝惜对孩子的鼓励和表扬。因为，在孩子的眼中，父母往往有着高大、十全十美的形象，能够得到父母的认可，便能够使他们朝着更好的方向去努力。可以说，鼓励和表扬是最好的教育方式之一。因此，每当维尼芙雷特心血来潮做了好事时，我都会不失时机地表扬和鼓励她，对她予以充分肯定，并对她讲这样做对他人、对自己、对环境的好处。

在一般情况下，父母对孩子的赞赏，往往倾向于夸奖他们一些天资的方面，诸如这个孩子真聪明、长得真漂亮之类的，但是对于孩子后天的努力，尤其是表现得比较微小的努力却总是满不在乎。我认为，这是父母认识方面的错误，应该予以纠正。

克丽亚特夫人是我的好友，我们经常在一起交流教育孩子的经验，她曾经对我说过这样一件事：

有一天，当她去洗漱间的时候，看到儿子亨特的牙刷又扔在台子上，便叫住他说："亨特，你怎么又把牙刷放在外面了？我不是对你说过，牙刷用过之后要放到牙缸中吗？"

当时，亨特正在摆弄自己的玩具，根本没有把妈妈的话放到心里去，只是心不在焉地回答了一句："我知道了。"

克丽亚特夫人看见儿子并没有加以注意，认为有必要再强调一下，以巩固"训导"的效果。

"亨特，你过来一下。"

"干什么啊？"亨特极不情愿地放下玩具，走了过来。

"现在就把牙刷放进杯子里。"

亨特很快地放好牙刷，转身就走了。

"以后记住了。"

"知道了。"

第二天，亨特把牙刷放到了杯子里，但母亲并没有在意，第三天，牙刷又出现在了台子上。

"喂，亨特，你又忘记把牙刷放回去了，究竟怎么搞的？"

"我以为你不记得了。"亨特有点赌气地说道。

"为什么说我忘记了？"克丽亚特夫人大惑不解。

"那昨天我把牙刷放回去了，你什么也没有说呀！"

听完克丽亚特夫人的讲述之后，我再次意识到，孩子确实是非常需要被注意和表扬的。当孩子做错事的时候，我们应该提醒和纠正他们，但是等他们改正错误，养成了好习惯之后，我们更应该给他们足够的肯定，使他们对自己的正确行为有信心，并有足够的兴趣去巩固自己的成果。

在上面这个例子中，正是由于克丽亚特夫人忽视了亨特的进步，没有给他及时地鼓励和表扬，才导致他"旧病复发"，继续把牙刷放到外面，虽然亨特也有故意的成分，但之所以要这样做，不就是想引起母亲的关注吗？事实上，孩子的要求其实很简单，就看做父母的能不能对孩子有足够的重视。

在养育女儿的过程中，我还深深地感受到，让孩子在愉悦的心情中去学习好的行为，比带着受责备的坏心情去养成好习惯要容易得多。可以说，每个人生来就对别人的斥责有排斥的本性，成年人这样，孩子也是如此。尽管大多数孩子接受成人的权威，但过多的责备仍然会引起他们的反感。这种反感自然会产生反面的力量，削弱管束的效果。我想，既然如此，还不如采用正面的鼓励的方法，这样效果会更好一些。

有一次，维尼芙雷特看了一本有趣的书，书中讲到水的重要性，并提到了人类对水的浪费将造成在未来会面临缺水的危险。在过去，维尼芙雷特总是放大水龙头洗澡，有时甚至在浴室里让水龙头一直开着，让水白白地浪费掉。我曾很多次告诉她不要浪费水，但这些话就像随风而去的云雾，消失得无影无踪，根本没有效果。可是在这一天，女儿居然很快地洗完了澡，并主动地关上了水龙头。

"今天怎么这么听话呢？"我问女儿。

"因为要节约用水，书上就是这样写的。"女儿对我说。

"真是了不起，我的小维尼芙雷特居然知道节约用水了，真棒！如果每个人都能像你一样，那么就能节约多少水啊！"

听了我的表扬，女儿心里美滋滋的，给了我一个满怀的拥抱，并且告诉我，她以后再也不会浪费水了。从那以后，女儿不仅自己节约用水，还时常提醒她的父亲也节约用水，并对他讲浪费水的危害。

我认为，对孩子进行适时的、恰如其分的鼓励是非常有必要的，因为当孩子意识到自己的好行为被大人注意时，便会在内心里调整了自己行为的取向，使好的行为一直巩固下去。这难道不正是我们教育孩子的目的吗？

诚然，作为父母，要想不断地关注孩子的每一点滴的进步，且不失时机地予以鼓励，并不是一件容易的事。不过，我仍然要劝告那些年轻的父母们，应该学会善于表扬自己的孩子，不要忽视生活中对孩子有好处的一点一滴的机会。

激发孩子探索世界的勇气

有一段时间，我和丈夫的工作都很忙，没有时间来照顾维尼芙雷特，就把她送到祖母家里。在那里，她差不多度过了半年多的时光。祖母对小孙女非常疼爱，为了让小维尼芙雷特过得开心，祖母为她布置了一个安全又有趣的房间，专门作为她的娱乐室。在那个房间里，不仅地上铺满了厚厚的地毯，连墙根也摆放了柔软的垫子，地上的玩具也都是干净而安全的布娃娃之类的东西。刚开始的时候，维尼芙雷特非常喜欢这个属于自己的小空间，在这里尽情地玩耍，似乎忘记了外面的世界。但是时间一长，慈爱的祖母逐渐发现，孙女慢慢对这里失去了兴趣，有时还会表现出烦躁不安的情绪。

由于整天待在那个房间里，维尼芙雷特感到非常无聊，总想着到外面的房间去玩。于是，她便开始趁祖母不注意，溜出去玩。刚开始的时候，祖母只要发现她在外面，就把她抱回那个房间，但祖母总有很多事情要处理，并且每次把她抱回去之后她都会闹情绪，于是渐渐就由着她到处跑了。结果到后来，那个专门为维尼芙雷特设置的娱乐室成了休息室，她很少再到里面玩，只是偶尔进去休息一下。她的大部分时间都在其他的房间里钻进钻出，还常常跑到屋外去。

有一天，维尼芙雷特悄悄溜进了厨房，并突然对一把小刀产生了兴趣，就拿起来玩。没想到她的这一举动被祖母发现了，祖母顿时紧张起来，赶紧冲上去夺下了她手中的刀子，并大声说："我的天哪！你怎么可以动这个，这太危险了！"显然，祖母激动的神情把维尼芙雷特给吓着了：她怔怔地看着祖母把刀子放在高高的柜子上面，她觉得自己犯了天大的错误。

然而，等维尼芙雷特从一时的惊吓中恢复过来之后，就开始对祖母的做法不满起来。祖母越是不准她玩，她就越是不顾一切地冲过去拿那把刀子。后来，尽管祖母严加防范，但还是发生了事故。

有一次，维尼芙雷特看到祖母正在用那把刀子削水果，便跑过去抢，结果在和祖母抢夺的时候割伤了手指。维尼芙雷特的行为让祖母极为气愤，她实在拿这个小孙女没有办法，便不顾孙女的哭闹，用强迫的办法把她关进了那间娱乐室。然而，从那之后，维尼芙雷特不仅没有变得老实起来，甚至还故意毁坏其他的东西。

起初，祖母以为孙女的胆子越来越大了，但后来才渐渐发现，维尼芙雷特除了在娱乐室里"放肆"之外，再也不敢去碰别的不熟悉的东西了。

后来，维尼芙雷特的祖母对我说："不让小维尼芙雷特走出娱乐室玩，她就会没精打采的；可让她出去吧，又会弄坏家里的东西，还会伤害自己。自从那天把手割破之后，她又变得过于胆小了，唉，我真不知道拿她怎么办才好！"

在养育孩子的过程中，这的确是一个难题。许多父母都不想阻止孩子用自己的双手去探索这个世界，都希望培养和满足他们的好奇心，谁也不想由于阻止孩子们探索而使他们对外面的世界产生恐惧心理，但与此同时，父母们又很担心孩子会不小心弄伤自己或毁坏东西。要知道，对于孩子那稚嫩的身体来说，一次小小的磕碰就有可能造成永久的伤痕，留下终生的遗憾。在我们的生活中，不是有很多这样的例子吗？那么，作为父母，我们究竟应该怎么呢？

我认为，要想解决这个问题也并不是那么困难。根据我的经验，告诉孩子有的东西不可以碰，而且某些东西绝对不能碰是很重要的。不过，在进行这番告诫之前，我们必须先控制好自己的情绪，不能表现得过于紧张，仿佛大祸临头似的。否则，这样会使孩子感到恐怖，既受到惊吓又对外面的世界产生畏惧心理，使他们对未来没有安全感。要知道，孩子在内心中一旦有了这种恐怖的阴影，就会什么也不敢动，并渐渐失去一个人最宝贵的东西——自信心。

后来，我的工作终于告一段落，维尼芙雷特又回到了我的身边，在我的引导下，她渐渐恢复了探索世界的勇气。有一次，她又去玩小刀子。我尽量用平静的语气对她说："这不是你玩的东西，你应该到那边去玩。刀子可不是玩具，不适合小孩子玩。"她看上去虽然也不是很乐意，但也没有过于的反抗。

之后，每当女儿到厨房看我做菜，我总会不时地提醒她说："你可以在这儿玩，也可以学妈妈做菜，但是有些东西你不可以动，如果你动了，我就只好让你到外面去。"这样重复多次以后，女儿就慢慢知道为什么有些东西不能碰了。我想，我的方法最终还是取得了成效。试想，如果在那种情况下，我用严厉、愤怒的态度来禁止维尼芙雷特去动某件东西，就会激起她的逆反心理，还会使她产生更强烈的好奇心，从而导致我们不想看到的结果。

一般来说，维尼芙雷特玩的东西，只要对她没有伤害，我从不阻止她玩，因为把孩子限制在狭小的空间里，非常不利于他们的自信心和勇气的形成。

许多父母可能都会发现，孩子一般都喜欢模仿大人的举止，有时还喜欢拆卸东西。我认为，这是他们成长过程中很重要的一个环节，这可以帮助他们了解这个世界，激起他们的好奇心与想象力。

有一次，维尼芙雷特走进我的书房，很长时间都没有出来。于是，我走进去看她在做什么，一进门我就大吃一惊，我发现自己的文件夹、手稿和卡片撒在地上，女儿正在玩一个漂亮的文件夹。

当时，我感到天旋地转，觉得自己都快要怒吼了，但是，我想到以前并没有规定维尼芙雷特不许玩文件夹，她对于自己的错误并没有清楚的认识，在她的眼里，这也许并不是一种错误，于是我便竭力控制住了自己。

我对女儿说："你不应该玩这些东西，这都是妈妈工作用的。"

女儿不解地问："为什么不能玩呢？我觉得这些东西好玩，我想知道它们是做什么用的。"

为了满足女儿的好奇心和求知欲，我详细介绍了这些东西的用途，并另外给了她几个文件夹，对她说："这样吧，我分一些卡片和文件夹给你，在你的房间里也放一个书架，你玩你的，别用妈妈的，好吗？"我对女儿说。

"好啊！"女儿高兴地回答。

在那以后的很长一段时间里，维尼芙雷特都在自己的房间里摆弄那些文件夹和卡片，一副专心工作的架势。

由于女儿喜欢模仿我的一些行为，所以我就尽力为她创造一个可以模仿大人的环境，这样一来，既满足了她的好奇心，也可以防止她去动大人的物品。我想，这种教育的方式，或许可以解决一些父母的烦恼吧。

其实，对于孩子的好奇心，最关键的一个词就是"引导"，而不是"批评"。比如，由于打字机帮维尼芙雷特学会了拼写，所以她一直对这台机器充满好奇，总想弄清它的工作原理。在她的要求下，有一次她父亲还专门把打字机拆下来，仔细给她讲解内部的结构。尽管非常麻烦，但为了帮助女儿养成喜欢钻研的好习惯，我认为还是非常值得的。

必须让孩子学会"等一等"

我认为，一个人的耐心不是与生俱来的，而是经过后天培养的。当孩子还在处在襁褓之中的时候，他的哭声就好像是命令，没有哪位父母会去违抗，他们总是以最快的速度把奶瓶递过去。事实上，父母用这种方法对待孩子是不妥当的，因为如果不去找出孩子哭闹的根本原因，而只是简单地用吃来解决所有的问题，这种做法仅仅是满足孩子的生理需要，却无法培养孩子的耐心。

当维尼芙雷特还是个婴儿的时候，我就开始有意识地培养她的耐心。一听到她的啼哭，我就知道她一定是饿了，但我不会立刻喂她东西吃，而是让她哭一会儿再喂，我认为，这样可以培养她的耐心。

事实上，那些很小的孩子需要父母的帮助，他们迫不及待的心情是可以理解的，而且孩子以啼哭来表达想吃东西的愿望，也是很正常的。不过，当孩子逐渐长大，尤其是当他们学会用语言表达自己的要求之后，父母就应该有意识地培养他们的耐性。也就是说，必须要让孩子学会等待，学会在适当的时候做某件事，学会如何与他人协调。从小培养孩子这样的性格，对他们将来是很有帮助的。

在养育维尼芙雷特的过程中，我经常发现她没有耐心。很多时候，她只要想到或听到了什么就必须要立刻去实现，否则就会纠缠不休，直到我不耐烦了，不得不满足她的要求或做出让步为止。为了帮女儿纠正这个坏习惯，我可以说是想尽了办法。

有一次，我在厨房里烤面包，女儿闻到了香味，就跑了进来。

"妈妈，妈妈，我要吃面包！"

"现在面包还没烤好，你需要再等5分钟。"

那时候，维尼芙雷已经3岁了，她还是那样没有耐心："我不要等，现在就要吃。"

"维尼芙雷特，面包没烤好怎么吃？你要是饿了，就先去吃点糖果吧。"

"不嘛，我就要吃面包。"我了解女儿此刻的心情，知道她等不及了。但为了让她明白什么是等待，我索性把她带到厨房外面，不再理她了。

5分钟之后，维尼芙雷特又跑进厨房，急不可耐地对我说："妈妈，5分钟到了，快给我面包吃。"

此时，面包的确已经烤好了，但为了培养女儿的耐心，我并没有马上给她，而是让她再安静地等一等。

"再等等，面包是烤好了，但它现在还很烫，你还不能吃。"我耐心地对女儿说。

"不，我不怕烫，我现在就要。"女儿终于忍不住，大吵大闹了起来。

"维尼芙雷特，你得学会'等一等'，如果你再这样胡闹，我就不给你吃面包了。"

女儿很生气，猛地冲出厨房，跑到自己的房间里，痛哭了起来。过了一会儿，我把烤好的面包放到餐桌上，对着她的房间喊道："哦，面包真香啊，现在可以吃了。"女儿没反应，我知道她还在生气。不过，我没有理她，而是继续做别的事。又过了一会儿，我发现她悄悄从房间里走了出来，坐到餐桌前吃面包。

我走过去对她说："维尼芙雷特，你要知道，做什么事情都不能太着急，必须要等待一定的时间。刚才时间没到，所以你不能吃面包，现在我让你吃，是因为时间到了。要记住，无论做任何事情，都要等到它可以做的时候才能做，这样才能把事情做好。"

维尼芙雷特吃着面包，对我的话没有做出任何回应，但是我知道，她已经把这些话记住了。因为在后来的生活中，我发现她变得越来越有耐心了。

我认为，等待是人生中必不可少的，失望也是不可避免的。我之所以要培养女儿的耐心，就是因为我明白，孩子有太多的要求，如果她的每一个要求我都去满足，就算是我变成她的奴隶忙得焦头烂额，也无法满足其中的一半。我觉得，让女儿明白这个世界不是以他们为中心的，这一点非常重要。因为，每个人都有每个人的要求，就算是父母再爱孩子，也不能让孩子以为自己的要求是应该首先被考虑到的。我希望女儿能够明白这个道理，这对她将来的成长会大有好处。

当然，要想训练孩子的耐心，父母自己首先得有耐心，这一点是非常关键的。在生活中，有许多父母教育孩子时自己缺乏耐心，其结果也就可想而知了。因此，当孩子用不停的哭闹来迫使父母满足他的要求时，父母一定要沉得住气，不断提醒自己此时正在训练孩子，只有自己有耐心，才能把孩子培养成有耐心的人。

在维尼芙雷特的成长过程中，常常会有这样的事：我正在工作的时候，她要求我带她出去玩。

有一次，女儿对我说："妈妈，我想到公园里去玩。"

当时，我正在写一篇论文，于是就对她说："等一会儿，妈妈把这篇论文写完以再去，好吗？"

"不，我现在就要去。"女儿显得非常固执。

"维尼芙雷特，这是一篇很重要的论文，所以妈妈必须要把它写完，你先玩一会儿玩具，过一会儿我一定带你去。"我解释道。

大约15分钟之后，女儿又来催我："妈妈，还要多久？"

当我告诉她还要再等一等时，她一句话也不说就走了出去。

我写完论文之后，就去叫维尼芙雷特："我的工作完成了，我们走吧，妈妈带你去公园玩。"

"不，先等一会儿，我把这本书看完再走。"维尼芙雷特学着我的口气说。

由于论文终于写完了，我也想放松一下，因此很想出去走走，可这时女儿却偏偏摆起架子来了。无奈之下，我只好坐在客厅的椅子上等她。等女儿看完书之后，我们才一起出门。

有很多父母，总是习惯让孩子等自己，而自己却不愿意等孩子，每当要出门的时候，总是不停地催促"快一点"、"怎么总是这么慢"。我想，这很可能会让孩子觉得他没有得到父母的尊重，因而不仅不会对孩子起到良好的教育作用，还会引起他们的反感。除此之外，还有可能让孩子养成无论什么时候都急匆匆的习惯，办事总是慌慌张张，没有什么章法，结果全把时间给耽误了，事情也没有办好。

我认为，在许多事情上都要依赖父母的孩子，往往会没有安全感，其实任何人都希望控制自己的生活，所以一定要鼓励孩子们恰当运用自己的控制力，而不是对父母言听计从，自己什么主意也没有。事实上，也许当你的孩子在说"等一等"的时候，可能就是他在有意要表明自己的权利。因此，当父母遇到这种情况的时候，不妨对孩子宽容一些。大多数时候，孩子此时的确正在做自己感兴趣的事，这时生硬地打断他们，是很不恰当的。所以，在培养孩子的耐心时，父母的耐心是非常重要的。

多为孩子留出一点儿时间

在很多情况下，正是由于父母没有给孩子应有的控制权，才最终导致了父母同孩子的一些争执。作为父母，你应当反思一下，你有没有在不经意中让孩子成为自己的随从，比如，你要出门了，而孩子还没有穿上鞋子，你会不会不停地在旁边催促孩子"快点、快点"；或者大家都吃过晚饭了，只有孩子还在餐桌上"磨蹭"，你有没有在一旁用不耐烦的口气对他说"怎么总是每次都剩下你"、"你能不能吃快一点啊"之类的话？如果有，那么你有没有认真去考虑孩子的感受？

在我们看来，父母总是非常匆忙的，因为成年人总是有事情要办，要赶时间。然而，对于小孩子来说，时间似乎对他们来说并不意味着什么，所以总是习惯性地在他们身后不停地催促着。然而，父母的催促常常使孩子感到自己的自由被侵犯了，就像自己在被逼迫着做一件事一样。结果，在大多数情况下，这种被逼迫的感觉不但不会使孩子快一些，反而会让他们产生逆反心理，有意拖延时间，以表明自己有控制局势的能力。

根据我的经验，给孩子足够的准备时间，反而更会使他们加快做某件事的速度。这是因为，孩子在父母的宽容下，往往会对自己严格起来。他们会觉得，自己拥有掌控自己的能力，可以按照自己的意志来行事，而不仅仅是父母的"小跟班"，在父母的命令逼迫之下去做事。也就是说，父母把他们当做"大人"来看待，对他们表示了尊重，做出了一定的让步，那么他们自己也会尊重自己，对父母做出一定程度的让步。这样一来，矛盾就会顺利化解了。

在维尼芙雷特的成长过程中，无论是开始学习还是要出门，我都会给她足够的时间做准备。这不单是具体的时间，更主要的是在精神上有了准备，让她意识到目前的活动需要告一段落，下面要做另外一件事了。有了这种心理上的准备，女儿对于我的安排，往往很容易就会接受。

有一次，维尼芙雷特在家门前和邻居家的孩子做游戏，玩得非常投入。但是，那天我和女儿之前已经约好要去姑妈家，于是我在准备就绪后就去招呼她："维尼芙雷特，我们该走了。"

"去哪里啊？我不想去。"女儿头也不回地说道。

"昨天不是和你说好了，今天去姑妈家吗？"

"知道了，但我想再玩一会儿。"

"还要再玩多久？"我问女儿。

"我不知道。"维尼芙雷特说完又继续做游戏，完全不理会我了。

我在旁边等了一会儿，看女儿毫无停下来的意思，便又对她说："维尼芙雷特，我们要走了，不能再等了，否则到你姑妈家就太晚了。"

"再玩一会儿。"女儿仍然这样说。

"不行，现在就走。"我冲过去，拉着她的手，想要把她强行带走。

这时，维尼芙雷特大声哭了起来，脚一直拖在地上，邻居家的孩子也被我的"粗暴"行为吓得呆住了。我突然意识到，自己的做法极为不妥，可能是因为我当时太着急，担心耽误了时间，所以在不自觉中采用了和我平时相反的做法。由于女儿都已经哭了，我在自责和内疚中不得不改变自己的态度，让她再玩一会儿。

我对维尼芙雷特说："那好吧，你再多玩20分钟好吗？"

"好的。"女儿破涕为笑，又投入到了游戏之中。

这时候，我不停地看着表，在一旁耐心地等她。

很快，10分钟过去了。

"维尼芙雷特，再过10分钟我们出发，知道吗？"

"知道了。"女儿回答道。

又过了10分钟，我对女儿说："维尼芙雷特，现在时间到了。"

"妈妈，我再玩5分钟好吗？"

"不行，我们是约定好的，好孩子都是要遵守约定的。"

"那好吧。"女儿再也没有多玩一会儿的理由，于是就乖乖地和我一起出发了。

实际上，去姑妈家玩是维尼芙雷特自己提出的要求，但她在玩耍中忘掉了这件事，只觉得现在玩得很好，不愿中断目前的游戏。前一天，我确实对她说了这个计划，但现在已经过了一天，女儿已经将这件事淡忘了，突然提出要求，特别又在她玩得正高兴的时候，她自然不会愿意合作。后来，我多给了她20分钟的游戏时间，并不时地提醒她，使她有了足够的精神准备，所以当最后的时刻来临时，她能果断地结束自己的活动，参与到我和她事先约定好的行动中来。

从我的经验来看，小维尼芙雷特常常提出的诸如"再让我多玩一会儿"之类的小小要求，这主要是为了满足自己的权利欲，希望能够控制自己的行为，而并不仅仅是为了贪玩。在面对这种情况时，我总会给她一点小小的满足："好，再玩5分钟。"一般来说，我常常给维尼芙雷特多出5分钟，而有时她还会讨价还价，她会说："不，3分钟。"由于她还太小，不知道3分钟比5分钟要短，我当然更乐于满足她的要求喽。

当我和女儿发生冲突之时

在我们的生活中，父母和孩子之间出现争论是常有的事，而争论激烈的时候就会说出一些过激的话，于是争论就成了争吵。等事情过去之后，父母们又常常会后悔，并且在心里说：如果我当时不说那句话就好了。但是，既然话已经说出口，对于孩子又不好收回来，否则就会非常没有面子。这样一来，心头往往就会蒙上了阴影，因而往往在面对孩子后来的一些错误时会做出让步，以补偿自己的过失。

我认为，作为父母就应该把眼光放在孩子的教育上，在和自己的孩子说话的时候不必有太多顾虑，说错了可以很大方地收回来，不要担心没面子，因为毕竟是自己的孩子，没有必要去争那一口气。另外，我们在和孩子争论的过程中，也要适当控制好自己的情绪，站在教育孩子的高度来发表自己的意见，而不能被孩子的话语所激怒。

有些时候，父母同孩子尤其是已经懂点事的孩子讲道理，经常会争得激动起来，如果孩子还给自己顶嘴，就会更加失去理智，往往说出一些十分强硬的话来。比如，我经常听到一些父母对孩子说这样的话："照我说的去做！哪来那么多废话！""究竟是听你的，还是听我的？""这里我说了算！""你一个小孩子懂什么？"这时候，如果孩子的胆子还没有大到敢于反抗大人权威的地步，那么这种霸道的做法还能暂时维持局面，否则的话只能使争执不断升级。这种局面下，如果有朋友或陌生人在场，父母为了维护自己的尊严就会使冲突更加严重，以至于发展到无法控制的地步，甚至出手去打孩子。

我认为，在这种情况下应该改变一下节奏。当然，这并不是说要父母立即向孩子道歉或让步，而是让自己的愤怒平息下来，找一个更好的起点重新开始。比如，我们可以做个手势，让不愉快的争执停下来，并表示重新开始讨论某个问题，这种办法也许会更有效。

维尼芙雷特从小就是一个很有主见的孩子，在她的成长过程中，我们之间也经常会在某件事上发生冲突。每当这个时候，我就会采用这种重新开始的办法，通常都会有比较好的效果。

记得有一次，我看见维尼芙雷特在房间里摆弄玩具，于是就问她："我给你布置的作业做完了吗？"

"做完了。"女儿正玩得高兴，头也不抬地回答我说。

"那么，琴练了吗？"

"还没有。"

"没练琴是不能玩玩具的，快去练琴。"我对女儿下达了命令。

"我想等一会儿再练。"

"我知道你是不想练琴，要是你这么讨厌钢琴，干脆不要再学了。"可以说，那天因为其他的一些事情，我的心情非常不好，不经意间就说了这句不该说的话。

"那好，我不学了。"女儿听了我的话觉得非常不舒服。

我当时正在气头上，并没有意识到自己已经在犯一个错误，便冲过去抢下女儿的玩具，把她拉到了钢琴前，自己坐在旁边监督她。

女儿在这种情绪下练琴，当然不会有好的效果，反而还会增加她对钢琴的厌恶。因此，虽然她坐在钢琴前边，但却是在胡乱弹奏，一点也不像往常那样认真。看到女儿满脸的不快，我突然意识到了自己的错误。实际上，女儿平时都是非常听话的，贪玩的时候很少，只是今天比较爱玩一些而已。并且，我说出那样的话，也主要是因为我自己的情绪问题，跟女儿的贪玩没有太大的关系。我可不想因为自己的一时失误，而耽误了对女儿的教育。

于是，我对女儿说："嗯，不能这样，让我们重新开始说说这件事好吗？"

维尼芙雷特停下来，不解地看着我。

"我刚才那样说你的确不是很好，但我只是不希望你把太多的时间花在玩具上，在此之前你玩了多久了？"我对女儿说。

"我刚拿起玩具。"

"那么，你打算玩多久呢？"

"就一会儿。我本来打算玩一会儿就练琴的。"女儿委屈地说。

"那么，去玩一会儿吧，然后再练琴，好吗？"

"好的。"女儿哭丧着的脸上立刻又出现了笑容。

我想，在遇到和女儿有冲突的情况下，这种从头再来的方法之所以会生效，主要是因为无论我还是女儿，都不希望发生一场战争。女儿看上去显得很镇静，而且还占了上风，但她在暗地里还是很害怕激怒我，使我采用极端的行动。因此，当我宣布重新开始谈论问题时，女儿其实也松了一口气，这样一来，我们就有了一个比较合理的新起点。

同时，我这种做法，也给女儿树立了一个榜样，让她明白了，人需要有改正自己错误的勇气，并学会做出理智的让步。人们做事都习惯于有始有终，似乎不谈出个结果就不能停下来，一直到争个水落石出为止。但是，如果是一个不好的结局，为什么非走到底不可呢？

我常常想，那些勇于承认错误和探索新途径的父母，要远远比那些固执、专横的父母可爱，他们教育出来的孩子，必然也会学会这种无论在什么情况下都敢于承认错误的道理。

第九章

让女儿学做一个幸福的人

自从维尼芙雷特来到这个世界上，我就时常想，虽然我不能完全肯定自己能给孩子幸福，但我相信我能够教给她对幸福的正确认识，还有追求幸福的信心和能力。这也是我最想做到的。因此，从一开始，我就引导维尼芙雷特在做任何事时都要保持平和而乐观的心态，即使她将来选择了探险活动来作为一种精神上的享受，也是出于一种平衡的心理愿望，出于一颗对生活有着丰富感受的心。

敢于追求幸福才会幸福

戴维是维尼芙雷特儿时的一个小伙伴，他的母亲是一位职业妇女。可以说，这是一个勤奋工作的人，也是一位称职的母亲。

在工作岗位上，她非常认真地履行自己的职责，而等她一回到家里，马上又变成了好妻子和好妈妈，做家务、督促孩子学习，即使带孩子到公园去玩，也会想到如何利用这个机会向孩子灌输自然知识，或与孩子进行一番有关人生理想之类的谈话。如果孩子不在身边，她就计划着做家务、购物和理财。总之，她每天的生活就像绷着的弦一样，结果不仅她自己不能放松，弄得别人也都跟着紧张。有时候，丈夫会劝她放松一点，可是她居然还很有道理地争论。

"你说得简单，可是我怎么放松？家里有这么多事要做，孩子一天天在长大，最好的学习时机一过就再也找不回来了，我不能做一个失职的母亲。"她时常这样说。

在母亲的督促下，戴维的学习确实很刻苦，并且也时时想着自己的职责。不过，他总是觉得特别累，渴望能有机会抛开一切顾虑，痛痛快快地玩耍。可是母亲总是阻止他去这样做，每次当他准备要去玩的时候，母亲就会给他讲一大堆贪玩的坏处，讲做人要有远大的理想，要在小的时候为自己的成功打好基础，不能因为一时的贪玩而毁了自己一生的前途。结果，戴维在小的时候还能听从母亲的吩咐，但伴随着自己逐渐长大，他的内心越来越难以获得平静，从而变得烦躁不安起来，时常为了学习和玩耍的事与母亲发生争执，于是一家人经常因此而陷入不愉快的气氛中。

我认为，无论孩子将来成为什么样的人，从事什么职业，最重要的是她能够快乐、幸福地度过一生。因此，虽然我对维尼芙雷特满怀期望，但我最在乎、最希望的还是女儿能够一生幸福。

那么，究竟如何才能让孩子成为一个幸福的人呢？我觉得，做一个幸福的人有很多条件，但其中最重要的一条就是必须敢于追求快乐和幸福。也许有人会问：难道还有人不懂得或是不敢于追求幸福和快乐吗？我想，在生活中能够回答这一问题的人没有几个。事实上，追求幸福不是每个人都会的，而是很多人都不会，尤其在这个竞争激烈的社会中，很多人已经丧失了这种最初追求幸福生活的能力。比如，我在前面所提到的戴维的母亲，她虽然很努力地去工作、去生活，但我觉得她就是一个不幸福的人，而且也是一个不懂得追求幸福的人。

"我知道如果我做了这件事，就会感到很快乐，这件事并不难，但我就是无法去做，因为我有太多的顾虑。"我们不是常常听到这样的话吗？当我们坐在窗前对窗外的蓝天悠然神往，脑海里浮现出小时候的情景，或者想到去郊外游玩，或者什么都不想，内心很平静并且特别愉快时，脑海中突然会有一个声音响起：该去读书了，该去工作了……不要浪费宝贵的时间。每当脑海中的这个声音响起，就会打破我们内心的平静，顿时幸福的感觉消失得无影无踪，慢慢地我们开始麻木了，就好像幸福从来都没存在过。

尽管责任心是一个成熟的人必备的素质，而奋发图强的精神更是一个人通往成功不可缺少的条件。但是，我们不能完全排斥轻松的享受和本能的需要，让责任心和勤奋的精神占满自己的整个生活。要知道，缺少放松和享受的人生是非常可怕的，这样只能使人像没上油的机器一样，在无休止的运转中损耗，直到崩溃。我想，这样的人生是不幸的人生，拥有这样人生的人是世界上最不幸的人。

我们的周围，有很多人在生活和工作的忙碌中忘记了生活的初衷是寻找快乐，他们就像一台不停运转的机器，对生活已经麻木。这样的生活没有任何激情和欢乐，所以也就根本谈不上幸福和快乐。而人一旦失去了快乐，生命也就完全失去了意义。

有一位著名的心理学家曾经得出这样的结论：人的个性就像树的年轮，是一圈一圈地发展的。婴儿的一圈代表爱与享受；童年的一圈代表创作与幻想；少年的一圈是玩耍与喧闹；青年的一圈是爱情与探索；而成年人的一圈则象征着现实与责任。如果有任何一圈未完成，这个人的个性就会受到损害，不会有一个圆满的结局。

我认为，一个不懂得享受生活的人，绝对不会是一个幸福的人。如果一个孩子自小就被剥夺了纯真的愿望，也就相当于剥夺了享受生活的权利，这样就会在他的个性中产生难以弥合的裂痕，而这种影响对他以后的生活来说无疑是一种难以磨灭的阴影。事实上，很多父母都知道为孩子的未来着想，因而往往着眼于孩子的成就，却忘记了最重要的一面，那就是孩子的幸福。一个完全丧失了童趣的人，长大后会是一个非常乏味的人，无论他在事业上取得了什么样的成就，他的整个人生都很难获得真正的快乐。

自从维尼芙雷特来到这个世界上，我就时常想，虽然我不能完全肯定自己能给孩子幸福，但我相信我能够教她对幸福的正确认识，还有追求幸福的信心和能力。这也是我最想做到的。因此，从一开始，我就引导维尼芙雷特在做任何事时都要保持平和而乐观的心态，即便她将来选择了探险活动来作为一种精神上的享受，也是出于一种平衡的心理愿望，出于一颗对生活有着丰富感受的心。

当维尼芙雷特5岁时，有一天，我发现她时而挠挠头，时而踢踢腿，很不安地坐在书桌旁，显得非常焦虑，没有像平时那样完全集中注意力地学习。

我赶紧走过去问她："维尼芙雷特，你怎么啦？是哪儿不舒服吗？"

她紧绷着嘴，没有说话，仍然是一副很着急的样子。

"怎么啦？维尼芙雷特，告诉妈妈好吗？"

"这道数学题太难了，我总是做不出来，都快烦死我了。"女儿不愉快地说。

"那么，休息一会儿再做吧。"

"不，我一定要把它做出来。"

维尼芙雷特好胜心强，遇到困难时总要在解决之后才肯停下来，但今天这道题好像确实太难了，她已经有点沉不住气了。

"没关系，也许是题太难了，不要勉强自己。"我摸着孩子的头，疼爱地说。

"妈妈，你不是总说遇到困难不能害怕吗？为什么今天会劝我放弃呢？"女儿抬起头眨着眼睛问我。

"没错，不怕困难是好事，但更重要的是不能太为难自己。"

"可是我不明白。"孩子不解地说。

"这道题你做不出来，也许是因为它太难了，也许是你今天状态不好，不如先休息一会儿，也许过一会儿就能做出来了。"

"但是……这道题我要是做不出来，不就说明我太笨了吗？这样会让我很不舒服的。"

"不，维尼芙雷特，光凭一道数学题并不能说明你是聪明还是笨，要证明一个人的能力，必须从多方面去看。你也不必为这件事难过，因为它只是你生活中很小的一部分，远远不是你生活的全部。"

"为什么呢？"

"因为除了数学，你还拥有很多东西。比如，你还有音乐和绘画，还有你的朋友们，还有妈妈……妈妈希望你聪明，但更希望你做一个快乐的人，学习虽然很重要，但是假如数学题让你感到痛苦，我宁愿让你做点别的。"

经过我的耐心开导之后，维尼芙雷特终于停了下来，她去弹了一会儿琴，又到外面去散了散步。当她吃完晚饭再去解那道题时，居然很轻松地就做出来了。

后来，维尼芙雷特满脸喜色地告诉我："一开始，我就下定决心无论如何也要把那道难题解决掉，不然就会让小朋友们看不起，这样一来心里就特别紧张，结果就越想越糊涂，没有任何思路了。后来，出去玩了一会儿之后，我想做不出来就算了，反正一道题也不能说明什么，没想到一下子就想出了解题的方法。"

我为女儿的收获感到高兴。我想，她不仅仅是最终把题目解开了，更重要的是她明白了，很多时候并不需要一条道走到黑，放一放可能会让自己更快乐，因而也会更幸福。

事实上，在我们周围有很多这样的人，他们只知道工作而忽略了生活中的快乐。在我看来，光会工作的人不仅得不到快乐，就连工作也做不好，尽管他们还不停地把工作标榜为快乐的事，但看看他们脸上的倦色就一目了然了。相反，那些懂得在生活中寻找快乐的人往往既能把工作做得更好，又能从工作中找到快乐。

接受失望，迎接希望

在我的家庭里，我们从来不认为自己做过的任何事情是失败的。我们最关心的是通过自己所做过的事情得到了什么样的经验？学到了什么知识？人生中有很多令人失望的事情，为了让维尼芙雷特能够在将来拥有幸福的人生，我从小就有意识地让她学会能够接受失望，迎接希望，勇敢地面对未来。我告诉她，对于人生中那些失望的事情，我们没有必要驻足停留，否则就可能错过迎面而来的希望。我们必须在内心中接受它，包容它，并且把它所产生的经验留存心中，下次再遇到类似的情况便会迎刃而解。

有一次，维尼芙雷特要去参加一个朗读比赛，由于时间仓促，在比赛的当天她还没有把文章背熟，于是我们决定提前到达赛场，在那里温习几遍。那个时候，维尼芙雷特已经自己掌管自己的东西了，但在临走之前，我还是提醒她把文章带上。可能是太紧张了，我发现她最后还是给忘了。这时候，我并没有再纠正她，而是悄悄地把文章放进了自己的包里。

到了会场之后，维尼芙雷特脸色很难看地告诉我："妈妈，我把它忘记了。"

"把什么忘记了，亲爱的？"

"文章！我要朗读的文章！"

"我不是提醒过你了吗？为什么还是忘记了？"

"我也不知道，我记得放进背包了，但不知道现在却找不到了。"

"维尼芙雷特，你要记住，无论什么时候都不能让自己慌乱，越是在紧急的时候越要镇静，明白吗？这样才不会出差错。"

"我知道了，妈妈，可现在怎么办呢？"

"没有关系，我帮你带来了。"

说着，我把文章从自己的包里拿了出来。女儿一下子就高兴起来，并过来亲吻了我。

我认为，作为父母，不必害怕孩子犯错误，而应把孩子的错误当成一种教育的方法，尽量教他们会从错误中吸取经验教训。与此同时，还要教会孩子如何面对失望，接受失望，不要被失望所击倒。

记得有一次，维尼芙雷特的叔叔要来我们家做客，和她一起的还有他的女儿艾莎。维尼芙雷特和艾莎是从小一起玩的，但由于工作的关系，他们家搬走了。那时候，维尼芙雷特已经差不多有一年没有遇到小艾莎了。因此，听到这个消息之后，维尼芙雷特非常兴奋，急切地盼望着能见到艾莎。然而，没有想到，第二天等来的消息却是：艾莎生病不能来了。

我知道，维尼芙雷特一定非常失望，我为她感到难过，走过去抱着她说："我知道，你心里很难过，但是没有办法，艾莎生病了，来不了了，等她病好了吧。"

"不，不行，不行！"维尼芙雷特一下子就变得非常的不可理喻，大哭大闹起来。

事实上，一些父母在大多数情况下都低估了孩子的承受力。他们会认为自己的孩子太柔弱了，根本无法面对现实。这种态度将会使孩子形成对自己的错误认识。孩子会认为，自己没有能力承受一切。反之，如果做父母的能够平静地对待孩子失望的现实，对孩子施展好的影响，会使他们能够更容易地接受失望，迎接希望。这样，孩子在将来的成长中才会真正体会到生活的快乐而不会只看到失望和不幸的一面。在对维尼芙雷特的早期教育中，我把培养她敢于接受生活中的失望及失败的勇气放在很重要的位置。我尽力让她做到不依赖别人，不依赖别人的怜悯，因为这一点对她将来能否成为一个幸福的人极为重要。

让女儿正确认识财富与幸福

通常意义上的"财富"，是指金钱。很多事物对成人来说已经习以为常，但是在孩子看来，却是非常神奇的东西，财富就是如此。我们知道财富要靠劳动获得，但是在孩子眼里，金钱是可以帮他们买到玩具、零食，可以让他们在游乐园尽情狂欢，也可以让他们享受很好生活的东西。孩子往往认为，父母的金钱就像蘑菇，取走后会长出新的，这样的误解让孩子不懂得感恩，也不知道节俭。失去感恩和节俭意识的人会失去很多快乐。

我们大多数人追求的幸福，实际上是相对的。也就是说，只有在自己比他人得到更多时，我们才会有更多的幸福感。生活在城市的人与生活在乡村的人，平均收入会有较大的差距，但拥有幸福感的人群比例，却不会有什么差距。我们常问自己"我的房子是不是比邻居的更漂亮"而不是"我的房子是不是够用"。也就是说，我们的幸福与财富多少没有直接的关系，而是与周围环境的差距有关。因此，作为父母要教育孩子，只要自己的生活是快乐的，那么你就是幸福的，不要有攀比的心理，把原有的幸福变成不幸。

人们对待财富往往不能心平气和，所幸财富也不是快乐的唯一源泉。在财富满足基本生活所需之后，它对生活的乐趣没有多少真正的影响。与朋友或家人聊天、听音乐、帮助他人等都对幸福有较大的影响力。那些能让人感到幸福，比如爱、朋友、家庭、尊重、对生命价值的信念等，都不是金钱可以买到的。

那么，究竟怎样才能让孩子做一个幸福快乐的人呢？事实上，友好、感激和爱更能带来快乐，因为付出让人感到自身对他人的价值，会极大地提升幸福感。那么，我们就要把这种理念传输给孩子，让他们真正地理解美好的情感对一个人自身幸福的重要性。

在对幸福和财富的关系做了如此大量的充电工作之后，父母不妨再想想自己的生活经验，我快乐吗？最快乐的时候是怎样的情况？相信很多人会想到和家人在一起的快乐时光，得到别人的肯定以后的激动和欢欣，看到孩子小小进步时的宽慰和惊喜……既然如此，孩子的困惑也就能顺利解开了，因为生命中的幸福已在你心中，幸福就是选择好自己的心态，怀着感恩的心面对人生，人生也会回报你一份幸福与快乐。

总之，幸福在创造财富的尽头，幸福也在过程之中。孩子的成长会有许多问题相伴，家庭也有诸多矛盾需要调和，但这也是幸福的一种。很多时候，我们看到的总是别人的幸福风景，不识庐山真面目，只缘身在此山中。作为家长，请试着将你对幸福的理解告诉孩子，你将收获更多的幸福，你的孩子也会和你一样，在幸福中度过一生。

我告诉女儿，没有永远的失败

我的同事柯斯高特先生是一个才华横溢，在事业上颇有建树的语言学家，因此他对儿子的要求非常之高，总是希望儿子和自己一样，能够有一番作为。尽管儿子才只有5岁，但柯斯高特先生却时常对他提出很高的要求，一旦未达到自己的要求，批评就会随之而来。虽然这种批评通常并不是那么严厉，但却非常伤孩子的自尊。渐渐地，他的儿子变得非常沮丧，每当父亲说他有什么事情做得不对，或应该做得更好的时候，他都会阴沉着脸，说自己是个蠢货，蠢得简直不可救药，从来没有做对过任何事情。

"这个5岁的孩子常常会低着头站在那里，眼睛盯着自己的脚，一副垂头丧气的样子，看上去简直是世界上最失败的孩子。"有一次柯斯高特先生向我描述他在教育孩子方面所遇到的问题，并且请教我的意见。

于是，我便问柯斯高特先生，每当孩子这样的时候他会怎么做，他告诉我说："我总是对他说，亲爱的，你知道，你自己并不笨，更不蠢，爸爸妈妈都很喜欢你，你是个好孩子。"

我想，大多数父母面对这样的情况，都会说出类似的话来吧。但是我认为，柯斯高特先生说的这番话，虽然是出于对孩子的爱，但对这个孩子来说，没有比这些话更糟糕的了。因为这些话对孩子起不了任何好的作用。事实上，孩子在说那种"我是笨蛋"之类的话时，往往是希望得到父母的鼓励。因此，柯斯高特先生应该这样说："你这样看待自己，我很难过，其实我根本就没有觉得你是个笨孩子。"

毫无疑问，这个5岁的孩子最大的问题就在于丧失了自信心，父母能够帮助他的唯一办法就是鼓励，而不是安慰。遇到这种情况的时候，父母可以定一些孩子能够实现的目标让他去做，而当他成功时，也不要一下子给他太多的赞扬，或者说他有多么伟大之类的话。这种话往往会让孩子感觉你是在敷衍他，或者同情他。相反，你应该告诉他："这样做就对了，你是不是慢慢觉得自己能够独立做一些事了？我想你现在一定很高兴。看来，只要肯做出努力，还是非常有用的。"这样的话，对孩子来说是有很大鼓舞作用的。

在家里，我丈夫有一个专门的工作间，用来做一些他认为有意义的研究工作。有一天，丈夫来到工作间里，看到地上一片狼藉，散落着很多东西。他知道，这一定是维尼芙雷特干的，气便不打一处来，就想着立即跑到女儿面前，狠狠地训斥她一顿，告诉她这种行为是非常错误的。然而，在这个时候，他突然想起了我们在女儿教育问题上的那些讨论，在女儿面前，永远不能让自己情绪失控。因此，丈夫虽然心里很生气，但他还是尽力控制住了自己。

丈夫走进女儿的房间，看见她正在那儿摆弄玩具，就很平静地对女儿说："维尼芙雷特，你和我一起到我的工作室去一下，好吗？"

其实，这时候维尼芙雷特已然意识到自己犯了错误，她忐忑不安地跟着父亲来到工作室。父亲和女儿一起看了工作室里凌乱的样子，并对她说："看来，你也很想鼓捣我这些东西，是吗？"

"是的，我觉得你的工作很有意思。"女儿回答说。

"那么，你应该告诉我，让我来教你。为什么把这儿搞得这么乱呢？"

"刚才妈妈在叫我，我就跑回了我的房间。后来，就把这事儿给忘了。还有，我用了这些东西之后，也不知道怎样把它们放好。"

"原来是这样啊，那么以后你想到这里来，就先跟我说一下，然后你有什么不会的我来教你，好吗？"

我认为，在这件事情上，丈夫处理得非常棒。他不仅指出了女儿的错误，向她提出了好的建议，而且没有伤害她的自尊心，不使她对犯错误心生畏惧，使她敢于犯错误也敢于承认错误，更敢于改正错误，并让她知道，犯错误并不会减少父母对她的爱。事实上，对于维尼芙雷特的错误，我和丈夫一向采取这样的处理方法。

记得在维尼芙雷特6岁的时候，和周边的孩子们一起组织了一次体育比赛。这个比赛，不光只有孩子们参加，父母们也要参加。比赛规则是这样的：每个家庭选出3个人来进行接力赛跑，必须包括一个孩子和两个大人。由于我们家一共才3个人，只好全部都上阵了。

在赛跑之前，我们对接力的顺序进行了安排，最先由维尼芙雷特的父亲开始，其次是我，最后才是女儿。维尼芙雷特的父亲身体非常棒，因此刚开始时我们一路领先，等轮到我跑的时候，对手大部分是些十六七岁的大男孩，我感到有些力不从心，但也没有落后。因此，当我把手中的小旗子交到维尼芙雷特的手中时，我们这个组还是第一名。这时，只听女儿大喊一声"我一定要赢！"，便全力向前奔跑，可是由于她太紧张了，眼看要到终点的时候，却不小心摔了一跤。本来我们应该得第一的，结果却在关键时刻输给了别人。

那天，维尼芙雷特非常难过，吃晚饭的时候还在不停地抱怨自己。她不想吃饭，只顾在那儿伤心地嘀咕："怪我，都怪我……"

这时候，维尼芙雷特的父亲向我递了个眼色，示意我关心一下女儿。于是，我对女儿说："维尼芙雷特，虽然今天是由于你的失误让我们输了比赛，但是我们都没有责怪你。我认为你已经尽力了。你摔倒了，这完全是一个意外。更何况，你的对手全都比你大。所以，虽然我们最终输了，但大家都说你很勇敢，居然敢最后一个跑，要知道，最后一个也是最关键的一个，很多孩子都是不敢最后跑的。"

"但不管怎么说，我还是失败了，我输了。"女儿仍然沮丧地说。

"不，你不应该这样想。输是输了，但你不能失去信心。要知道，失败只是暂时的，你不会永远失败的。我想，有了这次的经验，你在下次比赛时就能做得更好。这样，下一次你就一定能赢。"

听我这样说，维尼芙雷特立刻开朗起来，并和我们详细分析了今天失败的原因，说自己不应该那么紧张，如果放松一些的话，可能就不会摔跤了，这样的话我就赢了。我对她的分析表示认可，并帮她总结，不仅是体育比赛，其实任何时候都要有一个放松的心态，越紧张就越容易失误。

我认为，人活在这个世界上，会不断地体验到两件事，那就是成功和失败。做父母的应该想一想，自己对孩子到底有多高的期望，在孩子身上施加了多大的压力。很多孩子在面对竞争的时候发挥失常，其根源往往可以从父母那里找到。因为，如果父母给孩子定的标准和要求太高，并且经常批评、责怪孩子，最终就会让孩子的自信心受到伤害，致使孩子走下坡路。这样一来，孩子就会接连不断地品尝失败的苦果，直到他们的自信心完全崩溃。这样下去，孩子一生的幸福就根本无从谈起了。因此，当孩子遭遇失败的时候，我们应当及时告诉他"没有永远的失败"，帮助他们重新树立信心。

少一些怜悯，多一些鼓励

在我看来，一个依靠别人的怜悯而生活的人，绝对不会是幸福的人。这种人没有自己的主见，也不敢表达自己的意见，当遇到困难的时候，总是一味的退缩，渴求得到他人的庇护；当遭遇失败的时候，又总是变得非常沮丧，以求得到他人的同情。这样的人只能是懦夫，是软弱的人。

在维尼芙雷特很小的时候，我就开始教育她成为坚强的人，不要接受别人的怜悯，也不要轻易接受别人的同情。我要让她从小就知道，一切事情必须要自己去解决，以培养她做人的勇气和能力。因为我相信，只有勇敢的人才会是快乐的人。

米希尔是维尼芙雷特非常要好的朋友，有一天他不小心在玩耍中扭伤了脚。在游戏中，他本来是常常获胜的人，而现在却因脚受伤，在很长一段时间里不能参加孩子们的游戏。这不仅使米希尔自己感到很难过，并且他的母亲也为此而着急。她时常对自己的儿子说："我知道你的感觉不太好，我真为你感到难过，我多么希望你的脚马上痊愈啊。为什么受伤的偏偏是你，这简直太不公平了，太不公平了。"每当这个时候，她还会流出伤心的眼泪。

我认为，米希尔母亲的这一做法是完全错误的。因为孩子对母亲的感觉，反应是很敏感的，这样会使米希尔在日积月累中会形成不良的心态，他会感到自己受了极大的委屈，如此积累起来，当他遇到更大的意外的时候，他可能就会变得怨天怨地，毫无能力。在我们的周围，这样的人难道还少吗？

事实上，米希尔母亲的做法，也是对儿子的不尊重。因为她认为儿子太软弱无力，没有能力承受这么大的打击，认为他不能勇敢地面对现实。对于米希尔来说，他自己受了伤，不能和别的孩子做游戏，失望是在所难免的。然而，伤很快就会痊愈的，如果母亲保持冷静，便可以帮助儿子面对现实，如果她自己感到沮丧，即使儿子脚上的伤好了，也会在他的精神上留下怨天尤人的阴影。

我认识一个小女孩，她的名字叫米娜。在米娜7岁那年，一次车祸让她失去了一条腿。在医院里经过长期的治疗，她身上的其他伤口完全好了，只是需要拐棍帮助行走。这时候，医生建议她出院。

在医院里，米娜用了很长时间学习怎样照顾自己，怎样借助拐棍行走。在出院的时候，医生还特意嘱咐米娜的妈妈，让她鼓励米娜自己照顾自己，不要为米娜做太多的事。可是，这位好心的母亲却为女儿感到伤心，她总想着替女儿干点事来安慰自己，从感情上做一弥补。于是，她把能帮忙做的事，几乎全部替女儿做了，比如帮助她换衣服、洗澡、洗衣服，帮她把饭送到房间里，有时甚至还帮她梳头。

母亲干得越多，米娜就干得越少。米娜干的越少，就越对自己没有信心。她慢慢地只想待在自己房间里，什么事都不想做。于是，米娜从一个总是笑嘻嘻、勇气十足、自立的孩子，逐渐变成了常常喜欢发脾气、唉声叹气的孩子。

有一天，我见到了米娜，她对我诉说了自己的苦恼，并认为自己是一个毫无用处的废人。了解了她的情况之后，我找到了米娜的母亲，并告诉她："你不应该把女儿当成一个无能的人，而应该让她自己做一些力所能及的事，这样或许会对她更好一些。要知道，一个人只有体会到自己价值的时候，才会真正的快乐。如果你把所有的事情都帮米娜做了，可能就剥夺了她享受这种快乐的权力，让她觉得自己是一个只能依赖别人才能生活下去的废人，使她丧失对生活的乐趣。况且，我听说她在医院的时候不是做得很好吗？为什么不让她自己做一些力所能及的事呢？"

后来，米娜的母亲接受了我的建议，给女儿安排了自己能做的事，并时常鼓励她，让她逐渐建立起了信心。当我第二次见到米娜时，她不仅恢复了以往的开朗，还学会了以前不会的东西。记得那天我去看望她时，还未进门就听到了悦耳的小提琴声。原来，在这一段日子里，由于不方便出门，米娜把所有的心思都放在了学习小提琴上，并且进步得很快。在我去看她的时候，已经拉得很好了。

后来，我听说米娜还作为小提琴手参加了纽约的音乐节，并获得了优秀奖。

事实上，孩子从本性上是有足够的能力和勇气与困难搏斗的，他们要用奋斗来弥补自己的缺陷。如果父母一味怜悯或过多帮助孩子，孩子往往就会丧失信心，停止努力，这对孩子来说极为不利。诚然，身体上的缺陷是无法弥补的，但如果他们有一个强健有力的精神支柱，健康的心态和战胜困难的毅力与决心，不觉得自己可怜。可以想象，这样的孩子成长起来后，会比在父母的怜悯、无微不至的关怀下成长起来的孩子要有能力和幸福得多。从这个角度来说，父母对他们的爱的意义也表现得要深远得多。

我认为，父母教育孩子正确的态度是关怀、帮助而不包办，用鼓励来代替不必要的服务，使孩子尽快适应或恢复正常生活。因为只有这样，孩子才会真正地感到幸福。

什么才是真正的爱心

我认为，培养孩子最好的方式，就是用真正的爱心去对待孩子，只有这样，孩子才会成长为一个健康快乐的人。在维尼芙雷特成长的过程中，我深切地体会到：孩子最需要的是父母的理解和鼓励，是充满爱的关心与指导，是和父母在一起度过欢乐的时光。如果没有这种真切的关怀，那么即使为孩子提供再好的物质条件，给孩子买再多的玩具，在孩子眼里，父母的爱也是大打折扣的。

温斯特博士是我的同事，他曾经给我讲过自己童年时代的生活。他认为，他的童年可以算得上幸福，但还是有一些遗憾至今仍然埋藏在心里。对他来说，这些遗憾可能已经成了生命中难以磨灭的阴影，再也无法挽回了。

"在我小时候，家里可以说是相当幸福和富裕的。父亲非常爱我，每次回家都会为我买我喜欢的玩具，带我去我喜欢的地方玩，并且给我买平时妈妈都不同意买的东西。但是，我很少见到他。因为他的工作特别忙。他是个外交官，平时很少在家，一年中绝大部分时间都是在国外度过的。

　　"从小我就跟着妈妈生活，对很少回家的父亲感到极其陌生。每次父亲回来后，我会慢慢与他熟悉起来，并开始跟着父亲到处跑，像他的小尾巴一样，但很快他又走了。并且一走又是很长时间，我又觉得他陌生起来。

　　"有一天，父亲又回来了，母亲建议我和他聊聊天，可我却说：'叫爸爸和你聊吧，我和他没什么话说。'母亲问我爱不爱爸爸，我说：'爱是爱，可是我不认识他。'当然，当时我想说的其实是'我不了解他'。等我长大之后才知道，当时父亲有多么悲伤。他爱我，爱这个家，但是由于工作的关系，他不能经常和我们团聚，我母亲自然能够理解他，但由于当时我太小，根本不可能了解这些。

　　"那个时候，尽管母亲经常向我解释父亲为什么不在家，而且我们之所以能享受现在的生活，多亏了父亲的辛苦，但对我来说这些都太抽象了。因为那时我还是一个孩子，我需要更直接的方式来体会父亲对我的爱。我需要父亲牵着我的手，回答我提出的各种各样的问题；我需要趴在父亲的肩头，看着背后倒退而去的树林和房屋；我还需要父亲和我一起玩男孩子的游戏，让我在奔跑滚打中放声大笑……

　　"后来我长大了，我渐渐理解了父亲为家庭所做的一切的意义，并为父亲的敬业精神所打动，因而非常敬重他。但是，父子之间那种亲密的情感却很难建立起来。直到今天，我都常常为此而感到难过。"

　　温斯特博士的话让我感触良多，我深深地体会到，作为父母应当如何去爱自己的孩子，应当如何记得孩子对自己的爱。当然，温斯特博士的父亲情况比较特殊，而对于大多数父母来说，通常还是有机会陪伴在孩子身边的。然而，很多父母平时忙于自己的事业，好不容易有时间陪孩子，却又总是在孩子面前摆出教育家的架势，失去了许多向孩子倾注情感的机会。事实上，这不仅对孩子来说影响了他们的心理健康，而对父母来说，也失去了一个建立充满爱的亲情关系的机会。

记得有一位母亲曾经对我说："我把自己全部心血都放在了女儿身上，她所有的事情我都要操心——吃的、穿的、用的、住的，包括学校里的事，业余爱好的培养，全都是我一手操办。现在她长大了，回过头来问她爸爸妈妈更爱哪一个，她竟然毫不犹豫地说更爱爸爸。"这的确令人伤心，不过我仿佛能在脑海中看到这位母亲的日常形象——尽职尽责的保姆，而不是慈爱的母亲。在我们周围，其实有很多类似的情况，孩子长大之后，父母会理直气壮地要求他们感恩戴德。但是我却认为，这是愚蠢父母的愚蠢做法，施恩图报本身就有悖于父母与儿女之间的爱的本意。

我认为，子女感激父母的抚育之恩是理所应当的，但与此同时，这种感恩应当是顺其自然的，如果父母总是以恩人自居，觉得自己既然为孩子付出了那么多，就必须得到应有的回报，孩子就理应对自己言听计从。那么，这样就只能使孩子产生逆反心理，导致对立。

实际上，父母与儿女之间的爱应该以相互尊重为基础，即使是孩子很小的时候，父母也应该尊重孩子。在我们的生活中，很多父母愿意花很多时间与陌生人应酬，以图在事业上有所收益，但对与孩子的约定却很随便，可有可无、可长可短，懒得费心思。我想，这不仅对孩子的成长不利，也妨碍了父母与孩子建立更深厚的感情。

虽然我和丈夫都有各自的工作，但我们从未放松过对女儿的关心和照顾。我所说的，并不仅仅是生活上的关心，更重要的是我们能够走进女儿的心灵，与她一起分享美好时光。在女儿童午时期，我们就非常关心她的内心感受，而正是这种真诚的交流，让她体会到了父母对她实实在在的爱。后来，我常常想到，我的维尼芙雷特如此听话，与这种教育方式是分不开的。

记得有一天，维尼芙雷特从外面回来，一进门就告诉我："妈妈，卡特今天被他妈妈揍了一顿。"

卡特是女儿的一个玩伴，平时也是一个很懂事的孩子，我不知道他的母亲为什么会突然对孩子动起手来。于是，我便问维尼芙雷特："为什么，卡特平时是个很乖的孩子呀。"

"是啊，我也这么认为，"女儿看着我说："可是，他今天把他的妈妈给气坏了。"

"为什么？究竟是怎么回事？"

"今天，我们在卡特家玩的时候，谈到了未来的理想，于是卡特的妈妈问他长大以后要做什么。卡特当时就说自己想当海军，去很远的群岛上打仗。其实，我很早就知道卡特想当海军，他在我们面前已经说过很多次了。可是，他妈妈就不高兴了，问他：'你长大以后难道就不管我了吗？'卡特说：'我要去打敌人，让妹妹来照顾你吧！'卡特的妈妈又生气又难过，说她简直白养了一个儿子。后来，两个人就吵了起来……"

"妈妈，我想问你一个问题。"说完卡特的事之后，女儿又问我，"你是不是也不希望我长大以后离开你啊？"

当时，我抚摸着女儿的头说："那当然了，世界上所有的妈妈都不希望孩子离开自己，但是，只要你愿意，只要你认为必须去做某些事而不得不离开我，我一定会支持你的。因为妈妈最大的心愿就是让你幸福，只要你能够幸福，妈妈也就会为你感到高兴。所以，无论你将来走多远，走到哪里，妈妈都会永远祝福你。"

听到我的回答，维尼芙雷特的脸上露出了幸福的笑容，扑进我的怀里："你真是个好妈妈，我想我永远也不会离开你的。"

第十章
好品德从摇篮时期熏陶

　　我认为，在孩子品德的培养中，母亲的作用可谓至关重要。之所以这样说，主要是因为母亲是最早陪伴孩子的人，同时也是陪伴时间最长的人。因此，相对于其他人来说，母亲的一言一行都会成为孩子模仿的对象，从而对孩子以后的人生产生深远的影响。

孩子的品德培养，母亲至关重要

　　在我的理想中，维尼芙雷特应该成为一个具有优良的品德、健康的身体和出众才能的人，这三方面缺一不可，否则她就不会是一个杰出的人才。我一直这样认为，如果只看重女儿的身体，那么她就可能变成无知、野蛮的人；如果只重视她的才能，她有可能会成为弱不禁风的无能者，或者成为无是非观念的浑浑噩噩的人；然而，如果只重视她的品德，那么她也有可能变成一个只有想法而没有实际能力的废人。因此，为了让小维尼芙雷特将来成人之后能有一个高质量的人生，我对她的教育从一开始就是从这三方面同时着手进行的。

　　我认为，教育孩子不仅是发展他们的智力，同时还要培养他们的品德，懂得这一点不仅对孩子极为重要，对父母们也是如此。从一些关于早期教育成功的例子中，我发现那些大音乐家、大美术家、大文学家、大科学家的诞生，往往都离不开早期接受的合理教育。事实上，如同智力的培养需要从孩子一出生就开始一样，孩子的优秀品德也必须从摇篮时期开始熏陶，否则是没有任何希望的。

根据自己的一些经验和所见所闻，我得出了这样的结论：在孩子品德的培养中，母亲的作用可谓至关重要。之所以这样说，主要是因为母亲是最早陪伴孩子的人，同时也是陪伴时间最长的人。因此，相对于其他人来说，母亲的一言一行都会成为孩子模仿的对象，从而对孩子以后的人生产生深远的影响。

如果母亲严格要求自己，作为孩子的表率，努力培养孩子好的品德，为他开拓美好前程积极地创造条件，同时也就使自己成为一个伟大的人。这样的母亲是值得人们尊敬的。反之，如果母亲自己本身就行为草率，没有良好的道德修养，那么不仅自己会生活在不幸之中，而且还会让孩子受到潜移默化的影响，成为一个对社会没有意义，甚至对社会造成危害的人。这样的母亲，甚至连自己的孩子都不会尊重。

年轻的父母们，一定要记住，孩子的命运就掌握在你们手中，不要因为你的失误而毁掉孩子一生的前途。相反，你要做出积极的努力，把孩子培养成一个既有能力又有品德的人才，为孩子开拓一个光明的未来。

可能有些父母会说："我为孩子创造了那么多好的条件，从小就开始教育他，可是他一点儿也不跟我合作，我有什么办法呢？"我认为，这一定是父母的教育方法不对，应该从自己的身上出发找出问题的根源，而不应该一味埋怨孩子。因为，刚出生的孩子就像一张白纸一样，任由父母在上面涂画，最终成为一个什么样子，完全是受父母的影响，这绝对是一个千古不变的规律。记得在维尼芙雷特很小的时候，我也常常面对这样的问题，但我从来不把责任推到女儿身上，而是想尽一切办法用自己的行为去影响她、帮助她。

我认为，孩子们的自主精神、独立精神和创造性是非常重要的，然而现在有很多父母只看重孩子的能力，而忽略了对孩子在这些方面的培养。另外，由于如今家家户户都住在彼此隔离的环境之中，孩子们之间缺乏相互交流，形只影单，很容易造成他们孤僻、自私的坏习气，这些对孩子形成友爱、互助、爱心等好品德造成了障碍。

正是基于这样的原因，我在一个周末为维尼芙雷特组织了一个松散的团体活动，让女儿的小朋友们聚集起来，指导他们进行一些有益于他们身心发展的活动。我创办这一活动的起因是为了帮助维尼芙雷特，这一点女儿十分清楚，并且因为这些活动的主要内容就是玩乐，同时又有一些平时自己一个人没有办法玩的游戏，所以她很喜欢参加这些活动。

不过，这样的活动只有我主动提出之后，维尼芙雷特才会参加，否则她是不会主动要求召集孩子们来参与的。似乎一定要有人来请她参加，她才会这样做。我想其他的孩子也会是这样的吧。

事实上，在维尼芙雷特的生活中，有太多这样的机会，对此她并不珍惜，而参加活动的其他孩子们都十分踊跃，表现出很大的热情。我相信，如果我对女儿说第二天有活动，她一定会参加，但我更希望看到女儿有更大的热情，希望她能珍惜这样的机会，而不是用一种理所当然可以享受的态度接受它。

为了帮助维尼芙雷特，我首先做的就是要让她意识到这一切不是理所当然地提供给她的，只有当她表现出足够的主动性和热情时，她才有资格享受这一活动的乐趣。

记得有一次，我为孩子们组织了一次表演的活动。在那次聚会中，孩子们对表演表现出了极大的热情，他们穿上漂亮的服装，"白雪公主"、"睡美人"在假设的舞台上穿梭往来，有的扮成公主，有的扮成皇后，有的扮成侍卫，大家都演得兴高采烈。

有些孩子的父母听说这个活动后，向我提议让孩子们自己选择一个故事，在充分阅读之后，自己写出剧本来，然后再分派角色，进行表演。这样，无疑可以促进孩子们对阅读和写作的兴趣，我当然赞成这种良好的提议。于是，我便打算让维尼芙雷特来联系、组织这件事，以培养她的组织能力，但转念一想，为什么不利用这件事来激发女儿主动争取之心呢？于是，我采用了另外的一种办法。

于是，我把这件事告诉了另一位小朋友，将这次活动的组织和安排都交给她去做。当维尼芙雷特得知此事之后，立刻愤愤不平起来，并向我表示不满："为什么不把这件事交给我来办呢？我一定能够办好的。"

"我还以为你不感兴趣呢。"

"谁说我不感兴趣，我很感兴趣。"

看着维尼芙雷特那种既不满又觉得不公平的表情，我反而有些高兴，因为我终于激发起了她主动争取机会的热情。因此，等到第二次再有活动的时候，维尼芙雷特再也不像从前那样漫不经心了，而总是主动地要求做这做那，表现出了极大的热情。

我想，对于孩子来说，让他们明白好的机会是要自己去争取的，而不应总是消极等候，这一点至关重要。不仅现在如此，将来更应如此。孩子懂得了这个道理，他们或许就会迈进一步，从而不再对机会毫无激情。

事实上，人们对自己珍惜的事情和东西往往会利用得比较充分，因而获益更多。比如，因贫苦而失学的孩子，一旦有机会去读书，常常会有惊人的表现。其实，这并不是因为他们比其他孩子多聪明，而主要是因为他们十分珍惜这种读书的机会。相反，很多富家子弟之所以学习不认真，功课很差，就是因为他们没有意识到自己是在享用一种别人难得的机会，而认为这是一种理所当然的事情。

可以说，维尼芙雷特的成长条件是相对比较好的，我当然不能给她创造贫困的环境，让她经受磨炼，但我有责任让她知道好的成长环境是多么的可贵，是多么的来之不易。维尼芙雷特知道我爱她，愿意将世界上最好的机会提供给她，这种认识使她有安全感，这对她在情感上的健康成长是非常必要的。但同时，我要让她认识到，我对她的爱是应当受到尊重的，当我在爱的鼓励下殚精竭虑为她创造尽可能好的发展空间时，她有责任进行积极配合，否则，我不可能无限制地去做无效的事。

在维尼芙雷特成长的过程中，我时刻提醒她明白这一点，这并不是让她对我知恩图报，而是要让她明白，一个人想得到机会，就必须尽全力去争取。

我们都知道，一个人的成功往往与他善于利用各种机会是分不开的。给孩子提供机会固然重要，但更重要的是要让他懂得珍惜机会，进而学会主动争取机会，只有这样，才能为他的成功备好取之不尽的源泉。

我作为陪伴女儿时间最长的人，总是在日常生活的细节中有意识地培养她的这种勇于争取的品德。因为我知道，如果只给她机会，而不让她知道机会的可贵，那么她就很有可能成为沾沾自喜、目中无人的人。这样一来，不但不能使她将来有所成就，还会使她变成一个非常可笑的、目光短浅的"井底之蛙"。这与我的教育目的可就相距甚远了。

父母是孩子最好的榜样

在对维尼芙雷特的品德教育上，我始终坚持这样一个原则：在帮助她树立正确、健康的道德观和价值观之前，首先我自己本身就需要有正确的观念和标准。因为在我看来，教育子女的过程，往往就是父母进行自我教育的过程。如果父母本身的品德就有问题，却期待孩子具有优秀的品德，这无异于痴人说梦。然而，在我们的生活中，这样的"痴人"还不在少数。

我们生活在社会之中，一言一行都要受社会规范的约束。然而，这种规范往往并不是一成不变的，每一个社会，每一个时代，都有对社会规范的独特理解和独特的价值体系。但是，无论是过去还是现在，一些共有的基本价值标准却是不会改变的。这些基本标准包括：诚实、勇敢、自律、忠诚、守信等。无论是在家庭还是学校，孩子们都在有意无意地受到这些价值观的影响。在我看来，这些当然不是空洞的说教，它是一种行为准则，是每个孩子都必须从小就建立起来的优良品质。

有一次，我的同事沃尔夫先生对我说："我儿子简直太讨厌了，他总是迟到，好像完全没有时间观念。我总是耐心地和他讲道理，可他总是听不进去。你的女儿维尼芙雷特也是这样吗？"

我告诉沃尔夫先生，维尼芙雷特虽然有时候也会拖拖拉拉，但并不总是这样，并且，我会耐心地引导她，让她懂得遵守时间的重要性。听到我这样说，沃尔夫先生便急于想要听到我的方法。不过，在我为他讲自己的方法之前，我想知道他是怎么给孩子讲道理的。于是，他立刻给我举了下面这个例子：

"恩特斯，你说说，我跟你说过多少次了，要遵守时间，否则就会耽误别人的时间，也会给别人留下不好的印象，你难道都忘了吗？"在儿子迟到时，沃尔夫这样对他说。

而恩特斯总是一副满不在乎的神情，说道："我当然没有忘记，你已经给我讲过很多遍了。"

"那你为什么还不改正坏毛病？"

"当然，我也知道不太好，但我总觉得也没什么大不了的。"

"什么？"沃尔夫先生吃惊地瞪大了眼睛，生气地说，"怎么会没有什么大不了？你从小就这样不守时遵约，将来谁还会信任你呢？"

看到父亲有些生气的样子，恩特斯也有些沉不住气了："你已经是大人了，不是也过得不错吗？也没见你有什么麻烦呀！"

"你这是什么意思？"沃尔夫先生不明白儿子在说什么，因为恼怒脸涨得通红。

恩特斯接着说道："哦，可能你已经忘记了，好几次你都答应了要带我去海边玩，可是到现在为止，你说的一次都没有实现。"

"恩特斯，那是因为我工作太忙了，这段时间有很多的会要开……还有那些论文……那些学生……"

说到这里，沃尔夫先生突然尴尬地住了嘴，不知该怎样往下说。

我对沃尔夫先生说："哦，如果是这样的话，那可就是你的不对了。你要求儿子守约，可自己却没有先做到。这样教育孩子，孩子肯定不服，所以自然也就不会改正了。"

　　虽然这只是一件小事，父亲工作忙，的确是身不由己，他也想带孩子去海边玩，但由于种种原因不能去。可是，在孩子心里一旦认为不守约没什么大不了，无论有多少次教训恐怕也不起作用。我们可以想象，这样的爸爸，孩子会怎样想呢？他会得出一个什么样的结论呢？他也许会想：爸爸不守约，过得也不错嘛，大概不守约也没什么大不了的，我也不用为这个问题伤脑筋，去纠正这个无所谓的缺点。有了这样的观念，无论有多少次的教训，恐怕也不会起作用。

　　更有甚者，某些单纯的孩子还会这样想：父亲就知道对别人守约，尤其对工作上的事，但对我的事却可以不当回事，看来守约也要看兴趣、分等级，不必每件事都守约。那么，有时候不守约也就算不了什么了。如果孩子这样推理，父母往往无法反驳，这无疑是在拿自己的手打自己的嘴。

　　事实上，总是有很多父母一味抱怨孩子不听话，不肯接受自己讲的道理，就是不去想想自己有什么不对。这样的父母常常用自己的行为颠覆了自己讲的道理，使孩子认为父母言行不一。这样的父母，往往会让孩子认为是不可信的，所以对他们的要求也就不必认真履行。如果事情发展成这样，那么孩子根本就不可能按照父母的"说教"去做。

　　一位朋友曾当做笑料向我讲述了他和儿子的一段对话。朋友说："儿子，你这几天总是玩，就不能控制一下自己，把精力用到学习上吗？"儿子回答说："你还说我呢，妈妈经常告诉你不要在外面打牌，你怎么还总是整宿的玩呢？"一下子弄得这位朋友语塞舌结，可见，孩子们常常把自己的行为与父母相对照，甚至父母行为中的某些失当之处也往往会成为一些孩子开脱错误的"口实"。在日常生活中，家长应十分注意自身的言行举止，经常互相提示，互相交流，努力树立良好形象，给孩子以健康、积极的影响，在一点一滴的小事上给孩子以有益的影响。如：父母工作上应敬业、上进；待人上应热情、大方、真诚；处事上应一视同仁、言行一致。另外，家长应注意杜绝各种在孩子面前"不宜"的行为。比如：不过多的在孩子面前谈论金钱问题，以防带来一些负面效应。

有人说：子女是父母的折光镜。在孩子身上可以折射出父母为人处事的哲学和做人的准则，的确如此，一个自私自利的家长很难培养出一个甘于奉献的孩子，一个心胸狭窄的父母也很难培养出一个宽宏大量的子女，父母对子女的示范应体现在日常生活中的时时处处、点点滴滴。

总之，育人先育己，每位家长都应牢牢记住这一点，这对完善孩子的人格起到至关重要的作用。

襁褓里培养出的责任心

很多父母在对孩子进行早期教育的过程中，常常只注意孩子的智力和爱好的发展，只重视拓宽孩子的知识面，学会某种技能，却忽略了诸如责任心等重要品质的培养。我想，这种做法是十分错误的，必然会对孩子的将来造成极大的困扰。

我认为，即使一个孩子再聪明、再有知识、有技巧，但缺乏应有的责任心和综合能力，终将不会成为一个健全的人。从小到大，孩子在很多方面都需要有过人的能力，而责任心也是孩子一种极为重要的能力，甚至有的时候，责任心比知识性的技能还更为重要。因此，如果我们不从小培养孩子的责任心，就算他们将来有了丰富的知识和高超的技能，也不可能把自己的能力充分发挥出来。因为，对于没有责任心的人来说，他们并不会把完成某件事情放在心上，无论遇到什么事情都是马马虎虎、得过且过，结果把本来会非常轻松的事情变得复杂化，甚至还可能造成严重的后果。

在现实生活中，我们会有这样的经验：一个在比较艰苦的环境中长大的孩子，往往会更多地参与到家庭生活，为父母的事业助一臂之力。这样的孩子通常都非常懂事，他们都知道父母谋生不易，自己必须为父母分担一部分责任，比如照顾好弟妹，注意节约，为家里减轻负担，等等。看到父母为了一家的生活而辛勤劳作，这些孩子就会感到自己肩上的责任，希望有一天能为父母分担忧愁。这一切，都会让孩子从小看到自己生活的意义，看到自己的行为对别人产生的影响，从而感到自己是有归属的，是有价值的，因此而产生强烈的自豪感和责任心。

随着年龄的增长，孩子与社会的接触面在不断扩大，这种责任心与自豪感的内容也会不断增多，不再局限于自己的家庭。然而，从家庭中培养出来的这种感觉，往往是未来的责任感的基础，如果在一个人的幼年时期，没有从家庭中打下这样的基础，那么对社会和人类的责任感和使命感就不知从何谈起，自然也就不会建立出什么事业来。因此，没有责任心的孩子，将来是不可能取得多大成就的。

为了从小就培养维尼芙雷特的责任心，无论她在家里还是与别的孩子在一起，我都会有意让她充当一些有意义的角色，使她感到自己的行为对他人、对集体所产生的作用，与此同时，也培养她战胜自己的弱点、增强自信心。

在日常生活中，我时常让女儿做我的"助手"，帮我做一些力所能及的事。我认为，这样不仅可以提高她的动手能力，而且还可以培养她的责任心，让她具有一种分担的意识。每当这个时候，维尼芙雷特总是很积极地参与，并为自己日渐增长的能力感到自豪。我时常给她分派一些与她的年龄相当的劳动，比如打扫卫生、给花草浇水，等等。

在家里的时候，我始终与维尼芙雷特进行平等的交流。在我看来，这也是培养她责任心的一种方式。我不仅了解她的内心感受，也同她谈我自己的喜怒哀乐。可能有些父母认为，没有必要也不应该对孩子讲大人的事，甚至还会以自己太忙为借口，从而避免与孩子进行交流。然而，这些父母却不知道，其实孩子的感觉是极其敏锐的，他们会通过自己的观察来洞悉父母的心理，比如有的孩子常常会很关心地问父母："妈妈怎么啦？不高兴了吗？"事实上，这个时候孩子便已经敏锐地感觉到了父母的"异常"，只不过大人们往往不去注意孩子的心理活动，对孩子的问题不加以重视罢了。

我认为，对于孩子这种时常表现出来的与大人交流的意愿应该鼓励，并耐心地与他们交流。这样一来，不仅让他们感受到了应有的尊重，增进了父母与孩子之间的感情，同时还会增加他们的责任心，让他们懂得分担责任的重要意义。

有一次，我的心里非常烦躁，因为我马上要去参加一个有关世界语的会议，而维尼芙雷特的父亲去了外地，保姆又恰巧家中有事请了假。这样一来，就只剩下女儿一个人在家了，没有人和她在一起，她能安安心心地待住吗？而且，更重要的是，我要参加的会议可能会持续很长时间，那她的晚饭该怎么办呢？

看到我焦虑不安的样子，维尼芙雷特赶紧走过来，关心地问我："妈妈，你怎么啦，出什么事了吗？"

于是，我把情况对她说了："我马上要去开会，只能让你一个人在家，我正在为你的晚饭发愁呢。"

维尼芙雷特说："啊，原来是这样。没事没事，你赶快去吧，我知道应该怎样照顾自己。"

"真的吗？"我问女儿，"难道你一个人在家不怕吗？妈妈可能会很晚才回来啊。"

"不怕，我可不是个胆小鬼。"女儿可爱地比画着。

"可是，你的晚饭怎么办呢？"

"我有巧克力面包啊，再说，我现在已经会用火炉了，我可以自己煮牛奶。"

"可是……"

"没关系的，妈妈，你要去工作，我照顾好自己就是帮助你，这是我的责任呀。你不是经常告诉我，要有责任心吗？"

听了女儿的这一番话，我真的有些感动，我想女儿真是长大了，懂得体谅我了。

鼓励女儿做个勇敢的孩子

我们知道，勇气对一个人来说是非常重要的，所谓"狭路相逢勇者胜"，只有那些有勇气的人才能够在竞争中胜出，才能够开创一份属于自己的事业。因此，在培养子女的时候，勇气也是一个不可忽视的方面。

记得有一次，维尼芙雷特因为着凉患了感冒，吃了一些药后仍然没有效果，后来甚至还发起了高烧。我赶紧去请了大夫。大夫说女儿需要打针，否则高烧有可能引起肺炎。大夫在说话的时候显得很平静，因为他每天都要给无数个病人打针，而我却有些担心了，不由自主地皱紧了眉头。

虽然那时候维尼芙雷特还是第一次听说"打针"这个词，但看到我紧张的样子，再看看忙碌中的大夫在摆弄针头、药品，心里突然害怕了，"哇"的一声哭了起来。我知道这个时候女儿非常害怕，但是没有办法，只有打针才能让她的病情有所好转。因此，我不顾女儿的哭闹与挣扎，配合大夫把她按住，等到大夫将注射器准备好一针扎下去后，女儿顿时哭得更厉害了。医生走了之后，女儿才渐渐止住了哭泣。

后来，我想了想，女儿之所以害怕，大概是因为看见了我担心的表情，因为我的表情告诉她，这是件很严重的事情。并且我转而又想，如果女儿连打针都害怕，怎么能成为一个勇敢的人呢？想到这里，也为自己当时的担心而感到脸红。因此，当维尼芙雷特第二次打针的时候，我采取了另外一种态度。

第二天，大夫按照约定的时间到了我家。维尼芙雷特一见大夫进门，立刻躲进了自己的房间。大夫看到她这个样子，一下子就笑了出来，逗她玩说："啊，小姑娘害怕了。喂，小机灵鬼儿，不要怕，我可不是个大坏蛋，我是来帮你治病的。"

"维尼芙雷特，快点出来，大夫是来给你治病的。"我对女儿说，但她对我的话装作没有听见，仍然躲在房间里。

于是，我只好把大夫带进她的房间。这一次，我采取了非常平静的态度，对她说："维尼芙雷特，打针并不可怕。不是吗？昨天你刚打过，并没有什么呀？"

"可是我害怕，疼……疼……"女儿苦着脸，躲在床边的角落里。

"真的没有什么好害怕的，妈妈小时候曾经打过无数次的针，也没有什么损害。何况，为了治病忍受一点疼痛又有什么关系呢？我相信你是个勇敢的孩子。"我不断鼓励她。

维尼芙雷特一听到"勇敢"这个词，似乎顿时忘记了害怕，从角落里走了出来，乖乖地让大夫帮她打针。这一次，虽然在她的眼神中仍然流露出了一丝害怕，但为了做一个"勇敢"的孩子，女儿一声也没有哭，等她打完之后，还不停地与大夫说这说那。

经过这次的事情之后，我发现锻炼孩子的勇气，常常对父母自己的勇气也是一个考验，如果父母自身就对困难或对带有一些危险的活动感到害怕，那么这样的父母培养出来的孩子就不可能有勇敢的精神。在现实生活中，有些父母总是一味的为孩子的安危而担忧，却没有想到已经牺牲了锻炼孩子勇气的机会。我认为，这样做事实上是很自私的，因为这些父母更多地是为了保护自己的感情不受到可能发生的危险所带来的伤害。

另外，还有一种情况，对于孩子勇气的培养也是不利的。有些父母为了让孩子听自己的话，往往讲一些可怕的故事进行威胁，这会让孩子逐渐变得非常胆小，长此以往就会影响到孩子的个性发展，缺乏独立性，甚至会导致某些心理障碍及性格病态的发生。

对于一些胆小的孩子，父母也不能采用训斥的方式，说孩子是"胆小鬼"，甚至给予处罚，这些都会对孩子的自尊心造成极大伤害。这不仅改变不了孩子的胆小状况，反而可能使孩子的惧怕心理加重。一位儿童心理学家说过："儿童产生惧怕心理的原因与成年人一样，关键的问题是成年人懂得如何去应付恐惧，而孩子们却还不知道。"因此，父母应细心观察，找出孩子产生恐惧的原因，并帮助他们消除恐惧，从而培养孩子的自信心和勇敢的品质。

只有当孩子感到你承认他们害怕的东西是客观存在的时候，他才会相信你对解除他的害怕所做的解释。做父母的要正确对待孩子所害怕的事物。一种非常有效的方法是教给孩子关于某些事物的知识。如有的孩子害怕猫、狗等小动物，父母就可以给孩子讲一些有关这些动物的小故事，并告诉他们这些动物一般不会伤害人，但要学会与它相处的方法。这样，就可以帮孩子增强安全感。

总之，要培养出勇敢的孩子，父母们就要从自身做起，并经常与孩子进行沟通，了解他们的真实想法，有意识地锻炼他们的独立性。坚持下去，你就会发现自己的孩子正渐渐成为一个勇于面对困难的勇敢的孩子！

勤劳的孩子最受欢迎

维尼芙雷特从小便对人友善，并且乐于助人，常常会帮助别人做一些力所能及的事情。因而，在她六七岁的时候，便已经和别人相处得很融洽，是一个十分受人欢迎和喜爱的孩子了。大家都说她是一个很勤快的孩子。

自从维尼芙雷特取得了一些成就之后，便有很多年轻的父母来向我请教关于孩子教育方面的问题。很多时候，他们向我表示，令他们惊讶的不仅是维尼芙雷特的学习能力，更重要的是她那些好习惯。在他们当中，也有不少孩子是出类拔萃的，具有超乎同龄人的诸多能力，但在习惯方面与维尼芙雷特相比，就差得太远了。他们时常问我，像这么小的孩子居然那么懂事，那么勤快，是不是天生的呀？他们总会问我维尼芙雷特在家里受到了什么样的训练，有什么秘诀没有。面对这些问题，我有时真的不知道应该如何回答。不过，有一点我可以告诉大家，那就是我时常鼓励维尼芙雷特自己做力所能及的事。

一般来说，只要是维尼芙雷特自己能做的事情，我一定不会去帮她做。我认为，如果什么事都帮她做，就等于是剥夺了她自己动手的机会，并且还会让她养成对自己的行为不负责任和万事都依赖别人的坏习惯。我时常对女儿说：能够摆脱对外界依赖的人，才能有信心做独立而骄傲的人。实际上，我对她进行这样的要求，就是想要让她养成独立自主和勤劳的好品德。

在维尼芙雷特两岁时，有一天在客厅中蹒跚地走动着，东摸摸，西看看，仿佛对一切都有浓厚的兴趣。忽然，女儿手里的点心不知怎的掉在了地上。她没有去理会它，自顾自地向前走，似乎没有看见。我用手指着垃圾桶，示意她把点心放到那儿去。女儿好像没有弄明白是什么意思，好奇而吃惊地看着我，但就是不按着我说的那样去做，一动也不动。

"你听见妈妈的话了吗，宝贝？"我再一次对她说。

这时，维尼芙雷特的爸爸走过来插话了："小维尼芙雷特还这么小，什么事都不懂，干吗非让她去做？"

"还是我来吧。"家里的保姆赶忙走了过来，想去拾起那块点心。

我用手臂挡住了她："安娜，别这样，让她自己来，她可以的。"

维尼芙雷特望了我一眼，向前挪了挪身子，似乎要试一试忽视我的要求我会怎么办，看样子她想立刻离开。

"维尼芙雷特，"我立刻走了过去，蹲在女儿身边，对她说："这是你掉的点心，应该自己捡起来，知道吗？好孩子就应该做自己的事。"

女儿望着我柔和但坚定的眼神，终于妥协了，慢慢蹲下去，捡起那块点心，又蹒跚地向我指给她的垃圾桶走过去。

很多父母低估了孩子的能力，往往认为孩子太小，不能解决自己遇到的问题。实际上，我认为父母应该信任孩子的能力，相信孩子自己会做好许多事情，只不过有时候需要我们指导而已。只有给孩子锻炼的机会，孩子才会乐于做一些自己该做的事，从而养成勤劳的好习惯。因此，父母应该陪伴和指引孩子一同探索，不能让孩子永远躲在成年人的后面，而应该让孩子去适应生活，找出孩子在父母的指导下能承受的经历，使他们有机会去体验生活，锻炼自己的能力。

在成长的过程中，孩子的兴趣是不断改变的。在最初的时候，父母可以通过各种方式激起孩子对于劳动的兴趣，让他们主动去做一些力所能及的家务。然而，伴随着孩子的不断成长，他们在慢慢学会做许多事情后，家务事会被认为是既没有新鲜感也没有学习新东西时的乐趣，于是家务事就成了他们的负担。由于孩子没有了做事的主动性，那么培养孩子勤劳的艰巨任务就落在了父母身上。

这个时候，父母不能像以前那样无论什么事都顺着孩子，而应该有意识地使孩子认识到做家务事的重要性，告诉孩子只有把小事做好，才能干出一番大事。不过，当孩子对做家务事有所排斥的时候，父母也不应该命令他们，否则只会引起孩子的反感。孩子需要的是弄明白道理，而不是父母"去做这个，去干那个"的命令。如果由于孩子不愿意做家务就大发脾气，大加训斥，这就更是错上加错。因为，这种强制孩子做事的结果，往往就是孩子干脆什么也不会做，宁被父母训斥，也不会再去做一丁点儿的事。

在维尼芙雷特两三岁的时候，常跑到厨房中来帮助我做一些事，虽然这些事算不了什么，但她仍然兴致勃勃地帮我的忙。因为对她来说，这实在是一种兴趣。就像我前文所说的那样，她是在满足自己的好奇心和求知欲，甚至也可能是她的一种别出心裁的玩法。而等到她五六岁的时候，她对这种做家务的"游戏"便完全丧失了热情，甚至有时会"偷懒"，故意不做我给她安排的事。我知道，这时候应该教给她勤劳的道理了。

有一天，我看见维尼芙雷特躺在床上看一本有插图的书，房间里乱糟糟的，她的袜子扔在地板上，手绢也胡乱地放在桌子上面。

"维尼芙雷特，我不是告诉你要把房间收拾好，并洗干净自己的袜子和手绢吗？"

"知道了，我等一会儿就去收拾。"女儿仍然在看书。

"还要等一会儿吗？我可是早上就对你说了，你也答应了呀。"

"妈妈，我现在在看这本书，没有时间，等会儿我去叫安娜帮我收拾吧。"

"不行，你自己的事怎么能让别人帮你做呢？"听见女儿说要保姆安娜帮她做事，我真是有些生气了。我想，任何一个母亲面对这样的情况都会不由自主的生气吧，即使你的孩子在其他方面都非常优秀，但还是会在一些细节上让你着急。不过，我当时并没有像大多数母亲那样发泄自己的怒火，因为我知道，这样只会更糟。我决定采取另外一种方法。

"维尼芙雷特，这样吧，反正你也不想干活，我干脆给你讲一个故事吧。"

女儿一听说我要给她讲故事，立刻来了兴致，她从床上跳了起来，坐在我的身边。于是，我便开始了我的故事：

"在很久以前，有一位母亲非常非常爱她的两个儿子，从来都不让他们做任何事，担心他们受累。"

我才开了个头，维尼芙雷特就打断了我，对我说："你看，别人的妈妈多疼爱孩子，只有你，总是让我干活。"

"你别打岔，先听我把故事讲完。那两个儿子中，哥哥很乐意接受妈妈的关心，什么事都不做，整天在床上睡觉，长得白白胖胖。但弟弟呢？似乎不愿意整天就这样待着，常常帮妈妈做很多很多的家务事。慢慢地，他学会了很多东西，会做饭，会洗衣服，还会自己做一些有用的工具。

"后来，两个孩子都长成了大人，妈妈也去世了。由于他们都是大人了，于是兄弟俩就分开来生活。弟弟每天在外面辛勤劳动，挣了许多的钱，还娶了妻子，开始过上幸福的生活。而哥哥呢，还是和小时候一样，整天在家里睡觉。

"有一天，弟弟有事去找哥哥，发现他仍然住在以前的旧房子中，而且破破烂烂的，老远就闻到一股臭味。当弟弟推开门时，你猜他看见了什么？"

"一定是那个哥哥已经死在了床上。"还没等我的话音落下，女儿就回答了我。

"没错，但你是怎么猜出来的呢？"

"因为那个哥哥太懒，整天在家里睡大觉，不知道自己养活自己，只能被饿死喽。"

"那么，你想不想以后被饿死呢？"

"我才不会呢！"说着，女儿就开始收拾房间了。

"你不要干活嘛，躺着多舒服。"我看到女儿开始动手收拾房间，心里非常高兴，但嘴上却在逗她。

"妈妈，你别以为我有那么傻，这些道理我都知道，你以前说过的话我也记得很清楚：一个人最好的品德就是勤劳。"

让女儿具有节俭的美德

在商店里，时常会发生这样的情景：孩子跟在家长身边，任性的要求买这个买那个，父母试图制止，结果遇到孩子更强烈的抗议，有的时候还会满地打滚，引来很多围观的客人，让人觉得这一家人似乎过得比较拮据，不肯给孩子买东西。在这种局面下，有的父母为了顾及面子，总是很快妥协，给孩子买了他想要的东西；而有的父母则不得不用暴力来解决，结果导致一场闹剧。

我认为，孩子从小就应该养成节俭的美德，不能因为他们的一时兴起就随便买东西。在遇到孩子无理取闹非要买的时候，只要运用恰当的方法给他们解释，我想孩子一般都是很讲道理的。

有一次，我陪着来访的朋友一家去逛商店，维尼芙雷特也跟我一起去。在商店里，我看见毛巾正在减价，想起家里的毛巾该换了，就选了几条，并对女儿说："你也选一条自己用。"

于是，维尼芙雷特就选了一条。

这时候，朋友的女儿米娜见了，也走上来说："我也要一条毛巾。"

我见朋友不说话，便忍不住问米娜："你缺毛巾吗？"

"不缺。"

"那么，你要买毛巾带回去吗？"

"也不是。"

"那你为什么想要买毛巾呢？"

"因为维尼芙雷特买了一条。"米娜指着我的女儿说。

"哦，是这样啊。那么，你知道我为什么要买毛巾吗？因为我们家的毛巾该换了，这里又正好在减价，所以才会买，但我不明白你为什么要买。"

我曾经听说，米娜是一个平时稍不称心就会在母亲面前大哭大闹的孩子，而这时却出乎意料地讲理，什么话也没说就把毛巾放了回去。对于这件事情，朋友感到很惊讶，因为她从来没有说服过女儿把想买的却没有什么意义的东西放回去，她问我为什么会有这么大的能力。于是，我便问她，为什么如此放纵孩子的购物欲。她对我说："你不知道她闹起来有多厉害，她想买就买吧，免得她吵，而且我觉得她挺可怜的。"

我知道朋友的意思。她和丈夫已经分居好几年了，到现在还经常发生冲突，她不希望孩子再在其他方面受到伤害。但不管怎么样，我还是认为朋友的做法是不对的。因为物质并不能弥补孩子在情感上遭受的伤害，反而会使受伤的心灵变得扭曲。孩子是聪明且敏感的，她能感觉到父母心中的内疚，因此会毫不客气地利用这种心理，养成一些很坏的习惯。更加糟糕的是，父母的这种心态会对孩子产生恶劣的影响，会使她夸大自己的不幸，从而更加觉得自己可怜。

我认为，孩子都是很懂道理的，关键在于父母如何去引导。如果在孩子心里认为自己可以毫无顾忌地购物，只会使他们养成不良习惯，并形成一种观念，就是无论他想得到什么，父母都有责任予以满足。而这样做确实是非常愚蠢的。对于女儿的教育，我从来不采用这种方法，我认为有必要让女儿懂得，节俭是一种良好的品质，一个人无论多么富有，这种节俭的品质都不能丢。

有一次，我和维尼芙雷特在街上散步，正好路经一个文具店，就顺便带她进去看一看。这时候，女儿被一套漂亮的画笔吸引住了，看了又看，不肯离开。

女儿对我说："妈妈，我想买那套画笔。"

我便问女儿："为什么呢？"

女儿回答说："因为它们很漂亮。"

"可是，你不是已经有一套这样的画笔了吗？"

"那是两个月前买的，已经很旧了。"

"什么？两个月前买的，现在就旧了？我听说，有一位伟大的画家，一套画笔用了十来年还不舍得扔掉。再说，画笔旧不旧有什么关系呢，只要能用就行了。"

"哦，妈妈，你真小气。"维尼芙雷特努着小嘴说道。

"维尼芙雷特，妈妈不认为节省就是小气，节省是对的，省下的钱可以买别的有用的东西。"说着我便拉着女儿的手离开了文具店。

在我看来，从孩子很小时起就应该教他们节俭。在生活中，有这样一些父母，虽然自己很节俭，却不惜在孩子身上浪费。虽然这体现了对孩子的爱，但绝不是一种明智的爱。我说的不是那些衣食无着的贫穷人家，而是那些家境殷实的人家。那些孩子消耗了过多的物质，浪费了太多的钱财，这无疑是一种罪过。这不仅是在浪费自己家的钱，也是在浪费人类共有的资源。

我认为，节俭是一种美德，无论是在困难年代还是富裕年代，我们都应该崇尚节俭。从小的方面看是为了居家过日子打算，从大的方面看则是为人类后代节约资源，无论从哪个角度看，都应该崇尚节俭的好习惯。在生活中的每个小细节上，我都要教育女儿养成节俭的习惯。我常常对女儿说，应该省钱，不能随便地浪费东西。我要让她知道，一切东西都来之不易。

在我的影响下，女儿逐渐养成了节俭的品质。我想，她已经真正懂得了，节俭并不等于吝啬，而是一种宝贵的人生态度。

第十一章

不为孩子做任何他力所能及的事

作为父母，如果替孩子们做他们能做的事，实际上是对他们积极性的最大打击，因为这样会让他们失去锻炼和实践的机会。这样做的后果就是，让孩子丧失自信与勇气，也使他们感到不安全，因为安全感是建立在能够用自己的能力去对付处理问题的基础之上的。可以说，正是父母们自以为无私的包办代替行为，剥夺了孩子发展自己能力的权利，影响了孩子的健康成长。

自信是人生的基石

自信心对人一生的发展都有着决定性的作用，这在智力、体力，还有处世能力上都有体现。一个缺乏自信的人，也就缺乏发展各种能力的积极性，而这种积极性又对人的各项感官功能和综合能力的发挥起着非常关键的作用。这个道理看起来并不复杂，几乎世界上所有的父母都明白，但真正把它应用到孩子教育当中的父母，我想并不是很多。

据说，曾经有位教育专家做过这样一个试验：他选择了两个班级，一个班级学习成绩较差，而另一个班级的学习成绩相对来说则非常优秀，刚开始的时候这种差距还是相当明显的。然后，他又从其他地方请来了一些老师，并且把原来成绩较差的班级对老师说成是优秀的班级，而把原来优秀班级当成差生班来教。经过一段时间之后，人们发现原来成绩相差很远的两班学生，在测验当中的平均成绩已经基本相当。根据这位教育专家的分析，造成就种现象的原因很简单，就是不明真相的老师对差班的学生给了鼓励，从而使他们的学习积极性空前高涨；相反，原来的优秀班的学生在老师的怀疑态度影响下，自信心大受挫折，以至于学习不积极，学习成绩也就因此降下来了。由此可见，自信心对孩子的成长是多么的重要。

可以说，自信心就是能力的催化剂，能将人的一切潜能都调动起来，将各部分的功能提升到最佳状态。而高水平的发挥在不断重复的基础之上，逐渐巩固成为人的本能的一部分，从而使人的能力达到一个新的高度。试想，如果一个人的成长能以这样积极的方式行进，那么这种效果的累积应该有多么可观！在许多伟人身上，我们都可以看到这种超凡的自信，正是在这种自信心的驱使下，他们才敢于对自己提出更高的要求，并在失败中看到成功的希望，从而激励自己不断努力，最终获取成功。另外，在杰出人物辈出的国度里，从那些伟人、名人身上，我们同样可以看到自信心的作用，而在我们身边的优秀人才身上，也同样不断散发着自信的光彩。

作为一个母亲，我认为孩子的自信心必须从小就开始培养。这就给父母提出了很高的要求，需要父母随时反省自己对待孩子的方式，绝对不能以爱子女为理由溺爱孩子，不能什么事都包办。因为，孩子们需要一定的成长空间去锻炼自己的能力，去学会如何应付危险，更重要的是从做事中树立起自信心。教育专家告诫我们："不要替孩子做任何他能做的事。"如果我们做得太多了，那么孩子就失去了发展能力的机会，这等于取消了他们树立自信心与自立的机会。

说实话，刚开始养育维尼芙雷特的时候，我也像大多数父母一样在这方面出过严重的失误。如果维尼芙雷特是个男孩，我想情况可能会好一些，但正因为她是个女孩，我总是怕她受到伤害，担心她的安全，总是想尽一个母亲的全力去保护她，为她做一些其实她自己能做的事。我丝毫没有意识到，这并不是在爱女儿，而是在害她。我想，大概每一个父母刚开始都是这样的吧。直到在一次旅行途中，我看到了一个女孩的表现，这才幡然醒悟。

那一次，我准备带着维尼芙雷特去加勒比海度假。我们坐上了豪华游轮，安顿好之后，就扶在船舷边，向送行的亲友们挥手告别。这时候，乘客们有的还在陆续上船，个个都背着旅行袋，在佛罗里达的阳光下兴致勃勃，浑身散发着活力。

这时候，我的目光被一家人吸引住了。那是一对夫妇带着4个孩子，孩子们都是中学生模样，其中有个女孩的腿是瘸的，并且还瘸得非常厉害，让我不由自主地多看了几眼。不过，如果仅仅是她的残疾，并不会让我感到多么惊讶，因为在这个世界上残疾程度比她严重的人还有很多。让我感到惊讶的是，女孩背上还有一个硕大的旅行包，包里显然装着她的旅行用品。如果她是一个人旅行，那倒也罢了，奇怪的是她的全家人都在，却居然没有一个人过去帮一帮她。在女孩身后，她的三个兄弟都长得人高马大，他们轻松地背着自己的包，很坦然地跟在姐姐后面走上船来，好像根本没有意识到他们的姐姐走路困难。我再看女孩的父母，他们也只顾彼此说笑，丝毫没有要照顾女儿的意思。

当时看到这个情景，我不禁为这个女孩感到委屈，我觉得这家人实在是太冷酷无情了，怎么能这样对待一个身有残疾的人呢？更何况还是自己的家人。我甚至猜想，这个女孩平时在家里一定遭到了家人的嫌弃与冷遇。我的同情心顿时极度膨胀，如果不是碍于她的父母在旁边，很可能马上过去帮忙了。那时候维尼芙雷特才两三岁，她也注意到了那个女孩，因而拉住我的衣角，满怀同情地恳求道："妈妈，你看那位姐姐多可怜呀，我们过去帮帮她，好吗？"

当时，我也确实有点忍不住了，不过最后我还是没有去帮忙。我倒不是顾忌女孩的家人会对我不友好，而是女孩那自信的神情阻止了我。尽管女孩背着一个大背包，走起路来一瘸一拐的，非常吃力，但是她丝毫没有埋怨和沮丧，相反，她的脸上带着愉快的微笑。她满怀自信走在最前面，还不时兴奋地回过头去，跟身后边走边闹的三个兄弟打招呼："哎，你们都快点跟上，可别走丢了。你听到没有，尼基？你总是不听话，待会儿走丢了我还得去找你！"俨然一副有威信有地位的大姐形象。

这时，我的内心心潮澎湃，很赞许地点了点头，并对维尼芙雷特说："你是个很有同情心的孩子，好孩子就应该这样。不过你看，那位姐姐多么勇敢，她并不需要我们的帮忙。"

可以说，这件事给我的震撼相当大。我发现，培养孩子的独立生活能力是最重要的，过分地呵护孩子，不仅会使孩子失去很多锻炼和进步的机会，而且还会使孩子觉得自己缺乏能力，因而对自己丧失信心，对生活失去勇气。对于一个有残疾的孩子来说，自信心更容易受到伤害。试想，假如这个家庭对腿脚不便的女孩给予特殊的照顾，生活起居全都由他人帮忙，尽量避免她在体力上的不便，这样虽然满足了家人对她的不幸进行补偿的愿望，但是从更长远的目光来看，这样做对她漫长的人生来说，无疑是在害她。如果是这样，我想女孩是不会有那样自信的笑容的。

经过这件事之后，我开始反思自己在对待女儿的态度上出现的失误。跟那个家庭相比，我过去对维尼芙雷特自信心确实太不重视了，为她做了太多她力所能及的事，这是我早期教育中的一个重大的缺陷。想到这里，我不禁惊出了一身冷汗，由于我这个失误，也许会给女儿以后的生活带来很多麻烦，严重的话，甚至还会毁了女儿的一生。

在接下来一周的海上旅行中，我格外留心地观察那一家人的行动，发现他们确实在培养孩子自信心这方面做得不错。尽管那女孩行动不方便，但几乎所有的事情都是她自己做，从不用其他人帮忙。不仅如此，她还要负责看管好三个活泼好动的弟弟，尽量不让他们打扰到其他的乘客。当然，也总会有那些好心的乘客，觉得那个女孩可怜而试图帮助她，这时候她的父母就会很礼貌地阻止："谢谢您的好意，我想我女儿自己可以应付。"而且，如果当时父母不在身边，那个女孩自己也会很礼貌地谢绝别人的帮助。我发现，那个女孩是船上最有活力的孩子，到处可以看到她的身影，她在船上走来走去，为自己和家人办理所有的事务。看来在她的心里，一点都没有把自己当成残疾人，而是完全像个正常的孩子。

女孩的出色表现让我对她的父母产生了崇拜之情，因此我特地去和他们进行交谈，并向他们请教教育孩子的方法。女孩母亲的一番话让我深受启发，她说："对于一个身体有残疾的孩子来说，很容易产生自怜的心理。由于身体的缺陷，他们会对自己的未来感到悲观失望，甚至产生恐惧之心。如果家人再对她进行特别的照顾，只会让她的这些感觉更加强烈，对自己更没有信心。你想想，一个人如果连自己的生活都不能自理，那该是多么可怜和可悲啊。我想，在这种心态下长大的孩子，已经不仅仅是生理上的残疾了，更糟糕的是心理上也有了阴影。事实上，心理残疾往往比生理残疾更让人头疼、更加难以痊愈。正是由于我和她的父亲明白了这个道理，我们才放弃了最初的格外照顾，放手让她自己照顾自己。因为不论是我们，还是她的兄弟，都不可能陪着她过一辈子，我们不希望日后女儿发现自己离开了我们就没有办法自立。在过去，女儿是我们最为担心的孩子，而现在，她成了我们最能干的孩子，看到她这个样子，我们不仅放心了，同时也为她感到骄傲。"

听了那位母亲的话，让我突然产生了这样一种想法：家人的特别关怀反而会对孩子的成长造成不利的影响，父母最明智的做法是松开对孩子的束缚，让孩子自己去做，勇敢地去探索。作为父母，我们要努力配合孩子，使孩子对生活充满信心，让他们根据自己的条件，尽情地发挥自己的能力，最终使自信心和能力都得到快速的发展。

从那件事以后，我再也不谨小慎微、过分地呵护女儿，而是放手让她去做自己力所能及的事。不仅如此，只要她可以，我还让她帮我做各种家务，并处理外面的事务。由于女儿已经习惯了父母的帮助，心理上形成了一种依赖，所以刚开始的时候我们遇到了一些困难。

每天早上，维尼芙雷特仍然习惯性地躺在床上，等着我来帮她穿衣服。我告诉她，必须自己穿，否则就一直躺在床上别吃早饭好了。我要她自己系鞋带，她系了好半天也没系好，于是就撒起娇来："我不会系，妈妈，你来帮我系吧。"我不为所动，而是告诉她不穿好鞋子就别想出去玩。

　　我知道，那段时间维尼芙雷特过得很艰难，由于很多事情都做不好，她几乎对自己失去了信心。当时，看到女儿那沮丧的样子，我心里真的是非常的愧疚。由于我的失误造成的苦果，却要由女儿来承担。如果一开始我就让女儿自己干，就不会这样艰难了。但正因为如此，我不能一错再错，这更加坚定了我培养女儿独立生活能力的决心。

　　当维尼芙雷特因为缺乏自信而哭闹着不肯做事的时候，我就用那个在游船上看到的残疾女孩来鼓励她："维尼芙雷特，你想想看，那天我们在船上遇到的小姐姐什么事都是自己做，而且做得是那么好。难道你不想和她一样能干，做一个人人夸赞的好孩子吗？"

　　"想啊，"维尼芙雷特一边哭，一边说，"但我太笨了，什么都学不会。"

　　"不对，维尼芙雷特，你怎么会笨呢？那个小姐姐的腿那么不方便都能把事情做好，你自己手脚都很健康，难道还不如一个残疾的孩子吗？我想，只要你有信心，肯努力去做，一定会比那个小姐姐做得还要好，比她更能干。"

　　"真的吗？"女儿半信半疑地问我。

　　"当然了，妈妈相信你！但你也要相信自己才行呀，不要动不动就哭，你见那个小姐姐哭过吗？"

　　"没有，她总是笑着。"

　　"对呀，你也要像小姐姐那样才好。"

　　于是，维尼芙雷特停止了哭泣，擦干眼泪，仰起小脸蛋来对我说："妈妈，你说得很对，小姐姐的脚是坏的还那么能干，我一定个会比她差的。"

在克服了最初的困难之后，维尼芙雷特很快就养成了凡事自己动手的好习惯，而不再动不动就要别人来帮忙。她发现，原来自己的能力远比想象的要强得多，因此也越来越有自信，甚至主动要求帮我干家务。这样一来，她又从中体验到了为家庭作贡献所带来的自豪与自信，感觉这样才真正地成为家庭的一分子。等到维尼芙雷特五六岁的时候，她不仅能够自己照顾自己，还会在聚会时主动去照顾那些比她小的孩子。

于是，我终于可以像那个残疾女孩的父母一样，自豪地对亲友们说："我为我的女儿感到骄傲。"

孩子，你可以做到！

我想，大家从我对维尼芙雷特的教育中可以发现这样一个事实：作为父母，如果替孩子们做他们能做的事，实际上是对他们积极性的最大打击，因为这样会让他们失去锻炼和实践的机会。这样做的后果就是，让孩子丧失自信与勇气，也使他们感到不安全，因为安全感是建立在能够用自己的能力去对付处理问题的基础之上的。可以说，正是父母们自以为无私的包办代替行为，剥夺了孩子发展自己能力的权利，影响了孩子的健康成长。

哈里森太太是我的一个老同学，在上学的时候我们的关系一直很好，然而很不幸，她的丈夫因意外去世了。由于他们住在东海岸，与我相距甚远，所以等我得到这个消息的时候，已经是事情发生的两年之后了。对此，我感到十分歉疚，于是我处理了一下手边的事，便立即出发去看望她。

来到哈里森太太家后，我发现她表面上已经平复了丧夫之痛，但实际上却并非如此，她只是把这份感情转移到了儿子大卫身上。在我看来，哈里森太太对大卫的疼爱实在太过分了。那时候，大卫已经是4岁的孩子了，还整天让妈妈喂他吃饭，帮他穿衣穿鞋。她寸步都不离开大卫，到哪里去都要带着他。为了害怕大卫再出意外，她还禁止大卫到外面去玩。由于她的缘故，小朋友们都不敢来找大卫，大卫几乎没有一个朋友，因而变成了一个无能、孤僻、内向的孩子。当我刚到他的家时，他甚至连话都不敢和我说。

对于哈里森太太这种教育孩子的方式，我实在没有办法忍受，花费了几天时间说服她将大卫送去幼儿园。我想，如果大卫离开妈妈，到一个比较健康的环境里去，一定会有所改变的。在我的不断劝说下，哈里森太太终于答应了，但是去了还不到两天，幼儿园的老师就把我们叫去谈话了。

老师告诉我们，大卫不会自己吃饭，不会自己穿衣服，不会自己穿鞋，甚至连扣扣子也不会，而和他同龄的孩子都能把这些小事做得非常好。与其他孩子相比，大卫总是显得手忙脚乱，一副可怜的样子。当幼儿园的老师教大卫这些穿鞋戴帽时，大卫怎么也不肯做，只是一味地吵着要妈妈。于是，老师向哈里森太太建议，从此以后不要再帮大卫做这些事了，要让大卫自己学着去做，否则他们的努力就全无效果。要知道，对于一个4岁的孩子来说，如果连这种最基本的生活技能都不能掌握的话，实在是非常可悲的。

然而，对于幼儿园老师的建议，哈里森太太却拒绝了，她竟然说："大卫就是我的一切，我愿意为他做出更多的牺牲。"于是，大卫便闹着不肯再待在幼儿园，结果无论我怎样劝说，哈里森太太还是把他领回了家，又继续过去的生活。

可能有的人会认为，这是一个特殊情况下的极端例子，但事实并非如此，在我们的社会中，像哈里森太太这样的母亲是随处可见的，并且母亲的这种自我牺牲的精神也往往被人们奉为楷模，受到广泛的称赞。然而，当我们称赞母亲的这种奉献精神时，有没有考虑过这样做对孩子的成长有什么副作用呢？根据我的经验，许多在这样的环境下成长起来的孩子，确实很难有所作为。这究竟是什么原因呢？

我认为，母亲对孩子的过度照顾，首先是向孩子传递了错误的信息。由于孩子没有机会去学习照顾自己的生活，因而对自己缺乏信心，认为自己没有能力照顾自己，从而只能依赖母亲才能生活下去。而且，如果一个孩子从小就缺乏自信，便很难在长大之后成为一个勇于自我探索的人，也很难有所作为。哈里森太太的关怀使大卫感到，自己在妈妈心中的位置牢不可摧，这样固然让他会有安全感；但如果妈妈不再这样照顾他，他便会感到失落，产生怨恨，而这一天早晚都会来临。

在我看来，哈里森太太对于大卫过分溺爱的行为其实是非常自私的，因为她没有为大卫自身成长发展的需要而克制自己的情感表现，从而成了大卫健康成长的障碍。要知道，一个真正疼爱孩子的母亲，最应该关注的是孩子将来是否能自己应付外面的世界，而将一个在同情庇护下的、毫无自我生存能力的青年推入未来的社会是最为残忍的事，也是作为母亲来说最不忍心看到的局面。因此，作为母亲，要想让自己的孩子能成功地走入社会，就必须从小开始培养他的自立与自信，如果我们替孩子做完所有的事，剥夺他们锻炼自己的机会，就不可能达到这个目的。一般来说，在父母的溺爱中成长起来的青年，虽然外表可能坚强，但内心却总是畏畏缩缩，缺乏勇气。

虽然我竭力向哈里森太太讲明这些道理，但她还是不为所动，认为我只作为一个旁观者来看待这件事情，不能体会到她的感受。为了让哈里森太太有一个更直观的认识，我邀请她带着大卫和我们一起，到我姐姐的夏季别墅里去度假。结果，这种方法终于取得了成效。

看到与大卫同岁的维尼芙雷特什么事都能做，哈里森太太简直惊讶极了。开始的时候，她一看到维尼芙雷特自己在厨房热牛奶喝，就会惊叫着冲过去帮忙，并且还责备我说："你这妈妈是怎么当的？怎么能让这么小的孩子去做这种事，万一烫伤她可怎么办呢？"但后来，当她对比着维尼芙雷特的自信独立与大卫的畏缩无能的时候，渐渐明白了哪一种教育方法对孩子更好。

在一个下午，我们带着大卫、维尼芙雷特和姐姐的孩子们去海边游泳。这原本是孩子们最喜欢的活动，但大卫却根本不敢下水，只是在沙滩上坐着。另一边，维尼芙雷特和6岁的阿莉森很熟练地穿上了游泳衣，而3岁的艾伦却撅起了小嘴巴，站在那里生闷气。

"快一点儿，艾伦，穿上游泳裤。"他母亲着急地催促道。

这时候，艾伦的父亲和其他孩子已经下水了，但艾伦还是站在那儿，无动于衷。他的母亲见他长时间不肯过来，就回来找他。

"艾伦，你傻站在那儿干什么呢，爸爸已经下水了，快穿上游泳裤。"

"我不会穿。"艾伦理直气壮地回答。

他母亲只好说："过来小宝贝，我帮你穿上。"

这时，阿莉森笑着对维尼芙雷特说："你看我弟弟那个笨样儿！"

我急忙上前去拉住姐姐，让她别为艾伦穿游泳裤。艾伦是家里最小的孩子，从以往的经验里，他知道自己不穿，就可以获得母亲的额外关注。与此同时，阿莉森也非常高兴母亲这样做，因为这样一来，她就可以在父母面前表明自己比弟弟能干。显然，我姐姐并没有意识到她的行动对两个孩子的意义，她为了让艾伦高兴，替他干了他自己能干的事情。然而，正是由于她的尽心服务，却使得艾伦丧失了发展自己独立能力的机会。

在此之前，我已经和姐姐谈起过这个问题，并告诉她艾伦需要鼓励，他需要找到自己的新位置，他需要妈妈尽心地鼓励，而不是服务。所以，我姐姐这时候也意识到，艾伦自己是能穿上游泳裤的，她不能总是娇惯着他。现在，她必须退一步，给艾伦学习和发展的空间，如果她能再等一会，也许就解决问题了。

这时候，艾伦走过来，而我姐姐并不替他穿游泳裤，只是一边指导示范，一边等着艾伦自己做好这一切。她不再催促他"快点""快点"，而是慢慢地说："你可以自己穿上的，艾伦，慢慢来。别忘了，你现在已经是个大孩子了，你要学会做自己该做的事情。"

这时候，艾伦还在坚持着说自己不会穿。我姐姐不理会这些，继续鼓励着："你肯定能自己穿上，妈妈闭着眼睛数十下，看你能不能穿好。"

艾伦还在坚持着，但由于没有信心，又看到爸爸带着其他孩子在海里玩得非常高兴却没有他的份，便呜呜地哭了起来，索性坐在地上不做任何努力了。在过去，艾伦的这招是非常管用的，但今天却不行了，使他不能和大家一起游泳，他母亲也不会给他穿上游泳裤。这时候，我早已经将姐姐拉到海滩上晒太阳去了。

当艾伦发现他没有办法和大家玩，又没人同情他的所谓不幸之后，终于改变了主意，尝试靠自己解决难题。没过多久，艾伦便自己穿上游泳裤，走出来和大家一起玩，而且玩得很开心，完全忘记了刚才的不愉快。

看到这一切，哈里森太太领悟到应该怎样对待孩子了，并且开始改变自己过去错误的方式。当天晚上，孩子们由于玩了一天，都早早上床睡觉去了，我们几个大人在花园里喝着咖啡聊天，只有大卫还在桌边磨蹭着，我们的谈话稍一停顿，他马上就轻声对妈妈说："妈妈，我想让你同我一起去睡觉。"

如果在过去，哈里森太太肯定会立即抛开一切，来满足儿子的要求。但是这次，她只是平静地说："妈妈还要和叔叔阿姨们说会儿话，你先自己去睡吧。"

"我害怕。"大卫不肯善罢甘休。

"用不着害怕，妈妈就在这儿。"

"我不能自己去睡，我要让你和我一起睡。妈妈，你答应我嘛，你知道我怕黑，妖怪会出来把我抓走的。"大卫开始撒娇了。

在我们鼓励的眼神中，哈里森太太耐心地说："亲爱的，世界上根本没有什么妖怪。你已经是个大孩子了，从今以后都要一个人睡觉，明白吗？去吧，别害怕，上帝总是保佑好孩子的。"

在撒娇无效的情况下，大卫开始使出另一招"杀手锏"，大闹了起来。他号啕大哭，拼命跺脚，最后甚至躺在地上滚来滚去。哈里森太太看了看他，不再说话了。大卫闹了一会儿，发现没有人理睬他，而他也确实又累又困，只好爬起来自己去睡觉了。

经过这件事，哈里森太太对儿子的态度发生了转变，因为她学到了正确教育孩子的方法。大卫从小就失去了父亲，母亲当然倾向于加倍疼爱他，所以过去大卫说什么，哈里森太太都会照办，而现在，哈里森太太则开始注意自己的行为，让大卫尽量的学会独立。

在几天之内，大卫发现妈妈的态度改变了，他靠发脾气已经不能再调动妈妈了，就像他那天晚上又哭又闹，却没有效果一样。当妈妈拒绝听从他的调动，大卫就想用发脾气来使妈妈重新为他服务，而妈妈坚定地、亲切地拒绝了他。最后，大卫自己在走向独立的道路上迈出了第一步。哈里森太太使用正确的教育方法，帮助儿子学会了独立。

几年之后，当我再次见到大卫的时候，他已经成长为一个坚强有力的大孩子了，不仅能够照顾自己，还能照料寡居的母亲。可以预想，他日后必将成为一个会独立自主且对社会有所贡献的年轻人。

培养孩子自信心的锦囊妙计

作为父母应该注意到，在一个孩子的成长过程中，用鼓励的方式来使其产生自信心是一种非常重要的手段。事实上，每个孩子都需要不断地鼓励，这种鼓励对孩子来说，就像植物不断需要阳光雨露一样。据我所知，很多儿童教育家都在强调鼓励的作用，认为鼓励是孩子最重要的成长因素。记得有位著名的教育家曾经说过："孩子离开了鼓励就无法生存。"由此可见，鼓励对孩子自信心的形成是多么的重要。

当孩子刚刚出生的时候，面对着这个繁杂的世界，他们会常常感到无能为力。不过，他们仍然有勇气进行各种尝试，并努力地学习各种方法，以使自己适应和融入这个世界当中。然而在这个时候，成年人却在无意中常常给孩子设置许多爱的障碍，而不是对他们非凡的勇气和努力进行恰当的鼓励。这样一来，孩子固然受到了保护，但同时也丧失了很多锻炼自己的机会。

在我看来，产生这一现象的最根本原因就是，父母不相信孩子的能力。在我们的头脑中，其实早已形成了一些偏见，如认为只有到了某一个年龄段才能做某一种事情。比如，如果一个两岁的孩子主动帮助母亲收拾桌子，当他拿起一个盘子的时候，母亲马上就会说："别动，宝贝，你会把它打碎的。"结果，我们固然可以保护好那个盘子，但这一举动却在孩子的内心深处留下了阴影，从而推迟了他某种能力的发展，甚至也许我们已经在无意中阻止了一个小天才的产生。

在教育孩子的过程中，大人们会时常不经意地向孩子们炫耀自己多么有能力、有魄力、有权威。比如，我们经常会说诸如"你怎么把房间搞得这么乱七八糟的"、"你为什么把衣服穿反了"、"这么简单的题你都不会做吗"之类的话。然而，我们却没有想到，其实每一句话都在向孩子们表明他们是多么无能，多么没有经验。这样一来，就会使孩子逐渐丧失自信心，失去自己去探索、去追求、去锻炼自己的自觉性，并忘记只有通过各种大胆地闯荡才能使自己成为一个有价值的人。

我们总是认为，孩子只有到了某个年龄段才能做某种事情，否则他就太缺乏能力，不可能完成这类事情。然而，这只是父母的一种先入为主的观念，事实上孩子在那个年龄往往是可以做得很好的，而我们却人为地推迟了他们学本领的时间。更加糟糕的是，我们这种做法还会使孩子丧失自信，对自己的能力产生怀疑，进而削弱了他们的进取心。无疑，这种错误做法将会对孩子的一生产生不良影响。

在我看来，孩子和成人一样，应该有犯错误的权利。作为父母，面对孩子的错误，我们自己首先就不能灰心丧气或失去信心，而应该鼓励孩子，帮他们建立起自信。不仅如此，我们还应当鼓励孩子敢于犯错误，敢于面对失败，并想方设法维护他们的自尊心和自信心。

当然，对父母来说，要抓住鼓励孩子的时机并不是件容易的事，所以每一个做父母的都应该仔细地研究和思考如何鼓励孩子，甚至养成经常反思自己教育方法的习惯。我们应当学会从孩子的行为中看出他的自信程度，从而帮助他重新树立自信心。一般来说，如果孩子对自己的能力缺乏自信，那么表现出来就是做事效率低，缺乏做事的积极性，他不会通过积极参与和奉献来获得自己的归属感。这时候，如果得不到父母及时的帮助，他可能就会在错误的道路上越走越远。

在维尼芙雷特还不会系鞋带的时候，每当鞋带松开之后，她弄一弄总是弄不好，于是便坐下来等我过去帮忙。到了后来，她干脆不自己动手了，只要遇到这种情况就会大声喊妈妈。这个时候，如果我很有耐心地为她系好鞋带，一次又一次；或者被她弄烦了，就大声训斥她，说她是个笨蛋，连系鞋带这么小的事情都做不好。那么，维尼芙雷特会有什么感觉呢？她可能会觉得自己确实太笨了，而妈妈真是有神奇的魔力，能那么轻松地就把鞋带系好。这样一来，维尼芙雷特又会产生什么想法呢？她可能会想，算了吧，我没法跟妈妈比，我也不用努力了，以后不仅鞋带需要妈妈来系，衣服也让她给我穿吧，这样也许会更省事一些。

不过，值得庆幸的是，上述两种方法我都没有采用，而是一次又一次鼓励女儿自己学着系鞋带。而且，只要她做得稍好一点，我就大声表扬："这次系得非常好，让我们再来一次吧，我想你肯定能干得比上次还要好。"我就是用这种鼓励的方法，终于在女儿3岁的时候教会了她系鞋带。

当然，要找到鼓励孩子的最有效的方法，关键是要深入地了解自己的孩子。每一个孩子都有自己的特点，这就要求每位父母所采取的方法必定要有所不同，并且需要父母花时间去找出这种差异。只有这样，我们才能更有效地鼓励孩子，帮孩子树立自信心，使孩子对自己有正确的认识，而不是终日怀疑自己的能力与价值。

我认为，有自信的孩子是不需要别人对自己的好坏作出评价的。我们应该鼓励孩子把幸福掌握在自己手中，相信成功是自己努力的结果，但与此同时，还要给孩子自主选择的机会，使孩子看到正确的结果，这才是培养自信心的最好办法。

记得有一年复活节，我们邀请了很多朋友到家里来做客。当时，我们每个人都在为这次盛宴忙个不停，维尼芙雷特也非常兴奋，跟在人们后面在各个房间里走出走进，很想帮上点什么忙。然而，所有人都嫌她在跟前碍手碍脚的，不时有人对她喊"让开，小家伙！"、"放下！你能干什么？自己出去玩吧。"由于不断受到呵斥，维尼芙雷特只好闷闷不乐地坐在楼梯上发呆。

我想，在这种情况下女儿的自尊心是很容易受到伤害的，如果能鼓励她积极参与进来，效果可能就会大为不同了。于是，我就把维尼芙雷特叫到厨房里来，让她帮忙做蛋糕，我知道，她最喜欢吃蛋糕了，这会激发她的兴趣的。维尼芙雷特的具体工作很简单，就是把厨师调好的原料推进烤炉里，然后守着，时间一到就通知忙得团团转的厨师来取。由于维尼芙雷特极力想证明自己的价值，因此特别卖力，是个非常合格的助手。

等蛋糕做好之后，我又把维尼芙雷特叫到餐厅，让她在我的指导下，把鲜花摆在恰当的地方。到底摆在哪里合适，她还提出了自己的看法，而我则很高兴地采纳了。然后我又告诉她，由于她干得很出色，所以现在把摆放餐具的工作也交给了她。我先给她做了一个示范，然后她就自己把餐具整齐地摆到了餐桌上。她干得确实不错，我后来只纠正了她两三个小错误。

晚宴开始之后，我首先向客人们介绍了维尼芙雷特一天的工作成果。告诉大家，点心是维尼芙雷特亲手烤的，餐厅是她布置的，餐具也是她摆放好的。当朋友们向维尼芙雷特鼓掌致谢时，她显得又害羞又兴奋，小脸蛋红红的。我想，维尼芙雷特在这一天一定成长了很多。在这种实践中，让她深深感到自己是一个有用的人，她也有资格参与，也可以作出贡献，可以和别人合作，可以帮别人把事情做得更好。

我认为，鼓励的重点就在于使孩子认识到自己是群体中的一分子，是家庭中的一员。我们可以用鼓励的方法使孩子明白，人生真正的乐趣在于让我们周围的人感觉到我们的存在。除此之外，鼓励还可能使孩子认识到，不必要求自己完美无缺，只要敢于尝试，就会找到无穷的乐趣。这样一来，孩子的自信心就会在无形中得到锻炼。

自信心的嫩芽从何时诞生

在现实生活中，父母们往往会有一种错误的认识，觉得孩子需要的是教育，而教育的内容无非就是训话和惩罚，因而总是忘了鼓励孩子，忽视了鼓励对孩子的重要性。在我看来，与惩罚相比，鼓励无疑对孩子来说更有帮助。

在维尼芙雷特两岁的时候，有一次我带着她去看望祖母。那时候祖母正在浇花，维尼芙雷特非常专注地看了一会儿，然后便蹒跚着走过去，很小心地拿起水壶，想要帮助祖母浇花。不料，祖母却赶紧抢过水壶说："不要动，小维尼芙雷特，你看看，把水洒到身上了。这些事要等到你长大了之后才能做，你现在还小呢。"

祖母不知道，实际上她已经在无意中打击了维尼芙雷特。她让维尼芙雷特觉得自己是那么渺小，降低了维尼芙雷特对自己能力的认识。其实，两岁的孩子也是可以浇花的，就算把衣服弄湿了、弄脏了又有什么关系呢？孩子一旦能够识别各种各样的花卉，并目睹自己浇的花开得更加漂亮，她会感到由衷的自豪，并对这个世界产生更浓厚的兴趣。我想，我们应该给孩子这样的机会。

还有一次，我在姐姐家里度假，我们正好要赶时间出门去看演出。那时候维尼芙雷特刚3岁，别人都已经收拾好了，只有她自己坐在大门口的凳子上穿鞋，过了好一会儿都没有穿好。我姐姐一着急就说："过来，小维尼芙雷特，姨妈帮你穿，你自己穿得太慢了。"于是，她抱过维尼芙雷特，三下两下就干净利索地帮她把鞋子穿好了。结果，维尼芙雷特看到我姐姐的手法如此熟练，感到非常灰心，于是就完全放弃了努力，伸出另一只脚，也让她帮忙给自己穿上。

我发现，大多数父母其实都像我姐姐那样，不肯采取正确的方法来教育孩子，鼓励孩子自力更生。他们总是喜欢用自己的言行向孩子证明，他们不能干，没有经验，跟大人们简直就没法比。实际上，如果让孩子自己去穿鞋，第一次可能穿不好，但多穿几次之后就会穿得又快又好了，到时候再顺势表扬她几句，她就会觉得自己又学会了一种技能，这对以后处理别的事情也会非常有好处的。

在孩子的成长过程中，父母们总会遇上这样的矛盾：他们非常希望自己的孩子成为最出色的青年，但又不允许孩子们用不同的方式去发现自己的能力，而是怀疑和限制他们的发展。比如，当孩子要帮妈妈收拾桌子时，妈妈往往会夺过盘子说："小宝贝，你会把盘子打碎的。"为了不让盘子打碎，结果却打碎了孩子的自信心，这实在是得不偿失的。

尽管在孩子们小时候尚处于学习的初级阶段，但他们都愿意努力去发现自己的长处和能力。他们总想试着去干这干那，好奇心会驱使他们一次又一次地接受挑战，这本来是一件很好的事情，这也正是孩子在刚开始的时候总爱跟在大人身后，亦步亦趋地学大人做事的原因。然而，我们却总是朝他们喊"你穿错了，穿反了"，当他们自己尝试着吃饭的时候，我们又说"你看看你，把衣服弄得多么脏啊"，然后一把抢过勺子喂他们。就是这样，我们剥夺了孩子尝试的机会，打击了他们的积极性，让孩子发现自己是多么的无能。如果孩子不乐意我们喂，坚持要自己来，我们还会大发脾气。我们没有意识到，这些事会多么严重的打击孩子的积极性。可能很多父母都有这样的经历，孩子小时候不好好吃饭，他们喜欢紧紧地闭着嘴，甚至把刚喂到嘴里的食物全都喷出来，而且还好玩似的大笑起来。我觉得做父母的这个时候既不要生气，也不要无奈，而应当好好反思一下，在此之前是否曾经打击过孩子的自信心。

我认为，孩子做事的主动性完全是天生的，他们在很小的时候就认为自己有能力做事了。假如，维尼芙雷特总是跟在我身后说"我要浇花"、"我要打鸡蛋"、"我要洗盘子"，等等，而我则永远回答"小宝贝，你还小呢，去玩吧。"那么，等到女儿10岁的时候，我说："维尼芙雷特，来帮妈妈打扫一下房间。"她可能会说："妈妈，我还没玩够呢。"这时候，我一定会很生气，觉得她是一个非常懒惰的孩子。然而，我也许还不知道，正是我在之前的生活中把女儿教育成这个样子的，她其实已经习惯了我为她做好任何事情。

除了我们上面所说的问题，其实把孩子与别人做比较，也会严重打击孩子的自信心。很多父母认为，对孩子提醒别人有多么出色，就可以有效地激起孩子的上进心，却不知道这种做法是非常有害的，只会对孩子的心灵造成打击。

每年圣诞节，我都会带着维尼芙雷特去我姐姐家。我姐姐非常喜欢维尼芙雷特，因为维尼芙雷特很愿意陪她聊天。

有一天，维尼芙雷特和姨妈在厨房里闲聊，她很自豪地告诉姨妈，自己除了科学是B，其余的科目都是A。

"你可真是个好孩子，成绩总是这么好。"我姐姐突然想起了自己的女儿，于是就叫了起来："哦，我还没见到阿莉森的成绩单呢，阿莉森，你过来一下。"

其实，阿莉森已经在楼梯上听到了厨房里的对话，正犹豫着不愿出来，听见妈妈叫了她好几声，才极不情愿地走了出来。

我姐姐问她："阿莉森，你这次考得怎么样？成绩单呢？给我看看。"

"在我的房间里。"阿莉森迟疑地回答。

看到阿莉森垂头丧气的样子，我姐姐便不由自主地有些生气了，她提高嗓门说："是不是又要告诉我坏消息？把成绩单拿来，让我看看。"

阿丽森磨蹭了半天，才终于把成绩单拿了出来，大部分科目都是C。

"我真为你感到害羞，阿莉森。"我姐姐忍不住大声训斥起来，"为什么你的成绩总是这么差？你看看维尼芙雷特，学习总是那么好！你怎么就不能像她一样呢！你说你的学习条件哪一点不如她？啊？我看你就是懒，总是不集中精力去学，不专心听讲。你简直是我们这个家里的耻辱！回到你的房间去好好想一想，再来和我谈。赶紧走！我不想见你这个样子，听到了没有！"

我姐姐的怒气终于发泄完了。阿莉森虽然已经不是第一次在维尼芙雷特面前挨训了，但还是很下不了台，她泪眼婆娑地走回了房间。

阿莉森比维尼芙雷特还要大两岁，但由于表妹的成绩非常出色，阿莉森总觉得自己像个丑小鸭，她多么渴望得到鼓励啊。然而，由于她从小就感受到了来自维尼芙雷特的压力，觉得自己事事不如表妹，而这时妈妈不但没能给她鼓励，反而使她更加泄气，因为妈妈总是夸奖维尼芙雷特，而批评阿莉森。

在这件事情上，我姐姐有几个失误，严重地打击了阿莉森，对她的教育非常不利。首先，她还没看到成绩单，就断定阿莉森的成绩一定很差，表明她对阿莉森根本没有一点信心；然后，她又告诉阿莉森，她为阿莉森感到羞愧，使阿莉森更认为自己是一个毫无价值的孩子，在妈妈心目中一点分量也没有；最后，姐姐又拿阿莉森与维尼芙雷特比较，致使阿莉森对自己的能力更加怀疑。

或许姐姐是想用激将法让阿莉森发奋起来，同时把她和维尼芙雷特作比较可以促使她俩形成竞争，以此来提高阿莉森的学习成绩。然而，这种办法对一个自幼缺少鼓励和自信的孩子来说，只能使她变得更加灰心。因此，面对这种情况，唯一有效的方法就是关注阿莉森的每一点微小进步，让她明白，无论她的学习成绩怎样，只要努力了，就是大家喜爱的好孩子。我认为，拿孩子与别人比较是有害的，每个孩子都是独一无二的，他没有必要做别人的复制品，每一个孩子只有从自己的实际基础上发展，才能以独立的自我和充分的自信去面对生活。

第十二章

孩子需要鼓励，如同植物需要阳光

我认为，鼓励能够为孩子提供实现自我的机会，是一种培养孩子自信心的方式。鼓励可以让孩子认识到，他完全有能力在自己感兴趣的领域作出贡献，可以对周围的事物及自己的生活产生影响，可以对自己感兴趣的事做出积极的反应。同时，鼓励也能使孩子学会基本的生活技能，有了这种能力，孩子才能在个人生活与社会交流中如鱼得水、从容自若。

给孩子一点温暖更有效

我曾经接触过不少年轻的父母，发现他们通常不明白什么才是鼓励，甚至简单地认为鼓励就是说一些好听的话，夸奖一下孩子。在我看来，这种认识是错误的，完全没有理解鼓励的真正内涵，同时也没有认识到鼓励对于孩子成长的重要性。

我认为，鼓励能够为孩子提供实现自我的机会，是一种培养孩子自信心的方式。鼓励可以让孩子认识到，他完全有能力在自己感兴趣的领域作出贡献，可以对周围的事物及自己的生活产生影响，可以对自己感兴趣的事做出积极的反应。同时，鼓励也能使孩子学会基本的生活技能，有了这种能力，孩子才能在个人生活与社会交流中如鱼得水、从容自若。

事实上，父母的固执和不合理的教育方式，往往是导致教育失败的罪魁祸首。有的父母认为，想要纠正孩子的错误，只有惩罚才可以奏效，于是孩子根本就得不到什么鼓励。然而，大量事实证明，在这种教育下长大的孩子，往往没有多大的作为。相反，只有那些在小时候得到父母充分的、正确的鼓励的人，才具有超强的勇气来为自己的人生开拓一片天地。

可能很多父母会觉得，鼓励孩子是一件很麻烦的事。但却我认为，鼓励可以用非常简单的方式进行，比如给孩子一个拥抱，他就会感到一些安慰。孩子们是变化无常的，他们经常会哭闹，有时也会忧愁，或者闷闷不乐地嘟囔，似乎什么都不能使他高兴起来。在这种情况下，父母通常会感到很生气，甚至会打孩子，以为这样就可以制止孩子的无理取闹。其实，这是非常不明智的做法，根本起不到任何积极的作用。相反，给孩子一个拥抱，向他传达你对他的理解，让他感到温暖，往往会收到良好的效果。

在维尼芙雷特小时候，也经常喜欢哭哭闹闹的，但我从不用责骂的方式来制止她，而是经常留心她的表现，给她一些温暖。我会把女儿抱在怀里，对她讲她是一个多么可爱的孩子，我多么的喜欢她。这个时候，女儿一般会停止哭泣，直到一切恢复正常。我认为，要想制止女儿的哭闹，最关键是要了解她真正需要的是什么，很多时候她的哭闹可能只是想引起我的注意，所以给她一些温暖很容易就会让她安静下来。

另外，作为父母，学会掌握鼓励孩子的时机也是非常重要的。以维尼芙雷特为例，根据我的观察，对她进行鼓励的最佳时机就是在她冷静之后，尤其是当她的目的是在显示权威或报复时。因此，当和她发生冲突时，冷静处理是非常有效的方法。如果当时的情况无法冷静下来或不允许走开，起码也要友好地表明自己的感情与目的，而不是急于说出伤人的批评及责备。

在培养维尼芙雷特的过程中，我总是把鼓励她和充分肯定她的优点放在首位，我会尽量避免伤害她的自尊心。记得在她3岁的时候，有一段时间似乎对画画失去了兴趣。对于这一情况，我感到很奇怪，因为女儿对画画一向很有热情。为了帮助女儿恢复以往的热情，我专门找她谈了一次。

"维尼芙雷特，我发现你已经好几天没有画画了，这是为什么呢？"

女儿听到我的问话后，并没有马上回答，而是低下了头，嘴里不停地嘟囔着一些什么。

"告诉妈妈，你现在是不是已经不喜欢画画了。没有关系，如果你真的不想画了，妈妈是绝对不会强迫你的。"

"不是，妈妈，我喜欢画画。"

"那为什么我现在很少见你画呢？"

"因为……因为我总是画不好。"

"不会吧？我看你一直都画很好啊！"

"不，就是画不好。"

"那么，把你的画拿给我看一看好吗？"

"不行，那些画一点都不好。"

"没有关系，给妈妈看又不是给别人看，说不定妈妈还会帮一帮你呢。"

于是，女儿把她的画全都拿了出来，样子看上去显得有点难为情。

"哇，多美啊！这么好的画，你怎么还说画得不好呢？"看了女儿的画，我立即表示了自己的赞叹。

"可是，那个太阳没有画圆。不知道为什么，我画圆的东西总是画不好，像小球呀、苹果呀什么的，我总是画不好。"

"可是，这些东西都没有必要画得那么圆呀！"

"卡特就画得非常圆，他还总是嘲笑我呢。"

"维尼芙雷特，这样我不是带你看过画展吗？你想一下，有哪位大画家把苹果、太阳这些东西画成正圆的？"我逐渐开导她。

"没有。"女儿想了想回答道。

"是呀，那些大艺术家都不这样做，为什么你非要画得那么圆呢？依我看，好的画应该是生动的、有感情的，而不是追究哪根线画得直不直，哪个苹果画得圆不圆。只有绘图员才会那么画，而你又不是绘图员，对吧？"

维尼芙雷特似乎没有听懂，只是奇怪地看着我。于是，我给她讲了画家和绘图员有什么不同，我还告诉她，卡特对她的评价是不对的，并且还从她的每幅画中找出了优点。维尼芙雷特睁大了眼睛听着，心头的疙瘩顿时解开了。从那以后，维尼芙雷特又恢复了对绘画的兴趣，并且由于消除了心理上的障碍，她画得越来越好了。

在我看来，对于维尼芙雷特这样小的孩子来说，画得好不好根本不重要，重要的是她有信心画下去。当然，在鼓励孩子的时候，再向他们传授一些正确的知识，那就更好了。

从我的经验来看，当孩子感到内心痛苦或没有信心的时候，严厉地指责是最愚蠢的做法。假如父母能给孩子一些温暖，并不失时机地鼓励他们，那么他们做不好的事情也会在鼓励之下做好，把做得好的事做得更好。

夸孩子也得讲究方法

我认为，真正的幸福是不能依靠别人的注意得到的，它产生于自己的独立活动之中。因此，一个只有得到别人注意才会高兴的孩子，不是一个真正幸福的孩子。但是，在我们的社会中这样的孩子却不在少数，他们总是想尽各种方法来博得大人的欢欣，进而得到大人的夸奖。诚然，孩子听从大人所教导的那些道理是值得让人高兴的，但问题在于这些孩子只是为了让大人高兴而去做事，并没有把这些道理作为自己生活的准则，所以也不能使这些品质成为其人生道路上的助力。这是什么原因呢？我想，在很大程度上是由于父母错误的夸奖方式造成的。

从维尼芙雷特一来到这个世界上，就表现出了强烈的参与欲望，希望能够加入到人群之中，和别人一样做很多事情。在我看来，这种欲望就是学习的动力，是一种可贵的探索精神。当然，后来在与其他父母的接触中我才逐渐发现，并非只有维尼芙雷特才有这种参与世界的欲望，这几乎是孩子的一种天性。作为父母，只需要将这种欲望进行正确的引导，就能够培养出一个优秀的孩子，而这种引导在很大程度上取决于父母的夸奖和鼓励。

有一次，我正在收拾房间，并为一个好看的花瓶插上刚买回来的鲜花。当时，我正在为玻璃花瓶的底部铺上一层小石块，以此作为装饰。这时候，维尼芙雷特走了过来。

"妈妈，让我来帮你吧。"说着，女儿就抓起了一把小石子。

"不用了，维尼芙雷特，会打破花瓶的，你在旁边看妈妈铺，好吗？"

"不，我是不会打破花瓶的。"女儿仍然坚持要给我帮忙。

于是，我一下子就抓住了她的手，对她说："到别的房间去玩玩具，否则妈妈可就要生气啦。"

看到我的样子，维尼芙雷特顿时有些失落，她无精打采地离开了客厅。这时候，我突然发现自己的做法是不对的，因为这样会抹杀掉她的好奇心及敢于探索的勇气。于是，我马上去把维尼芙雷特叫了回来。

"维尼芙雷特，我认为你帮助妈妈也是一件好事，这样吧，我来教你，好不好？"

女儿的眼里一下子就迸发出兴奋的目光，又去抓了一把小石子。

"不，维尼芙雷特。不要一次拿那么多，你应该一个一个地放，不要用力扔进去，否则会把瓶子打碎的，你要轻轻地放进去。"

在我一步一步的指导下，女儿小心翼翼地把石块装进了花瓶，并且摆放得非常好看。看到女儿把这件事做得很好，我在心底里感慨万千。其实，一个玻璃花瓶的价值远远不如女儿的自信心，即使她不小心打碎了又有什么关系呢？我起初为什么那么在乎那个花瓶呢？我想，当维尼芙雷特受到鼓励后显得非常高兴，在这样一点一滴的实践中，她的自信心就会越来越强。

我心里很清楚，每个人的成长都建立在自己的强项上，而不是建立在弱势上，既然成年人也会做错事，为什么我们要苛求小孩子呢？我认为，我所做的一切都是为了不断地改善自己培养孩子的方法，并不是为了一夜之间就达到尽善尽美，而且世界上也不可能有尽善尽美。

在日常生活中，我时刻都在注意女儿一点一滴的变化和进步。当看到我女儿的进步时，哪怕是微不足道的进步，我也会感到非常欣慰，并且把这种欣慰对女儿表达出来，让她受到鼓励，能够做得更好。可以说，维尼芙雷特的每一点进步，都会更加增强我的信心，使我相信能够帮助她做得更好。

在我看来，父母要想培养和鼓励孩子的自信心，首先要注意方法与时机。有的方法看似鼓励，却因使用不当而起到相反的作用。这样一来，父母对孩子的赞扬反而可能就会成为了打击。也许有人会感到奇怪：这怎么可能呢？表扬孩子，怎么还会打击孩子的自信心呢？然而，这并不是我的主观论断，这是一个事实。不信，我们来看下面这件发生在现实生活中的事例。

我的朋友当中有一个叫爱依娜，她有一个11岁的女儿。一天，爱依娜走到女儿的房间，看见女儿把房子打扫得干干净净，而且正坐在桌子旁边，很安静地写作业。她禁不住内心的喜悦，说道："爱依娜，你真是个好孩子！妈妈没有要求你去这样做，你却做了，你真是太好了。妈妈太爱你了。"

可是，在后来的几天里，爱依娜并没有每天表扬女儿的这个行为，这才发现女儿并不像自己想象的那么乖，因为她再也没有主动地打扫房间。这能怪谁呢？只能怪爱依娜自己。其实，这就是爱依娜的方法有问题。我们表面看上去，好像爱依娜是在表扬孩子，但女儿很有可能这样想：妈妈之所以会爱我，就是因为我打扫了房间，如果我没有这样做，她是不是还会爱我呢？可以说，这样的夸奖会对孩子的认识产生错误的引导作用。孩子可以得到这样的印象，即他们自身的价值完全依赖于自己怎样做能够满足妈妈或其他什么人的要求，怎样做才能得到别人的赞扬。孩子可能会认为，如果得到了赞扬，他们的个人价值就会上升，但如果他们的房间非常乱或做了其他什么错事，就会遭到妈妈的斥责，让他们的个人价值和在妈妈心目中的地位下降。

在这样的环境中成长的孩子，等他们走到社会生活当中后，将会如何发展和表现自己呢？这时，他们能否适应外面的世界，将在很大程度上取决于别人对他们评价。当别人赞扬他，并告诉他做得很好时，他的自我感觉良好的意识就会上升，工作更努力；然而，一旦别人告诉他他做某件事不对，或者因忽略了某件事情而没有赞扬他的时候，他的自我评价就会极度低沉，甚至失去自信心。

因此，对孩子的赞扬也是有选择的。在维尼芙雷特的成长过程中，当她有很大进步的时候，我会直接夸奖她。但是，对于有些她一直做得很好的事情，我则只会在心里面说：女儿，你真行。却不会表现出来。

女儿，你应该表现自己！

在我的意识当中，认为教育孩子一定从小就培养独立的生活能力。因此，在维尼芙雷特很小的时候，我就教她自己做自己的事情，比如自己吃饭、穿衣服、洗脸、上卫生间，等等。事实上，女儿不仅可以把这些事做得很好，而且还会为自己能够做好这些事感到自豪，这让她不断相信，自己完全能够照顾好自己，能把自己弄得干净利索，并不断学习新的技巧。

从幼儿时期开始，维尼芙雷特就表现出强烈的自己动手欲望。当她自己去抓勺子时，是想自己喂自己饭吃，在这种情况下，别的父母可能就会怕孩子把衣服和桌子弄脏而禁止孩子，但是我从来不会这样。因为我知道，如果不让她动手，就会挫伤她的积极性，使她对自己的能力产生怀疑，而这样的损失可能是无法挽回的。在我看来，把脏成一团的孩子洗干净，要比帮她重新树立起勇气要容易得多。一般来说，只要女儿表现出要为自己做点儿事情时，我都会支持她、鼓励她放手去做。

当孩子很小的时候，尤其是当孩子有困难的时候，父母似乎觉得帮助他们是一种不可回避的责任。因此，父母对孩子总是不放心，什么也不敢让他做，而自己则整天为孩子忙碌。在我看来，父母最好应该控制自己的这种冲动，因为父母只是在习惯性地帮助孩子，却没有意识到有些帮助其实是大可不必的，孩子们也许很早就已经掌握了那些技能，只是我们不去认可罢了。有的时候，父母为孩子做事情还会受到孩子们的抵制，他们可能会说："让我自己来。"这时，做父母的与其费尽力气地违逆孩子的愿望，倒不如听从他们的建议：让他们自己来。

事实上，每个孩子起初都有表现自己能力的欲望。如果他们有表现的机会，比如自己照顾自己，帮父母做事，他们就会为自己有能力而感到自豪。这样的孩子长大成人后，自然会很愿意为自己做事情，并且也乐于为他人做事。

直到现在，维尼芙雷特小时候的一些事还时常在我的眼前浮现：当女儿看到父亲在写字的时候，她也会找来一支笔写写画画；当看到我浇花的时候，她也会提着一个玩具桶过来帮忙。我想，这是一种参与的欲望，也是一种表现能力的欲望，我从来没有对她的这类行为采取禁止的态度。但是，我发现在大多数家庭中，孩子的这种愿望可能会被担心、呵护和父母的包办所挫伤。由于父母可能会担心孩子受伤、损坏东西，或者担心孩子太费力，从而不顾一切地对他们进行制止。在这种情况下，孩子们往往会受到打击，认为自己没有足够的能力，从而使自信心在不知不觉中减退了。

由此可见，正是父母常常低估孩子的能力，夸大了他们的无能，才使得孩子本来应该具有的勇气逐渐消失得无影无踪。在我看来，给孩子尝试的机会，使他们相信自己的能力，并对他们进行必要的鼓励，非常有利于他们潜力的开发。这样，也会很容易培养出孩子获取成功的自信心。

在维尼芙雷特3岁的时候，我从一位朋友那里得到了一个消息，说是我们所在的城区将举行一次儿童朗读比赛。听到这个消息之后，我认为这可能是一个锻炼女儿的好机会，于是就和她商量。

"维尼芙雷特，我听说有个儿童朗读比赛，你愿意参加吗？"

"当然愿意，可是……"

"可是什么？如果你愿意参加，妈妈明天就去给你报名。"

"可是，我有点儿害怕。"

"为什么害怕？我觉得你的朗读一直都是很棒的啊。"

"我想，到时候一定会有很多人，他们都会看着我。"

"那有什么关系呢？你不是害怕自己会输吧？"

听到我这样说，女儿有些沉默了。看到女儿这个样子，我决定鼓起她的勇气，不要因为害怕而放弃一个能够表现和锻炼自己的机会。

"依我看，你还是参加吧。因为你的朗读真的很不错，不管能不能得第一，这也是一个锻炼自己的好机会。你如果怕别人看你，你就别去看他们，把注意力完全放到比赛中就好了。再说了，就算他们看着你也没有关系，说不定还是件好事呢！你想想看，人们只会看自己喜欢的人，如果没有人看你，可能说明别人不喜欢你。不过，我想别人一定会喜欢你的。况且，你把自己的朗读能力展现给喜欢你的人，又有什么不好呢？不过，这件事还是由你自己来决定，我只是告诉你我的想法。"

在我的引导下，维尼芙雷特犹豫了一会儿，最终同意让我去给她报名了。但是，第二天当我给女儿报完名后把报名表递给她的时候，女儿的眼中没有露出喜悦的目光，而是显得有些忧心忡忡。

"怎么了，维尼芙雷特，你后悔了吗？"我关切地问她。

"没有，可是我不能获胜。"女儿小声说道。

听到维尼芙雷特这样说，我觉得有必要给她讲讲这次比赛的目的和意义，以便打消她的顾虑。于是，我对她说：

"维尼芙雷特，我认为举办比赛是为了让小朋友们一起参与一个有意义的活动，让你们彼此之间相互认识，相互了解和交流，并能在相互交流中学到更多的知识。其实，参加比赛并不是为了得第一名，而是为了锻炼你的能力和意志。在妈妈看来，你如果赢了，能得第一固然是一件好事，但如果没有得到名次也没有关系，我和你爸爸都不在乎这些。因为我们始终认为，你是个有能力的孩子，这一点并不需要靠比赛的名次来证明。"

听我这么一说，维尼芙雷特顿时开朗起来。我知道，维尼芙雷特非常聪明，但就是有点胆小，她不敢想象自己站在台上，面对那么多观众大声朗读会是一种什么样的感觉。但我想，任何一个孩子在最初面对这种情况都会有些胆怯，如果不参加积极的锻炼，那么就可能直到长大后一直是这个样子。我让女儿参加这个比赛，就是为了让她的视野更加开阔，从小学会面对生活，并通过这个大好的机会来证明自己的能力，锻炼自己的勇气。

朗读比赛是在一所学校里举行的，那天来了很多人，其中有一些是当地热心于教育事业的人士，而更多的则是来参加比赛的孩子和他们的家长。

轮到维尼芙雷特上场的时候，她冷静地从座位上站起来，向比赛的讲台走去。在她站起来的时候，回过头看了我一眼，似乎想和我说点什么。于是，我轻轻地握了握女儿的手，小声地对她说："亲爱的，你是最棒的！你应该表现自己！"

比赛的结果正如我所预料的那样，维尼芙雷特最终得了第一名。那天，女儿真是太高兴了，她不停地拥抱我，亲吻我。

虽然这是维尼芙雷特第一次登台，却为她以后的人生道路打下了坚实的基础。从此以后，维尼芙雷特不再像以前那样胆小了，她敢于在任何场合发表自己的意见，并畅快淋漓地表现自己。后来，在维尼芙雷特5岁的时候，她能够用世界语演讲并到处宣传世界语。我想这与她在那次朗读比赛中获得的自信是分不开的。

得到美，就是最好的奖励

由于维尼芙雷特的出色表现，附近的很多年轻的母亲都喜欢到我家来，和我一起交流教育孩子的经验。当我把自己的方法告诉她们后，她们常常会如获至宝，马上应用到自己的教育当中。不过，有些情况下，她们只是看到了表面，而没有看到实质，采取了一些错误的方法。

记得有一次，我的邻居安斯特丽太太专门跑到我家来，激动地对我说："斯托夫人，今天我按照你的教育方法鼓励了儿子。"

我表现出极大的兴趣，忙问道："真的吗？那太好了，能说来听听吗？"

于是，安斯特丽太太就向我描述了那天她鼓励儿子的过程：

安斯特丽太太从外面回到家，一进门就发现房间的地板擦得干干净净，房间里的东西也全都收拾得整整齐齐。当她得知这一切都是9岁的儿子吉姆所为的时候，她心里感到由衷的欣慰，因为她没有事先要求儿子这样做。而且，吉姆的这一行为可以说是有生以来第一次，过去他一直被认为是一个非常邋遢的孩子。

安斯特丽太太激动地亲吻了儿子，并表扬他说："吉姆，你做得太好了，干了这么多活，我真的是没想到。那么，哥哥有没有帮你做呢？"

吉姆骄傲地说："哥哥到外面去了，只有我一个人在家。这些全都是我自己做的。"

"噢！真是太好了，吉姆。你现在已经是个懂事的孩子了，妈妈以前说你太懒了，真是错怪你了！我多么喜欢你啊，我想，如果你哥哥也能像你一样勤快就好了。"

母亲的过度反应甚至让吉姆有些不好意思了，他说道："这不算什么，妈妈，反正我今天也没有什么事。"

安斯特丽夫人说："这样吧，因为你今天的表现，我给你两块钱。"

听完安斯特丽夫人的叙述之后，我简直快晕过去了。虽然她是那么的兴奋，以为自己对孩子进行了正确的教育，却不知道自己已经犯了一个非常严重的错误。她虽然曾经听过我是怎样鼓励维尼芙雷特的，但我想她并没有明白鼓励的真正含义。

我为什么会这样说呢？诚然，吉姆在没有人帮助的情况下主动做了分外的工作，并且完全是出于自愿，母亲表扬他、夸奖他是个好孩子，并表示了对他的喜爱，以至于希望别的孩子也和吉姆一样，勤快爱干活，这些都是合情合理的事。但安斯特丽夫人的错误之处，就在于她把所有的好评都用在吉姆身上，把吉姆本人的好坏与他所做的事联系起来，与自己的爱联系起来。安斯特丽夫人这样的夸奖，会让孩子无法肯定母亲是由于他做了这件事才爱他，还是即使他不做事也仍然爱他。

除此之外，吉姆在做了好事之后受到母亲的大加赞赏，会对自己的行为感到满意，并充满自信，并认为自己的每一点努力都应该得到别人的赞赏。然而，在现实生活中，是没有人时时刻刻表扬他的。有时候，即使做了很好的事，也不会有人表示赞赏。如果当他面对冷酷的现实时，又会有什么反应呢？他这时可能会认为生活不公平，可能会想：我真可怜，我这么努力却没有人欣赏；我做了那么多的事，却谁也看不见。这样一来，很容易使他在现实中感到心灰意冷，不断抱怨生活，甚至连自己本来应当做的事也不愿意去做了。

最后，也是很重要的一点。因为吉姆做了好事，母亲就给他两块钱，这也是非常不应该的。这容易使吉姆错以为，做了分外的事就一定会得到报酬。这样的话，在以后的生活中，他就会有意识地期望别人给他物质上的奖励。这与现实生活是相冲突的，孩子不可能做每一件事都能得到金钱上的回报。试想，假如母亲由于太忙而忽略了吉姆所做的好事，或者忘了给他钱，他会有什么样的感受呢？这样，他的积极性很可能受到沉重的打击，并很有可能由此失去做好事的热情。

在我看来，对孩子进行鼓励和赞扬应该把注意力放在孩子的行为上，而不应该把孩子本身的好坏与所做的事情联系起来，更不能把自己对孩子的爱与这件事情联系起来。事实上，表扬只有针对孩子所做的事情，才会使他有满足感、成就感。

我在教育维尼芙雷特的过程中也时常遇到这类事情，维尼芙雷特经常帮我干一些家务，偶尔也会做一些分外的事情。每当这个时候，我也总会对她表示鼓励和赞赏，但在方式上和安斯特丽夫人有很大的区别。

记得有一个星期天，当我从外边回到家时，发现维尼芙雷特已经把屋外的花园收拾得干干净净了。她不仅自己动手铲除了花园里的杂草，还清扫了那些从树上掉下来的枯叶，并为花园浇了水。在此之前，我便已经打算安排时间把花园清理一下来，没想到维尼芙雷特自己就把花园收拾得如此干净，看到这个情形，我心里有说不出来的高兴。

"维尼芙雷特，有人把花园打扫干净了，你知道是谁吗？"我故意逗她说。

"猜猜看。"维尼芙雷特脸上一副抑制不住的喜悦。

"哦，让我想想。如果不是仙女干的，那就一定是你。"

"当然是我了。"女儿自豪地对我说。

"干得不错。你是怎么干的？跟妈妈说说。"

于是，维尼芙雷特便兴致勃勃地向我讲述了她如何扫地，如何清落叶，如何除杂草，如何提着小水桶去浇花。我高兴地牵着女儿的手，和她一起来到了花园。

"哦，真是太漂亮了，我以前还从没见过咱们的花园有这么好看。"

"真的吗？"女儿兴奋地仰着头问我。

"那当然，我以前还以为咱们家的花园很不好呢，甚至前几天还在和你爸爸商量要不要把它拆了，可是现在我改变主意了。"

"是吗？"女儿听了我的话更加高兴了，她自豪地说，"我们家的花园是最漂亮的花园，我才不允许有人破坏它呢！"

我拍拍维尼芙雷特的肩膀说："当然，它现在变得这样漂亮，我也不会让人来破坏它。不过说真的，这都是你今天的功劳，你做得真是棒极了，我真为你感到高兴。"

"那么，有什么奖励吗？"女儿歪着小脑袋说。

"奖励？"我愣了一下。

"吉姆做了好事都是有奖励的，他妈妈会给他零花钱。"

"维尼芙雷特，你想想，还会有比得到美丽的花园更好的奖励吗？"

女儿是个非常聪明的孩子，她立刻明白了我这句话的含义，高兴地跳了起来："妈妈，我知道了。美就是最好的奖励。"

尽管我们不断地教育孩子，要做一个对社会和人类有用的人。但是，由于没有具体的事情来鼓舞和激励他们，这些目标就会显得空洞，缺乏实际的意义。而如果一个孩子没有责任感，看不到真正的价值，看不到自己在社会中的地位与重要性，就会感到迷惘，从而失去创造的动力。这样一来，就很容易为那些物质性的、轻浮的事物所吸引，沉溺其中而不能自拔。

我们都知道，家庭是对儿童进行教育的最有效的地方，因为通过日常生活中的点点滴滴更能使他们对某些事情有正确的看法，并认识到良好品德的重要性，从而树立正确的人生观。在此，我想再次提醒年轻的父母们：一定要用鼓励的方法来对孩子进行教育，与此同时，鼓励也需要有正确的方法，错误的鼓励方法所带来的危害，甚至不亚于对孩子进行惩罚。

妈妈从来不打我！

有些父母把惩罚和奖赏当成管教孩子的绝招，在他们看来，只要懂得充分运用惩罚和奖赏这两种手段，就一定会教育好孩子。当孩子有好的行为就要奖赏，有坏的行为就要受到惩罚，只有这样，孩子才会服从大人的权威，很快乖乖地听话，不再顽皮。

另外，在一般的父母眼里，惩罚孩子最直接、也是最有效的方法就是打孩子。如果你去问一些父母，要是孩子不听话该怎么办？很多人都会说：揍他！这听起来好像懂事的孩子都是打出来的。那么，这种办法是不是就真的那么灵验呢？我看却未必。

有一天，哈里斯夫人满脸困惑地对我说："我的儿子莱恩太调皮了，一点儿话也不听，打了他几次都不肯改，真是拿他没办法。你说，我应该怎么办呢？"

"怎么？你打孩子啦？"我惊讶地问。

"当然，如果不打他，还不知道他会闹成什么样子呢。"

为什么要打孩子呢？我不禁产生了疑问。哈里斯夫人这才满脸怒气地把事情的原委对我说了一遍。原来，4岁的莱恩在吃饭的时候很不老实，他总是把饭菜撒到桌子上，有时甚至还故意把桌子抹得一团糟糕。有好几次，他这样做的时候被妈妈发现了，每次妈妈都很生气地揍他的屁股。哈里斯夫人一边打他，一边高声训斥道："莱恩，我和你说过多少次了，不要这样，不要这样，可你就是不听。打了你多少次了，你就是不改，你想让妈妈揍得你更厉害吗？"然而到了第二天，莱恩仍然把饭菜倒在桌子上。

听哈里斯夫人说完，我真不知应该怎么说才好。为什么莱恩挨了那么多次的打，就是不肯改正错误呢？难道是他年龄太小，不明白妈妈为什么打他吗？我想不是。其实，莱恩完全知道自己在做什么，他一定是故意那样做的。他在用行动对母亲的暴力进行反抗：我偏要这么干，看你能把我怎么样！

在我看来，用惩罚来表明父母的权力，把自己的意志强加在孩子身上，只能使孩子幼小的心灵产生厌恶之情，从而采取对抗的态度。因此，在管教孩子过程中，最好用相互尊重与合作来取代惩罚。我从不对维尼芙雷特施行过多的惩罚，而是用合理的方式来管教她。因为孩子毕竟是孩子，他们还非常不成熟，没有什么经验，需要得到父母的正确引导。如果孩子知道父母尊重他们，他们是很愿意接受教育的。虽然他们年龄很小，但心理是健全的。他们一天天长大，越来越明辨是非，只不过他们需要的是更具说服力的道理，而不是以权威的姿态实施的压制与惩罚。我想，父母需要不断学习和掌握更有效的方法来激励孩子朝着正确的方向发展，而不是过多地管制和惩罚。

不过，在教育孩子的过程中，把约束和惩罚区分开并不是一件容易的事。很多时候，这两者之间的差别是非常微妙的，父母必须把握好分寸。在我看来，惩罚针对的主要是孩子本身，而约束则偏重于有效地纠正孩子的行为。前者会激起孩子的反抗，而后者则不会。

我认为，约束孩子就是通过讲清道理，设定并实施行为规范来教育孩子。我们要让孩子认识到，每个人的行为都要受一定的行为规范的限制，不能无视别人的利益为所欲为。这样一来，往往能让孩子乐于接受约束，从而达到惩罚不可能达到的效果。

记得有一次，我和丈夫正在客厅里商量事情，5岁的维尼芙雷特走过来大声嚷嚷，一定要我给她讲故事。这时，我严肃地对她说："对不起，维尼芙雷特，我现在正在和爸爸商量事情，你能不能等一会儿？"

不过，女儿对我的劝告并没有理会，她依然大声嚷嚷，还不时地打断我和丈夫的谈话。

"维尼芙雷特，我已经说了，你应该等我们商量完之后再来找我。如果你愿意，可以在旁边听我们说话，否则我就要请你离开这个房间。"

可是，维尼芙雷特仍在继续捣乱。这时，我觉得她实在是有些无理取闹了。于是，我不再说话，而是很平静地把她带到另一个房间。等和丈夫说完话之后，我找到女儿，并对她说："好了，现在我可以给你讲故事了。"

"太好了！快讲，快讲。"

维尼芙雷特似乎并没有因为刚才的不愉快而心生怨恨。于是，我就给她讲了下面这个"故事"：

"我认识一个小朋友，年纪和你差不多大，也是一个非常聪明的孩子，而且也同样活泼可爱。有一天，圣诞节快要来了，爸爸妈妈正在计划这一年圣诞节怎么过，并且还打算给这个孩子买一棵很大很大的圣诞树。这时，孩子走过来打断了爸爸妈妈的谈话，吵着要去公园玩，妈妈不停地对他说，等一会儿，等他们商量完事之后再带他去玩。可是，这个任性的孩子就是不听，而且大哭大闹了起来。结果，妈妈实在没办法，只好放弃了商量正经事带他出去玩。可是，第二天圣诞节到了，妈妈突然发现自己忘了给孩子买圣诞树。就是这样，这个孩子在那个圣诞节没有得到礼物。你说，这要怪谁呢？"

"当然怪那个孩子了，谁让他打断了爸爸妈妈……"说到这里，维尼芙雷特突然捂住了自己的嘴，不好意思地笑了。

显然，这时候维尼芙雷特已经明白了，不应该在爸爸妈妈商量事情的时候打扰他们这个道理。看来，这种循循善诱的方法，要比惩罚孩子好得多。它不仅更容易让孩子接受，也不会伤害孩子的自尊心。

有一天，维尼芙雷特在门口遇见了哈里斯夫人，很有礼貌地向她问好。哈里斯夫人早就听说维尼芙雷特是个懂事的孩子，便友好地和她交谈起来。

哈里斯夫人问："维尼芙雷特，你真是个好孩子，这么守规矩，你妈妈打得你多吗？"

维尼芙雷特奇怪地说："为什么要打我？我妈妈从来不打我啊。"

后 记

　　维尼芙雷特现在14岁，是"美国少年和平同盟会"的会长。今天她还告诉我，不久还要组织建立"争取匹兹堡少年平等参政同盟会"。此时此刻，我的身边摆放着两本书：《我在动物园里的朋友》和《我与动物园里的朋友聊天》，这是女儿在5岁时候的作品，每当回忆起女儿幼年时期的模样，我都会按捺不住心中涌起一阵阵的激动。女儿拥有一个幸福的童年，我不仅为她的成就而高兴，也为她的健康成长而高兴。同时，也为我自己成功地养育了女儿而感到欣慰。

M.S.Stowe

1916年7月于纽约